KB220907

일심으로 회향하여 정토에 태어나길 발원하라

관경사첩소觀經四帖疏 심요

[관무량수경 도송 · 관경사첩소 합본]

선도대사善導大師 찬술
이시푼촉(智圓) 스님 강술
허서許曙 거사 편역

일러두기

1. 원문은 대정장大正藏 No. 2018 관무량수불경소觀無量壽佛經疏를 저본으로 하여 번역하였다.
2. 그 해석 및 풀이는 이시푼촉 스님의 《관경사첩소강기觀經四帖疏講記》를 토대로 하였다.
3. 관무량수불경도송觀無量壽佛經圖頌은 CBETA 電子佛典集成 Version 2020.03을 저본으로 하여 번역하였다.

선도대사 염불도

이하백도도 二河白道圖

목 차

불설관무량수경佛說觀無量壽佛經 도송圖頌

"두루 원컨대, 믿는 자와 독송하는 자

보고 듣고 환희하며, 찬탄하는 자

모두 사람 가운데 백련화가 되리니,

마땅히 도량에 앉고 제불의 집에 태어나리라.

아미타불과 극락국토를 봄과 그림을 봄,

세 가지 봄은 이로써 하나의 봄과 같아라

아미타불을 본 즉 참 법신을 봄이요,

극락국토를 본 즉 상적광토를 봄이라.

어찌 그림을 봄이 이 둘과 같지 않겠는가?

그림마다 부처님과 미묘한 의정장엄을 보네.

원컨대 저는 이 도경을 보는 사람들이

마땅히 일심으로 이와 같이 관하길 바라나이다."

불설관무량수경佛說觀無量壽經 도송圖頌

유송서역劉宋西域 삼장법사三藏法師 강량야사畺良耶舍 역

도경섭송圖經攝頌 천태 무진無盡법사 전등傳燈 술

제1 아름다운 영산회상(靈山嘉會)

1 이와 같이 나는 들었다. 한때 부처님께서 왕사성 기사굴산에 머무르사 큰 비구 대중 1천2백50인과 함께 계셨다. 또한 보살

3만2천인도 모여 계셨으니, 문수사리 법왕자가 상수가 되었다.

如是我聞 : 一時, 佛在王舍城, 耆闍崛山中, 與大比丘衆, 千二百五十人俱. 菩薩三萬二千, 文殊師利法王子而爲上首.

[도송]

여래께서 기사굴산에 결가부좌하시고 머무르사

삼승과 천룡팔부 성중이 둘러싸고 모여 있었다.

여래께서 고요하고 늘 비추며 중생근기 살피사

마치 큰 범종처럼 멀리 퍼질 때를 기다리신다.

  如來趺坐耆斤堀 三乘八部衆圍繞

  寂而常照鑒機宜 猶若洪鍾以待高

진여삼매를 오래 닦고 오래 증득해

마음경계가 여여 청정한 서방극락이라.

한번 왕생하면 불퇴전지에 올라서니

원만 근기 위해 성품에 맞는 말씀이라.

  久修久證眞三昧 心境如如淸淨方

  一得往生不退轉 應爲圓機稱性說

제2 아사세왕이 부왕을 가두다 [斤王幽父]

2　그때 왕사대성에 아사세라고 하는 한 태자가 있었는데, 제바달다라는 나쁜 벗의 부추김에 수순하여 부왕 빈바사라를 감금하여 일곱 겹 방 안에 유폐시켜 놓고, 여러 신하들에게 한 사람도 갈 수 없도록 금하였다.

爾時, 王舍大城有一太子, 名阿闍世. 隨順調達惡友之敎, 收執父王頻婆娑羅, 幽閉置於七重室內, 制諸群臣, 一不得往.

[도송]

아사세왕 이름 「태어나기 전 원한」이라
태어날 적 이미 원한해악의 상이 있었다.
나쁜 벗 제바달다의 꾐에 말려들었으니,
「그대여, 빈바사라왕을 죽여 새 왕이 될 지라!」

斤王名爲未生怨 生來已有怨害相
隨順調達惡友教 汝殺頻婆作新王

「나는 석가모니불을 죽여서 새 부처가 되리라!」
「우리 함께 세간 다스리면 이 또한 쾌재라!」
그의 가르침대로 부왕을 칠중 방 안에 가두고서
모든 신하에게 갈 수 없도록 금하였다.

我殺牟尼作新佛 共化世間亦快哉
依教幽王重室內 制諸群臣不得往

[주해]

범어 아사세阿斤世는 「태어나기 전 원한(未生怨)」이라는 뜻이다. 어머니가 그를 임신할 때 곧 그 아버지에게 원한이 맺힌 악업의 상이 있었다. 점치고 관상 보는 이(占相者)가 이 모습을 보고 예언의 말을 하여서 이렇게 이름 지었다.

조달調達은 석가모니 부처님의 사촌아우로 제바달다提婆達多의 별명이다. 부처님과 세세생생 원수가 되어서 갖가지로 변환하여 왕자의 마음을 움직였다. 대정사에서 대공양을 받으면서 왕자를 위해 이르길, "나는 석가모니불을 죽여 새로운 부처가 되고, 그대는 빈바사라왕을 죽여 새로운 왕이 되어서 함께 세상을 교화하니, 이 또한 즐겁지 않겠는가!" 이어서 왕자에게 명하길, "오백 마리 취한 코끼리를 풀어 여래를 밟아 죽여라." 부처님께서 자비선정에 들어 손을 펴서 보이고, 곧 다섯 손가락에서 다섯 사자가 나오니 코끼리가 보고서 두려워하여 땅에 몸을 던져 예경하였다. 부처님께서 중생을 위해 이르시길, "그때 내 손의 다섯 손가락에는 실제 사자가 없었으니, 곧 자비선근의 힘이었다. 그래서 그들을 굴복시켰다." 그 후 다시 손톱에 독을 발라 부처님의 얼굴을 할퀴려 하였다. 부처님께 예배하려고 갔으나 이르지 못하고 그 순간, 밟고 있던 땅이 저절로 갈라지고 화차가 맞이하여 지옥에 태어났다.

제3 부인이 몰래 찾아가다 [夫人密往]

3-1 위제희라는 국대부인이 대왕을 매우 공경하여 (대왕이 유폐되어 아사할까 두려워) 깨끗이 씻고서 소밀(酥蜜, 우유와 꿀을 섞은 것)과 밀가루를 몸에 바르고, 영락에 포도즙을 담아 몰래 대왕께 바쳤다.

國太夫人, 名韋提希, 恭敬大王, 澡浴淸淨, 以酥蜜和麨, 用塗其身. 諸瓔珞中, 盛葡萄漿, 密以上王.

3-2 그때 대왕은 소밀과 밀가루를 먹고 포도즙을 마신 후 깨끗한 물을 구해서 양치질을 마친 후, 합장공경하고 기사굴산을 향해 멀리 세존께 예경하고 나서 이런 말로 아뢰길, "대목건련은 저의 친척이자 벗이오니, 원컨대 자비를 베푸셔서 저에게 팔관재계를 전수해주옵소서."

爾時大王, 食麨飮漿, 求水漱口. 漱口畢已, 合掌恭敬, 向耆闍崛山, 遙禮世尊, 而作是言：「大目犍連, 是吾親友, 願興慈悲, 授我八戒.」

3-3 그때 목건련이 매처럼 날아서 재빨리 왕의 처소에 이르러, 날마다 이와 같이 왕에게 팔관재계를 전수해주었다. 세존께서는 또한 부루나 존자를 보내서 왕을 위하여 설법하도록 하셨다. 이와 같은 시간이 21일이 지났다. 왕은 소밀과 밀가루를 먹은 후 묘법을 들은 까닭에 안색이 온화하게 변하고 기쁨이 흘러넘쳤다.

時目犍連, 如鷹隼飛, 疾至王所. 日日如是, 授王八戒. 世尊亦遣尊者富樓那, 爲王說法. 如是時間, 經三七日, 王食麨蜜, 得聞法故, 顏色和悅.

[도송]
마가다국의 국대부인인 위제희 왕비는
대왕을 공경하여 그때 몰래 찾아갔다.
소밀과 밀가루를 몸에 바르고 영락에 포도즙을 담아
날마다 그것으로 대왕께 바쳤더라.
國太夫人韋提希 恭敬大王時密往

身塗麵蜜瓔盛漿 日日用以奉大王

대왕이 먹고 양치질한 후 부처님 향해 예배하니,
존자들이 날아와 계를 주고 그를 위해 설법하였다.
21일간 감로 법미로 낯빛 온화하고 기쁨이 넘쳐
활짝 핀 얼굴에 마음이 청정하여 죽지 않았더라.

食已漱口向佛禮 尊者授戒爲說法
三七日中顔和悅 怡然淸淨得不死

제4 어머니에게 해를 가하고 죽이려 하다 [加惡弑母]

4-1 그때 아사세는 문을 지키는 이에게 묻기를, "부왕은 지금 아직도 살아 있는가?" 문을 지키는 이가 아뢰기를, "대왕이시여! 국대부인께서 몸에 소밀과 밀가루를 바르고 영락에 포도즙을 담아 가지고 와서 국왕께 올리셨고, 사문인 목건련과 부루나가 허공에서 날아와 왕을 위해 설법하니 막을 수 없었나이다."

時阿闍世, 問守門者, 父王今者, 猶存在耶? 時守門人白言 : 「大王! 國太夫人, 身塗麨蜜, 瓔珞盛漿, 持用上王. 沙門目犍連及富樓那, 從空而來, 爲王說法, 不可禁制. 」

4-2 그때 아사세는 이 말을 듣고 나서 격노하여 자기 어머니에게 이르길, "내 모친은 역적으로 역적과 한편이 되었고, 사문은 악인이니 환상으로 미혹시키는 주술을 써서 이 패악한 왕이 여러 날이 지나도록 죽지 않게 하였다!" 즉시 예리한 칼을 쥐고 그의 모친을 해치려 하였다.

時阿闍世, 聞此語已, 怒其母曰 : 「我母是賊, 與賊爲伴. 沙門惡人, 幻惑咒術, 令此惡王, 多日不死. 」卽執利劍, 欲害其母.

4-3 그때 월광月光이라는 총명하고 지혜가 많은 한 신하가 있었으니, 기바耆婆와 함께 왕에게 절하고 아뢰길, "대왕이시여, 신들이 듣건대 《베다논경》의 말씀에 따르면 겁초 이래 여러 패악한 왕들이 있어 왕위를 탐한 까닭에 그의 부친을 살해한 자가 무려 1만 8천 명이나 된다고 하오나, 지금까지 무도하게 모친을 해쳤다는 말은 듣지 못하였습니다. 왕께서 지금 모친을 살해하는 극악무도한 일을 하여 찰제리(국왕) 종성을 더럽히려 하시니, 신하로서 차마 들을 수 없사옵니다. 이는 전다라(백정) 무리나 하는 짓이오

니, 저희들은 여기서 더 이상 머물러 있을 수 없겠나이다."

時有一臣, 名曰月光, 聰明多智, 及與耆婆, 爲王作禮. 白言：「大王！臣聞毗陀論經說, 劫初已來, 有諸惡王, 貪國位故, 殺害其父一萬八千, 未曾聞有無道害母. 王今爲此殺逆之事, 汙刹利種, 臣不忍聞！是旃陀羅, 我等不宜復住於此.」

4-4 그때 두 대신은 말을 마친 후 손으로 칼을 잡은 채 몇 걸음 뒤로 물러섰다. 그때 아사세는 놀랍고 두려운 마음에 기바 대신에게 말하길, "그대는 나를 더 이상 보좌하지 않으려는가?" 기바가 아뢰길, "대왕이시여! 부디 모친을 살해하지 마소서!"

時二大臣, 說此語竟, 以手按劍, 卻行而退. 時阿闍世, 驚怖惶懼, 告耆婆言：「汝不爲我耶？」耆婆白言：「大王！愼莫害母.」

4-5 왕이 이 말을 듣고, 참회하며 구원을 구하여 곧바로 칼을 버리고 더 이상 모친을 해치지 않았다. 내관에게 명령하여 모친을 깊은 궁에 구금시키고 다시 나오지 못하도록 하였다.

王聞此語, 懺悔求救, 卽便捨劍, 止不害母. 敕語內官, 閉置深宮, 不令復出.

[도송]
아사세왕이 와서 문지기에게 묻기를,
「부왕은 지금 아직도 살아 있느냐?」
문지기가 위와 같은 일 모두 아뢰니
아사세왕이 진노해 모친을 죽이려 하였다.

闍王來問守門人 · 父王今猶存在耶

闍人具白如上事 · 闍世瞋欲弑其母

월광과 기바, 두 대신이 칼을 잡고

충심으로 간언해 진노를 겨우 그치게 하니,

내관에게 칙령을 내려 모친을 유폐시키고

몸을 굽혀 조심스레 걸을 뿐, 깊은 궁중에서 나오지 못하게 하였다.

　月光耆婆二大臣　按劍苦諫怒方息

　勅語內官幽禁之 · 踽踽深宮不令出

제5 경을 설한 연기 : 부모를 죽이려고 하여, 위제희 부인이 애처롭게 간청하다 [緣起弑逆韋提哀請]

5-1 그때 위제희 부인은 유폐된 후 슬픔과 근심에 신심이 초췌해졌다. 멀리 기사굴산을 향해 부처님께 정례하고 아뢰기를, "여래세존이시여, 지난 날 항상 아난존자를 보내어 저를 위로하여 주셨사옵니다. 저는 지금 슬픔과 근심에 잠겨 있사온데, 세존께서는 위엄이 있고 중후하여 친견할 길이 없사옵니다. 원컨대 목건련과 아난존자를 보내시어 저와 만나게 하옵소서."

時韋提希, 被幽閉已, 愁憂憔悴. 遙向耆闍崛山, 爲佛作禮, 而作是言 :「如來世尊! 在昔之時, 河遣阿難, 來慰問我. 我今愁憂, 世尊威重, 無由得見 ; 願遣目連・尊者阿難, 與我相見. 」

5-2 이렇게 말하고 나서 슬픔이 복받쳐 눈물이 비 오듯 내려 멀리 부처님을 향해 정례하며 머리를 들지 못하였다. 이때 세존께서 기사굴산에서 위제희의 마음속 생각을 아시고, 곧 대목건련과 아난에게 허공으로 오길 명하셨다. 부처님께서도 기사굴산에서 자취를 감추시고 왕궁에 나타나셨다.

作是語已, 悲泣雨淚, 遙向佛禮, 未擧頭頃, 爾時世尊在耆闍崛山, 知韋提希心之所念. 卽敕大目犍連, 及以阿難, 從空而來. 佛從耆闍崛山沒, 於王宮出.

5-3 그때 위제희가 정례하고서 머리를 들고서 세존을 보니, 석가모니부처님께서 자마금 빛깔의 몸에 갖가지 보배로 합해 이루어진 연꽃 좌대 위에 앉아 계셨고, 목건련은 왼편에서 시봉하고 아난은 오른편에서 시봉하고 있었으며, 제석천왕・범천왕・사대천왕 등 제천이 허공에서 널리 하늘 꽃을 비 오듯 내려서 공양하였다.

時韋提希, 禮已擧頭, 見世尊釋迦牟尼佛, 身紫金色, 坐百寶蓮華. 目連侍左, 阿難侍右. 釋梵護世諸天在虛空中, 普雨天華, 持用供養.

5-4 그때 위제희 부인이 불세존을 친견하고서 스스로 영락을 끊어버리고 몸을 솟구쳐 땅에 던지며 소리 내어 울면서 부처님을 향해 아뢰기를, "세존이시여, 저는 숙세에 무슨 죄를 지었기에 이렇게 극악무도한 자식을 낳았습니까? 세존께서는 또한 무슨 인연으로 제바달다와 함께 권속이 되셨나이까?"

時韋提希, 見佛世尊, 自絕瓔珞, 舉身投地, 號泣向佛. 白言 : 「世尊！我宿何罪, 生此惡子？世尊復有何等因緣, 與提婆達多, 共爲眷屬？

5-5 "오직 원컨대 세존이시여, 저를 위해 근심과 번뇌가 없는 곳에 대해 자세히 설해 주시옵소서. 저는 그곳에 왕생하겠나이다. 저는 더 이상 염부제의 악하고 탁한 세상이 즐겁지 않사옵니다. 이 탁하고 악한 곳에는 지옥·아귀·축생이 가득 차 있고, 선하지 않은 무리들이 너무나 많습니다. 원컨대 제가 미래에 더 이상 악한 소리를 듣지 않고 더 이상 악한 사람을 만나지 않게 하옵소서. 지금 저는 세존을 향해 오체투지하면서 슬피 울며 참회를 구하옵니다. 원컨대 지혜광명이 태양처럼 찬란하신 부처님이시여, 저에게 청정한 업으로 이루어진 곳을 관할 수 있는지 가르쳐주시옵소서."

唯願世尊, 爲我廣說無憂惱處, 我當往生, 不樂閻浮提濁惡世也. 此濁惡處, 地獄· 餓鬼·畜生盈滿, 多不善聚. 願我未來, 不聞惡聲, 不見惡人. 今向世尊, 五體投地, 求哀懺悔. 唯願佛日, 教我觀於淸淨業處.」

5-6 그때 세존께서 미간에서 광명을 놓으시니, 금빛이 현현하여 시방의 무량세계를 두루 비추었고, 돌아와서 부처님의 정수리에

머무른 후 변화하여 형상이 수미산과 같은 자금대가 되었나니, 시방세계 제불의 청정미묘한 국토가 모두 그 가운데 나타났다.

혹은 어떤 국토는 칠보가 합해서 이루어져 있고, 다시 어떤 국토는 순수하게 연꽃이며, 다시 어떤 국토는 자재천궁과 같고, 다시 어떤 국토는 파려 거울과 같아서 시방국토가 모두 그 가운데 나타났다. 이와 같은 등 무량한 제불국토가 장엄하게 드러나 위제희가 볼 수 있도록 하였다.

爾時世尊放眉間光, 其光金色, 徧照十方無量世界. 還住佛頂, 化爲金臺, 如須彌山. 十方諸佛淨妙國土, 皆於中現. 或有國土, 七寶合成. 復有國土, 純是蓮華. 復有國土, 如自在天宮. 復有國土, 如玻璨鏡. 十方國土, 皆於中現. 有如是等無量諸佛國土, 嚴顯可觀, 令韋提希見.

5-7　그때 위제희 부인이 부처님께 아뢰길, "세존이시여! 이 모든 불국토가 비록 다시 청정하고 모두 광명이 있지만, 저는 지금 극락세계 아미타부처님의 처소에 즐겨 태어나고자 하옵니다. 오직 원하옵건대, 세존이시여 저에게 사유(思惟; 16관)하는 법을 가르쳐 주시옵고, 저에게 정수(正受; 일심불란)에 이르는 법을 가르쳐 주시옵소서."

時韋提希白佛言 :「世尊！是諸佛土, 雖復淸淨, 皆有光明. 我今樂生極樂世界阿彌陀佛所, 唯願世尊, 敎我思惟, 敎我正受. 」

5-8　그때 세존께서 곧바로 미소를 지으시니, 오색 광명이 부처님의 입에서 나와 하나하나 광명이 빈바사라 왕의 정수리를 비추었다. 이때 대왕은 비록 유폐된 곳에 있었지만, 심안에는 장애가 없어 멀리 세존을 친견하고서 머리를 땅에 대고 예를 드리니,

저절로 증진되어 아나함과를 성취하였다.

> 爾時世尊, 卽便微笑, 有五色光, 從佛口出, 一一光照頻婆娑羅王頂. 爾時大王, 雖在幽閉, 心眼無障, 遙見世尊, 頭面作禮. 自然增進, 成阿那含.

5-9 이때 세존께서 위제희 부인에게 이르시길, "그대는 지금 알겠느냐? 아미타부처님의 극락국토는 여기에서 멀지 않다. 그대는 마땅히 생각을 매어서 저 국토가 청정한 업으로 이루어진 것을 자세히 관하도록 하라. 나는 지금 그대를 위하여 갖가지 비유를 자세히 말할 것이며, 또한 오는 세상 일체 범부들로 정업淨業을 닦고자 하는 사람들이 서방 극락국토에 왕생할 수 있도록 하리라."

> 爾時, 世尊告韋提希 : 「汝今知不 ? 阿彌陀佛, 去此不遠. 汝當繫念, 諦觀彼國淨業成者. 我今爲汝廣說衆譬, 亦令未來世一切凡夫, 欲修淨業者, 得生西方極樂國土.

5-10 "저 국토에 태어나고자 하는 자는 삼복三福을 닦아야 하느니라. 첫째는 (범부의 복업으로) 부모님께 효양하고, 스승을 받들어 모시며, 자심으로 살생을 하지 말고, 열 가지 선업을 닦아야 하며, 둘째는 (이승의 복업으로) 삼귀의를 수지하고, 온갖 계행을 구족하고 위의를 범하지 말아야 하며, 셋째는 (대승의 복업으로) 보리심을 발하고서 인과(염불·성불)를 깊이 믿고 대승경전을 독송하며 염불행자에게 (극락세계에 왕생하자고) 권진勸進하느니라. 이러한 세 가지 일을 정업淨業이라 하느니라."

> 欲生彼國者, 當修三福 : 一者孝養父母, 奉事師長, 慈心不殺, 修十善業. 二者受持三歸, 具足衆戒, 不犯威儀. 三者發菩提心, 深信因果, 讀誦大乘, 勸進行者. 如此三事, 名爲淨業. 」

5-11 부처님께서는 위제희에게 이르시길, "그대는 지금 알겠느냐. 이 세 가지 업은 과거·현재·미래 삼세제불께서 닦는 정업淨業의 정인正因이니라."

佛告韋提希：「汝今知不？此三種業, 乃是過去·未來·現在三世諸佛, 淨業正因. 」

5-12 부처님께서 아난과 위제희에게 이르시길, "그대들은 자세히 들어라. 자세히 듣고서, 잘 사유하고 억념하라. 여래께서는 오는 세상의 일체 중생, 번뇌의 도적에게 해를 입는 이들을 위하여 업장을 청정히 하는 법문을 선설하리라. 훌륭하도다! 위제희여, 이런 큰일에 대해 잘 물었다."

佛告阿難及韋提希：「諦聽！諦聽！善思念之. 如來今者, 爲未來世一切衆生, 爲煩惱賊之所害者, 說淸淨業. 善哉韋提希！快問此事.

5-13 "아난아, 그대는 마땅히 이 대법을 잘 수지하여 널리 많은 중생을 위하여 부처님의 말씀을 선설할지어다. 여래는 지금 위제희 부인과 오는 세상의 일체 중생을 위해 서방 극락세계를 관하는 법문을 가르쳐 주리라. 불력(佛力; 아미타부처님 본원가지)에 의지하는 까닭에 장차 저 청정불토를 볼 수 있나니, 마치 맑은 거울을 들고 자신의 얼굴을 보는 듯하리라. 그리하여 저 국토의 미묘한 극락장엄의 일을 보면 환희심이 생기는 까닭에 그때 감응하여 즉시 (팔지보살이 증득하는) 무생법인無生法忍을 얻을 수 있으리라."

阿難！汝當受持, 廣爲多衆, 宣說佛語. 如來今者, 敎韋提希及未來世一切衆生, 觀於西方極樂世界. 以佛力故, 當得見彼淸淨國土, 如執明鏡, 自見面像. 見彼國土極妙樂事, 心歡喜故, 應時卽得無生法忍. 」

5-14 부처님께서는 위제희에게 이르시길, "그대는 범부라서 심상이 겁이 많고 나약하며, 천안통을 얻지 못하여 멀리 관할 수 없지만, 제불여래께서는 특별한 방편(16관법)이 있어 그대가 볼 수 있도록 하시니라."

佛告韋提希：「汝是凡夫, 心想羸劣, 未得天眼, 不能遠觀, 諸佛如來, 有異方便, 令汝得見. 」

5-15 그때 위제희가 부처님께 아뢰길, "세존이시여! 저는 지금 불력이 가피한 연고로 저 국토를 볼 수 있사옵니다. 만약 부처님께서 멸도하신 후 일체 중생들은 탁하고 악하여 선하지 않아 오고五苦의 핍박을 받게 되리니, 어떻게 하여야 아미타부처님의 극락세계를 볼 수 있겠사옵니까?"

時韋提希白佛言：「世尊！如我今者, 以佛力故, 見彼國土. 若佛滅後, 諸衆生等, 濁惡不善, 五苦所逼, 云何當見阿彌陀佛極樂世界？」

[도송]
이 경전은 부모를 죽이려는 인연으로 설하여
사람들이 사바세계의 괴로움을 몹시 싫어하게 함이라.
내가 배 아파 낳은 자식도 오히려 그러하거늘
다른 사람은 칼을 잡고 일어나지 않을 수 있겠는가.

　此經發起因殺逆 令人深厭娑婆苦
　親所生子尚復然 他人能不按劍起

극락세계는 연꽃을 부모로 삼아 태어나니
원수도 없고 친구도 없어 제법이 평등하여라.

위대해라, 보살이 지닌 권선방편의 힘이여!
두루 중생들에게 안양세계를 얻도록 하도다.

極樂蓮華爲父母　無寃無親法平等
大哉善權方便力　普使群生獲安養

위제희부인 멀리 기사굴산 향해 간청하니,
여래께서 기사굴산에서 감추고 궁중에 나타나셨다.
「제가 과거 무슨 죄를 지었길래 이런 자식 낳았나요?
오직 원하옵건대, 근심 없는 곳에 태어나게 하소서.」

韋提遙向耆闍請　如來山沒宮中現
我昔何罪生斯子　惟願往生無憂處

즉시 광명 놓아 제불국토가 나타나니,
극락세계가 마땅히 그의 근기에 들어맞았다.
먼저 삼복의 정업을 그에게 인연하고
다음 열여섯 관문을 그에게 설하시었다.

卽時放光現諸土　極樂世界當其根
三種福業先其緣　十六觀門次其說

제6 떨어지는 해를 북이 매달린 것 같다 관상하다 [落日懸鼓觀]

6-1 부처님께서 위제희에게 이르시길, "그대와 중생은 마땅히 전심으로 마음을 한 곳(아미타불 명호)에 매어두고 서방(극락세계)을 관상할지어다. 어떻게 관상을 닦는가? 무릇 관상을 닦음이란 일체중생은 선천적 맹인이 아니고서는 눈으로 볼 수 있는 사람이기만 하면 모두 해가 지는 광경을 보았을 것이다. 마땅히 상념을 일으킬지니, 서방을 향하여 단정히 앉아 해가 지려는 곳을 여실하게 관할지라. 마음을 단단히 머물러서 생각을 한 곳에 집중하여 조금도 움직이지 말고, 해가 지려는 형상이 마치 북이 매달린 것 같다고 볼지라.

佛告韋提希：「汝及衆生, 應當專心繫念一處, 想於西方. 云何作想？凡作想者, 一
切衆生, 自非生盲, 有目之徒, 皆見日沒. 當起想念, 正坐西向, 諦觀於日欲沒之處,
令心堅住, 專想不移. 見日欲沒, 狀如懸鼓.

6-2 이미 해를 보고 나서 눈을 감으나 눈을 뜨나, 그 영상이 한결같이 분명히 보이도록 할지니라. 이것이 바로 「일상관」이니, 「초관」이라고 하느니라.

既見日已, 閉目開目, 皆令明了. 是爲日想, 名曰初觀.」

[도송]
관상을 시작함에 먼저 떨어지는 해를 관상할지니
형상이 북이 매달린 것처럼 그 마음을 매어둘지어다.
마음을 한곳에 제어하여 큰일을 마치거늘
하물며 서쪽이 왕생하는 방향을 가리킴이랴.

　觀始先當觀落日　狀如懸鼓繫其心
　制心一處辦大事　況復西向示生方

오래도록 고요하고 조촐한 마음 움직이지 않고
조촐함이 지극해 광명나면 관상 쉽게 이루리라.
눈을 뜨나 눈을 감으나 항상 명료하면
이것이 바로 정토왕생의 첫 번째 문이다.

　久久寂靜心不移　靜極明生觀易成
　開目閉目常明了　是爲淨土之初門

제7 큰물이 얼어붙었다 관상하다 [大水結氷觀]

7-1 다음으로 수상관을 닦을지어다. 물이 맑고 깨끗하다 보고 또한 그것이 명료하게 현전하여 그 마음이 분산되지 않도록 하라. 이미 물을 보고나서 마땅히 물이 얼었다 관상하여야 한다. 그 얼음이 안팎으로 밝게 비침을 보고 나서 다시 유리라 관상하여야 한다. 이러한 관상을 이루고 나서 유리보배 땅이 안팎으로 밝게 비침을 볼지어다. 유리보배 땅 아래에는 (무루체성) 금강의 칠보 당번이 있어 땅을 떠받들고 있으며, 그 당번은 팔방형의 팔릉형을 갖추고 있고, 하나하나 방면마다 백 가지 보배로 합쳐 이루어져 있고, 하나하나 보배구슬마다 일천 줄기 광명이 빛나

고, 그 한 줄기 광명마다 8만4천 가지 미묘한 색깔이 있어 유리보배 땅을 비추니, 마치 억천 개 햇빛처럼 그것에 담긴 깊은 뜻을 충분히 알기 어려우니라.

次作水想。見水澄淸 , 亦令明了 , 無分散意。旣見水已 , 當起氷想。見氷映徹 , 作琉璃想。此想成已 , 見琉璃地 , 內外映徹。下有金剛七寶金幢 , 擎琉璃地。其幢八方 , 八楞具足。一一方面 , 百寶所成。一一寶珠 , 有千光明。一一光明 , 八萬四千色。映琉璃地 , 如億千日 , 不可具見。

7-2 유리보배 땅 위에는 황금(무량한 보배)으로 이루어진 금줄 모양의 아름다운 길이 사이사이 뒤섞여 있고, 칠보로 이루어진 땅의 경계가 나뉘어 분제(分齊; 영역)가 분명하니라. 하나하나 보배에는 5백 가지 색채의 광명이 나오는데, 그 광명은 꽃과 같고, 또한 별과 달처럼 허공에 걸려있어 광명대를 이루고 있느니라. (이는 하나의 큰 주택 군락으로) 천만 가지 누각이 있는데 모두 백가지 보배로 합쳐 이루어져 있고, 광명대 양쪽에는 각각 백억 개 화당華幢이 있고 위에는 무량한 악기가 장엄하고 있느니라. 여덟 가지 맑은 바람이 광명에서 흘러나와 저 악기를 울려서 고苦·공空·무상無常·무아無我의 법음을 연설하느니라. 이것이 바로 「수상관水想觀」이니, 「제2관」이라 하느니라.

琉璃地上, 以黃金繩, 雜厠間錯, 以七寶界, 分齊分明, 一一寶中, 有五百色光. 其光如華, 又似星月, 懸處虛空, 成光明臺. 樓閣千萬, 百寶合成, 於臺兩邊, 各有百億華幢, 無量樂器, 以爲莊嚴. 八種淸風, 從光明出, 鼓此樂器, 演說苦空無常無我之音, 是爲水想, 名第二觀.

[도송]
극락국토의 유리보배로 이루어진 땅은

처음엔 관상하려고 해도 쉽게 이루지 못한다.

큰물이 얼어붙었다 관상하면 거칠게나마 유사하니,

행자에게 유리 경계가 이미 현전하였다.

　極樂國地琉璃寶　始欲觀之不易成

　大水結冰粗似之　琉璃境界已現前

아래엔 보배당번이 있어 떠받들고 있으니

당번은 팔방형의 팔능형을 모두 갖추고 있고,

하나하나 방면마다 백가지 보배로 이루어져

갖가지 장엄일랑 낱낱이 말하기 어렵도다.

　下有寶幢以承擎　八方八楞皆具足

　一一方面百寶成　種種莊嚴難具說

[주해]

팔풍八風이란 사유팔방四維八方으로 여덟 가지 바람이 불어 자성본연의 즐거움에 이르고 묘법의 소리를 연설한다.

세간에는 **팔고八苦**가 있으니, 이른바 태어나는 괴로움·늙는 괴로움·병드는 괴로움·죽는 괴로움·사랑하는 사람과 헤어지는 괴로움·미운 사람과 만나야 하는 괴로움·구하려 해도 얻지 못하는 괴로움·오온이 불길같이 성하게 일어나는 괴로움이다.

부처님께서는 교진여 등 다섯 비구에게 이르시길, "그대들은 알지니, 색수상행식은 상常이고 무상이며, 고苦이고 고가 아니며, 공空이고 공이 아니며, 아我이고 아가 아니니라." 다섯 비구는 이를 듣고서 번뇌가 다하고 지혜가 열려 아라한과를 성취하였다.

제8 유리보배 땅을 관상하라 [琉璃寶地觀]

8-1 이러한 관상을 이루었을 때, 하나하나 경계를 관하여 (그것이 현전한 후) 지극히 또렷하게 하고, (그것이 계속 한 덩어리를 이루어) 눈을 감으나 눈을 뜨나 (마음에 나타나) 흩어져 잃지 않을지어다. 다만 밥을 먹을 때를 제외하고서는 항상 이 일을 억념해야 하느니라.

此想成時 , 一一觀之 , 極令了了。閉目開目 , 不令散失。唯除食時 , 恒憶此事。

8-2 (마음마다 극락의 관하는 경계에 안온히 머물러) 이와 같이 상심想

心에서 관하는 경계가 나타남을 거칠게나마 극락국토의 보배땅을 보았다고 하느니라. (이로부터 계속 나아가) 만약 (정수가 상응하여) 삼매를 증득하면 저 국토의 보배땅이 분명하게 또렷이 보일 것이니, 그 미묘함은 이루 다 말할 수 없느니라. 이것이 바로 「지상관地想觀」이니, 「제3관」이라 하느니라.”

如此想者, 名爲粗見極樂國地。若得三昧, 見彼國地, 了了分明, 不可具說。是爲地想, 名第三觀。

8-3 부처님께서 아난에게 이르시길, “그대는 부처님의 말씀을 수지하여 오는 세상의 일체 대중, 무릇 고해에서 벗어나고자 하는 이들을 위하여 이렇게 땅을 관하는 법을 선설할지어다. 만약 이 보배 땅을 관상하는 사람은 팔십억 겁 생사의 중죄를 없앨 수 있고, 임종시 몸을 버리고 세상을 떠날 때 반드시 청정국토에 태어날 것이니, 일심으로 정념을 유지하되 의심하지 말지라. 이렇게 관하면 「정관」이라 하고, 이렇게 관하나 이렇게 나타나지 않으면 「사관」이라 하느니라.”

佛告阿難 :「汝持佛語, 爲未來世一切大衆, 欲脫苦者, 說是觀地法. 若觀是地者, 除八十億劫生死之罪. 捨身他世, 必生淨國, 心得無疑. 作是觀者, 名爲正觀. 若他觀者, 名爲邪觀. 」

[도송]
수상관을 이룰 때 보배 땅을 이미 이루었나니,
하나하나 관하여 분명히 보이도록 할지어다.
눈을 감으나 눈을 뜨나 흩어져 잃지 않도록 할지니,
다만 밥 먹을 때를 제외하고서 항상 이 일을 억념할지라.

水想成時地已成 ――觀之令明了

閉目開目無散失 惟除食時恒憶事

이것이 극락의 보배 땅을 거칠게나마 봄이니,

만약 삼매를 증득한다면 그 미묘함은 사유하기 어렵고,

보배 땅을 관상하면 팔십억 겁 생사의 중죄를 소멸시키리라.

이렇게 관하면 정관이라 이름한다.

是爲麤見極樂地 若得三昧難思議

除八十億劫重罪 作是觀者名正觀

제9 일곱 줄 보배나무를 관상하라 [七重行樹觀]

9-1 부처님께서 아난과 위제희에게 이르시길, "지상관을 이루고 나서는 다음으로 보배나무를 관상할지어다. 보배나무를 관상할 때는 하나하나 나무를 관하되, 칠중의 무량한 모습으로 한 줄씩 가지런히 줄지어선 나무의 상想을 지을지라. 하나하나 나무는 그 높이가 8천 유순이니라. 이러한 여러 보배나무는 칠보의 꽃과 잎을 갖추지 않음이 없고, 하나하나 꽃과 잎은 다른 보배의 색을 띠고 있나니, 유리색에서는 황금색 광명이 나오고, 수정색에서는 붉은색 광명이 나오고, 마노색에서는 자거색 광명이 나오고, 자거색에서는 푸른 진주색 광명이 나와 산호·호박·마노 등 일체 갖가지 보배로써 장식하여 비추고 있느니라."

佛告阿難及韋提希:「地想成已, 次觀寶樹. 觀寶樹者, 一一觀之, 作七重行樹想. 一一樹高八千由旬, 其諸寶樹, 七寶華葉, 無不具足. 一一華葉, 作異寶色. 琉璃色中, 出金色光. 玻瓈色中, 出紅色光. 瑪瑙色中, 出硨磲光. 硨磲色中, 出綠眞珠光. 珊瑚琥珀, 一切衆寶, 以爲映飾.

9-2 "미묘한 진주 그물이 널리 나무 위를 덮고 있나니, 하나하나 나무 위에는 일곱 겹의 그물이 있고, 하나하나 그물 사여기에는 5백억의 묘화 궁전이 있어 마치 범천왕의 궁전과 같으니라. 그 가운데 제천의 동자가 저절로 나타나고, 동자 한 사람마다 5백억 석가비릉가 마니보배로 만든 영락을 걸고 있느니라. 그 마니보배의 광명은 백 유순을 비추니, 마치 백억의 해와 달이 한데 모여 있는 것과 같아 말로써 묘사할 수 없느니라. 온갖 보배의 광명이 서로 뒤섞여 매우 뛰어난 색깔을 띠고 있어 상등이니라."

妙眞珠網, 彌覆樹上, 一一樹上有七重網, 一一網間有五百億妙華宮殿, 如梵王宮.
諸天童子, 自然在中, 一一童子, 五百億釋迦毗楞伽摩尼以爲瓔珞. 其摩尼光, 照百
由旬, 猶如和合百億日月, 不可具名, 衆寶間錯, 色中上者.

9-3 "이러한 보배나무들은 한 줄 한 줄 가지런히 맞닿아 있고,
한 잎 한 잎 모두 서로 이어져 있느니라. 온갖 나뭇잎 사여기에는
여러 묘화가 피어 있고, 그 꽃 위에는 저절로 칠보 열매가 맺혀
있느니라. 하나하나 나뭇잎은 가로 세로 똑같이 25유순이니라.
그 잎에는 천 가지 미묘한 색깔이 있고, 백 가지 그림이 있어
마치 천상의 영락과 같으니라. 수많은 묘화들이 염부단금의
색깔을 띠고 있고, 마치 빙빙 도는 불 바퀴와 같이 (서로 비추며)
잎 사이로 이리저리 굴러가느니라. (그 가운데) 여러 미묘한 열매
가 솟아나니, (그 형상은) 마치 제석천의 병과 같으니라."

此諸寶樹, 行行相當, 葉葉相次. 於衆葉間, 生諸妙華, 華上自然有七寶果. 一一樹
葉, 縱廣正等二十五由旬. 其葉千色, 有百種畫, 如天瓔珞. 有衆妙華, 作閻浮檀金
色. 如旋火輪, 宛轉葉間, 涌生諸果, 如帝釋瓶.

9-4 " (그 가운데) 큰 광명이 있어 변화하여 당번과 무량한
보배덮개가 되느니라. 이 보배덮개 가운데 삼천대천세계의 일체
불사를 비춰 나타내고, 시방 불국토 또한 그 가운데 나타나느니
라. 이러한 보배나무를 보고 나서 또한 마땅히 차례대로 하나하
나 이를 관할지니, 보배나무의 줄기·가지·잎·꽃·열매를
관하여 모두 분명하게 할지라. 이것이 바로「수상樹想」이니,
「제4관」이라 하느니라."

有大光明, 化成幢幡無量寶蓋. 是寶蓋中, 映現三千大千世界, 一切佛事. 十方佛國,
亦於中現. 見此樹已, 亦當次第一一觀之, 觀見樹莖枝葉華果, 皆令分明. 是爲樹想,

名第四觀. 作是觀者, 名爲正觀. 若他觀者, 名爲邪觀. 」

[도송]
일곱 겹의 줄지어선 나무는 높이가 팔천 유순이고,
칠보의 꽃과 잎은 다른 보배의 색을 띠고 있으며,
미묘한 진주그물 나무 위를 두루 덮고 있나니,
일곱 겹의 줄지어선 나무마다 일곱 겹의 그물이라.

行樹八千由旬高　七寶華葉作異色
妙眞珠網彌覆上　七重行樹幷諸網

묘화 궁전마다 제천의 동자가 살고 있고
온갖 보배 광명이 백천 해만큼 장엄하여라.
여러 꽃마다 여러 미묘한 열매가 솟아나니
그 형상은 마치 꼭 제석천의 보병과 같다네.

妙華宮殿居天童　衆寶光嚴百千日
諸華涌生諸妙果　厥狀猶如帝釋甁

[주해]
대본大本에 이르길, 또한 그 국토에는 칠보의 여러 나무가 세계에 두루 가득하다. 칠보나무는 이른바 금 나무, 은 나무, 유리 나무, 파려 나무, 산호 나무, 마노 나무, 자거 나무를 말한다.

범어 **석가비릉가**는 능승能勝이라 하고, 범어 **마니**는 이구離垢라 번역하니, 이 보배 광명이 청정하여 더러움에 물들지 않는다는 말이다. 또한 증장增長이라 번역하니, 이 보처寶處가 있어 그 위덕이 증가한다는 말이다. 또한 수의隨意, 여의如意로 번역한다.

염부단금閻浮檀金은 승금勝金이라 한다. 염부閻浮란 범어로 염부날타이다. 수미산

서남쪽 서역하西域河에 있는 나무로 형상이 높고 크다. 그 열매가 감미롭고, 열매 즙이 물이 되어 사금이 금을 이룬다. 한 알을 늘 금 가운데 두면 모두 색을 잃는다. 부처님의 몸과 유사하다. **제석천의 보병**과 같다 함은 제석은 범어로 석가인다라로 능주能主라 한다. 그 능력으로 천주가 된다. **병**鉼이란 함은 옛날에 가난한 사람이 있었는데 항상 하늘에 공양하였다. 만 12세에 부귀를 구하자 하늘이 이 사람을 불쌍히 여겨 그릇 하나를 주니, **덕병德**鉼이라 하였다. 말하자면 필요한 물건이 이 병에서 나와 그 사람이 원하는 대로 얻지 못하는 것이 없다. 지금 묘화마다 여러 열매가 솟아나니 마치 저 제천의 보배병과 같아 갖가지 물건이 나온다. 그래서 이에 비유하였다.

제10 팔공덕수를 관상하다 [八功德水觀]

10-1 "다음으로 마땅히 연못물을 관상할지어다. 연못물을 관상
하려면 극락국토에는 여덟 가지 연못물이 있나니, 하나하나 연못
물은 칠보로 이루어져 있느니라. 그 보배 연못물은 부드러워
여의주왕(불심, 명호)에서 생겨나느니라. (연못물이 솟아나서) 열네
물줄기로 나뉘고, 하나하나 물줄기마다 모두 칠보의 미묘한
색깔을 띠고 있느니라. 황금이 개울을 이루고, 개울 바닥에는
모두 여러 색깔이 뒤섞인 금강모래가 깔려 있느니라. 하나하나
개울에는 60억 송이 칠보 연꽃이 피어 있고, 그 하나하나의
연꽃은 둥글고 그 지름이 똑같이 12유순이니라."

佛告阿難及韋提希：「樹想成已, 次當想水, 欲想水者, 極樂國土, 有八池水. 一一
池水, 七寶所成. 其寶柔軟, 從如意珠王生, 分爲十四支. 一一支作七寶妙色. 黃金
爲渠, 渠下皆以雜色金剛以爲底沙. 一一水中有六十億七寶蓮華, 一一蓮華, 團圓
正等十二由旬.

10-2 "그 마니 보배수는 연꽃들 사이로 흘러들어가 보배 나무를
따라 위 아래로 (걸림없이) 흘러가느니라. 그 (부딪치는) 소리는
미묘하여 고·공·무상·무아와 일체 바라밀을 연설하고, 또한
제불의 상호 공덕을 찬탄하기도 하느니라. 여의주왕에서 금색
의 미묘한 광명이 솟아나오고, 그 광명이 변하여 온갖 보배
빛깔의 새가 되어서 잘 어울리며 구슬프고 아름다운 음률로써
항상 염불·염법·염승을 찬탄하느니라. 이것이 바로 「팔공덕
수상八功德水想」이니, 「제5관」이라 하느니라."

其摩尼水, 流注華間, 尋樹上下. 其聲微妙, 演說苦空無常無我諸波羅蜜. 復有讚歎
諸佛相好者. 如意珠王, 涌出金色微妙光明, 其光化爲百寶色鳥, 和鳴哀雅, 常讚念
佛·念法·念僧, 是爲八功德水想, 名第五觀. 作是觀者, 名爲正觀. 若他觀者, 名爲

邪觀. 」

[도송]

극락세계에는 여덟 가지 연못물이 있나니

하나하나 연못물은 일곱 보배로 이루어져 있다.

그 보배 연못물 부드러워 여의주왕에서 생겨나니

연못물 솟아나서 열네 물줄기로 나뉘어 흘러간다.

　極樂世界八池水　一一池水七寶成

　其寶柔輭珠王生　涌出分爲十四支

황금이 개울을 이루고 개울바닥에는 금강모래 깔려있고

개울마다 60억 송이 칠보 연꽃이 피어 있다.

연못물은 보배나무를 따라 위아래로 흘러가며

묘법을 연설하고 화조는 삼보를 찬탄한다네.

　黃金爲渠金剛沙　七寶蓮華六十億

　水注華樹尋上下　演法化鳥讚三寶

[주해]

팔공덕수八功德水란 첫째는 맑고 투명하며, 둘째는 시원하며, 셋째는 감미로우며, 넷째는 부드러우며, 다섯째는 윤택하며, 여섯째는 평안하며, 일곱째는 굶주림과 갈증이 사라지며, 여덟째는 모든 근을 장양시킨다. 이러한 여덟 가지 공덕을 갖추어 중생을 이롭게 한다.

제11 극락의 의보장엄을 총괄하여 관상하다 [總觀依報觀]

11-1 "온갖 보배로 장엄된 국토는 (그 무량무변한 처소가 무수한 지계로 구분될 수 있으니) 하나하나 지계 위에는 5백억 보배 누각이 있고, 그 누각에는 무량한 제천들이 있어 하늘음악을 연주하고 있느니라. 또한 무수한 악기들이 허공에 매달려 있는데, 천상의 보배 당번처럼 두드리지 않아도 저절로 울리니라. (하늘북이 저절로 울리는 것처럼) 갖가지 미묘한 음악이 저절로 울리면서 모두 염불·염법·염비구승을 선설하느니라."

佛告阿難及韋提希：「衆寶國土, 一一界上, 有五百億寶樓, 其樓閣中, 有無量諸天,作天伎樂. 又有樂器, 懸處虛空, 如天寶幢, 不鼓自鳴. 此衆音中, 皆說念佛·念法·念比丘僧.

11-2 이러한 관상을 이루고 나서 극락세계의 보배나무·보배 땅·보배연못을 대체적으로 봄이라 이름하느니라. 이것이 바로 「총관상總觀想」이니, 「제6관」이라 하느니라. 만약 이런 상황을 보면 무량억겁의 지극히 무거운 악업을 없애고 수명이 다한 후에는 반드시 저 불국토에 태어나리라. 이렇게 관하면 「정관」이라 하고, 이렇게 관하나 이렇게 나타나지 않으면 「사관」이라 하느니라."

此想成已, 名爲粗見極樂世界寶樹·寶地·寶池, 是爲總觀想, 名第六觀. 若見此者, 除無量億劫極重惡業, 命終之後, 必生彼國, 作是觀者, 名爲正觀. 若他觀者, 名爲邪觀.

[도송]

유리보배 땅에 여덟 갈래 길이 나있나니

황금 줄로써 하나하나 지계를 표시하고 있고,

지계 위에 있는 오백억 보배 누각에서는

제천들이 그 안에서 기악을 연주하고 있다.

琉璃寶地八交道　一一界以黃金繩

界上五百億寶樓　諸天於中作妓樂

또한 무수한 악기들이 허공에 매달려 있으니,

두드리지 않아도 저절로 울려 삼보를 염송하고 있다.

이러한 관상을 이루고 나면 대체적으로

보배 나무, 보배 땅, 보배 연못을 봄이라 한다.

又有樂器懸虛空　不鼓自鳴念三寶
此想成已名麤見　寶樹寶地及寶池

제12 무량수불께서 허공에 머무시다 [佛住空中]

12-1　부처님께서 아난과 위제희에게 이르시길, "그대들은 자세히 듣고, 잘 사유하여 억념할지어다. 나는 그대들을 위하여 고뇌를 없애는 법을 분별하여 해설하겠노라. 그대들은 잘 억념·수지하고서 널리 대중을 위하여 잘 분별하여 해설할지라."

佛告阿難及韋提希:「諦聽!諦聽!善思念之, 吾當爲汝分別解說除苦惱法, 汝等憶持, 廣爲大衆分別解說.

12-2 (세존께서) 이렇게 말씀하셨을 때 무량수불께서 허공에 머물러 계시고, 관세음보살·대세지보살 두 분 대보살이 좌우에서 모시고 서있었느니라. 서방삼성의 광명은 활활 타올라서 그 모습을 바라볼 수 없으니, 백천 염부단금의 빛깔로도 견줄 수 없었느니라. 그때 위제희는 무량수불을 친견한 후 부처님의 발에 정례하고서 부처님께 아뢰시길, "세존이시여, 저는 지금 부처님의 위신력이 가피한 연고로 무량수불 및 두 대보살을 친견할 수 있지만, 오는 세상의 중생은 마땅히 어떻게 무량수불 및 두 대보살을 관해야 합니까?"

說是語時, 無量壽佛, 住立空中, 觀世音·大勢至, 是二大士, 侍立左右. 光明熾盛, 不可具見, 百千閻浮檀金色, 不得爲比.」時韋提希見無量壽佛已, 接足作禮, 白佛言:「世尊!我今因佛力故, 得見無量壽佛及二菩薩, 未來衆生, 當云何觀無量壽佛及二菩薩?」

[도송]

여래께서 장차 부처의 관상법을 설하고자 하니
서방삼성께서 문득 눈앞에 나타나시더라.
아미타부처님 색신은 염부단금 빛깔과 같고
그 상호와 광명은 견줄 것이 없어라.

如來將欲說佛觀　西方三聖忽現前
彌陀身如閻浮金　相好光明無比論

관세음은 왼쪽에서, 대세지 오른쪽에서 모심을

모두 위제희 대중에게 보여주셨다.

「저는 지금 부처님의 위신력으로 볼 수 있지만

미래 중생은 어떻게 뵈올 수 있으리까?」

觀音侍左勢至右　皆令韋提大眾見

我今因佛得觀之　未來眾生云何見

제13 연꽃 보배좌대를 관상하다 [蓮華寶座觀]

13-1 부처님께서 위제희에게 이르시길, "저 부처님을 관하고자 하면 이렇게 상념을 일으켜야 하니라. 칠보 땅 위에 연꽃의

상상想을 지을지어다. 행자에게 연꽃에는 하나하나 꽃잎이 백 가지 보배 색깔을 띠고 있고, 8만 4천 잎맥이 마치 천상의 그림처럼 아름다우며, 하나하나 잎맥에는 8만 4천 광명이 있다고 명료하게 관하되, 모두 (심안으로) 볼 수 있게 할지라. 꽃잎 크기는 길이와 너비가 2백 5십 유순이니라. 이와 같은 연꽃은 8만 4천 꽃잎을 갖추고 있고, 하나하나 잎과 잎 사이는 백억 마니구슬왕으로 장식하여 비추고 있느니라. 하나하나 마니구슬 왕은 1천 줄기 광명을 놓고 있고, 그 광명은 칠보로 합하여 이루어진 보배덮개로 변하여 두루 땅 위를 덮고 있느니라.

佛告韋提希：「欲觀彼佛者, 當起想念, 於七寶地上, 作蓮華想, 令其蓮華, 一一葉上, 作百寶色. 有八萬四千脈, 猶如天畫. 一一脈有八萬四千光, 了了分明, 皆令得見. 華葉小者, 縱廣二百五十由旬. 如是蓮華, 具有八萬四千葉, 一一葉間, 有百億摩尼珠王, 以爲映飾. 一一摩尼珠, 放千光明, 其光如蓋, 七寶合成, 徧覆地上.

13-2 "석가비릉가 보배로써 연화대를 삼고 있고, 이 연화대는 금강킨슈카 보배·범마니 보배와 미묘한 진주 그물로 정교하게 장식하고 있느니라. 그 연화대 위에는 저절로 네 기둥의 보배당 번이 나타나 있는데, 하나하나 보배 당번은 백천만 억 좌 수미산처럼 광대하니라. 당번 위에 드리워진 보배 장막은 야마천궁의 형상과 같으며, 또한 5백억 개 미묘한 보배구슬로 장식하여 비추고 있느니라. 하나하나 보배구슬에는 8만 4천 광명이 있고, 하나하나 광명은 또한 8만 4천 다른 종류의 황금 빛깔을 띠며, 하나하나 황금 빛깔은 모두 보배 국토를 두루 비추니라. 광명이 이르는 곳마다 다른 변화를 펼쳐서 갖가지 장엄상을 나타내니, 혹 금강대가 되고, 혹 진주 그물로 되며, 혹 갖가지 꽃구름으로 되느니라. 시방 도처에서 뜻하는 대로 변화하여 불사를 지어

베푸느니라. 이것이 바로 「화좌상華座想」이니, 「제7관」이라 하
느니라.”

釋迦毗楞伽摩尼寶, 以爲其臺. 此蓮華臺, 八萬金剛甄叔迦寶, 梵摩尼寶, 妙眞珠網,
以爲校飾. 於其臺上, 自然而有四柱寶幢, 一一寶幢, 如百千萬億須彌山, 幢上寶幔,
如夜摩天宮, 復有五百億微妙寶珠, 以爲映飾. 一一寶珠, 有八萬四千光, 一一光,
作八萬四千異種金色, 一一金色, 徧其寶土, 處處變化, 各作異相. 或爲金剛臺,
或作眞珠網, 或作雜華雲, 於十方面, 隨意變現, 施作佛事, 是爲華座想, 名第七觀.

13-3 부처님께서 아난에게 이르시길, “이와 같은 미묘한 연화
대는 본래 법장 비구의 원력으로 이루어진 것이니라. 만약
저 부처님을 염하고자 하면 마땅히 먼저 이 미묘한 연화대를
관상할지어다. 이렇게 관상할 때 이것저것 뒤섞어 관하지 말고
모두 하나하나 잘 관해야 하느니라. 하나하나 잎·하나하나
구슬·하나하나 광명·하나하나 연화대·하나하나 당번을 모
두 명료하게 관하여 마치 거울에 비친 자기 얼굴을 보듯이
할지니라. 이러한 관상을 이루면 5만억 겁 생사의 중죄를 없앨
수 있고, 결정코 극락세계에 왕생할 수 있느니라. 이렇게 관하면
「정관」이라 하고, 이렇게 관하나 이렇게 나타나지 않으면 「사
관」이라 하느니라.”

佛告阿難:「如此妙華, 是本法藏比丘願力所成, 若欲念彼佛者, 當先作此妙華座
想. 作此想時, 不得雜觀. 皆應一一觀之, 一一葉·一一珠·一一光·一一臺·一一幢,
皆令分明, 如於鏡中, 自見面像. 此想成者, 滅除五百億劫生死之罪, 必定當生極樂
世界. 作是觀者, 名爲正觀. 若他觀者, 名爲邪觀. 」

[도송]

연꽃에는 팔만사천 꽃잎이 있나니

잎맥과 광명도 같은 수로 갖추고 있다.
꽃잎 크기는 1만2천 리에 이르고
오백억 구슬로 장식하여 비추고 있다.
　蓮華八萬四千葉　脈光具數正與等
　葉大一萬二千里　五百億珠為暎飾

하나하나 마니구슬왕이 1천 광명을 놓고
그 광명은 칠보의 덮개처럼 변화한다.
비릉가마니 보배로써 연화대를 삼아
두 가지 보배와 진주 그물로 장식하고 있다.
　一一尼珠放千光　其光猶如七寶蓋
　毘楞伽寶以為臺　二寶珍網為莊校

연화대 위엔 저절로 보배당번이 나타나 있고
네 기둥은 수미산처럼 광대하여라.
당번 위의 보배 장막은 야마천궁과 같고
5백억 개 구슬로 장식하여 비추고 있다네.
　臺上自然有寶幢　四柱猶如須彌山
　幢上寶幔如天宮　五百億珠為暎飾

구슬마다 팔만사천 광명을 놓아
하나하나 광명은 갖가지 다른 빛깔을 띠고,
금강대·진주그물·꽃구름으로 변화되어
시방 도처에서 뜻하는 대로 불사를 짓고 있다.
　珠放八萬四千光　一一光作異種色
　金剛珍珠襟華雲　十方隨意作佛事

[주해]

서역에는 견숙가甄叔迦 나무가 있는데, 칠보 빛깔을 갖추고 있고 형체는 수미산처럼 크다. 이 보배 빛깔은 이것과 유사하여 이렇게 이름한다.

수미산은 묘고妙高라 한다. 야마천궁과 같다 함은 **선시善時**라 한다. 광명을 보면 밤낮 구별이 없는 까닭에 선시라 한다.

아미타부처님께서 옛날 인지에서 보살비구가 되어 법장이라 이름하였다. 세계법왕 부처님 처소에서 48원을 발하고 이 정토를 취하여 여러 선념善念을 섭취하여 지금 원력을 이루었다. 그래서 의지하는 바가 **연화좌** 이것이다.

제14 다음으로 마땅히 부처님을 관상한다 [次當想佛]

14-1 부처님께서 아난과 위제희에게 이르시길, "이미 이 일을 보고 나서 다음으로 부처님을 관상할지어다. 왜 그러한가? 제불여래께서는 곧 법계신이니, 일체 중생의 심상心想 속으로 들어가시는 까닭에 그대들의 마음속에서 부처님을 관상할 때 이 마음이 곧 32상과 80수형호를 갖춘 부처가 되느니라."

佛告阿難及韋提希 : 見此事已 , 次當想佛。所以者何？諸佛如來 , 是法界身 , 入一切衆生心想中。是故汝等心想佛時 , 是心卽是三十二相 , 八十隨形好。

14-2 "이 마음이 부처를 지으니, 이 마음이 그대로 부처이다. 제불께서 바다와 같은 대지혜로써 두루 아시니, 자신의 심상(믿음)에서 (부처님의 몸이) 생겨나느니라. 이런 까닭에 일심으로 계념하여 저 아미타부처님 「타타가타야(여래)·아르하테(아라

한)·삼먁삼붓다야(정변지)」를 체관할지어다.

是心作佛，是心是佛，諸佛正遍知海，從心想生。是故應當一心繫念，諦觀彼佛
多陀阿伽度，阿羅訶，三藐三佛陀。

[도송]

연화좌를 이미 이루었거든 마땅히 부처님을 관상할지라.

「중생들이 부처님을 어떻게 친견할 수 있을까?」

제불 여래께서는 법계의 몸이나니

항상 수행인의 세계에 들어와 계시니라.

華座既成當想佛 · 衆生何以可得見
諸佛如來法界身 · 常入行人之世界

그래서 그대들 마음으로 부처님을 관상하면

이 마음이 그대로 부처님의 상호 광명이고

이 마음이 부처를 지으니 이 마음이 그대로 부처이라

세 가지 명호는 심상에서 생겨나느니라.

是故汝等心想佛 · 是心即相好光明
是心作佛心是佛 · 三號悉從心想生

[주해]

정변지正遍知는 여래십호如來十號의 하나이다. 헤아릴 수 없이 깊고 깊은(無量甚深)
까닭에 바다와 같다고 비유한다.

범어 「**타타가타야**」, 이는 여래如來를 말한다. 범어 「**아르하테**」, 이는 응공應供을
말한다. 범어 「**삼먁삼붓다야**」 이는 곧 정변지正遍知를 말한다. 이것은 모두 제불의
총호總號이다.

마음이 제불을 감득하면 마음이 곧 제불이다. 마음이 그대로 제불이 될 수

있거늘 어찌 아미타부처를 감득하지 못하겠는가. 마음이 그대로 제불이거늘 그대로 아미타불이 아니겠는가. 마땅히 알지니 아미타불과 일체제불은 많지도 적지도 않으니, 제불은 하나와 즉卽한(둘이 아닌) 여럿이고 아미타불은 여럿과 즉한 하나이다.

십이부경교十二部經教를 총칭하면 수다라修多羅이고 같은 명칭은 경經이다.

　　먼저 서방삼성의 상을 관상하다 [先作像觀]

14-3 "저 부처님을 관상하는 자는 먼저 마땅히 부처님의 신상을 관상할지어다. (점차 진행하면 마침내 부처님의 진신을 친견할 것이

다.) (마음을 집중해) 눈을 감거나 (세상사에) 뜨거나 한 분 부처님의 염부단금 빛깔과 같은 보배신상이 저 연꽃 위에 앉아 있는 신상을 볼지니라. 앉아 있는 신상을 보고 나서 심안(믿음의 눈)이 열려 또렷해지면서 극락국토의 칠보장엄 보배 땅·보배 연못·보배 나무 행렬·제천의 보배 휘장이 그 위를 덮고 있고, 온갖 보배 그물이 허공에 가득함을 볼 것이다. 이와 같은 일을 봄이 마치 손바닥을 보듯이 지극히 명료하리라."

想彼佛者 , 先當想像。閉目開目 , 見一寶像 , 如閻浮檀金色 , 坐彼華上。見像坐已 , 心眼得開 , 了了分明。見極樂國七寶莊嚴 , 寶地寶池 , 寶樹行列 , 諸天寶幔彌覆其上 , 衆寶羅網滿虛空中。見如此事 , 極令明了 , 如觀掌中。

14-4 "이러한 일을 보고 나서는 다시 마땅히 큰 연꽃 한 송이가 부처님 왼쪽에 피어있다고 생각할지니, 이는 앞에서 말한 연꽃과 같아서 조금도 다르지 않느니라. 또한 큰 연꽃 한 송이가 부처님의 오른쪽에 있다고 관상할지라. 그리고 한 분 관세음보살의 신상이 왼쪽 연화좌에 앉아있나니, 또한 앞에서 말한 것과 다름이 없이 금색 광명을 놓는다고 생각할지라. 또 한 분 대세지보살의 신상이 오른쪽 연화좌 위에 앉아있다고 생각할지라. 이러한 관상을 이루었을 때 불보살의 신상이 모두 광명을 놓으리니, 그 광명은 금색으로 모든 보배나무를 비추느니라. 하나하나 보배나무 아래 또한 큰 연꽃 세 송이가 피어 있고, 모든 연꽃 위에는 각각 한 부처님과 두 보살(서방삼성)의 신상이 있어 저 국토에 두루 가득하느니라."

見此事已 , 復當更作一大蓮華 , 在佛左邊。如前蓮華 , 等無有異。復作一大蓮華 , 在佛右邊。想一觀世音菩薩像 , 坐左華座。亦作金色 , 如前無異。想一大勢至菩薩像 , 坐右華座。此想成時 , 佛菩薩像 , 皆放光明。其光金色 , 照諸寶樹。一一樹下, 亦有三蓮華。諸蓮華上, 各有一佛二菩薩像, 遍滿彼國。

14-5 "이러한 관상을 이루었을 때 정업행자는 마땅히 흐르는 물과 광명, 그리고 모든 보배나무와 기러기·오리·원앙이 모두 묘법을 선설하고 있음을 들어야 하나니, 삼매에 들 때나 삼매에서 나올 때나 항상 묘법을 들어야 하리라. 정업행자는 들은 법을 삼매에서 나왔을 때 억념 수지하여 버리지 않아야 하느니라. 수다라의 말씀과 맞추어 보아 만약 맞지 않으면 이는 망상이라 하고, 맞으면 거칠게나마 관상으로 극락세계를 보았다고 하느니라. 이것이 바로 「상상想像」이니, 「제8관」이라 하느니라. 이러한 관상을 닦으면 무량억겁 생사의 중죄를 없애고, 현재 이 몸으로 염불삼매를 얻으리라."

此想成時, 行者當聞水流光明, 及諸寶樹, 鳧雁鴛鴦, 皆說妙法。出定入定, 恒聞妙法。行者所聞, 出定之時, 憶持不舍。令與修多羅合。若不合者, 名爲妄想。若與合者, 名爲粗想見極樂世界。是爲像想, 名第八觀。作是觀者, 除無量億劫生死之罪。於現身中, 得念佛三昧。

[도송]
부처님의 진신을 관상하기 전에 먼저 그 신상을 관상할지니
부처님의 색신은 마치 염부단금 빛깔과 같으니라.
저 연꽃 위에 앉은 신상을 보면 심안이 열리면서
극락세계의 온갖 장엄이 지극히 명료하리라.

未觀眞佛先想像 佛身猶如閻浮金
坐彼華上心眼開 極樂嚴飾極明了

관세음보살 왼쪽에 앉고 대세지보살 오른쪽에 앉아

서방삼성의 신상이 모두 대방광을 놓으리라.

하나하나 보배나무 아래 연꽃 세 송이가 피어있고

서방삼성께서 늘 함께 묘법을 선설하시니라.

觀音坐左勢至右　三像皆放大光明

一一樹下三蓮華　三聖恒俱宣妙法

제15 아미타불 참법신을 관상하다 [佛眞法身]

15-1　부처님께서 아난과 위제희에게 이르시길, "이러한 관상을 이루고 나서 다음으로 마땅히 다시 무량수불의 신상과 광명을

관할지어다. 아난아, 마땅히 알지니, 무량수불의 색신은 야마천의 염부단금 빛깔보다 백천만억 배나 뛰어나고, 부처님 색신의 크기는 60만억 나유타 항하사 유순이니라. 미간의 백호는 오른쪽으로 휘감아 돌아 다섯 수미산만큼 크고, 부처님의 눈은 사대양의 바다처럼 푸르고 흰 것이 분명하고, 그 몸의 모든 모공에서 광명을 연출하니 수미산만큼 크니라. 저 부처님의 원광은 백억 삼천대천세계처럼 광대하여, 그 원광 속에는 백만 억 나유타 항하사 수의 화신불이 계시고, 한 분 한 분의 화신불은 또한 무수한 화신보살을 시자로 삼고 있느니라."

佛告阿難及韋提希：此想成已，次當更觀無量壽佛身相光明。阿難當知，無量壽佛身如百千萬億夜摩天閻浮檀金色。佛身高六十萬億那由他恒河沙由旬。眉間白毫，右旋宛轉，如五須彌山。佛眼如四大海水，青白分明。身諸毛孔，演出光明，如須彌山。彼佛圓光，如百億三千大千世界。於圓光中，有百萬億那由他恒河沙化佛。一一化佛，亦有衆多無數化菩薩以爲侍者。

15-2 "무량수불의 색신에는 8만 4천 상이 있고, 하나하나 상마다 각각 8만4천 수형호가 있으며, 하나하나 수형호마다 또한 8만4천 광명이 있느니라. 하나하나 광명마다 시방세계의 염불중생을 두루 비추어 그들의 마음을 섭취하여 버리지 않느니라. 그 부처님 색신의 광명과 상호 및 화신불은 이루 다 말할 수 없나니, 다만 마땅히 그 모습을 억념하고 관상하여 심안(믿음)으로 보도록 할 뿐이니라."

無量壽佛，有八萬四千相。一一相中，各有八萬四千隨形好。一一好中，復有八萬四千光明。一一光明，遍照十方世界念佛衆生，攝取不捨。其光相好，及與化佛，不可具說。但當憶想，令心眼見。

15-3 이러한 일을 보게 되면 시방세계 일체 제불을 친견하나니, 제불을 친견하는 연고로 염불삼매라 이름하느니라. 이렇게 관함을 「일체 제불의 색신을 관상함」이라 하나니, 부처님의 색신을 관하는 연고로 또한 부처님의 마음도 보느니라. 부처님의 마음은 바로 대자비이니, 무연의 자비로써 법계의 일체 중생을 섭수하느니라. 이렇게 관상할 수 있으면 임종시 몸을 버리고 다음 세상으로 가야할 때 제불 앞에 (팔지 불퇴전보살로) 태어나 무생법인無生法忍을 증득할 것이니라.

見此事者 , 卽見十方一切諸佛。以見諸佛故 , 名念佛三昧。作是觀者 , 名觀一切佛身。以觀佛身故 , 亦見佛心。佛心者 , 大慈悲是。以無緣慈 , 攝諸衆生。作此觀者 , 舍身他世 , 生諸佛前 , 得無生忍。

15-4 "이런 까닭에 지혜로운 자는 마땅히 마음을 매어두고 무량수불을 체관할지어다. 무량수불의 색신을 관할 때는 한 가지 상호로부터 들어가야 하느니라. 먼저 미간 백호상을 지극히 명료하게 관할지니, 미간 백호상을 보는 자는 8만 4천 상호도 저절로 보게 되느니라. 무량수불을 친견하면 곧 시방세계 무량 제불을 친견하고, 무량 제불을 친견할 수 있는 연고로 제불께서 마음에 현전하여 정업행자에게 수기受記를 주시리라. 이것이 바로 「일체제불의 색신상을 두루 관상함」이니, 「제9관」이라 하느니라. 이렇게 관하면 「정관」이라 하고, 이렇게 관하나 이렇게 나타나지 않으면 「사관」이라 하느니라."

是故智者 , 應當繫心 , 諦觀無量壽佛。觀無量壽佛者 , 從一相好入。但觀眉間白毫 , 極令明了。見眉間白毫相者 , 八萬四千相好 , 自然當現。見無量壽佛者 , 卽見十方無量諸佛。得見無量諸佛故 , 諸佛現前授記。是爲遍觀一切色身相 , 名第九觀。作是觀者 , 名爲正觀。若他觀者 , 名爲邪觀。

[도송]

무량수불의 색신은 높이가 60만억

나유타 항하사수의 유순이고,

빛깔은 야마천 염부단 나무

도량수의 자마금 빛깔 같아라.

　佛身高六十萬億　那由他恒沙由旬

　色如萬億夜摩天　閻浮檀樹紫磨金

미간백호는 휘감아 돌아 다섯 수미산만큼 크고

검푸른 눈 맑은 눈동자 사대해처럼 그윽하며,

색신의 모든 모공에서 광명을 연출하니

수미산 왕처럼 빼어나기 그지없어라.

　白毫宛轉五須彌　紺目澄淸四大海

　身諸毛孔演光明　猶如須彌山王勝

부처님의 원광은 백억 대천세계만큼 크고

무량한 수량의 화신불이 있어 너무나 많으며,

색신에는 팔만사천 상을 갖추고 있고

상마다 팔만사천 수형호를 갖추고 있어라.

　圓光百億大千界　化佛無量數最多

　身具八萬四千相　相具八萬四千好

수형호마다 팔만사천 광명을 갖추고 있어

그 광명은 시방세계 염불인을 두루 거두어라.

이러한 일 보면 시방세계 일체제불을 친견하리니,

염불삼매를 이미 얻었다 하리라.

　好具八萬四千光　其光徧攝念佛人

見此即見於諸佛　念佛三昧名已得

[주해]

부처님께서는 8만4천 번뇌(塵勞)에 대해 모두 실상을 보아 이치와 지혜가 그윽하게 융합하시어 상호와 광명을 시현할 수 있다. 그래서 단락마다 **8만4천**을 말한다.

무연자無緣慈란 마음에 반연함이 없어 현세의 이익은 모두 여래께서 지닌 자심선근의 힘(慈善根力)으로 저절로 성취된다.

자운참주慈雲懺主 스님께서 이르시길,

"관상을 닦으려는 자는 마땅히 한 곳에서 승상繩牀 좌구를 서쪽으로 향한 채 가부좌하고 단정히 앉아 목과 허리를 마주 하고서 들지도 굽히지도 않으면서 호흡을 잘 조화시키고 그 마음을 정주定住하여 곧장 아미타불 여섯 자 거룩하신 금빛 몸이 연화좌 위에 앉아 있는 모습을 관상하고, 생각을 미간의 백호 한 가지 상에만 전일하게 매어둘지라. 그 백호의 길이는 1자 5척이고, 주위는 5치이며, 밖으로 여덟 이랑(稜)이 있으며 백호의 중간은 공하다. 오른쪽으로 휘감아 돌고 눈썹 중간에는 맑고 고요하며 사무쳐 밝아 금빛 얼굴을 비추어 드러낸다.

이때 마음을 멈추고 상념想念을 모아서 굳건히 머물러 옮기지 말라. 그리고 다시 마땅히 상념에 보이는 것을 관할지라. 이루어도, 이루지 못해도 모두 상념이 인연함이다. 실재하는 성性과 상相이 없고, 존재하는 것(所有)은 모두 공하여 거울에 비친 달그림자 같고 꿈같고 환 같다. 비록 공할 지라도 또한 볼 수 있으니, 이는 모두 심성이 나타난 것이다. 동일하지도 다르지도 않고(不一不異), 세로도 아니고 가로도 아니어서(非縱非橫) (마음 가는 곳이 멸하니) 불가사의한 경계이다. 심상이 적정寂靜하면 염불삼매를 성취할 수 있다.

오래 지나면 이에 일어난다. 대개 상으로 인해 8만 상이 있으니, 모두 관상을 이루기 어렵다. 그래서 미간 백호상이 다섯 수미산 같다고 관하도록 하였다.

이 관을 이루면 8만 상이 모두 나타날 것이다. 그래서 이 「1자 5철 관법」은 곧 처음 시작하는 근기가 닦기에 편리하다."

제16 관세음보살의 법신을 관상하다 [觀音法身]

16-1 부처님께서 아난과 위제희에게 이르시길, "무량수불을 명료하게 친견하고 나서 다음으로 또한 마땅히 관세음보살을 관상할지어다. 이 보살의 신장은 80만 억 나유타 유순이고, 몸은 자마금 빛깔이며, 정수리에는 (상투같이 솟은) 육계가 있느니

라. 목 뒤에는 원광이 있는데 방면마다 각각 백 천 유순이나 되고, 그 원광 속에는 5백 명의 화신불이 나타나니, 마치 (비로자나불께서) 본사석가모니부처님을 나타내 보이시는 것과 같으니라. 한 분 한 분 화신불마다 각각 5백 명의 화신보살과 무량 제천을 시자로 삼고 있느니라. 관세음보살의 진신에서 나오는 광명 속에는 오도五道중생의 일체 색상이 모두 그 가운데 나타나느니라."

佛告阿難及韋提希：見無量壽佛了了分明已，次亦應觀觀世音菩薩。此菩薩身長八十萬億那由他由旬。身紫金色。頂有肉髻。項有圓光，面各百千由旬。其圓光中，有五百化佛，如釋迦牟尼。一一化佛，有五百化菩薩、無量諸天以爲侍者。擧身光中，五道衆生，一切色相，皆於中現。

16-2 "관세음보살의 정수리 위에는 비릉가마니보배를 천관으로 삼아 쓰고 있고, 그 천관에는 화신불(아미타부처님) 한 분이 서 계시나니, 높이가 25유순이니라. 관세음보살의 얼굴은 염부단금 빛깔이니라. 미간의 백호상은 칠보의 빛깔을 띠고 있어 8만 4천 광명이 흘러나오고, 하나하나 광명마다 무량무수 백천 화신불이 나타나며, 한 분 한 분 화신불마다 무수한 화신보살을 시자로 삼고 있나니, 이와 같이 자재로 화현하여 시방세계에 가득하니라. 팔은 빛깔이 붉은 연꽃과 같으니라."

頂上毗楞伽摩尼寶以爲天冠。其天冠中，有一立化佛，高二十五由旬。觀世音菩薩，面如閻浮檀金色。眉間毫相，備七寶色，流出八萬四千種光明。一一光明，有無量無數百千化佛。一一化佛，無數化菩薩以爲侍者。變現自在，滿十方世界。臂如紅蓮華色。

16-3 "(관세음보살의 몸에는) 80억 미묘한 광명이 있는데, 이를 영락으로 삼아 걸고 있고, 그 영락에는 일체 장엄한 일들이 두루 나타나느니라. 손바닥은 5백억 갖가지 연꽃 빛깔을 띠고, 열 개 손가락 끝에는 하나하나 손가락 끝마다 8만 4천 그림이 있나니, 마치 인문印文과 같으니라. 하나하나 그림마다 8만 4천 빛깔이 있고, 하나하나 빛깔마다 8만 4천 광명이 있나니, 그 광명은 유연하여 일체를 두루 비추니라. 보살은 이러한 보배 손으로 법계의 중생을 접인하시느니라."

有八十億微妙光明, 以爲瓔珞。其瓔珞中, 普現一切諸莊嚴事。手掌作五百億雜蓮華色。手十指端, 一一指端, 有八萬四千畫, 猶如印文。一一畫, 有八萬四千色。一一色, 有八萬四千光。其光柔軟, 普照一切。以此寶手, 接引衆生。

16-4 "(관세음보살이) 발을 들 때는 발바닥에 천복륜상千輻輪相이 나타나서 저절로 변하여 5백억 광명대를 이루고, 발을 디딜 때는 금광마니 보배 꽃이 일체처에 널리 퍼져서 가득 차 있느니라. (보살은) 그 나머지 신상을 잘 갖추어 아미타부처님과 다름이 없지만, 정수리에 솟은 육계 및 무견정상無見頂相만 세존에 미치지 못하느니라. 이것이 바로 「관세음보살의 진신을 관상함」이니, 「제10관」이라 하느니라."

擧足時, 足下有千輻輪相, 自然化成五百億光明臺。下足時, 有金剛摩尼華, 布散一切, 莫不彌滿。其余身相, 衆好具足, 如佛無異。唯頂上肉髻, 及無見頂相, 不及世尊。是爲觀觀世音菩薩眞實色身相, 名第十觀。

16-5 부처님께서 아난에게 이르시길, "만약 관세음보살을 관상하고자 한다면 마땅히 이렇게 관할지어다. 이렇게 관하면

갖가지 재앙을 만나지 않고, 업장을 청정히 하여 무수겁 생사의 중죄를 없애느니라. 그래서 이러한 대보살은 명호를 듣기만 하여도 무량한 복을 얻을 수 있거늘 하물며 체관함이랴? 만약 관세음보살의 신상을 관하고자 하는 사람은 먼저 정수리 위의 육계를 관하고, 다음으로 천관을 관하며, 나머지 온갖 상도 또한 차례대로 관하여 모두 손바닥을 보듯이 또렷하도록 관할지어다. 이렇게 관하면「정관」이라 하고, 이렇게 관하나 이렇게 나타나지 않으면「사관」이라 하느니라."

佛告阿難：若欲觀觀世音菩薩者，當作是觀。作是觀者，不遇諸禍，淨除業障，除無數劫生死之罪。如此菩薩，但聞其名，獲無量福，何況諦觀？若有欲觀觀世音菩薩者，先觀頂上肉髻，次觀天冠。其余衆相，亦次第觀之。悉令明了，如觀掌中。作是觀者，名爲正觀。若他觀者，名爲邪觀。

[도송]

관세음보살의 신장 크기는

팔십만 억 나유타의 유순에 이르고

신체는 자마금 빛깔을 띠고 있으며

정수리엔 육계가 목 뒤엔 원광이 있느니라.

觀音身量長八十 · 萬億那由他由旬

身體紫磨黃金色 · 頂有肉髻項圓光

원광은 방면마다 각각 백천 유순이나 되고

5백 화신불이 있나니, 석가여래를 시현함과 같다.

화신불마다 5백 화신보살을 시자로 삼고 있고

광명 속에는 오도의 중생이 그 가운데 나타나느니라.

每面各百千由旬 · 五百化身如釋迦

每佛五百化侍者　五道眾生於中現

정수리에는 비릉가마니보배를 천관 삼아 쓰고 있고
천관 속에는 화신불 한 분이 서 계신다.
미간의 백호상엔 칠보 빛깔을 띠고 있고
8만 4천 광명이 흘러나오느니라.

毗楞伽寶為天冠　天冠中有立化佛
眉毫相備七寶色　流出八萬四千光

광명마다 화신불과 화신보살을 시자로 삼고 있나니
팔은 붉은 연꽃과 같고, 몸에는 무량한 광명이 있으며,
손발의 장엄과 일체 상호는
하나하나 경전에서 설한 바와 같으니라.

光中化佛化侍者　譬如紅蓮無量光
手足莊嚴諸相好　一一如經之所說

[주해]

《보적경寶積經》에서 9지보살인 응지보살應持菩薩은 신력을 써서 위로 32항하사 세계를 관상하지만 부처님의 정수리를 볼 수 없다. 그래서 **무견정상**(無見頂相 ; 부처님의 정수리에 솟아 있는 상투 모양의 혹)만은 세존에 미치지 못한다고 말한다.

제17 대세지보살 몸을 관상하다 [勢至身觀]

17-1 　"다음으로 대세지보살을 관할지어다. 이 보살의 신장 크기는 또한 관세음보살과 같으니라. 원광은 방면마다 각각 1백2십5 유순이고, 2백5십 유순을 비추느니라. 몸에서 나오는 광명은 시방세계 일체국토를 비추고 자마금 빛깔을 띠는데, 인연이 있는 중생들은 빠짐없이 다 볼 수 있느니라. 이 보살의 모공 하나에서 나오는 광명을 보기만 하여도 곧 시방세계 무량 제불의 청정 미묘한 광명을 볼 수 있는 연고로 이 보살의 명호를 무변광無邊光이라 하느니라. 지혜의 광명으로써 일체 인연 있는 중생을 두루 비추고, 삼악도의 괴로움을 여의게 할 수 있는 위없는 힘을 얻게

하는 연고로 이 보살의 명호를 곧 「대세지」라 하느니라."

次觀大勢至菩薩。此菩薩身量大小 , 亦如觀世音。圓光面各百二十五由旬 , 照二
百五十由旬。擧身光明 , 照十方國 , 作紫金色。有緣衆生 , 皆悉得見。但見此菩薩
一毛孔光 , 即見十方無量諸佛淨妙光明。是故號此菩薩名無邊光。以智慧光 , 普
照一切 , 令離三途 , 得無上力 , 是故號此菩薩名大勢至。

17-2 "이 보살의 천관에는 5백 송이 보배 연꽃이 있고, 한
송이 한 송이 보배 연꽃에는 5백 좌대가 있으며, 하나하나
좌대에는 시방세계 제불의 청정 미묘한 불국토의 넓고 긴 모습이
모두 그 가운데 나타나느니라. 정수리 위 육계는 발두마화(붉은
연꽃)와 같고, 그 육계 위에는 보병이 하나 있어 온갖 광명을
가득 담아 그 가운데 두루 불사를 나타내 보이고 있느니라.
나머지 모든 몸의 상호는 모두 관세음보살과 같아 다름이 없느니
라."

此菩薩天冠 , 有五百寶華。一一寶華 , 有五百寶臺。一一臺中 , 十方諸佛淨妙國
土廣長之相 , 皆於中現。頂上肉髻 , 如缽頭摩華。於肉髻上 , 有一寶瓶 , 盛諸光
明 , 普現佛事。余諸身相 , 如觀世音 , 等無有異。

17-3 "이 보살이 걸을 때 시방세계가 일체 다 진동하나니,
땅이 진동하는 곳마다 5백억 송이 보배 연꽃이 솟아나고, 한송이
한송이 보배 연꽃마다 장엄하고 · 높고 넓으며 · 또렷하게 빛나
서 극락세계의 장엄과 같으니라. 이 보살이 앉을 때 극락의
칠보국토가 일시에 흔들려 움직이고, 하방으로 금광불 찰토에서
상방으로 광명왕불 찰토까지 (타방국토가 모두 다 흔들려 움직이며)
그 중간에 무량한 미진수 무량수불의 분신과 관세음 · 대세지

두 대보살의 분신이 모두 다 극락세계에 운집하여 허공에 (비집고 들어가야 할 정도로) 가득하고, 연화좌대에 앉아 묘법을 연설하여 괴로움에서 중생을 구제하느니라."

此菩薩行時，十方世界，一切震動。當地動處，有五百億寶華。一一寶華，莊嚴高顯，如極樂世界。此菩薩坐時，七寶國土，一時動搖。從下方金光佛刹，乃至上方光明王佛刹，於其中間，無量塵數分身無量壽佛，分身觀世音大勢至，皆悉云集極樂國土。晃塞空中，坐蓮華座。演說妙法，度苦衆生。

17-4 "이렇게 관하면 [「정관」이라 하고, 이렇게 관하나 이렇게 나타나지 않으면 「사관」이라 하느니라.] 대세지보살을 친견함이라 하느니라. 이것이 바로 「대세지보살의 색신상을 관상함」이니, 「제11관」이라 하느니라. (이 보살을 관하면) 무수겁 아승지 생사의 중죄가 사라지느니라. 이렇게 관하면 포태胞胎에 처하지 않고, 항상 제불의 청정 미묘한 국토에 노니느니라. 이렇게 관을 이루어서 「관세음·대세지보살 구족관具足觀」이라 하느니라."

作此觀者，名爲觀見大勢至菩薩。是爲觀大勢至色身相，觀此菩薩者，名第十一觀。除無數劫阿僧祇生死之罪。作是觀者，不處胞胎，常遊諸佛淨妙國土。此觀成已，名爲具足觀觀世音大勢至。

[도송]
대세지보살의 신장 크기는 관음보살과 같고
몸에서 나오는 광명은 시방 국토를 비춘다.
단지 보살님 모공에서 나오는 광명만 보아도
곧바로 제불의 청정미묘 광명을 봄이라.

　　勢至身量等觀音 · 舉身光照十方國
　　但見菩薩毛孔光 · 即見諸佛淨妙光

지혜광명으로써 일체중생을 비추나니
이런 연고로 명호를 「무변광」이라 하고,
삼악도의 괴로움을 여의는 위없는 힘 얻게 하니
또한 다시 명호를 「대세지」라 하여라.

以智慧光照一切　是故號為無邊光
令離三途得上力　又復號為大勢至

천관에는 5백 송이 보배연꽃이 있고
불국토의 넓고 긴 모습이 모두 그 가운데 나타난다.
정수리 위 육계는 발두화와 같고
보배병 안에는 온갖 광명을 가득 담고 있어라.

天冠五百寶蓮華　佛國廣長於中現
肉髻猶如鉢頭華　寶缾內盛諸光明

보살이 걸을 때 시방세계가 모두 진동하고
보배연꽃마다 장엄하니 극락과 같도다.
보살이 앉을 때 타방국토가 모두 흔들려 움직이고
서방삼성 분신께서 모두 다 운집하여라.

行時世界咸震動　寶華莊嚴如極樂
坐時國土悉動搖　西方三聖皆雲集

제18 왕생하는 모습을 두루 관상하다 [普觀當生]

18-1 (부처님께서 아난과 위제희에게 이르시길) "이 일을 볼 때 자심自心을 일으켜서 서방극락세계에 태어나 연꽃 가운데 결가 부좌하고 있고, 또한 연꽃이 닫힌다고 관상하고 연꽃이 핀다고 관상할지어다. 연꽃이 필 때는 5백 빛깔의 광명이 나와 자신의 몸을 비춘다고 관상하고, 또한 자신의 심안이 열리어 불보살께서 허공에 두루 가득하고, 물·새·나무·숲 및 일체제불이 내는 소리가 모두 묘법을 연설한다고 관상하라.

見此事時 , 當起自心 , 生於西方極樂世界。於蓮華中 , 結跏趺坐。作蓮華合想 , 作蓮華開想。蓮華開時 , 有五百色光來照身想。眼目開想 , 見佛菩薩滿虛空中 ,

水鳥樹林 , 及與諸佛 , 所出音聲 , 皆演妙法 , 與十二部經合。若出定之時 , 憶持不失。見此事已 , 名見無量壽佛極樂世界。

18-2 "(설한 법문은) 십이부경과 합치되고, 또한 선정에서 나올 때 억념하고 잘 지켜서 잃지 말지니라. 이 일을 보고 나서 「무량수불의 극락세계를 봄」이라 하느니라. 이것이 「보관상普觀想」이니, 「제12관」이라 하느니라. 무량수불의 무수한 화신이 관세음보살 및 대세지보살과 항상 이 수행인의 처소에 오시느니라."

與十二部經合 , 若出定之時 , 憶持不失。見此事已 , 名見無量壽佛極樂世界。是爲普觀想 , 名第十二觀。無量壽佛化身無數 , 與觀世音及大勢至 , 常來至此行人之所。

[도송]
이 일 볼 때 태어난다고 관상할지니
자심이 서방극락국토에 태어나느니라.
연꽃에 결가부좌해 연꽃잎이 닫혔다 열린다고 관상하고
5백 빛깔의 광명이 나와 몸을 비춘다고 관상할지라.

見此事時作生想　自心生於極樂國
趺坐蓮華合開想　五百色光來照身

불보살께서 허공에 두루 가득하고
물과 새, 나무와 숲이 묘법을 선설한다고 관상하고,
선정에서 나올 때 선정과 합치하여 잃지 말라.
이와 같이 보는 때를 「두루 관상함」이라 이름한다.

見佛菩薩滿空中　水鳥樹林宣妙法
出定之時與定合　如是見時名普觀

제19 서방삼성을 함께 관상하다 [雜觀三聖]

19-1 부처님께서 아난과 위제희에게 이르시길, "만약 지극한 마음으로 서방극락에 태어나고자 하거든 먼저 마땅히 1장 6척의 불상이 보배 연못물 위에 있다고 관할지어다. 앞에서 말했듯이 무량수불의 진신은 무량무변하여 범부의 심력으로 도달할 수 없느니라. 그러나 저 여래께서 숙세(因地)에 (48대원의) 원력을 세우신 연고로 부처님을 억념하고 관상하는 사람은 반드시 (극락왕생을) 성취할 수 있느니라. 다만 불상만 관상해도 모두 무량한 복을 얻을 수 있거늘, 하물며 다시 부처님께서 신상을 구족하심을 관상함이랴."

佛告阿難及韋提希：若欲至心生西方者，先當觀於一丈六像，在池水上。如先所
說無量壽佛身量無邊，非是凡夫心力所及。然彼如來宿願力故，有憶想者必得成
就。但想佛像，得無量福。況復觀佛具足身相！

19-2 "아미타부처님께서는 신통이 걸림이 없어 (중생과 부처님의) 뜻과 같이 하여 시방국토에 자재하게 변화하여 나타나시니, 혹 허공을 가득 채우는 큰 몸으로 나타나기도 하고, 혹 1장 6척의 작은 몸으로 나타나기도 하며, 이와 같이 갖가지로 나타난 형상은 모두 자마금 빛깔이니라. 원광 화신불 및 보배연화는 위에서 말한 것과 같으니라."

阿彌陀佛神通如意，於十方國變現自在。或現大身滿虛空中。或現小身丈六八尺。
所現之形，皆眞金色。圓光化佛，及寶蓮華，如上所說。

19-3 관세음보살과 대세지보살의 신상은 어디서나 부처님의 신상과 마찬가지니라. 중생은 머리모양만 관하여 이 분은 관세음보살이고, 저 분은 대세지보살이라 알지어다. 이 두 분 보살께서는 아미타부처님을 도와 일체중생을 두루 교화하느니라. 이것이 바로「잡상관雜想觀」이니,「제13관」이라 하느니라."

觀世音菩薩及大勢至，於一切處身同。衆生但觀首相，知是觀世音，知是大勢
至。此二菩薩，助阿彌陀佛普化一切。是爲雜想觀，名第十三觀。

[도송]

만약 지극한 마음으로 서방정토 왕생하려거든

먼저 마땅히 1장 6척의 불상을 관상할지어다.

관세음보살 왼쪽에, 대세지보살 오른쪽에 시자로 삼아

시방국토에 자재하게 변하여 나타나시리라.

若欲至心生西方　先當觀於丈六像
觀音侍左勢至右　十方變現得自在

혹 1길 6자 내지 8척의 작은 몸으로 나타나시나
갖가지로 나타난 형상은 자마금 빛깔이라.
단지 머리모양만 관하고 두 보살인 줄 아나니
이것이 서방삼성을 함께 관하는 「잡상관」이라.

或現丈六或八尺　所現之形真金色
但觀首相知二尊　是爲西方雜想觀

[주해]
머리 모양을 관함이란 정수리 위에 화불이 있으면 관세음보살이고 정수리 위에
보배병이 있으면 대세지보살이며 나머지 상은 모두 같다.

제20 구품왕생[九品總圖]

삼배왕생은 구품으로 나뉘지만
함께 극락정토 보배 연못에 태어난다네.
첫째는 도에 나아감에 더디고 빠름이 있고,
둘째는 올라타는 좌대에 차이가 있으며,

三輩往生分九品　同生淨土寶池中　一者進道有遲疾　二者所乘有殊異

셋째는 연꽃이 피어나는 시간에 이르고 늦음이 있고,
넷째는 부처님을 친견함에 뚜렷함과 흐릿함 있다네.
다만 하하품의 흐름에 드는 계위를 얻을지라도
또한 영원히 불퇴전의 계위를 증득한다네.

三者華開有早晚　四者見佛有明昧　但使獲預下下流　亦得永階於不退

제21 상품상생 [上品上生]

21-1 부처님께서 아난과 위제희에게 이르시길, "[무릇 서방극락에
태어남에는 구품九品의 사람이 있느니라.] 상품상생인은 만약 어떤 중생이
저 국토에 태어나기를 원하여 세 가지 마음을 일으키면 곧바로 왕생하리
라. 무엇이 세 가지인가? 첫째로 진실한 마음(至誠心)이요, 둘째는 깊이
믿는 마음(深心)이요, 셋째는 회향발원심廻向發願心이니라. 이 세 가지
마음을 갖추면 반드시 저 국토에 태어나느니라.

佛告阿難及韋提希：上品上生者，若有衆生願生彼國者，發三種心，即便往生。
何等爲三？一者至誠心，二者深心，三者回向發願心。具三心者，必生彼國。

21-2 "또한 세 종류의 중생이 있으니, 마땅히 왕생할 수 있으리

라. 무엇이 셋인가? 첫째 자심慈心으로 살생을 하지 말고 모든 계행戒行을 잘 갖추는 이요, 둘째는 대승경전을 독송하는 이요, 셋째는 육념六念을 수행하는 이니라. (이러한 사람은 각자 닦은 정업으로써) 회향하여 저 불국토에 태어나길 발원하느니라. 이러한 공덕을 갖추면 (짧게는) 일일 내지 칠일에 (길게는 이번 생에) 곧 왕생할 수 있느니라."

> 復有三種衆生 , 當得往生。何等爲三 ? 一者慈心不殺 , 具諸戒行。二者讀誦大乘方等經典。三者修行六念。回向發願 , 願生彼國。具此功德 , 一日乃至七日 , 卽得往生。

21-3 "저 국토에 태어날 때 이 사람은 생전에 용맹정진하였기에 아미타여래께서 관세음보살·대세지보살과 무수한 화신불·백천 비구의 성문 대중과 무량한 제천·미묘한 보배궁전과 함께 나타나시고, 관세음보살은 대세지보살과 함께 금강대를 잡고 정업행자 앞에 이르니라. 그 때 아미타부처님께서 큰 광명을 놓아 정업행자의 몸을 비추시면서 여러 보살들과 함께 손을 내밀어 접인하시느니라. 관세음보살과 대세지보살은 무수한 보살들과 함께 정업행자를 찬탄하면서 그 마음을 권진勸進하시느니라. 정업행자는 이를 보고 나서는 뛸 듯이 기뻐하며 자신의 몸이 금강대를 타고서 부처님의 뒤를 따라가, 손가락 퉁기는 짧은 순간에 저 국토에 왕생함을 보느니라.

> 生彼國時 , 此人精進勇猛故 , 阿彌陀如來 , 與觀世音大勢至 , 無數化佛 , 百千比丘聲聞大衆 , 無量諸天 , 七寶宮殿 , 觀世音菩薩執金剛臺 , 與大勢至菩薩 , 至行者前。阿彌陀佛 , 放大光明 , 照行者身 , 與諸菩薩 , 授手迎接。觀世音大勢至 , 與無數菩薩 , 賛嘆行者 , 勸進其心。行者見已 , 歡喜踊躍 , 自見其身乘金剛臺 , 隨從佛後 , 如彈指頃 , 往生彼國。

21-4 "저 국토에 태어나서는 부처님의 색신이 온갖 상호장엄을 갖추고 있음을 보고, 여러 보살들도 색상장엄을 갖추고 있음을 보느니라. 또한 광명이 가득한 보배나무 숲에서 묘법을 연설함을 듣고 나서는 즉시 무생법인을 깨닫느니라. 수유의 짧은 순간에 시방세계에 두루 다니면서 제불을 모시고, 제불 앞에서 차례대로 수기를 받고서는 본국으로 돌아와 무량 백천의 다라니문을 얻으리라. 이것이 바로 「상품상생자」이니라."

生彼國已, 見佛色身衆相具足, 見諸菩薩色相具足。光明寶林, 演說妙法。聞已即悟無生法忍。經須臾間, 歷事諸佛, 遍十方界, 於諸佛前, 次第受記。還至本國, 得無量百千陀羅尼門。是名上品上生者。

[도송]
만약 어떤 중생이 극락왕생하려거든
마땅히 세 가지 마음을 발해야 하리라.
첫째 지성심이요, 둘째 신심이요, 셋째 회향심이라.
이 세 마음을 갖추면 즉시 극락왕생하리라.

若有衆生欲往生　應當發其三種心
至誠深心迴向心　具此三心即往生

또한 세 종류의 중생이 있으니,
자비심으로 살생하지 않고 모든 계행을 잘 갖추는 이요,
대승 방등경전을 독송하는 이요,
육념을 수행하는 이요, 이러한 공덕으로써 회향하여 왕생하길 발원한다.

復有三種之衆生　慈心不殺具諸戒
讀誦大乘方等經　修行六念願往生

이 사람은 생전에 용맹 정진하였기에
서방삼성께서 함께 그 앞에 나타나시리라.
무수한 화신불, 비구 제천대중들과 함께
큰 광명을 놓아 행자의 몸을 비추리라.

此人精進勇猛故   西方三聖現其前
化佛比丘諸天眾   放大光明照其身

손을 내밀어 접인하시니, 금강대에 올라타고
손가락 퉁기는 짧은 순간에 저 국토에 왕생하리라.
부처님의 상호 친견하자마자 무생법인을 깨닫고
즉시 무량한 총지법문도 얻으리라.

授手接以金剛臺   一彈指頃生彼國
見佛相好悟無生   即得無量總持門

제22 인과를 믿는 자의 왕생[上品中生]

22-1 "상품중생인은 반드시 대승 방등경전을 수지 독송하지 않아도, 대승의 의취를 잘 이해하고 제일의공第一義空을 들어도 마음이 놀라서 흔들리지 않으며, 인과를 깊이 믿고 대승을 비방하지 않느니라. 이러한 공덕으로써 회향하여 극락세계에 태어나길 발원하느니라.

上品中生者, 不必受持讀誦方等經典, 善解義趣, 於第一義心不驚動, 深信因果, 不謗大乘。以此功德, 回向願求生極樂國。

22-2 "이러한 행을 행한 자가 목숨을 마치려고 할 때 아미타부처님께

서 관세음보살·대세지보살, 무량한 대중 권속들과 함께 둘러싸고서 자금대紫金臺를 가지고 정업행자 앞에 이르러 찬탄하여 「법의 아들이여, 그대는 대승을 수행하여 제일의를 이해하였도다! 그래서 내가 지금 내영來迎하여 그대를 접인하노라!」 말씀하시고, 일천의 화신불과 함께 일시에 손을 내밀어 접인하시니라. 그때 정업행자는 자신이 자금대 위에 앉아 있음을 보고서 합장 차수叉手하고 제불을 찬탄하자 일념의 짧은 순간에 저 국토의 칠보 연못 가운데 태어나느니라."

行此行者,命欲終時,阿彌陀佛與觀世音大勢至,無量大衆,眷屬圍繞,持紫金臺,至行者前,讚言：法子,汝行大乘,解第一義,是故我今來迎接汝。與千化佛一時授手。行者自見坐紫金臺,合掌叉手,讚嘆諸佛,如一念頃,即生彼國七寶池中。

22-3 "이 자금대는 큰 보배 꽃과 같은데 하룻밤 지나면 열리리라. 정업행자의 몸은 자마금 빛깔을 띠며, 발아래는 또한 칠보의 연꽃이 있느니라. 부처님과 보살이 동시에 광명을 놓아서 정업행자의 몸을 비추자, 눈이 곧 밝게 열려 숙세에 훈습한 공덕으로 인해 (극락국토에서) 온갖 소리가 깊고 깊은 제일의제를 순수히 선설함을 두루 듣느니라. 곧 그는 자금대에서 내려와 부처님께 합장 예배하고 아미타세존을 찬탄하며, 7일이 지나고서 때에 맞추어 곧 아뇩다라삼먁삼보리에서 물러나지 않는 경지를 얻느니라."

此紫金臺,如大寶華,經宿則開。行者身作紫磨金色,足下亦有七寶蓮華。佛及菩薩俱時放光,照行者身,目即開明。因前宿習,普聞衆聲,純說甚深第一義諦。即下金臺,禮佛合掌,讚嘆世尊。經於七日,應時即於阿耨多羅三藐三菩提,得不退轉。

22-4 "감응하는 때 곧 날아서 시방세계에 두루 이르러 제불께 공양할 수 있느니라. 제불의 처소에서 모든 삼매를 닦고 1소겁이 지나면 무생법인을 얻어 현전에서 부처님께 수기를 받으리라. 이것이 바로 「상품중생인」이니라."

應時卽能飛行遍至十方, 歷事諸佛, 於諸佛所, 修諸三昧, 經一小劫, 得無生忍, 現前受記。是名上品中生者。

[도송]

대승 방등경전을 굳이 수지 독송하지 않고도

대승의 의취를 잘 이해하고 마음이 놀라서 흔들리지 않으며,

인과를 깊이 믿고 정법을 비방하지 않으며,

이러한 공덕으로써 회향하여 극락에 태어나길 발원한다.

不必持誦方等經 · 善解義趣心不動

深信因果不謗法 · 以此迴向而求生

이러한 행자는 임종시 서방삼성이 와서 접인하실 때

자금대를 가지고 행자의 앞에 이르러

일천의 화신불과 함께 손을 내미시니라.

곧 자신이 보배연화대 위에 앉아 있음을 보고서

臨終三聖來接引 · 持紫金臺至其前

一千化佛俱授手 · 卽見身坐寶蓮臺

합장 차수하고 제불을 찬탄하자

일념의 짧은 순간에 칠보연못 가운데 태어나리라.

큰 보배꽃이 하룻밤 지나고서 열리고,

즉시 그 몸이 자마금 빛깔을 띠고 있음을 보리라.

合掌叉手讚諸佛 · 如一念頃生池中
寶華經宿方乃開 · 即見其身眞金色

발아래 연꽃을 밟고 부처님께서 광명을 놓으며,
온갖 소리 묘법을 선설함을 두루 듣나니,
7일이 지나고서 무상보리에서 물러나지 않고,
1소겁이 지나면 무생법인을 얻으리라.

足蹈蓮華佛放光 · 普聞眾聲說妙法
七日於道不退轉 · 經一小劫得無生

제23 보리심을 발하는 자의 왕생 [上品下生]

23-1 상품하생인은 또한 (반드시 깊지는 않지만) 인과를 믿고 대승을 비방하지 않으며 다만 무상보리심을 발할 뿐이니라. 이러한 공덕으로써 회향하여 극락세계에 태어나길 발원하느니라.

上品下生者 , 亦信因果 , 不謗大乘 , 但發無上道心。以此功德 , 回向願求生極樂國。

23-2 "이러한 행자가 목숨을 마치려고 할 때 아미타부처님께서 관세음보살 · 대세지보살을 비롯한 여러 보살들과 함께 금련화를 손에 들고 5백 화신불로 화현하시어 이 사람을 맞이하러 오시느니라. 그때 5백 화신불이 일시에 손을 내미시며 찬탄하여 말씀하시길, 「법의 아들이여, 그대는 지금 청정하여 무상보리심을 내었도다! 그래서 내가 와서 그대를 맞이하노라!」 행자가 이러한 일을 볼 때 자신의 몸이 곧 황금 연꽃 위에 앉아 있음을 보느니라. 앉은 후 연꽃잎이 닫히고 세존의 뒤를 따라가 곧 칠보 연못 가운데 왕생하느니라."

行者命欲終時 , 阿彌陀佛 , 及觀世音大勢至 , 與諸菩薩 , 持金蓮華 , 化作五百佛 , 來迎此人。五百化佛 , 一時授手 , 讚言：法子 , 汝今清淨 , 發無上道心 , 我來迎汝。見此事時 , 即自見身坐金蓮華 , 坐已華合 , 隨世尊後 , 即得往生七寶池中。

23-3 "하루 밤낮이 지나고서 연꽃이 피어나리라. 7일에 비로소 부처님을 친견할 수 있나니, 비록 부처님의 몸을 친견할지라도 온갖 상호가 마음에 분명하지 않느니라. 21일이 지난 후에야 또렷이 친견할 뿐만 아니라 온갖 음성이 들리니 모두 묘법을 연설하느니라."

一日一夜 , 蓮華乃開。七日之中 , 乃得見佛。雖見佛身 , 於衆相好 , 心不明了。於

三七日後 , 乃了了見。聞衆音聲 , 皆演妙法。

23-4 "시방세계를 두루 다니면서 제불께 공양하고 제불 앞에서 깊고 깊은 법을 들으며, 3소겁이 지나면 (초지보살의) 백법명문(百法明門 ; 이일심불란)을 증득해 환희지歡喜地에 머무느니라. 이것이 바로 「상품하생인」이니라. 이상으로 상배삼품을 관상함을 「상배생상」이라 하고, 「제14관」이라 하느니라."

遊歷十方 , 供養諸佛。於諸佛前 , 聞甚深法。經三小劫 , 得百法明門 , 住歡喜地。是名上品下生者。是名上輩生想 , 名第十四觀。

[도송]
또한 인과 믿고 정법을 비방하지 아니하며
다만 무상보리심을 발할 따름이니,
이러한 공덕으로써 회향하여
극락세계에 태어나길 발원한다.

亦信因果不謗法　但發無上菩提心
以此功德而迴向　發願求生極樂國

행자가 목숨을 마치려고 할 때
서방삼성께서 손에 황금 연꽃을 들고서
5백 화신불로 와서 그 앞에 이르러
일시에 손을 내밀어 접인하시리라.

行者臨欲命終時　三聖手持金蓮華
化五百佛來至此　一時授手而接引

찬탄하여 말하길, 「법의 아들이여 무상보리심
내었기에 내가 지금 와서 그대를 맞이하노라!」
곧 자신의 몸이 황금 연꽃 위에 앉아 있음을 보고,
연꽃잎이 닫히고 세존의 뒤를 따라가리라.

　讚言法子發道心　是故我今來迎汝
　即見自身坐金蓮　華合隨從世尊後

하루 밤낮 지나고서 연꽃이 비로소 피어나고
21일이 지난 후에야 또렷하게 친견하리라.
다시 3소겁 동안 부처님께 공양하면
백법명문 얻고 환희지에 머물리라.

　一日一夜華方開　三七日後見了了
　供佛更經三小劫　得百法門歡喜地

제24 오계를 지니는 자의 왕생 [中品上生]

24-1 부처님께서 아난과 위제희에게 이르시길, "중품상생인은 혹 어떤 중생은 오계를 수지하고, 팔관재계를 지키며, 일체 계율을 수행하되, 오역죄를 짓지 말아야 하고 온갖 허물과 근심이 없느니라. 이러한 선근으로써 회향하여 서방 극락세계에 태어나길 발원하느니라.

佛告阿難及韋提希：中品上生者，若有衆生，受持五戒，持八戒齋，修行諸戒，不造五逆，無衆過患。以此善根，回向願求生於西方極樂世界。

24-2 "이러한 행자가 목숨을 마치려 할 때, 아미타부처님께서 여러 비구 권속들과 둘러싸고서 금색 광명을 놓아 비추면서

그 사람이 있는 곳에 이르러 고·공·무상·무아를 연설하시고
찬탄하시길, 「그대는 출가하여 온갖 괴로움을 여의었도다!」
행자가 이를 보고 듣고 나서 마음속으로 크게 기뻐하였느니라.
그때 자신의 몸이 이미 연화대에 앉아 있음을 보고서 장궤
합장하며 부처님께 예배드리니, 머리를 들기도 전에 곧 극락세
계에 왕생하였느니라.

臨命終時, 阿彌陀佛, 與諸比丘, 眷屬圍繞, 放金色光, 至其人所, 演說苦空
無常無我, 贊嘆出家得離衆苦。行者見已, 心大歡喜, 自見己身坐蓮華臺。長跪
合掌, 爲佛作禮。未擧頭頃, 卽得往生極樂世界。

24-3 "(그때) 연꽃이 활짝 피어나리라. 연꽃잎이 펼쳐질 때 온갖
음성을 들으니, 모두 (고집멸도) 사성제四聖諦를 찬탄하더라. 감응
하는 때 정업행자는 곧 아라한과를 얻고 삼명육통三明六通·팔해탈
八解脫을 다 갖추느니라. 이것이 바로 「중품상생인」이니라."

蓮華尋開。當華敷時, 聞衆音聲贊嘆四諦, 應時卽得阿羅漢道。三明六通, 具八
解脫。是名中品上生者。

[도송]
오계와 팔관재계, 일체 계율을 수지하되
오역죄 짓지 말고 온갖 허물이 없어야 한다.
이러한 선근으로써 두루 회향하여
서방 극락국토에 태어나길 발원한다.

受持五八幷諸戒　不造五逆無眾過
以此善根普迴向　發願求生極樂國

아미타부처님께서 와서 접인하실 때

여러 비구들과 함께 둘러싸고서

그 사람 앞에 이르러 그를 위해 설법하시며

찬탄하시길, 「그대는 출가하여 온갖 괴로움을 여의었도다!」

　阿彌陀佛來接引　與諸比丘共圍繞

　至其人前爲說法　讚歎出家離眾苦

수행자가 보고 나서 마음속으로 기뻐할 때

자신이 연화대에 가부좌를 하고 있음을 보고서

장궤합장하며 아미타부처님께 예배드리니,

고개를 들기도 전에 연꽃 속에 태어나리라.

　行者見已心歡喜　自身跌坐蓮華臺

　長跪合掌禮彌陀　未擧頭頃生華中

연꽃이 활짝 피어나 법음을 들으니

고집멸도 사성제 법문을 찬탄하더라.

감응하는 때 즉시 아라한과를 얻고

삼명육통과 팔해탈을 갖추느니라.

　蓮華尋開聞法音　讚歎苦集滅道法

　應時即得阿羅漢　三明六通八解脫

[주해]

팔관재八戒齋란 일명 팔관재계八關齋戒라 한다. 이른바 1) 살생을 하지 말고, 2) 도둑질을 하지 말고, 3) 음행을 하지 말고, 4) 거짓말을 하지 말고, 5) 술을 마시지 말고, 6) 높고 큰 호화스런 침대에 앉지 말고, 7) 꽃다발로 머리를 꾸미고 영락을 걸치며 향유를 몸에 바르며 옷을 향기롭게 하지 말고, 8) 노래하고 춤추며 풍류를 즐기고 가서 구경하지 말라. 정오가 지나면 먹지 말라.

재關란 여덟 가지 죄를 금폐禁閉하여 범하지 않도록 한다. 정오가 지나면 먹지 않는 것은 재齋의 체體로 삼는다. 여덟 가지 일로써 재체齋體를 이루도록 도와서 함께 서로 지지支持하기에 또한 팔지재법八支齋法이라 한다. 그래서 여덟을 말하고, 아홉을 말하지 않는다. 이는 통속적인 것으로 사람들이 받아들인다. 하루 낮 하루 밤을 기한으로 삼는다.

제25 하루 밤낮 계를 지키는 자의 왕생 [中品中生]

25-1 "중품중생인은 혹 어떤 중생은 하루 밤낮만이라도 팔재계를 지키거나, 하루 밤낮만이라도 사미계를 지키거나, 하루 밤낮만

이라도 구족계를 지녀서 (신구의 삼업의) 위의에 허물이 없도록
하느니라. 이러한 공덕으로써 회향하여 서방극락국토에 태어나
길 발원하느니라."

中品中生者, 若有衆生, 若一日一夜持八戒齋, 若一日一夜持沙彌戒, 若一日
一夜持具足戒, 威儀無缺。以此功德, 回向願求生極樂國。

25-2 "계의 향기가 몸에 배이도록 닦았기에 이러한 행자는 목숨을
마치려고 할 때 아미타부처님께서 여러 권속들과 함께 금색 광명을
놓으시며 칠보 연꽃을 들고서 행자 앞에 이름을 보리라. 그때 행자는
스스로 허공에서 들리는 소리가 있어 찬탄하여 말씀하시길, 「선남자
여, 그대처럼 선한 사람은 삼세제불의 가르침에 수순하였도다! 그래서
내가 와서 그대를 맞이하노라!」 행자는 자신이 연꽃 위에 앉아 있음을
보고서 연꽃잎이 이내 닫히니, 문득 서방 극락세계에 태어나 보배연못
안으로 들어가느니라."

戒香熏修, 如此行者命欲終時, 見阿彌陀佛, 與諸眷屬, 放金色光, 持七寶蓮
華, 至行者前。行者自聞空中有聲, 贊言：善男子, 如汝善人, 隨順三世諸佛敎
故, 我來迎汝。行者自見坐蓮華上, 蓮華卽合, 生於西方極樂世界, 在寶池中。

25-3 "7일이 지나야 연꽃잎이 펼쳐지리라. 연꽃잎이 이미 펼쳐지고
나서 심안이 열리고 합장하며 세존께 찬탄하느니라. 설법을 듣고서
기뻐하여 수다원과를 증득하고, 반 겁이 지난 후 아라한과를 이루느니
라. 이것이 바로 「중품중생인」이니라."

經於七日, 蓮華乃敷。華旣敷已, 開目合掌, 贊嘆世尊。聞法歡喜, 得須陀洹。經
半劫已, 成阿羅漢。是名中品中生者。

[도송]

혹 어떤 사람이 하루 밤낮만이라도

팔관의 재계를 수지하거나,

혹 사미의 십계를 지키거나,

혹 비구의 구족계를 지녀서

　若人一日與一夜 · 受持八關之齋戒

　或持沙彌之十戒 · 或持比丘具足戒

3천 가지 위의와 8만 가지 행을

하나하나 호지하여 허물이 없도록 하고,

이러한 공덕으로써 회향하여 발원하며

계의 향이 배이도록 닦아 (왕생의) 인으로 삼는다.

　三千威儀八萬行 · 一一護持無缺犯

　以此迴向并發願 · 戒香熏修以爲因

이러한 행자가 목숨을 마치려고 할 때

아미타불께서 권속들과 금색 광명을 놓으시며

칠보 연화대를 손에 들고서

한꺼번에 행자 앞에 와서 이름을 보리라.

　行者臨欲命終時 · 見佛眷屬放光明

　手持七寶蓮華臺 · 俱時來至行者前

스스로 허공에서 찬탄하는 말을 듣나니,

「제불의 가르침에 수순하였도다! 와서 그대를 맞이하노라!」

7일 후 연꽃이 열리고서 초과를 증득하고,

반 겁이 지난 후 아라한과를 이루리라.

自聞空中讚歎言　隨順佛敎來迎汝
七日華開證初果　經半劫成阿羅漢

[주해]

구족계具足戒란 곧 보살계로 10종의 무거운 계가 있고, 18종의 가벼운 계가
있다.

제26 효도하고 인자한 자의 왕생 [中品下生]

26-1 "중품하생인은 혹 어떤 선남자 선여인은 부모님께 효도 봉양하고 세상 사람들에게 인자한 선행을 베푸느니라. 이러한 사람이 목숨을 마치려고 할 때 선지식을 만나나니, 그 선지식이 그를 위해 아미타부처님 국토의 즐거운 일에 대해 자세히 설하고, 또한 법장 비구의 48대원에 대해 설법하리라. 이 일을 듣고 나서 이내 목숨이 다하니, 그때 비유컨대 힘센 장사가 팔 한 번 굽혔다 펴는 짧은 순간에 곧바로 서방 극락세계에 태어나느니라."

中品下生者 , 若有善男子善女人 , 孝養父母 , 行世仁慈。此人命欲終時 , 遇善知識 , 爲其廣說阿彌陀佛國土樂事 , 亦說法藏比丘四十八大願。聞此事已 , 尋卽命終 , 譬如壯士屈伸臂頃 , 卽生西方極樂世界。

26-2 "7일이 지나고 나서 관세음·대세지 두 대보살을 만나 묘법을 듣고 기뻐하며 수다원과를 증득하고, 이로부터 다시 1소겁이 지나가면 아라한과를 이루리라. 이것이 바로「중품하생인」이니라. 이상으로 중배삼품을 관상함을「중배생상中輩生想」이라 하고, 또한「제15관」이라 하느니라."

經七日已 , 遇觀世音及大勢至 , 聞法歡喜 , 得須陀洹。過一小劫 , 成阿羅漢。是名中品下生者。是名中輩生想 , 名第十五觀。

[도송]
혹 어떤 사람은 부모님께 효도 봉양하고
세상 사람들에게 인자한 온갖 선행을 베푸나니,
이런 사람이 목숨을 마칠 때 선지식을 만나서
그를 위해 정토의 즐거운 일을 연설하리라.

若人孝養於父母　行世仁慈眾善行
命終得遇善知識　為其演說淨土事

극락세계의 갖가지 미묘한 장엄과
아미타부처님께서 세우신 사십팔 대원에 대해
듣고 나서 기뻐하며 이내 목숨이 다하니,
서방 안양국토에 왕생할 수 있으리라.

極樂世界妙莊嚴　彌陀四十八大願
聞已歡喜即命終　而得往生安養土

비유컨대 힘센 장사가 팔 한 번 굽혔다 펴는 짧은 순간에
곧바로 이미 저 극락세계에 태어났도다.
저 국토에 태어나 7일이 지나고 나서
관세음 · 대세지 두 대보살을 만나니라.

譬如壯士伸臂頃　即時已生彼世界
生彼土已經七日　得遇觀音大勢至

보살들이 그를 위해 갖가지 법을 설하니
이때 곧바로 수다원과를 증득하고
이로부터 다시 1소겁이 지나가면
소승사과인 아라한과를 이루리라.

菩薩為說種種法　爾時即證須陀洹
過此更經一小劫　得成四果阿羅漢

제27 온갖 악업을 짓는 자의 왕생 [下品上生]

27-1 부처님께서 아난과 위제희에게 이르시길, "하품상생인은 혹 어떤 중생은 살아서 온갖 악업을 짓느니라. 비록 대승의 방등경전을 비방하지는 않을지라도 이러한 어리석은 사람은 악법을 수많이 지으면서도 두려워하고 부끄러워하는 마음이 없느니라."

佛告阿難及韋提希：下品上生者，或有衆生，作衆惡業。雖不誹謗方等經典，如此愚人，多造惡法，無有慚愧。

27-2 "(이러한 사람이) 목숨을 마치려고 할 때 선지식을 만나니, 그 선지식이 그를 위해 대승 십이부경의 제목이름을 찬탄하느니라.

이와 같이 제경의 이름을 들었기에 1천겁 동안 지은 지극히 무거운 악업을 없애느니라. 지혜로운 자는 다시 두 손을 합장하고 「나무아미타불」을 칭념하라고 가르치니, 부처님의 명호를 칭념하였기에 50억겁 생사의 중죄를 없애느니라.」

命欲終時 , 遇善知識 , 爲讚大乘十二部經首題名字。以聞如是諸經名故 , 除却千劫極重惡業。智者復敎合掌叉手 , 稱南無阿彌陀佛。稱佛名故 , 除五十億劫生死之罪。

27-3 "그때 저 부처님께서 곧 화신불과 화신 관세음보살과 화신 대세지보살을 보내어 행자 앞에 이르러 찬탄하여 말씀하시길, 「착하도다! 선남자여, 그대가 부처님의 명호를 불렀기에 일체 죄업이 사라졌도다! 그래서 내가 와서 그대를 맞이하노라!」 이렇게 말씀하시자 행자는 곧 화신불의 광명이 그의 방안에 두루 가득함을 보았느니라. 보고 나서 기쁨에 넘쳐 곧바로 목숨이 다함에 보배연꽃을 타고 화신불의 뒤를 따라 보배연못 가운데 태어나느니라."

爾時彼佛 , 卽遣化佛 , 化觀世音 , 化大勢至 , 至行者前 , 讚言：善男子 , 以汝稱佛名故 , 諸罪消滅 , 我來迎汝。作是語已 , 行者卽見化佛光明 , 遍滿其室。見已歡喜 , 卽便命終 , 乘寶蓮華 , 隨化佛後 , 生寶池中。

27-4 "49일이 지나야 연꽃이 피어나리라. 연꽃이 피어날 때 대자대비하신 관세음보살과 대세지보살께서 큰 광명을 놓고 그 사람 앞에 머물면서 그를 위하여 깊고 깊은 십이부경을 설하리라. 법문을 듣고 나서 신해(信解; 안심)하여 무상보리심을 발하리라. 10소겁이 지나면 백법명문百法明門을 갖추어 보살초지에 들어갈 수 있느니라. 이것이 바로 「하품상생인」이니라."

經七七日 , 蓮華乃敷。當華敷時 , 大悲觀世音菩薩 , 及大勢至菩薩 , 放大光明 , 住其人前 , 爲說甚深十二部經。聞已信解 , 發無上道心。經十小劫 , 具百法明門 , 得入初地。是名下品上生者。

"부처님의 이름을 들었고, 불법의 이름 및 승가의 이름을 들었으며, 삼보의 이름을 들었기에 곧 왕생하게 되느니라."

得聞佛名 , 法名及聞僧名 , 聞三寶名 , 卽得往生。

[도송]

이러한 사람은 비록 방등경전을 비방하지는 않을지라도

악업을 많이 지으면서도 두려워하고 부끄러워하는 마음이 없다.

목숨을 마치려고 할 때 선지식을 만나니,

그를 위해 대승 십이부경을 설하느니라.

此人雖不謗方等　多造惡業無慚愧

命終得遇善知識　爲說十二部經卷

이러한 제경의 이름을 들었기에

1천 겁 중죄의 악업을 없앤다.

다시 두 손 합장하고 「나무아미타불」 칭념하라고 가르치니,

칭념하였기에 50억겁 생사의 중죄를 없앤다.

以聞如是經名故　除却千劫重惡業

復教叉手稱彌陀　除五十劫生死罪

저 부처님께서 곧 화신 서방삼성을 보내어

행자 앞에 이르러 찬탄하여 말씀하시길,

「그대가 부처님의 명호를 불렀기에 일체 죄업이 사라졌도다!

그래서 내가 지금 와서 그대를 맞이하노라!」

　彼佛即遣化三聖　至行者前讚歎言

　以汝稱佛滅諸罪　是故我今來迎汝

광명을 보고 나서 연못 가운데 태어나리라.

49일이 지나 연꽃이 피어 관세음 대세지 두 성존께서

큰 광명을 놓고 설법하여 무상보리심을 발하리니,

10소겁이 지나 초지보살에 오르리라.

　見光即生華池中　七七華開見聖尊

　放光說法發道心　經十小劫登初地

제28 계를 파한 자의 왕생 [下品中生]

28-1 부처님께서 아난과 위제희에게 이르시길, "하품중생인은 혹 어떤 중생은 (출가·재가의 근본계인) 오계, (사미승의) 팔계 및 (출가승의) 구족계 등 모든 계율을 허물고 범하느니라. 또한 이러한 어리석은 사람은 승가에 속하는 부동산(僧祇物)을 훔치거나 살면서 필요한 승가의 물건을 훔치며, 또는 (밥벌이로) 청정하지 못한 설법을 하면서도 두려워하고 부끄러워하는 마음이 없고, 온갖 악법으로써 자신을 장엄하느니라. 이러한 죄인은 악업을 지었기에 마땅히 지옥에 떨어지느니라."

佛告阿難及韋提希：下品中生者，或有衆生，毀犯五戒八戒，及具足戒。如此愚
人，偷僧祇物，盜現前僧物，不淨說法，無有慚愧，以諸惡業，而自莊嚴。如此
罪人，以惡業故，應墮地獄。

28-2 "(이러한 사람이) 목숨을 마치려고 할 때 지옥의 온갖 불길이 일시에 몰아닥치겠지만, 선지식을 만나 선지식이 대자비심으로써 곧 그를 위하여 아미타부처님의 십력·위덕을 찬탄하고 저 부처님의 광명·위신력을 자세히 말해주고, 또한 계정혜와 해탈·해탈지견解脫知見을 찬탄하느니라. 이러한 사람은 그 법문을 듣고 나서 80억 겁 생사의 중죄를 없애어 지옥의 맹렬한 불길이 문득 청량한 미풍으로 변화하여 제천의 꽃을 날리고, 그 꽃 위에는 모두 화신 불보살이 계셔서 이 사람을 맞이해 접인하느니라. (그때) 일념의 짧은 순간에 곧 왕생할 수 있느니라. (극락세계) 칠보 연못의 연꽃 안에서 6겁을 보내야 하느니라."

命欲終時，地獄衆火，一時俱至。遇善知識，以大慈悲，即爲贊說阿彌陀佛十力
威德，廣贊彼佛光明神力，亦贊戒定慧解脫解脫知見。此人聞已，除八十億劫生
死之罪。地獄猛火，化爲清涼風，吹諸天華。華上皆有化佛菩薩，迎接此人。如一
念頃，即得往生。七寶池中蓮華之內，經於六劫。

28-3 "연꽃잎이 펼쳐질 때 관세음·대세지 두 대보살께서 청정한 범음으로써 그를 위로하고 그를 위하여 대승의 깊고 깊은 경전을 설하리라. 이 법문을 듣고 나서 감응하는 때 곧 무상보리심을 발하느니라. 이것이 바로 「하품중생」이니라."

蓮華乃敷。觀世音，大勢至，以梵音聲，安慰彼人，爲說大乘甚深經典。聞此法
已，應時即發無上道心。是名下品中生者。

[도송]

오계와 팔계, 구족계 등 모든 청정계율을

이러한 어리석은 사람은 모두 허물고 범하며

승가의 부동산과 살면서 필요한 물건을 훔치거나

밥벌이로 설법하여도 부끄러워하는 마음이 없느니라.

　五戒八戒具足戒　如是愚人都毀犯

　盜僧祇物現前物　不淨說法無慚愧

악업으로써 장엄하여 마땅히 지옥에 떨어지나니,

선지식 만나 자비심으로 그를 위해 찬불을 하고

아미타부처님의 십력·위덕 및 저 부처님의 광명·위신력과

해탈·해탈지견 등 오분법신 모두를 찬설하리라.

　惡業莊嚴應墮獄　善友慈悲為讚佛

　十力威德及光明　五分法身皆讚說

이러한 사람은 이미 생사의 중죄를 없애어

지옥의 불길이 문득 청량한 바람으로 변화하여

제천의 꽃을 날리며 그 꽃마다 화신불이 앉아 있고

서방삼성께서 함께 와서 그를 접인하시리라.

　是人聞已滅重罪　地獄火化清涼風

　吹諸天華華坐佛　三聖俱來接引之

일념의 짧은 순간에 저 국토에 태어나지만,

6겁이 지나야 연꽃잎에 펼쳐지리라.

그를 위해 대승의 깊고 깊은 경전을 설하리니

감응하는 때 곧 무상보리심을 발하리라.

如一頃念生彼國　經於六劫華方敷
為說大乘甚深經　應時即發大道心

제29 오역십악을 지은 이의 염불왕생 [下品下生]

29-1　부처님께서 아난과 위제희에게 이르시길, "하품하생인은 혹 어떤 중생은 불선업不善業을 지어서 오역五逆 십악十惡 등 일체 불선의 업인을 갖추었느니라. 이러한 어리석은 사람은 악업을 지었기에 마땅히 악도에 떨어져 다겁이 지나도록 (무간지옥의) 괴로움을 받아 궁진함이 없으리라.

佛告阿難及韋提希：下品下生者，或有衆生，作不善業。五逆十惡，具諸不善。
如此愚人，以惡業故，應墮惡道。經歷多劫，受苦無窮。

29-2 "이러한 어리석은 사람이 목숨을 마치려고 할 때 선지식을 만나 그를 위해 갖가지 말로 위로하고 (대승의) 묘법을 선설하면서 염불하라고 가르쳐 주지만, (지옥의 과보가 현전하니) 저 사람은 괴로움이 핍박하여 염불할 틈조차 없느니라. 선지식이 그에게 일러 말하기를, 「그대가 만약 저 부처님을 염할 수 없다면 마땅히 무량수불을 부르도록 할지어다!」 이렇게 이 사람은 지극한 마음으로 소리가 끊어지지 않고 십념을 구족하도록 「나무아미타불」을 부르느니라. 부처님 명호를 칭념하였기에 염념 가운데 80억겁 생사의 중죄가 사라지나니, 목숨이 다할 때 태양처럼 큰 황금 연꽃이 그 사람 앞에 머무는 모습이 보이나니, 일념의 짧은 순간에 곧바로 극락세계에 왕생하느니라."

如此愚人，臨命終時，遇善知識，種種安慰。爲說妙法，敎令念佛。彼人苦逼，
不遑念佛。善友告言，汝若不能念彼佛者，應稱無量壽佛。如是至心，令聲不絕。
具足十念，稱南無阿彌陀佛。稱佛名故，於念念中，除八十億劫生死之罪。命終
之時，見金蓮華，猶如日輪，住其人前。如一念頃，卽得往生極樂世界。

29-3 "연꽃 속에서 12대겁을 채워야 연꽃잎이 열리리라. (연꽃잎이 열릴 때) 관세음·대세지 두 대보살께서 곧 그 사람을 위해 제법실상을 광설하여 (일념심성인 진여眞如의 도리와 무생의 지혜로써 업의 성품이 본래 공함業性本空을 관하게 하여) 생사의 중죄를 없애느니라. 이 사람이 듣고 나서 기뻐하니, 감응하는 때 곧 보리심을 발하느니라. 이것이 바로 「하품하생인」이니라. 이상으로 하배삼품을 관상함을 「하배생상下輩生想」이라 하고, 또한 「제16관」이라 하느니라."

於蓮華中，滿十二大劫，蓮華方開。觀世音，大勢至，以大悲音聲，爲其廣說諸
法實相，除滅罪法。聞已歡喜，應時卽發菩提之心。是名下品下生者。是名下輩生
想，名第十六觀。

[도송]
혹 어떤 중생은 온갖 불선업을 지어서
오역십악 등 여러 악업의 인을 갖추니
이러한 어리석은 사람은 마땅히 악도에 떨어져
다겁이 지나도록 온갖 괴로움을 다 받으리라.

  或有眾生作不善　五逆十惡備眾惡
  如此愚人應墮獄　經歷多劫受諸苦

선지식이 갖가지 말로 위로하고 묘법을 선설하면서
염불하여 서방극락에 왕생하라 가르쳐 주지만,
이 사람은 괴로움이 핍박하여 염불할 틈조차 없기에
다시 고성으로 부처님 명호를 부르라고 권하리라.

  善友安慰說妙法　教令念佛生西方
  是人苦迫不遑念　復勸高聲稱佛名

한 호흡이 다하도록 고성으로 부처님 명호를 불러
십념이 구족하도록 부처님 명호를 부르면
염념마다 다겁 생사의 중죄를 없애리니,
곧 불력에 올라타서 정토에 태어나리라.

  高聲稱佛盡一氣　具足十念稱佛名
  念念滅除多劫罪　卽乘佛力生淨土

연꽃 속에서 12대겁을 채우고서 연꽃잎이 열리고,

관세음 대세지 두 대보살께서 그를 위해 선설하리니,

제법실상을 듣고서 죄법을 없애고,

이를 듣고 나서 곧 보리심을 발하느니라.

十二大劫蓮華開　二大菩薩爲宣說

諸法實相除罪法　聞已即發菩提心

제30품 부인이 도를 깨닫다[夫人悟道]

30-1　이렇게 선설하셨을 때 위제희는 5백 시녀들과 함께 부처님의
설법을 듣고 감응할 때 곧 극락세계의 드넓은 모습이 펼쳐짐을 보았고,
아미타부처님의 색신과 관세음·대세지 두 대보살을 보고서 마음에

환희심이 일어나서 찬탄하길, "일찍이 없었던 일입니다!" 하고서 확연히 크게 깨달았으며, 무생법인을 얻기에 이르렀다.

說是語時, 韋提希與五百侍女, 聞佛所說, 應時即見極樂世界廣長之相。得見佛身, 及二菩薩, 心生歡喜, 嘆未曾有。豁然大悟, 逮無生忍。

[도송]

위제희가 부처님께서 이 설법을 듣고
감응할 때 곧 극락국토의 드넓은 모습이
펼쳐져 있음을 매우 또렷하게 보았고,
또한 아미타불과 두 대사를 친견하였다.

　韋提聞佛說是法　應時即見極樂國
　廣長之相極分明　亦見彌陀二大士

환희심이 일어나 미증유라 찬탄하고서
확연히 크게 깨달아 미혹의 그물 찢고,
원교 초지에 올라 발심하여 머물러
세 가지 덕성을 발해 무생법인 증득하였다.

　心生歡喜未曾有　豁然大悟裂惑網
　登圓初位發心住　發三德性證無生

제31 시녀가 보리심을 발하다 [侍女發心]

31-1 (또한) 5백 시녀들은 아뇩다라삼먁삼보리심(무상보리심)을 발하고 저 극락국토에 태어나겠다고 발원하였다. (이에 세존께서 빠짐없이 다 수기하시길, "그대들은 마땅히 극락세계에 왕생할 뿐만 아니라 저 국토에 태어난 후 (선정 중에 언제나 부처님을 친견하고 불법을 듣는) 제불현전삼매(諸佛現前三昧; 염불삼매)를 획득하리라." (이때) 무량한 제천들도 무상도심을 발하였다.

五百侍女 , 發阿耨多羅三藐三菩提心 , 願生彼國。世尊悉記, 皆當往生. 生彼國已, 獲得諸佛現前三昧, 無量諸天, 發無上道心.

[도송]

오백인의 시녀들도 큰 시절인연으로

옛날 선근이 있어 이 법회에 참가하니,

법문 듣고 사유하고 사유해 닦아

열여섯 관문 모두 다 성취하였고

　　五百侍女大因緣　夙有善根預茲會

　　聞法而思思而修　十六觀門悉成就

모두 다 무상보리심 발하여서

각자 극락국토에 나길 발원하니

세존께서 수기하시길,「마땅히 왕생하고

제불현전 참 삼매를 획득하리라!」

　　皆發無上菩提心　各各願生極樂國

　　世尊授記當往生　獲得現前真三昧

이때 무량한 제천들도 또한 함께

무상정등보리심을 발하였더라.

　　無量諸天亦同發　無上正等菩提心

[주해]

부인이 도를 깨닫고 시녀가 보리심을 발하다.

아사세 부왕 또한 아나함과阿那含果를 증득하였지만, 아사세왕만 아직 보응報應을 드러내지 않고, 마음속으로 의심하였다.

《열반경》 범행품에 이르길, "아사세는 부친을 죽이고 모친을 해치려하였다. 열반회에 이르자 온몸에 독창과 종열이 생겨서 진실로 두려워하고 부끄러워하는 마음이 생겨 허물을 참회하고 자책하였다. 기바耆婆(의사이자 대신)가 부처님 처소에 머물 것을 권하였고 부처님께서 그를 위해 설법하여 무근신(無根信; 처음엔 신근信根이 없다가 지금 불력을 입어 믿음이 생김)을 얻었다."

또한 《대미타경大彌陀經》에서도 기재하길 "아사세 왕태자와 5백 장자가 아미타불의 공덕을 듣고서 모두 크게 환희하여 아미타불처럼 부처님께서 곧 수기하시어 모두 마땅히 부처가 되길 발원하였다. 이로써 여래법문이 광대하여 오는 자를 거부하지 않음을 관한다." 또한 십악왕생의 하나가 됨을 증명하여 이르길, "또한 조달과 아사세 왕, 빈바사라 왕과 위제희 부인은 모두 권교의 대보살로 역경계를 나타내고 순경계를 나타내어 중생을 이롭게 함을 이치로 받아들인다."

십악十惡을 지은 사람은 임종시 선지식을 만난다. 십념十念왕생자는 모두 과거의 선업이 굳세어 비로소 성취를 얻는다.

《낙방문류樂邦文類》에 이르길, 세상에는 열 가지 임종이 있으니, (1) 염불을 하지 않으면 선지식을 만나지 못하고, 염불을 권하는 이가 없다. (2) 병고가 몸을 얽어매어 염불할 겨를이 없다. (3) 반신불수로 말을 하지 못해 염불할 수 없다. (4) 광란으로 정신을 잃어 생각을 모으기 어렵다. (5) 물불의 재난을 만나 뜻과 정성을 기울일 겨를이 없다. (6) 잔혹한 악인을 만나고 더 이상 선한 벗이 없다. (7) 임종에 악한 벗이 신심을 무너뜨린다. (8) 지나치게 많이 먹어 정신이 혼미하여 죽음에 이른다. (9) 전투에 나가 싸우다 급작스레 죽는다. (10) 갑자기 높은 낭떠러지에서 떨어져 부상을 당해 목숨을 잃는다.

이러한 열 가지로 염불할 수 없다. 마땅히 미리 수지하여 정업淨業을 미리 성취하도록 하면 어려운 인연을 만날지라도 반드시 아미타부처님의 접인을 얻어 왕생한다.

제32 왕궁에서 유통을 부촉하다 [王宮流通]

32-1 그때 아난은 곧 자리에서 일어나 부처님 전에 나아가서 부처님께 여쭙길, "세존이시여, 이 경은 어떻게 이름(하여 유통)하오리까? 이 법문을 수행하는 강요(인지因地의 수학과 과지果地의 공덕)는 마땅히 어떻게 수지受持하오리까?" 부처님께서 아난에게 이르시길, "이 경의 이름은 「극락국토의 무량수불·관세음보살·대세지보살(體)을 관상하는 경(宗)」(인지의 수학)이라 하고, 또는 「(현생에서) 업장을 깨끗이 제거해 (당래에) 일체제불 앞에 태어나는 경」(과지의 공덕)이라 하느니라. 그대는 마땅히 수지하여 잊지 않도록 하라."

爾時阿難 , 即從座起 , 白佛言：世尊 , 當何名此經？此法之要 , 當云何受持？

佛告阿難：此經名觀極樂國土，無量壽佛，觀世音菩薩，大勢至菩薩。亦名淨除業障，生諸佛前。汝當受持，無令忘失。

32-2 "이 (관불 혹은 염불) 삼매를 행하는 사람은 현재의 몸으로 무량수불 및 관세음·대세지 두 대보살을 친견할 수 있느니라. 만약 선남자 선여인이 부처님의 명호와 두 대보살의 명호를 듣기만 해도 무량겁에 지은 생사의 중죄를 제거하거늘, 하물며 억념함이랴? 염불하면 이 사람은 바로 사람 가운데 분다리화(백련화)이니, (지금 생에서) 관세음보살과 대세지보살께서 그의 수승한 법우가 되고, (목숨을 버린 후) 마땅히 보리도량에 앉아 성불하고 일체제불의 집에 태어나리라."

行此三昧者，現身得見無量壽佛，及二大士。若善男子及善女人，但聞佛名、二菩薩名，除無量劫生死之罪，何況憶念？若念佛者，當知此人，則是人中分陀利華。觀世音菩薩，大勢至菩薩，爲其勝友。當坐道場，生諸佛家。

32-3 부처님께서는 아난에게 이르시길, "그대는 이 말을 잘 수지할지어다. 이 말을 수지함이란 바로 무량수불 명호를 수지함이라." 부처님께서 이 말씀을 하실 때 목건련 존자·아난 존자·위제희 등이 부처님께서 말씀하시는 것을 듣고 모두 다 크게 환희하였다.

佛告阿難：汝好持是語。持是語者，即是持無量壽佛名。佛說此語時，尊者目犍連，尊者阿難，及韋提希等，聞佛所說，皆大歡喜。

[도송]

아난이 묻길, 「이 경은 무엇이라 하오리까?

이 법의 강요는 어떻게 수지하오리까?」

부처님께서 답하시길, 「극락국토의 무량수불과

두 대보살을 관하는 경」이라 하고,

阿難問佛當何名　此法之要云何持

佛答名觀極樂國　無量壽佛二大士

또한 「업장 제거해 제불 앞에 태어나는 경」이라 하라.

그대는 마땅히 이 경을 수지하여 잊지 말지라!

만약 이 염불(관불)삼매를 행하는 사람은

현재의 몸으로 서방의 세 성인을 친견하리라

亦名除障生佛前　汝當受持無忘失

若有行此三昧者　現身得見三聖尊

만약 신심이 깊은 선남자 선여인이 있어

부처님의 명호와 보살의 명호를 듣기만 해도

무량겁에 지은 생사의 중죄를 제거하거늘

하물며 억념 수지한다면 얼마나 크겠는가?

若善男子善女人　但聞佛名菩薩名

除無量劫生死罪　何況憶念而受持

세간에서 만약 염불하는 사람이 있으면

곧 이 사람은 사람 가운데 분다리화이니,

두 대보살께서 이 수승한 법우가 되고

마땅히 보리도량에 앉고 제불의 집에 태어나리라

世間若有念佛者　即是人中芬陀華

二大菩薩為勝友　當坐道場生佛家

[주해] 범어 분다리分陀利, 이는 백련화라 한다. 《열반경》에 이르길, "물에서 피는 꽃 중에서 분다리가 가장 제일이다."

제33품 큰 걸음으로 허공에서 돌아오네[足步虛還]

이때 세존께서는 (아난 존자에게 부촉을 마치신 후) 큰 걸음으로 (빠르게) 허공에서 기사굴산으로 돌아오셨다.

爾時世尊, 足步虛空, 還耆闍崛山。

[도송]
여래는 신통력을 갖추어 은밀함과 드러남
중생의 기에 따라 나타나는 바 각각 다르다네.
위제희가 애통히 청하여 화신을 장차 이루리니
이런 까닭에 산에서 사라져 궁중에 나타나네.

如來神通具隱顯 隨機所現各不同

韋提哀請化將成 是故山沒宮中現

지금 관법을 마치고서 두루 원만하여

큰 걸음으로 허공에서 기사굴산으로 돌아오니,

두루 보는 자가 이 일을 알아서

각각 법의 교화를 우러러 좇도록 한다네.

今者觀法已周圓 足步虛空還耆崛

普令見者知斯事 各各仰遵於法化

제34 기사굴산에서 유통을 위촉하다[崛山流通]

그때 아난존자가 널리 대중을 위하여 위와 같은 일(경법)을 연설하였다. 무량한 제천과 용 야차 등 대중은 부처님께서 설하신 법어를 듣고, 모두 다 크게 환희하며 부처님께 정례하고 물러갔다.

爾時阿難, 廣爲大衆說如上事。無量諸天龍夜叉, 聞佛所說, 皆大歡喜, 禮佛而退。

[도송]

여래께서 왕궁에서 설법을 마치고 나서
큰 걸음으로 허공에서 기사굴산으로 돌아오네.
아난존자가 널리 대중을 위해 설하니
제천과 용 등 법을 듣고 환희하며 물러가네.

　如來王宮說法已　足步虛空還耆山
　慶喜廣爲大衆說　天龍聞法歡喜去

분부 좇아서 큰 법을 영원히 유통하리라.
정법 상법 말법시대 이를 받아 베푸니,
정토연종 한 법맥을 전하여 지금에 이르네.
이에 무량한 중생이 극락정토에 왕생하리라.

　遂令大法永流通　正像末法受其施
　蓮宗一脈傳至今　無量衆生生淨土

그림을 그린 후 게송으로 나타내다 [繪圖攝頌]

나는 지금도 통발을 잊을 수 없어
그림이 그려진 대로 말을 찾아 과녁을 삼았으나,
이렇게 그린 그림은 진실과 한참 멀어
나는 빠뜨린 많은 것을 짧은 게송으로 나타내었다.

　我今未能即忘筌　　按圖索馬為準的
　如此繪像差得真　　而我攝頌多遺漏

두루 원하건대 믿는 자와 독송하는 자
보고 듣고 환희하며, 찬탄하는 자
모두 사람 가운데 백련화가 되리니,
마땅히 도량에 앉고 제불의 집에 태어나리라.

　普願信者讀誦者　　見聞歡喜讚美者
　皆作人中白蓮華　　當坐道場生佛家

아미타불과 극락국토를 봄과 그림을 봄,
세 가지 봄은 이로써 하나의 봄과 같아라
아미타불을 봄은 그대로 참 법신을 봄이요,
극락국토를 봄은 그대로 상적광토를 봄이라.

　見佛見土及見圖　　三見同用此一見
　見佛即見真法身　　見土即見常寂光

어찌 그림을 봄이 이 둘과 같지 않겠는가?
그림마다 부처님과 미묘한 의정장엄을 보네.
원컨대 저는 이 도경을 보는 사람들이
마땅히 일심으로 이와 같이 관하길 바라나이다.

　豈不見圖同此二　　圖圖見佛妙依正
　我願見此圖經者　　應當志心如是觀

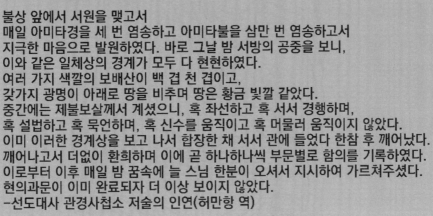

南無阿彌陀佛

善導大師化身
彌陀化身
創淨土宗
楷定古今
本願稱名
凡夫入報
平生業成
現生不退

불상 앞에서 서원을 맺고서
매일 아미타경을 세 번 염송하고 아미타불을 삼만 번 염송하고서
지극한 마음으로 발원하였다. 바로 그날 밤 서방의 공중을 보니,
이와 같은 일체상의 경계가 모두 다 현현하였다.
여러 가지 색깔의 보배산이 백 겹 천 겹이고,
갖가지 광명이 아래로 땅을 비추며 땅은 황금 빛깔 같았다.
중간에는 제불보살께서 계셨으니, 혹 좌선하고 혹 서서 경행하며,
혹 설법하고 혹 묵언하며, 혹 신수를 움직이고 혹 머물러 움직이지 않았다.
이미 이러한 경계상을 보고 나서 합장한 채 서서 관에 들었다 한참 후 깨어났다.
깨어나고서 더없이 환희하며 이에 곧 하나하나씩 부문별로 함의를 기록하였다.
이로부터 이후 매일 밤 꿈속에 늘 스님 한분이 오셔서 지시하여 가르쳐주셨다.
현의과문이 이미 완료되자 더 이상 보이지 않았다.
－선도대사 관경사첩소 저술의 인연(허만항 역)

관경사첩소 觀經四帖疏

선도대사 진영(善導大師; 613~681년)

정종淨宗 제2조 광명선도光明善導 대사 전기

이시푼촉 스님 강술

　선도대사님의 전기를 학습하기에 앞서 먼저 아미타부처님 화신이신 광명선도光明善導 대사님께 예경을 드리고, 가지加持를 구하여야 합니다. 각자 마음속으로 선도대사님의 면전에서 삼배 정례頂禮하는 모습을 관상합니다. 그런 다음 공경심 가운데 안온히 머물면서 선도대사님의 전기를 듣고 받아들입니다.

　선도대사님의 전기는 아미타부처님께서 위없는 자비력으로 중국 땅에 현현顯現하심에 대한 기록입니다. 대사님의 전기를 학습하는 목적은 참된 신심과 공경심을 일으킨 후 그 가르침에 의지해서 한평생 정토를 수지하는 지침으로 삼고자 함에 있습니다. 아래에서는 갖가지 전기를 혼합하여 대사님의 사적을 강술하겠습니다.

　당나라 시대 선도대사님의 속성은 주朱씨로 산동山東 임치현臨淄縣 사람입니다. 그는 매우 어려서 밀주密州 명승明勝법사에 의지해 출가하여 《법화경》과 《유마경》을 독송하였습니다. 밀주는 산동 제성현諸城縣으로 거리는 임치현에서 멀지 않습니다. 명승법사는 당시 삼론종三論宗의 학장學匠으로 가상嘉祥대사와 함께 법랑法朗대사의 제자(高徒)였습니다.

　한번은 선도대사께서 서방변상도西方變相圖를 보시고, 정토를 그리워하며 왕생을 발원하는 마음이 생겨 말씀하시길, "어떻게 하면 신식(神識; 아뢰야식)을 연화대에 의탁하여 정토에 살 것인가(何當托質蓮臺 棲神淨土)?" 하셨습니다. 이는 "나는 신식神識을 서방정토의 칠보 연화대에 의탁하여 정토에 살고 싶다"는 뜻입니다. 이때 그에게 정토왕생에 대한 강렬한 뜻과 원이 이미 현전하였습니다. 「서방변상도」는 서방극락세계의 갖가지 장엄을 묘사한 그림입니다. "변變"은 전변轉變으로 참 정토를 그림으로 바꾼다는 뜻입니다. 당연히 그림으로는 참 정토를 묘사할 수 없지만, 그래도 사람에게 동경하는 마음을 일으킬 수 있습니다. 당시 대사께서 서방변상도를 한번 보고 정토에 왕생하려는 마음을 일으켰고, 일심으로 이번 일생에 마침내 정토의 보배연화에 날 수 있기를 그리워하셨습니다. 이는 가장 중요한 정토의 믿음과 발원입니다.

선도善導대사께서는 20세에 구족계를 받은 이후 묘개妙開법사와 《관경觀經》을 보고 그 당시 기쁘고 슬픈 감정이 교차하면서 찬탄하며 말씀하시길, "나머지 행업을 치우치게 닦아서는 돌아가서 성취하기 어렵고, 오직 이 관문만을 닦으면 결정코 생사를 뛰어넘는다(修余行業 迂僻難成 唯此觀門 定超生死)" 하셨습니다. 그는 다른 법문으로 닦는 것은 곧장 질러가지 않고 너무나 멀리 돌아가서 성취하기 어렵고, 오직 홀로 16관문으로 잘 닦아야 비로소 결정코 생사를 벗어날 수 있다고 깨달았습니다. 말하자면 16관 수행으로 아미타부처님의 위신력에 의해 가피를 얻은 후 경계가 저절로 현전함을 관하고 마음을 정토에 의탁하면 이로 말미암아 생사를 벗어나게 됩니다. 단지 자심自心이 아미타부처님의 위신력으로 섭지攝持를 받아 정토에 이르기만 하면 생사를 벗어날 수 있는 셈입니다. 그러나 정토법문은 타력의 특색이 매우 또렷하게 드러나므로, 우리는 믿음과 발원으로써 아미타부처님의 마음과 화합하여 일단 부처님의 위신력으로 섭지를 받아 곧장 정토에 안치되면 곧 생사를 벗어납니다. 이러면 이미 몇 겁의 수행을 뛰어넘을 수 있습니다.

그래서 당시 선도대사께서 《관경》을 보시면서 한편으로는 슬픈 감정이, 한편으로는 기쁜 감정이 들었습니다. 슬픈 것은 오랜 겁 이래로 줄곧 생사의 수레를 굴리면서 이 삼악도에서 출리出離할 수 없었고, 아미타부처님의 수승한 법문을 만나지 못하였다는 점이었습니다. 기쁜 것은 오늘 마침내 이런 기회가 생겨 이렇게 무량수불의 법문을 만났다는 점이었습니다.

당시 사람들은 담란曇鸞대사처럼 선경仙經을 닦으면 장수할 수 있다고 여겼습니다. 나중에 보리류지菩提流支 삼장법사께서 서방극락세계 무량수불 법문의 수행을 일러주면서 그에게 16관법을 일러주셨습니다. 그는 당시에 즐겁고 기쁘기만 하였습니다. 왜냐하면 이 법문은 진정으로 우리가 죽음이 없는 과위를 실현할 수 있고, 이번 생에 짧게는 수십 년 후 정토에 왕생할 수 있으며, 이로부터 영원히 윤회와 작별을 고하고 더 이상 어떤 업의 괴로움도 없기 때문입니다.

《신수왕생전新修往生傳》에 따르면 당시 선도대사께서는 공덕이 깊고 깊으며 미묘한 도는 반주삼매般舟三昧를 뛰어넘는 것이 없다 여기시고, 필생의 정력을 이를 닦는데 쏟으셨으며, 나중에 종남산終南山 오진사悟眞寺에 은거하시어 일심으로 관법을 닦으셨다고 합니다. 종남산은 당나라 수도인 장안의 남쪽에 있고, 오진사는 종남산의 남전현藍田縣에 있었습니다. 이 사원은 수나라 개황 연간(581~600)에 정업법사淨業法師가 창건하였고, 후에 보공保恭, 혜초慧超, 법성法成 등의 큰스님이 잇달아 주지住持하셨습니다. 그들이 모두 정토법문을 닦았기에 오진사는 정종의 도량이라 말할 수 있습니다.

선도대사가 오진사에서 법을 닦으신 상황은 어떠하였을까?《신수왕생전》에 따르면, 대사께서는 종남산 오진사에 은거하신 후 몇 해 지나지 않아 관상觀想을 닦으면서 이미 피로를 잊고 깊고 미묘한 경계에 들어 삼매 중에 지관地觀으로 극락세계의 보배누각·보배연못·금빛 좌대에 이르기까지 마치 눈앞에 있는 것처럼 완비할 수 있었습니다. 이는 대사께서 20세에 이미 삼매를 증득하여 극락세계의 수승한 경계가 현전하는 경험을 한 것입니다.

또한 한 편의 전기에 따르면 당시 선도대사께서는 병중에 이미 극락세계의 갖가지 수승한 장엄이 나타나자 감격한 마음에 눈물이 끊임없이 흘러내렸고, 몸을 일으켜 땅에 엎드려 예배하였습니다. 이미 수승한 삼매를 성취한 이후에는 곳곳에 다니시며 인연에 따라 중생을 이롭게 하는 전법을 시작하셨습니다.

처음에는 도작道綽선사께서 진양晉陽에서 정토법문을 개시하며 드날리고 있다는 소식을 듣고서, 그는 천 리를 멀다 않고 찾아가 도작선사에게 정토묘문에 대해 배움을 구하였습니다. 그때 마침 초겨울로 찬바람이 매섭게 불어 낙엽이 바람에 무수히 떨어져 깊은 구덩이를 가득 메울 지경이었습니다. 이에 대사께서는 바리때를 가지고 구덩이에 들어가 정좌하여 일심으로 염불하셨는데, 어느새 순식간에 며칠이 지나가버렸습니다. 이때 홀연히 공중에서 "지금 길을 떠나도 괜찮다. 가는 곳에 더 이상 장애가 없을 것이다" 하는 계시의 소리가 들려왔습니다. 이에 대사께서는 구덩이에서 나와 계속 길을 갔고, 도작선사가 계시는 현중사玄中寺에 이르러 선사를 향해 자기의 숙원을 표현하였습니다. 당시 도작선사께서는 그에게 《무량수경》을 전수하여 주셨습니다. 대사께서 경권을 펼치고 자세히 열독하심에 종전에 삼매에서 본 서방극락정토가 마치 눈앞에 있는 듯 생생하였습니다. 이에 7일 동안 삼매에 들어 정좌에서 일어나지 않았습니다.

어떤 사람이 선도대사에게 묻길, "제자는 염불하여 왕생할 수 있습니까?" 하였습니다. 대사께서는 그에게 연꽃 한 송이를 마련하여 불전에 놓고 7일 동안 닦은 후 연꽃이 시들지 않으면 왕생할 수 있다고 말씀하셨습니다. 이 사람이 7일 동안 닦으니, 과연 연꽃이 시들지도 않고 노랗게 변하지도 않았습니다. 당시 도작선사께서도 선도대사가 정토의 수증修證에 지극히 깊은 조예가 있음에 매우 놀라고 감탄하셨습니다.

《서응전瑞應傳》에서도 이야기 하나를 들려줍니다. 당시 동도(東都, 낙양)의 뛰어난 스님 한 분이 《화엄경》을 40번이나 강의하였습니다. 그도 도작선사의 도량에 가서 삼매에 들어 노닐며 관하였습니다. 당시 그는 감탄하며 말하길, "나 자신은 한심스럽게도 다년간 단지 주석서의 문자를 공부하느라 몸과 마음을 수고롭게 하였을 뿐인데, 어찌 염불에 이렇게 불가사의한 이익이 있는 줄 생각이나 하였겠는가!"하였습니다. 이에 선도대사께서 그에게 말씀하시길, "경전의 말씀은 모두 진실한 말이다. 부처님께서 어찌 헛된 말씀을 하시겠는가!"하셨습니다.

이는 선도대사께서 그에게 정토법문에는 확실히 불가사의한 불력의 가지加持가 있음과 석가모니부처님께서는 결코 헛된 말씀을 하시지 않았고, 육방 제불께서도 결코 사람을 속이지 않았으며, 아미타부처님의 48대원은 결코 헛된 원이 아님을 실증해 주신 것입니다. 이 강경법사는 종전에 매우 큰 공부를 하였지만, 모두 문자만으로 하였을 따름입니다. 《화엄경》을 40번 강설하였으니, 얼마나 큰 정력을 들였는지 짐작할 수 있습니다! 그러나 불법을 닦고 증득함에 진실한 수용을 얻을 수는 없었습니다. 그가 도작선사의 삼매도량으로 들어온 이후 깊은 관에 들어가서야 비로소 염불에 불가사의한 이익이 있음을 발견하였습니다. 이는 바로 불력의 가피를 얻었음을 뜻합니다.

이어서 선도대사께서는 당시의 경성인 장안에 가셔서 사부대중 제자들을 불러 모아 귀하든 천하든 어느 한 계층에 국한되지 않고 법을 전했는데, 대사님의 감화를 받아 백정과 술집 잡부에 이르기까지 모두 감응과 깨달음을 얻을 수 있었습니다.

《불조통기佛祖統記》에도 이러한 이야기 하나가 기록되어 있습니다. 당시 장안에 성이 경京씨인 백정이 있었는데, 선도대사께서 사람에게 염불을 권하여 성 전체가 모두 육식을 끊는 일이 생겼습니다. 이 백정은 화가 나고 원망하는 마음이 생겨 칼을 가지고 사원으로 달려가 대사님을 죽이려고 하였습니다. 당시 선도대사께서 그에게 서방을 가리키자 문득 정토의 경계가 나타났습니다. 이에 경씨 백정은 바로 마음을 돌려 뜻을 바꾸어 서방에 태어나겠다고 발원하였습니다. 그의 마음은 매우 절박하여 매우 큰 나무 한 그루 위에 올라가 염불하면서 투신하여 임종하였습니다. 그 자리에 있던 사람들은 모두 화신불께서 그의 신식神識(아뢰야식)을 정수리에서 이끌고 나가 서방극락으로 왕생하게 하시는 모습을 보았습니다.

당시 선도대사님의 감화를 받아 경성에서는 매우 많은 출가 및 재가 사부대중 제자들이 모두 절박하게 왕생을 구하는 마음을 일으켰습니다. 어떤 이는 높은 산 정상에서 아래로 투신하였고, 어떤 이는 무척 깊은 강물로 투신하였으며, 어떤 이는 매우 높은 나뭇가지에서 떨어졌고, 어떤 이는 분신 공양하는 등등 굉장히 많아 거의 1백여 명이나 되었습니다. 또한 어떤 이는 범행梵行을 닦아 처·자식을 버렸습니다. 《아미타경》을 10만 내지 30만 번 염송하고, 아미타불을 매일 1백5천 번씩 10만 번 염하여 염불삼매를 얻어 정토에 왕생한 사람은 그 수를 헤아릴 수 없었습니다.

어떤 사람이 선도대사님께 묻길, "염불의 선근으로 정말 정토에 왕생할 수 있습니까?" 하니, 대사께서 답하시길, "그대가 염한 바처럼 반드시 그대가 발원한 바를 만족할 것이다" 하셨습니다. 그런 후에 대사께서는 스스로 한번 소리 내어 아미타불을 염하니 한 줄기 광명이 입에서 나왔고, 열 번 소리 내어 염하니 열 줄기 광명이 입에서 나왔으며, 내지 1백 번 소리 내어 염하니 1백 줄기 광명이 입에서 나왔습니다.

《염불경念佛鏡》의 기록에 따르면 한번은 서경의 사원에서 대사께서 금강법사와 염불의 우열을 겨룬 적이 있었습니다. 대사께서 발원하시길, "각 경전에 따르면 세존께서 이르시길, 염불 일법으로 정토에 왕생할 수 있나니, 하루 내지 이레 동안 일념에서 십념에 이르도록 아미타불 부처님 명호를 염하면 반드시 왕생할 수 있다 하셨습니다. 만약 이것이 중생을 속이는 말이 아니라 진실한 말씀이라면 곧 이 불당 안의 두 분 성상이 모두 광명을 놓을 것입니다. 만약 이 염불이 거짓된 법으로 정토에 왕생하지 못하고, 이것이 중생을 속여서 미혹케 하는 것이라면 저 선도로 하여금 이 높은 법좌에서 곧장 무간지옥에 떨어져 오랜 시간 괴로운 과보를 받으며 영원히 벗어날 기

약이 없을 것입니다" 하셨습니다. 이에 곧 선도대사께서 여의장如意
杖으로 불당 안의 불상 전체를 가리키자 모든 불상이 다 광명을 놓
았다고 합니다.

선도대사께서는 아미타부처님의 화신으로 그 저술과 원력은 모두
지극히 큰 가피입니다. 에피소드 하나를 말하겠습니다.

후대의 소강少康대사는 "후선도後善導"라 불렸습니다. 《송고승전宋
高僧傳》의 기록에 따르면 중당(中唐; 766~835년) 시대에 이르러 소
강대사가 낙양 백마사白馬寺에 참방하러 와서 동방에 방광이 일어남
을 보았습니다. 그는 '어떤 경법인가?' 하고 유심히 찾아보았습니다.
그것은 선도대사가 쓴 《서방화도문西方化導文》이었습니다. 소강은 이
를 보고서 매우 기뻐서 축원하며 말하길, "내가 만약 서방극락과 인
연이 있다면 오직 원하옵건대, 이 한편의 글에서 다시 광명을 보이
소서" 하였습니다. 그가 축원을 마치자 과연 이 글에서 거듭 새롭게
광명이 번쩍였고, 그 광명에는 무량무수한 화신불·화신보살들이 계
셨습니다. 당시 소강대사께서는 감동을 받아서 발원하며 말하길, "겁
석은 옮길 수 있으나, 나의 원은 결코 바뀌지 않으리라(劫石可移 我
願無易矣)" 하셨습니다. "겁석劫石"은 《대지도론》에서 말한 폭과 높이
가 각각 40리나 되는 큰 바위로 천인이 백년에 한번 내려와 매우
가벼운 하늘 옷으로 한번 바위를 떨어서 이 바위를 다 떨어버릴 때
까지 걸리는 시간이 일겁이란 시간의 양입니다. 소강대사께서는 "설
령 겁석을 전부 다 떨어버릴 수 있을지라도 나의 원은 바뀔 리가 없
다"고 말씀하셨습니다.

당시 그는 선도대사님의 가피를 받았고, 그 후 맹렬하게 정토에
왕생을 구하는 원을 발하였습니다. 이것이 바로 왕생을 결정하겠다
는 뜻입니다. 우리 수행에 있어 가장 중요한 것은 바로 이것입니다.
왕생할 수 있느냐 여부는 당신에게 결정하겠다는 뜻이 있느냐를 살
피는 것입니다. 만약 당신이 이미 왕생을 결정하겠다는 마음을 일으
키면 왕생할 수 있지만, 여전히 미루며 이렇지 않다고 여기면 확실

하지 않습니다. 정토에서는 믿음과 원력을 대단히 중시합니다. 만약 내가 일심으로 극락세계에 가겠다고 이미 결심하였다면 설령 머리가 잘릴지라도 결코 변하지 않고, 언제 어디서라도 마음속의 뜻과 원을 바꾸지 않는다면 극락세계에 갈 수 있습니다.

소강대사는 선도대사님의 가피를 받았습니다. 과연 그 가피는 매우 희유하여 구하기만 하면 반드시 응함이 있었습니다. 방광을 말하면 직접 광명을 발하였고, 견불見佛을 말하면 바로 부처님께서 나타나셨습니다. 이때 그는 선도대사님에게 매우 큰 신심을 내어 일심으로 장안에 머물면서 선도대사님의 진영이 모셔진 영당影堂에 가서 예배를 올리고 싶었습니다. 영당에 모셔진 선도대사님의 화상畵像에 소강대사가 공양을 바친 후 일심으로 선도대사를 친견하길 기도하였습니다. 당시 선도대사의 화상이 바로 부처님의 몸으로 변화하면서 소강대사에게 말씀하시길, "그대는 나의 가르침에 의지해 중생을 이롭게 하고 함께 안양토에 왕생할지어다" 하셨습니다. 이는 바로 당신이 나의 교법에 의지해 중생을 이롭게 하고, 인연 있는 중생을 섭지攝持하여 모두 극락세계로 가게 하라는 뜻입니다. 소강대사께서는 이 말씀을 들은 후 깨달은 바가 있었습니다.

그는 두 차례 선도대사님의 경문이 방광함을 보고서 마음을 정토에 귀의하겠다고 결정하고서 "겁석은 옮길 수 있으나, 나의 원은 결코 바뀌지 않으리라" 발원하였습니다. 나중에 또한 선도대사께서 불신佛身을 화현하여 그에게 설법해 주셨습니다. 이 후 그는 스스로 행하고 다른 이를 교화함에 모두 정토를 귀의처로 삼았습니다. 전기에 따르면 나중에 남방 강릉江陵 과원사果願寺에 가서 한 스님을 만났는데 그에게 말하길, "그대가 중생을 교화·인도하고 싶다면 직접 신정新定 지방으로 가거라. 그대의 인연이 그곳에 있으리라" 하였습니다. 말씀을 마친 후 모습이 보이지 않았고, 단지 미묘한 향과 광명이 서방극락으로 향해 갈 뿐이었습니다.

그는 신정에 도착해 성에 들어가 걸식을 하였습니다. 약간의 돈을 받으면 아이에게 염불을 유도하였고, 아이가 소리 내어 한번 염불하면 한 푼의 돈을 주었습니다. 한 달 남짓 지나자 그 아이들은 모두 염불하기 시작하였고, 많이 염불하면 돈을 많이 주었습니다. 이렇게 1년이 지나가자 남녀노소를 불문하여 소강대사를 보면 모두 "아미타불, 아미타불!" 염불하였습니다. 그 후 그는 오룡산烏龍山에 정토도량을 건립하고, 수많은 행인을 섭수하여 극락세계에 왕생하게 하였습니다. 매번 법좌에 올라 남녀 제자들에게 서방을 향해 염불하라고 시켰습니다. 마침내 모두들 소강대사가 고성으로 "아미타불"을 염할 때 부처님께서 그의 입에서 나옴을 보았습니다. 열 번 소리 내어 염하면 열 분의 부처님께서 나오셨는데, 마치 여러 개의 구슬이 연결되어 있는 것 같았습니다. 소강대사께서는 모두에게 말씀하시길, "그대들이 부처님의 신상을 보면 왕생할 수 있다" 하셨습니다. 이는 바로 "후 선도"의 전기 중 한 단락입니다.

당나라 경성의 천복사에서 회감懷感이란 스님이 있었는데, 처음에는 염불하면 극락정토에 왕생할 수 있다고 믿지 않았습니다. 이에 선도대사를 배견拜見하고서 자신의 의심을 제거하였습니다. 선도대사께서는 그에게 지극한 마음으로 염불하면 장래에 반드시 증험이 있을 것이라 법문하셨습니다. 회감스님은 도량에 들어가 21일 동안 염불하였지만, 신령한 감응이나 서상을 보지 못하였습니다. 그는 자신의 업장이 깊고 무겁다고 한탄하면서 식음을 전폐하고 목숨을 버리기로 마음먹었습니다. 선도대사께서 그를 제지하시고, 그에게 3년간 정성을 다해 염불하겠다고 발원하라 하였습니다. 그 후 회감스님은 일심으로 정토를 수지하여 마침내 신령한 서상을 얻어 몸소 금빛 불상에서 백호광명이 나오는 모습을 보고서 염불삼매를 증득하였습니다. 그는 《군의론群疑論》7권을 세간에 유통하였습니다. 목숨을 마치려 할 때 이르러 화신불이 와서 영접함을 감득하고서 서방을 향해 합장하고서 안상히 왕생하였습니다.

선도대사께서는 비록 삼매를 깊이 증득하여 대신통과 대증량(證量;

현량)이 있었지만, 그의 행지는 매우 엄격하였으며 뼈를 깎는 각고의 정진을 하였습니다. 《신수왕생전新修往生傳》의 기록에 따르면 당시 선도대사께서 장안에 가신 이후 불당에 들어갈 때마다 지극히 공경하는 마음으로 합장 호궤하고 일심으로 염불하였는데, 모든 힘을 다할 때까지 멈추지 않았습니다. 나아가 매우 추운 겨울에도 땀을 흘릴 때까지 염불하여 이러한 모습으로 자신의 지극한 정성을 표시하였습니다. 대사께서는 불당에서 나서면 사람들에게 정토법문을 강설하여 주셨고, 출가자와 재가 신도들이 모두 보리심을 일으켜 정토행을 닦도록 교화·인도하셨으니, 한 시각도 남을 이롭게 하는 일을 하지 않은 때가 없었습니다.

그는 30여 년 동안 줄곧 밤에 눕지 않았고, 어느 곳에서도 잠을 잔 적이 없었습니다. 목욕하는 때를 제외하고 옷을 벗은 적이 없었습니다. 날마다 반주삼매般舟三昧를 닦고 예불하며 방등경에 예배함을 자신의 수행으로 삼았습니다. 게다가 계율을 호지護持하여 털끝만큼도 허물고 범한 적이 없었습니다. 여자를 쳐다본 적도 없었고, 마음에 명리의 마음을 한 생각도 일으키지 않았습니다. 입으로는 교묘하게 꾸미는 말을 하지도 않았고, 희롱하며 웃는 일도 없었으며, 그 행지가 매우 엄격하셨습니다.

대사께서 가시는 곳마다 사람들은 앞 다투어 그에게 공양을 바쳤습니다. 음식, 옷, 침구, 탕약 등 수많은 물품들을 그는 여태껏 스스로 쓰신 적이 없었고, 전부 보시하는데 쓰셨습니다. 좋은 음식을 얻으면 모두 식당에 보내어 대중에게 공양하셨으며, 자신은 약간의 거친 음식만 드셨고 생존을 유지할 수 있으면 만족하셨으며, 좋은 치즈 유제품은 맛본 적이 없었습니다. 무릇 사람들이 공양한 돈은 모두 《아미타경》을 필사하는데 사용하여 모두 십만여 권을 필사하였고, 정토변상도를 3백여 폭이나 그렸습니다. 평상시 길을 혼자 다니셨고, 다른 사람과 같이 걷지 않으셨습니다. 사람들과 세간의 사소한 일을 이야기하면 수행에 장애가 될까 두려워하셨기 때문입니다. 가사 옷과 바리때를 다른 사람이 씻도록 하지 않았고, 노년에 이르기까지 한 번도 바꾸지 않았으며, 줄곧 인연 있는 중생을 교화하셨습니다.

《불조통기佛祖統記》에 근거하면 선도대사께서는 아미타부처님의 화신으로 이 국토의 인연 있는 중생을 섭수하여 서방극락세계에 왕생하도록 돕기 위해 특별히 장안에 자취를 보이셨습니다. 《불조통기》에 따르면 아미타부처님 화신이 장안의 졸졸 흐르는 물에서 "중생을 염불하도록 가르칠 수 있다"고 하는 말소리가 들렸습니다. 대사께서 장안에서 교화를 하신지 3년이 지나자 장안성 전체가 염불소리로 가득 찼습니다. 대사께서는 법을 닦는 시간을 제외하고 그밖에 몇 십 년간 모두 정토법문을 홍양하여 인연 있는 사람들을 섭수하는데 온 힘을 다 기울였습니다. 위에서 이미 말씀드렸듯이, 그는 모든 신심 있는 분이 공양한 물품 전부를 《아미타경》 필사에 사용하여 총 10만권을 필사하였고, 아물러 정토변상도를 3백여 폭이나 그렸습니다.

당시 대사께서 필사한 경권을 인연 있는 남녀 신도들에게 증정하였고, 공양한 사람이 무수히 많았습니다. 한 권을 필사하여 한 사람에게 증정하면 이 사람이 정토의 인연을 맺을 수 있음을 알아야 합니다. 당시 필사한 경문의 수량은 10만 권에 달하였습니다. 현재 일본 경도 용곡龍谷대학의 도서관에 선도대사께서 친히 필사한 《아미타경》이 수장되어 있습니다. 이 경권은 1899년 대곡大谷탐험대에 의해 중국의 (신장 위구루) 투루판에서 발굴되었습니다. 대사의 홍원으로 경권은 마침내 서역까지 유통되어 당시의 교화사업이 매우 광범위하였음을 볼 수 있습니다.

오늘날 돈황의 천불동에서는 《관무량수경觀無量壽經》 만다라가 건립되어 있는데, 이는 바로 선도대사가 직접 그린 것으로 줄곧 오늘날까지 전해지고 있습니다. 게다가 유명한 낙양의 용문석굴에는 온화하고 점잖으며 부귀한 형상의 노사나불상盧舍那佛像이 모셔져 있는데, 선도대사께서 제작과정을 감독하셨습니다. 전기의 기록에 따르면 이 불상은 당나라 고종이 건립하기 시작해서 무측천武則天이 지분전脂粉錢 2만냥을 시주하고 선도대사에게 감독하도록 교령을 내렸습니다. 이로써 선도대사께서는 불교예술에 조예가 깊어 최고수준에 이르렀음을 알 수 있습니다. 그가 그린 정토변상도는 매우 수승하였습니다. 이는 대사께서 삼매경계에서 몸소 극락세계를 보셔서 이렇게 그리셨기 때문에 불가사의한 가지加持의 힘이 있었습니다.

선도대사가 세간에 유포한 저작은 이른바 5부 9권으로 《관경사첩소觀經四帖疏》 4권, 《왕생예찬往生禮讚》 1권, 《관념법문觀念法門》 1권, 《법사찬法事讚》 2권, 《반주찬般舟讚》 1권입니다. 다른 갖가지 저명한 계송도 있는데, 모두 민간에 광범위하게 유포되었습니다. 그 가운데 《관경사첩소》의 영향력이 가장 컸습니다.

《사첩소》를 지었을 때 매우 많은 신령한 감응이 있었습니다. 《사첩소》의 마지막에 대사께서는 직접 이러한 영험을 기록하셨습니다. 대사께서 말씀하시길, "저는 생사윤회하는 범부로 지혜가 얕고 짧지만, 부처님의 가르침은 매우 깊고 미세하여 감히 마음대로 경문에 대해 다른 해석을 하지 못합니다" 하셨습니다. 그래서 스스로 지극한 마음으로 기원하여 영험을 얻고자 하였습니다. 당시 대사께서는 "먼저 진허공 변법계 일체삼보께 삼가 귀명하옵고, 석가모니부처님·아미타부처님, 관음·대세지보살과 서방정토의 대해와 같은 일체 보살중 및 정토의 일체 장엄상 등에게 삼가 귀명하옵나이다"라며 예배하였습니다. 대사께서 말씀하시길, "저는 이 《관경》의 요의를 저술하고 드러내어 정토일법의 잘못된 해독을 바로잡고 고금에 모두 봉행해야 할 표준을 확정하고자 합니다. 만약 저의 해석이 삼세제불·석가모니불·아미타불 등의 대자대비하신 홍원의 본의에 칭합한다면 원하옵건대 제가 꿈속에서 위에서 보길 원한 바와 같은 일체경계의 모든 상을 볼 수 있게 하옵소서" 하시며 기도하셨습니다.

이렇게 불전에서 서원을 맺은 이후 날마다 《아미타경》을 세 번 염송하고, 아미타불을 3만 번 소리 내어 염하였습니다. 어느 날 밤에

서방의 허공에서 갖가지 정토장엄의 미묘한 상의 경계가 전부 현전함을 보았습니다. 갖가지 빛깔의 보배산이 백중 천중이었고, 갖가지 광명이 아래로 땅 위에 비추고, 땅은 황금 빛깔로 나타났습니다. 중간에 제불보살께서 계셨는데, 어떤 이는 앉아 있고 어떤 이는 서 있으며, 어떤 이는 설법하고 어떤 이는 잠자코 아무 말도 하지 않으며, 어떤 이는 손을 내밀어 움직이고 있고 어떤 이는 안온히 머물러 움직이지 않는 등 갖가지 미묘한 상이 있었습니다. 이러한 상을 본 이후 대사께서는 합장한 채 서서 관觀에 들어가 한참 후에야 경계에서 나왔습니다. 마음속으로 더 없이 환희하며 하나하나씩 16관 등에 담긴 각각의 함의를 기록하였습니다.

이로부터 날마다 매일 밤 꿈속에서 언제나 출가인 한 분이 《관경》의 현의 과문을 지시하였고, 현의를 다 쓰고 난 이후에는 더 이상 신통력을 지닌 스님이 보이지 않았습니다.

대사께서 본서를 다 쓰신 이후 지극한 마음으로 서원을 세워서 7일을 약정하여 감응을 간절히 구하였습니다. 매일 《아미타경》 10번과 아미타 명호를 3만 번 염송하였습니다. 초야初夜와 후야後夜에 모두 극락세계의 갖가지 장엄상을 관상하고 성심으로 귀명 예배하셨습니다. 그날 밤 바퀴 세 개가 길가에서 굴러가는 모습이 보이더니, 문득 한 사람이 흰색의 낙타를 타고 앞에 와서 권고하여 말하길, "스님께서는 마땅히 노력할지니, 결정코 왕생하여 퇴전하지 마십시오. 이 세계는 예토로 악하여 청정하지 않고 온갖 괴로움의 구름이 모이니, 헛되이 향락을 탐하지 마십시오." 하였습니다. 대사께서는 대답하길, "현자께서 호의로 가르침을 베푸신 은혜를 입으니, 저는 목숨이 다하는 때를 기한으로 삼아 감히 게으른 마음을 내지 않겠습니다" 하셨습니다.

둘째 날 밤, 아미타부처님께서 자마금 빛깔의 몸을 나투시고 칠보수 아래 황금 연꽃 위에 앉아 계심을 보았습니다. 열 분의 스님께서 주위를 둘러싸고 그들 또한 각자 보리수 아래 앉아계셨습니다. 부처님의 칠보수 위에는 하늘 옷이 걸린 채 휘감고 있었습니다. 대사께서는 서방을 향해 마주보고 합장한 채 단좌하며 관하고 있었습니다.

셋째 날 밤, 또한 두 개의 지극히 높고 빛나는 당번이 보였는데, 당번에는 오색 깃발이 걸려 있었고, 도로는 종횡으로 교차하여 막힘 없이 통해있어 사람들이 자유로이 바라보아도 시선을 가로막는 장벽이 없습니다. 이때 아직 7일이 되지 않았지만, 이러한 영험한 상을 얻어 대사께서는 여기에 이르러 기도를 멈추셨습니다.

이렇게 《사첩소》는 이미 부처님의 인증을 청하여 마쳤습니다. 그래서 한 글자, 한 문구라도 늘리거나 줄일 수 없습니다. 바로 인광대사께서 말씀하신 것처럼 대사님의 설법은 부처님의 설법과 마찬가지입니다.

12세기, 일본의 법연상인法然上人께서 《관경소》에 의거하여 일본 정토종을 성립시켰습니다. 상인께서는 일찍이 한 차례 꿈속 경계를 기록한 적이 있습니다.

나는 《관경소》를 여덟 차례 읽고서 생각이 혼란한 범부일지라도 칭명의 묘행에 의지해서 부처님의 원력에 올라타면 반드시 아미타부처님의 정토에 왕생함을 알았다. 비록 나 자신은 왕생이 이미 결정되었을지라도 또한 일체 중생을 위해 이 미묘한 도를 홍양하고 싶지만, 시기는 여전히 단정하기 어려워 마음속으로 주저하는 생각을 품었다.

어느 날 밤, 꿈에 공중에서 매우 큰 자주빛 운무가 일어나 사해바다를 광대한 범위로 덮었다. 자주빛 구름에서 무량한 광명이 나왔고, 광명에서 온갖 보배새가 나와 날개짓을 하며 사면팔방으로 날아갔다. 당시 나는 높은 산에 올라가 고승 한 분이 구름 서상에서 출현하시어 내 앞에 서 계심을 보았다. 나는 그분께 공경히 예를 표하고 그분의 존용尊容을 우러러보았다. 단지 그의 허리 이하만 보아도 부처님의 색신처럼 황금 빛깔이 나타났고, 허리 위는 일반 스님처럼 출가 의상을 입고 있었다.

이 고승께서 말씀하시길, "나는 당나라 선도대사이니라. 그대가 전수염불 법문을 홍양하고 유통할 수 있음은 매우 희유한 까닭에 내가 그대에게 인증을 하러 왔노라. 앞으로 그대는 걸림 없이 홍법하여 멀리 떨어진 지역까지 전할 수 있으리라" 하셨다. 나는 땅에 엎드려 간청하여 말하길, "원컨대 저에게 직접 정토교문의 구결을 전수하여 주셔서 저 자신이 먼저 신심을 낼 수 있게 하고, 다른 사람도 신심을 내게 하여 주십시오" 하였다. 이때 선도대사께서 일러 말씀하시길, "훌륭하고 훌륭하다! 보살·대성인께 그대에게 정토교법을 원하는 대로 수여할 것이니라." 하셨다.

이는 당시 법연 상인이 꿈속에서 선도대사께서 당신에게 인증과 가지加持를 주시는 광경을 본 것입니다.

선도대사께서 장안에서 중생을 교화하시니, 출가자 재가자로 선도대사께 귀의한 사람이 매우 많아 문전성시를 이루었습니다. 후에 선도대사께서 머무신 사찰에서 정토변상도를 그리는데, 갑자기 모두에게 좀 더 빨리 완성하라고 재촉하셨습니다. 어떤 연고인지 물으니, 대사께서 말씀하시길, "나는 왕생하려 하니, 이틀 삼일 밤만 머물 것이니라." 하셨습니다.

이후 대사께서는 문득 작은 병에 걸린 모습을 보이시다 문을 걸어 잠그고 환희심에 머물며 정토에 왕생하셨습니다. 대사께서는 세상에 69년 머무셨습니다. 몸은 부드럽고 얼굴색은 평상시와 같았으며, 당시 신이한 향과 음악이 나타나 오랜 시간이 지나서야 사라졌습니다. 왕생한 때는 서기 681년 3월 14일이었습니다.

고종 황제가 선도대사께서 염불하실 때 입에서 광명이 나온다는 사실을 알고서 사원에 "광명사光明寺"라는 이름을 하사하였습니다. 《서응전瑞應傳》에 말하길, "불법이 동으로 갔지만, 아직 선사만큼 번성하지 않았다" 하였습니다. 바로 불법이 동토로 전해진 이후 선도선사처럼 공덕이 이렇게 높고 큰 적은 없다는 말입니다.

송나라 지영智榮선사께서 대사를 찬탄하여 말씀하시길, "선도善導

대사께서는 아미타부처님의 화신으로 부처님의 육자 명호를 부름은 곧 부처님을 찬탄함이요 곧 참회함이요, 곧 발원회향이자 일체선근으로 정토를 장엄함이다" 하셨습니다. 이는 선도대사께서는 아미타부처님의 화신이고, 「나무아미타불」 여섯 글자를 칭념할 때가 바로 부처님에 대해 찬탄함이며, 부처님 전에 참회함이며, 발원·회향함이며, 일체선근으로 정토를 장엄함이라는 뜻입니다.

연지蓮池대사께서 찬탄하여 말씀하시길, "선도화상께서는 세상에서 아미타부처님의 화신이라 전해지니, 그의 수행이 전일하고 엄격하며 중생을 광범위하게 이롭게 함을 보면 세세만대에 내려가도 여전히 사람을 감동시켜 신심을 내게 할 수 있다" 하였습니다. 선도대사께서는 아미타부처님의 화신이라고 전해지니, 그의 수행이 전일하고 엄격하였고 중생을 광범위하게 이롭게 하였음을 보면 비록 세세만대 내려가도 모두를 감동시켜 신심을 일으키게 할 수 있습니다.

인광印光대사께서 말씀하시길, "만약 기꺼이 성심을 다해 신명을 던지면 서방에 결정코 왕생할 수 있다" 하셨습니다. 말하자면 우리가 성심으로 선도대사의 자비원력 가운데 뛰어들어 그의 저술에 따라 실행하면 결정코 서방극락에 왕생할 수 있습니다.

이상으로 아미타부처님의 화신이신 광명선도 화상의 전기를 간략히 강술하였습니다.

선도화상 찬탄문

인광대사, 《증광문초》

선도善導화상은 아미타부처님의 화신으로 대신통이 있고, 대지혜가 있었다. 그는 정토를 홍양하고 천술하셨으며, 현묘함을 숭상하지 않고 단지 분명하고 평범한 곳에서 사람들이 수지하도록 가르치셨다.

한편 화상께서 열어 보이신 전수專修와 잡수雜修의 법문은 이를 통해 받을 수 있는 이익이 무궁무진하다.

전수專修란 신업으로 주위를 돌면서 일체 처에 두루 미쳐 몸이 방일하지 않도록 전례專禮하고, 구업으로 경전과 주문을 염송하여 뜻과 마음으로 회향하도록 전칭專稱하며, 의업으로 보리심을 발하여 아미타불 부처님 명호를 전념專念하는 것을 말한다. 이와 같이 닦으면 서방극락에 왕생함에 있어 만 명 가운데 한 명도 빠뜨리지 않는다.

잡수雜修란 바로 여러 가지 법문을 겸수하여 그 공덕을 회향하여 왕생하는 것이다. 그러나 이는 마음이 순일하지 않아 그 이익을 얻기가 실로 어렵다. 그래서 왕생하는 이는 백 명 중에 한두 명으로 드물고, 천 명 중에 서너 명으로 드물다.

이는 부처님께서 스스로 선설하신 진실한 말씀으로, 천고에 변하지 않는 확실한 사안이다.

불설관무량수불경소佛說觀無量壽佛經疏 제1권

[현의분玄義分]

"《관경》의 뜻을 파악하여 13개 단락(7문 현의와 6단)으로 총결하고, 단락마다 이치에 수순하여 여래의 현문玄門에 상응한다. 이 의주(義周 ; 현의분)를 마치고, 《사첩소》세 권(서분의 · 정선의 · 산선의)을 부처님께 받들어 올리기 전에 증명을 마쳤다.

이상으로 일곱 문이 있어 서로 다를지라도 총체적으로는 경문을 해석하기 전 현의玄義이다. 경론에 있는 상위相違와 방난妨難을 요간함에 하나하나 가르침을 인용하며 증명함으로써 정토법문을 믿는 자로 하여금 의심이 없게 하고, 왕생을 구하는 자로 하여금 막힘이 없도록 하고자 하니, 마땅히 알지라."

《관경사첩소》 1권, 선도대사

[귀명게 歸命偈]

보리대원을 발하고 삼보에 귀의하다

먼저 대중에게 보리대원을 발하고

(지극한 마음으로) 삼보에 귀의하길 권합니다.

(여기서 보리대원은 무상보리심을 발하여 생사를 뛰어넘고 아미타부처님의 법계로 들어감을 가리킨다.)

　先勸大衆發願歸三寶

출가 재가 대중은 마땅히 각자

무상보리심을 발하십시오.

중생은 생사를 싫어하기 실로 어렵고,

불법을 좋아하기는 더욱 어렵습니다.

(이렇게 만나기 어려운 희유한 인연이 도래하였을 때)

우리는 함께 금강의 대원을 발해야 하고,

(이번 일생이 다하도록) 삼계를 횡으로 뛰어넘고

생로병사의 네 가지 폭류瀑流를 끊어야 합니다.

(무시이래 아직도 해결하지 못한 생사의 대사를 해결하여야 합니다.)

(그래서 이번 생에) 아미타부처님 극락세계에 들어가길

(왕생하여 불퇴전을 획득하고 불도를 원만히 성취하길) 발원해야 합니다.

(이러한 금강의 대원을 발한 후에는 영원히 다른 사람에 의해 바뀌지 않고 마지막 숨을 거둘 때까지 언제라도 이러한 대원을 견고하게 집지執持하여야 합니다.)

우리는 시방의 삼보님께 귀의하고 공경 합장 정례하여야 합니다.

　道俗時衆等　各發無上心　生死甚難厭　佛法復難欣

　共發金剛志　橫超斷四流　願入彌陀界　歸依合掌禮

세존이시여, 저는 일심으로

온 시방의 바다 같이 깊고 넓은 법성진여(법신불)와

법신·보신·화신 삼신의 일체 제불과

무량한 장엄보신 및 변화신을 지닌

십지十地와 (지전地前) 삼현三賢[1])의 연지해회 (보살성중을 망라하는)

한 분 한 분 보살 및 보리권속에게 귀명하나이다.

　世尊我一心　歸命盡十方　法性眞如海　報化等諸佛

　――菩薩身　眷屬等無量　莊嚴及變化　十地三賢海

삼대아승지겁의 수행이 이미 만족하든 만족하지 못하든

지혜와 행지行持가 원만하든 원만하지 못하든

(번뇌의 주체인) 정사正使가 다 끊어졌든 끊지 못하였든

(번뇌의 여훈인) 습기가 없어졌든 없어지지 못했든

(이 자리가) 공용지功用地[2])에 있든 아직 무공용지無功用地이든

---

1) "화엄경에서 제일 중요한 것은 천궁 사회(天宮四會)이다. 이 천궁 사회의 정설正說은
　십주十住, 십행十行, 십회향十廻向, 십지十地의 사품四品인데, 앞의 3품을 삼현三賢, 마지막
　1품을 십성十聖이라고 한다." _김잉석, 《화엄학개론華嚴學槪論》

2) 공용功用은 신체·입·뜻으로 짓는 동작·행위를 말한다. 보살은 공관空觀을 닦음에
　있어서 7지地까지는 인위적인 행위가 가해지며(有功用地), 제8지부터는 의식적으로 노력
　하지 않아도 자연스럽게 공관이 이루어진다(無功用地). 부처님께서는 전식득지轉識得智를

무루정지無漏正智를 이미 증득하였든 아직 증득하지 못했든

묘각위에 처하였든 아직 등각위이든

등각에 올라 금강유정金剛喩定에 들어가 삼매정수의 일념과 상응한 후

(마지막 일품인 미세한 무명을 끊고서 즉시)

열반의 과덕을 증득하는(묘각구경불위에 들어가는)

보살성중에게 귀명하나이다.

時劫滿未滿　智行圓未圓　正使盡未盡　習氣亡未亡

功用無功用　證智未證智　妙覺及等覺　正受金剛心

相應一念後　果德涅槃者

저희들은 모두 지극한 마음으로

(법신 · 보신 · 화신의) 삼신보리三身菩提께 귀명하오니,

(제불여래께서 지혜로써 철저히 비추어)

걸림이 없는 신통력으로써 저(선도대사)의 심원을

살피어 아시고 저에게 은근하게 가피하고 섭수하여 주시길 기원합니다.

저희들은 모두 지극한 마음으로

(성문 · 연각 · 보살의) 삼승 등 일체 현성3)과

모든 부처님의 대비심을 배우고 오래도록 퇴전하지 않는

보살성중에게 귀명하오니

이루셨기 때문에, 의식적이고 인위적인 노력이 없이도 자연스럽게 중생교화 사업을 할 수 있다.

3) 성인이 아닌 유정을 모두 범부라 하는데, 범부 가운데 성인의 지위에 가까운 이들, 즉 아직 견도의 경지에는 이르지 못했지만 이미 악을 떠난 유정을 현(賢)이라 하며, 견도의 경지 이상의 이들을 성(聖)이라 하며, 이들을 통칭하여 현성(賢聖)이라 한다.

원하옵건대 (제불보살께서) 법계를 소요하면서 저희를 가피하시어

염념마다 제불여래를 친견할 수 있길 기원합니다.

　我等鹹歸命 · 三佛菩提尊 · 無礙神通力 · 冥加願攝受

　我等鹹歸命 · 三乘等賢聖 · 學佛大悲心 · 長時無退者

　請願遙加被 · 念念見諸佛

저희들이 (어리석고 어두운 마음과) 우둔하고 미련한 몸에 끄달려

끊임없이 생사에 유전하는 가운데 광겁이래 벗어나기 어려운데

지금 다행히 석가모니부처님께서 말법시대의 유교遺教로 선설하신

아미타부처님 본원의 바다, 극락정토에 왕생하는 첩경인 요문을 만났으니

저희들이 정선定善 · 산선散善 두 문을 수지한 선근으로써

(보현보살의 십대 원왕願王께) 회향하여 (당생에 극락정토에 왕생하여)

속히 무생의 법성신을 증득하길 기원합니다.

　我等愚癡身 · 曠劫來流轉 · 今逢釋迦佛 · 末法之遺跡

　彌陀本誓願 · 極樂之要門 · 定散等回向 · 速證無生身

(이어서 선도대사께서는 자신이 지은 게송으로 본회本懷를 말하고 《사첩소》를 지어서 정토문의 대의를 열어 보이신다.)

저(선도대사)는 보살장 · 돈교인 일승법(정종법문)의 바다에 의지하여

이 게송을 설하고 삼보에 귀명하여 부처님의 뜻과 상응하고자 하오니

시방세계 항하사 제불께서 걸림 없는 육신통으로 저를 비추어 아시고

가피를 내려 주시길 기원합니다.

지금 저는 (석가모니·아미타) 두 분 세존의 거룩한 가르침을 굳게 지켜서

극락정토의 문을 널리 열어서 드러내고 (아미타 부처님의 본원·석가모니부처님의

본회를 고스란히 있는 그대로 털어놓으니 거룩한 마음에 은근히 부합하길 기원합니다.)

我依菩薩藏 · 頓敎一乘海 說偈歸三寶 · 與佛心相應

十方恒沙佛 · 六通照知我 今秉二尊敎 · 廣開淨土門

원하옵건대 (사첩소를 지은) 이러한 공덕으로써

(법계의) 일체 중생에게 평등하게 보시하오니

대중들이 함께 보리심을 발하여

안락국토에 왕생하도록 하옵소서.

願以此功德 · 平等施一切 同發菩提心 · 往生安樂國

[칠문요간 七門料簡]

경문의 현의를 밝히다

이《관경》안에 담긴 대의를 먼저 7문으로 나누어 요간料簡하고, 그런 다음 경문에 의지해 (문구를 따라 차례로) 그 의리를 해석할 것이다. (다시 말해 먼저 현의를 선설한 후에 다시 경문의 뜻을 해석할 것이다.)

此《觀經》一部之內　先作七門料簡　然後依文釋義。

(이른바 7문의 요간을 분별하면 이러하다.)

[제1문] 먼저 서제序題를 드러내 밝힌다.(즉 본경의 연기를 선설한다)

[제2문] 다음으로 그 경명(경전제목의 함의)을 해석한다.

[제3문] 본경의 종지가 다름과 교상의 대소를 또렷하게 밝힌다. (본경의 종지는 관불삼매 혹은 염불삼매이고, 본경은 대승돈교 보살장에 속한다.)

[제4문] 경전을 설하는 사람에 차별이 있음을 드러내 보인다. (즉 본경은 부처님께서 직접 선설하셨다.)

[제5문] 정선定善과 산선散善 두 문의 통별(通別; 공통점과 차이점)에 차이가 있음을 요간한다.

[제6문] 경전과 논서가 서로 어긋나는 부분을 화회和會시키고 문답을 널리 베풀어 행자의 의혹을 풀어준다.

[제7문] 위제희 부인이 부처님의 정설을 듣고 얻는 이익의 같고 다름을

요간한다.

第一、先標序題；第二、次釋其名；第三、辯釋宗旨不同、教之大小；第四、正顯說人差別；第五、料簡定散二善通別有異；第六、和會經論相違　廣施問答　釋去疑情；第七、料簡韋提聞佛正說得益分齊。

[제1문] 서제 표명

첫째, 먼저 서제序題[4]를 드러내 밝힌다.

第一、先標序題者。

[강기] 여기서는 두 가지로 나누어 내용을 포괄한다. 1) 일대시교一代時教가 흥기한 인연을 표명한다. 2) 정토대교淨土大教가 흥기한 인연을 표명한다.

가만히 생각하건대, 진여는 광대하여 오승五乘도 그 변제를 헤아리지 못하고, 법성은 깊고 높아 십성十聖도 그 변제를 궁구하지 못한다. 진여의 체양體量, 양성量性은 중생의 꿈틀거리는 마음에서 벗어나지 않고, 법성은 무변으로 변체邊體는 원래 움직이지 않는다. 무진법계는 범부와 성인에게 나란히 원만하다. 두 가지 물든 때는 여여한 법성으로 곧 두루 함장식을 포용하고 있다. 그 묘체에는 항하사의 공덕을 갖추고 있고, 적멸한 묘용을 갖추어서 담연하다.

竊以眞如廣大　五乘不測其邊；法性深高　十聖莫窮其際。眞如之體量　量性不出蠢蠢之心；法

---

4) 책 등의 첫머리에 책을 펴내게 된 동기나 경위, 내용, 또는 그에 관계된 사항을 간단히 적은 것을 말한다.

性無邊 邊體則元來不動。無塵法界 凡聖齊圓。兩垢如如 則普該於含識。恒沙功德 寂用湛然。

[강기] 첫째 단락에서는 중생이 본래 부처임을 선설한다.

"진여眞如"란 제법이 본래 이러하다(如是)는 말로 진眞이란 허망하지 않음이고, 여如란 다르지 않음을 뜻한다. 진여는 그 광대함이 지극하여 일체 오승五乘은 부처님 계위(佛位) 앞까지 증득하지 못하고, 모두 그것의 변제邊際를 헤아릴 수 없다. 법성法性이 매우 깊고 크고 넓어서, 십성十聖도 그것의 깊이 쌓인 내용(底蘊)을 궁진할 수 없다.

진여와 법성은 같은 뜻으로 이 문구는 대구(對仗)를 써서 묘사한 것이다. 진여는 이체理體로, 헤아릴 수 없는 양이 있어 일체가 모두 이 양에 포섭되는 바(所攝)가 된다. 그리고 이 양성(量性; 체)도 결코 중생의 꿈틀거리며 망녕되이 움직이는 마음을 떼어놓고 그밖에 진여본성이 따로 있는 것이 아니다. 바꾸어 말하면 **진여본성은 일체 망상 한가운데 있다.**

법성은 변邊과 겉(表)이 단절되어 있다. "변邊"은 유有·무無·쌍역(雙亦; 유이기도 무이기도 함)·쌍비(雙非; 유이지도 무이지도 않음)의 사변四邊을 가리킨다. "무변無邊"이란 바로 희론을 떠난 것으로 그것은 어떠한 분별식으로 인식하는 대상경계(所緣境)에도 떨어지지 않는다.

"변체즉원래부동邊體則元來不動". 여기서 "변邊"이란 망식妄識이 앞에 현현하는 일체 인아人我·법아法我의 상相으로 모두 하나의 고정된 상(定相)을 얻을 수 있는데, 하나의 고정된 점에 떨어지면 "변邊"이라 일컫는다. 이 일체를 현현하는 그 본래의 체성은 바로 실상實相의 본신本身이다. 비록 사변四邊의 법으로 현현하거나 혹은 인아·법아의 상으로 현현할지라도 다만 이 일체는 모두 망상일 뿐, 그것은 망식·분별식이 지은 것이기 때문에 모두 생멸의 객진법客塵法으로 생하고 멸함·오고 감 등의 변이變異가 있다. 그러나 실상의 본신은 원래 부동으로 어떠한 변이도 없나니, 이는 생하지도 멸하지도 않고·오지도 가지도 않으며·늘지도 줄지도 않는 본래 스스로의 묘체이다.

"무진無塵"은 본래 청정하여 모든 객진을 여의었다. "법계法界"는 일체 만법의 근원이다. "범성제원凡聖齊圓"이란 범부와 성자는 단지 현상 위에서 가설된 차별일 뿐, 실제 상에서는 본래 스스로 일여로서 곧 범부와 성인은 아무런 흠결 없이 동등하게 이 법계를 구족하고 있다. 범부에게 줄지도, 성인에게 늘지도 않아 본래 원만하므로 이를 일러 "원圓"이라 한다.

번뇌장·소지장所知障의 두 가지 물든 때(垢染)는 본래 허망하게 분별하는 체성으로 실상에서는 결코 존재하지 않는다. 이 때문에 이 일체 현상의 당하에 그 자체는 곧 여여한 법성으로 지금까지 모두 어떠한 변동도 없다.

식識은 단지 일종의 (경계가) 허망하게 나타난 것(妄現)으로 그것의 체성은 본래 자신의 실상이고, 이 때문에 일체 함장식(含識; 아뢰야식)의 마음 가운데 모두 이러한 여래장 혹은 자성불이 있다.

이 묘체 상에는 항하사 수만큼이나 많은 자성의 공덕법이 있다. "적寂"은 본래 적멸이거나 본래 생멸이 없음을 말하고, "용用"은 본신이 항하사만큼이나 많은 묘용을 구족하고 있음을 말한다. "담연湛然"은 맑고 청정하여 모든 물든 때가 없음을 말한다.

이상으로 중생은 본래 부처임을 설명하였다. 실상에서는 본래 부처와 중생은 차별이 없다. 그러면 무엇 때문에 부처님께서는 또 화신化身으로 이 세계에서 가르침을 전하시는가? 이하에서는 대교大敎를 흥기한 인연을 설명한다.

번뇌의 장애로써 깊게 덮여 (보리열반의) 청정본체가 (번뇌의) 현발로 말미암아 비추는 작용이 사라진 까닭에 대비심으로 은밀히 서역에 응화하시어, 화택의 문에 재빨리 들어가 감로를 뿌려 군맹을 적셔주고, 지혜의 횃불을 비추어 기나긴 밤 겹겹이 싸인 어둠을 밝히며, 세 가지 보시로 (중생을) 평등하게 갖추게 하고, 사섭법으로 (중생을) 나란히 섭수하며, 오랜 겁의 고인苦因을 열어 보여주시고 영생의 낙과樂果를 깨달아 들어가게 하신다.

> 但以垢障覆深 淨體無由顯照。故使大悲隱於西化 驚入火宅之門 灑甘露潤於群萌 輝智炬則朗
> 重昏於永夜。三檀等備 四攝齊收。開示長劫之苦因 悟入永生之樂果。

[강기] 그러나 현상現相 중에서 중생은 매우 깊은 미몽에 빠진다. 이러한 착란의 힘으로 말미암아 매우 깊은 전박纏縛[5]이 출현하는데, 이를 번뇌에 덮인 여래장[6]이라 한다. (보리열반의) 청정본체[7]가 (번뇌의) 현발現發·출현으로 말미암아 비추는 작용이 없게 되는데, 이로 인해 법신이 오도五道에 유전하게 하거나, 혹은 본신의 자성불이 미혹되어 헛된 꿈속 경계에 빠져서 본체로 돌아갈 수 없게 한다. 실제로는 찰나에도 떼어놓을 수 없고 털 하나의 간격도 없다. 그러나 망상에 떨어짐으로 말미암아 일종의 헛된 가상인 상속윤전相續輪轉이 확실히 있다. 이때 만약 그의 마음에 응함이 없고 그의 면전에서 화신으로

---

5) 번뇌는 중생의 몸과 마음을 얽어 묶어서 자유롭지 못하게 하는 것이므로 전박이라고 한다.

6) "첫째는 거두어들이는 여래장(能攝如來藏)이다. 자성自性에 머물러 있을 때 여래 과지果地의 공덕을 다 거두어들이고 있으니, 여래를 거두어들이고 있다는 뜻에서 여래장이라고 부르는 것이다. 둘째는 거두어들여진 여래장(所攝如來藏)이다. 번뇌에 얽매여 청정하지 못한 법이 모두 여래의 지혜 안에 있다. 여래가 그것을 거두어들이고 있기 때문에 여래에 속하는 법이라는 뜻에서 여래장이라고 부르는 것이다. 셋째는 숨겨지고 덮인 여래장(隱覆如來藏)이니, 법신인 여래가 번뇌에 덮여 있음을 말한다. 여래가 스스로 숨었다는 뜻에서 여래장이라고 부른 것이다." _원효대사, 《금강삼매경론金剛三昧經論》

7) "둘째, 무시이래 보리열반의 청정본체로 곧 너희들의 일체 식은 본래 순수한 광명으로 일체 반연할 수 있는 능력이 있는데도, 오직 이 본래의 순수한 광명인 식에 향함만으로는 반연하는 능력이 오히려 그것에 도달할 수 없어 마침내 저절로 자신이 본래 명철한 본성을 버려 비록 종일 행하여 스스로 깨닫지 못하고, 억울하게도 온갖 생사의 악취에 빠지게 되느니라(無始菩提涅槃元淸淨體。則汝今者識精元明 能生諸緣 緣所遺者。由諸衆生 遺此本明 雖終日行 而不自覺 枉入諸趣)." _《대불정수능엄경大佛頂首楞嚴經》

현현하여 그를 인도함이 없다면 그는 계속해서 고개를 돌릴 수 없다.

이로 인해 제불께서는 대비심에서 "서역·인도에 은밀히 응화하신다." 여기서 "서화西化"는 비로자나毗盧遮那여래께서 이 세계에서 서역·인도에서 화현하심을 가리킨다. "은隱"은 비밀계를 가리킨다. 곧 법계 안에서 저절로 자비의 힘으로 중생의 선연善緣에 수순하여 응화應化를 현현하니, 범정凡情의 면전에서 단지 인류와 동류의 몸으로 보이지만 실제상으로 대비의 역용이다. 하지만 범부의 인식으로는 그것의 비밀계를 보지 못하므로 "은비隱祕"라 일컫는다.

「경입화택지문驚入火宅之門」 이는 비유의 기법이다. 중생은 모두 불타는 집(火宅)에 머물러 때때로 삼독의 맹렬한 불길에 타들어가는 것을 멈출 수 없다. 이로 인해 부처님께서는 자비심으로 자재하게 화택문으로 들어가 구조하고 제도하신다.

어떻게 중생을 구조·제도하시는가? "감로를 뿌려 군맹을 적셔주고 지혜의 횃불을 비추어 기나긴 밤의 겹겹이 쌓인 어둠을 밝힌다" 하신다. "감로를 뿌려", 이는 묘법을 선설함을 가리킨다. 법수로 중생의 심지를 촉촉이 적셔 그의 선근으로 하여금 끊임없이 싹이 트게 하니, 이를 "군맹群萌을 적셔줌"이라 한다. 법에는 일종의 선근계를 증장시키는 역량이 있다. 법의 일깨우는 작용으로 말미암아 중생의 선근은 끊임없이 현발顯發한다.

다음으로 지혜의 횃불 혹은 광명으로 긴긴 윤회의 어두운 밤 속 중생의 겹겹이 싸인 혼암昏暗을 비추어 깨뜨린다. "혼昏"은 무명을 가리킨다. 즉 중생심에 있는 업과業果에 어리석음과, 진실한 뜻(眞實義)에 어리석음이다.[8] 왜냐하면

---

8) 《대법론對法論》에 이르시길, "어리석음에는 두 가지가 있으니, 첫째는 다르게 익음(異熟)에 어리석음이요, 둘째는 진실한 뜻에 어리석음이다. 다르게 익음에 어리석은 까닭에 불선행不善行을 일으키고, 진실한 뜻에 어리석은 까닭에 복부동행福不動行을 일으킨다." 하셨다. 전자는 염오성染汚性으로 무명과 합할 때 마음이 다르게 익은 행상行相을 신해하는 정견正見을 수용하지 못하는 까닭이다. 후자의 진실한 뜻은 곧 사제四諦이다. 저것에 어리석은 까닭에 진리를 보아 깨닫지 못한 자는 비록 선심을 일으킨다 할지라도 저것으로 말미암아

줄곧 무명의 힘에 구르는 바가 되어 본성의 광명을 볼 수 없고, 이로 인해 줄곧 이러한 거듭 또 거듭된 미혹과 전도의 한가운데 있다.

「삼단등비三檀等備 사섭제수四攝齊收」이는 재시財施·법시法施·무외시無畏施 세 가지 버림(舍)으로 일체 중생을 평등하게 이롭게 하고, 보시布施·애어愛語·이행利行·동사同事의 사섭법四攝法으로 일체 중생을 섭수攝受한다는 뜻이다.

「개시장겁지고인開示長劫之苦因 오입영생지락과悟入永生之樂果」이는 사제四諦 혹은 이고득락離苦得樂의 정도를 선설하여 그에게 오랜 겁 이래로 생사대고生死大苦의 인유因由 혹은 근원을 열어 보여주시고, 그런 다음 괴로움을 여의는 정도를 선설하여 그로 하여금 괴로움과 괴로움의 인이 영원히 적멸한 무루락과無漏樂果를 증득하게 함을 가리킨다.

군중이 미혹에 빠져 습성이 달라서 욕락이 같지 않아, 비록 실법의 근기가 하나도 없을지라도 평등하게 오승五乘의 작용이 있나니, 삼계에 자비의 구름을 펼쳐서 대비심에 법우가 쏟아지게 하신다.

只爲群迷性隔、樂欲不同 雖無一實之機 等有五乘之用。致使布慈雲於三界 註法雨於大悲。

[강기]「군미성격群迷性隔 욕락부동樂欲不同」이는 미혹에 빠진 범부를 가리킨다. 그들은 누세에 형성된 습성이 각자 다름으로 말미암아 각자의 욕락이 천차만별이다. 이런 습성은 모두 일념의 무명으로 비롯된 이후 각자의 망동·관습에 따라 개별적인 경향을 조성한다. 여기는 실법의 근기가 하나도 없으니, 이는 완전히 꿈속 경계 같은 현현·습기력의 표현이기 때문이다. 그래서 중생은

눈에 따라다니며 속박하는 바인 까닭에 또한 우치愚癡라고 한다. 그 세력으로 말미암아 삼계의 괴로움을 여실하게 알지 못하여 곧 나중에 인성因性인 복부동행福不動行을 발기할 수 있다. _원효대사, 《판비량론判此量論》

미혹에 물든 반연에 따라 천차만별의 근성根性이 나타난다. 중생을 인도하여 법계로 돌아가기 위해서는 환(환상, 허깨비) 같은 법을 사용하여 환 같은 중생을 제도하여야 한다. 이로 인해 무량한 중생의 근성에 맞추어 상응하게 오승五乘에 포섭되는 무량묘법의 대용大用이 있다. 말하자면 여래께서는 중생의 무량한 근성에 응하여 무량한 법문을 시설하신다.

「치사포자운어삼계致使布慈雲於三界 주법우어대비註法雨於大悲」이는 자비심을 일으켜 무량한 교법의 감로를 널리 펴서 두루 삼계의 각종 유정을 가피하심을 가리킨다. 일체는 모두 대비심에 근원하여 중생의 괴로움을 뽑아 구제하시고, 이고득락離苦得樂의 교법을 선설할 수 있다. 이로 인해 "대비심에 법우가 쏟아지게" 하신다. 여래께서 이렇게 설법하신 효과는 어떠한가? 아래에서 말씀하신다.

(부처님께서 설하신 법은) 번뇌에 덮인 중생의 마음에 계합하지 않음이 없다. 중생이 아직 듣지 못한 불법을 들은 후에 법익을 두루 적셔줄 수 있다. 보리의 종자는 여래의 교법이 깨우침을 통해서 마음을 싹트게 하고, 정각正覺의 싹은 법의 비가 촉촉이 적셔줌으로 말미암아 염념마다 자라난다. 중생은 각자 (이러한) 마음에 의지하여 수승한 행을 일으킨다. 여래께서 시설하신 법문은 팔만사천이나 넘친다. 돈교이든 점교이든 각각 마땅한 바(근기)에 칭합하니, (선근이 무르익지 않은 자는 점교를 통해서 한걸음씩 인도하고, 선근이 이미 무르익은 자는 돈교를 통해서 빨리 원만히 성취할 수 있다. 요컨대 근기에 응해 교법을 베푸셨으니, 근기에 의지해 법을 택하여) 각자 그 인연에 따르면 모두 해탈을 얻을 수 있다.

莫不等洽塵勞 普沾未聞之益。菩提種子藉此以抽心 正覺之芽念念因玆增長。依心起於勝行 門余八萬四千。漸頓則各稱所宜 隨緣者則皆蒙解脫。

[강기] 이는 부처님께서 세상에 나오실 때 중생의 근기에 응하여 교법을 선설하

시니, 무릇 인연이 있는 사람은 누구나 해탈을 얻을 수 있음을 말한다.

부처님의 설법에는 이치에 계합(契理)하고 근기에 계합(契機)하는 두 가지 덕상德相이 있는데, 여기서는 단지 두루 근기에 응하여 상응하는 법문을 시설하심을 말한다. 번뇌(塵勞)에 덮인 중생의 마음에 계합하지 않음이 없고, 그것에 상응하여 방편을 베풀어 인도하신다. 이로 인해 "번뇌에 덮인 중생의 마음에 계합하지 않음이 없다."고 말씀하신다. 계합하지 않음이 없음을 "등흡等洽"이라 하고, "진로塵勞"는 범부의 마음이 끊임없이 망동하여 잡다하게 오염되는 가운데 있음을 가리킨다. 이른바 교법을 시설함은 이 망동하는 마음을 조복調伏시킴 아님이 없어 그것으로 하여금 해탈로 취향趣向할 수 있게 한다. 그래서 중생의 마음에 응하여 교법을 시설해야 하나니, 예컨대 **탐욕이 많은 사람을 위해 부정관不淨觀을** 시설하고, **분노가 많은 사람을 위해 자비관慈悲觀을** 시설하며, **어리석음이 많은 사람을 위해 연기관緣起觀을** 시설하신다. 이른바 "약은 귀하고 천한 것이 없나니 **병을 치료하는 것은 양약이고,** 법은 뛰어나고 하열한 것이 없나니 근기에 **계합하는 것이 묘법이다**(藥無貴賤 癒病者良 法無優劣 契機者妙)." 하셨다. 만약 근기에 계합하지 않으면 효과가 일어나지 않는다.

여래의 설법은 본래 얻을 수 있는 어떠한 설법도 없지만, 중생의 마음에 응하여 각종 대치하는 방편을 설립하신다. 이러한 법을 한번 전수해가면 중생의 근성에 계합하여 그가 사용해보면 매우 적합할 뿐만 아니라 목적에 도달할 수 있다. 이로 인해 중생이 아직 듣지 못한 법을 들은 후에 모두 두루 법익에 젖어 보리의 종자는 교법의 일깨움을 경유하여 "마음을 싹트게" 할 수 있고, 그것이 싹트기 시작하여 정각正覺의 싹을 묘법이 촉촉이 적셔줌으로 인해 염념마다 증장한다.

중생은 모두 자기의 마음에 의지함과 동시에 부처님께서 지시한 법도에 수순하여 각종 거룩하고 미묘한 수행을 일으킨다. 이것이 바로 정토문 이외의 팔만사천 법문이다. 여기서 또한 돈교頓敎·점교漸敎 두 가지로 나뉘고, 각자 모두 중생의 근기에 칭합稱合한다. 근기가 아직 무르익지 않은 자는 점교를 통해서 한걸음씩 인도하고, 근기가 이미 무르익은 자는 돈교를 통해서 재빨리 원만히 성취한다. 요컨대 교법이 인연을 일깨움에 따라 모두 해탈을 얻을 수 있다.

여기서 「수연隨緣」은 여래장이 물든 인연과 청정한 인연 두 가지 인연에 따름을 말한다. 중생은 과거에 교법을 아직 듣지 못하였을 때 줄곧 미혹하여 물든 인연에 따라 삼계육도의 고취苦趣 한가운데 유전하는데, 이는 일종의 혹업고惑業苦에 의한 착란적인 순환이다. 그러나 교법을 듣고 난 이후 미혹을 바꾸어 깨닫고서 깨달은 청정한 인연에 따라 점차 해탈로 취향하고, 그의 마음 속 우매함 및 착란의 힘에서 해탈한다. 이 중간에 각종 층차가 있다. 예컨대 오승교법五乘敎法을 선설하고 인과를 선설할 때 업과에 어리석음을 제거하고 각종 비복업非福業으로 인해 악취에 떨어지는 고난에서 빠져나온다. 한걸음 나아가 무아無我의 교법을 선설하여 그에게 무아의 진실의로 어리석음을 제거하여 아집에 따라 일으킨 각종 번뇌의 업행을 제거하게 하신다. 이렇게 하여 중생이 삼계의 과보를 해탈할 수 있도록 하신다. 한걸음 더 나아가 여전히 법무아法無我를 개시하여 그에게 일체 인연의 법이 실재한다는 집착이 일으키는 변역생사變易生死를 제거하게 하신다.

이처럼 여래께서 교법을 시설하여 중생으로 하여금 교법의 일분一分·소분少分 혹은 만분滿分의 청정한 깨달은 인연에 따르게 하여 점차 무명을 제거하는 동시에 망동의 업행을 멈추어서 이러한 잡염雜染의 연기에서 해탈할 수 있다.

이상으로 말한 것은, 부처님께서 세상에 나오셨을 때 중생의 근기에 응하여 설법하시어 마땅히 해탈한 것도 모두 그 시기에 해탈함이고, 마땅히 성숙한 것도 모두 성숙하게 함이다. 그러나 여전히 매우 많은 중생이 해탈을 얻지 못하고 있으니, 이 부분의 중생에 대해서는 마땅히 여하히 구제·제도하겠는가? 다음은 특별히 정토의 대교를 선설한 연기이다.

그러나 중생의 장애가 많아 그것을 취하여 깨닫기는 기약하기 어렵다. 비록 수많은 문으로 가르치고 일깨우나 범부가 미혹함으로 말미암아 두루 잡을 수 없다.

장애가 매우 깊은 한 부류의 중생이 있어 그는 이번 생에, 혹은 단기간 내에 개오開悟의 달성을 기대하기 어렵고, 살아있는 동안 성도聖道를 현증現證할 수 없다. 비록 세존께서 중생의 근기에 응하시어 이미 세심하게 원만한 교법을 시설하여 이른바 팔만사천 문의 가르침을 열었지만, 범부의 미혹한 마음(迷情)으로 그에게는 이번 생(卽生)에 원만하게 파악할 능력이 없다. 말하자면 그의 일생 동안 여전히 이 교법에 인연하여 증과證果를 실현할 방법이 없다.

(불효자식의) 인연을 만나 위제희 부인이 지극히 청하길, "저는 지금 안락국에 즐겨 왕생하고자 하오니, 원하옵건대 여래께서 저에게 사유하는 법을 가르쳐 주시고, 정수를 닦는 법을 가르쳐 주시옵소서." 하였다. 그러자 사바세계 화주이신 석존께서 그 청으로 인연한 까닭에 곧 정토의 요법을 널리 여시고, 안락국토 능인能仁의 특별한 밀의인 홍원법문을 분명히 드러내셨다.

遇因韋提致請：我今樂欲往生安樂 唯願如來敎我思惟、敎我正受。然娑婆化主因其請故 卽 廣開淨土之要門 安樂能仁顯彰別意之弘願。

[강기] 이 같은 정황 아래 특수한 기연機緣 하나가 출현하여 부처님께서 정토의 묘법을 선설하게 하셨으니, 위제희 부인이 불효자식의 인연을 만나 그녀의 마음속에 염리厭離심이 생겨서 근심과 번뇌가 없는 세계에 태어나려고 하였다. 부처님께서 광명대를 화현化現하여 무수한 청정 불찰토를 현현하시니, 위제희 부인이 이를 본 후 지극한 마음으로 여래께 설법을 간절히 청하였다.

"저는 지금 극락세계에 왕생하고자 하오니, 오직 원하옵건대 여래께서 저에게 사유하는 법을 가르쳐주시고, 저에게 정수를 닦는 법을 가르쳐 주십시오."

그녀의 간청에 응하신 인연으로 사바세계 교주이자 본사이신 석가모니부처님께서 정토의 요문을 널리 여시고, 안락세계 교주이신 아미타부처님에 대해 그 특별한 밀의인 **홍원**弘願**법문**을 드러내 보이셨다.

이는 바로 이 방위의 부처님(석가여래)께서 저 방위(서방)의 부처님(아미타여래)이 중생을 섭인攝引하여 저 부처님 세계에 왕생하는 법문을 선설하신 것으로, 곧 수승한 정토문의 교법이 출현한 것이다. 이 일문의 주된 뜻은 중생을 전부 다른 한 부처님 세계의 교법 가운데 인섭引攝하여 제도·해탈을 얻게 함이다. 당연히, 그 주제는 아미타부처님의 특별한 원력과 안락국토로 나아가는 요문을 선설하시는 것이다.

그 요문이란 곧 《관경觀經》의 정선定善·산선散善 두 문이다. 정선은 곧 사려를 그쳐 마음을 집중함이고, 산선은 곧 악을 폐하여 선을 닦음이다. 이 두 행을 회향하여 왕생을 발원하고 구한다.

其要門者 卽此《觀經》定散二門是也。定卽息慮以凝心 散卽廢惡以修善。回斯二行 求願往生也。

[강기] 이른바 안락국토에 왕생하는 요문은 바로 이 《관경》에서 설하신 정선定善·산선散善 두 문이다. "정定"은 망동하는 사려思慮를 멈추고 심식心識을 고요하게 안정시킴을 가리킨다. 말하자면 뒤섞이고 어지러운 생각을 버리고 마음이 점차 하나의 관하는 경계 위에 고요하고 안정되게 매달아 최종적으로 삼매三昧인 정수正受의 경계에 들어가는 것을 정선定善이라 한다. 산선散善은 산란한 자리에 머물러 있는 것으로 수행하는 방식은 주로 악업을 버리고 선행을 수지하는 것이다. 정선·산선 두 문으로 거두어들인 선행을 회향하여 서방극락에 왕생하길 발원하고 구하면 직접 정토에 태어나니, 그것이 정토에 태어날 수 있는 요문이다.

그렇다면 왜 범부는 정선·산선 두 문에 의지해 최소한의 요구조건으로도 모두 서방에 왕생할 수 있는가? 이는 아미타부처님께서 48홍원으로 섭지(攝持;

가지加持)하시는 연고이다. 시방 불국토에서 이는 지극히 특수한 원력으로 범부가 혹업惑業을 끊어버리지 않은 채 아미타부처님의 자비심, 위신력의 가피에 의지하여 임종시 극락세계에 왕생할 수 있다. 이 때문에 안락국토 능인能仁(아미타부처님)의 특별한 **홍원대의**弘願大義라고 말씀하셨다.

홍원弘願이라 함은 《무량수경》에서 설한 바처럼 일체 선악 범부가 왕생할 수 있는 이유는 모두 아미타부처님 대원의 업력[9]에 올라타 증상연으로 삼지 않음이 없기 때문이다. (이것이 정토법문이 지극히 기묘하고 특이한 점이다. 이 때문에 장애가 많은 중생은 이번 생에 깨달음을 취해 과위를 증득할 수 없고, 아미타부처님 대원의 도움을 빌려야 정토에 왕생함으로써 생사의 문제를 해결할 수 있다.)

言弘願者　如大經說　一切善惡凡夫得生者　莫不皆乘阿彌陀佛大願業力爲增上緣也。

또한 부처님의 밀의인 홍원은 깊고, 정토의 교문은 깨닫기 어려워서 삼현과 십성도 들여다보거나 헤아릴 수 없다. 하물며 나처럼 믿음이 가벼운 털 같은 외범부가 감히 지취旨趣를 알겠는가? 석가모니부처님을 이곳에서 보내 시고, 아미타부처님께서 저 국토에서 내영來迎하심을 우러러 의지해야 한다. 저곳에서는 부르고 이곳에서는 보내니, 어찌 가지 않을 수 있겠는가? 오직

---

9) 이것에 대해 정토종에서는 여러 가지 해석이 있다. 1) 대원의 업인력業因力을 가리킨다. 정토의 장엄과 자비중생의 공덕은 일체 아미타부처님 본원의 작용력이 미친 바 밖에는 없다. 2) 대원의 힘, 대업의 힘을 가리킨다. 즉 법장보살(아미타부처님께서 인위因位에서 발원할 때 이름)의 발원과 수행이다. 법장보살은 중생을 구제하고 제도함을 사유하여 48원을 세운 까닭에 대원력大願力이라 한다. 보살께서 대원을 발한 후에 조재영겁兆載永劫에 걸쳐 육도만행을 쌓은 까닭에 대업력大業力이라 한다. 3) 대원大願·대업大業·대력大力을 가리킨다. 즉 법장보살의 발원 수행 및 그 결과로 완성된 아미타부처님의 구제력이다. 담란대사, 도작대사, 선도대사 등의 저서를 참조하라. _《불광대사전佛光大辭典》

부지런히 일심으로 법을 받들어 목숨이 마칠 때까지 다할 뿐이다. 이 예토의
몸을 버리면 곧 저 정토의 법성신의 상락을 증득하리라. 이로써 곧 간략히
서제序題를 표명하여 마쳤다.

又佛密意弘深 教門難曉 三賢十聖所弗窺測。況我信外輕毛敢知旨趣？仰惟釋迦此方發遣 彌
陀卽彼國來迎。彼喚此遣 豈容不去也？唯可勤心奉法 畢命爲期。舍此穢身 卽證彼法性之常
樂。此卽略標序題竟。

[제2문] 경명 해석

둘째, 다음으로 그 경명을 해석한다. 경에서 이르시길, "불설무량수관경 일권"이라 하였다.

第二、次釋名者 經言：佛說無量壽觀經一卷。

[강기] 경명의 차례에 의거하여 먼저 "불佛"을 해석하고, 다시 "설說"을 해석하며, 다시 "무량수無量壽"를 해석하고, 다시 "관觀"을 해석하며, 다시 "경經"을 해석한다.

「불佛」이라 함은 인도말로 중국에서는 「각覺」이라 번역한다. 자신의 깨달음(自覺)과 다른 사람의 깨달음(覺他)을 회향하여 깨달음과 수행이 원만한 경지에 도달한 경계(覺行窮滿)를 부처라고 한다.

言"佛"者 乃是西國正音 此土名覺。自覺覺他 覺行窮滿 名之爲佛。

「자각自覺」이라 하여 범부와 다르다고 구분한다. (왜냐하면 범부는 완전히 어리석고 몽매함에 빠져서 진실의眞實義에 대해 두 가지 무아無我를 조금도 모르기 때문이다.)

이어서 다시 성문은 마음을 협소하고 하열하게 냄으로 인해 단지 자신을 이롭게 하는 마음만 일으키고, 타인을 이롭게 하는 대비심이 모자란 까닭에 「각타覺他」는 이승二乘과 다르다고 분별하여 말한다. (자신을 깨닫게 하는 마음이 있을 뿐만 아니라 타인을 깨닫게 하려는 마음이 있으며 또한 법계의 무변 중생을 중시하여 일체 중생의 괴로움을 뽑아 제도하는 대비심을 일으키고, 그들에게 위없는 깨달음을 베풀어 주고 싶어 하신다. 이를 각타覺他라고 한다.)

그래서 보살에게는 보살은 한층 더 나아가 지혜를 본성으로 삼고 지혜가 있는 연고로 자신을 이롭게 할 수 있고, 대비심이 있는 연고로 타인을 이롭게 할 수 있다. 언제나 지혜와 대비심을 쌍으로 운행할 수 있어 삼유(三有; 삼계)의 변견과 적멸寂滅의 변견에 집착하지 않는다. (그렇지만 보살은 아직 도를 배우는 지위(學道位)10)에 거하며 각행을 궁진하여 원만한 경계에 도달함이 없다.) 그래서 각행궁만覺行窮滿이라 말하여 보살과 다르다고 분별하여 말한다. 여래께서는 지혜와 수행을 막론하고 이미 가장 원만한 경지에 도달하여, 모든 수행을 겪고 지나가야 할 시겁時劫11)이 전부 원만하여 (범부·이승·보살의) 세 가지 지위를 넘어서는 까닭에 부처라고 이름한다.

言自覺者 簡異凡夫。此由聲聞狹劣 唯能自利 闕無利他大悲故 言覺他者 簡異二乘。此由菩薩
有智故能自利 有悲故能利他 常能悲智雙行不著有無也。言覺行窮滿者 簡異菩薩。此由如來
智行已窮 時劫已滿 出過三位 故名爲佛。

「설說」이라 함은 입에서 음성을 내어서 법의를 진술하는 까닭에 설이라 한다. 또한 여래께서 근기에 맞추어 설법하심은 (중생의 근기가) 여러 가지로 달라서 근기에 수순하여 알맞게 돈교頓敎·점교漸敎를 시설하고, 은밀설隱密說·현료설顯了說 등 갖가지로 다르다. 또한 (설근으로 설법을 할 수 있을 뿐만

---

10) 삼도三道는 부파불교와 대승불교에서 공통적으로 인정하고 있는 수행의 3단계인 견도見道·수도修道·무학도無學道를 말한다. 즉, 삼도는 성문과 보살 모두에게 해당하는 수행의 3단계이다. 견도見道는 염불행자가 모든 견혹見惑에서 벗어나는 지위이다. 진리를 보는 단계라는 뜻에서 견제도見諦道라고도 하고, 진리를 봄이라는 뜻에서 견제見諦라고도 하며 또한 견도의 지위라는 뜻에서 견도위見道位라고도 한다. 수도修道는 염불행자가 수혹修惑을 벗어나기 위해 수행하는 기간 또는 지위이다. 수도위修道位라고도 한다. 무학도無學道는 염불행자의 수행이 완료되어 무학無學 즉 더 이상 배울 것이 없는 지위이다. 무학위無學位라고도 한다.

11) 3아승기를 말한다. 보살이 성불하는 데 소요되는 시간. "보리菩提를 조속히 증득하는 것은 오직 일념一念 뿐이며, 멀리 불도佛道를 구한다면 3아승기에 있다."_《대장일람집大藏一覽集》

아니라) 안근 등 육근으로 모두 설법하고, 상호로도 설법하실 수 있다. 요컨대 중생의 마음에 응하여 그 기연機緣에 따라 묘법妙法을 두루 설하시며 인도하여 그들이 모두 이익을 얻을 수 있도록 하신다.

言"說"者 口音陳唱 故名爲說。又如來對機說法 多種不同 漸頓隨宜 隱彰有異。或六根通說 相好亦然。應念隨緣 皆蒙證益也。

「무량수無量壽」라 함은 중국의 한자음이고, 「나무아미타불」이라 함은 인도의 정음이다. 또한 (육자 명호를 차례로 해석하면) 「나」는 귀歸이고 「무」는 명命이며, 「아」는 무無이고 「미」는 량量이며, 「타」는 수壽이고 「불」은 각覺이다. 그래서 귀명무량수각歸命無量壽覺이라 한다. 이는 범어와 한자를 서로 대조한 것으로 그 뜻은 이와 같다.

言"無量壽"者 乃是此地漢音。言"南無阿彌陀佛"者 又是西國正音。又"南"者是歸 "無"者是命 "阿"者是無 "彌"者是量 "陀"者是壽 "佛"者是覺。故言歸命無量壽覺。此乃梵漢相對 其義如此。

지금 (다시 인법人法에 따라 함의를 해석하면) 「무량수」는 (한도가 없는 수명이 있고 법신수法身壽·보신수報身壽·화신수化身壽가 있음을 증득하니) 법法이고, 「각」은 (위없는 과위를 성취한 부처를 가리키니) 인人이라고 말한다. 인과 법을 동시에 드러내는 까닭에 「아미타불」이라 이름한다.

今言"無量壽"者是法 "覺"者是人。人法並彰 故名"阿彌陀佛"。

또한 인법人法이라 함은 관하는 대상인 경계이다. 여기에는 두 가지가 있으니, (1) 의보依報이고 (2) 정보正報이다. (즉 《관무량수경觀無量壽經》에서 관하는 대상은 무량수불과 서방극락의 거룩한 경계이다.)

又言人法者 是所觀之境 卽有其二 : 一者依報 二者正報。

먼저 의보의 구체적인 상황을 설명하면 여기에는 곧 세 가지 장엄이 있다. (1) 지하의 장엄이니, 곧 (보배지면 아래) 일체 보배당번의 광명이 서로 밝게 비추는 등이고, (2) 지상의 장엄이니, 곧 (지면 위에 현현하는) 일체 보배땅·연못·보배숲·보배누각·궁전 등이며, (3) 허공의 장엄이니, 곧 (허공 가운데) 일체 변화하는 보배궁전·보배꽃·나망·보배구름·화조·미풍·광명·(두드리지 않아도 저절로 소리나는) 갖가지 소리·음악 등이다. 위에서 서술한 것처럼 비록 세 가지 차별이 있을지라도 이는 모두 아미타부처님 청정국토의 무루진실無漏眞實한 수승미묘한 상이다. (장소에 따라 나누면 지하·지상·허공으로 나뉘고, 종류에 따라 말하면 무루심無漏心으로부터 나타나는 갖가지 색성향미촉법 등의 장엄이고, 혹은 사상事相으로부터 말하면 이른바 보당·황금땅·연못·보배숲·궁전·나망·화조·음악 등등이 있다.) 이상으로 의보장엄을 총칭하였다.

就依報中 卽有其三：一者地下莊嚴 卽一切寶幢光明互相映發等是；二者地上莊嚴 卽一切寶地、池林、寶樓、宮閣等是；三者虛空莊嚴 卽一切變化寶宮、華、網、寶雲、化鳥、風、光、動發聲樂等是。如前雖有三種差別 皆是彌陀淨國無漏眞實之勝相。此卽總結成依報莊嚴也。

또한 의보장엄을 관함은 일상관에서 화좌관에 이르기까지 총괄하여 모두 의보의 덕상德相을 드러내 밝힌다. 또한 이 의보에는 통通이 있고 별別이 있다. 별은 화좌관을 가리키니, 그것은 특별한 의보(別依)로 오직 아미타불 색신만이 의지하는 대상(所依)에 속한다고 말한다. 그 나머지 위에서 서술하는 여섯 관법은 법계의 범부와 성인이 공동으로 의지하는 대상에 속한다. (말하자면 법계 속 범부와 성인은) 극락에 왕생하기만 하면 공동으로 수용하는 곳이 있는 까닭에 통通이라 한다.

又言依報者 從日觀下至華座觀已來 總明依報。就此依報中 卽有通有別。言別者 華座一觀是其別依 唯屬彌陀佛也。余上六觀是其通依 卽屬法界之凡聖 但使得生者共同受用 故言通也。

또한 이 여섯 관법에도 곧 진眞이 있고 가假가 있다. 가假라 함은 곧 일상日想·수상水想·빙상氷想 등으로 이는 가의假依이다. 왜냐하면 이는 사바세계에서 (극락의 상과) 유사하게 볼 수 있는 경계상이기 때문이다. 진의眞依라 함은 곧 유리 땅에서 아래로 보루관에 이르기까지로 이는 진의이다. 왜냐하면 저 국토에서 진실한 무루無漏로 볼 수 있는 경계상인 까닭이다.

又就此六中 卽有眞有假。言假者 卽日想、水想、氷想等 是其假依。由是此界中相似可見境相故。言眞依者 卽從琉璃地下至寶樓觀已來 是其眞依。由是彼國眞實無漏可見境相故。

둘째, 정보正報에도 또한 그 둘이 있다. (1) 국주國主의 장엄이니, 곧 아미타부처님이고, (2) 성중聖衆의 장엄이니, 곧 현재 저 서방극락의 성중 및 시방법계에서 함께 왕생한 성중을 가리킨다.

二、就正報中 亦有其二：一者主莊嚴 卽阿彌陀佛是；二者聖衆莊嚴 卽現在彼衆及十方法界同生者是。

또한 이 정보正報에도 또한 통이 있고, 별이 있다. 별이라 함은 곧 아미타부처님이다. 곧 이 별에도 또한 진이 있고 가假가 있다. 가정보假正報라 함은 곧 제8상관像觀이다. 관세음·대세지 등도 또한 이와 같다. 이는 사바세계 중생의 장애가 장기간 미혹과 망상에 빠져 있어 지극히 깊고 두텁기 때문이다. 부처님께서는 중생이 처음부터 서방 삼성의 참 색신상을 관상하면 관경觀境이 너무나 광대하고 깊고 미묘함에 중생의 업장과 미혹이 깊고 무거워 현현할 수 없을지 몰라, 맨 먼저 방편을 시설하여 진상眞像 하나를 가립假立하여 관상觀想으로 중생의 마음이 그 위에 머물러 저 부처님께서 증득한 청정한 경계와 동일하도록 하셨다. 그래서 가정보假正報라고 말한다.

又就此正報中 亦有通有別。言別者 卽阿彌陀佛是也。卽此別中亦有眞有假。言假正報者 卽第八像觀是也。觀音勢至等亦如是。此由衆生障重 染惑處深 佛恐乍想眞容 無由顯現 故使假立

眞像以住心 想同彼佛以證境 故言假正報也。

진정보眞正報라 말함은 즉 제9관 부처님의 진신관이다. 이는 앞쪽에서 이미 가정보假正報를 닦았음으로 말미암아 마음을 하나의 소연所緣 상에 집중하여 점차로 산란된 망상을 그치고 점차 선정을 얻는다. 그 기초 상에서 심안이 홀연히 열리며, 서방의 청정한 의보·정보의 갖가지 장엄을 거칠게나마 보고서 혼란과 미혹을 제거한다. 장애의 때를 제거한 연고로 말미암아 서방극락의 진실한 경계상을 볼 수 있다.

言眞正報者 即第九眞身觀是也。此由前假正 漸以息於亂想 心眼得開 粗見彼方淸淨二報種種 莊嚴 以除昏惑。由除障故 得見彼眞實之境相也。

통정보通正報라 함은 관음·대세지 성중 등 이하로 공동의 정토 장엄상을 가리킨다. 이상으로 통通·별別·진眞·가假의 네 부분으로써 의보·정보의 상황을 틀림없이 밝게 드러내었다.

言通正報者 即觀音勢至等已下是也。向來所言通別眞假者 正明依正二報也。

"관"이라 함은 비춤이다. 항상 청정한 신심의 손으로 지혜의 광휘를 쥐고 저 아미타부처님의 정보·의보 등 장엄을 밝게 비추는 일이다.

(여기서는 비유의 수법을 쓴다. 신심은 손과 같고, 지혜는 횃불과 같다. 손에 횃불을 쥠은 신심 가운데 지혜를 운영하여 국토를 밝게 비출 수 있는 상황을 가리킨다. 이는 신심이 근본이고, 지혜는 관조觀照의 역용力用이 있음을 표시한다. 관하는 대상은 바로 아미타부처님 국토의 정보·의보 장엄이다. 이것이 바로「관觀」자의 함의이다.)

言"觀"者 照也。常以淨信心手 以持智慧之輝 照彼彌陀正依等事。

"경"이라 말함에는 날줄(經線)의 뜻이 있다. 날줄(經線)로 말미암아 씨줄(緯線)을 총지할 수 있어 필장(疋丈; 고대 직물을 계산하는 단위. 옷감 한 필은 4장으로 대략 13m이다)을 직성織成할 수 있고, 포布의 작용을 발휘할 수 있다.[12] (마찬가지로) 경전은 법의法義를 총지할 수 있어 능전能詮의 경교는 소전所詮의 이理와 사事에 상응하여 진리를 드러내 밝힐 수 있다. (관경으로 말하면 곧 일체 근기를 원만히 섭수할 수 있어) 정선과 산선의 차별로 중생의 근성에 수순하여 (저절로 완전한 서방교법西方教法 계통을 구성하여) 법의法義가 쇠락하지 않게 할 수 있다. (바꾸어 말하면 제1관에서 16관에 이르기까지 한 필의 베로 비단을 이루는 것처럼, 이 경전은 정선과 산선 두 문으로 일체 근기의 중생을 섭수하여 왕생하게 하는 일체교법을 총지한다. 이것이 바로 섭지攝持의 함의이다.)

(그 역용力用을 말하면) 그것은 수행ㆍ취향하는 사람(왕생을 발원하는 사람)으로 하여금 가르침에 의지해 반드시 염불행을 일으키는(敎行) 인연을 빌려서 원력(아미타부처님 48대원)에 올라타 정토에 왕생하여 무위의 법락(성덕에서 흘러나온 과보/의정장엄의 즐거움)을 증득하게 한다. 일생에 서방정토에 가면 더 이상 생사의 공포가 없고, 그곳에서 불퇴전지를 증입하여 오래도록 보리만행을 일으켜 무상보리를 증득하고, 허공과 같은 법신이 상주하는 과위를 획득한다.

이 경으로 말미암아 이렇게 청정국토에 왕생하여 무위법락無爲法樂을 증득하고, 곧장 과덕이 지극한 무상보리의 묘과를 증득하여 법신이 상주하니 허공과 같다.[13] (이 경전으로 말미암아 중생으로 하여금 극락왕생을 획득하여 무위법락의

---

12) 날줄 또는 씨줄만으로는 옷이 되지 않는다. 날줄과 씨줄, 이 두 개는 따로따로가 아니다. 둘이서 하나의 천을 짠다. 날줄의 자유를 씨줄이 제지한다. 씨줄의 자유를 날줄이 누르고 있다. 서로 팽팽히 맞서고 있다. 서로 제압하고 있다. 또 서로 돕고 있다. 둘이서 하나의 역할을 다한다. 비로소 좋은 원단이 만들어진다. 옷을 만들 수가 있다.

13) 《능엄경楞嚴經》에 이르시길, "수덕에 있음에 인이라 하고 증득에 있음에 과라 한다(在修曰因 在證曰果)." 하셨다. 불법에 의지해 증득한 바 과덕이 청정원각인 후에 「법신상주法身常住」의 상이 「구경청정」의 이체를 드러낸다고 말하며, 확실히 무멸무생無滅無生하고 불천불

과덕이 지극한 무상보리, 원증법신을 증득하는) 큰 이익을 불러일으킬 수 있는
까닭에 「경」이라 부른다.

言"經"者 經也。經能持緯 得成匹丈 有其布用。經能持法 理事相應 定散隨機 義不零落。能令
修趣之者 必藉敎行之緣因 乘願往生 證彼無爲之法樂。旣生彼國 更無所畏。長時起行 果極菩
提。法身常住 比若虛空。能招此益 故曰爲經。

「일권」이라 함은 이 《관경》 일권은 비록 두 차례 법회의 바른 설법이라
말할지라도 총괄해 그 하나로 집성하니 그래서 「일권」이라 이름한다. 그래서
《불설무량수관경 일권》이라 이름한다. 이로써 곧 그 명의를 해석하여 마쳤다.

言"一卷"者 此《觀經》一部 雖言兩會正說 總成斯一 故名一卷。故言佛說無量壽觀經一卷。此
卽釋其名義竟。

변不遷不變함이 상주의 과果이니, 칠종의 과덕을 빌려서 법신이 머뭄을 밝힌다. 1) 보리
즉 깨달음의 도(覺道)로 곧 제불보살이 증득한 청정구경의 이제理諦이다. 2) 열반 즉
멸도滅度로 곧 제불보살이 증득한 청정구경의 법신이다. 3) 진여眞如는 망을 여의어
'진'이라 하고, 다름이 없음을 '여'라고 하는 제불보살이 증득한 진실무망의 덕행이다.
4) 불성은 바로 각성 혹은 각오覺悟의 본능이라 한다. 즉 제불보살이 증득한 담명만각湛明滿
覺의 성性이다. 5) 암마라식菴摩羅識 곧 백정무구白淨無垢의 뜻이다. 담연하여 태허와
같고, 섬진纖塵을 세우지 않으며, 생사에 국한되는 바가 아니고, 열반의 능히 고요한
바가 아니니 곧 제불보살 청정본원의 심식心識이다. 6) 공여래장空如來藏으로 번뇌가
탕연궁진蕩然窮盡하고 만법을 함섭含攝하여 적취積聚가 없는 제불보살이 증득한 청정한
법신이다. 7) 대원경지大圓鏡智로 대원경반大圓鏡般처럼 만법을 통철洞徹하고 만물에
응하여 자취가 없는 제불보살이 갖추고 있는 원명각조圓明覺照의 지혜덕행이다. _백운심처
白雲深處, 《각의 층차(覺的層次)》

[제3문] 종지의 다름과 교상의 대소

셋째 본경의 종지가 다름과 교상의 대소를 또렷하게 밝힌다. 《유마힐경維摩詰經》은 부사의해탈不思議解脫을 종지로 삼고, 《대반야경大般若經》은 공혜空慧를 종지로 삼으니, 각 경전에는 모두 다른 종지가 있어 그 예는 하나뿐이 아니다. 지금 이 《관경觀經》은 곧 곧 관불삼매를 종지로 삼고, 또한 염불삼매를 종지로 삼으며, 일심으로 회향하여 정토에 왕생함을 귀취로 삼는다.

(종宗은 우러러 받드는 곳이고, 취趣는 수행의 귀취歸趣이다. 본경에서 우러러 받드는 수행의 종지는 바로 관불삼매와 염불삼매이다. 이는 마음을 전일하게 아미타부처님 명호에 모아 정정삼매正定三昧를 얻을 뿐만 아니라 산란이 없는 정정正定을 얻는 것이다. 이 수행의 종지는 어떤 과위를 증득하는 것을 취향하는가? 바로 일심으로 회향발원하여 극락정토에 들어가는 것이다. 이것이 바로 수행의 취향처이다.)

교상의 대소를 말함이란 묻건대, 이 경은 두 장 중에 어느 장에 섭수되는가? 양교 중에 어느 교에 섭수되는가? 답하되, 지금 이 관경은 보살장에 섭수되고 돈교에 섭수된다.

三、辯釋宗旨不同、教之大小者。如《維摩經》以不思議解脫爲宗 如大品經以空慧爲宗。此例非一。今此《觀經》卽以觀佛三昧爲宗 亦以念佛三昧爲宗 一心回願往生淨土爲趣。言教之大小者 問曰：此經二藏之中何藏攝？二教之中何教收？答曰：今此《觀經》菩薩藏收 頓教攝。

[제4문] 경전을 설하는 사람의 차별

넷째, 경전을 설하는 사람에 차별이 있음을 드러내 보인다. 무릇 제경을 설함에는 다섯 가지 상황에 불과하니, 첫째 불설이고 둘째 성제자의 설이며, 셋째 신선의 설이고, 넷째 제천의 설이며, 다섯째 변화하여 된 사람(化人)의 설이다. 지금 이 관경은 부처님께서 직접 설하는 것이다.

묻건대, 부처님께서는 어디에서 설하셨는가? 누구를 위해 설하셨는가? 답하되, 부처님께서는 왕궁에서 위제희 등을 위해 설하셨다.

四、辯說人差別者。凡諸經起說不過五種：一者佛說 二者聖弟子說 三者仙說 四者諸天說 五者化人說。今此《觀經》是佛自說。問曰：佛在何處說？爲何人說？答曰：佛在王宮爲韋提等說。

[제5문] 정선 · 산선 양문 요간

정선定善 · 산선散善 두 문을 요간하면 곧 여기에는 여섯 가지가 있다. (1) 청문의 주체는 곧 위제희 부인이라고 밝힌다. (2) 청문의 상대는 세존이라고 밝힌다. (3) 설법의 주체는 곧 여래라고 밝힌다. (4) 설법하는 내용은 정선 · 산선 16관문이라고 밝힌다. (5) 성판成辦의 주체는 곧 여래라고 밝힌다. (6) 성판의 대상은 위제희 부인 등이라고 밝힌다.

五、料簡定散兩門 即有其六：一、明能請者 即是韋提；二、明所請者 即是世尊；三、明能說者 即是如來；四、明所說 即是定散二善、十六觀門；五、明能爲 即是如來；六、明所爲 即韋提等是也。

묻건대, 정선·산선의 두 선은 누구의 청법으로 선설하였는가? 답하되, 정선 일문은 위제희 부인의 청법으로 선설하였고, 산선 일문은 부처님께서 스스로 설하셨다.

　問曰：定散二善　因誰致請？答曰：定善一門韋提致請　散善一門是佛自說。

묻건대, 정선·산선 두 선은 어느 경문에서 나오는가? 지금 이미 여래의 교법이 일체 중생에게 두루 가피하여 헛되지 않다면 어떤 근기가 이 법익을 받을 수 있는가? 잘 모르겠다.

　問曰：未審定散二善出在何文？今既教被不虛　何機得受？

답하되, 두 가지 함의가 있다. 첫째, 어떤 근기가 법익을 받을 수 있는가? 하면 먼저 받을 수 없는 근기를 가려서 제외하고 다시 받을 수 있는 근기를 드러내 보인다. 불법을 비방하는 자·신심이 없는 자·여덟 가지 겨를이 없는(八無暇) 자 혹은 시비·분별이 많은 사람, 그들은 이 법익을 받을 수 없다. 이는 마치 썩은 나무에 꽃이 필 수 없고, 막돌에 윤이 날 수 없듯이 이들 중생은 잠시라도 인연이 없는 상태에 머물러 본 법을 받아들여 교화에 이를 수 없다.

이를 제외하고 그 밖에는 무릇 일심으로 믿고 왕생을 발원하여 구하고(믿음과 발원을 갖추고 있다는 표시) 위로는 이번 일생이 다하도록 닦고 아래로는 내지 십념에 이르도록 섭수하며(행지를 갖추고 있다는 표시) 모두 부처님의 원력에 올라타서(자력과 타력을 합쳐서 닦고 있다는 표시) 모두 극락정토에 왕생하지 않을 수 없다. (요컨대 믿음·발원·행지를 갖추고 있는 자가 본법을 설하는 **당기(當機)**이다.) 이에 어떤 근기가 본법의 이익을 받을 수 있는가?”에 대해 답하셨다.

　答曰：有兩種含義　一者謗法與無信、八難及非人　此等不受也。斯乃朽木頑石　不可有生潤之期　此等衆生必無受化之義。除斯已外　一心信樂求願往生　上盡一形　下收十念　乘佛願力莫不皆往。此卽答上何機得受義竟。

둘째, (정선과 산선은) 어느 경문에서 나오는가? 곧 여기에는 곧 통이 있고 별이 있다. (통은 범칭泛稱으로 일체의 정토를 널리 일컬음이다. 별은 서방정토극락세계를 특별히 가리킴이다.)

二、出在何文者　卽有通有別。

통通이라 말함에는 곧 세 가지 다른 함의가 있다. 무엇인가? (1) 위제희 부인이 부처님께 아뢰길, "오직 원하옵건대 저를 위하여 근심과 번뇌가 없는 세계를 자세히 설하여주옵소서"라는 문구로, 이는 위제희 부인이 자심을 표명한 것으로서 자신을 위해 구하는 바를 널리 청함이다. (2) "오직 원하옵건대 부처님께서 마치 태양이 비추듯 저를 위해 청정한 선업의 세계를 관하는 법을 가르쳐주옵소서"라는 문구로, 위제희 부인이 자신을 위해 정토에 가서 머무는 행을 널리 청함이다. (3) 세존께서 광명이 변한 자금대에서 국토를 나타내셨다는 문구로, 바로 앞에서 저를 위해 자세히 설해주시길 널리 청한 말에 대한 응답이다. 비록 세 가지 다른 함의가 있지만 앞의 통에 대해 (총괄해) 대답해 마쳤다.

言通者　卽有三義不同。何者？一、從韋提白佛　唯願爲我廣說無憂惱處者　卽是韋提標心自爲通請所求；二、從唯願佛日敎我觀於淸淨業處者　卽是韋提自爲通請去行；三、從世尊光臺現國　卽是酬前通請爲我廣說之言。雖有三義不同　答前通竟。

별別이라 말함에도 곧 두 가지 함의가 있다. (1) 위제희 부인이 아뢰길, "저는 지금 극락세계 아미타부처님의 처소에 즐겨 태어나고자 하옵니다"라는 문구로, 위제희 부인이 자신을 위해 구하는 특별한 선택이다. (2) "오직 원하옵건대 저에게 사유하는 법을 가르쳐 주시고, 저에게 정수를 닦는 법을 가르쳐 주옵소서"라는 문구로, 위제희 부인이 서방정토에 특별히 왕생하는 법을 전수하거나 서방정토의 성스러운 경계와 상응하는 관행을 설해주시길 간구함이다. 이러한 두 가지 다른 함의가 있지만 위의 별의別義를 (총괄해) 대답해 마쳤다.

言別者　則有二義：一、從韋提白佛：我今樂生極樂世界彌陀佛所者　卽是韋提自爲別選所求。二、從唯願敎我思惟、敎我正受者　卽是韋提自爲請修別行。雖有二義不同　答上別竟。

이 아래로부터 이어서 정선·산선 두 문의 함의를 답한다. 묻건대, 무엇을 정선이라 하는가? 무엇을 산선이라 하는가? 답하되, 1관에서 13관까지를 정선이라 하고, 삼복구품三福九品을 산선이라 한다.

從此已下　次答定散兩門之義。問曰：云何名定善？云何名散善？答曰：從日觀下至十三觀已來　名爲定善；三福九品名爲散善。

묻건대, 정선 중에서 어떤 차별이 있는가? 어느 경문에서 나오는가? 답하되, 어느 경문에서 나옴이란 경에서 말씀하시길, "저에게 사유하는 법을 가르쳐 주시고, 저에게 정수를 닦는 법을 가르쳐 주옵소서." 하신 그 경문이다. 「차별」이라 말함은 즉 두 가지 뜻이 있으니, 하나는 사유를 말하고 둘은 삼매를 말한다. 「사유」라 말함은 바로 관행의 전방편으로 저 국토의 의보·정보의 총상·별상을 사유하고 연상함이다. 즉 지관地觀의 경문 중에서 말씀하시길, "이와 같이 생각함을 극락국토의 땅을 대강 봄이라 한다." 함으로 즉 위의 "저에게 사유하는 법을 가르쳐 주옵소서." 이 한마디와 들어맞는다. 「정수」라 말함은 생각하는 마음이 모두 그치고 연려緣慮가 모두 사라져 삼매가 상응함을 정수라 이름한다. 이는 곧 지관地觀의 경문 중에서 말씀하신 "만약 삼매를 얻으면 저 국토의 땅을 분명히 보게 된다." 함으로 즉 위의 "저에게 정수를 닦는 법을 가르쳐 주옵소서." 이 한마디와 들어맞는다. (총괄적으로 말해서 정선의 수행 중에는 앞쪽 사유와 뒤쪽 선정을 얻는 정수, 두 가지 수행의 차별이 있다.)

問曰：定善之中有何差別？出在何文？答曰：出何文者 經言"敎我思惟、敎我正受"即是
其文。言差別者 即有二義：一謂思惟 二謂正受。言思惟者 即是觀前方便 思想彼國依正二報
總別相也。即地觀文中說言：如此想者 名爲粗見極樂國地 即合上"敎我思惟"一句。言正受
者 想心都息 緣慮並亡 三昧相應 名爲正受。即地觀文中說言：若得三昧 見彼國地了了分明
即合上"敎我正受"一句。

정선과 산선은 비록 두 가지 다른 뜻이 있지만, 위의 질문에 총괄해 답하여
마쳤다.

定散雖有二義不同 總答上問竟。

또 이상의 해석과 다른 논사들이 있다. 논사들은 '사유' 일구를 '삼복구품'과
맞추어 산선으로 삼고, 정수 일구를 16관과 통합시켜 정선으로 삼는다.
이와 같은 해석은 그렇지 않다고 생각한다. 왜 그러한가?《화엄경》에 설하시
길, "사유와 정수란 삼매의 다른 이름일 뿐이다." 하셨으니, 이는 지관地觀의
경문과 같다. 이로써 문증하니, 어찌 산선에 통합시키겠는가?

又上來解者 與諸師不同。諸師將思惟一句 用合三福九品 以爲散善；正受一句 用通合十六觀
以爲定善。如斯解者 將謂不然。何者？如《華嚴經》說：思惟正受者 但是三昧之異名 與此地
觀文同。以斯文證 豈得通於散善？

또 위제희 부인이 여래를 향해 청하길, "저에게 청정한 선업의 세계를 관하는
법을 가르쳐 주옵소서."하고 말하였을 뿐이다. (이 때문에 그녀가 여쭈어 본
것은 어떻게 관행할 것인가, 또한 정선을 수지할 것인가 하는 방법을 말함이다.)
다음으로 또 청하길, "저에게 사유·정수를 가르쳐 주옵소서." 하고 말하였다.
오직 두 가지 청이 있으나, 오직 정선定善뿐이다. (즉 이는 앞쪽 상법想法에
응하여 나온 것으로 이 때문에 사유와 정수는 정선의 수지방법을 말함이다.) 또한

산선散善의 경문은 전혀 청한 곳이 없지만, 부처님께서 스스로 개시하셨다. (즉 산선의 문자를 말함은 삼가 청하는 상황에서 출현하지 않았지만, 부처님 당신께서 미래세의 중생을 위해 개시·연설하셨다.) 다음으로 산선의 인연 중에 설하여 이르시길, "또한 미래세의 일체 범부로 하여금" 이하 바로 그 경문이다. (말하자면 산선 이 일문은 부처님 당신이 설하신 것으로 삼가 청한 사람이 없다. 이 때문에 위제희 부인이 "저에게 사유·정수를 가르쳐주옵소서."라고 말한 것은 산선의 내용을 가리킨 것이 아니다. 이 때문에 사유는 산선의 행지에 대응시켜서는 안 된다.)

又向來韋提上請 但言"敎我觀於淸淨業處" 次下又請言 敎我思惟正受。雖有二請 唯是定善。又散善之文 都無請處 但是佛自開。次下散善緣中說云 "亦令未來世一切凡夫"已下 卽是其文。

[제6문] 경론의 상위를 화회시킴과 문답을 베풂

여섯째, 경전과 논서가 서로 어긋나는 부분을 화회和會시키고 문답을 널리 베풀어 행자의 의혹을 풀어준다. 이 문에는 곧 여섯 가지가 있다.

六、和會經論相違 廣施問答 釋去疑情者 就此門中卽有其六：

[제1단] 먼저 법사들이 구품을 해석한 함의를 든다.

[제2단] 이치상으로 이를 깨뜨린다.

[제3단] 구품인과의 상황을 거듭 들어 이를 반박하여 물리친다.

[제4단] 경문을 들어 증명하니, (구품을 선설함은) 범부를 위함이지 성인을 위함이 아니다.

[제5단] 별시의취別時意趣의 함의를 회통한다.

[제6단] 이승二乘의 종성은 왕생하지 못한다는 함의를 회통한다.

一、先就諸法師解九品之義；二、卽以道理來破之；三、重擧九品返對破之；四、出文來證定爲凡夫不爲聖人；五、會通別時之意；六、會通二乘種不生之義。

[제1단] 법사들의 해석

첫째, 법사들의 해석을 말한다. 먼저 상배 삼인을 들어 그들은 말하길, "상상품은 4지에서 7지 이전의 보살이니, 어떤 연고로 아는가? 저 국토에 이르러 무생법인을 증득하는 연고이다. 상중품은 초지에서 4지 이전의 보살이니, 어떤 연고로 아는가? 저 국토에 이르러 1소겁이 지나 무생법인을 증득하는 연고이다. 상하품은 종성 이상 초지 이전의 보살이니, 어떤 연고로 아는가? 저 국토에 이르러 3소겁이 지나야 비로소 초지에 들어가는 연고이다.

이 삼품인은 모두 대승의 성인이 태어나는 지위이다."

初言諸師解者 先擧上輩三人：言上上者是四地至七地已來菩薩 何故得知？由到彼卽得無
生忍故；上中者是初地至四地已來菩薩 何故得知？由到彼經一小劫得無生忍故；上下者
是種性以上至初地已來菩薩 何故得知？由到彼經三小劫始入初地故。此三品人皆是大乘聖
人生位。

다음으로 중배 삼인을 들어 법사들이 이르길, "중상품은 소승 삼과의 사람인
데, 어떤 연고로 아는가? 저 국토에 이르면 아라한을 증득하는 연고이다.
중중품은 내범內凡[14]인데, 어떤 연고로 아는가? 저 국토에 이르러 수다원을
증득하는 연고이다. 중하품은 세간의 선한 범부가 괴로움을 싫어하여 왕생을
구하는데, 어떤 연고로 아는가? 저 국토에 이르러 1소겁이 지나야 나한과를
증득하는 연고이다. 이의 삼품은 오직 소승의 성인 등이다."

次擧中輩三人者 諸師云：中上是三果人 何以得知？由到彼卽得羅漢故；中中者是內凡 何
以得知？由到彼得須陀洹故；中下者是世善凡夫厭苦求生 何以得知？由到彼經一小劫得
羅漢果故。此之三品唯是小乘聖人等也。

하배삼인을 들어 말하길, "이들은 대승을 배우기 시작한 범부로 그가 지은
과실의 경중을 따라 삼품으로 나누니, 함께 동일한 지위로 왕생을 발원하여
구하는 자이다."

下輩三人者 是大乘始學凡夫 隨過輕重分爲三品 共同一位 求願往生者。

(이상의 해석은) 반드시 그렇지는 않으니, (아래의 이증理證·교증敎證을 따라)
알 수 있다.

---

14) 그것은 장차 성인의 지위에 진입하려는 사람을 가리킨다. 소승은 온暖·정頂·인忍·세
제일법世第一法의 사선근위四善根位를 내범內凡으로 삼는다)

未必然也 可知。

[제2단] 이치상으로 척파함

둘째, 곧 이치상으로 (법사들의 잘못을) 척파한다. 위에서 말한 초지에서 7지 이전의 보살은 《화엄경》에서 "초지 이상 7지 이전까지 바로 법성생신法性生身 · 변역생신變易生身이다"라고 말함과 같다. 이들 보살에게는 이에 (육도 윤회하는) 분단分段의 괴로움이 없다. 그 공행역용功行力用을 논하면 이미 양대 아승지겁을 거쳐 복덕과 지혜를 쌍수하여 인공 · 법공의 경계에 도달하고, 모두 불가사의한 신통자재로 전변함에 걸림이 없다. 몸은 보토에 거하면서 항상 보불報佛의 설법을 듣는다. 대비심으로 시방세계에 화현化現하여 수유(찰나)간에 분신이 두루 가득하다. 다시 무슨 일로 근심하여 위제희 부인을 빌어 그를 위해 부처님께 여쭈어 안락국토에 태어나길 구하겠는가? (바꾸어 말하면 이들 성자는 자신의 능력으로 안락세계에 태어나고 싶으면 마음대로 왕생할 수 있어 결코 위제희 부인이 어떤 청구도 할 필요가 없다.) 이 경문으로써 증명을 삼으니, 법사들이 말한 것이 어찌 잘못이 아니겠는가? 법사들의 상상품 · 상중품에 대한 계위판단에 답해 마쳤다.

第二、卽以道理來破者 上言初地至七地已來菩薩者 如《華嚴經》說 初地已上 七地已來 卽是法性生身、變易生身 斯等曾無分段之苦。論其功用 已經二大阿僧祇劫 雙修福智 人法兩空 並是不可思議神通自在 轉變無方。身居報土 常聞報佛說法。悲化十方 須臾遍滿。更憂何事 乃藉韋提爲其請佛 求生安樂國也？以斯文證 諸師所說 豈非錯也？答上二竟。

상하품의 경우, 위에서 말한 종성에서 초지 이전에 이르는 계위는 반드시 그럴지는 않다. 경전의 말씀처럼 이들 보살은 불퇴위보살이라 하나니, 몸은 생사세계에 거하지만 생사의 법에 물들지 않아 마치 거위와 오리가 물에 있어도 물에 젖지 않는 것과 같다. 《대품반야경》에 이르시길, "이 계위의 보살들은 두 종류의 참 선지식이 수호하는 연고로 물러나지 않는다. 왜 그러한가? 하나는 시방의 제불이고, 둘은 시방세계의 대보살로서 언제나 신구의 삼업으로 가피하여 그로 하여금 일체 선법에서 물러나 잃지 않는 까닭에 불퇴위不退位라 한다." 하셨다.

上下者 上言從種性至初地已來者 未必然也。如經說 此等菩薩名爲不退 身居生死 不爲生死所染。如鵝鴨在水 水不能濕。如大品經說 此位中菩薩由得二種眞善知識守護故不退。何者？一是十方諸佛 二是十方諸大菩薩 常以三業外加 於諸善法無有退失 故名不退位也。

이들 보살은 또한 팔상성도八相成道로 중생을 교화할 수 있다. 그 공행역용功行力用을 논하면 일대 아승지겁에 걸쳐 복덕과 지혜 등을 쌍수하였다. 이미 이러한 수승한 공덕에 있는데, 다시 어떤 일을 근심하여 위제희 부인의 청을 빌어 왕생을 구하겠는가? 이러한 경문으로써 증명을 삼는 까닭에 법사들이 판결한 것은 여전히 잘못된 것임을 알아야 한다. 이로써 법사들의 상배에 대한 계위판단을 따져서 마쳤다.

此等菩薩亦能八相成道教化衆生。論其功行 已經一大阿僧祇劫雙修福智等。既有斯勝德 更憂何事乃藉韋提請求生也？以斯文證 故知諸師所判還成錯也。此責上輩竟。

다음으로 중배삼인의 경우를 따지겠다. 법사들은 중상품이 삼과의 성인이라 말하였지만, 이들 성인은 삼악도의 괴로움을 영원히 끊어 사취(四趣; 지옥 아귀 축생 아수라)에 태어나지 않으며, 현재 죄업을 짓지 않아 결코 내세의 괴로운 과보를 초래하지 않는다. 부처님께서 말씀하시길, "이 사과四果의 사람은 나와 함께 해탈의 법상에 앉아있노라." 하셨다. 이미 이러한 공력이 있으니, 다시 어떤 근심이 있어 위제희 부인의 청을 빌어 생사를 벗어나는 길을 구하겠는가?

次責中輩三人者。諸師云中上是三果者 然此等之人三途永絶 四趣不生 現在不造罪業 必定不
招來報。如佛說言 此四果人與我同坐解脫床。既有斯功力 更復何憂 乃藉韋提請求生路？

그러나 제불께서 대비심으로 고난 중생에게 특별히 관심을 쏟아 마음속으로
언제나 고해에 빠져있는 중생을 불쌍히 생각하신다. 그래서 (이들 고해에
빠져있는 범부에게) 정토로 돌아가라 권진하신다. 또한 마치 물에 빠져 있는
사람을 급히 구제해야지, 이미 언덕 위에 있는 사람은 매우 안전하여 급히
구제할 필요가 있겠는가? 이 경문으로 증명을 삼는 까닭에 법사들이 판단한
뜻이 앞과 같이 잘못임을 알 수 있다.

然諸佛大悲於苦者 心偏潛念常沒衆生 是以勸歸淨土。亦如溺水之人急須偏救 岸上之者 何用
濟爲？以斯文證 故知諸師所判 義同前錯也。

이하의 판단도 (모두 문제가 있는 줄) 알 수 있다.

以下可知。

[제3단] 구품인과를 들어 반박하여 물리침

셋째, 구품인과의 상황을 거듭 들어 이를 반박하여 물리친다.

第三、重擧九品返對破者。

법사들은 상품상생인의 계위가 4지에서 7지 이전의 보살이라 말한다. 그렇다면
무슨 까닭에 《관경》에서는 세 부류의 중생이 마땅히 왕생할 수 있다고 말하는가?

무엇이 셋인가? 첫째 단지 계를 지키고 자애심을 닦을 수 있는 자(즉 자애심으로 살생하지 않고 모든 계행을 잘 갖추는 자)이며, 둘째는 계를 지키고 자애심을 닦지 못하지만, 대승경전을 독송하는 자이며, 셋째는 계를 지키고 독송은 못하지만, 육념六念을 수지하는 자이다.

이 세 부류의 사람은 각자 자신의 행업으로써 전일하게 닦고 뒤섞지 말며(專精) 스스로 힘써 정진하길, 하루 낮 하루 밤 내지 칠일 낮 칠일 밤 동안 끊임없이 이어가며 수지하고, 각자 지은 바 선업을 회향하여 왕생을 발원하고 구한다. (이러한 공행功行의 힘으로) 그들은 임종시에 아미타부처님과 화신의 불보살 대중이 광명을 놓으셔서 손을 잡아주시고, 손가락 퉁기는 짧은 순간에 곧 저 불국토에 왕생한다.

이 경문으로써 증명하니, 바로 부처님께서 가신 후 대승 극선(極善; 선행을 아주 잘 닦음)의 상품범부들은 수지한 날수가 비록 적을지라도 선업을 지을 때 지극히 용맹하고 예리하여 상상품으로 왕생할 수 있으니, 어떻게 위와 같은 4지·5지·6지의 보살이라고 판정할 수 있겠는가?

諸師云上品上生人是四地至七地已來菩薩者　何故《觀經》云三種衆生當得往生？何者爲三？一者但能持戒修慈；二者不能持戒修慈 但能讀誦大乘；三者不能持戒讀經 唯能念佛法僧等。此之三人 各以己業專精勵意。一日一夜乃至七日七夜相續不斷 各回所作之業求願往生。命欲終時 阿彌陀佛及與化佛菩薩大衆放光授手 如彈指頃即生彼國。以此文證 正是佛去世後 大乘極善上品凡夫 日數雖少 作業時猛 何得判同上聖也？

그러나 4지에서 7지 이전의 보살들은 그 공용功用이 불가사의한데, 어찌 하루 내지 칠일의 선행을 빌려 부처님과 성중께서는 연화대에서 손을 잡아주시고 영접하여 왕생하게 하시는가? 이상으로 법사들의 상상품의 계위 판정에 대해 반박하여 마쳤다.

然四地、七地已來菩薩 論其功用不可思議 豈藉一日七日之善、華臺授手迎接往生也？此即
返對上上竟。

다음으로 상중품의 계위에 대해 법사들은 초지에서 4지 이전의 보살이라고
말한다. 그렇다면 무슨 까닭에 《관경》에서는 대승경전을 반드시 수지 독송할
필요는 없다고 하는가? 왜 필요가 없다고 하는가? 독송하거나 독송하지
않아서 반드시 수지독송할 필요는 없다고 한다.

의취를 잘 이해하여 제일의심(第一義心; 제일의공)[15]을 들어도 마음이 놀라거나
두려워하지 않는다 말할 뿐, 그 행지를 논하지 않는다. 인과를 깊이 믿고
대승을 비방하지 않으며, 이러한 공덕으로써 회향하여 왕생을 발원한다.
목숨을 마치려고 할 때 아미타부처님과 화신불보살 대중께서 일시에 손을
잡아주시어 곧 저 국토에 왕생하게 된다고 말한다.

이 경문으로써 증명하나니, 또한 부처님께서 가신 후 대승 범부를 가리킨다.
행업 상으로 상상품에 비해 조금 약하여 임종 때에 맞이함에 차이가 있게
된다. 그러나 초지에서 4지 이전의 보살은 그 공용功用을 논하면 《화엄경》에서
즉 불가사의하다 말씀하셨거늘, 어찌 위제희 부인의 청을 빌어 왕생할 수
있겠는가? 이상으로 법사들의 상중품에 대한 판정을 반대하여 마쳤다.

次對上中者。諸師云是初地、四地已來菩薩者 何故《觀經》云不必受持大乘？云何名不必？
或讀不讀 故名不必。但言善解 未論其行。又言深信因果 不謗大乘 以此功德迴願往生。命欲終
時 阿彌陀佛及與化佛菩薩大衆一時授手 即生彼國。以此文證 亦是佛去世後 大乘凡夫行業稍
弱 致使終時迎候有異。然初地、四地已來菩薩 論其功用 如《華嚴經》說 乃是不可思議 豈藉韋
提致請方得往生也？返對上中竟。

---

15) 《입능가경》에 이르시길, "과거·미래·현재의 모든 부처님·여래·응공應供·정등각正
等覺의 자성自性은 제일의심第一義心이 그 성품이다" 하셨다.

다음으로 상배하품의 계위에 대해 법사들은 종성(삼현위) 이상 초지 이전의 보살이라 말한다. 그렇다면 무슨 까닭에 《관경》에서 이르시길, "또한 인과를 믿는다." 하셨는가? 왜 또한 믿는다 하셨는가? (반드시 깊지는 않지만) 상품과 같은 깊은 믿음인 까닭에 '또한' 이라 하셨다. 아울러 말하길, "대승을 비방하지 않고, 다만 무상보리심을 발할 뿐"이라 하셨다. 오직 이 일구만 정업으로 삼고, 더 이상 나머지 선은 없다. 이 일행一行을 회향하여 왕생을 발원하고 구한다. 목숨이 다하고자 할 때 아미타부처님과 화신 불보살 대중이 일시에 손을 잡아주시고 곧 왕생하게 된다.

이 경문으로써 증명하나니, 오직 부처님께서 가신 후 일체 대승심을 발한 중생은 행업을 억지로 닦지 않고 임종 때에 맞이함에 차이가 있게 된다. 이 위 중 보살의 세력을 논하면 시방정토에 마음대로 왕생하거늘 어찌 위제희 부인이 그를 위해 부처님께 청함을 빌어 서방극락국토에 왕생하길 권하겠는가? 상하품에 대한 판정을 반박하여 마쳤다.

次對上下者。諸師云是種性以上至初地已來菩薩者 何故《觀經》云亦信因果？云何亦信？同上深信 故名爲亦。又言不謗大乘 但發無上道心。唯此一句以爲正業 更無余善。回斯一行求願往生。命欲終時 阿彌陀佛及與化佛菩薩大衆一時授手 即得往生。以斯文證 唯是佛去世後 一切發大乘心衆生 行業不強 致使去時迎候有異。若論此位中菩薩力勢 十方淨土隨意往生 豈藉韋提爲其請佛 勸生西方極樂國也？返對上下竟。

곧 이 삼품은 갈 때 차이가 있는데, 어떤 차이를 말하는가? 상상품은 갈 때 부처님과 무수한 화신불이 일시에 손을 잡아주신다. 상중품은 갈 때 부처님과 일천 화신불이 일시에 손을 잡아주신다. 상하품이 갈 때 부처님과 5백 화신불이 일시에 손을 잡아주신다. 이는 왜냐하면 인지因地에서 닦은 정업淨業에 강약이 있어 임종시 현현하는 과상果相에 이러한 차별이 있게 된다.

即此三品去時有異 云何異？上上去時 佛與無數化佛一時授手。上中去時 佛與千化佛一時授手。上下去時 佛與五百化佛一時授手。直是業有強弱 致使有斯差別耳。

다음으로 중배삼인의 계위에 대해 법사들은 중상품은 소승삼과의 성인이라고 말한다. 그렇다면 무슨 까닭에 《관경》에 이르시길, "만약 중생이 오계 팔재계를 수지하고 일체 계율을 수행하되, 오역죄를 짓지 않고 온갖 허물과 근심이 없으면 목숨을 마치려할 때 아미타부처님과 비구 성중이 광명을 놓고 설법하며 그 사람 앞에 나타나니, 이 사람이 친견하고서 곧 왕생한다 하겠는가? 이 경문으로써 증명하니, 즉 부처님께서 가신 후 소승계를 지키는 범부이거늘 어찌 소승의 성인이겠는가?

次對中輩三人者。諸師云中上是小乘三果者 何故《觀經》云 若有衆生受持五戒、八戒 修行諸戒 不造五逆 無衆過患 命欲終時 阿彌陀佛與比丘聖衆 放光說法 來現其前 此人見已 即得往生？以此文證 乃是佛去世後 持小乘戒凡夫 何小聖也？

중중품의 계위에 대해 법사들은 견도見道하기 이전의 내범內凡이라 말한다. 그렇다면 무슨 까닭에 《관경》에서는 만 하루만이라도 계율을 수지하여 회향하고 왕생을 발원하면 목숨을 마치려할 때 부처님을 친견하고 곧 왕생할 수 있다고 말하겠는가? 이 경문으로써 증명하니, 어찌 내범인內凡人이라 말하겠는가? 이는 단지 부처님께서 가신 후 선행이 없는 범부가 수명이 만 하루 연장되어 우연히 작은 기연을 만나 그 작은 계를 전수해 주어서 (하루만이라도 계를 수지하고) 회향하여 왕생을 발원하게 하신다. 부처님의 원력의 섭지攝持를 얻은 연고로 곧 왕생할 수 있다.

中中者 諸師云見道已前內凡者 何故《觀經》云 受持一日一夜戒 回願往生 命欲終時 見佛即得往生？以此文證 豈得言是內凡人也？但是佛去世後無善凡夫 命延日夜 逢遇小緣 授其小戒 回願往生。以佛願力 即得生也。

소승을 논하자면 정토에 가서 태어나도 아무런 장애가 없다. 그러나 이 《관경》은 부처님께서 범부를 위해 설하신 것으로 성인의 일과는 관계가 없다.

若論小聖 去亦無妨。但此《觀經》 佛爲凡說 不幹聖也。

중하품의 계위에 대해 법사들은 소승 내범內凡 이전 세속의 범부로 오직 세상의 복을 닦아 사바세계를 벗어나길 구한다고 말한다. 그렇다면 무슨 까닭에 《관경》에 이르길, "어떤 중생이 부모님께 효도·봉양하고 세상 사람들에게 인자한 선심을 베풀어서 목숨을 마치려고 할 때 만난 선지식이 저 부처님 국토의 즐거운 일과 48원 등을 설하는데, 이 사람이 이를 듣고서 곧 저 국토에 태어난다." 하시겠는가?

이 경문으로써 증명하니, 생전에 불법을 만난 적이 없는 사람은 비록 효도봉양을 행할지라도 또한 세상을 벗어나길 구하는 마음이 없다. 단지 임종시 선지식을 만나 그에게 왕생할 것을 권하니, 이 분의 권유와 인도로 인해 마음을 바꾸면 곧 왕생할 수 있다. 또한 이 사람은 세상에서 저절로 효를 행하여도 세상을 벗어나기 위한 목적이 아닌 효도를 행한다. (그래서 상대방이 "구출리자求出離者" 이 네 글자를 말하는 것과 경문은 맞지 않다.)

中下者 諸師云小乘內凡已前 世俗凡夫唯修世福求出離者。何故《觀經》云：若有衆生孝養父母 行世仁慈 命欲終時 遇善知識 爲說彼佛國土樂事、四十八願等 此人聞已 卽生彼國？以此文證 但是不遇佛法之人 雖行孝養 亦未有心希求出離 直是臨終遇善勸令往生 此人因勸 回心卽得往生。又此人在世自然行孝 亦不爲出離故行孝道也。

다음으로 하배 삼인의 계위판정에 대해 법사들은 이들은 대승을 배우기 시작한 범부로 과실의 경중을 따라 삼품으로 나누는데 도위道位가 아직 없어 수행의 계위를 분명히 가리키기 어렵다고 말한다.

次對下輩三人者。諸師云此等之人乃是大乘始學凡夫 隨過輕重分爲三品 未有道位 難辨階降者。

그렇지 않다. 왜 그런가? 이 하배 삼품인에게는 불법과 세속의 두 가지 선근이 없고 오직 악행만 지을 줄 알 뿐이다. 무엇으로 알 수 있는가? 하품상생의 경우 경문에서 말씀하시길, "비록 오역죄와 정법을 비방하지는 않을지라도 스스로 나머지 모든 죄악을 다 지으면서도 내지 일념도 두려워하고 부끄러워하는 마음이 없느니라. 목숨을 마치려 할 때 선지식을 만나 그를 위해 대승을 강설하고 그에게 한번 소리 내어 부처님 명호를 부르라고 가르친다. 그때 아미타부처님께서 곧 화신 불보살을 보내어 이 사람을 마중하여 접인하시니 곧 정토에 태어나게 된다." 그러나 이처럼 악인의 눈길이 닿는 것은 모두 죄업을 짓지만 만약 선한 인연을 만나면 왕생할 수 있다. 하지만, 선한 인연을 만나지 못하면 결정코 삼악도에 떨어져 머리를 내밀 날이 오기 어렵다.

將謂不然。何者？此三品人無有佛法、世俗二種善根 唯知作惡。何以得知？如下上文說 但不作五逆謗法 自余諸惡悉皆具造 無有慚愧 乃至一念。命欲終時 遇善知識爲說大乘 教令稱佛一聲。爾時阿彌陀佛卽遣化佛菩薩來迎此人 卽得往生。但如此惡人觸目皆是 若遇善緣 卽得往生 若不遇善 定入三途 未可出也。

하품중생의 경우 경문에서 말씀하시길, "이 사람은 먼저 불계를 받지만, 받아도 지키지 않고 곧 파괴한다. 또한 상주승물常住僧物·현전승물現前僧物을 훔치고, 밥벌이를 위해 청정하지 않은 설법을 하면서 내지 일념도 두려워하고 부끄러워하는 마음이 없다. 목숨을 마치려 할 때 지옥의 맹렬한 불길이 일시에 몰아닥쳐 그 앞에 나타난다. 그 자리에서 지옥 불을 보려 할 때 곧 선지식이 나타나 그를 위해 저 불국토의 공덕을 설하고 왕생할 것을 권한다. 이 사람은 이를 듣고서 곧 부처님을 친견하고 화신을 따라 왕생한다."

하셨다. 처음에는 선인을 만나지 못해 지옥불이 와서 맞이하지만, 나중에는 선인을 만난 연고로 화신불이 와서 맞이하니, 이는 모두 아미타부처님 원력에 의지한 연고이다.

下中者 此人先受佛戒 受已不持 卽便毀破。又偸常住僧物、現前僧物 不淨說法 乃至無有一念 慚愧之心。命欲終時 地獄衆火一時俱至 現在其前。當見火時 卽遇善知識 爲說彼佛國土功德 勸令往生。此人聞已 卽便見佛 隨化往生。初不遇善 獄火來迎 後逢善故 化佛來迎 斯乃皆是彌 陀願力故也。

하품하생의 경우 경문에서 말씀하시길, "불선업을 지어서 오역십악 등 일체 불선의 업인을 갖추었다. 이 사람은 악업을 지은 연고로 결정코 지옥에 떨어져 다겁토록 궁진함이 없다. 목숨을 마치려 할 때 만난 선지식이「아미타불」부처님 명호를 부르라 가르치고 왕생하길 권한다. 이 사람은 가르침대로 칭불하여 불념佛念에 올라타 곧 왕생한다." 하셨다. 이 사람이 선지식을 만나지 못하면 반드시 무간지옥 아래로 가라앉는다. 임종시 선지식을 만나 칭불한 연고로 금빛 연꽃이 와서 그를 맞이한다.

下下者 此等衆生作不善業 五逆十惡 具諸不善。此人以惡業故 定墮地獄 多劫無窮。命欲終時 遇善知識 敎稱阿彌陀佛 勸令往生。此人依敎稱佛 乘念卽生。此人若不遇善 必定下沈。由終遇 善 金蓮來迎。

(그러나 이 세 부류 사람은 순전히 악을 지은 범부로 불법과 세속의 두 가지 선근이 없어 대승을 배우기 시작한 범부라고 판정할 수 없다.)

또한 이 《관경》에서 정선·산선과 삼배상하 경문의 함의를 보면 총체적으로 부처님께서 열반하신 후 오탁악세의 범부는 단지 선한 인연을 만남에 차이가 있어 구품의 차별을 초래하게 된다고 말한다.

왜 그러한가? **상품의 세 왕생인은 대승을 만난 범부이다. 중품의 세 왕생인은**

작은 법을 만난 범부이다. (이 작은 법에는 소승법과 인천의 선법 두 가지 상황을 포괄한다.) **하품의 세 왕생인은 악법을 만난 범부이다.** 왜냐하면 그들은 평생 악업만 지은 까닭에 임종시 염불 등의 선한 인연을 빌어 부처님의 원력에 올라타 왕생할 수 있고, 저 국토에 이르러 연꽃이 피어야 비로소 보리심을 발하니, 어찌 대승을 배우기 시작하는 사람이라 말하겠는가? 만약 이러한 견해를 짓는다면 자신을 잃어버릴 뿐만 아니라 타인을 잘못 인도하여 그 폐해가 더욱 심하다.

지금 경문을 하나하나 들어 뚜렷하게 증명하니, 이는 오늘날의 선악범부로 하여금 구품왕생의 이익에 모두 젖도록 하기 위함이다. 왜냐하면 의심 없이 믿음을 일으켜 부처님의 원력에 올라타면 누구나 다 왕생할 수 있다.

又看此《觀經》定善及三輩上下文意 總是佛去世後 五濁凡夫 但以遇緣有異 致令九品差別。何者？上品三人是遇大凡夫 中品三人是遇小凡夫 下品三人是遇惡凡夫。以惡業故 臨終藉善 乘佛願力乃得往生 到彼華開 方始發心 何得言是始學大乘人也？若作此見 自失誤他 爲害玆甚。今以一一出文顯證 欲使今時善惡凡夫同沾九品 生信無疑 乘佛願力 悉得生也。

[강기] 이렇게 경전에 담긴 함의를 분명히 드러낸 후 우리 범부들은 매우 신심이 생긴다. 이전에 선을 행하였든 여전히 악을 짓든 상관없이 지금부터 이후로 마음을 돌려서 일심으로 아미타부처님께 귀의하여 부처님의 정토에 태어나길 구하면 모두 왕생할 수 있다. 우리가 단지 하배왕생의 상황을 살펴보기만 하면, 모두 순수하게 악을 지은 사람도 단지 임종에 이르러 선한 인연을 만난 후 마음을 돌려서 왕생하길 발원하여 구하면 누구나 다 부처님의 섭수를 얻어서 순조롭게 정토에 태어남을 알 수 있다.

그래서 왕생법문은 행문상의 요구가 매우 낮아서 단지 진실한 믿음과 간절한 발원을 갖추고 다시 일정한 수행을 덧붙이면 모두 왕생할 수 있을 뿐만 아니라 모든 범부는 뜻한 바를 이룰 수 있다. 그러나 **이 법문은 매우 간단하고 쉬워서**

아미타불 48대원으로 분명코 널리 제도할 수 있다.

이렇게 여러분에게 깊은 신심이 생겨서 부처님의 불가사의한 위신력에 올라타면 훨씬 더 쉽게 왕생한다. 그렇지 않으면 설법의 수준이 너무 높아서 일반인은 '우리는 희망이 없어 절대로 서방극락에 태어날 수 없다' 생각할 것이다. 이렇게 신념을 잃어버리면 매우 큰 위해를 조성하여, 많은 인연 있는 사람들로 하여금 곧 윤회를 벗어나 영원히 괴로움을 여의고 즐거움을 얻는 기회를 상실하게 된다.

[제4단] 경문을 들어 증명함

넷째, 경문을 들어 증명을 한다. 묻건대, 위에서 반박한 뜻은 세존께서 구품을 선설하심이 범부를 위함이지 성인을 위함이 아닌지 어떻게 알 수 있겠는가? 이는 단지 제대로 살피지 못한 채 줄곧 개인의 생각으로 뜻을 헤아린 것이지, 또한 성인의 가르침이란 증명이 있어야 당연하지 않은가?

第四、出文顯證者。問曰：上來返對之義 云何得知世尊定爲凡夫不爲聖人者？未審直以人情準義 爲當亦有聖教來證？

답하건대, 중생은 번뇌의 때로 인한 장애가 매우 무겁고 지혜는 얕고 짧지만, 부처님의 거룩한 마음은 깊고 깊어 광대하니, 어찌 감히 자기 멋대로 판정하겠는가? 지금 부처님의 말씀을 하나하나 다 취해 증명으로 삼는다.

答曰：衆生垢重 智慧淺近。聖意弘深 豈寧自輒？今者――悉取佛說以爲明證。

이 증명에는 곧 열 마디 경문이 있다. 무엇인가?

1. 이를테면 《관경》에 이르시길, "부처님께서 위제희 부인에게 이르시길,

나는 지금 그대를 위하여 갖가지 비유를 자세히 말할 것이며, 또한 오는 세상 일체 범부들로 정업淨業을 닦고자 하는 사람들이 서방 극락국토에 왕생할 수 있도록 하리라." 말씀하심은 그 첫째 증명이다.

就此證中 卽有其十句。何者？第一、如《觀經》云："佛告韋提 我今爲汝廣說衆譬 亦令未來世一切凡夫欲修淨業者 得生西方極樂國土"者 是其一證也。

2. "여래는 지금 오는 세상의 일체 중생을 위하여 번뇌의 도적에게 해를 입는 이들을 위하여 청정한 업을 선설하리라." 말씀하심이다. 이는 그 둘째 증명이다. (왜냐하면 대상 근기는 오는 세상에 번뇌의 도둑으로 해침을 받는 중생인데 어떻게 성인이겠는가?)

二、言"如來今者 爲未來世一切衆生 爲煩惱賊之所害者 說淸淨業"者 是其二證也。

3. "여래는 지금 위제희 부인 및 오는 세상의 일체 중생에게 서방극락세계를 관상하도록 가르쳐주리라." 말씀하심은 그 셋째 증명이다.

三、言"如來今者 敎韋提希及未來世一切衆生 觀於西方極樂世界"者 是其三證也。

4. "위제희 부인이 부처님께 아뢰기를, 저는 지금 불력이 가피한 연고로 저 국토를 볼 수 있사옵니다. 만약 부처님께서 멸도하신 후 일체 중생들은 탁하고 악하여 선하지 않아 오고五苦의 핍박을 받게 되리니, 어떻게 하여야 아미타부처님의 극락세계를 볼 수 있겠사옵니까?" 말씀하심은 그 넷째 증명이다. (여기서 위제희 부인은 오는 세상에 죄악으로 고통 받는 중생을 위해 어떤 관행觀行으로 극락정토를 나타나게 하는지 여쭈어본다. 이미 탁하고 악하여 선하지 않아 오고五苦로 핍박 받는 중생인데 어떻게 중생이 아니겠는가?)

四、言"韋提白佛：我今以佛力故 見彼國土。若佛滅後 諸衆生等濁惡不善、五苦所逼 云何當見極樂世界"者 是其四證也。

5. 「일상관」경문 처음에 이르시길, "그대와 중생은 마땅히 전심으로 마음을 한 곳에 매어두고 서방을 관상할지어다."에서 "일체 중생은 타고난 맹인이 아니고 눈이 있는 사람이면 해가 지는 광경을 보았을 것이다"에 이르는 경문까지는 그 다섯째 증명이다. (이것도 일체 범부에게 일륜관日輪觀을 지으라고 가르치심이지 성인에게 가르치심이 아니다.)

五、如日觀初云 "佛告韋提 : 汝及衆生專念" 已下 乃至 "一切衆生自非生盲 有目之徒見日" 已來者 是其五證也。

6. 「지상관」경문 중간에 말씀하시길, "부처님께서 아난에게 이르길, 그대는 부처님의 말씀을 수지하여 오는 세상의 일체 대중, 무릇 고해에서 벗어나고자 하는 이들을 위하여 이렇게 땅을 관하는 법을 선설할지어다." 하심은 그 여섯째 증명이다. (이는 괴로움을 벗어나고자 하는 자로 당연히 성인이 아니다.)

六、如地觀中說言 "佛告阿難 : 汝持佛語 爲未來世一切大衆欲脫苦者 說是觀地法" 者 是其六證也。

7. 「화좌관」경문 중간에 설하시길, "위제희 부인이 부처님께 아뢰길, "저는 지금 부처님의 위신력이 가피한 연고로 무량수불 및 두 대보살을 친견할 수 있지만, 오는 세상 중생은 마땅히 어떻게 관해야 합니까?" 하심은 일곱째 증명이다.

七、如華座觀中說言 "韋提白佛 : 我因佛力 得見無量壽佛及二菩薩 未來衆生當云何觀" 者 是其七證也。

8. 다음으로 청법에 답하여 말씀하시길, "부처님께서 위제희 부인에게 이르시길, 저 부처님을 관하고자 하면 이렇게 상념을 일으켜야 하니라." 하심은 여덟째 증명이다.

八、次下答請中說言"佛告韋提：欲觀彼佛者 當起想念"者 是其八證也。

9. 「상관像觀」경문 중간에 말씀하시길, "부처님께서 위제희 부인에게 이르시길, 일체 중생의 심상心想 속으로 들어가시는 까닭에 그대들의 마음속에서 부처님을 관상할 때"라고 하심은 그 아홉째 증명이다.

九、如像觀中說言"佛告韋提：諸佛如來入一切衆生心想中 是故汝等心想佛時"者 是其九證也。

10. 구품의 경문 중에 하나하나 "중생을 위해"라 하심은 열 번째 증명이다.

十、如九品之中 ――說"爲衆生"者 是其十證也。

이상으로 비록 열 마디 다른 경문이 있을지라도 모두 여래께서 이 16관법을 선설하심은 다만 항상 고의 바다에 빠져서 벗어날 수 없는(常沒) 중생을 위한 것이지, 대소승의 성자와 관계가 없음을 증명한다. 이 경문으로써 증명하니, 어찌 잘못된 말이겠는가?

上來雖有十句不同 證明如來說此十六觀法 但爲常沒衆生 不幹大小聖也。以斯文證 豈是謬哉？

[강기] 원래 《관경》은 우리 범부를 겨냥하여 선설하신 것이다. 그래서 이 경법에 의지해 수행하면 결정코 왕생할 수 있다. 만약 성인을 위해 선설하셨다면 우리와 관계가 크지 않아 우리는 그 말씀에 동조하지 못한다. 이미 이것이 우리 범부를 위하여 하신 말씀인 이상 평생 악을 지은 사람조차도 마음을 돌려 왕생하길 발원하면 모두 왕생할 수 있다고 말하면 매우 신심이 생기게 마련이다.

이는 확실히 즉시 왕생하여 해탈할 수 있는 대법이다. 이번 일생에 우리가 범부의 지위에서 이 법문을 수지할 수 있으면 확실히 지극히 간단하고 쉬운 방편으로, 빠른 속도로 무량겁 이래 줄곧 생사고해를 벗어날 수 없었던 문제를 해결할 수 있다.

[제5단] 별시의취를 회통함

다섯째, 별시의취의 함의를 회통함에는 곧 두 가지가 있다.

第五、會通別時意者 卽有其二：

[보충] 별시의취別時意趣

「별시의취別時意趣」란 반열반 할 수 있는 속성이 궁극적으로(atyanta) 존재하지 않는 것이 아니라 일정한 기간 동안만 존재하지 않는다는 의미로서, 그 기간 이후 반열반할 조건이 갖추어지면 반열반이 가능하다는 의미다.

[일향으로 부처님 명호를 전일하게 불러 곧 왕생함은 별시의가 아니다(一向專稱佛名 卽便得生 非別時意)]

정토법문은 행하기는 쉽고 믿기는 어렵다는 것은 모두 알고 있다. 어떤 사람은 근본적으로 극락정토가 실제로 존재한다고 믿지 않고, 정토종은 「권교權巧」・「방편方便」 법문으로 단지 지혜가 낮은 촌부의 환심을 살 뿐이라고 여긴다. 또 어떤 사람은 극락세계를 믿을지라도 번뇌의 장애에 덮인 범부가 어떻게 번뇌를 끊지 못한 채 청정한 불국토에 나서 영원히 더 이상 생사의 괴로움을 받지 않을 수 있겠는가 여긴다.

또한 어떤 사람은 설사 범부가 정토에 왕생할 수 있지만 어찌 한마디 부처님 명호를 전념함에 의지할 수 있으랴, 반드시 특정 조건을 고려하거나 혹은 수지상에 상당한 자격에 부합해야 비로소 행할 수 있다고 여긴다. 또한 어떤 사람은 범부가 염불하여 정토에 왕생할 수 있다고 믿지만, 아마도 「별시의別時意」일

것이니, 어찌 즉시 금생에 그렇게 적절한 일을 스스로 성취(成辦)할 수 있겠는가! 겹겹이 신심의 관문으로 이 믿기 어려운 법에 믿음을 세우는 것이 어떻게 쉽다고 이야기하겠는가? 특히 선근이 천박한 말법의 탁한 세상의 범부로 법을 듣고 믿음을 일으킬 수 있는 자는 거의 드물다! 그래서 《무량수경》에 있는 게송에서 이르시길, "(왕생불퇴 성불의) 무극의 수승한 대도를 닦아 쉽게 갈 수 있는데, 가려는 사람이 없구나(無極之勝道 易往而無人)!" 하셨다.

[별시의別時意란 무엇인가?]

수많은 사람은 대승경론을 인용하여 정토법문을 닦는 사람이 현생 중에 「나무아미타불」 한마디 부처님 명호를 전념함에 의지하여 당래에 반드시 정토에 왕생할 수 있는 것은 아니라고 추론한다. 이 문제는 선도대사께서 정토종을 세울 때 법사들이 격렬한 의론이 있었다. 그래서 대사께서는 《관경사첩소》〈현의분玄義分〉에서 「회통별시의會通別時意」를 제목으로 삼아 이 명제의 각종 다른 견해 등에 답하셨다.

「회통별시의會通別時意」란 무엇인가? 회會는 화회和會이고 통通은 관통의 뜻이니, 바로 융회관통融會貫通함이다. 「별시의別時意」는 비교적 특별한 명사로 인도 무착보살께서 지은 《섭대승론攝大乘論》에서 나온다. 의意는 의취意趣라는 뜻으로 부처님 설법의 의도와 취향을 가리킨다. 「별시別時」는 곧 「즉시」가 아니고 이른바 "메아리처럼 호응함을 즉시라 하고, 구원겁과 가까운 때의 사이(久近隔時)를 모두 별시라 한다."

「별시의別時意」란 대략 당생 금세에 성판하거나 성취할 수 없지만 다른 때, 미래세에 비로소 실현할 수 있음을 뜻한다. 정토종에서는 만약 "염불하여 정토에 태어나길 구함이 별시의(念佛求生淨土是別時意)다." 말하면 바로 금세에 염불하여 즉시 왕생할 수 없고, 미래세까지 기다려야 왕생할 수 있음을 말한다. 구경에 염불하여 정토에 태어나길 구함은 「별시의」인가? 이 문제는 상당히 중요한데, 정토행자가 정토에 왕생하는 신심에 직접 영향을 미친다. 정토종에서는 **신심이**

일단 흔들리고 어지러워지면 왕생대업은 거의 물거품이 되고 만다고 말한다. 또한 만약 염불로 정토에 왕생함이 「별시의別時意」라면 불제자는 오히려 다른 법을 수습함만 못하니, 최저한도로 뒤섞고 제행을 겸수하여 빨리 생사를 벗어나길 추구할 것이다. 정토행자는 의심으로 인해 일체 공덕을 닦고 정토에 태어나길 구하는데, 의심과 뒤섞음은 순수한 정토법문을 수습하는 금기임을 알아야 한다. 행자가 왕생 기회가 미약함을 제외하고, 만약 다행히도 왕생하지만 또한 다만 연태蓮胎에 들어갈 수 있을 뿐이니, 삼배구품으로 서술하는 바이다.

_《정토전집淨土專輯》

1. 《섭대승론》에서 이르시길, "어떤 사람이 다보불을 염하면 곧 무상보리에서 불퇴타不退墮를 얻으리라." 하셨다. 무릇 보리는 불과佛果의 이름이고 또한 정보正報이다. 이치상으로 성불의 도는 모름지기 만행萬行을 원만히 갖추어야 비로소 성취할 수 있다. 만약 염불 일행으로 성취를 기대한다면 이는 이치상으로 계합하고 수순하는 것(是處)이 아니다. 비록 증득한 것은 아니라 할지라도 만행 중의 그 일행이다. 어떻게 알 수 있는가? 이를테면 《화엄경》에 이르시길, "공덕운 비구가 선재에게 말하길, 나는 불법 삼매의 바다 가운데 오직 일행만 아나니, 이른바 염불삼매이다." 하셨다. (이는 이치상으로 계합하지 않는 것이다.)

이러한 경문으로써 증명하니, 어찌 일행이 아니겠는가? 비록 단지 일행이지만 그것으로부터 행을 일으키기 시작할 뿐, 한동안은 여전히 생사의 자리 한가운데 있고 이렇게 끊임없이 올라가서 곧장 생사를 뛰어넘어 성불하는 사이에 이르기까지 영원히 물러나 빠지지 않으니, 이를 "불타不墮"라 일컫는다. (말하자면 염불 일행의 공능과 역량으로써 행자가 스스로 수지한 이래로부터 생사의 흐름 가운데, 내지 마지막으로 성불하기까지 영원히 후퇴하거나 함몰하지 않나니, 이 때문에 "불타不墮"라 일컫는다.)

一、論云：如人念多寶佛 卽於無上菩提得不退墮者。凡言菩提 乃是佛果之名 亦是正報 道理成佛之法 要須萬行圓備方乃克成 若將念佛一行卽望成者 無有是處。雖言未證 萬行之中是其一行。何以得知？如《華嚴經》說 "功德雲比丘語善財言：我於佛法三昧海中唯知一行 所謂念佛三昧" 以此文證 豈非一行也？雖是一行 於生死中乃至成佛永不退沒 故名不墮。

[보충] [자신의 행으로 성불하는 자는 염불이 별시의이다]

선도대사께서는 개종 종조로 어찌 이 중요한 명제를 회피할 수 있겠는가? 「회통별시의會通別時意」 문장에서 먼저 《섭대승론》에서 설한 「별시의」의 예구例句를 인용한다. "《논》에서 이르시길, 어떤 사람이 다보불을 염하면 곧 무상보리에서 불퇴타를 얻는다." 원문은 《섭대승론》에서 "별시의취別時意趣를 예를 들어 말하면, 다보여래 명호를 염송하는 자는 곧 무상정등보리를 이미 결정할 수 있다." 「득불퇴타得不退墮」와 「이득결정已得決定」의 뜻은 같다. 선도대사는 부처님 명호를 칭념함은 "비록 일행일지라도 생사 가운데 내지 성불에 이르기까지 영원히 물러나 빠지지 않는 까닭에 불타不墮라 한다." 하셨다. 그들은 자신의 행으로 불과를 성취하길 구하여 보리도상에서 다보불을 염하여 단지 불퇴타를 구할 뿐, 아미타부처님 정토에 태어나길 구하지 않는다!

선도대사께서는 이러한 사람이 염불하여 즉시 왕생할 수 없고 이는 「별시의別時意」의 원인이라고 해석하여 이르시길, "무릇 보리는 불과의 이름이고 또한 정보正報이며, 이치상으로 성불의 도는 모름지기 만행을 원만히 갖추어야 비로소 능히 성취할 수 있다. 만약 염불 일행으로 곧 성취를 기대한다면 이곳에 있을 수가 없다." 하셨다. 원래 이러한 사람이 염불하여 스스로 불과를 성취하기 위함으로 범부에서 성인까지 인을 닦고 과를 증득함이 바로 「정보正報」 - 자신이 깨닫고 타인을 깨닫게 해 각행을 원만히 회향하여 자신이 성불한다. 이러한 이치에 따라 스스로 성불을 행하는 자는 반드시 육도만행을 닦아 일체가 걸림 없이 원만하여야 비로소 성취를 기약할 수 있다. 어찌 만행 중에 단지 염불 일행에만 의지하여 곧 불도의 완성을 기대하랴. 이 같은 천진天眞의 상법想法은 전혀 이곳에 있을 수가 없다.

정토행자는 염불 「의보依報」로써 바로 불력에 의지해 정토에 태어날 수 있음을 마땅히 알아야 한다. 그래서 이상에서 《섭대승론》에서 말한 「별시의別時意」의 예구를 서술함은 정확한 것이니, 하물며 《섭대승론》의 예구 중에서 이러한 자신의 행으로 성불하는 자는 정토왕생을 발원하여 구함이 없고, 그들은 또한 어찌 즉시 정토에 태어날 수 있는지 물으려 하는가? 이로 인해 이러한 사람은 염불하여 즉시 왕생할 수 없어 이는 「별시의別時意」이니, 조금도 잘못이 없다.

_《정토전집淨土專輯》

묻건대, 만약 이렇다면 《법화경》에서 이르시길, "「나무불」 한번 부름에 모두 이미 불도를 이루었다." 하심도 마땅히 성불해 마침이다. 이 두 경문은 (그 함의에 있어) 어떤 차이가 있는가?

問曰：若爾者《法華經》云"一稱南無佛 皆已成佛道"亦應成佛竟也。此之二文有何差別？

답하되, 논에서는 부처님 명호를 칭념함은 오직 자신의 행으로 (번뇌를 끊고 증득하여 원만한) 불과를 성취하고자 함이다. 경에서는 부처님 명호를 칭념함은 95종 외도와 다름을 간별하기 위함이다. 그러나 외도 가운데 부처님 명호를 칭념하는 사람이 없어 단지 소리 내어 한번 부처님을 부르면 곧 불도에 섭수되는 까닭에 "이미 마쳤다." 하였다.

答曰：論中稱佛 唯欲自成佛果。經中稱佛 爲簡異九十五種外道。然外道之中都無稱佛之人 但使稱佛一口 卽在佛道中攝 故言已竟。

[보충] [행이 있고 원이 없는 자의 염불은 별시의이다]

이외에 선도대사께서는 또한 문단으로써 달리 한 부류의 염불하여 정토에 왕생함이 「별시의別時意」라고 설명하신다. "《법화경》에서 이르시길, '나무불' 한번 부름은 모두 이미 불도를 이루었다 하심 또한 마땅히 성불해 마쳤다." 하셨다. 선도대사께서 이 게송을 해석하심은 조금도 틀림이 없다. 왜냐하면 "경에서 부처님을 칭념함은 95종 외도와 다름을 간별하기 위함이다. 그러나 외도 가운데 부처님 명호를 칭념하는 사람이 없어 단지 부처님을 한번 소리내어 부르면 곧 불도에 섭수되는 까닭에 이미 마쳤다 하였다." 마침내 불도에 섭수되었다! 그러나 이러한 사람은 행은 있으나 원이 없어 정토에 태어나길 구하는 발원이 없나니, 경전 중의 말씀과 같다. 단지 그 행이 있으되 곧 홀로이고 또한 이르는 바가 없다. 그래서 그들은 염불하여 즉시 정토에 태어날 수 없어 「별시의別時意」일 뿐이다.

_《정토전집淨土專輯》

2. 《섭대승론》의 말씀에 이르시길, "어떤 사람은 오직 발원 하나로 말미암아 안락토에 태어난다." 하셨다. (이 같은 설법은 바로 별시의취이다.) 오랫동안 공통적으로 섭론의 무리들은 논의 의취를 이해하지 못해《관경》의 하품하생에 나오는 「십성칭불十聲稱佛(열 번 소리내어 아미타불 명호를 부른다)」16)을 잘못 인용하여 이와 비슷한 사례로 삼아(말하자면 공통적으로 섭론의 무리들은 경문 중에서 「십성칭불」은 별시의취가 있다고 보아) 이번 생에 정토에 태어날 수 없다고 여겼다.

二、論中說云 : 如人唯由發願生安樂土者。久來通論之家不會論意 錯引下品下生十聲稱佛與 此相似 未卽得生。

[보충] [원은 있고 행이 없는 자가 염불함은 별시의이다]

실제로《섭대승론》에는 「별시의別時意」 사례가 한마디 있는데, 선도대사께서 또한 인용하여 말씀하시길, "《논》의 말씀에 이르시길, 어떤 사람은 오직 발원

---

16) 경문에서는 "십념을 구족하도록 「나무아미타불」을 부른다."

하나로 말미암아 안락토에 태어난다 하셨다." 유唯란 단지 이것 하나가 있다는 뜻이다. 이미 어떤 사람이 오직 발원 하나로 말미암아 안락토에 태어난다면 이는 불력에 올라타 의지해 왕생을 구함으로 바로 「의보依報」이다. 위의 예구 하나에 따라 우리는 마땅히 "정보는 기약하기 어렵고 일행은 비록 정일할지라도 능히 해낼 수 없다. 의보는 구하기 쉬움"을 알아야 한다. 이 예구에서는 「의보依報」로 왕생을 구함이 이치에 순응하여 쉽게 즉시 왕생할 수 있음을 분명히 밝히니, 왜 「어떤 사람이 오직 발원 하나로 말미암아 안락토에 태어나는」 사람이 염불함은 「별시의」이겠는가?

선도대사께서는 그 후 해석하여 말씀하시길, 이들 사람은 "줄곧 발원만 발하고 (부처님 명호를 칭념하는) 행이 있음을 말하지 않는다. 이런 까닭에 즉시 왕생할 수 없고 멀고 먼 미래의 왕생에 인을 심어줌으로 그 의취는 진실하다." 하셨다. 그래서 《섭대승론》에서 이런 사람이 염불하면 즉시 왕생할 수 없어 이는 「별시의」라고 말씀하셨으니, 조금도 잘못이 없다.

위에서 두 가지 사례를 상술하여 비록 하나는 정보이고 하나는 의보이지만, 모두 「별시의」이다. 그러나 잘못은 이러한 사람이 《섭대승론》「의보」의 예구로써 《관경》의 하품하생을 해석함에 잘못 인용하여 마침내 하품하생자는 단지 '염불십성'으로만 왕생을 발원한다고 말하는데 있다. 이러한 사람은 양자는 모두 「의보」이고 정토에 태어나길 발원함은 피차 같아서 하품하생자가 염불함은 「별시의」일 뿐이라고 여긴다. 이는 비유 하나를 인용하여 뜻을 잃은 전형적인 사례로 그들은 돈을 저축함을 예로 들어 당당하게 말하여 「여러 날 지나 벌 수 있다」하여 적지 않은 사람은 믿음이 진실이라고 여기게 한다.

선도대사께서는 이러한 사람의 관점을 거듭 말씀하시길, "오랫동안 공통적으로 섭론의 무리들은 논의 의취를 이해하지 못해 하품하생의 십성칭불十聲稱佛을 잘못 인용하여 그것과 비슷하고 즉시 왕생할 수 없다고 여겼다. 이를테면 일금으로 천냥을 벌 수 있음은 여러 날이 지나 벌 수 있음이지 단 하루에 바로 천냥을 벌 수 있음이 아니다. 열 번 소리내어 부처님을 부름도 또한 이와 같아서 단지 먼 미래에 왕생하는 인을 지을 뿐으로 이런 까닭에 곧 왕생함이 아니다. 그들은 말하길, 부처님께서 줄곧 당래의 범부를 위해 악념을 버리고 부처님 명호를 칭념하여 방편의 말로 왕생을 말함이지 실제로는 왕생하지 않는다고 한다. 이를 일러 별시의라 한다." 하셨다. 이 같은 해법은 실제와 너무 동떨어져 있다!

비유를 인용해 뜻을 잃고 「십성칭불」의 하품하생을 잘못 해석했다.

왜 「어떤 사람은 오직 발원 하나로 말미암아 안락토에 태어난다」라 함이 「별시의 別時意」이고 즉시 왕생할 수 없는가? 왜 「하품하생, 십성칭불十聲稱佛」이라 함이 「별시의」가 아니고 즉시 왕생할 수 있는가? 왜 양자의 차이가 이렇게 큰가? 전자는 「원은 있어나 행은 없음」으로 인해 위처럼 해석하고, "단지 그 원만 있으면 원은 곧 빈 원으로 또한 이르는 바가 없다. 모름지기 원과 행이 서로 도와야 하는 일을 모두 할 수 있다." 그래서 이것이 「별시의」이다.

후자에 이르면 곧 분명히 다르다. "지금 이 《관경》 중에 **열 번 소리 내어 부처님 명호를 부르면, 곧 열 번의 원과 열 번의 행이 갖추어진다. 어떻게 갖추어지는가? 「나무」란 바로 귀명이요, 또한 발원회향의 뜻이다. 「아미타불」이란 바로 그 행이다.** 이러한 뜻이 있는 까닭에 반드시 왕생한다." 간단히 부처님 명호 「나무아미타불」로 오히려 원과 행이 갖추어져 이러한 뜻이 있는 까닭에 반드시 왕생함을 마땅히 알아야 한다.

조사와 대덕들은 경론을 인용하여 「하품하생下品下生 십념득생十念得生」을 증명하니, 우리는 죄악이 지극히 큰 자는 모름지기 특정 조건하에서는 왕생할 수 있다고 가정할 필요는 없다. 악을 들었으니 하물며 선이랴. 평생 일향으로 부처님 명호를 전념하는데 어찌 왕생할 수 없다는 이치가 있겠는가!

_《정토전집淨土專輯》

이를테면 일금으로 천냥을 벌 수 있다. (이 말은 바로 별시의취이다) 이는 당신이 여러 날이 지나 벌 수 있지, 단 하루 만에 곧 천냥을 벌 수 있다는 말이 아니다. (당신이 지금 일금을 밑천 삼아 일천 냥을 벌 수 있다는 말이 아니라, 하나하나 성장을 통해서 이 일금이 끊임없이 불어나고, 매우 많은 날이 지난 후에 비로소 일천 냥을 벌 수 있다는 말이다.)

열 번 소리 내어 부처님 명호를 부름도 또한 이와 같아서 (당신이 열 번 소리 내어 부처님을 불러서 이미 선근을 심어 장래에 끊임없이 늘어난 이후 정토에 왕생하는 과위를 성취할 수 있다.) (열 번 소리내어 부처님 명호를 부르면) 먼 미래에 정토에 왕생할 수 있는 원인遠因을 지었을 뿐이지 이런 까닭에 곧 왕생할 수 있다는 말은 아니다. 그들은 해석하여 말하길, 《관경》에서 부처님께서는 단지 당래의 세간 범부를 위하여 그들이 악념을 버리고 일심으로 부처님 명호를 칭념하게 하여 이로 인해 방편의 말로써 이렇게 정토에 왕생할 수 있다고 말함이지, 실제로 십념을 칭념하여 정토에 왕생할 수 있음을 가리키지 않는다고 말하였다. 이렇게 전교하는 방식을 「별시의취」라 한다.

如一金得成千錢者 多日乃得 非一日卽得成千。十聲稱佛亦復如是 但與遠生作因 是故未卽得生。誾佛直爲當來凡夫 欲令舍惡稱佛 詋言誾生 實未得生。名作別時意者。

(아래에서는 이에 대해 반박하여 물리친다. 《관경》에서 열 번 소리 내어 부처님 명호를 부름은 결코 별시의취가 아니다. 이 인용으로써 별시의취의 범례를 삼는 것은 지극히 큰 잘못이다.)

(만약 이것이 별시의취別時意趣라고 말한다면 왜 《아미타경》에서 석가모니부처님께서 성실어誠實語를 말씀하시고, 시방의 제불께서는 모두 광장설상을 내밀어 제불은 헛된 말을 하지 않음을 현시하고 석가모니부처님께서 하신 말씀이 제실諦實하여 헛되지 않음을 증명하셨겠는가? 이러한 현상으로 이것이 성실誠實하여 헛되지 않음을 증명하였으니, 어디가 별시의취이겠는가? 이른바 별시의취는 바로 설하신 말씀이 일시의 기용機用으로 중생을 이롭게 할 수

있으나, 설한 바와 달리 의도가 있다.)

무슨 까닭에 《아미타경》에서 이르시길, "부처님께서 사리불에게 이르시길 선남자 선여인이 아미타부처님에 대한 설법을 듣고, 그 명호를 집지하여, 하루 내지 이레 동안 일심으로 왕생을 발원하면 목숨을 마치려 할 때 아미타부처님과 성중들이 마중 나와 접인하여 왕생한다." 하시고, 다음으로 "시방세계의 항하사와 같은 제불께서 각각 광장설상을 내미시어 삼천대천세계를 두루 덮고 성실어로 말씀하시길, 너희 중생들은 《일체제불소호념경》을 믿을지니라(일체제불께서 함께 호념하는 지극히 깊고 불가사의한 경법을 믿고 받아들여야 한다)." 하셨겠는가?

(광장설상을 내밀어 삼천대천세계를 두루 덮음은 제불께서 이미 헛된 말의 습기를 다하였음을 설명한다. 이로써 이 경이 확실하여 헛되지 않음을 증명한다.) 「호념」이라 함은 즉 위 경문에서 하루 내지 이레 동안 부처님의 명호를 부름이다. (이른바 호념의 대상은 바로 경문에서 말한 하루 내지 이레 동안 부처님 명호를 부르는 행자를 가리킨다. 이로 인해 제불께서는 모두 증성證成에 있고, 호념에 있으니, 이들 행자는 필연코 지극히 큰 이익을 얻는다.)

지금 이미 이 거룩한 가르침으로써 증명을 삼으니, 지금 일체 행을 살피지 못한 자는 아무런 의취도 모른 채 범부와 소인배의 논조를 특별히 믿고 받아들여 제불의 성제언誠諦言을 오히려 헛된 말이라고 하는가? 괴롭도다! 어찌 이 같은 차마 듣지 못할 말을 내뱉을 수 있는가?

何故《阿彌陀經》云：佛告舍利弗 若有善男子善女人 聞說阿彌陀佛 執持名號 一日乃至七日 一心願生 命欲終時 阿彌陀佛與諸聖衆迎接往生？次下十方各如恒河沙等諸佛 各出廣長舌相 遍覆三千大千世界說誠實言 汝等衆生 皆應信是一切諸佛所護念經。言護念者 卽是上文一日乃至七日稱佛之名也。今旣有斯聖教以爲明證 未審今時一切行者 不知何意 凡小之論乃加信受 諸佛誠言返將妄語？苦哉！奈劇能出如此不忍之言？

비록 그러할지라도 우러러 바라옵건대 극락세계에 왕생하려는 모든 선지식들은 잘 사량할지니, 어찌 금세에 부처님 말씀을 잘못 믿어 (자신의 믿음을) 해치고 보살의 논조를 지침으로 삼아 집착할 수 있겠는가? 만약 이 집착에 의지하면 바로 자신의 기회를 잃고 다른 사람을 그르치게 된다.

雖然 仰願一切欲往生知識等 善自思量 寧傷今世錯信佛語 不可執菩薩論以爲指南。若依此執者 卽是自失誤他也。

[강기] 이는 단지 한발 물러서서 말하는 것이다. 부처님의 말씀에 잘못이 있다는 말이 아니고, 부처님의 말씀과 보살의 논조 사이에 선택을 한다고 말한다면 부처님 말씀을 위없는 인식의 기준(量)으로 삼아야 한다. 왜냐하면 부처님께서는 이미 일체종지一切種智를 현증現證하시고 아무런 오류 없이 일체 진리와 모든 불가사의한 일을 보셨다. 그리고 **서방극락법문은 확실히 아미타부처님의 불가사의한 지혜와 대비원의 역량으로 성취한 것으로 오직 제불이라야 요달할 수 있을 뿐, 기타 구법계 중생이 자력으로 엿볼 수 있는 것이 아니다.**

이로 인해 이 양자를 저울질해 말하면 보살은 번뇌를 끊고 증득하여 원만히 달성할 수 없고 철저히 인식의 기준(量)을 증득하지 못함을 알아야 한다. 무릇 그가 설한 것이 만약 부처님 말씀과 맞다 하면 이와 같고 이와 같이 말한다 인증할 수 있다. 그러나 만약 그가 한 말이 부처님 말과 맞지 않다면 그의 말은 진리에 부합하지 않다고 말하거나 일체종지 현량의 소견과 부합하지 않다고 말하고, 이는 모름지기 버려야 한다.

여기서는 행자가 거룩한 가르침에 믿음을 일으키는 인식의 기준(量)에 대해 표명한다. 이로 인해 굳은 믿음의 방식으로 말하면 설령 부처님 말씀에 잘못이 있을지라도 나는 철저하게 믿는다. 실제로 부처님 말씀에는 잘못이 없다. 그러나 보살의 논조가 부처님 말씀과 어긋난다면 이야말로 진정으로 진리의 법칙에 부합하지 않고 편차가 나타난다.

그래서 그들이 십념으로 왕생할 수 없다고 말함은 부처님의 마음과 아미타부처님 대원의 본의와 완전히 부합하지 못한다. 이 같은 말의 논조를 널리 퍼트리면 확실히 자신으로 하여금 이번 생에 정토에 왕생하고·단박에 광겁의 윤회를 벗어나며·신속히 불퇴전위를 증득하며·해탈성불하는 큰 이익을 상실하게 만든다. 게다가 수천 수만의 사람을 잘못 인도하여 그들로 하여금 신심을 잃게 하여 이번 생에 정토에 왕생할 수 없고 단지 멀고 먼 미래 세상에 이르러 할 수 있을 뿐이라고 생각하게 만든다. 이러면 그들은 일심으로 왕생을 기원하려는 결단의 마음을 내지 못하거나, 어떤 이는 말하는 중간에 의심·염려하고 퇴전하려는 마음이 생겨나고 지극한 마음으로 정토로 나아갈 수 없다. 이렇게 되면 수많은 중생들이 생사를 넘나들고, 왕생정토의 큰 이익을 잃게 된다. 이러면 무수한 중생이 이번 생에 횡으로 생사를 뛰어넘고 정토에 왕생하는 큰 이익을 물러나 잃고 만다. 이로 인해 이 문제 상에서 반드시 부처님 말씀을 인식의 기준(量)으로 삼아야 한다. 이는 지극히 깊고 깊은 불가사의한 일로 우리는 그것의 현묘한 이체 및 아미타부처님의 불가사의한 역량을 보기가 매우 어렵다. 그러나 우리가 부처님 말씀을 깊이 믿고 이것을 인식의 기준(量)으로 삼기만 하면 우리는 반드시 장차 지극히 불가사의한 이익을 얻을 수 있을 것이다. 단지 당신이 이러한 위없는 여의보의 공능을 믿고 직접 그것의 조작법칙에 순응하여 실천하기만 하면 반드시 장래에 이익을 얻을 수 있다. 그렇다고 당신이 진정으로 여의보如意寶의 체성과 역용을 꼭 보아야 하는 것은 아니다. 이는 매우 어려운 일이다.

마치 오늘날 일반 사람들이 모두 자동카메라나 각종 편리하고 고급스런 전자기기를 사용할 수 있어도 그 안에 담긴 깊고 미묘한 원리를 완전히 꿰뚫을 필요는 없는 것처럼, 이는 극소수의 전문가들의 일일 뿐이다.

그러나 단지 당신이 믿고 받아들인다 말하면 이 제품의 편리함을 꼭 얻을 수 있다. 이 비유를 수없이 확대하면 우리도 마땅히 부처님의 말씀과 확철대오한 후의 지시를 이와 같이 믿고 받아들이고, 마땅히 이 법문에 불가사의한 공능과 역용이 있으며, 그것은 우리의 상상이나 기타 통도법문의 범위를 완전히 뛰어넘고 또한 근본적으로 하근기 범부중생의 정량情量 내지 도를 배우는 성자의 인식기준(量)으로 헤아려 알 수 있는 것이 아님을 믿어야 한다. 이로 인해 이 일에 있어서는 반드시 부처님 말씀을 인식의 기준(量)으로 삼아 끝까지 굳게 믿어야 한다.

이러한 이치에서 선도대사께서는 뒤에서 "심심深心"을 이야기하실 때 특별히 부처님 말씀에 대해 견고히 움직이지 않는 신심을 가리키신다. 한편으로는 자신이 생사 한가운데 항상 빠지고 늘 유전하며, 시종일관 자신으로 하여금 생사를 문득 뛰어넘는 지극히 기묘하고 특이한 인연을 얻지 못함을 믿는다. 그래서 다른 한편으로는 깊이 믿어야만 오늘 마침내 아미타부처님 48원이란 위없는 대원大願 바다의 법문을 듣고서 그것이 장애가 많은 범부로 하여금 아래로 지심십념至心十念에 이르러 공덕이 매우 수승한 정토에 태어날 수 있게 하고, 이로 인해 이 광겁토록 만나기 어려운 좋은 기회를 또렷이 이해하면 마치 가난한 자가 위없는 여의보를 만나는 것처럼 그렇게 기뻐한다. 이 같은 깊은 신심으로써 갖가지 회의를 배제하니, 비록 다른 모든 논사·모든 성문 연각 아라한·초지에서 십지에 이르는 모든 보살, 심지어 시방제불께서 이 법은 요의了義가 아니라고 말씀하시거나 전혀 이와 같지 않다고 말할지라도 어떠한 의난疑難과 퇴각退卻도 생기지 않는다. 이러한 마음이야말로 진실한 신심이다.

[보충] [부처님 명호를 전일하게 부르면 즉시 왕생한다]

마지막으로 선도대사께서는 잘못 믿고 헐뜯는 말을 하여, 마침내 범부 세속사람의 말을 믿고 받아들여 부처님의 성실한 말씀을 헛된 말이라고 지껄이는 사람을 통절히 파척하신다. 그래서 "지금 이미 이 거룩한 가르침으로 증명을 삼으니, 지금 일체 행을 살피지 못한 자가 아무런 의취도 모르고 범부와 소인배의 논조를 특별히 믿고 받아들여 제불의 성제언誠諦言을 오히려 헛된 말이라고 하는가? 괴롭도다! 어찌 이 같은 차마 듣지 못할 말을 내뱉을 수 있는가?" 하셨다.

선도대사께서는 또한 왕생을 구하는 정토행자에게 차라리 자신이 금세 부처님의 말씀을 잘못 믿는 험난한 길을 무릅쓸지언정 보살의 논설을 준칙으로 삼거나 지침으로 삼아서는 안 된다고 특별히 일깨우신다. 왜냐하면 만약 이에 의지해 집착하면 바로 자신을 잃고 남을 잘못 인도하고 남에게 해를 끼칠 뿐이다. 그래서 "비록 그러할지라도 극락세계에 왕생하려는 모든 선지식들이 잘 사량하길 간절히 원하나니, 어찌 금세에 부처님 말씀을 잘못 믿어 (자신의 믿음을) 해치고 보살의 논조를 지남으로 삼아 집착할 수 있겠는가? 만약 이 집착에 의지하면 바로 자신을 잃고 남을 잘못 인도하는 것이다." 하셨다.

염불의 심행心行**에 관해서 정토종에서는 다른 일반 대승보살교와 달리 정토행자는 정토삼부경의 교화만 전일하게 의지해 일체 다른 경론을 준칙으로 삼거나 한 이야기로 뒤섞는 것을 금해야 한다.** 그렇지 않으면 미혹을 지녀 자신이 미혹하여 왕생의 큰 이익을 잘못 잃게 된다, 그래서 선도대사께서는 최후에 한번 더 거듭 말씀하시며 정토행자에게 권유하시길, "다만 위로는 한 몸의 목숨이 다하도록 닦고, 아래로는 십념에 이를 수 있으면, 부처님의 원력으로써 모두 왕생하지 않음이 없는 까닭에 「**이행**易行」이라 한다. 이 일은 말로써 뜻을 정하여 믿음이 있는 자가 의심을 품도록 해서는 안 되나니, 거룩한 가르침을 인용하여 증명을 삼아 듣는 자로 하여금 결정코 의혹을 풀 수 있도록 해야 한다." 하셨다. 정토행자는 반드시 「부처님 명호를 전일하게 부르면 즉시 왕생한다」는 사실에 대해 절대적인 신심이 있어야 한다!

_《정토전집淨土專輯》

묻건대, 어떻게 행을 일으키고도 왕생할 수 없다고 말하는가?

답하되, 왕생하고자 하는 이는 모름지기 행과 원을 구족해야 왕생할 수 있다. 지금 이 논에서는 단지 발원만 말하였을 뿐, 행이 있음은 논하지 않았다.

問曰：云何起行而言不得往生？答曰：若欲往生者 要須行願具足方可得生。今此論中但言
發願 不論有行。

묻건대, 무슨 까닭에 (행을) 논하지 않았는가?

답하되, 내지 일념에도 아직 (행에) 마음을 둔 적이 없는 까닭에 논하지
않았다.

問曰：何故不論？答曰：乃至一念曾未措心 是故不論。

묻건대, 원과 행은 함의에 있어 차이가 있는가?

답하되, 경전의 말씀처럼 단지 (입으로 부처님 명호를 부르는) 행만 있고 (원이
없다면) 행은 곧 홀로된 행으로 또한 목표에 이를 수 없다. 단지 원만 있고
(행이 없다면) 원은 곧 빈 원으로 또한 목표에 이를 수 없다. 모름지기 원과
행이 서로 도와야 하는 일을 모두 할 수 있다. (말하자면 **진실한 원으로써
행을 섭지하고 원하는 곳으로 나아가도록 유도하고, 원하는 바를 실제 행으로 채워야
목표를 달성할 수 있다.** 총괄해 말하면 원과 행 중 하나라도 빠뜨려서는 안 된다.
아무런 원이 없고 단지 행만 있으면 그 원은 달성할 수 없다. 일반인이 생각생각
아미타불 부처님 명호를 염하지만, 왕생하려는 원이 없으면 왕생할 수 없는 것과
같다. 또한 빈 원만 있고 행이 없는 이도 도달할 수 없다. 일반인이 자신의 목표에
도달하고 싶지만, 근본적으로 행하지 않으면 달성할 수 없는 것과 같다.)

그래서 지금 이 논에서는 줄곧 발원만 말하였고, 행이 있음은 논하지 않았다.
이런 까닭에 곧 왕생할 수 없고, 먼 미래에 왕생하려는 인을 심어줄 뿐이다.
(논에서 말한) 함의는 진실한 상황이다. (별시의취別時意趣의 함의를 이렇게 이해해
야 한다.)

問曰：願行之義有何差別？答曰：如經中說 但有其行 行卽孤 亦無所至。但有其願 願卽虛
亦無所至。要須願行相扶 所爲皆克。是故今此論中 直言發願 不論有行。是故未卽得生、與遠

生作因者 其義實也。

묻건대, 원이란 뜻이 어떠하기에 왕생할 수 없다고 말하는가?

답하되, 서방극락이 즐겁고 불가사의하다는 말을 듣고서 즉시 작원作願하여 말하길, "나 또한 왕생하길 원한다." 이 말을 하고서 더 이상 이어가지 않고, 끊임없이 칭념을 행하지 않는 까닭에 원만 있을 뿐이라 한다.

問曰：願意云何 乃言不生？答曰：聞他說言西方快樂不可思議 即作願言 我亦願生。道此語已 更不相續 故名願也。

지금 이 《관경》에서 열 번 소리 내어 부처님 명호를 부르면 곧 열 번의 원과 열 번의 행이 갖추어져 있다. (말하자면 한 번 소리 내어 부처님 명호를 부르는 행마다 모두 원과 행이 그 안에 있고, 계속해서 열 번 소리 내어 부처님 명호를 부르면 계속해서 열 차례 원과 행이 내재되어 있다.) 왜 원과 행이 갖추어져 있다 말하는가? (왜냐하면 마음속으로 실제 심리의 취향이 있기 때문이다.) 「나무」란 곧 귀명을 말함이요, 또한 발원·회향한다는 뜻이다. 「아미타불」이란 곧 그 행을 말한다. (「나무」라고 말할 때 확실히 귀명하고, 또한 일심으로 발원하여 극락세계로 나아가려고 한다. 그리고 입으로 「아미타불」을 부를 때 이것이 바로 왕생의 행지行持이다. 왜냐하면 왕생은 바깥의 다리를 통해서 가는 것이 아니라, 자신의 마음을 통해서 일념일념 아미타불을 불러서 부처님의 마음과 계합함이 바로 극락세계로 나아가는 것이다.) 이러한 뜻이 있는 까닭에 반드시 왕생한다.

今此《觀經》中 十聲稱佛 即有十願十行具足。云何具足？言南無者 即是歸命 亦是發願回向之義。言阿彌陀佛者 即是其行 以斯義故 必得往生。

[강기] 이는 앞쪽과 근본적으로 다르다. 앞쪽에서는 극락세계로 가려하지만, 입으로 염불을 하지 않고, 마음으로 서방극락으로 취향하지 않으며, 단지 미래에 왕생하는 원인을 심을 뿐이다. 또한 다른 부류의 사람은 비록 입으로 아미타불을

염하지만, 내심으로는 일심으로 아미타불에 귀의하여 극락정토로 용감하게 달려가지 않는다. 그래서 내면의 심행心行에서 가고자 하는 어떤 직접적인 발원과 욕구가 있는지, 그리고 그 왕생의 행문에 따라 실제로 걷고 있는지 살펴보아야 한다. 만약 이 두 가지 내포가 있다면 그것은 원과 행을 갖추고 있다. 이 두 가지 내포가 없다면 단지 입으로만 염할 뿐 원이 있음을 나타내지 않고, 단지 마음속으로 생각할 뿐 가려는 뜻은 있으나 행이 있음을 나타내지 않는다.

그러나 《관경》에서는 하품인이 임종시 지옥의 모습이 모두 이미 나타난다. 이때 선지식이 그를 인도하여 왕생을 구하도록 돕는다. 그가 믿고 진심으로 **그곳에 가려하고, 그 후 행을 내보여 「아미타불」을 칭념하면 이미 아미타부처님 대원의 배에 올라 앉아 서방정토로 간다.** 그래서 그는 아미타불을 염하여 한번 소리 낼 때마다 원과 행을 갖추었다. 원과 행을 이미 갖추어 아미타부처님 본원에 부합하고 당연히 당하에 왕생하니, 어떻게 별시의취別時意趣라고 해석할 수 있겠는가?

또한 논 가운데 다보불을 칭념한다는 말씀이 가리키는 것은 위로 행자가 자신의 행으로 불과를 구함으로 곧 정보正報이고, 아래로 오직 발원으로써 정토에 태어나길 구함은 곧 의보依報이다. 하나는 정보(성불)이고 하나는 의보(부처님의 타수용토他受用土 가운데 왕생함)이니, 어찌 비슷할 수 있겠는가? 그러나 정보는 기약하기 어렵고, 일행이 비록 정일할지라도 능히 해낼 수 없다. 의보는 쉽게 구하는데, 어찌 일원一願의 마음으로써 곧 증입하겠는가?

又來論中 稱多寶佛 爲求佛果卽是正報 下唯發願求生淨土卽是依報。一正一依 豈得相似？然 正報難期 一行雖精未克；依報易求 豈以一願之心卽入？

[강기] 정보正報와 의보依報, 이 둘은 과果를 구하는 성질이 달라 하나의 말로 섞어서는 안 된다. 그래서 마땅히 이렇게 정일하고 미세하게 간택하여 번뇌를

끊고 증득하여 구경원만한 불과를 성취해야 한다고 말하니, 이는 무상의 불과로 일시에 달성하기 어렵다. 그래서 비록 염불이 일행으로 매우 정일하여도 이로 말미암아 능히 해낼 수 없고, 반드시 일체의 인행因行을 모두 원만히 구족하여야 무상보리를 이룰 수 있다. 그리고 의보의 국토를 말씀하시길, 이는 비교적 낮은 목표로 증득을 구하기 쉽다 한다. 비록 이와 같을지라도 오직 발원 하나만 있고 행이 없는 사람은 증입할 수 없다. 바꾸어 말하면 정보의 불과를 대단히 높게 얻음으로 말미암아, 설사 염불을 매우 정일하게 깊게 닦을지라도 일시에 달성하기 어렵다. 그리고 아미타부처님 의보의 국토에 왕생함은 매우 달성하기 쉽지만 원만 있고 행이 없음으로 증입할 수 있는 것이 아니다. 이로 인해 이 두 가지 상황은 모두 별시의취別時意趣에 속한다. 아래에서는 다시 한 가지 비유를 들어 여러분으로 하여금 깨닫게 한다.

비록 그럴지라도, 비유컨대 변방의 소국이 대국에 의탁해 섭화되면 곧 쉽지만 주체가 되려고 하면 곧 어렵다. 지금 왕생을 발원하는 이가 모두 일체를 맡기면 (부처님께서) 중생을 섭화하시니, 어찌 쉽지 않겠는가? 다만 위로는 한 몸 목숨이 다하도록 닦고, 아래로는 내지 십념에 이를 수 있으면, 부처님의 원력으로써 모두 왕생하지 않음이 없는 까닭에 「이행易行」이라 한다.

雖然 譬如邊方 投化即易 爲主即難。今時願往生者 並是一切投化衆生 豈非易也？但能上盡 一形 下至十念 以佛願力 莫不皆往 故名易也。

[강기] 이 비유를 또렷이 이해하면 깊이 믿게 된다. 즉 확실히 범부가 이번 생에 서방정토에 왕생함은 매우 성판成辦하기 쉬운 일이다. 비유컨대 변방의 소국이 자신의 운명을 대국에 맡기면 매우 쉽다. 단지 그의 마음이 믿음으로 수순하고 거역하지 않으면서 중앙의 군주를 매우 존경하고, 신심과 원망願望이 있어 행동으로 귀의하면 당연히 중앙 대국에 흡수 동화된다. 만약 그가 스스로 중앙대국의 국왕이 되려고 한다면 이는 매우 어려워서 반드시 상응하는 지위에

도달해야 하고, 그렇게 큰 복덕과 권세가 있어야 중앙 대국을 통치할 수 있다.

이 비유는 지극히 합당하고 매우 잘 납득이 되며, 한번 들으면 바로 이해된다. 현재 우리 범부는 스스로 원만한 부처가 되기에는 너무 어려워 반드시 성불의 인연을 구족하여야 성불할 수 있다. 그러나 내가 현재 아미타부처님 국토에 태어나기만 하면 이는 매우 쉽다. 왜 그러한가? 아미타부처님께서 위없는 자비심이 있어서 당신의 마음이 완전히 부처님을 믿고 수순하여 가려는 뜻이 있고, 또한 염불할 수 있으면 부처님께서 마땅히 즉시 섭수하여 바로 부처님의 타수용토他受用土에 태어날 수 있다. 이는 지극히 쉽게 왕생이 결정되는 것이다. 이렇게 또렷이 이해한 후에는 이른바 십념왕생이 과장된 설법이 전혀 아니고 확실히 매우 쉽게 왕생이 결정된다. **신명을 던져 귀의하여 맡기고, 생각을 항복시키고 바꾸기만 하면 이룰 수 있다.**

우리는 더 이상 억세고 거칠어 섭수되기 어려운 사람이 되지 말아야 한다. 줄곧 나는 사바세계에서 어찌어찌 지낼까 생각하지만, 실제로 우리는 이미 철저히 고해 한가운데 살고 있으니, 마땅히 진심으로 중앙 대국에 의탁하길 희망해야 한다. 그것이 바로 부처님의 정토세계이다. 그래서 이렇게 생각해야 한다. **"저는 일체를 완전히 아미타부처님께 맡깁니다."** 그러면 당연히 아미타부처님께서 받아주신다.

어떻게 하여야 아미타부처님께서 받아주시는가? 조건은 최소한 단지 믿음으로 수순하는 마음이 있고 거스르지 말아야 한다. 다음으로 가고자 원하는 마음이 있어야 하고, 고해 가운데 계속 빠지려고 해서는 안 된다. 재차 끊임없이 아미타부처님 명호를 부르고 아미타부처님께 전보를 치면 아미타부처님께서 받아주신다. 마치 변방의 소국이 투항한다는 편지를 써서 중앙 국왕에게 보내면 국왕이 보고서 당연히 받아들이니, 이는 매우 쉬운 일이 아닌가?

그래서 여기서 결정적인 어투로 말하니, 단지 이러한 믿음과 발원이 있기만 하면 상등자는 이 몸과 목숨이 다하도록 생명의 최후일각까지 줄곧 닦는다. 하등자는 임종시 지극한 마음으로 「내지 십념」에 이를 수 있으면 모두 부처님 원력의 섭지攝持에 기대어 왕생할 수 있다. 마치 모든 변방의 소국이 자신의 운명을 성심으로 맡기면 중앙의 대국이 전부 받아들이는 것과 같다. 이를 "이행(易行; 쉽게 행함)"이라 하고, 이를 "직절(直截; 곧바로 끊음)"이라고 한다. 그래서 절대로 별시의취別時意趣라고 판단해서는 안 된다. 그러면 경전의 뜻에 크게 어긋나고, 부처님 마음에 크게 어긋나며, 연기법칙에 크게 어긋난다.

이 일은 말로써 뜻을 정하여 믿음이 있는 자가 의심을 품도록 해서는 안 되나니, 거룩한 가르침을 인용하여 증명을 삼아 듣는 자로 하여금 결정코 의혹을 풀 수 있도록 해야 한다.

斯乃不可以言定義　致信之者懷疑　要引聖教來明　欲使聞之者決能遣惑。

[강기] 그래서 이 일에서 우리는 경론 문자의 표면상으로만 그것의 함의를 확정하거나 혹은 자신의 억측에 따라 결론을 내려서 본래 심심深心이 있는 자로 하여금 오히려 의심이 생겨 물러나 심심을 잃어버리게 해서는 안 된다. 반드시 성제誠諦이자 헛되지 않은 제불의 금강어金剛語로써 증명을 삼아야 듣는 사람으로 하여금 결정코 의심을 풀어 제거할 수 있다. 그런 후면 그는 일심으로 믿고 발원하여 결정코 물러나 후회하지 않는다. 이렇게 곧장 생명의 마지막 숨이 멎을 때까지 모두 금강반야의 신심이 있고, 일심으로 믿고 발원하는 마음이 있어 중간에 의심으로 인해 장애를 받지 않으면 순조롭게 왕생할 수 있다. 그래서 이 일은 지극히 중요하여 반드시 이에 따라 교敎와 리理로써 증명하여 일체 행자로 하여금 직접 일심으로 정토에 들어가게 할 수 있다.

[제6단] 이승종성 불생不生의 뜻을 회통함

여섯째, 이승二乘의 종성은 왕생하지 못한다는 함의를 회통한다.[17]

묻건대, 아미타불의 청정한 국토는 보토인가 화토인가? 답하되, 화토가 아니라 보토이다. 어떻게 알 수 있는가? 《대승동성경》에 이르시길, "**서방안락토와 아미타불은 보토이고 보불이다.**" 하셨다. 또한 《무량수경》에 이르시길, "법장 비구는 세자재왕불 처소에서 보살도를 행할 적에 48원을 발하셨다. 그 한 원(제18원)에 이르시길, 「제가 부처 될 적에 시방세계 중생이 저의 명호를 듣고서 지심至心으로 믿고 좋아하여 일체 선근을 순일한 마음으로 회향하고 저의 국토에 태어나길 발원하여, 내지 십념에 저의 국토에 태어나지 못한다면 정각을 성취하지 않겠나이다.」" 하셨다. 법장 비구께서 지금 이미 성불하셨으니, 이는 곧 **인지의 원행願行에 응답하여 출현하신 보신**이다. (바꾸어 말하면 지금 서방정토에 현현하신 불신은 옛날 인행에 응답하여 출현하신 것으로 보신이다.)

또한 《관경》에 상배삼인上輩三人이 목숨을 마치려할 때 모두 말하길, "아미타 부처님께서 화신불과 함께 내영하여 이 사람을 접인하다." 보신과 아울러 화신이 함께 와서 손을 내미시는 까닭에 「여與」 자라 한다. 이 경문으로써 증명을 삼는 까닭에 보신이라 한다.

第六、會通二乘種不生義者。問曰：彌陀淨國爲當是報是化也？答曰：是報非化。云何得知？如《大乘同性經》說：西方安樂阿彌陀佛是報佛報土。又《無量壽經》云：法藏比丘在

---

17) "또한 이 논에 단 이승二乘의 종성은 태어나지 못한다고 한다. 이른바 안락국에는 이승의 종자가 태어나지 못하지만, 또한 어찌 이승의 내생來生을 막겠는가? 비유하면 귤나무의 묘목(橘栽)이 강북에서는 자랄 수 없지만, 황하와 낙수의 과일가게(菓肆)에 또한 귤이 있는 것을 보는 것과 같다. 또한 앵무새는 용서隴西를 건널 수 없다고 하지만, 조趙와 위魏의 새장(架桁)에도 앵무새가 있다. 거기에 성문이 있다는 것도 또한 이와 같다. 이와 같이 해석을 하면, 경론經論은 곧 회통된다." _담란대사, 《왕생론주》

世饒王佛所 行菩薩道時 發四十八願 有一願言：若我得佛 十方衆生稱我名號 願生我國 下至 十念 若不生者 不取正覺。今旣成佛 卽是酬因之身也。又《觀經》中 上輩三人臨命終時 皆言： 阿彌陀佛及與化佛來迎此人。然報身兼化 共來授手 故名爲"與"。以此文證 故知是報。

그런데 보신과 응신이라 함은 안眼과 목目처럼 다른 이름이다. 앞에는 보를 응이라 번역하고, 뒤에는 응을 보라 번역한다. 무릇 보報라 말함은 인지의 수행(因行)이 헛되이 버려지지 않고 반드시 상응하는 과보를 초래하여 과는 인에 응함으로 말미암아 생기므로 수보酬報라 한다. (한 걸음 더 나아가 추론하면 삼대아승지겁 동안 닦은 만행으로 반드시 보리과를 얻는다. 법장 비구께서는 이미 무상각도無上覺道를 성취하셨다. 이로 인해 과거의 보살행에 감응하여 오심을 "응신"이라 부른다. 요컨대 "보報"·"응應"은 하나의 뜻이다.)

이는 곧 현재·과거의 제불께서 삼신의 의의를 판석한 것이니, 이를 제외하고 그밖에 더 이상 다른 체성은 없다. 설사 무궁한 팔상성도의 사업상事業相을 나타내 보이거나 시방 미진세계 시방 항하사수 세계의 명호를 안립할지라도 체성을 논하면 모두 화불의 섭수대상(所攝)으로 돌아간다. 지금 저 아미타부처님께서는 현현함이 보신이다.

然報應二身者 眼目之異名。前翻報作應 後翻應作報。凡言報者 因行不虛定招來果 以果應因 故名爲報。又三大僧祇所修萬行 必定應得菩提 今旣道成 卽是應身。斯乃過現諸佛辨立三身 除斯已外更無別體。縱使無窮八相 名號塵沙 克體而論 總歸化攝。今彼彌陀 現是報也。

[강기] 총괄적으로 말하면 이는 모두 부처님께서 무량한 기간에 응하시어 상응하는 색신·명호·사업상事業相 등을 나타내심이니, 이 한 부류는 중생의 근기에 응하여 환幻으로 지어낸 상이다. 그리고 현재 아미타부처님께서 서방극락세계에서 성불하심은 인과가 원만하여 시현하는 색신불임을 가리킨다. 그러므로 그가 당하當下에 보리를 현증現證하신 곳에서 현현하는 것이 보신보토報身報土이다.

묻건대, 이미 「보報」라고 말함은 보신이 상주하여 영원히 생멸이 없는데 무슨 까닭에 《관음수기경觀音授記經》에서는 아미타부처님께서도 열반에 드는 때가 있다 하였는가? 이 하나의 뜻을 어떻게 회통하여 해석하겠는가?

問曰：旣言報者 報身常住永無生滅 何故《觀音授記經》說 阿彌陀佛亦有入涅槃時？此之一義若爲通釋？

답하되, 제불께서 열반에 드시는지 여부는 오직 제불의 경계일 뿐, 삼승의 얕은 지혜로 엿볼 수 있는 것이 아니거늘 어찌 소견 범부가 알 수 있겠는가? 비록 그러할지라도 반드시 알고자 한다면 감히 불경을 인용하여 증명을 삼는다.

答曰：入不入義者 唯是諸佛境界 尚非三乘淺智所窺 豈況小凡輒能知也？雖然 必欲知者 敢引佛經以爲明證。

어떤 경문인가? 《대품반야경》「열반비화품涅槃非化品」에 있는 경문의 말씀이다. 부처님께서 수보리에게 이르시길, "그대의 생각은 어떠한가? 환화로 된 사람(化人)이 다시 환화로 된 사람을 짓는다면 이러한 환화에 자못 진실의 일이 공하지 않음이 있겠는가?" 수보리가 답하길, "그렇지 않습니다, 세존이시여!" 부처님께서 수보리에게 이르시길, **"색이 그대로 환화이고, 수상행식이 그대로 환화이며, 내지 일체종지가 바로 환화이니라."**

何者？如《大品經・涅槃非化品》中說云：佛告須菩提：於汝意云何？若有化人作化人 是化頗有實事不空者不？須菩提言：不也 世尊。佛告須菩提：色卽是化 受想行識卽是化 乃至一切種智卽是化。

[강기] "그대는 어떻게 생각하는가? 환으로 된 사람이 다시 환으로 사람이 된다면 이렇게 환으로 된 사람이 자못 진실의 일을 얻을 수 있는가? 또는 그것을 찾을

때 이 같은 진실의 법을 찾을 수 있는가?" 질문하셨다.

수보리가 말하길, "세존이시여, 기꺼이 찾을 수 없습니다. 왜냐하면 그는 환으로 된 것으로 현현한 곳에서 나타나 존재하는 것 같지만 실제로는 찾을 때 추호도 찾을 수 없습니다. 그래서 진실한 일이 아니고 단지 환화의 가상일뿐입니다." 하였다.

부처님께서 수보리에게 이르시길, "이것과 마찬가지로 눈앞에 보이는 갖가지 색도 환으로 된 것이고, 수상행식도 환으로 된 것이며, 내지 일체종지도 환으로 된 것으로 진실로 찾을 때 이러한 정해진 법이나 진실한 법을 얻을 수 없느니라." 하셨다.

수보리가 부처님께 아뢰길, "세존이시여! 만약 세간법이 환화이고, 출세간법 또한 환화이면 이른바 사념처 · 사정근 · 사여의족 · 오근 · 오력 · 칠각분 · 팔성도분과 삼해탈문 불과상의 십력 · 사무소외 · 사무애지 · 십팔불공법 등 모든 도법의 과위 및 현인 · 성인인 이른바 수다원 · 사다함 · 아나함 · 아라한 · 벽지불 · 보살마하살 · 제불세존, 이 법 또한 환화가 아닙니까?" 하셨다.

須菩提白佛言：世尊！若世間法是化　出世間法亦是化　所謂四念處、四正勤、四如意足、五根、五力、七覺分、八聖道分　三解脫門　佛十力、四無所畏、四無礙智、十八不共法　並諸法果及賢聖人　所謂須陀洹、斯陀含、阿那含、阿羅漢、辟支佛、菩薩摩訶薩、諸佛世尊　是法亦是化不？

[강기] 수보리가 부처님께 아뢰길, "세존이시여, 만약 세간법이 환화幻化와 같고 실다움이 없어 실제로 찾을 때 조금도 얻을 수 없으며, 출세간법도 실다운 법을 얻을 수 없습니다. 그렇다면 이른바 일체 도과道果의 법은 이와 같지 않습니까?

이른바 사념처四念處 · 사정근四正勤 · 사여의족四如意足 · 오근五根 · 오력五力

· 칠보리분七菩提分 · 필상도분八聖道分이 포섭되는 37도품의 법 및 공空 · 무상無相 · 무원無願의 삼해탈문三解脫門 내지 무상불과無上佛果 상의 십력十力 · 사무외四無畏 · 사무애지四無礙智 · 십팔불공법十八不共法 등등 이러한 도법을 수지하여 출현하는 과위 및 현위 · 성위의 사람, 이른바 성문초과 · 이과 · 삼과 · 사과, 연각과위 · 보살마하살 · 제불세존, 이러한 일체가 현현하는 법도 환화와 같습니까?" 하였다.

부처님께서 수보리에게 이르시길, "일체법은 모두 환화이다. 이 법 가운데 성문의 변화법이 있고 벽지불의 변화법이 있으며, 보살의 변화법이 있고 제불의 변화법이 있으며, 번뇌의 변화법이 있고 업과 인연의 변화법이 있다. 이러한 인으로써 연한 까닭에 수보리여! **일체법은 모두 환화이다.**" 하셨다.

佛告須菩提 : 一切法皆是化。於是法中 有聲聞法變化 有辟支佛法變化 有菩薩法變化 有諸佛法變化 有煩惱法變化 有業因緣法變化。以是因緣故 須菩提！一切法皆是化。

[강기] 이때 부처님께서 매우 확실하게 말씀하셨다. "수보리여, 일체법은 모두 환화이다. 실제상 얻을 수 있는 법은 없고 진실로 그곳에 현현하는 어떠한 실법도 없다. 말하자면 이들 법에서 갖가지 차별상이 출현한다. 예를 들어 말하면 사제四諦를 수지하여 오도五道 · 사과四果 · 사향四向 등 성문법의 변화가 있는데, 마치 하나하나 법이 있는 것 같다. 혹은 십이연기十二緣起를 수습하여 벽지불 유학 무학 등 변하는 법이 있다. 혹은 육바라밀을 수지하여 보살법계의 갖가지 변화하는 법이 있다고 말한다. 혹은 제불의 갖가지 변화의 법이 있다고 말한다. 유루계有漏界에서 말하면 중생이 탐진치 등을 일으켜 갖가지 변화의 법이 있고, 혹은 업력이 모여서 갖가지 인연과보의 변화법 등등이 출현한다. 이러한 인으로써 연한 까닭에 수보리여, 일체법은 모두 환화이다. 왜냐하면 모두 연기를 따라서 갖가지 상상相狀이 나타나는 것 같지만, 실제로는 진실로 찾을 수 없는 것이다. 그래서 일체 얻을 수 있는 실다운 법은 없다."

수보리가 부처님께 아뢰길, "세존이시여! 이는 모든 번뇌를 끊어 나타나는 과위로 이른바 수다원과 · 사다함과 · 아나함과 · 아라한과 · 벽지불 등 여러 번뇌 · 습기를 끊어 나타나는 성인의 법도 모두 변화가 아닙니까?" 하셨다.

須菩提白佛言：世尊！是諸煩惱斷 所謂須陀洹果、斯陀含果、阿那含果、阿羅漢果 辟支佛道 斷諸煩惱習 皆是變化不？

[강기] 수보리는 또한 의심하는 말을 표시하길, "세존이시여! 일체 혹업의 힘이 나타난 바 법은 모두 무명이고 착란의 힘 가운데 나타나 마치 허공 가운데 눈병(翳眼)이 나서 허공꽃과 같은 상이 보이듯이 당연히 그것은 헛된 환으로 진실하지 않는 것으로, 그것을 찾을 때 근본적으로 얻을 수 없고, 단지 착각일 뿐입니다. 그렇다면 일체 헛되고 거짓된(虛假) 번뇌를 이미 그치고 제거하여 나타나는 성과聖果의 법 – 초과 · 이과 · 삼과 · 사과 · 벽지불도는 번뇌를 끊어 제거한 것으로 이러한 성인의 법도 변화한 것과 같지 않습니까?" 하셨다.

부처님께서 수보리에게 이르시길, "만약 법에 생하고 멸하는 상이 있으면 모두 변화한 것이니라." 하셨다.

佛告須菩提：若有法生滅相者 皆是變化

[강기] 부처님께서 수보리에게 이르시길, "이것도 변화한 것이다. 만약 생하고 멸하는 상이 있는 법이면 모두 변화하여 나타난 것으로 다른 것은 아무것도 없다." 하셨습니다. 바꾸어 말하면 생하고 멸하는 상이 출현하면 예컨대 증감 · 거래 · 생멸 등등의 상이 있으면 이들 상은 모두 헛되고 거짓된 것으로 환화幻化와 같다. 이른 바 사과四果 등 성문과 연각의 법은 마찬가지로 헛된 환이다. 왜 헛된 환인가? 왜냐하면 본래 혹惑 · 업業 · 고苦의 법은 모두 진실하지 않는

것으로 허공꽃처럼 얻을 수 없으니, 그것의 사라짐도 얻을 수 없는 것이다. 이런 법이 없는데, 어찌 이런 법의 소멸이 있겠는가?

이러므로 이른바 성인법은 범부법이 안립安立한 것이고, 청정법은 염오법이 안립한 것으로 얻을 수 있는 실다운 법은 없다. 범부의 업혹법을 가립假立한 것에 근거하여 갖가지 헛되고 거짓된 허공꽃과 같은 과보가 있어 그것에 견주어 이들 가법假法을 그치고 멸한 성인의 과위를 안립한다. 이러므로 이른바 성인의 과위는 법계 중에서 실제 증득할 수 있는 것이 전혀 아니고, 단지 일종의 명언名言을 가립하였을 뿐이다. 그래서 실제 찾아도 얻을 수 없는 것이다. 당신은 진실한 성인법이 있어 얻을 수 있다고 생각하지 말라. 이 또한 마찬가지로 헛되고 거짓된 것으로, 진실하지 않은 것이다.

수보리가 말하길, "세존이시여! 어떤 법이 변화가 아닙니까?" 부처님께서 말씀하시길, "만약 생함도 멸함도 없는 법이라면 변화가 아니니라." 하셨다. 수보리가 말하길, "어떤 것이 생하지도 멸하지도 않는 변화가 아닌 법입니까?" 하였다. 부처님께서 말씀하시길, "속이는 상이 없는 열반, 이 법은 변화가 아니니라." 하셨다.

須菩提言：世尊！何等法非變化？佛言：若法無生無滅　是非變化。須菩提言：何等是不生不滅非變化？佛言：無誑相涅槃　是法非變化。

[강기] 당시 수보리가 말하길, "세존이시여, 이미 이러한 것들은 모두 변화한 것이라 말씀하셨습니다. 그러면 어떤 법이든 변화가 아닌 것이 없습니까?" 하였다.

이는 결택抉擇의 중점 위에 도달한 것이다. 만약 변화하는 것이 있다면 모두 갑자기 나타나는 객진客塵으로 원래는 없다가 갑자기 현전하고 그 후 또한 증감 등등이 있는 이 같은 법은 모두 가假이다. 수보리는 이로 인해 묻는다.

"변화하지 않는 법이 하나라도 있습니까? 아니면 인연에 따라 변화하는 것이 아니라는 말씀이십니까?"

부처님께서 말씀하시길, "만약 한 법이라도 최초에 생하지도 않고 나중에 멸하지도 않는다면 이 같은 법은 변화하지 않는 법이니라." 하셨다.

수보리가 말하길, "그렇다면 어떤 것이 생하지도 멸하지도 않는 변화가 아닌 법입니까." 하였다.

부처님께서는 말씀하시길, "변화하는 것을 속이는 상相이라 하고, 혹은 가법假法이라고 말한다. 본래 스스로 이러한 허공꽃과 같이 속이는 상은 없다. 그러면 바로 본래 스스로 청정한 열반으로서 그것은 생하지도 멸하지도 않는 것으로, 이 법 위에서 조금도 변이變異가 없느니라. 이러므로 본래 스스로 착란의 상이 없는 청정열반, 그것이 변화가 아닌 법이니라." 하셨다.

수보리가 말하길, "세존이시여! 부처님 당신께서 말씀하셨듯이 제법은 평등하여 성문이 지어낸 것도 아니고 벽지불이 지어낸 것도 아니며, 보살마하살이 지어낸 것도 아니고 제불이 지어낸 것도 아닙니다. 부처님께서 세상에 계시든 안 계시든 제법의 체성은 항상 공적하여 이 성공性空이 바로 열반이거늘, 어떻게 열반 일법이 환화와 같지 않다고 하십니까? (마땅히 일체가 모두 환화이고, 일체가 모두 공적하여 어떤 실다운 법도 얻을 수 없거늘, 왜 또한 환화가 아닌 열반의 법이 나옵니까?)" 하였다.

世尊! 如佛自說 諸法平等 非聲聞作、非辟支佛作、非諸菩薩摩訶薩作、非諸佛作。有佛無佛 諸法性常空 性空卽是涅槃。云何涅槃一法非如化?

부처님께서 수보리에게 이르시길, "이러하고 이러하여 제법은 평등하니, (그것은 법성으로 누가 지어낸 것이 아니다. 그래서) 성문이 지어낸 것이 아니고 (벽지불도 지어낸 것이 아니며, 대보살이 지어낸 것도 아니고 제불이 지어낸 것도 아니며) 내지 **성공性空이 그대로 열반이다.** (내지 제법의 체성은 스스로 공적하니,

이것이 바로 열반으로서 달리 얻을 수 있는 열반은 없다.) 만약 새로 발심한 보살이 일체법은 모두 필경에 성공이고 내지 열반 또한 모두 환화와 같다는 말을 들으면 그 마음은 놀라고 두려울 것이다. 새로 발심한 보살을 위하는 연고로 **생하고 멸하는 법은 환화와 같고, 생하지도 멸하지도 않는 법은 환화와 같지 않다**고 분별하신다. (이로 인해 그대들은 열반을 얻을 수 있다.)" 하셨다.

佛告須菩提：如是如是 諸法平等 非聲聞所作 乃至性空卽是涅槃。若新發意菩薩 聞是一切法 皆畢竟性空 乃至涅槃亦皆如化者 心則驚怖。爲是新發意菩薩故 分別生滅者如化 不生不滅者 不如化耶。

지금 이미 이러한 성교聖敎로써 아미타부처님(극락국토)은 결정코 보신報身(보토報土)임을 증험하여 알 수 있다. 설사 나중에 열반에 든다 말할지라도 (열반은 본래 얻을 수 없기 때문에) 그 뜻에는 아무런 장애가 없다. 모든 지혜가 있는 자는 마땅히 알아야 한다.

今旣以斯聖敎 驗知彌陀定是報也。縱使後入涅槃 其義無妨。諸有智者應知。

[강기] 제법이 본래 스스로 공적하다고 해서, 정말 서방극락에 나타나 계신 아미타부처님이 열반에 들어 계시지 않다고 생각하지 말라. 왜냐하면 열반도 하나의 임시로 세운 개념이기 때문이다. 이러므로 진정으로 부처를 이룬 이후 그는 바로 불생불멸의 본체인 금강신으로서 어떠한 들 수 있는 열반은 없고, 일체의 실법 혹은 변제邊際 위에 떨어지는 법은 모두 얻을 수 없는 것이다.

그래서 지혜로운 사람은 비록 한 부류의 무리는 생전에 아마 이러한 상을 볼 수 있을지 몰라도 부처님의 본신에서 말하면, 진정한 인행因行에 과果가 원만히 출현하는 부처님께서는 확실히 어떠한 주처住處도 없고, 이로부터 저곳으로 들어간다는 희론이 없으며, 들어가는 대상(所入)인 실법으로 얻을 수 있는 열반은 없음을 안다. 요컨대, 범부의 희론 가운데는 서방극락의 아미타부처님께서는 결정코 불생불멸의 보신이 없다.

묻건대, 저 아미타부처님 및 극락국토가 이미 보신·보토라 말씀하신 이상 보신·보토의 법은 높고 미묘하여 소승의 성인조차 오르기 어렵거늘 온갖 번뇌의 때와 업장을 지닌 범부가 어떻게 취입趣入할 수 있겠는가?

　問曰：彼佛及土旣言報者　報法高妙　小聖難階　垢障凡夫云何得入？

답하되, 중생의 번뇌의 때와 업장을 논하자면 실로 기쁘게 받아들여 나아가기가 어렵다. 바로 아미타부처님의 본원력에 의탁하여 강한 증상연을 삼음으로 말미암아 오승(인승人乘·천승天乘·성문승·연각승·보살승)의 사람이 나란히 들어갈 수 있게 된다.

　答曰：若論衆生垢障　實難欣趣。正由托佛願以作强緣　致使五乘齊入。

묻건대, 범부와 소승의 성인이 모두 정토에 왕생할 수 있다고 말하면 무슨 까닭에 천친보살께서는 《왕생론往生論》에서 이르시길, "여인 및 육근에 결함이 있는 사람, 이승의 종성은 왕생하지 못한다." 하셨는가? 지금 저 국토에는 이승의 아라한이 나타나 있으니, 이와 같은 논술의 어려운 뜻은 마땅히 어떻게 풀 수 있겠는가?

　問曰：若言凡夫、小聖得生者　何故天親《淨土論》云：女人及根缺　二乘種不生？今彼國中　現有二乘　如斯論敎若爲消釋？

답하되, 그대는 단지 그 문자만 읽을 뿐 (이를 자세히 해석한) 구체적인 의리를 잘 알지 못하고, 게다가 그대는 자신의 졸렬한 생각에 계속 봉쇄되고 마음은 갖가지 의혹에 뒤덮여버려서 깨달을 수 없다. 지금 내가 부처님의 거룩한 가르침을 인용하여 증명으로 삼으니, 그대 의심을 물리칠지라.

答曰：子佀誦其文　不窺理況　加以封拙懷迷　無由啟悟。今引佛教以爲明證　卻汝疑情。

어떤 경문인가? 곧 《관경》에서 설한 하배삼인(의 왕생상황)이 이것이다.

何者？卽《觀經》下輩三人是也。

(이승의 종성은 생하지 못함을) 어떻게 알 수 있는가? 하품상생에 이르시길, "혹 어떤 중생은 악법을 수많이 지으면서도 두려워하고 부끄러워하는 마음이 없느니라. 이와 같은 어리석은 사람이 목숨이 다하려 할 때 선지식이 나타나 그를 위해 대승을 강설하고 「나무아미타불」을 칭념하도록 가르쳐 주니, 마땅히 부처님 명호를 부를 때 화신의 불보살께서 그 앞에 나타나시고, 금빛 광명의 화개가 있어 그를 마중하여 저 국토로 돌아가게 하신다. 연꽃이 핀 후 관세음보살께서 그를 위해 대승을 설하고 이 사람이 듣고서 곧 무상보리심을 발하리라." 하셨다. (그래서 이런 부류의 사람은 근본적으로 소승의 마음을 일으키지 않으니, 이를 이승의 종성은 왕생하지 못함이라 할 수 있다.)

何以得知？如下品上生云：或有衆生多造惡法　無有慚愧　如此愚人命欲終時　遇善知識爲說大乘　敎令稱阿彌陀佛。當稱佛時　化佛菩薩現在其前　金光華蓋迎還彼土。華開已後　觀音爲說大乘　此人聞已　卽發無上道心。

묻건대, 종성과 마음은 어떤 차이가 있는가?

답하되, 방편에 따라 (다른 글자를) 취하여 말하였을 뿐 의미상에서는 차이가 없다. (종성이 곧 마음이고 마음이 곧 종성이다. "이승의 종성은 왕생하지 못함"은 곧 "이승의 마음은 왕생하지 못함"이다.) 연꽃이 필 때 그 사람의 근신법기根身法器는 대단히 청정하여 바로 능히 법을 들을 수 있고, 또한 대승법이든 소승법이든 관계 없이 단지 법을 듣고서 곧 믿음을 일으키게 할 뿐이다. 그래서 관세음보살께서 그에게 소승법을 강설하시지 않고 먼저 대승법을 강설해 주신다. 그가 법을 듣고서 크게 기뻐하여 곧 무상보리심을 발한다. (이런 상황을) 곧 대승의 종성으로 왕생함이라 하고 또한 대승의 마음으로 왕생함이라 한다. (말하자면 일단 법을 받아들여 불러일으킨 즉시 대승의 위없는 보리심을 일으키니, 근본적으로 이승의 마음을 낼 리가 없다.)

問曰 : 種之與心有何差別 ? 答曰 : 但以取便而言 義無差別。當華開之時 此人身器淸淨 正堪聞法 亦不簡大小 但使得聞卽便生信。是以觀音不爲說小 先爲說大。聞大歡喜 卽發無上道心 卽名大乘種生 亦名大乘心生。

또한 연꽃이 필 때 관세음보살께서 먼저 그에게 소승법을 말씀해주시어 그가 소승법을 듣고 믿음을 낸다. (이런 상황을) 곧 이승의 종성으로 왕생함이라 하고, 또한 이승의 마음으로 왕생함이라 한다. (요컨대 행자의 종성이 정해지지 않아 어떤 법을 듣느냐에 따라 상응하여 신심을 일으킨다. 그래서 보살은 단지 그에게 대승법을 말해줄 뿐이다. 그래서 "이승의 종성은 왕생하지 못함"이라 한다. 하품하생도 이와 같고 하품중생·하품하생도 이와 같다.)

又當華開時 觀音先爲說小乘者 聞小生信 卽名二乘種生 亦名二乘心生。此品旣爾 下二亦然。

이 삼품의 사람은 모두 저 불국토에서 대승의 보리심을 발한다. 바로 그곳에 이르러 대승법을 들음으로 말미암아 곧 대승의 종성으로 왕생한다. (혹은 대승의 마음을 발한다.) (연꽃이 피어날 때) 그는 소승법을 듣지 못하는 연고로 그래서 이승의 종성(혹은 이승의 마음)은 그곳에서 왕생하지 못한다. 무릇 종성이라 함은 그대로 그 마음이다. 이상으로 이승의 종성은 왕생하지 못한다는 함의를 해석해 마쳤다.

此三品人俱在彼發心　正由聞大卽大乘種生。由不聞小故　所以二乘種不生。凡言種者　卽是其
心也。上來解二乘種不生義竟。

여인 및 육근에 결함이 있는 사람의 경우 저 국토에는 (이런 상황이) 없는
까닭에 알 수 있다. (아미타부처님 원력의 가피로 서방극락세계에 왕생하는 자는
모두 대장부상이고 여인상이 아니다. 또한 아미타부처님 서원의 바다로 이미 가피를
입어 육근이 원만함으로, 육근에 결함이 있는 상황은 없다.)

女人及根缺義者　彼無故可知。

또한 (다음으로 한 가지 상황이 있다.) 시방의 중생이 (과거세에) 소승의 계행을
닦아서 왕생을 발원하는 경우 아무런 장애도 없이 모두 왕생할 수 있다.
다만 저 극락세계에 가면 먼저 소승과를 증득하고서 곧 대승으로 전향한다.
대승으로 전향한 이후에는 더 이상 물러나 이승의 마음을 내지 않는다.
그래서 이승의 종성은 왕생하지 못함이라 한다.

又十方衆生修小乘戒行願往生者　一無妨礙　悉得往生。但到彼先證小果　證已卽轉向大。一轉
向大以去　更不退生二乘之心。故名二乘種不生。

앞의 해석은 부정종성의 시작이고, 뒤의 해석은 소승과위의 마침임을 마땅히
알아야 한다.

前解就不定之始　後解就小果之終也　應知。

[강기] 요컨대 이승의 종성이 왕생하지 못함에 대해 이상으로 두 가지 해석을
하였는데, 이는 모두 실제 상황에 매우 부합한다. 첫 번째 해석은 부정종성으로
이미 과거의 숙겁에 대승을 수습한 사람이 있다고 말한다. 연꽃이 일단 피면
가장 먼저 보살께서는 그에게 대승법을 선설해 주신다. 그래서 곧바로 대승의
마음을 내고, 소승의 마음은 내지 않는다.

두 번째 상황은 과거 숙겁에 소승을 매우 짙게 수습한 사람은 일단 왕생한 후 그의 습기에 수순해 소승법를 전해주어 그로 하여금 먼저 소승과를 증득하게 한다. 그러나 필경의 상황에서 보면 그는 소승과를 증득한 이후 바로 소승을 돌려서 대승으로 전향한다. 일단 대승으로 전입한 후에는 더 이상 퇴락하지 않는다. 이러므로 절대 이승의 마음 가운데 떨어지지 않는다.

이러므로 모든 극락세계 중생의 발전 취향으로 보면 절대 소승에 떨어지지 않는다. 학교와 비교하자면 비록 온갖 층차가 있을지라도 최후에는 모두 일치하여 대학까지 공부해서 졸업해 마친다. 절대 단지 소학교 졸업의 정도 혹은 위로 올라갔다가 또 다시 아래로 떨어지는 상황은 있을 리 없다.

[제7문] 위제희 부인이 부처님의 정설을 듣고 얻은 이익

일곱째, 위제희 부인이 부처님의 정설을 듣고 얻은 이익의 같고 다름(得益分齊)[18]을 요간한다.

第七、料簡韋提聞佛正說得益分齊者。

묻건대, 위제희 부인이 이미 무생인을 얻었다고 말한 이상, 어느 때 무생인을 얻었는지 알지 못하지 않은가? 또한 어느 경문에 근거가 있는가?

問日：韋提既言得忍 未審何時得忍？出在何文？

답하되, 위제희 부인이 무생법인을 얻는 것은 제7관을 선설하는 첫 부분에 나온다. 경전에서 말씀하신다. 부처님께서 위제희 부인에게 이르시길, "나는 그대들을 위하여 고뇌를 없애는 법을 분별하여 해설하겠노라." 이렇게 말씀하셨을 때 무량수불께서 허공에 머물러 계시고, 관세음보살·대세지보살 두 분 대보살이 좌우에서 모시고 서있었느니라. 위제희가 감응하는 때 무량수불을 친견하고, 부처님의 발에 머리를 가까이 대고 정례한 후 기뻐하며 찬탄하니, 곧 무생법인을 얻었다.

答日：韋提得忍出在第七觀初。經云：佛告韋提：吾當爲汝分別解說除苦惱法。說是語時 無量壽佛住立空中 觀音勢至侍立左右。時韋提應時得見 接足作禮 歡喜贊嘆 卽得無生法忍。

어떻게 알 수 있는가? 아래와 같이 이익분에서 말씀하시길, 부처님 몸과 두 보살을 친견하고서 환희심이 생겨 미증유를 찬탄하며 활연대오하여 무생법인에 이르렀다. 이는 광명이 변한 자금대에서 불국토가 나타날 때

---

18) 「득익분제得益分齊」: 분분은 일 분이고, 제齊는 평등함(等齊)으로, 얻는 이익은 보살 계급에서 어느 부류의 보살이나 평등하다.

증득함이 아니다.

何以得知？如下利益分中說言：得見佛身及二菩薩 心生歡喜 嘆未曾有 豁然大悟 逮無生忍。非是光臺中見國時得也。

[강기] 이는 어떤 확실한 근거가 있는가? 이는 아래 이익분의 경문에서 말씀한 것에 근거한 것이다. 위제희 부인은 부처님의 몸과 두 보살을 친견하고서 환희심이 났고 일찍 보지 못한 일임을 찬탄하며 활연대오하여 무생법인을 얻었다. 이는 명확히 서방삼성을 친견하고 환희심이 생겨 활연대오할 때, 당하에 곧 무생법인을 증득하였음을 가리킨다. 이는 결코 앞의 부처님의 가피로써 광명대에서 불국정토가 나타날 때 얻은 무생법인이 아니다.

묻건대, 위 경문에서 말씀하시길, 저 국토의 지극히 미묘하고 즐거운 일을 보고서 마음이 기쁜 까닭에, 이때 감응하여 무생법인을 얻는다 하셨다. 이 경문의 뜻을 어떻게 융통하게 해석하겠는가?

問曰：上文中說言 見彼國土極妙樂事 心歡喜故 應時即得無生法忍。此之一義云何通釋？

[강기] 묻는다. 위에서 말한 광명이 변한 자금대에서 불국정토가 나타나 보인다는 말은 경문에서는 "저 국토의 지극히 미묘하고 즐거운 일을 보고 마음이 기쁜 까닭에 감응하여 무생법인을 얻는다." 하셨다. 이 같은 설법은 어떻게 융통하여 해석하겠는가? 앞에서 무생법인을 얻는 것처럼 보인다.

답하되, 이러한 경문의 뜻이라 함은 단지 세존께서 앞의 특별한 청에 응수하신 것으로 이익을 권도하는 방편의 유서由序로 들었다.

答曰：如此義者 但是世尊酬前別請 舉勸利益方便之由序。

[강기] 답하겠다. 당시 이렇게 말씀한 것은 단지 세존께서 위제희 부인의 특별한 청구에 답한 것이다. 즉, 서방극락세계에 대해 마땅히 어떻게 사유思惟하고 어떻게 정수正受에 이르는지에 대한 간청에 세존께서는 먼저 극락세계의 미묘한 장엄을 보면 이때 감응하여 무생법인의 이익을 얻을 수 있다고 말씀하셨다. 이를 권도勸導의 방편으로 삼았다. 그래서 이는 복선 혹은 유서由序이다.

어떻게 알 수 있는가? 다음으로 아래 경문에서 말씀하시길, 제불여래께서는 특이한 방편이 있어 곧 그대로 하여금 서방정토를 볼 수 있게 하신다. 이어서 아래 일상관·수상관·빙상관 내지 13관에 이르는 경문까지 (이러한 관을 닦음은 제불께서 중생으로 하여금 청정한 국토장엄을 보게 하는) 특이한 방편이라 한다. 이는 여래께서 중생으로 하여금 이들 관문을 하나하나 성취하여 극락세계의 미묘하게 장엄한 일을 보고 그 자리에서 마음이 기쁜 까닭에 (이를 인으로 삼아) 곧 무생법인을 얻게 하신다. (요컨대) 이는 바로 여래께서 말법시대 자애와 근심으로 중생을 불쌍히 여기시어 먼저 이익을 들어 (중생으로 하여금 관행觀行으로 나아가도록) 권수·격려하시고, 학불을 쌓으며 정진 수행하는 자로 하여금 고귀한 불력으로 은근히 가피하여 현전의 이익을 잃지 않도록 하시려는 까닭이다.

(그래서 세존께서는 맨 먼저 불력으로써 저 국토를 장엄하는 일을 보면 온갖 이익을 얻을 수 있다고 말씀하신다. 이렇게 행자로 하여금 갈앙渴仰의 마음을 내게 하신다. 이로 인해 위제희 부인이 무생법인을 얻음은 나중에 서방삼성께서 출현하실 때 환희심을 내어 얻은 이익이지, 앞에서 광명이 변한 자금대에서 불국정토가 보일 때 무생법인 등을 증득함이 아니다.)

何以得知？次下文中說言：諸佛如來有異方便令汝得見。次下日想、水想、氷想乃至十三觀
已來 盡名異方便也。欲使衆生於此觀門一一得成 見彼妙事 心歡喜故 卽得無生。斯乃直是如
來慈哀末代 舉勸勵修。欲令積學之者 無遺聖力冥加現益故也。

(끝으로 사첩소를 지어 유표하여) 증명하노라. 《관경》의 관건인 요점을 파악하여 위에서 말한 칠문 현의 및 육단의 상위, 13개 단락에 대하여 답하고, 하나하나 답함에 모두 이치에 수순하니, 여래의 불가사의한 교화제도법문(玄門)[19]에 상응하여 의주(義周 ; 현의분)를 밝혀서 증명해 마치고, 《사첩소》 세 권(서분의 · 정선의 · 산선의)을 부처님께 받들어 올리기 전에 미리 증명하여 마쳤다.

証曰 : 掌握機系十有三結　條條順理以應玄門。訖此義周　三呈前證者矣。

[보충]

「증왈証曰」이란 사첩소를 지어 유포하여 증명을 나타냄이다. 그 증명은 모두 제4권 마지막에 있다.

「장악기계십유삼결등掌握機系十有三結等」. 이 뜻은 알려져 있지 않다. 해석을 시도해보면 「기계機系」라 함은 바로 《관경觀經》이다. 위의 《사첩소》 글에서 "날줄은 씨줄을 간직할 수 있다(經能持緯)"고 말한다. 경의 뜻을 깊게 얻을 수 있는 까닭에 파악한다고 하였다. 「십유삼결十有三結」이란 칠문현의七門玄義에 또한 덧붙여 경론經論에 육단六段의 상위相違가 있다. 총總과 별別을 합하여 십삼결十三結이라 한다.

「조조條條」라 함은 바로 단락(段段)이다. 13개 단락은 법의 이치에 수순한다. 경문의 현의와 상응하는 까닭에 의주義周라 말한다.

「삼정전증三呈前證」이란 《사첩소》를 지으니, 영험한 상相, 곧 세 가지 서상이 있었다. 첫째는 저 국토의 의정依正장엄을 봄이고, 둘째는 스님 한 분이 와서 전수하심이며, 셋째는 바퀴 등의 서상이다. 이를 삼정三呈이라 한다. 아래 《사첩소》 글에 이르시길, "이러한 영험한 상을 의소義疏의 말미에 보고하여 말법시대 중생이 들을 수 있도록 하였습니다." 하였다. 지금 또한 이와 같다. 이에 제4권을

---

19) 여래의 가르침은 깊고 묘하므로 현玄이라 하고, 중생을 제도 교화하여 열반에 들어가는 길이므로 문門이라 이른다.

기다리지 않고 제1권에서 세 가지 증명을 드러낼 수 있다. 그래서 대략 예시한다. 「응현문흘應玄門訖」이란 먼저 현문을 밝히고 증명을 마친다는 뜻이다. 「삼정전증三呈前證」이란 미리 후 세 권을 밝히고, 또한 증명을 마친다는 뜻이다. 이른바 삼三이란 후 세 권을 말한다. 비록 세 권을 노정할 수 있으나, 처음과 뒤, 드러냄 가운데 있다. _양충良忠스님, 《관경소전통기觀經疏傳通記》

이상으로 일곱 문이 있어 서로 다를지라도 총체적으로는 경문을 해석하기 전의 현의玄義이다. 경론에 있는 서로 어긋나는 부분과 방해하고 비난하는 부분을 간별 판정함에 있어 하나하나 모두 성언량聖言量을 인용하여 증명으로 삼았다. 그 목적은 정토법문을 믿는 자로 하여금 의심을 품지 않게 하고, 왕생을 구하는 자로 하여금 마음속에 막힘이 없도록 하고자 함에 있다. 위에서 말한 의도를 마땅히 알지라.

上來雖有七段不同 總是文前玄義。料簡經論相違妨難 ——引敎證明 欲使信者無疑 求者無滯。應知。

불설무량수불경소 권 제1 마침

佛說觀無量壽佛經疏卷第一終

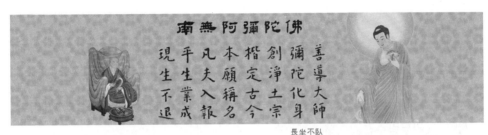

南無阿彌陀佛

善導大師

彌陀化身

創淨土宗

楷定古今

本願稱名

凡夫入報

平生業成

現生不退

長坐不臥

아미타불의 화신 선도대사의 장좌불와 정진과 보살행

선도대사는 30여 년 동안 밤에 눕지 않았고, 어느 곳에서도 잠을 잔 적이 없었다. 날마다 반주삼매般舟三昧를 닦고 예불하며 방등경에 예배함을 자신의 수행으로 삼았다. 게다가 계율을 호지護持하여 털끝만큼도 허물고 범한 적이 없었다. 지금까지 여자를 쳐다본 적도 없었고, 마음에 명리의 마음을 한 생각도 일으키지 않았으며, 입으로 교묘하게 꾸미는 말을 하지도 않았고, 희롱하며 웃는 일도 없었으며, 그 행지가 매우 엄격하셨다. 사람들이 공양한 돈은《아미타경》을 필사 하는데 사용하여 모두 십만 여 권을 필사 하였고, 정토변상도를 3백여 폭을 그렸다. 가사 옷과 바리때를 다른 사람이 씻도록 하지 않았고, 노년에 이르기까지 줄곧 인연 있는 중생을 교화하셨다.관경사첩소현의강기 중에서

불설관무량수불경소佛說觀無量壽佛經疏 권 제2

[서분의序分義]

"만약 부처님께서 멸도하신 후 일체 중생들은 탁하고 악하여 선하지 않아 오고五苦의 핍박을 받게 되리니, 어떻게 하여야 아미타부처님의 극락세계를 볼 수 있겠사옵니까?" _《관무량수경》

정종분正宗分을 강설하기에 앞서 본법의 유서由序를 발기하여야 하는데, 공통으로 증신서가 있고, 또 화전서化前序가 있다. 그리고 본법을 발기한, 앞에서 뒤에 이르는 주요한 인연이 있으니, 앞에서는 아사세왕이 부왕을 감금하고 모친을 유폐하였으며, 뒤에서는 위제희 부인이 괴로움을 싫어하고 즐거움을 좋아하며 청법한 후 산선 삼복과 정선 십삼관법을 선설한 유서를 발기하였다. 이것이 바로 본경의 서분序分이다. _이시푼촉 스님, 《관무량수경강기》

[오문요간 五門料簡]

경문의 대의를 밝히다

이하는 경문에 비추어 하나하나 요간料簡[20]함으로써 간략히 다섯 문(장절)을 지어 전체 경문의 대의를 밝히겠다.

△從此以下　就文料簡　略作五門明義：

[제1문] "이와 같이 들었다"에서 "오고五苦의 핍박을 받게 되리니, 어떻게 하여야 극락세계를 볼 수 있겠사옵니까?"에 이르는 경문에서는 그 서분序分을 밝히고 있다.

一、從"如是我聞"下　至"五苦所逼　云何見極樂世界"已來　明其序分；

[제2문] 일상관日想觀의 첫 문구, "부처님께서 위제희 부인에게 이르시길, 그대와 중생은" 이하 하품하생에 이르는 경문에서는 정종분正宗分을 밝히고 있다.

二、從日觀初句"佛告韋提：汝及衆生"下　至下品下生已來　明正宗分；

[제3문] "이렇게 선설하셨을 때"에서 "제천들도 무상보리심을 발하였다"에 이르는 경문에서는 득익분得益分을 밝히고 있다.

---

20) 요점만 분석하고 정리하여 중요한 의의를 분명하게 설명하는 것을 뜻한다.

三、從 "說是語時" 下 至 "諸天發心" 已來 正明得益分 ;

[제4문] "아난이 부처님께 아뢰기를"에서 "위제희 등이 환희하였다"에 이르는 경문에서는 유통분流通分을 밝히고 있다. 이상 사의四義는 모두 부처님께서 왕궁에 계시면서 이번 법회에 선설하신 경의 뜻이다.

四、從 "阿難白佛" 下 至 "韋提等歡喜" 已來 明流通分。此之四義佛在王宮一會正說。

[제5문] "아난은 기사굴산 대중을 위해 설법을 전한" 이후의 경문은 또 다른 법회를 연다(즉 "한 경전에 두 법회"). 마찬가지로 세 부분으로 나눌 수 있다. (1) "이때 세존께서는 큰 걸음으로 허공에서 기사굴산으로 돌아오셨다." 이 경문에서는 그 서분을 밝힌다. (2) "아난은 대중을 위하여 위와 같은 일을 자세히 연설하였다." 이 경문에서는 정종분을 밝힌다. (3) "모두 다 크게 환희하고 받들어 행하였다." 이 경문에서는 유통분을 밝히고 있다.

(종합적으로 서술하면 전체 경문은 두 법회, 5대 부분으로 구성된다. 앞 4문은 첫 번째 법회로 서분 정종분 득익분 유통분이 들어 있다. 제5문은 두 번째 법회로 또 서분 정종분 유통분으로 나뉜다.)

五、從 "阿難爲耆闍大衆傳說" 復是一會。亦有三分 : 一、從 "爾時世尊足步虛空 還耆闍崛山" 已來 明其序分 ; 二、從 "阿難廣爲大衆說如上事" 已來 明正宗分 ; 三、從 "一切大衆歡喜奉行" 已來明流通分。

그런데 세존께서 교화를 베풀어 제도하심에는 반드시 연유가 있다. 그래서 먼저 서분을 밝힌다. (바로 연기緣起이다.) 서분을 이미 일으켰으니(연기를 세워) 곧 정식으로 설할 법문(중생의 근기에 맞는 교법)을 진술하여야 한다. 그래서 다음으로 정종분(전체 경전의 주된 뜻이 담긴 곳)을 밝힌다. 이렇게 완전히 자세히 선설한 후에는 그 설한 묘법을 말법시대에 전하여 수지하게

하여야 한다. 그래서 이 법의 수승한 이익을 찬탄하여 후세 사람들에게
수학을 권유하려고 마지막으로 유통분을 밝혔다.

然化必有由 故先明序。由序旣興 正陳所說 次明正宗。爲說旣周 欲以所說傳持末代 嘆勝勸學
後明流通。

이상으로 비록 다섯 가지 다른 뜻이 있을지라도 간략하게 서분·정종분·유
통분의 함의를 천명해 마쳤다.

以上雖闡明五部分含義之不同 , 簡略地闡明"序、正宗、流通"三分的含義完畢。

다시 서분을 양분하면 하나는 "이와 같이 들었다." 이 한 문구는 증신서證信序라
이름하고, "한때"에서 "어떻게 하여야 극락세계를 볼 수 있겠사옵니까?"에
이르는 경문에서는 발기서發起序를 밝히고 있다.

△又就前序中復分爲二：一、從"如是我聞"一句 名爲證信序；二、從"一時"下 至"云何見
極樂世界"已來 正明發起序。

[제1문] 서분

[하나, 증신서]

이와 같이 나는 들었다.

如是我聞

증신서證信序를 말함에는 두 가지 의도가 있다.

初言證信者 卽有二義 :

첫째, "여시如是" 두 글자는 총괄하여 교주敎主, 능설(能說; 설법주체)인 사람을 표명한다. 둘째, "아문我聞" 두 글자는 아난존자, 능청(能聽; 청법주체)인 사람을 별도로 가리킨다. 그래서 "여시아문如是我聞"이라 말한 것은 곧 능설과 능청, 두 가지 뜻을 같이 해석한 것이다.

一謂"如是"二字 卽總標教主 能說之人 ; 二謂"我聞"兩字 卽別指阿難 能聽之人。故言"如是我聞" 此卽雙釋二意也。

또한 "여如"는 본법의 정산定散의 두 문(으로 섭수하는 진실의)을 가리킨다. "시是"는 판정하는 말(결단어)로 (정선과 산선의 두 문을 선설한 후) 근기에 맞게 법에 따라 행하면 반드시 이익을 얻음을 가리킨다. 이는 여래께서 설한 말은 진리에 완전히 부합하여 오류가 없음을 밝힌다. (서방정토에 왕생하는 정인正因의 법행法行으로써 이와 같은 행지行持로써 이와 같은 이익을 얻을 수 있다.) 그래서 "여시如是"라 한다.

又言"如"者 卽指法 定散兩門也。"是"卽定辭 機行必益。此明如來所說 言無錯謬 故名"如是"。

(앞에서는 "진리에 계합하여 오류가 없음如實無謬"을 "여시"라 하고, 여기서는 "근기에 계합하여 오류가 없음如機無誤"을 "여시"라 한다.) "여如"는 중생의 마음에 계합하여 중생의 마음속 원망과 욕락에 따라 부처님께서는 상응하는 법을 베풀어 제도하신다. 교화대상인 근기와 전해진 가르침이 상응함을 또한 "시是"라 부른다. (말씀에 허언이 없고 가르침이 근기에 응하니) 그래서 "여시如是"라 한다.

又言"如"者 如衆生意也。隨心所樂 佛卽度之。機敎相應復稱爲"是"。故言"如是"。

또한 널리 전개하여 말하면 이른바 "여如"는 우리가 여래의 설법을 명료하게 하고자, 점법漸法을 말하면 점법과 같고 돈법頓法을 말하면 돈법과 같으며, 상相을 말하면 상과 같고 공空을 말하면 공과 같으며, 인간계의 법을 말하면 인간계의 법과 같고 천계의 법을 말하면 천계의 법과 같으며, 소승법을 말하면 소승법과 같고 대승법을 말하면 대승법과 같으며, 범부법을 말하면 범부법과 같고 성인법을 말하면 성인법과 같으며, 인因을 말하면 인과 같고 과果를 말하면 과와 같으며, 괴로움을 말하면 괴로움과 같고 즐거움을 말하면 즐거움과 같으며, 먼 것을 말하면 먼 것과 같고 가까운 것을 말하면 가까운 것과 같으며, 같은 것을 말하면 같은 것과 같고 다른 것을 말하면 다른 것과 같으며, 정토를 말하면 정토와 같고 예토를 말하면 예토와 같다.

(여기서 점돈·상공·인천·소대·범성·인과·고락·원근·동별·정예 열 가지 대대로써) 부처님께서는 일체 제법의 천차 만별상을 조금도 오류 없이 여래의 일체종지로써 손바닥 가운데 암마라과를 분명히 보듯이 친증親證으로써 선설하신다. (여래께서는 진리에 꼭 맞게 여실하게 선설하여 중생에게 진리의 법칙 및 이고득락의 올바른 도를 지시한다.) 그래서 중생의 마음은 교법에 따라 행을

일으켜 각자 달리 허물을 없애고 덕을 이끄는 이익을 얻을 수 있다.

又言"如"者 欲明如來所說 說漸如漸 說頓如頓；說相如相 說空如空；說人法如人法 說天法如天法；說小如小 說大如大；說凡如凡 說聖如聖；說因如因 說果如果；說苦如苦 說樂如樂；說遠如遠 說近如近；說同如同 說別如別；說淨如淨 說穢如穢。說一切諸法 千差萬別 如來觀知歷歷了然。隨心起行 各盆不同。

「업과業果·법연法然」, 즉 업과의 연기를 말하는 것이든, 법이法爾의 진여를 말하는 것이든 모두 오류와 실수가 없음을 "시是"라고 부른다. 그래서 여실하게 말함으로써 "여시如是"라고 부른다.

業果、法然 總無錯失 又稱爲"是"。故言"如是"。

"아문我聞"이라 함은 아난은 부처님의 시자로 늘 부처님 뒤를 따르면서 많이 듣고 널리 아는 공덕을 갖추고 몸소 부처님 법좌 아래 임하여 (그에게는 다라니가 있어) 들을 수 있고 수지할 수 있어 (그래서 불법의 큰 바닷물이 아난의 마음으로 흘러들어간다고 말한다) 부처님의 일체 거룩한 교지를 모두 마음에 직접 계승할 수 있음을 표명하고자 함이다. 아난이 결집할 때 부처님의 설법을 조금도 착오 없이 전달함을 표명하기 위해 "아문我聞"이라 말하였다. (요컨대 내가 몸소 들었으니 조금도 착오가 없다는 뜻이다.)

言"我聞"者 欲明阿難是佛侍者 常隨佛後 多聞廣識 身臨座下 能聽能持 敎旨親承。表無傳說之錯 故曰"我聞"也。

이른 바 "증신證信"은 아난이 부처님의 교법을 받아 계승하고 말법시대에 이르도록 전해 받아 지니게 하여 중생이 증득하도록 하는 연고로 (아난이 결집하기 전에) "이러한 관법을 나는 부처님으로부터 직접 들었다"고 말하여, 이것은 모두 진실한 부처님 법어이기에 믿을 수 있음을 증명한다. 그래서 이 한 문구를 "증신서證信序"라고 한다. 이는 아난의 입장에서 해석한 것이다.

又言"證信"者 欲明阿難稟承佛敎 傳持末代 爲對衆生故 言如是觀法 我從佛聞 證誠可信 故名證信序。此就阿難解也。

[둘, 발기서]

나아가 발기서發起序를 미세하게 일곱 단락으로 나눈다.

　△二、就發起序中細分爲七：

[제1단] "한때 부처님께서 머무르사"에서 "법왕자가 상수가 되었다"에 이르는 경문에서는 교화하시기 이전의 유서由序를 설명한다.

[제2단] "왕사대성"에서 "안색이 온화하고 기쁨이 흘러넘쳤다"에 이르는 경문에서는 정식으로 발기서發起序에서 아사세가 부친을 감옥에 가둔 인연을 밝힌다.

[제3단] "그때 아사세"에서 "다시 나오지 못하도록 하였다"에 이르는 경문에서는 아사세가 모친을 감옥에 가둔 인연을 밝힌다.

[제4단] "그때 위제희 부인은 유폐된 후"에서 "함께 권속이 되셨나이까?"에 이르는 경문에서는 위제희 부인이 사바세계의 괴로움을 싫어하는 인연을 밝힌다.

[제5단] "오직 원컨대 저를 위해 광설하소서"에서 "저에게 정수에 이르는 법을 가르쳐 주시옵소서"에 이르는 경문에서는 위제희 부인이 정토를 흠모하여 구하는 인연을 밝힌다.

[제6단] "그때 세존께서 곧바로 미소를 지으시니"에서 "정업의 정인"에 이르는 경문에서는 산선散善을 드러내는 행문의 인연을 밝힌다.

[제7단] "부처님께서 아난 등에게 이르시길, 자세히 들어라!"에서 "어떻게 하여야 극락세계를 볼 수 있겠사옵니까?"에 이르는 경문에서는 정선定善을 드러내는 관법의 인연을 밝힌다.

(이상 비록 일곱 단락이 서로 다를지라도 총체적으로 이미 발기서의 내용을 자세히 간택하여 판명하였다.)

初、從"一時佛在"下 至"法王子而爲上首"已來 明化前序；二、從"王舍大城"下 至"顏色和悅"已來 正明發起序 禁父之緣；三、從"時阿闍世"下 至"不令復出"已來 明禁母緣；四、從"時韋提希被幽閉"下 至"共爲眷屬"已來 明厭苦緣；五、從"唯願爲我廣說"下 至"敎我正受"已來 明其欣淨緣；六、從"爾時世尊卽便微笑"下 至"淨業正因"已來 明散善顯行緣；七、從"佛告阿難等諦聽"下 至"云何當見極樂世界"已來 正明定善示觀緣。

[제1단] 교화하시기 이전의 유서由序

교화하시기 이전의 유서由序를 해석하는 이 서분에는 즉 네 가지 내용이 들어있다.

初解化前序者 就此序中卽有其四：

한때 부처님께서 왕사성 기사굴산에 머무르사 큰 비구 대중 1천2백50인과 함께 계셨다. 또한 보살 3만2천인도 모여 계셨으니, 문수사리 법왕자가 상수가 되었다.

一時 佛在王舍城耆闍崛山中 與大比丘衆千二百五十人俱。菩薩三萬二千 文殊師利法王子而爲上首。

1. 먼저 "일시一時"를 말함은 여래께서 교화를 일으키신 시간을 밝힌다. 부처님께서 설법하려면 가장 먼저 시간과 장소에 의탁하여야 한다. 이는 중생이 개오開悟하려면 반드시 인연의 도움을 빌려야 하기 때문이다. 교화주체는 기연機緣에 응해 교법을 내리고, 또한 시간과 장소의 인연을 기다린다. 또한 "일시"를 말함은 혹 밤낮 12시간, 년 월, 사계 등을 가리킨다. 이는 모두 여래께서 근기에 응해 섭수 · 교화하시는 시각이다.

初言"一時"者 正明起化之時。佛將說法 先托於時處。但以衆生開悟 必藉因緣 化主臨機 待於時處。又言"一時"者 或就日夜十二時 年月四時等 此皆是如來應機攝化時也。

이른바 "처處"란 당시 인연의 편리함 혹은 근기에 맞음에 수순하여 여래께서 혹 산림 속에서, 혹은 왕궁취락 속에서, 혹은 광야와 무덤 사이에, 혹은 수많은 인천이 모인 곳에서, 혹은 성문 · 보살이 모인 곳에서, 혹은 팔부 · 인천의 왕 등의 처소에서, 혹은 순수한 범부 한 두 사람, 혹 여러 사람의 처소에서, 혹은 순수한 성자 한 두 사람, 혹은 여러 사람의 처소에서 설법하신다.

言處者 隨彼所宜 如來說法 或在山林處 或在王宮聚落處 或在曠野冢間處 或在多少人天處 或在聲聞菩薩處 或在八部人天王等處 或在純凡若多一二處 或在純聖若多一二處。

상응하는 시간과 장소에 따라 여래의 관지觀知는 조금도 늘어나지도 줄어들지도 않고 모두 기연에 따라 교법을 전수하여 각자 필요한 것을 돕는다. (이는 부처님께서 인연에 응해 임운하여 가르침을 베푸는 사업상이다.)

(왜 "일시一時"를 언급하는가?) 마치 큰 종이 비록 크게 울릴지라도 종을 칠 때를 기다려야 울리는 것과 같다. 대성인께서 일체 중생에게 자비를 드리울지라도 중생이 법을 청하길 기다려야 선설할 수 있다. 그래서 "일시一時"라 한다. (이는 또한 중생의 선한 인연과 부처님의 지혜 · 자비력이 상응할 때 저절로 근기에 응해 교법을 설한다. 이는 모두 인연이 화합하길 기다려 현현하는 것이다.

그래서 시절인연이 서로 합하는 지금 이 순간을 언급하여 "일시"라 한다.)

隨其時處 如來觀知不增不減 隨緣授法 各益所資。斯乃洪鐘雖響 必待扣而方鳴 ; 大聖垂慈 必待請而當說。故名 "一時" 也。

또 "일시"란 아사세왕이 막 오역죄를 지으려 할 때 부처님께서 어디에 계셨는가? 마땅히 이 일시에 여래는 이승의 권속들과 기사굴산에 머물러계셨다. 이는 곧 아래 문구로써 위 문구의 뜻을 드러내 밝힘이다. 그래서 "일시一時"라 하였다.

又 "一時" 者 阿闍世正起逆時 佛在何處。當此一時 如來獨與二乘在彼耆闍。此即以下形上意也 故曰 "一時"。

또 이른바 "일시"는 부처님께서 이승의 대중과 일시에 저 기사굴산에 계시면서 당시 아사세가 오역죄의 인연을 일으켰다는 소식을 들었음을 가리킨다. 이는 곧 위의 문구로써 아래 문구의 뜻을 드러내 밝힘이다. 그래서 "일시一時"라 하였다.

又言 "一時" 者 佛與二衆於一時中在彼耆闍 即聞阿闍世起此惡逆因緣。此即以上形下意也 故曰 "一時"。

2. "불佛"을 언급함은 교화주체를 표명하여 확정함이니, 다른 부처가 아님을 간별하여 오직 석가부처님임을 드러낸다.

二、言 "佛" 者 此即標定化主 簡異余佛 獨顯釋迦意也。

3. "왕사성에서" 이하 경문에서는 여래께서 다니면서 교화하시고 머무신 곳을 밝힌다. 이것도 두 가지가 있으니, 첫째 왕성의 취락을 다니셨으니, 이는 세간의 재가대중을 교화하시기 위함이다. 둘째 기사굴산 등의 곳을 다니셨으니, 이는 출가대중을 교화하시기 위함이다. (본경에는 앞과 뒤 두

법회가 있으니, 교화하는 대중이 다르다.)

　三、從"在王舍城"已下　正明如來遊化之處　卽有其二：一、遊王城聚落　爲化在俗之衆；二、遊耆山等處　爲化出家之衆。

(이어서 대중과 부처님의 관계를 언급하니, 이른바 경계주境界住와 교화주체의 의지주依止住, 두 가지가 있다. 이는 재가와 출가의 상황에 따라 달리 결정되는 연유이다.) 재가자는 오욕을 추구함이 이어져서 항상하니, 비록 청정심을 발할지라도 그림 속의 물처럼 그렸지만 없다. 그러나 여래는 중생의 기연에 따라 두루 이익이 미치도록 대비심을 버리지 않는다. 재가자와 출가자는 형상이 달라서 함께 머물 수 없기에 경계주境界住라 한다.

또한 출가자는 세속을 버리고 애욕을 끊어 진여로 돌아가 마음은 금강과 같고, 원만한 거울과 같아 불지佛地가 자신과 타인을 광대하게 이롭게 하길 바란다. 만약 시끄러운 속세를 여의고 고요한 곳에 안온히 머물러 일심으로 수행하는 것이 아니라면 이러한 위없는 공덕을 증득할 수 없다. 그래서 출가자는 항상 여래에 의지하여 머물러 의지주依止住라 한다.

　又在家者　貪求五欲　相續是常　縱發淸心猶如畫水。但以隨緣普益　不舍大悲。道俗形殊　無由共住　此名境界住也。又出家者　亡身舍命　斷欲歸眞　心若金剛　等同圓鏡　悕求佛地　卽弘益自他。若非絕離囂塵　此德無由可證　此名依止住也。

4. "큰 비구 대중과 함께"에서 "상수가 되었다"에 이르는 경문에서는 부처님의 대중을 밝힌다. 이 대중은 곧 둘로 나뉘니, 첫째 성문중이고 둘째 보살중이다.

　四、從"與大比丘衆"下　至"而爲上首"已來　明佛徒衆。就此衆中卽分爲二：一者聲聞衆　二者菩薩衆。

성문중에 대해 말하면 곧 아홉이 있다. 첫째 "여與"라 함은 부처님과 성문중이 함께 머문다는 말이다. 그래서 "여"라 한다. 둘째는 총체적 대이고, 셋째 드러난 모습(相狀)의 대이고, 넷째 많음의 대이고, 다섯째 노년의 대이고, 여섯째 숫자의 대이고, 일곱째 덕이 높은 스님(尊宿)의 대이고, 속이 단단하고 덕이 있음의 대이고, 아홉째 과위 증득의 대이다.

就聲聞衆中 卽有其九：初言"與"者 佛身兼衆 故名爲"與"；二者總大、三者相大、四者衆大、五者耆年大、六者數大、七者尊宿大、八者內有實德大、九者果證大。

묻건대, 일체 경전에서는 모두 이런 성문중을 유치由致로 삼는데, 무슨 원인이 있는가?

問曰：一切經首皆有此等聲聞以爲由致 有何所以？

답하되, 이는 특별한 뜻이 있다. 어떤 특별한 뜻인가? 이들 성문 다수는 외도이다. 《현우경賢愚經》에서 말씀하셨듯이, "우루빌라 가섭이 오백 제자들이 그릇된 법을 수지하게 하였고, 가야 가섭이 2백5십 제자들이 그릇된 법을 수지하게 하였으며, 나제 가섭이 2백5십 제자들이 그릇된 법을 수지하게 하였으나, 총 1천인이 모두 부처님의 감화를 받아 아라한과를 증득하였다. 나머지 2백5십 인은 사리불과 목건련의 제자들로 그들이 한곳에서 모여 그릇된 법을 수지하였으나, 또한 부처님의 감화를 받아 도과道果를 증득하였다. 이 사부대중 제자들이 한 곳에 모였으니, 총 1천2백50인이었다." 하셨다.

答曰：此有別意。云何別意？此等聲聞多是外道。如《賢愚經》說：優樓頻螺迦葉領五百弟子 修事邪法；伽耶迦葉領二百五十弟子 修事邪法；那提迦葉領二百五十弟子 修事邪法。總有一千 皆受佛化 得羅漢道。其二百五十者 卽是舍利、目連弟子 共領一處修事邪法 亦受佛化 皆得道果。此等四衆合爲一處 故有千二百五十人也。

묻건대, 이들 대중 가운데 외도가 아닌 이들도 있는데, 왜 외도로 총표總標하였는가?

　問日：此衆中亦有非外道者　何故總標？

답하되, 경전에서 말씀하셨듯이 이들 외도들은 항상 여래세존을 따라다니며
떨어지지 않았다. 삼장三藏을 결집한 사람은 외도로서 불법의 감화를 받아
부처님의 공양을 현양하였기에 외도의 이름으로 총표하였다. 총괄해 말하면
과거에는 외도가 많았고, 비외도는 적었다.

　答日：如經中說　此諸外道常隨世尊　不相捨離。然結集之家簡取外德　故有異名。是外道者多
非者少。

또 묻건대, 이들 외도들이 항상 부처님을 따라다닌 것에 어떤 함의가 있는지?
잘 모르겠다.

　又問日：未審此等外道常隨佛後　有何意也？

답하되, 여기에는 두 가지 함의가 있으니, 하나는 부처님 입장에서의 해석이
고, 둘은 외도 입장에서의 해석이다.

먼저 부처님 입장에서 해석하면, 이들 외도는 삿된 법으로 오랫동안 훈습한
습기가 일생에 그치지 않았다. 비록 불문에 들었을지라도 여전히 그 습기는
남아 있었다. 그래서 여래께서는 그들의 근성을 알아차리고, 그들의 습기가
중생을 감염시켜 정견正見의 뿌리와 싹이 손상되고 나아가 악업이 증장되어
금생과 후생에 진실한 과실을 획득하지 않을까 두려워하시어 그들 바깥에서
중생을 교화하지 않으셨다. 이런 인연으로 외도의 대중을 섭지攝持하여 줄곧
신변 가까이 있게 하고, 그들이 밖으로 독립해서 불법을 전하지 않게 하셨다.
이는 곧 부처님 입장에서 해석한 것이다.

　答日：解有二義：一就佛解　二就外道解。就佛解者　此諸外道邪風久扇　非是一生　雖入眞門

氣習猶在 故使如來知覺 不令外化 畏損衆生正見根芽 惡業增長 此世後生不收果實。爲此因緣 攝令自近 不聽外益。此即就佛解竟。

다시 외도 쪽에서 해석하면, 가섭 등 여러 제자들의 마음 뜻은 이러하다. 그들이 스스로 생각건대, 광겁 이래 오래도록 생사에 빠져있었고, 끊임 없이 육도에서 순환·유전하면서 말하기 어려운 괴로움을 겪었을 뿐만 아니라 자심自心은 이어지나 모두 어리석음과 악한 견해가 가득하고 갖가지 삿된 습기로 막혔으며, 눈 밝은 스승을 만나지 못한 채 영원토록 생사고해에서 표류하고 있다. 그러나 숙세의 선한 인연으로 대자대비하신 세존을 만나니, 부처님께서 사사로움이 없는 광대한 법을 베푸시어 우리의 심령을 윤택하게 하신다. 이렇게 부처님의 큰 은덕을 깊이 생각하니, 설령 몸이 부서질지라도 망연자실할 따름이다. 그래서 (부처님께 은혜를 갚는 마음으로) 언제나 여래의 신령스런 위의를 몸소 섬기길 잠시도 여읜 적이 없었다. 이는 곧 (외도가 다행히 여래의 교법을 만나 거듭 법신의 혜명이 생겨남에 그 은덕에 감사하면서 늘 부처님을 따라다니며 여의지 않음을 말하니,) 외도의 입장에서 해석한 것이다.

次就外道解者 迦葉等意 自惟曠劫久沈生死 循環六道 苦不可言 愚癡惡見 封執邪風。不值明師 永流於苦海。但以宿緣有遇 得會慈尊 法澤無私 我曹蒙潤。尋思佛之恩德 碎身之極惘然。致使親事靈儀 無由暫替。此即就外道解竟。

또 묻건대, 이들 존숙尊宿들은 왜 중소지식衆所知識이라 부르는가? 답하되, 도덕이 높고 깊어 "존尊"이라 부르고, 연세가 많고 승랍이 길어 "숙宿"이라 부른다. 일체 범부와 성인 모두 안으로 초인의 공덕이 있음을 이해할 수 있을 뿐만 아니라 바깥으로 드러남에 전혀 다른 덕상이 있음을 식별할 수 있다. 그래서 "중소지식衆所知識"이라 부른다. 위에서 비록 아홉 가지 다른 문구가 있을지라도 총괄해 성문중이라 해석한다.

又問日：此等尊宿云何名衆所知識？答日：德高日尊　耆年日宿。一切凡聖知彼內德過人　識其外相殊異　故名衆所知識。上來雖有九句不同　解聲聞衆竟。

다음으로 보살중을 해석하면 이 부류의 대중에는 즉 일곱 항이 있으니, 첫째 드러난 모습을 표명하고, 둘째 인원수를 나타내고, 셋째 지위를 표명하고, 넷째 과위를 표명하고, 다섯째 증득한 덕을 표명하고, 여섯째 특별히 문수가 고덕의 자리(상수)임을 드러내 보이고, 일곱째 최후에 총괄해 맺는다.

次解菩薩衆。就此衆中　即有其七：一者標相、二者標數、三者標位、四者標果、五者標德、六者別顯文殊高德之位、七者總結。

또한 이들 보살은 모두 무량한 행원을 구족하여 일체 공덕법장 가운데 안온히 머물고, 시방세계에 자재하게 다닐 수 있으며, 권교방편을 베풀어 모두 불법의 비밀장에 깊이 들어가 구경의 피안에 이른 자들이다.

又此等菩薩具無量行願　安住一切功德之法　遊步十方　行權方便　入佛法藏　究竟彼岸。

(그들은 시방세계에서 팔상성도八相成道를 시현하니, 여기서는 성도成道와 전법륜轉法輪 두 상을 취하여 설명한다.) 이들 대보살은 무량한 세계에서 (각자 교주가 되어) 등정각을 이룸을 시현할 때 광명을 찬란하게 드러내어 시방세계 무량한 국토를 두루 비추고 여섯 가지로 진동케 한다. 중생의 근기와 인연에 따라 상응하는 묘법을 열어 보이시고 법륜을 굴리시니, 법의 북을 두드리고 · 법의 검을 집지하며 · 법의 천둥과 번개를 울리고 · 법의 비를 두루 내리며 · 법의 보시를 펼치며 항상 미묘한 법음으로써 세간의 미혹한 유정을 깨우치고, 그들의 마음속 삿된 분별의 그물을 찢어 끊어버리며, 갖가지 악견의 얽힌 매듭을 없애고, 번뇌의 때 먼지를 흩어버리며, 나아가 그들 마음속 깊은 욕망의 구덩이를 무너뜨린다. 청정한 본성을 드러내 밝히고 광명의 지혜로써 일체 불법을 융회하여 중생을 가엾이 여겨 불법을 선설하고 중생을 교화하신다.

於無量世界現成等覺 光明顯曜 普照十方 無量佛土 六種震動。隨緣開示 卽轉法輪。扣法鼓、
執法劍、震法雷、雨法雨、演法施。常以法音覺諸世間 擖裂邪網 消滅諸見 散諸塵勞 壞諸欲
塹。顯明淸白 光融佛法 宣流正化 滑傷衆生。

여태껏 자아에 집착하여 교만하거나 방자한 적이 없으며, 이미 평등법을 증득하였다. ("아我"가 있으면 이른바 자아를 중심으로 삼고 나를 에워싼다. 그런 후 갖가지 아만과 방자함을 일으키는데, 이는 모두 평등법이 아니다. 자아에 대한 집착이 있어서 상대적인 타인이 있고, 여기에 갖가지 구별이 생기면 마음속에 불평등을 초래한다. 그래서 아집으로 말미암아 갖가지 편집된 상이 나타난다. 일단 아집을 버리면 진정으로 평등법을 얻을 수 있다. 어떠한 경계에 마주하든 관계없이 탐욕과 성냄이 없이 심지가 평등하다.)

게다가 무량한 백천 삼매를 구족하면 일념의 짧은 순간에 두루 미치지 않는 것이 없다. (증상의요增上意樂로써) 사랑하는 자식처럼 일체 중생을 책임지고 그들을 모두 위없는 열반의 피안에 이르게 하길 서원한다. 이들 대보살의 일체 선근이 모두 피안으로 건너가 (구경에 도달하여) 제불의 무량공덕을 획득하고 지혜가 밝게 열리니, 불가사의하다. (이상으로 법회에 모인 3만 2천 보살중이 갖추고 있는 불가사의한 수승한 공덕을 해석하였다)

未曾慢恣 得平等法。具足無量百千三昧 於一念頃無不周遍。荷負群生 愛之如子。一切善本皆
度彼岸 悉獲諸佛無量功德 智慧開朗 不可思議。

비록 일곱 문구가 다를지라도 총괄해서 보살중을 해석하였다.

雖有七句不同 解菩薩衆訖。

이상으로 비록 성문중과 보살중의 차별을 언급할지라도 교화하시기 전 유서(化前序)의 내용을 자세히 해석해 마쳤다. (아래에서는 본경의 교법을 발기한 인연을 해석하는데 먼저 먼 인연으로부터 말한다. 여기서는 아사세왕이 부모를 감옥에 가둔 인연을 이야기한다.)

上來雖有二衆不同　廣明化前序竟。

[제2단] 부왕을 유폐시킨 인연

부왕을 유폐시킨 인연에는 곧 일곱 가지 내용이 들어있다.

二、就禁父緣中　卽有其七：

그때 왕사대성에 아사세라고 하는 한 태자가 있었는데, 제바달다라는 나쁜 벗의 부추김에 수순하여 부왕 빈바사라를 감금하여 일곱 겹 방 안에 유폐시켜 놓고, 여러 신하들에게 한 사람도 갈 수 없도록 금하였다.

爾時王舍大城　有一太子　名阿闍世　隨順調達惡友之敎　收執父王頻婆娑羅　幽閉置於七重室內　制諸群臣　一不得往。

1. "그때 왕사대성"에서는 교화를 일으킨 곳을 총괄해 밝힌다.

一、從"爾時王舍大城"者　總明起化處。

먼저 '왕사대성'이란 명칭의 유래를 해석한다. 옛날 어떤 성에 살던 백성이 그 성에서 집을 짓는 경우 자연발화로 불타버리곤 했다. 그러나 왕의 사택은 불이 전혀 가까이 가지 않았다. 나중에 백성은 공동으로 국왕에게 아뢰기를,

"신 등이 집을 지으면 자주 자연발화로 불타버리지만, 국왕의 사택(王舍)은 불이 전혀 가까이 가지 않는데 어떤 영문인지 모르겠사옵니다."

此明往古百姓但城中造舍 卽爲天火所燒 若是王家舍宅 悉無火近。後時百姓共奏於王：臣等造宅 數爲天火所燒 但是王舍 悉無火近 不知有何所以？

국왕은 상주上奏한 사람들에게 이르기를, "지금부터 그대들은 집을 지을 때 우리는 현재 국왕에게 집을 지어드린다고 말하기만 하면 화재를 면할 수 있을 것이다." 상주한 사람은 모두 각자 국왕의 명령을 따라 돌아와 집을 지었더니, 더 이상 화마의 피해를 입지 않았다. 그래서 이 방법은 이리저리 전해져 세상에 유포되었다. 그래서 사람들은 이 성곽의 도시를 "왕사성王舍城"이라 불렀다.

王告奏人：自今已後 卿等造宅之時 但言我今爲王造舍。奏人等各奉王敕 歸還造舍 更不被燒 因此相傳 故名"王舍"。

"대성大城"이라 함은 이 성곽의 도시가 매우 커서 9억의 인구가 살았다. 그래서 왕사대성이라 불렀다.

言"大城"者 此城極大 居民九億 故謦王舍大城也。

"교화를 일으킴"이라 함에는 두 가지 인연이 있다. 첫째, 아사세 왕자가 악심을 일으켜 부모를 감옥에 가둔 사건이다. 위제희 왕비는 감옥에 갇힌 연고로 이 사바세계를 싫어하고 근심과 핍박이 없는 세계에 태어나길 원한다. 둘째, 여래께서 그녀의 초청에 응해 광명을 나타내시니 광명이 자금대로 변하고 자금대에서 시방 청정세계의 영상이 나타난다. 위제희 부인은 극락세계에 태어나길 구한다. 그녀는 성심을 기울여 왕생을 구하는 행문을 청하고, 부처님께서는 그녀에게 정업삼복淨業三福의 인因을 열어 보이신다. 이어서

13가지 정관正觀을 밝히시니, 이는 정선定善의 문에 속한다. 다시 구품왕생의 이익을 드러내 보이시니, 이는 산선散善의 문에 속한다. 이러한 인연으로 말미암아 왕사성에서 이 경법經法을 발기한다. 그래서 교화를 일으킨 곳(起化處)이라 한다.

言起化者 即有其二 : 一謂闍王起惡 即有禁父母之緣。因禁則厭此娑婆 願托無憂之世界; 二則如來赴請 光變爲臺 影現靈儀 夫人卽求生安樂 又傾心請行 佛開三福之因 正觀卽是定門 更顯九章之益。爲此因緣 故名起化處也。

2. "한 태자가 있었는데"에서 "나쁜 벗의 부추김"에 이르는 경문에서는 아사세 왕자가 한바탕 정신이 혼미하여 나쁜 사람이 그릇된 길로 인도하는 것을 믿고 받아들임(聽從)을 밝히고 있다.

二、從"有一太子"下 至"惡友之教"已來 正明闍王恍忽之間 信受惡人所誤。

"태자"라 함은 그의 지위를 밝힌 것이다. "아사세"라 함은 그의 이름을 드러낸 것이다. "아사세"는 인도어로 번역하면 "미생원(未生怨; 태어나기 전에 원한을 품음)"이라 하고, 또한 "절지(折指; 손가락 하나만 부러짐)"라 한다.

言"太子"者 彰其位也。言"阿闍世"者 顯其名也。又"阿闍世"者 乃是西國正音 此地往翻名 "未生怨" 亦名"折指"。

묻건대, 왜 그를 미생원未生怨 혹은 절지折指라 불렀는가? (그 속에는 어떤 인연이 있는가?)

問曰 : 何故名未生怨及名折指也?

답하되, 이는 모두 옛날의 인연에 의거하여 이 이름을 취한 것이다. 인연을 말하면 원래 부왕 빈바사라頻婆娑羅에게는 자식이 없어 곳곳에서 신에게 기도하였지만, 결국 얻을 수 없었다. 어느 날 갑자기 어떤 관상가(相師)가

와서 국왕에게 아뢰길, "소신은 산에 있는 한 신선이 오래지 않아 수명을 다하거늘, 목숨이 다한 후 반드시 임금님의 태자가 될 것으로 압니다."

答曰：此皆擧昔日因緣故有此名。言因緣者 元本父王無有子息 處處求神 竟不能得。忽有相師來奏王言："臣知山中有一仙人 不久舍壽 命終已後 必當與王作子。"

국왕이 듣고서 매우 기뻐 묻기를, "이 사람은 언제 목숨을 버리는가?" 관상가가 대답하기를, "3년이 지나가야 목숨이 다해 세상을 바꿀 것입니다." 국왕이 말하기를, "나는 지금 나이가 많고 나라에 승계자가 없는데, 3년이 지나야 한다고 하니 어떻게 기다릴 수 있겠는가?"

王聞歡喜："此人何時舍命？"相師答王："更經三年 始可命終。"王言："我今年老 國無繼嗣 更滿三年 何由可待？"

국왕은 곧 사자를 보내 입산하여 선인에게 가서 이렇게 말하라고 명하였다. "우리 대왕은 태자가 없고 승계자가 모자라오. 곳곳마다 신에게 기도했지만 자식을 얻지 못했소. 지금 관상가가 큰 신선께서 오래지 않아 세상을 바꾸어 국왕의 아들이 된다고 하니, 원컨대 큰 신선께서 은혜를 베풀어 조금 일찍 세상을 바꾸길 바라오."

王卽遣使入山 往請仙人曰：大王無子 闕無紹繼。處處求神 困不能得。乃有相師瞻見大仙 不久舍命與王作子 請願大仙垂恩早赴。

사자가 명을 듣고서 숲에 들어가 신선이 있는 곳에 이르러 국왕이 간청한 인연을 구체적으로 말하였다. 신선이 답하여 말하길, "나는 3년이 지나야 세상을 바꿀 수 있소. 국왕이 나에게 바로 환생하라 명령하니, 이 일은 불가하오." 사자가 신선의 명을 받들고 돌아와 대왕에게 보고하여 신선의 의사를 구체적으로 설명하였다.

使人受敎入山 到仙人所 具說王請因緣。仙人報使者言："我更經三年始可命終。王敕卽赴者
是事不可。"使奉仙敎還報大王 具述仙意。

국왕이 말하길, "짐은 한 나라의 주군이니, 모든 사람과 천하의 물건은 짐에게 귀속된다. 짐이 지금 왕림하여 예를 다해 간청하였는데, 아직도 짐의 뜻을 듣지 않는가!" 국왕은 재차 사자에게 명하기를, "그대는 가서 거듭 청하라. 이번에도 청을 듣지 않으면 즉시 죽여라. 이미 목숨이 다했으니, 나에게 자식이 되어 주지 않겠는가?"

王曰："我是一國之主 所有人物皆歸屬我。今故以禮相屈 乃不承我意。"王更敕使者："卿
往重請。請若不得 當卽殺之。旣命終已 可不與我作子也？"

사자는 왕명을 받아들고 신선이 있는 곳에 가서 국왕의 의사를 구체적으로 설명하였다. 신선은 사자의 말을 듣고서 또한 뜻을 받아들이지 않았다. 사자는 국왕의 명령을 받들어 곧 그를 죽이려고 하였다.

使人受敕至仙人所 具導王意。仙人雖聞使說 意亦不受。使人奉敕卽欲殺之。

신선은 말하길, "그대는 국왕에게 돌아가 보고하시오. 나는 수명이 아직 다하지 않았는데, 국왕이 마음과 입으로 사람을 보내 나를 죽이니, 내가 국왕의 아들이 되면 반드시 마음과 입으로써 사람을 보내 국왕을 죽일 것이오." 신선은 이렇게 말한 후 곧 죽음을 받아들였다. 죽은 후, 곧 그는 왕궁에서 환생하였다.

仙人曰："卿當語王 我命未盡 王以心口遣人殺我；我若與王作兒者 還以心口遣人殺王。"
仙人導此語已 卽受死。旣死已 卽托王宮受生。

어느 날 밤에 위제희 부인은 임신한 사실을 깨달았다. 국왕은 이를 듣고서 매우 기뻤다. 날이 새자마자 관상가를 불러 부인이 잉태한 아이가 아들인지

딸인지 관찰하게 하였다. 관상가가 관찰한 후 왕에게 보고하길, "이 아이는 딸은 아니지만, 아이는 국왕에게 손해를 끼칠 것이옵니다." 국왕이 말하길, "짐의 국토를 전부 그에게 주겠으니 설사 손해가 있을지라도 짐은 두렵지 않다."(사실 그는 체면을 차리려고 무서워하지 않는다고 말하였을 뿐이다.)

當其日夜 夫人卽覺有身。王聞歡喜 天明卽喚相師 以觀夫人 是男是女。相師觀已而報王言：
"是兒非女 此兒於王有損。"王曰："我之國土皆舍屬之 縱有所損 吾亦無畏。"

그때 국왕은 관상가의 말을 듣고서 한편으로는 걱정이고 한편으로는 기뻤다. (기쁜 것은 마침내 태자가 태어날 것이고, 걱정인 것은 빚을 독촉하는 원친채주가 장래 자신을 해칠 것이다. 실제로 그는 근심 걱정에 싸여 이 사실을 매우 꺼려했고, 이 아이를 원하지 않았다.) 왕은 위제희 부인에게 말했다. "짐은 부인과 비밀리에 의논하고 싶소. 관상가가 이 아이는 짐에게 손해를 끼칠 것이라 하오. 부인이 출산하려 할 때 높은 누각 위로 올라가, 다른 사람이 받아주지 말고 저 지붕에 뚫린 구멍(天井)을 향해 낳으면 땅에 떨어져서 어찌 죽지 않을 수 있겠소? 짐도 뒷걱정이 없고 소문도 나지 않을 것이오."

王聞此語 憂喜交懷。王白夫人言："吾共夫人私自平章 相師導兒於吾有損 夫人待生之日 在高樓上 當天井中生之 勿令人承接 落在於地 豈容不死也？吾亦無憂 聲亦不露。"

위제희 부인은 국왕의 계책에 순응하여 분만하는 때를 기다려 앞에서 말한 대로 높은 누각에 가서 지붕에 뚫린 구멍을 향해 출산하였다. 마침내 아이가 땅에 떨어졌으나, 목숨이 끊어지지 않고 작은 손가락만 손상이 있었을 뿐이었다. 그래서 외부인은 모두 절지折指태자라 불렀다.

夫人卽可王之計 及其生時 一如前法。生已墮地 命便不斷 唯損手小指。因卽外人同唱言折指太子也。

"미생원未生怨"이라 이름함은 바로 제바달다가 질투심을 일으킨 연고로 저 태자에 대한 과거의 악연을 들추어낸 것이다.

言"未生怨"者 此因提婆達多起惡妒之心故 對彼太子顯發昔日惡緣。

제바달다는 어떻게 질투심을 일으켜 태자에게 과거의 악연을 일으키도록 꾀었는가? 제바달다라는 사람은 천성이 아주 나빠서 남에게 흉악하여 비록 출가하였을지라도 항상 석가모니부처님께서 세상에서 얻은 명성과 이익을 질투하였다. 당시 부왕은 부처님의 대시주로 한때 매우 많은 공양물을 여래께 봉헌하였으니, 이른바 금·은·칠보, 좋은 의상, 백미의 음식, 채소와 과일 등을 각각 종류별로 형형색색이 가득하게 500대의 수레에 실었고, 아울러 향과 꽃, 기악으로 백천만 대중이 찬탄하며 앞뒤로 빼곡히 둘러싸고서 모인 부처님 법회로 보내어 부처님과 승가 대중에게 공양하였다.

云何妒心而起惡緣？提婆惡性 爲人兇猛。雖復出家 恒常妒佛名聞利養。然父王是佛檀越 於一時中 多將供養奉上如來 謂金銀七寶 名衣上 百味果食服等 一一色色皆五百車。香華伎樂。百千萬衆贊嘆圍繞 送向佛會 施佛及僧。

그때 제바달다는 이 광경을 보고 질투심이 더욱 불같이 일어나 곧 사리불이 있는 곳에 가서 신통을 배우길 구하니, 존자가 말하였다. "인자여, 먼저 사념처四念處를 배울지니, 신통은 배울 필요가 없다." 이렇게 그가 자신이 구하는 것을 뜻대로 얻을 수가 없자 나머지 존자에게 가서 구하였고, 나아가 오백 제자 등에게도 구하였으나 아무도 가르쳐준 이가 없었고, 그에게 사념처를 배우라고만 하였다. 이렇게 신통을 구하였으나, 뜻대로 얻지 못하자 마침내 아난에게 가서 배움을 청했다. 아난에게 말하길, "그대는 나의 형제이다. 내가 신통을 배우고 싶으니, 하나하나 차례대로 가르쳐 달라." 아난은 비록 초과初果는 얻었지만, 타심통他心通을 증득하지 못하여 그가 사촌형에게 몰래 신통을 배워 석가모니부처님께서 계신 곳에서 좋지 않은 계략을 일으키고자 함을 몰랐다. 아난은 마침내 그를 고요한 곳으로 불러 차례대로 신통을 가르쳤다.

時調達見已 妒心更盛 卽向舍利弗所求學神通 尊者語言："仁者且學四念處 不須學神通也。"旣請不遂心 更向余尊者邊求 乃至五百弟子等 悉無人敎 皆遣學四念處。請不得已 遂向阿難邊學 語阿難言："汝是我弟 我欲學通 ――次第敎我。"然阿難雖得初果 未證他心 不知阿兄私密學通 欲於佛所起於惡計。阿難遂卽喚向靜處 次第敎之。

아난은 그에게 가부좌를 맺게 하고서 먼저 마음으로써 몸을 들어 올려 위쪽으로 움직여서 점차 땅에서 떨어져 점점 더 높아진다고 관상하라 가르친다. 먼저 일 분 일 촌 땅에서 떨어지고, 다시 일 척 일 장 땅에서 떨어지며, 다시 방 천정까지 이미 올라간다 관상하며, 허공에 걸림이 없다 관상하고 고공 가운데 올라간다 관상한 후 다시 마음을 거두어 본래 앉은 곳으로 내려간다 관상한다.

跏趺正坐 先敎將心擧身似動 想去地一分一寸 想一尺一丈 想至舍 作空無礙想 直過上空中想 還攝心下至本坐處想。

이어서 몸으로써 마음을 들어 올린다. 먼저 일 분 일 촌 땅에서 떨어지고 다시 점점 더 높이 올라간다 등 또한 앞에서 말한 것처럼 관상한다. 이렇게 몸으로써 마음을 들어 올리고 마음으로써 몸을 들어올리며, 또한 앞의 순서에 따라 이미 고공까지 들어 올린 이후 다시 몸을 섭취하여 본래 앉은 자리로 내려간다. 그런 후 또한 동시에 몸과 마음을 들어 올려 앞에서처럼 먼저 일 분 일 촌 땅에서 떨어져 점점 더 올라간다 관상한다. 이렇게 한 바퀴 돌고 다시 시작하여 연습한다.

次將身擧心 初時去地一分一寸等 亦如前法。以身擧心 以心擧身 亦隨旣至上空已 還攝取身下至本坐處。次想身心合擧 還同前法一分一寸等 周而復始。

이어서 몸과 마음이 일체 질애(質礙; 장애)의 색법 경계 속으로 들어가서, 마음속으로 이는 조금도 질애가 없다고 관상하여 이렇게 걸림없이 나아간다. 또한 일체 산하대지 등 색법을 모두 자신 속으로 녹여 들이면 허공처럼 장애가 없고 색상을 볼 수 없다. 또한 자신이나 사대가 허공계에 두루 가득하여 앉거나 눕거나 언제나 모두 자유자재하다. 혹 앉거나 혹 눕거나 모두 손으로 해와 달을 잡아 움직일 수 있다. 혹은 매우 작은 몸으로 변하여 미진 속으로 들어갈 수 있다. 요컨대 일체 법에 모두 걸림이 없다 관상한다.

次想身心入一切質礙色境中 作不質礙想。次想一切山河大地等色入自身中 如空無礙 不見色相。次想自身或大遍滿虛空 坐臥自在。或坐或臥 以手捉動日月。或作小身入微塵中。一切皆作無礙想。

아난이 이렇게 순서대로 교수한 이후 제바달다는 이미 신통을 닦는 법요를 얻고서 홀로 고요한 곳에 가서 7일 밤낮 동안 일심으로 집중하며 수습하여 신통을 얻어 일체 법에 자재함을 모두 성취할 수 있었다.

阿難如是次第教已 時調達既受得法已 即別向靜處 七日七夜一心專註 即得神通 一切自在 皆得成就。

신통을 얻은 후 제바달다가 곧 태자의 궁전 앞에 가서 허공에 대신변大神變을 나타내었다. 몸에서 상단에 불이 나오고 하단에 물이 나오며, 혹은 왼쪽에서 물이 나오고 오른쪽에서 불이 나왔다. 혹은 매우 큰 몸을 나타나고 혹은 매우 작은 몸을 나타내었다. 혹은 허공에서 앉거나 눕거나 마음대로 자재하였다.

既得通已 即向太子殿前 在於空中現大神變。身上出火 身下出水 或左邊出水 右邊出火。或現大身 或現小身。或坐臥空中 隨意自在。

태자가 이를 보고서 좌우로 묻기를 "이 사람은 누구인가?" 좌우에서 태자에게 답하기를 "존자 제바달다요." 태자가 듣고서 마음이 크게 기뻐 마침내 곧 손을 들어 부르길, "존자는 왜 아래로 내려오지 않습니까?" 제바달다는 그가 이렇게 말하는 것을 보고서 갓난아이로 변해 직접 태자의 무릎 위에 떨어지니, 태자는 이 갓난아이를 안고서 입맞춤을 하면서 놀았고 또 그의 입에다 침을 뱉으니 갓난아이도 그것을 삼켰다. 그리고는 잠깐 사이에 본래의 몸을 회복하였다.

太子見已 問左右曰："此是何人？"左右答太子言："此是尊者提婆。"太子聞已 心大歡喜 遂卽擧手喚言："尊者何不下來？"提婆旣見喚已 卽化作嬰兒 直向太子膝上 太子卽抱 嗚口 弄之 又唾口中 嬰兒遂咽之 須臾還復本身。

그때 태자는 제바달다가 갖가지로 신변神變하는 모습을 보고 더욱 더 경의를 품고 중시하였다. 이미 태자가 경의를 품고 중시하는 모습을 보고서 제바달다는 그에게 빈바사라 왕이 공양한 인연을 들추어내어 말하길, "그대 부왕은 갖가지 공양물을 모두 오백 수레에 가득 실어서 부처님의 처소에 가서 부처님과 승가 대중에게 봉헌하였다."

太子旣見提婆種種神變 轉加敬重。旣見太子心敬重已 卽說父王供養因緣 色別五百乘車 載向 佛所 奉佛及僧。

태자는 듣고서 곧 제바달다에게 말하길, "제자도 형형색색 좋은 물건을 빠짐없이 마련하여 각각 오백 수레에 가득 실어 존자와 존자 수하의 승가 대중에게 공양하면 그와 같지 않겠습니까?" 제바달다에게 말하길, "태자여, 그대의 마음이 너무 훌륭하다!"

太子聞已卽語尊者："弟子亦能備具色各五百車 供養尊者及施衆僧 可不如彼也？"提婆 言："太子此意大善。"

이로부터 제바달다는 매우 많은 공양을 얻자 마음이 변하여 점점 더 아만이 높아갔다. 마치 나무 막대기로 사나운 개의 코를 때리면 단지 개의 사나운 마음이 늘어날 뿐이다. 이와 마찬가지로 태자가 지금 이익의 나무 막대기로 제바달다가 지닌 탐심의 개코를 때려 그의 사나운 마음이 점점 더 무성하게 늘었다.

自此已後 大得供養 心轉高慢。譬如以杖打惡狗鼻 轉增狗惡。此亦如是 太子今將利養之杖 打提婆貪心狗鼻 轉加惡盛。

그래서 그는 승단을 깨뜨렸고, 부처님의 계율을 고쳤으며, 다른 악한 계율을 가르쳤다. 부처님께서 두루 범부와 성인 대중을 위해 설법하실 때를 기다려 그는 곧 법회에 가 부처님이 있는 곳에서 수많은 대중을 찾아내어 말하기를, "모든 법장法藏은 다 나에게 부촉하였으니, 세존은 나이가 많아 마땅히 외지고 고요한 곳을 찾아 만년을 잘 휴식하며 지낼 것이다."

因此破僧 改佛法戒 教戒不同。待佛普爲凡聖大衆說法之時 卽來會中 從佛索於徒衆 並諸法藏 盡付囑我 世尊年將老邁 宜可就靜內自將養。

일체 대중은 제바달다의 이 말을 듣고 무척 놀라면서 서로 쳐다보았고, 특별히 놀랍고 의아한 마음이 생겼다. 그때 세존께서 대중 속에서 제바달다에게 말씀하시길, "사리자 목건련 등은 곧 대법을 지닌 장수라. 나는 불법을 그들에게 조차 부촉하지 않았거늘 하물며 그대 같은 어리석은 자, 침을 먹는 자[21]이랴?

一切大衆聞提婆此語 愕爾疊互相看 甚生驚怪。爾時世尊卽對大衆語提婆言："舍利、目連等 卽大法將 我尙不將佛法付囑。況汝癡人食唾者乎？"

---

21) 식타食唾: 승려나 출가한 자에게 부정한 음식을 청결하다고 속여서 시주한 자로 아귀의 한 종류이다.

그때 제바달다는 부처님께서 대중에게 꾸짖는 소리를 듣고서 독화살이 심장에 박히는 것 같아 더욱 어리석고 미쳐 날뛰는 사나운 마음을 일으켰다. 이러한 인연을 빌어 그는 태자의 처소에 가서 함께 악한 계략을 의논하였다.

時提婆聞佛對衆毁辱 由如毒箭入心 更發癡狂之意。藉此因緣 卽向太子所 共論惡計。

태자는 제바달다 존자를 만나 공경하며 청문하길, "존자께서는 지금 안색이 안 좋아 보이시는데, 평소와 달리 어찌 이리 초췌합니까?" 제바달다는 말하길, "제가 지금 초췌한 것은 바로 태자를 위함입니다."

太子旣見尊者 敬心承問言："尊者今日顏色憔悴 不同往昔。"提婆答曰："我今憔悴正爲太子也。"

태자는 공경히 묻기를, "존자께서는 저를 위해 무슨 뜻이 있습니까?" 제바달다는 곧 답하길, "태자께서는 아십니까? 세존이 나이가 들어 쓸모가 없으니 마땅히 그를 제거하고 제가 부처가 되어야 합니다. 부왕도 나이가 들었으니 또한 제거하고 태자께서 왕위에 앉아야 합니다. 새로운 왕과 새로운 부처가 나라를 다스리고 교화·제도하면, 어찌 즐거운 일이 아니겠습니까?"

太子敬問："尊者爲我有何意也？"提婆卽答云："太子知不？世尊年老無所堪任 當可除之 我自作佛；父王年老 亦可除之 太子自坐正位。新王新佛治化 豈不樂乎？"

태자는 듣고서 크게 진노하며 말하길, "그대는 이렇게 터무니없는 말을 하지 말라." 그는 말하길, "태자는 진노하지 마십시오. 그대 부왕은 태자에게 전혀 은덕이 없습니다. 처음 태자가 출생하려 할 때 부왕은 부인을 보내어 백척 누각 위에서 지붕에 뚫린 구멍으로 출산하여 떨어져서 죽길 원했습니다. 단지 태자에게 복덕의 힘이 있는 연고로 명근이 끊어지지 않고 단지 손가락만 부러지는 손상만 있었을 뿐입니다. 만약 믿지 못하시겠다면 당신의 작은 손가락을 보고 증명으로 삼으소서."

> 太子聞之極大嗔怒："勿作是說。"又言："太子莫嗔　父王於太子全無恩德。初欲生太子時 父王卽遣夫人在百尺樓上　當天井中生　卽望墮地令死。正以太子福力故　命根不斷　但損小指。 若不信者　自看小指　足以爲驗。"

태자는 듣고서 다시 심문하길, "정말 그렇단 말이오?" 제바달다는 말하길, "만약 이것이 진실이 아니라면 제가 고의로 터무니없는 말을 하겠습니까?" 제바달다의 부추기는 말 때문에 마침내 그의 간사한 계책을 믿었다. 그래서 경문에서 "제바달다라는 나쁜 벗의 부추김에 순순히 따랐다" 하신다.

> 太子旣聞此語　更重審言："實爾已不？"提婆答言："此若不實　我可故來作漫語也？"因此 語已　遂卽信用提婆惡見之計　故遵"隨順調達惡友之教"也。

3. "부왕을 감금하여"에서 "한 사람도 갈 수 없도록 금하였다"에 이르는 경문에서는 부왕이 자식에게 유폐 당하는 정황을 밝히고 있다.

> 三、從"收執父王"下　至"一不得往"已來　正明父王爲子幽禁。

이는 아사세가 제바달다의 나쁜 계략을 취하여 단박에 부자의 정을 버림은 망극한 부모님의 큰 은혜를 저버릴 뿐만 아니라 갖가지 패륜의 악행(逆響)으로 발전하는 길임을 밝히고 있다. ("망극罔極"은 부모님의 은덕은 지붕에 뚫린 구멍 같아서 변제가 없음을 가리킨다. "역향逆響"은 반대 방향의 반응으로 아사세가 이러한 악한 마음을 일으킴으로 인해 부모를 감금하고 부친을 죽이는 갖가지 반응을 출현함을 뜻한다.)

> 此明闍世取提婆之惡計　頓舍父子之情　非直失於罔極之恩　逆響因茲滿路。

한 생각 악한 마음을 일으킨 후 갑자기 국왕을 감금함을 "수收"라 하고, 이렇게 가두어 놓고 석방하지 않음을 "집執"이라 한다. 그래서 "수집收執"이라 말씀하신다.

忽掩王身曰"收" 旣得不舍曰"執" 故名"收執"也。

"부父"라 함은 달리 친밀함이 지극함을 나타내고, "왕王"은 그 지위를 드러냄이며, "빈바頻婆"는 그 이름을 드러냄이다. "일곱 겹으로 된 방안에 유폐시켜 놓고"라 함은 감금한 이유가 이미 중대하고 사안이 가볍지 않아 함부로 외부인이 출입할 수 없고 전혀 보호하는 일도 없음을 말한다. 국왕의 깊은 궁 안뜰은 외부인의 출입을 차단하고, 오직 신하들만이 의논할 큰일이 있으면 오랫동안 궁궐에 들어가 국왕을 받들어 모셨다. 엄히 통제하지 않으면 안팎으로 소식이 통해 이 일이 새어나갈까 봐 안팎으로 왕래를 끊도록 국왕을 일곱 겹의 장벽이 있는 내궁에 가두었다.

言"父"者 別顯親之極也 ; "王"者 彰其位也 ; "頻婆"者 彰其名也。言"幽閉七重室內"者 所爲旣重 事亦非輕 不可淺禁人間 全無守護。但以王之宮閣 理絶外人 唯有群臣則久來承奉。若不嚴制 恐有情通 故使內外絶交 閉在七重之內也。

위제희라는 국대부인이 대왕을 매우 공경하여 (대왕이 유폐되어 아사할까 두려워) 깨끗이 씻고서 소밀(酥蜜; 우유와 꿀을 섞은 것)과 밀가루를 몸에 바르고, 영락에 포도즙을 담아 몰래 대왕께 바쳤다.

國太夫人名韋提希 恭敬大王 澡浴淸淨 以酥蜜和麨 用塗其身 諸瓔珞中 盛葡萄漿 密以上王。

4. "국대부인"에서 "몰래 대왕께 바쳤다"에 이르는 경문에서는 부인이 국왕에게 몰래 음식물을 바친 상황을 밝히고 있다.

四、從"國太夫人"下 至"密以上王"已來 正明夫人密奉王食。

"국태國太"라 함은 국가에서 신분이 가장 높음을 밝히고, "부인夫人"은 그녀의 지위를 표명하며, "위제희"는 그녀의 이름을 밝힌 것이다.

言"國太"者 此明最大也；言"夫人"者 標其位也；言"韋提"者 彰其名也。

"대왕을 공경하여" 등을 말함은 부인이 이미 국왕이 감금 되어 외부와의 교류가 지극히 어렵고 먼 곳 소식도 전할 수 없음을 알고서 오직 국왕의 생명이 끊어질까봐 (마음이 조급하여 계책을 생각하길,) 먼저 향탕에서 목욕하여 몸을 깨끗이 한 후 곧 소밀酥蜜로 먼저 그 몸에다 바르고 밀가루를 소밀 위에다 놓고 깨끗한 옷을 입어 바깥에 덮고서, 의복 위에는 영락을 하여 평상시 복식과 같아 외부인에게 의심이 들지 않게 하였다. 또한 구슬 목걸이 영락의 구멍 아래는 꿀로써 막고, 위에는 포도즙을 부어 가득 채운 후 위쪽을 막았다. 영락 구슬 하나하나 모두 이와 같이 하였다. 이렇게 몸치장을 마친 후 서행하여 내궁으로 들어가 국왕과 상견하였다.

言"恭敬大王"等者 此明夫人旣見王身被禁 門戶極難 音信不通 恐絕王身命 遂卽香湯澡浴 令身淸淨。卽取酥蜜先塗其身 後取幹麨始安酥蜜之上 卽著淨衣覆之在外 衣上始著瓔珞 如常 服法 令外人不怪。又取瓔珞孔 一頭以蠟塞之 一頭孔中盛葡萄漿 滿已還塞 但是瓔珞 悉皆如 此。莊嚴旣竟 徐步入宮與王相見。

묻건대, 신하들은 명령을 받들어 내궁에 들어가 국왕을 친견하지 못하게 했는데, 무슨 의도로 문을 지키는 사람이 부인을 통제하지 않고 진입할 수 있도록 놓아두었는가?

問曰：諸臣奉敕 不許見王。未審夫人門家不制 放令得入者 有何意也？

답하되, 신하들의 신분은 다르고 게다가 외부인은 궁궐 내로 들어가 소식을 통한 후 바깥으로 전할 까봐 겹겹이 통제를 엄히 가하였다. 그러나 부인의 경우 몸은 여자이고 마음은 다른 계략이 없으며, 국왕과 전생인연으로 업이 무거워 오랫동안 부부가 되어 다른 몸이지만 같은 마음이므로 사람이 외부와 내통할 염려가 없었다. 그래서 그녀는 출입하며 국왕과 상견할 수 있었다.

答曰：諸臣身異 復是外人 恐有情通 致使嚴加重制。又夫人者 身是女人 心無異計 與王宿緣 業重 久作夫妻。別體同心 致使人無外慮 是以得入與王相見。

그때 대왕은 소밀과 밀가루를 먹고 포도즙을 마신 후 깨끗한 물을 구해서 양치질을 마친 후, 합장공경하고 기사굴산을 향해 멀리 세존께 예경하고 나서 이런 말로 아뢰길, "대목건련은 저의 친척이자 벗이오니, 원컨대 자비를 베푸셔서 저에게 팔관재계를 전수해주옵소서."

爾時大王食麨飲漿 求水漱口 漱口畢已 合掌恭敬 向耆闍崛山遙禮世尊 而作是言：大目犍連是吾親友 願興慈悲 授我八戒。

5. "그때 대왕은 소밀과 밀가루를 먹고"에서부터 "저에게 팔관재계를 전수해 주옵소서."에 이르는 경문에서는 부왕이 감금되어 생명이 위태로워짐을 염려하여 정법을 청함을 밝히고 있다.

五、從"爾時大王食麨"下 至"授我八戒"已來 正明父王因禁請法。

여기서는 부인이 국왕을 친견한 후 몸에 있는 소밀과 밀가루를 반죽하여 단자를 만들어서 국왕에게 주니, 국왕은 즉시 먹을 수 있었다. 단자를 다 먹고 난 후 부인은 내궁에서 깨끗한 물을 구해 국왕에게 양치질을 하도록 주었다.

此明夫人旣見王已 卽刮取身上酥麨 團授與王 王得卽食。食麨旣竟 卽於宮內 夫人求得淨水 與王漱口。

양치질을 마친 후 시간을 헛되이 보낼 수 없고, 마음속에 의탁할 곳이 없어 국왕은 합장·공경하고, 기사굴산을 향해 여래께 경의를 표하며 가피를 청하였다. 이는 신업으로 공경하고 또한 의업도 다 갖추고 있음을 밝힌다. (말하자면 몸으로도 이렇게 공경하는 행위를 하고, 안으로 공경한다는 의업을 일으킴을 표시하였다.) "이런 말로 아뢰기를" 이하의 경문에서는 구업으로 간청하고 당연히 의업도 다 갖추고 있음을 밝힌다.

淨口已竟 不可虛引時朝 心無所寄 是以虔恭合掌 回面向於耆闍 致敬如來 請求加護。此明身業敬 亦通有意業也。"而作是言"已下 正明口業請 亦通有意業也。

"대목건련은 저의 친척이자 벗이오니"라고 말함은 두 가지 뜻이 있다. 종전에는 목건련이 세속에 있을 때 국왕의 친척으로 이미 출가한 후 곧 스승이 되어 궁 내원 깊이 왕래하는데 장애가 없었다. 그래서 세속에서는 친척이었고 출가하여서는 벗이니, 그래서 "친우親友"라 부른다.

言"大目連是吾親友"者 有其二意 : 但目連在俗是王別親 旣得出家 卽是門師 往來宮閣 都無障礙。然在俗爲親 出家名友 故名親友也。

"원컨대 자비를 베푸셔서 저에게 팔관재계를 전수해주옵소서." 이라 말함은 부왕은 불법에 대해 매우 깊이 공경하고 중시하는 마음이 있어 전법자는 중시하지만, 자신은 나무랄 수 있었다. 만약 유폐의 환난을 만나지 않았다면 자신이 직접 법회를 열어 부처님과 승가 대중을 도량에 청함이 어려운 일이라 할 수 없을 것이다. 그러나 지금 이미 감금 당해 자유가 없어 겸손히 예의를 표시하고 직접 청할 수 없으니, 유일하게 목건련 존자에게 팔관재계八關齋戒를 전수해줄 것을 청하였다.

言"願興慈悲 授我八戒"者 此明父王敬法情深 重人過己 若未逢幽難 奉請佛僧不足爲難。今旣 被囚 無由致屈 是以但請目連受於八戒也。

묻건대, 부왕은 저 멀리 공경 · 합장하여 먼저 세존께 예경하고 계를 받는 때를 기다리며 곧 목건련에게 청하는데, 어떤 의도가 있는가?

問曰 : 父王遙敬先禮世尊 及其受戒卽請目連 有何意也 ?

답하되, 범부와 성인이 지극히 존경하는 분으로 부처님보다 뛰어날 수 없다. 그래서 성심을 다 기울여 발원할 때 곧 먼저 세존께 예경한다. 계戒는 작은 인연으로 오직 목건련 존자에게 전수해줄 것을 청할 뿐이다. 그러나 국왕의 지금 의도는 수명이 다할 때 청정한 계의 공덕을 얻고 싶다. 이러면 이미 목적에 도달하였고 이는 수고롭게 세존 앞에 올 필요가 없다.

答曰 : 凡聖極尊 無過於佛。傾心發願 卽先禮大師。戒是小緣 是以唯請目連來授。然王意者 貴在得戒 卽是義周 何勞迂屈世尊也 ?

묻건대, 여래의 계법戒法은 무량한 종류가 있는데, **부왕은 오직 팔관재계만 전수해줄 것을 청하고, 나머지는 청하지 않았으니, 그 의도는 무엇인가?**

問曰 : 如來戒法乃有無量 父王唯請八戒不請余也 ?

답하되, 다른 계는 조금 광범위하여 오랜 시간 동안 중간에 정념正念을 잃어버려 생사에 유전할지 몰라 두렵다. 그러나 이 팔계는 나머지 불경에서 말씀하는 것처럼 재가자가 출가계를 수지하는 것으로, 이 계는 마음을 지킴에 있어 지극히 미세하고 매우 급하다. 어떻게 아는가? 계를 지키는 시간이 조금 촉박하여 단지 하루 낮 하루 밤에 한정되고 법을 닦은 후 곧 버린다. (이는 국왕이 죽음에 임하는 고려에서 나온 것이다. 왜냐하면 그는 남은 시간이 많지 않아 생사에 빠질까봐 가장 두려웠다. 그래서 그는 매우 급박하게 팔관재계를 수지하여 청정한 계의 공덕을 얻어 내세를 이롭게 하고 싶었다.)

答曰：余戒稍寬 時節長遠 恐畏中間失念流轉生死。其八戒者 如余佛經說 在家人持出家戒 此戒持心極細極急。何意然者？但時節稍促 唯限一日一夜 作法卽舍。

이 계가 마음을 씀과 행을 일으킴에 미세한지 어떻게 아는가? 계문에 구체적으로 나타나 있듯이 첫째는 말하길, "불자여, 오늘 아침부터 내일 아침까지 하루 밤낮 사이에 제불과 마찬가지로 살생하지 말라는 계를 지킬 수 있는가?" 답하되, 지닐 수 있습니다. 둘째는 말하길, "불자여, 오늘 아침부터 내일 아침까지 하루 밤낮 사이에 제불처럼 도둑질하지 말고, 음행을 하지 말고, 거짓말을 하지 말고, 술을 마시지 말고, 화장품을 바르지 말고, 노래하고 춤추며 풍류를 즐기고 가서 구경하지 말며, 높고 큰 호화스런 침대에 앉지 말라 등 여덟 조목은 계戒이지 재齋가 아니고, 오후에 식사를 하지 말라, 이 한 조목은 재이고 계가 아니다.

云何知此戒用心行細？如戒文中具顯 云：佛子 從今旦至明旦 一日一夜 如諸佛不殺生 能持不？答言：能持。第二又云：佛子 從今旦至明旦 一日一夜 如諸佛不偸盜、不行淫、不妄語、不飮酒、不脂粉塗身、不歌舞唱伎及往觀聽、不坐高廣大床 此上八是戒非齋。不過中食 此一是齋非戒。

이러한 계는 모두 제불을 인용하여 증명을 삼는데 무슨 연고인가? 이는 오직 부처님과 부처님만이 번뇌와 습기를 다 끊었고, 부처 이하 과위는 모두 여전히 습기 등이 있기 때문에 다른 신분으로는 증명을 삼지 않는다. 이로써 이러한 계는 마음을 씀과 행을 일으킴에 특별히 미세하고 특별히 급한 것이다.

此等諸戒皆引諸佛爲證 何以故？唯佛與佛正習俱盡。除佛已還 惡習等猶在 是故不引爲證也。是以得知 此戒用心起行 極是細急。

게다가 부처님께서는 팔계를 수지하면 여덟 가지 수승한 이익이 있다고 말씀하신다. 어떤 사람이 하루 밤낮 사이에 수지하고 범하지 않으면 얻는 공덕은 인천과 이승의 경계를 뛰어넘는다. 경전에서 상세하게 연설하는 것과 같다. 이러한 이익이 있는 연고로 부왕은 날마다 이러한 팔계를 전수 받고자 하였다.

又此戒 佛說有八種勝法。若人一日一夜具持不犯 所得功德超過人天二乘境界 如經廣說。有斯益故 致使父王日日受之。

그때 목건련이 매처럼 날아서 재빨리 왕의 처소에 이르러, 날마다 이와 같이 왕에게 팔관재계를 전수해주었다. 세존께서는 또한 부루나 존자를 보내서 왕을 위하여 설법하도록 하셨다.

時目犍連如鷹隼飛 疾至王所 日日如是 授王八戒。世尊亦遣尊者富樓那爲王說法。

6. "그때 목건련"에서 "왕을 위해 설법하도록 하셨다"에 이르는 경문에서는 부왕이 청법함으로 인해 성자가 계법을 내려주는 은혜를 입었음을 밝히고 있다.

六、從"時目犍連"下 至"爲王說法"已來 明其父王因請得蒙聖法。

이 단락에서는 목건련이 타심지통他心智通을 얻어 먼 곳에서 부왕이 청법한 마음을 알고 즉시 대신통력을 일으켜 손가락을 퉁기는 짧은 순간의 시간에 왕의 처소에 이름을 밝히고 있다. 또한 사람들이 신통의 모습(相狀)을 잘 이해하지 못할까봐 빠른 매에 비유하였다. 그러나 목건련의 신통력은 일념의 짧은 순간에 사천하를 백천 번 돌 수 있으니, 어찌 매의 속도에 견줄 수 있겠는가? 이러한 비교처럼 매우 많은 예가 있지만 모두 인용할 수 있다.

《현우경》에서 모두 말씀하신 것과 같다.

此明目連得他心智 遙知父王請意 卽發神通 如彈指頃到於王所。又恐人不識神通之相 故引快鷹爲喩。然目連通力 一念之頃繞四天下百千之匝 豈得與鷹爲類也? 如是比校乃有衆多 不可具引 如《賢愚經》具說。

"날마다 이와 같이 왕에게 팔관재계를 전수해주었다."라 말함은 부왕이 수명을 연장하여 목건련이 수차례 계를 전수하게 됨을 밝히고 있다.

言"日日如是授王八戒"者 此明父王延命 致使目連數來授戒。

묻건대, 이미 팔계의 수승함을 말하였으니, 한번 전수 받으면 충분한데 굳이 날마다 전수 받아야 하는가?

답하되, "산은 높아지기를 마다하지 않는다" 등 공덕은 많이 비유할 수록 좋다. 국왕은 이미 감금을 당해 행동의 자유가 없으므로 염념마다 모두 다른 사람이 명령을 받아 살해 될지 모른다고 시시각각 걱정하고 있다. 그는 주야로 온 마음을 다 쏟아 부어 팔계를 수지하는 공덕에 우러러 의지하면서 쌓아둔 선업이 높아져 내세에 도움을 받을 수 있기를 희망하였다.

問曰:八戒旣言勝者 一受卽足 何須日日受之? 答曰:山不厭高 海不厭深 刀不厭利 日不厭明 人不厭善 罪不厭除 賢不厭德 佛不厭聖。然王意者 旣被囚禁 更不蒙進止 念念之中畏人喚殺。爲此晝夜傾心仰憑八戒 望欲積善增高 擬資來業。

"세존께서는 또한 부루나 존자를 보내서 왕을 위하여 설법하도록 하셨다."고 말함은 세존께서는 자비심이 커서 국왕이 갑자기 구금 당한 재난을 만나 근심하여 초췌하지 않을까 가엾이 여기심을 밝히셨다. 부루나는 부처님의 거룩한 제자 중에서 설법을 가장 잘할 수 있고, 선교방편으로 사람의 심경을 열어 줄 수 있었다. 이러한 연고로 여래께서는 그를 파견하여 국왕에게 설법하여 주고 그의 마음속 연명하기 어렵다는 근심과 핍박을 제거해 줄 수 있었다.

言"世尊亦遣富樓那爲王說法"者 此明世尊慈悲意重 潛念王身 忽遇囚勞 恐生憂悴。然富樓那者 於聖弟子中最能說法 善有方便開發人心。爲此因緣 如來發遣爲王說法 以除憂惱。

이와 같은 시간이 21일이 지났다. 왕은 소밀과 밀가루를 먹은 후 묘법을 들은 까닭에 안색이 온화하게 변하고 기쁨이 흘러넘쳤다.

如是時間經三七日。王食麨蜜 得聞法故 顏色和悅。

7. "이와 같은 시간"에서 "안색이 온화하게 변하고 기쁨이 흘러넘쳤다."에 이르는 경문에서는 부왕이 식사를 하고 법을 들어서 여러 날이 지나도 죽지 않았음을 밝히고 있다. 이는 부인이 그동안 비밀리에 음식물을 봉헌하여 국왕의 배고프고 목마름을 해소하였기 때문이다. 두 분의 성인이 또한 계를 전수하고 법을 전함으로써 안으로 그의 마음을 자양하고, 선교방편으로 그의 심경을 열어주었다. 이렇듯 음식물로써 연명할 수 있었고, 수계와 전법으로써 심신을 자양할 수 있어 왕은 근심과 괴로움이 사라지고 심신이 좋아져 안색이 온화하게 변하고 기쁨이 흘러넘쳤다.

7. 從"如是時間"下 至"顏色和悅"已來 正明父王因食聞法 多日不死。此正明夫人多時奉食 以除饑渴 二聖又以戒法內資 善開王意。食能延命 戒法養神 失苦亡憂 致使顏容和悅也。

여기까지 비록 일곱 문구로 나누어 설명하였지만, 총괄해서 부왕을 구금한 인연을 설명해 마쳤다.

上來雖有七句不同 廣明禁父緣竟。

[제3단] 모친을 감옥에 가둔 인연

모친을 감옥에 가둔 인연에는 곧 여덟 가지 내용이 들어있다.

　三、就禁母緣中　卽有其八：

그때 아사세는 문을 지키는 이에게 묻기를, "부왕은 지금 아직도 살아 있는가?"

時阿闍世。問守門者。父王今者。猶存在耶。

1. "그때 아사세는"에서 "살아 있는가?"에 이르는 경문에서는 아사세가 부친의 소식 혹은 정황을 질문한 것을 밝히고 있다.

　一、從"時阿闍世"下　至"猶存在耶"已來　正明問父音信。

이는 아사세 왕자가 부친을 감금한지 이미 여러 날이 지나 외부인과 교류가 단절되어 물과 음식을 공양한지 2주간 남짓 지나 마땅히 굶어 죽었을 것임을 밝히고 있다. 그는 이렇게 생각하고서 곧 궁문에 이르러 문을 지키는 사람에게 묻는다. "부왕은 지금 아직도 살아있는가?"

此明闍王禁父日數旣多　人交總絕　水食不通　二七有余　命應終也。作是念已　卽至宮門　問守門者：父王今者猶存在耶。

묻건대, 만약 어떤 사람이 한 끼 식사도 먹지 못한 채 7일간의 기한에 이르면 반드시 죽게 된다. 부왕은 이미 3주가 경과하여 의심할 여지없이 숨이 끊어졌을 것이다. 아사세 왕자는 왜 직접 "부왕은 지금 죽었는가?"

라고 직접 묻지 않고, 왜 의심이 들어 "지금 아직도 살아있는가?"하고 물었는가? 어떤 함의가 있는가?

問曰：若人（不）食一餐之飯 限至七日卽死。父王已經三七 計合命斷無疑。闍王何以不直
問曰：問家 父王今者死竟耶？云何致疑而問猶存在者 有何意也？

답하되, 이는 아사세 왕자가 지닌 일종의 의밀意密로 질문한 것이다. 그는 운명이 움직이는 징조(萬幾)의 주체이자 일국의 왕자로 거동을 마음대로 할 수 없다. 부왕은 이미 하늘이 지정한 친한 관계(天性至親)로 질문을 통해 체면을 유지하지 못하고 비웃음거리가 되지 않을까봐 부왕이 죽었는지 직접 물을 수 없었다. 마음속으로는 부왕이 이미 죽었다고 확정하였지만, 입으로는 부왕이 아직도 살아있는지? 물었다. 이는 바로 부모존속을 죽였다는 죄명을 소멸하고 싶은 것이다.

答曰：此是闍王意密問也。但以萬幾之主 舉動不可隨宜。父王旣是天性至親 無容言問死 恐失在當時 以成譏過。但以內心標死 口問在者 爲欲息滅惡逆之聲也。

그때 문을 지키는 이가 아뢰기를, "대왕이시여! 국대부인께서 몸에 소밀과 밀가루를 바르고 영락에 포도즙을 담아 가지고 와서 국왕께 올리셨고, 사문인 목건련과 부루나가 허공에서 날아와 왕을 위해 설법하니 막을 수 없었나이다."

時守門人白言：大王！國太夫人身塗麨蜜 瓔珞盛漿 持用上王；沙門目連及富樓那 從空而來 爲王說法 不可禁制。

2. "그때 문을 지키는 이가 아뢰기를"에서 "통제할 수 없었나이다."에 이르는 경문에서는 문을 지키는 사람이 사실로써 구체적으로 답함을 밝히고 있다.

二、從"時守門人白言"下 至"不可禁制"已來 正明門家以事具答。

앞에서 아사세 왕자는 "왕은 아직도 살아있는가?" 물었는데, 이번에는 이어서 문을 지키는 이가 답을 한다. "아뢰기를, 대왕이시여! 국대부인께서" 이하 경문에서는 문을 지키는 이가 부인이 은밀히 국왕에게 음식물을 가져다주었기에, 국왕이 먹고 난 후 음식으로 생명을 연장할 수 있었고, 비록 여러 날이 지났을지라도 왕은 여전히 생존해 있었으며, 이는 부인이 음식을 만들어 보내준 덕분으로 문을 지키는 이의 과실이 아니라는 상황을 밝히고 있다.

此明闍世前問父王在者。今次門家奉答。言"白言：大王 國太夫人"已下 正明夫人密奉王食 王旣得食 食能延命。雖經多日父命猶存 此乃夫人之意 非是門家之過。

묻건대, 부인이 음식물을 보내는 것은 몸에 먼저 소밀을 바르고 다시 밀가루를 많이 붙인 후 옷 아래 은밀히 덮고서 출입 왕래하여 보는 이가 아무도 없었는데, 어떻게 문을 지키는 이는 부인이 음식물을 봉헌한 일을 구체적으로 설명할 수 있는가?

問曰：夫人奉食 身上塗麨 衣下密覆 出入往還 無人得見。何故門家具顯夫人奉食之事？

답하되, 일체 은밀한 일은 오래도록 비밀을 지킬 수 없고, 설사 야무지게 숨겼을지라도 끝내 일은 드러나게 마련이다. 부왕이 궁 안에 이미 감금되어 부인이 날마다 출입·왕래하면서 만약 은밀히 밀가루 등을 가지고 가지 못했다면 국왕은 근본적으로 생명을 연장할 수 없었을 것이다. 지금 "밀密"이라 말한 것은 문을 지키는 이가 부인의 생각을 진술한 것을 가리킨다. 부인은 은밀히 감추어 외부인은 모른다고 여겼지만, 문을 지키는 이가 이미 전부 알고 있음을 생각지도 못했을 것이다. 사정이 이렇게 된 이상 숨길 방법이 없자 문을 지키는 이는 아사세 왕에게 낱낱이 말했다.

答曰：一切私密不可久行　縱巧牢藏　事還彰露。父王旣禁在宮內　夫人日日往還。若不密持麨食　王命無由得活。今言密者　望門家述夫人意也。夫人謂密　外人不知　不期門家盡以覺之。今旣事窮　無由相隱　是以一一具向王說。

"사문인 목건련" 이하는 목건련과 부루나 두 분의 성인이 신통력으로 문을 경유하지 않고 허공에서 와서 날마다 왕래하며 국왕에게 설법하였음을 정식으로 밝히고 있다. 대왕께서는 부인이 준 음식을 먹었거늘 문지기는 앞에서 아사세 왕자가 그녀에게 금지하라는 분부를 받은 적이 없고, 두 성인이 허공에서 오고 갔거늘 이 또한 문으로 출입하는 것이 아니어서, 이는 모두 문지기의 통제 범위가 아니라는 것을 알아야 한다.

(문을 지키는 이는 책임을 회피하고 싶은 것이다. 부인이 날마다 음식물을 나르고 아사세 왕자도 부인에게 감금한 방에 진입하지 못하게 금지 명령한 적이 없다. 그래서 문지기는 그녀를 저지해야할 책임이 없었다. 다음으로 두 성인이 허공에서 감금된 방으로 진입한 것 또한 문으로 왕래한 것이 아니어서 그들과 아무런 관계가 없다.)

言"沙門目連"已下　正明二聖騰空來去不由門路　日日往還爲王說法。大王當知　夫人進食　先不奉王敎　所以不敢遮約。二聖乘空　此亦不由門制也。

그때 아사세는 이 말을 듣고 나서 격노하여 자기 어머니에게 이르길, "내 모친은 역적으로 역적과 한편이 되었고, 사문은 악인이니 환상으로 미혹시키는 주술을 써서 이 패악한 왕이 여러 날이 지나도록 죽지 않게 하였다!" 즉시 예리한 칼을 쥐고 그의 모친을 해치려 하였다.

時阿闍世聞此語已　怒其母曰：我母是賊　與賊爲伴　沙門惡人　幻惑咒術　令此惡王多日不死！卽執利劍　欲害其母。

3. "그때 아사세는 이 말을 듣고 나서"에서 "그의 모친을 해치려 하였다."에 이르는 경문에서는 아사세 왕이 진노한 정황을 밝히고 있다. 말하자면 아사세 왕은 문을 지키는 이가 구체적으로 진술한 이후 부인에게 진노하는 사나운 마음을 일으키고, 입으로 갖가지 사나운 말을 하였으며, 또한 삼업의 역逆·삼업의 악惡을 일으켰다. 즉 부모를 역적이라 욕하니, 이는 (인륜에 맞지 않는) 구업口業의 역이라 하고, 사문을 (환술을 써서 마음을 미혹시키고 어지럽게 한다) 매도하니 이는 구업의 악이라 한다. 칼을 쥐고 모친을 죽이려 하니, 이는 (윤리에 어긋나고 거스르는) 신업身業의 역이라 한다. 몸과 입으로 짓는 행위에서 마음을 주로 삼아서 의업意業의 역이라 한다. (왜냐하면 본래 마땅히 효순하여야 하지만, 오히려 패역하여 모친을 살해하려 하기 때문에 이러한 마음을 일으킴이 바로 의업의 역이다.) 게다가 앞에서 일으킨 방편을 악惡이라 하고, 뒤에서 나타나는 정행正行을 역逆이라 한다.

三、從"時阿闍世聞此語"下 至"欲害其母"已來 正明世王瞋怒。此明闍王旣聞門家分疏已 卽於夫人心起惡怒 口陳惡辭 又起三業逆、三業惡：罵父母爲賊 名口業逆；罵沙門者 名口業惡。執劍殺母 名身業逆；身口所爲 以心爲主 卽名意業逆。又復前方便爲惡 後正行爲逆。

"내 모친" 이하에서는 어떻게 입에서 거칠고 사나운 말이 나오는지 밝히고 있다.

言"我母是賊"已下 正明口出惡辭。

그는 왜 모친을 역적이고, 역적의 편이라고 욕하는가? 이는 아사세 왕은 원래 부친에게 마음의 원한을 품었던 터라 그가 이미 죽지 않았음에 아쉬워했다. 왜냐하면 그는 제바달다의 부추김을 듣고서 자신이 출생할 때 부친이 그를 살해하려 한 사실을 알았고, 그래서 매우 큰 원한을 품었었다. 그러나 모친이 몰래 부친에게 음식물을 보내주어 그가 죽지 못하게 하였다. 그래서 그는 "내 모친은 역적이고 역적의 편이다."라고 욕하였다. (여기서 역적은 그의 부친을 가리킨다. 왜냐하면 이 역적의 원수로 태어날 때 그의 부친이 그를 죽이려 했기 때문이다. 지금 모친은 부친의 한패가 되었다. 그래서 모친이 역적의 편이고 역적의 한통속이라고 욕했다.)

云何罵母爲賊、賊之伴也？但闍王元心致怨於父 恨不早終 母乃私爲進糧 故令不死。是故罵言我母是賊、賊之伴也。

"사문은 악인이니" 이하에서는 아사세가 모친이 음식물을 보냈음에 진노하였고, 또한 사문이 국왕과 왕래하였음을 듣고 더욱더 성내는 마음이 일어났음을 밝히고 있다. 그래서 말하길, "사문은 악인이니, 환상으로 미혹시키는 주술을 써서 이 패악한 왕이 여러 날이 지나도록 죽지 않게 하였다!" 하였다. (그래서 그는 그때 성내는 마음이 매우 컸다.)

言"沙門惡人"已下 此明闍世瞋母進食 復聞沙門與王來去 致使更發瞋心 故云 幻惑咒術而令惡王多日不死。

"즉시 예리한 칼을 쥐고" 이하에서는 그때 아사세 왕이 성내는 마음이 불길같이 일어나 모친에게 생긴 악역무도한 마음을 억제하기 어려워 모친을 죽이고 싶어 하였음을 밝히고 있다. 이 얼마나 불쌍한가! 그는 모친의 머리를 붙잡고 손에 칼을 빼들 준비를 하였으니, 이미 생명의 아주 중대한 고비에 이르렀다. 모친은 두 손으로 합장하고서 몸을 구부리고 고개를 숙인 채 아들의 손에 기댔다. 그때 위제희 부인은 공포에 질려 온몸에 뜨거운 땀이 흘러내렸고 심신이 답답했다. 아, 불쌍하도다! 정신이 흐리멍덩한 사이에 이런 고난을 만났다니.

言"卽執利劍"已下 此明世王瞋盛 逆及於母。何其痛哉！撮頭擬劍 身命頓在須臾。慈母合掌 曲身低頭 就兒之手。夫人爾時熱汗遍流 心神悶絶。嗚呼哀哉！恍忽之間逢斯苦難。

그때 월광月光이라는 총명하고 지혜가 많은 한 신하가 있었으니, 기바耆婆와 함께 왕에게 절하고 아뢰길, "대왕이시여, 신들이 듣건대 《베다논경》의 말씀에 따르면, 겁초 이래 여러 패악한 왕들이 있어 왕위를 탐한 까닭에 그의 부친을 살해한 자가 무려 1만 8천 명이나 된다고 하오나, 지금까지 무도하게 모친을 해쳤다는 말은 듣지 못하였습니다. 왕께서 지금 모친을 살해하는 극악무도한 일을 하여 찰제리(국왕) 종성을 더럽히려 하시니, 신하로서 차마 들을 수 없사옵니다. 이는 전다라(백정) 무리나 하는 짓이오니, 저희들은 여기서 더 이상 머물러 있을 수 없겠나이다."

그때 두 대신은 말을 마친 후 손으로 칼을 잡은 채 몇 걸음 뒤로 물러섰다.

時有一臣名曰月光 聰明多智 及與耆婆 爲王作禮 白言：大王！臣聞《毗陀論經》說劫初已來 有諸惡王 貪國位故 殺害其父一萬八千 未曾聞有無道害母。王今爲此殺逆之事 汙刹利種 臣不忍聞 是旃陀羅 我等不宜復住於此。時二大臣說此語竟 以手按劍 卻行而退。

4. "그때 월광月光이라는 신하가 있었으니"에서 "몇 걸음 뒤로 물러섰느니라."에 이르는 경문에서는 두 신하가 듣고서 따르지(聽從) 않고 간절하게 간언함을 밝히고 있다.

四、從"時有一臣名曰月光"下至"卻行而退"已來 正明二臣切諫不聽。

이는 두 대신이 모두 국가의 보상(輔相; 임금을 도와 나라를 다스리는 대신)으로 조정의 기강을 세워 만국에 명성을 떨쳐서 팔방 세계에서 본받고 학습하도록 희망하였다. 그런데, 갑자기 아사세 왕이 천륜을 거스르는 마음을 일으켜 칼을 잡고 모친을 살해하려는 모습을 보았다. 그는 이러한 아주 나쁜 일을 차마 보지 못해 기바와 함께 왕의 안색에 개의치 않고 충심으로 간언하였다.

此明二臣乃是國之輔相 立政之綱紀 望得萬國揚名、八方仿習。忽見闍王起於悖逆 執劍欲殺
其母。不忍見斯惡事 遂與耆婆犯顏設諫也。

"그때". 이는 왕이 모친을 살해하고 싶을 때를 가리킨다. "한 신하가 있었으
니", 이는 그 지위를 드러냄이고, "월광"은 그 이름을 드러냄이며, "총명하고
지혜가 많은", 이는 그의 덕상을 드러냄이다.

言"時"者 當闍王欲殺母時也。言"有一臣"者 彰其位也;言"月光"者 彰其名也;言"聰明
多智"者 彰其德也。

"기바와 함께", 이는 기바도 또한 부왕의 자식, 내녀奈女의 자식인데, 갑자기
형이 모친에 대해 존속을 살인하려는 마음을 일으키는 모습을 보고 월광과
함께 간언하게 된다.

言"及與耆婆"者 耆婆亦是父王之子 奈女之兒 忽見家兄於母起逆 遂與月光同諫。

"왕에게 절하다." 이는 무릇 윗자리의 큰 사람에게 간언을 상신하고자 함에
이러한 법칙이 있으니, 예배하여 몸으로써 공경함을 표시하여야 한다. 지금
이 두 분의 대신도 이와 같이 먼저 몸으로써 예경하여 왕의 마음을 건드리고
손을 거두고 허리를 굽혀서 공경·예배를 완료한 후 비로소 자신의 의견을
아뢰었다.

言"爲王作禮"者 凡欲咨諫大人之法 要須設拜以表身敬。今此二臣亦爾 先設身敬覺動王心
斂手曲躬 方陳本意也。

"아뢰길, 대왕이시여" 월광 대신이 의견을 아뢰니, 아사세 왕이 듣고서
마음을 돌려 그들의 충고를 받아들일 수 있길 희망함을 밝히고 있다. 이런

인연을 위해서 모름지기 먼저 아뢰길, "신들이 듣건대 《베다논경》의 말씀에 따르면" 이는 고금의 역사서상 역조歷朝 역제歷帝의 문기文記에서 널리 인용함을 밝히고 있다. 고인께서 말씀하시길, "말이 전적과 관련되지 않음은 군자가 부끄러워할 것이다." 하였다. 지금 이미 간언하는 일이 지극히 중대하니, 어찌 출처가 없이 허언으로 망녕되이 말하겠는가?

("언불관전言不關典 군자소참君子所慚", 이는 군자에게 무릇 할 말이 있으면 모두 정종正宗 전적典籍의 의거가 있어야만 입에서 나오는 대로 지껄이는 잡설이 아니라는 뜻이다. 만약 멋대로 망녕되이 말하면 근거가 없고, 이는 군자가 참괴慚愧해야 하는 일이다. 일대 중대한 일은 모두 전적의 출처가 있어야 함을 표시한다.)

言"白言大王"者 此明月光正欲陳辭 望得闍王開心聽攬 爲此因緣 故須先白言 "臣聞《毗陀論經》說"者 此明廣引古今書史歷帝之文記 古人云："言不關典 君子所慚。"今旣諫事不輕 豈可虛言妄說？

"겁초이래" 이는 시간을 드러냄이다. 바로 겁의 처음 이래 줄곧 지금까지에 이른다. "겁초이래 여러 패악한 왕들이 있어" 이는 총괄해서 무례하고 포악무도한 사람을 밝힌다. (곧 행하는 바가 예의나 천리에 어긋나고 윤리에 패역하여 행하고, 잔악한 행을 보인다.) "왕위를 탐한 까닭에". 이는 의가 아닌 것을 탐함으로 부왕의 지위를 찬탈함을 밝힌다. (왜냐하면 낳고 길러주신 큰 은혜가 있기에 본래는 마땅히 효순해야 하는데, 부친과 쟁탈을 벌여 윤리에 어긋나니 의가 아님이 된다.) "그의 부친을 살해한 자". 이미 부친에게 패악한 마음을 먹고 권력을 쟁취하려는 이상 그는 오래 머물러서는 안 되고, 목숨을 끊어야 한다. "무려 1만 8천 명이나 된다." 이는 국왕이 지금 부친을 죽이려 하니, 과거의 나쁜 악과 동일한 유형임을 말한다.

言"劫初已來"者 彰其時也。言"有諸惡王"者 此明總標非禮暴逆之人也。言"貪國位故"者 此明非義所貪 奪父坐處也。言"殺害其父"者 此明旣於父起惡 不可久留 故須斷命也。言"一萬八千”者 此明王今殺父與彼類同也。

"지금까지 무도하게 모친을 해쳤다는 말은 듣지 못하였습니다." 이 경문에서는 예로부터 지금까지 아버지를 죽이고 왕위를 취한 일은 역사서 상에 매우 많이 기록되어 있지만, 국왕자리를 탐하고자 모친을 죽인 기록은 없었음을 밝히고 있다.

言"未曾聞有無道害母"者 此明自古至今 害父取位 史籍良談 貪國殺母都無記處。

만약 겁초 이래를 말하면 패악한 왕이 왕위를 탐하여 단지 부친을 살해하였지만, 모친을 살해하지 않았다. 이는 옛날 일을 인용하여 지금과 다름을 설명한다. "대왕께서 지금"이라 함은 나라를 탐하여 부친을 살해하려는데, 부친은 왕위가 있어 탐할 수 있으니, 이는 옛날과 같다. 그러나 모친은 왕위가 없어 구할 수 없으니 극악무도한 살해를 난폭하게 가하는 것은 옛날과 다름을 밝힌다.

若論劫初已來 惡王貪國但殺其父 不加慈母 此則引古異今。大王今者 貪國殺父 父則有位可貪 可使類同於古。母卽無位可求 橫加逆害 是以將今異昔也。

"왕께서 지금 모친을 살해하는 극악무도한 일을 하여" 이는 찰제리 종성(고귀한 왕족혈통)을 더럽힘을 말한다. "찰제리"는 인도 사성종성(계급, 혈통) 중 고귀한 국왕 혈통으로 대대로 계승되니, 어찌 범부의 혈통이 부스러지는 것과 같겠는가?

言"王今爲此殺母"者 汙剎利種也。言"剎利"者 乃是四姓高元 王者之種 代代相承 豈同凡碎?

"신하로서 차마 들을 수 없사옵니다." 이는 국왕이 패악한 마음을 일으켜 모친을 살해하여 종친을 욕보이고 악명을 멀리 떨쳐서 오명을 남기는 모습을 봄을 말한다. 우리의 종성과 명망을 모두 다 쓸어버리니, 황송하고 부끄러워 몸 둘 곳이 없다.

言"臣不忍聞"者 見王起惡 損辱宗親 惡聲流布。我之姓望 恥慚無地。

"전다라"는 인도의 사성종성 중 가장 낮은 천민 혈통으로 이런 부류의 사람은 흉악한 성정을 품고 있고, 마음은 인의仁義와 전혀 관계가 없어, 비록 겉으로는 평범한 사람의 모습을 하고 있을지라도 마음과 행위 등은 금수와 같다. 국왕은 고귀한 상족上族에 위치하고 만민의 군주가 된다. 지금 이미 패악을 일으켜 은혜를 입은 모친에게 가해하려고 하니, 이러한 흉악한 천민 혈통과 어떤 차별이 있겠는가?

言"是旃陀羅"者 乃是四姓之下流也 此乃性懷兇惡 不閑仁義 雖著人皮 行同禽獸。王居上族 押臨萬基之主 今旣起惡加恩 與彼下流何異也？

"여기서 더 이상 머물러 있을 수 없겠나이다."라고 함은 두 가지 함의가 있다. 첫째, 국왕이 지금 악을 지어 기풍과 예의가 없는데 경성京城 신주神州 땅, 어디에서 천한 혈통인 전다라를 군주로 모실 수 있겠는가? 이는 궁성宮城에서 쫓겨난다는 의미다.

言"不宜住此"者 卽有二義：一者王今造惡不存風禮 京邑神州 豈遣旃陀羅爲主也？此卽擯出宮城意也。

둘째, '내가 여전히 이 나라에 있으면 나의 종친을 욕보이게 되고, 나는 멀리 다른 나라로 피해서 영원히 이러한 끔찍한 일을 듣지 않는 편이 낫다'고 생각했다. 그래서 이르길, "여기서 더 이상 머물러 있을 수 없겠나이다."

二者我若在國 損我宗親 不如遠避他方 永絕無聞之地 故云"不宜住此"也。

"그때 두 대신은 말을 마친 후" 이는 두 대신이 솔직히 간언함을 밝힌다. 지극히 간절하고 거친 말로 고금의 사례를 널리 인용하여 왕이 각성하기를 희망하였다.

言"時二大臣說此語竟"者 此明二臣直諫 切語極粗 廣引古今 望得王心開悟。

"손으로 칼을 잡은 채" 이는 두 대신이 손으로 허리에 찬 보검을 잡아 자신을 방어함을 가리킨다.

言"以手按劍"者 臣自按腰中劍也。

묻건대, 이처럼 매우 거친 말로 간언하면 임금의 안색에 개의치 않음을 피하지 못한다. 이미 군신의 예의를 등졌거늘 왜 몸을 돌려서 직접 떠나지 않고 말하고서 몇 걸음 뒤로 물러서려는가?

답하되, 비록 극악무도한 왕의 마음을 거친 말로 움직일지라도 마음속에 단지 그가 모친을 살해하려는 마음을 그치길 희망할 뿐이지, 결코 군신의 의에 어긋나고 벗어난 적이 없다. 또한 아사세 왕의 마음속 진노의 독이 사라지지 않아서 검을 쥐고 자신을 해치려한다고 두려워했다. 그래서 칼을 잡은 채 스스로 방어하며 몇 걸음 뒤로 물러났다.

問曰：諫辭粗惡 不避犯顏。君臣之義旣乖 何以不回身直去 乃言卻行而退也？答曰：粗言 雖逆王 望息害母之心 又恐瞋毒未除 擊劍危己 是以按劍自防 卻行而退。

그때 아사세는 놀랍고 두려운 마음에 기바 대신에게 말하길, "그대는 나를 더 이상 보좌하지 않으려는가?" 기바가 아뢰길, "대왕이시여! 부디 모친을 살해하지 마소서!"

時阿闍世 驚怖惶懼 告耆婆言：汝不爲我耶？

5. "그때 아사세는 놀랍고"에서 "그대는 나를 더 이상 보좌하지 않으려는가?"에 이르는 경문에서는 아사세왕이 놀라는 상황이 생김을 밝히고 있다. 아사세왕은 이미 두 대신이 이렇게 절박하고 거칠게 간언하는 말을 하고, 또한 칼을 잡은 채 떠나는 모습을 보고, 대신들이 자신을 등지고 부모님을 향할까, 또한 기타 뜻밖의 손실이 생길까 두려워함을 밝히고 있다. 그때 상황으로 인해 그는 마음이 매우 불안하게 되었다. 그래서 "두렵다" 하였다. '그들이 이미 나를 버리다니, 이는 누구를 위하는 것인지 잘 모르겠다.' 마음에 의심을 하면서 결단을 내리지 못한 채 그것을 입 밖에 내며 심문하였다. 그래서 "기바, 그대는 나를 더 이상 보좌하지 않으려는가?" 하고 물었다.

五、從"時阿闍世驚怖"下 至"汝不爲我耶"已來 正明世王生怖。此明闍世旣見二臣諫辭粗切 又睹按劍而去 恐臣背我 向彼父王 更生異計。致使情地不安 故稱"惶懼"。彼旣舍我 不知爲誰？心疑不決 遂卽口問審之 故云：耆婆汝不爲我耶？

기바는 국왕의 형제이다. 고인이 말하길, "집안이 쇠하고 화가 닥치면 친척만이 구하러 온다."고 하였다. 아사세는 '당신은 나의 형제임에도 어찌 월광과 같단 말인가?' 반문했다.

言"耆婆"者 是王之弟也。古人云 家有衰禍 非親不救。汝旣是我弟者 豈同月光也？

6. "기바가 아뢰길"에서 "부디 모친을 살해하지 마소서!"에 이르는 경문에서는 두 신하가 거듭 간언함을 밝히고 있다. 기바는 그때 여실하게 다시 대왕에게 답하길, "만약 저희가 폐하를 도와 나라를 다스리고자 하면 청하옵건대 모친을 가해하지 마십시오." 이상으로 직접 간언한 내용을 마쳤다.

六、從"耆婆白言"下 至"慎莫害母"已來 明二臣重諫。此明耆婆實答大王：若欲得我等爲相者 願勿害母也。此直諫竟。

왕이 이 말을 듣고, 참회하며 구원을 구하여 곧바로 칼을 버리고 더 이상 모친을 해치지 않았다. 내관에게 명령하여 모친을 깊은 궁에 구금시키고 다시 나오지 못하도록 하였다.

耆婆白言：大王！愼莫害母！王聞此語 懺悔求救 卽便舍劍 止不害母。敕語內官 閉置深宮 不令復出。

7. "왕이 이 말을 듣고"에서 "더 이상 모친을 해치지 않았다."에 이르는 경문에서는 아사세왕이 간언을 받고 모친을 살려준다고 밝힌다.

七、從"王聞此語"下 至"止不害母"已來 正明闍王受諫 放母殘命。

이는 아사세왕이 기바의 간언이 끝나자 마음에 회한이 생겨 이전에 지은 업을 참회하고 두 대신에게 도와주길 애걸함을 밝히고 있다. 이렇게 모친을 죽음의 난에서 벗어나도록 풀어주고 수중의 검을 칼집에 다시 넣었다.

此明世王旣得耆婆諫已 心生悔恨 愧前所造 卽向二臣求哀乞佑。因卽放母脫於死難 手中之劍 還歸本匣。

8. "내관에게 명령하여"에서 "다시 나오지 못하도록 하였다."에 이르는 경문에서는 아사세왕이 여전히 분노가 남아 있어 모친을 깊은 궁에 감금하였음을 밝히고 있다. 이는 아사세왕이 비록 대신들의 간언을 받아 모친을 풀어주었지만, 여전히 모친에게 분이 사라지지 않아, 문밖으로 나가지 못하도록 내관에게 그녀를 깊은 궁속에 유폐시킨 후 그녀가 다시 밖에 나가 부왕과 상견하지 못하도록 하였다.

八、從"敕語內官"下 至"不令復出"已來 明其世王余瞋禁母。此明世王雖受臣諫 於母猶有余瞋 不令在外 敕語內官 閉置深宮 更莫令出與父王相見。

이상 여덟 문구는 비록 다를지라도 총괄해서 모친을 감금한 인연을 상세하게 설명하고 있다.

上來雖有八句不同　廣明禁母緣竟。

[제4단] 괴로움을 싫어하는 인연

괴로움을 싫어하는 인연에는 곧 네 가지 내용이 들어있다.

四、就厭苦緣中　卽有其四：

그때 위제희 부인은 유폐된 후 슬픔과 근심에 신심이 초췌해졌다. 멀리 기사굴산을 향해 부처님께 정례하고 아뢰기를, "여래세존이시여, 지난 날 항상 아난존자를 보내어 저를 위로하여 주셨사옵니다. 저는 지금 슬픔과 근심에 잠겨 있사온데, 세존께서는 위엄이 있고 중후하여 친견할 길이 없사옵니다. 원컨대 목건련과 아난존자를 보내시어 저와 만나게 하옵소서." 이렇게 말하고 나서 슬픔이 복받쳐 눈물이 비 오듯 내려 멀리 부처님을 향해 정례하며 머리를 들지 못하였다.

時韋提希　被幽閉已　愁憂憔悴　遙向耆闍崛山爲佛作禮　而作是言：如來世尊　在昔之時　恒遣阿難來慰問我。我今愁憂　世尊威重　無由得見　願遣目連、尊者阿難與我相見。作是語已　悲泣雨淚　遙向佛禮　未擧頭頃。

1. "그때 위제희 부인"에서 "초췌해졌다"에 이르는 경문에서는 위제희 부인이 불효자식에게 감금 당한 상황을 밝히고 있다. 이는 위제희 부인이 비록 죽음의 재난을 면하였을지라도 또한 깊은 궁에 유폐 당해 감시가 매우 엄밀하여 나갈 수 없었다. 그녀는 염념마다 근심뿐이라 저절로 신심이 초췌하게 되었다. 그녀는 상심하여 한탄해서 말하길, "정말 대재앙이다! 오늘은 너무나 괴롭다. 불효자식인 아사세왕의 소환을 받아 예리한 칼날 아래 생을 마감할지도 모르겠고, 또 다시 깊은 궁에 갇힌다면 너무나 힘든 일일 것이다."

一、從"時韋提希"下 至"憔悴"已來 正明夫人爲子幽禁。此明夫人雖免死難 更閉在深宮 守當極牢 無由得出。惟有念念懷憂 自然憔悴。傷嘆日：禍哉！今日苦 遇值闍王喚 利刃中間結 復置深宮難。

묻건대, 위제희 부인이 이미 죽음의 재난을 벗어나 깊은 궁에 들어간 이상 마땅히 행복하고 즐거워야 하는데 왜 오히려 더욱더 슬퍼하는가?

問日：夫人旣得免死入宮 宜應訏樂 何因反更愁憂也？

답하되, 이는 세 가지 다른 원인이 있다. 1) 위제희 부인이 생각하길, 내가 깊은 궁에 유폐된 이상 아무도 국왕에게 음식을 보낼 수 없고, 또한 왕이 내가 위험과 재난에 처해있음을 들으면 더욱더 슬퍼하실 것이다. 지금 음식물이 없다면 또한 왕의 생명이 그다지 오래가지 않을지도 모른다는 근심에 마음속이 초조하다.

2) 위제희 부인이 이미 감금된 이상 여래의 모습과 여러 제자들을 언제 다시 볼 수 있을까? (이미 더 이상 인신의 자유가 없다.)

3) 위제희 부인은 임금의 뜻을 받들어 깊은 궁 안에 감금되어 있고, 내관은 물샐 틈 없이 지켜볼 것이니, 목숨이 조석지간에 죽음이 곧 닥쳐올 것이라 근심하였다.

이러한 세 가지 절박한 심신의 일이 있는데, 어떻게 초췌하지 않겠는가?

答曰：卽有三義不同：一、明夫人旣自被閉 更無人進食與王。王又聞我在難 轉更愁憂。今旣無食加憂者 王之身命定應不久。二、明夫人旣被囚難 何時更見如來之面及諸弟子？三、明夫人奉敎 禁在深宮 內官守當水泄不通 旦夕之間唯愁死路。有斯三義切逼身心 得無憔悴也？

2. "멀리 기사굴산을 향해"에서 "머리를 들지 못하였다."에 이르는 경문에서는 위제희 부인이 감금되자 부처님께 청하여 마음속에 진술할 것이 있음을 밝히고 있다.

여기서 위제희 부인은 이미 감금당해 자신은 부처님이 계신 곳에 갈 자유가 없고, 단지 성심으로 기사굴산을 향해 세존께 멀리 절을 하고서 원하옵건대 부처님께서 자비로 제자에게 근심과 슬픔의 마음이 있는 줄 살펴주실 것을 표현하고 있다.

二、從"遙向耆闍崛山"下 至"未擧頭頃"已來 正明夫人因禁請佛 意有所陳。此明夫人旣在囚禁 自身無由得至佛邊 唯有單心面向耆闍 遙禮世尊 願佛慈悲 表知弟子愁憂之意。

"여래께서는 지난 날" 이하 경문에서는 두 가지 뜻이 있다. 1) 부왕이 감금당하지 않았을 때, 국왕과 저는 직접 부처님이 계신 곳에 가거나, 여래와 여러 제자들이 왕의 청을 직접 받고 와서 공양을 받으셨다. 그러나 저와 왕은 지금 모두 몸이 자유롭지 않고 감금된 상태에 처해서 인연이 단절되고 서로 격리되어 연락할 수 없다. 2) 부왕이 감금된 시간에 수차례 세존께서 아난을 파견하여 저를 위로하여 주셨다. 왜 위로하였는가? 부처님께서는 국왕이 감금되어 위제희 부인이 마음속으로 근심하여 핍박받을지 몰라, 이 때문에 아난을 보내 위로하셨다.

言"如來在昔之時"已下 此有二義：一、明父王未被禁時 或可王及我身親到佛邊 或可如來及諸弟子親受王請。然我及王身俱在囚禁 因緣斷絕 彼此情乖。二、明父王在禁已來 數蒙世尊遣阿難來慰問我。云何慰問？以見父王囚禁 佛恐夫人憂惱 以是因緣 故遣慰問也。

"세존께서는 위엄이 있고 중후하여 친견할 길이 없사옵니다." 이는 위제희 부인이 안으로 자신을 낮추어 겸양하고, 그 존귀함은 부처님께 돌림을 밝힌다. "제자는 단지 여자의 몸으로 복의 인이 매우 천박하지만 부처님께서는 공덕과 위엄이 있고 고귀하시니 가볍게 접촉할 수 없습니다. 원컨대 목건련 등을 보내어 저와 만나게 하옵소서."

言"世尊威重無由得見"者 此明夫人內自卑謙 歸尊於佛：弟子穢質女身 福因鮮薄 佛德威高 無由輕觸 願遣目連等與我相見。

묻건대, 여래는 이미 일대 교주인 이상 마땅히 그때의 사정에 맞음(時宜)을 잃지 않아야 한다. 위제희 부인은 왜 재삼 부처님께 청하지 않고 목건련 등을 소환할 뿐인데, 무슨 의도가 있는가?

답하되, 부처님께서는 지극히 존엄하고 위없는 공덕을 갖추신 분으로 작은 사정으로는 부처님께 감히 청하지 않는다. 다만 위제희 부인이 아난을 만나, 아난이 세존께 말을 전하여 부처님께서 그녀의 뜻을 알게 하고, 또한 아난이 부처님의 말씀을 전하여 위제희 부인에게 가르침을 지시하게 할 뿐이다. 이런 의도인 연고로 아난을 만나고자 하였다.

問曰：如來卽是化主 應不失時宜。夫人何以不三加致請 乃喚目連等 有何意也？答曰：佛德尊嚴 小緣不敢輒請。但見阿難 欲傳語往白世尊 佛知我意 復使阿難傳佛之語指授於我。以斯義故 願見阿難。

"이렇게 말하고 나서" 이는 앞의 생각을 총괄해 진술하여 마쳤다.

言"作是語已"者 總說前意竟也。

"슬픔이 복받쳐 눈물이 비 오듯 내려" 이는 위제희 부인이 스스로 죄업이 깊고 무겁다고 생각하여 부처님께서 자비로 가엾이 여겨 가피를 청한 것이다. 그때 그녀는 공경심으로 염불하는 마음이 매우 깊어 슬픔의 눈물이 눈에 가득하게 되었다. 단지 세존을 만나기를 갈앙하는 마음만으로 먼발치에서 머리를 조아리고 정례하며 짧은 순간도 머리를 들지 않았다.

言"悲泣雨淚"者 此明夫人自惟罪重 請佛加哀。致敬情深 悲淚滿目。但以渴仰靈儀 復加遙禮 叩頭跱跦 須臾未擧。

이때 세존께서 기사굴산에서 위제희의 마음속 생각을 아시고, 곧 대목건련과 아난에게 허공으로 오길 명하셨다. 부처님께서도 기사굴산에서 자취를 감추시고 왕궁에 나타나셨다.

그때 위제희가 정례하고서 머리를 들어 세존을 뵈니, 석가모니부처님께서 자마금 빛깔의 몸에 갖가지 보배로 합해 이루어진 연꽃 좌대 위에 앉아 계셨고, 목건련은 왼편에서 시봉하고 아난은 오른편에서 시봉하고 있었으며, 제석천왕·범천왕·사대천왕 등 제천이 허공에서 널리 하늘꽃을 비 오듯 내려서 공양하였다.

爾時世尊在耆闍崛山 知韋提希心之所念 卽敕大目犍連及以阿難從空而來。佛從耆闍崛山沒 於王宮出。時韋提希 禮已擧頭 見世尊釋迦牟尼佛 身紫金色 坐百寶蓮華 目連侍左 阿難侍右 釋梵護世諸天 在虛空中 普雨天華 持用供養。

3. "이때 세존께서"에서 "하늘 꽃을 비 오듯 뿌리며 가지고 있는 것을 공양하였다."에 이르는 경문에서는 세존께서 몸소 앞에 오셔서 초청에 응하시길 원했음을 가리킨다. 그때 세존께서는 기사굴산에서 위제희 부인의 마음속 생각을 이미 알고 계셨다.

三、從"爾時世尊"下 至"天華持用供養"已來 正明世尊自來赴請。此明世尊雖在耆闍 已知夫人心念之意。

"대목건련과 아난에게 허공으로 오길 명하셨다." 이는 위제희 부인의 기도에 응하여 허공으로 오는 것을 밝히고 있다.

言"敕大目連等從空而來"者 此明應夫人請也。

"부처님께서도 기사굴산에서 자취를 감추시고" 이는 왕궁 내 금약禁約이 특별히 엄격하여 부처님께서 현신하여 앞에 오시면 아사세 왕이 듣고서 장애가 생길지 몰라, 이러한 연고로 반드시 신통력을 나타내어 이곳에서 사라지고 저곳에서 나타나서 초청에 응하여 공양을 받으신다.

言"佛從耆山沒"下 此明夫人宮內禁約極嚴 佛若現身來赴 恐畏闍世知聞 更生留難 以是因緣 故須此沒彼出也。

"그때 위제희가 정례하고서 머리를 들고" 이는 위제희 부인이 바야흐로 예경한 때에 이름을 밝히고 있다. "세존을 뵈니" 세존께서 내궁에서 이미 신상을 나타내시어 위제희 부인이 머리를 들어 볼 수 있게 하셨다.

言"時韋提禮已擧頭"者 此明夫人致敬之時也。言"見佛世尊"者 此明世尊宮中已出 致使夫人擧頭卽見。

"석가모니부처님" 이는 결코 다른 부처가 아님을 간별함이다. 제불께서는 모두 통명이 부처이고, 신상도 모두 상호를 구족하였기에 지금 석가세존을 명시적으로 확정하여 독송자로 하여금 의문이 없도록 하였다. "자마금 빛깔의 몸". 이는 부처님의 신상을 드러내 확정함이다. "갖가지 보배로 합해 이루어진 연꽃 좌대 위에 앉아 계셨고". 이는 다른 좌대 위가 아니라 보배 연꽃좌대임을 간별함이다. "목건련은 왼편에서 시봉하고" 등은 다른 대중은 없고, 단지 두 분 스님이 시봉함을 밝히고 있다.

言"釋迦牟尼佛"者 簡異余佛。但諸佛名通 身相不異 今故標定釋迦 使無疑也。言"身紫金色"者 顯定其相也。言"坐百寶華"者 簡異余座也。言"目連侍左"等者 此明更無余衆 唯有二僧。

"제석천왕·범천왕·사대천왕" 이러한 천왕·천중天衆 등이 세존께서 왕궁에 은밀하게 나타나서 필히 희귀한 법문하시는 모습을 보니, 우리 천인들은 위제희 부인이 간청한 연고로 아직 듣지 않은 법문을 들어 두루 이익을 입을 수 있다. 그래서 그들은 각자 이러한 생각으로 두루 허공 중에 강림하여 천이통으로 먼 곳에서도 묘법을 받아들일 뿐만 아니라 하늘꽃을 비오듯 내려서 공양할 수 있었다.

言"釋梵護世"者 此明天王衆等見佛世尊隱顯王宮 必說希奇之法 我等天人因韋提故 得聽未聞之益。各乘本念 普住臨空 天耳遙餐 雨華供養。

"석釋"은 제석천을 가리키고, "범梵"은 색계의 범왕 등이다. "호세護世"는 세간을 수호하는 사대천왕을 가리키고, "제천諸天"에는 색계·욕계 등 천중을 포괄한다. 그들은 천왕이 부처님 계신 곳에 오자 천중들도 천왕을 따라 함께 법문을 듣고 공양하는 모습을 보았다.

又言"釋"者 卽是天帝也。言"梵"者 卽是色界梵王等也。言"護世"者 卽是四天王也。言"諸天"者 卽是色、欲界等天衆。旣見天王來向佛邊 彼諸天衆亦從王來 聞法供養。

그때 위제희 부인이 불세존을 친견하고서 스스로 영락을 끊어버리고 몸을 솟구쳐 땅에 던지며 소리 내어 울면서 부처님을 향해 아뢰기를, "세존이시여, 저는 숙세에 무슨 죄를 지었기에 이렇게 극악무도한 자식을 낳았습니까? 세존께서는 또한 무슨 인연으로 제바달다와 함께 권속이 되셨나이까?"

時韋提希見佛世尊 自絶瓔珞 擧身投地 號泣向佛 白言 : 世尊！我宿何罪 生此惡子？世尊復有何等因緣 與提婆達多共爲眷屬？

4. "그때 위제희 부인이 불세존을 친견하고서"에서 "제바달다와 함께 권속이 되셨나이까?"에 이르는 경문에서는 위제희 부인이 머리를 들고 부처님을 친견하고, 입으로 매우 많은 상심과 탄식하는 말을 하며, 자신의 속마음에 맺힌 원결怨結이 매우 깊다고 밝히고 있다.

　四、從"時韋提希見世尊"下 至"與提婆共爲眷屬"已來 正明夫人擧頭見佛 口言傷嘆 怨結情深也。

"스스로 영락을 끊어버리고" 이는 위제희 부인이 몸을 영락으로 장식하여 몸을 탐애하는 마음을 여전히 제거함이 없음을 밝히고 있다. 홀연히 여래를 친견하고서 부끄럽다 여기고, 스스로 영락을 잡아당겨서 끊어버렸다.

　言"自絶瓔珞"者 此明夫人身莊瓔珞 猶愛未除 忽見如來 羞慚自絶。

묻건대, 왜 스스로 영락을 잡아당겨서 끊어버리는가?

爲什麼要自己扯斷呢？

답하되, 위제희 부인은 귀한 분 중에 귀한 분이고, 걸출한 분 중에 걸출한 분으로 걷거나 머물거나 앉거나 눕는 몸으로 짓는 네 가지 위의에서 매우 많은 사람이 와서 섬겼다. 그녀가 입은 옷도 모두 옆 사람이 와서 시중들었다. 지금 부처님을 친견하고 매우 깊은 수치심이 생기면서 고리에 의지해 몸에 지니지 않고 문득 스스로 잡아당겨서 끊어버렸다. 그래서 이르시길, "스스로 끊어버렸다(自絶)." 하셨다.

　問曰 : 云何自絶也？答曰 : 夫人乃是貴中之貴、尊中之尊 身四威儀多人供給。所著衣服 皆使傍人。今旣見佛 恥愧情深 不依鉤帶 頓自擊却 故云自絕也。

"몸을 솟구쳐 땅에 던지며" 이는 부인의 마음속에 슬픈 감정이 맺혔고, 원망과 고통이 감당하기 어려웠음을 밝히고 있다. 그래서 그때 감정을 억누르지 못하고 지면에서 몸을 솟구쳐 일어서고 또한 몸을 솟구쳐 땅에 던졌다. 그녀는 슬퍼서 탄식하고 원통하여 한스런 마음이 매우 깊어 더 이상 예배의 위의를 살피지 못하였다.

言"擧身投地"者 此明夫人內心感結 怨苦難堪 是以從地踴身而立 從立踴身投地。此乃嘆恨處深 更不事禮拜威儀也。

"소리 내어 울면서 부처님을 향해" 부인이 부처님 앞에서 몸을 땅바닥에 구르며 마음이 극도로 미혹하고 답답하여 소리 내어 울지 않을 수 없었다.

言"號泣向佛"者 此明夫人婉轉佛前 悶絕號哭。

"아뢰기를" 이하에서는 부인이 몸을 구르면서 울부짖었고, 시간이 오래 지나 점차 정신을 차렸다. 이때 비로소 몸의 위의를 단정히 하고 부처님께 합장하여 호소하기를, "저는 이번 생 이래로 아무런 큰 죄를 짓지 않았는데, 숙세의 인연으로 무슨 죄과가 있어 이러한 자식과 모자가 되었는지 모르겠사옵니다." 하였다. 이는 부인이 자신의 업장이 깊어 숙세의 인연을 알지 못한 채 지금 자식에게 모략으로 해를 입어 뜻밖에 당하는 재난이라 여기고서 기도하기를, "원컨대 부처님께서 자비를 베푸셔서 저에게 그 연유를 알려주시옵소서." 하였다.

言"白言"已下 此明夫人婉轉涕哭 量久少惺 始正身威儀 合掌白佛："我自一生已來 未曾造其大罪 未審宿業因緣有何殃咎而與此兒共爲母子？"此明夫人旣自障深 不識宿因 今被兒害 謂是橫來 願佛慈悲 示我徑路。

"세존께서는 또한 무슨 인연으로" 이하는 부인이 부처님을 향해 호소하기를, "저는 범부로 죄업과 번뇌가 모두 다하지 못하였사옵니다. 이러한 악업의 과보가 있으니, 저는 달갑게 받아들입니다. 그러나 세존께서는 광겁 이래 도를 행하시어 모든 번뇌와 습기가 완전히 사라지고, 온갖 지혜로 밝게 빛나며, 과덕이 원만하여 부처라 불리십니다. 그런데 어떤 인연으로 제바달바와 권속이 되었는지 모르겠사옵니다."

言"世尊復有何等因緣"已下 此明夫人向佛陳訴：我是凡夫 罪惑不盡 有斯惡報 是事甘心。世尊曠劫行道 正習俱亡 衆智朗然 果圓號佛。未審有何因緣乃與提婆共爲眷屬？

이는 두 가지 뜻이 있다. 1) 부인은 자식이 왜 갑자기 부모님에게 이러한 패역의 마음을 일으켜 광란의 대죄를 지으려고 하는지 밝히고, 2) 또한 제바달다가 당신의 아사세에게 그 사악한 계략을 꾸미도록 가르쳤고, 제바달다 때문이 아니라면 자식이 끝내 이런 뜻이 있을 수 없다고 밝히며 원망하였다. 이런 인연 때문에 그녀는 이렇게 질문하게 되었다.

此意有二：一、明夫人致怨於子 忽於父母狂起逆心；二、明又恨提婆敎我闍世造斯惡計 若不因提婆者 我兒終無此意也。爲此因緣 故致斯問。

또한 부인이 부처님께 여쭙기를, "제바달다와 함께 권속이 되셨나이까?" 여기에는 곧 두 가지 뜻이 있다. 1) 재가권속이 되고 2) 출가권속이 됨이다. 재가在家란 부처님의 사촌형제는 네 명이 있음을 가리킨다. 즉 부처님은 정반왕의 아들이고, 금비라는 백반왕의 아들이고, 제바달다는 곡반왕의 아들이고, 석마남釋魔男은 감로반왕의 아들이다. 이는 재가 외권속外眷屬이라 한다. 출가권속은 부처님과 제자가 되어 내권속內眷屬이라 한다.

又夫人問佛云"與提婆眷屬"者 卽有其二：一者在家眷屬 二者出家眷屬。言在家者 佛之伯叔 有其四人。佛者 卽是淨飯王兒；金毗者 白飯王兒；提婆者 斛飯王兒；釋魔男者 是甘露飯王兒。此名在家外眷屬也。言出家眷屬者 與佛作弟子故 名內眷屬也。

이상 비록 다른 네 문구가 있을지라도 괴로움을 싫어하는 인연을 총괄해 밝혔다.

上來雖有四句不同 廣明厭苦緣竟。

[제5단] 청정함을 좋아하는 인연

다섯째, 청정함을 좋아하는 인연에는 곧 여덟 가지 내용이 들어있다.

五、就欣淨緣中 卽有其八：

"오직 원컨대 세존이시여, 저를 위해 근심과 번뇌가 없는 곳에 대해 자세히 설해 주시옵소서. 저는 그곳에 왕생하겠나이다. 저는 더 이상 염부제의 악하고 탁한 세상이 즐겁지 않사옵니다. 이 탁하고 악한 곳에는 지옥·아귀·축생이 가득 차 있고, 선하지 않은 무리들이 너무나 많습니다. 원컨대 제가 미래에 더 이상 악한 소리를 듣지 않고 더 이상 악한 사람을 만나지 않게 하옵소서. 지금 저는 세존을 향해 오체투지하면서 슬피 울며 참회를 구하옵니다. 원컨대 지혜광명이 태양처럼 찬란하신 부처님이시여, 저에게 청정한 업으로 이루어진 곳을 관할 수 있는지 가르쳐주시옵소서."

唯願世尊 爲我廣說無憂惱處 我當往生 不樂閻浮提濁惡世也。今向世尊 五體投地

求哀懺悔　唯願佛日敎我觀於淸淨業處。

1. "오직 원컨대 세존이시여 저를 위해 자세히 설해 주시옵소서."에서 "악하고 탁한 세상이 즐겁지 않사옵니다."에 이르는 경문에서는 부인이 구한 것을 총괄해 간청하고, 특별히 이곳은 고苦의 세계임을 표명한다.

> 一、從"唯願世尊爲我廣說"下 至"濁惡世也"已來 正明夫人通請所求 別標苦界。此濁惡處 地獄餓鬼畜生盈滿 多不善聚。願我未來不聞惡聲 不見惡人。

이는 부인이 자신의 고난을 만나 세상일이 무상함을 깨달았다고 밝히고 있다. 본래 자신의 사랑하는 자식이 갑자기 전생의 원수로 변하니 세간사가 모두 매우 무상하게 느껴졌다. 육도는 모두 똑같이 그러하니, 안심할 곳이 없다. 또한 부처님께서 정토가 무생無生의 땅이라 (일단 왕생하면 생사를 끊고서 언제나 번뇌가 없는 즐거움 가운데 처한다)는 말을 듣고서 이 예토의 몸을 버리고서 정토 무위의 큰 즐거움을 증득하길 원하였다.

> 此明夫人遇自身苦 覺世非常。六道同然 無有安心之地。此聞佛說淨土無生 願舍穢身 證彼無爲之樂。

2. "이 탁하고 악한 곳"에서 "더 이상 악한 사람을 만나지 않게 하옵소서."에 이르는 경문에서는 부인이 자신이 싫어하는 경계를 들고 있음을 밝히고 있다.

> 二、從"此濁惡處"下 至"不見惡人"已來 正明夫人擧出所厭之境。

염부제 세계는 총체적으로 탁하고 악하여 (화장실 같고, 칼날 같고, 나찰주羅刹洲 같아) 탐할만한 곳이 한 곳도 없음을 밝히고 있다. 그러나 미혹한 어리석은 범부는 여기서 면면히 끊어지는 길고 긴 괴로움을 수용하고 있다.

此明閻浮總惡 未有一處可貪。但以幻惑愚夫 飲斯長苦。

"이 탁하고 악한 곳" 이는 괴로움의 세계를 말한다. 또한 기세계器世界를 가리킨다. 이는 중생들이 처한 의보依報로 중생의 소의처이자 중생이 의탁하는 환경을 말한다. "지옥" 등이라 함은 가장 무거운 삼품악과三品惡果를 가리킨다. "가득 차 있다." 이는 세 가지 고난이 많은 곳을 가리킨다. 단지 염부제 한 곳만 가리키는 것이 아니라 사바세계 십억 소세계가 도처에 모두 있다. 그래서 "가득 차 있다"고 말씀하셨다.

言"此濁惡處"者 正明苦界也。又明器世間 以是衆生依報處 亦名衆生所依處也。言"地獄"等者 三品惡果最重也。言"盈滿"者 此三苦聚非直獨指閻浮 娑婆亦皆遍有 故言"盈滿"。

"선하지 않은 무리들이 너무나 많습니다." 이는 삼계육도三界六道에는 항하사처럼 그렇게 많은 다른 종류가 있고, 중생 각자 심식心識의 차별을 따라 현현함을 밝히고 있다. 경전에서는 업력은 심식을 이끌어 한 세상 또 한 세상 곳곳마다 각자 업연에 따라 과보를 받는다고 말한다. 이전 세상에는 친했을지라도 세상을 바꾸어 다시 오면 모습과 얼굴이 바뀌어 대면해도 서로 알지 못한다.

言"多不善聚"者 此明三界六道不同 種類恒沙 隨心差別。經云 : 業能引識 世世處處 各趣隨緣受果報 對面不相知。

"원컨대 제가 미래에" 이는 부인이 순수한 괴로움의 사바세계를 싫어해서 버리고 무위의 정토세계를 좋아해 즐기는 진심을 철저하게 발하였으니, 원컨대 영원히 상락의 땅으로 돌아가길 원함을 표명하고 있다. 그러나 무위의 경계는 쉽게 도달할 수 있는 것이 아니고, 고뇌의 사바세계도 돌연 여읠 수 있는 것이 아니다. 만약 금강처럼 변하지 않은 뜻과 원을 세워서 영원히 생사의 근원을 끊어 없애겠다고 서원하는 것이 아닐 뿐만 아니라 직접 미륵부처님 타력의 가피에 의탁하는 것이 아니라면 어떻게 단박에 오랜 겁의 근심 고통을 면할 수 있겠는가?

言"願我未來"者 此明夫人眞心徹到 厭苦娑婆、欣樂無爲 永歸常樂。但無爲之境不可輕爾卽 階 苦惱娑婆無由輒然得離。自非發金剛之誌 永絕生死之元 若不親從慈尊 何能免斯長嘆?

"원컨대 제가 미래에 더 이상 악한 소리를 듣지 않고 더 이상 악한 사람을 만나지 않게 하옵소서." 이는 아사세 왕과 제바달다가 부친을 죽이고 승단을 파괴하여 출현하는 갖가지 악랄한 명성 등은 모두 만나지도 듣지도 않길 원함을 밝히고 있다. 아사세 왕은 자신이 낳은 친자식인데 그 조차도 부모를 죽이려는 마음을 일으키는데, 하물며 소원해진 사람이 어떻게 서로 해치지 않겠는가? 이런 연고로 부인은 친하든지 소원하든지 간별하지 않고 총괄해 단박에 여의길 원하였다. (요컨대 이렇게 오탁악세에 머물고 싶지 않다. 여기는 순전히 모두 번뇌와 악이 가득한 괴로운 세계이다.)

言"不聞惡聲不見惡人"者 此明如闍王、調達殺父破僧及惡聲等 願亦不聞不見。但闍王旣是 親生之子 尚於父母起於殺心 何況疏人而不相害? 是故夫人不簡親疏 總皆頓舍。

3. "지금 저는 세존을 향해"에서 "참회를 구하옵니다."에 이르는 경문에서는 부인이 정토는 지극히 수승하고 미묘한 곳이며, 선심이 없으면 왕생할 수 없는 것이라 여기고, 여전히 자신의 갖가지 죄업이 왕생을 장애하지 않을까 두려워 슬피 재차 참회를 구함을 밝히고 있다.

三、從"今向世尊"下 至"懺悔"已來 正明夫人以淨土妙處 非善不生 恐有余愆障不得往 是以 求哀更須懺悔。

4. "원컨대 지혜광명이 태양처럼 찬란하신 부처님이시여"에서 "청정한 업으

로 이루어진 곳"에 이르는 경문에서는 위제희 부인이 근심과 번뇌가 없는 정토에 왕생하는 행문 혹은 수행방법을 총괄해 청함을 밝히고 있다. 부인은 위에서 이미 근심과 번뇌가 없는 곳에 태어나길 총괄해서 청한 이후 지금은 또한 정토에 왕생할 수 있는 미묘한 행을 총괄해 청하고 있다. "통通"은 바로 총괄해 말한 것으로 특별한 찰토 하나를 지시하는 것이 아니다.

四、從"唯願佛日"下 至"淸淨業處"已來 正明夫人通請去行。此明夫人上卽通請生處 今卽通請得生之行。

"불일佛日"은 법과 비유를 결합시킨 명사이다. 태양이 출현하면 암흑을 사라지게 할 수 있듯이 부처님의 지혜광명이 출현하면 무명의 어두운 밤이 저절로 밝게 빛난다.

言"佛日"者 法喻雙標也。譬如日出 衆暗盡除 佛智輝光 無明之夜自朗。

"저에게 청정한 업으로 이루어진 곳을 관할 수 있는지 가르쳐주시옵소서." 이는 위제희 부인이 사바예토를 싫어하여 버리고, 근심과 번뇌가 없는 정토를 좋아하여 구하는 이상 어떻게 안심하며 관상에 집중하여 청정한 곳에 태어날 수 있는지? 질문을 통해 밝히고 있다.

言"敎我觀於淸淨業處"者 正明旣能厭穢欣淨 若爲安心註想得生淸淨處也 ?

그때 세존께서 미간에서 광명을 놓으시니, 금빛이 현현하여 시방의 무량세계를 두루 비추었고, 돌아와서 부처님의 정수리에 머무른 후 변화하여 형상이 수미산과 같은 자금대가 되었나니, 시방세계 제불의 청정미묘한 국토가 모두 그 가운데 나타났다.

혹은 어떤 국토는 칠보가 합해서 이루어져 있고, 다시 어떤 국토는 순수하게 연꽃이며, 다시 어떤 국토는 자재천궁과 같고, 다시 어떤 국토는 파려 거울과 같아서 시방국토가 모두 그 가운데 나타났다. 이와 같은 등 무량한 제불국토가 장엄하게 드러나 위제희가 볼 수 있도록 하였다.

爾時世尊 放眉間光 其光金色 遍照十方無量世界 還住佛頂 化爲金臺 如須彌山 十方諸佛淨妙國土 皆於中現。或有國土七寶合成 復有國土純是蓮華 復有國土如 自在天宮 復有國土如玻璃鏡 十方國土皆於中現。有如是等無量諸佛國土 嚴顯可 觀 令韋提希見。

5. "그때 세존께서 미간에서 광명을 놓으시니"에서 "위제희가 볼 수 있도록 하였다."에 이르는 경문에서는 그때 세존께서 매우 많은 정토를 나타나게 하여 앞에서 총괄해 청한 것에 응수하였다.

五、從"爾時世尊放眉間光"下 至"令韋提見"已來 正明世尊廣現淨土 酬前通請。

여기서 밝히길, 그때 세존께서 부인이 근심과 번뇌가 없는 정토를 널리 구하는 모습을 보시고, 곧바로 미간의 광명을 방출하여 시방국토를 널리 비추었다. 그때 광명이 여러 많은 국토를 섭지攝持하고 나서 정수리 위로 돌아와 변화하여 자금대 자리를 이루었다. 이는 수미산의 형상과 같으니, 수미산처럼 허리 부분은 가늘고 상부는 광활한 형상을 하고 있었다. 모든 불국토가 자금대에서 나타나니, 각양각색의 다른 장엄상이 있었다. 부처님의 위신력이 가피한 연고로 모두 또렷하고 분명하게 눈앞에 나타나니, 위제희 부인이 전부 볼 수 있도록 가피하였다.

此明世尊以見夫人廣求淨土 卽放眉間光照十方國。以光攝國 還來頂上化作金臺 如須彌山 如 之言似 似須彌山 此山腰細上闊。所有佛國並於中現 種種不同 莊嚴有異。佛神力故 了了分明 加被韋提盡皆得見。

묻건대, 위제희 부인이 위에서 저를 위해 근심과 번뇌가 없는 곳을 자세히 설해주길 간청하였는데, 부처님께서 지금 왜 그녀에게 광대하게 선설하여 주지 않고 자금대에서 두루 현현하신 것은 어떤 의도가 있는가?

問曰：韋提上請爲我廣說無憂之處 佛今何故不爲廣說 乃爲金臺普現者 有何意也？

답하되, 이는 여래의 마음을 은밀하게 드러낸다. 위제희 부인이 간청하여 발언한 것은 곧 정토의 법문을 널리 여는 것이다. 만약 그녀를 위해 총설해주면 그녀는 보지 못할까 두려워 마음에 의혹이 생기게 될 것이다. 그래서 하나하나 현량現量으로 그녀의 눈앞에 현현하게 하여 그녀가 필요한 것을 믿고 받아들여 그녀의 마음을 따라 스스로 선택하게 한다.

答曰：此彰如來意密也。然韋提發言致請 卽是廣開淨土之門。若爲之總說 恐彼不見 心猶致惑 是以一一顯現 對彼眼前 信彼所須 隨心自選。

그때 위제희 부인이 부처님께 아뢰길, "세존이시여! 이 모든 불국토가 비록 다시 청정하고 모두 광명이 있지만, 저는 지금 극락세계 아미타부처님의 처소에 즐겨 태어나고자 하옵니다. 오직 원하옵건대, 세존이시여 저에게 사유(思惟; 16관)하는 법을 가르쳐 주시옵고, 저에게 정수(正受; 일심불란)에 이르는 법을 가르쳐 주시옵소서."

時韋提希白佛言：世尊！是諸佛土雖復淸淨 皆有光明 我今樂生極樂世界阿彌陀佛所 唯願世尊敎我思惟、敎我正受。

6. "그때 위제희 부인이 부처님께 아뢰길"에서 "모두 광명이 있지만"에 이르는 경문에서는 부인이 총괄해 받아들이거나 현현한 제불국토를 보고서

부처님의 은덕에 감사하며 받들었음을 밝히고 있다. 여기서 부인은 시방세계 불국토는 모두 정화精華임을 총괄해서 보았지만, 극락세계의 장엄에 견주면 전혀 비교할 수 없다. 그래서 아래에 "저는 지금 극락세계에 즐겨 태어나고자 하옵니다." 하였다.

六、從"時韋提白佛"下 至"皆有光明"已來 正明夫人總領所現 感荷佛恩。此明夫人總見十方 佛國 並悉精華 欲比極樂莊嚴 全非比況 故下云"我今樂生極樂世界"也。

묻건대, 시방제불은 미혹을 끊음에 차별이 없을 뿐만 아니라 그들 모두 보리행이 원만하고 원만한 과위를 성취하여 마땅히 다름이 없거늘, 왜 한 가지 정토는 곧 우열의 차별이 있는가?

問曰：十方諸佛斷惑無殊 行畢果圓亦應無二。何以一種淨土卽有斯優劣也？

답하되, 부처님은 법왕으로 신통이 자재하여 우열의 차별은 본래 우리들 범부의 미혹한 마음으로 능히 알 수 있는 것이 아니다. 게다가 이렇게 시현함에 있어 숨기느냐 드러내느냐는 완전히 근기에 따라 행하니, 오직 교화대상이 이익을 얻을 수 있게 하실 생각뿐이다. 아마도 특별히 저 정토의 우수한 점은 감추고, 서방정토를 홀로 드러내어 수승할 수도 있다.

答曰：佛是法王 神通自在 優之與劣 非凡惑所知。隱顯隨機 望存化益。或可故隱彼之優 獨顯 西方爲勝。

7. "저는 지금 극락세계에 즐겨 태어나고자 하옵니다." 이하의 경문에서는 부인이 시방세계 불국토에서 자신이 구하는 것을 선택해 취하는 것임을 밝히고 있다.

七、從"我今樂生極樂"已下 正明夫人別選所求。

이는 아미타부처님의 극락세계는 본래 48대원으로 인하나니, 원願마다 모두 증상增上의 수승한 인을 일으켜 수승한 인에 따라 수승한 행을 일으키고, 수승한 행에 따라 수승한 과를 감득하며, 수승한 과에 따라 수승한 보를 감득하여, 수승한 보에 따라 찰토의 극락경계를 이루고, 극락경계에 따라 무량대비의 응화가 나타나 감통하며, 대자비의 교화에 따라 중생을 제도하는 지혜의 문이 나타나 열린다.

此明彌陀本因四十八願 願願皆發增上勝因 依因起於勝行 依行感於勝果 依果感成勝報 依報感成極樂 依樂顯通悲化 依於悲化顯開智慧之門。

그리고 자비심은 끝이 없고 지혜도 다 씀이 없다. 이렇게 자비와 지혜를 한꺼번에 행하면 감로법문이 널리 열리니, 법의 비가 두루 적셔 무수한 종의 중생을 섭수한다.

然悲心無盡 智亦無窮。悲智雙行卽廣開甘露 因玆法潤 普攝群生也。

여러 다른 경전에서는 중생에게 서방극락에 왕생하길 권하는 경문이 매우 많을 뿐만 아니라 무수한 제불보살이 함께 일심으로 서방정토를 가리키고 찬탄한다. 이러한 인연으로 말미암아 여래께서는 은밀히 부인에게 불국토 중에서 특별히 극락정토를 선택하게 하셨다.

諸余經典勸處彌多 衆聖齊心皆同指贊。有此因緣 致使如來密遣夫人別選也。

8. "오직 원하옵건대, 세존이시여" 이하의 경문에서는 부인이 특별히 서방 극락에 왕생하는 행문을 구하길 청함을 밝히고 있다. 여기서는 위제희 부인이 이미 왕생할 곳을 선정한 이상 스스로 마음을 기울여 쏟아붓길 격려하고, 반드시 왕생의 이익을 얻기를 희망한다.

從"唯願世尊"已下 正明夫人請求別行。此明韋提旣選得生處 還修別行 勵己註心 必望往益。

"저에게 사유하는 법을 가르쳐 주시옵고" 이는 곧 앞의 방편을 확정하고, 저 극락국토 의보·정보의 갖가지 장엄을 사유·억념한다. "저에게 정수에 이르는 법을 가르쳐 주시옵소서." 이는 앞의 사유가 점차 미세해짐으로 인해 깨달음과 생각이 함께 사라져 오직 선정의 마음과 앞의 관하는 경계가 서로 합할 뿐으로 이러한 상황을 「정수正受」라 함을 밝히고 있다. (그래서 관을 닦음에는 앞의 사유와 뒤의 정수를 포괄하여 이렇게 전후 차제가 있다.)

言"敎我思惟"者 卽是定前方便 思想憶念彼國依正二報種種莊嚴也。言"敎我正受"者 此明因 前思想漸漸微細 覺想俱亡 唯有定心與前境合 名爲正受。

이렇게 간략하게 해석을 마쳤다. 아래에서는 정선 관문을 말하는 경문에서 상세하게 판명할 것이니, 마땅히 알라.

此中略已料簡 至下觀門 更當廣辯 應知。

위에서 비록 다른 여덟 문구를 말하였을 지라도 정토를 좋아하는 인연을 총괄해서 밝혔다.

上來雖有八句不同 廣明欣淨緣竟。

[제6단] 산선散善의 행을 드러내는 인연

여섯째, 산선의 행을 드러내는 인연에는 다섯 가지 내용이 들어있다. "산선"을 드러내는 행문이다.

六、就散善顯行緣中 即有其五:

그때 세존께서 곧바로 미소를 지으시니, 오색 광명이 부처님의 입에서 나와 하나하나 광명이 빈바사라 왕의 정수리를 비추었다. 이때 대왕은 비록 유폐된 곳에 있었지만, 심안에는 장애가 없어 멀리 세존을 친견하고서 머리를 땅에 대고 예를 드리니, 저절로 증진되어 아나함과를 성취하였다.

爾時世尊 即便微笑 有五色光從佛口出 一一光照頻婆娑羅王頂。爾時大王雖在幽閉 心眼無障 遙見世尊 頭面作禮。自然增進 成阿那含。

1. "그때 세존께서 곧바로 미소를 지으시니"에서 "아나함과를 성취하였다."에 이르는 경문에서는 부처님께서 광명으로 빈바사라왕을 이롭게 하심을 밝히고 있다.

一、從"爾時世尊即便微笑"下至"成那含"已來 正明光益父王。

이는 여래께서 부인이 지극한 마음으로 극락정토에 태어나길 원하고 왕생할 수 있는 행문을 간절히 구하는 모습을 보시고, 이는 본사 석가모니부처님께서 중생을 제도하는 본심에 칭합할 뿐만 아니라 아미타부처님께서 대자비로 널리 제도하시는 본원을 드러낼 수 있음을 밝히고 있다. 왜냐하면 이러한 간청은 정토의 법문을 널리 열 수 있어 위제희 부인이 이로 인해 정토에 태어날 수 있을 뿐만 아니라 무릇 식견이 있는 거사는 이를 듣고 난 이후 모두 왕생할 수 있다. 이러한 큰 이익이 있는 연고로 여래께서 미소를 지으셨다.

此明如來以見夫人願生極樂 更請得生之行 稱佛本心 又顯彌陀願意。因斯二請 廣開淨土之門 非直韋提得去 有識聞之皆往。有斯益故 所以如來微笑也。

"오색광명이 부처님의 입에서 나와" 이는 일체제불의 마음과 입은 항상 위의를 갖추시고 법 그대로 이와 같아 무릇 여래께서 광명을 놓으시면 반드시 이익이 있기 마련임을 밝히고 있다.

言"有五色光從佛口出"者 此明一切諸佛心口常威儀法爾 凡所出光必有利益。

"하나하나 광명이 빈바사라 왕의 정수리를 비추었다." 이는 부처님의 입에서 나오는 광명은 나머지 장소를 비추는 것이 아니라 오직 국왕의 정수리를 비출 뿐임을 밝히고 있다. 부처님의 광명은 몸의 각각 다른 부위에서 나타나면 반드시 그것에 상응하는 이익이 있다. 부처님의 다리 아래에서 광명을 놓으면 지옥도를 비추어 이롭게 하고, 광명이 무릎에서 나오면 축생도를 비추어 이롭게 하고, 광명이 성기에서 나오면 귀신도를 비추어 이롭게 하고, 광명이 배꼽 부위에서 나오면 수라도를 비추어 이롭게 하고, 광명이 심장 속에서 나오면 인간도를 비추어 이롭게 하고, 광명이 입에서 나오면 이승인을 비추어 이롭게 하고, 광명이 미간에서 나오면 대승인을 비추어 이롭게 한다.

지금 광명이 입에서 나와 국왕의 정수리를 직접 비추는데, 이는 그를 위해 소승과를 수기하심이다. 만약 광명이 미간에서 나오거나 또는 부처님의 정수리로 들어가면 곧 보리수기를 받는 것이다. 이렇게 지극히 많은 무량한 함의가 있어 하나하나 모두 서술하지 않을 수 없다.

言"——光照頻婆頂"者 正明口光不照余方 唯照王頂。然佛光隨身出處 必皆有益。佛足下放光 卽照益地獄道；若光從膝出 照益畜生道；若光從陰藏出 照益鬼神道；若光從臍出 照益修羅道；光從心出 照益於人道；若光從口出 照益二乘之人；若光從眉間出 照益大乘人。今明此光從口出 直照王頂者 卽授其小果。若光從眉間出 卽從佛頂入者 卽授菩薩記也。如斯義者 廣多無量 不可具述。

"이때 대왕은 비록 유폐된 곳에 있었지만" 이하 경문에서는 부왕이 부처님 광명이 정수리를 비추어 문득 심안이 열렸으니, 비록 가림이 많을지라도 저절로 걸림 없이 부처님을 볼 수 있었다. 이렇게 광명 때문에 부처님을 친견하고 마음속에 바라던 것이 아니었기에 공경·정례하고, 매우 용맹한 귀의를 일으키고 문득 뛰어넘어 세 번째 성과聖果인 아나함과를 증득한다.

言"爾時大王雖在幽閉"已下 正明父王蒙光照頂 心眼得開 障隔雖多 自然相見。斯乃因光見佛 非意所期 致敬歸依 卽超證第三之果。

이때 세존께서 위제희 부인에게 이르시길, "그대는 지금 알겠느냐? 아미타부처님의 극락국토는 여기에서 멀지 않다. 그대는 마땅히 생각을 매어서 저 국토가 청정한 업으로 이루어진 것을 자세히 관하도록 하라. 나는 지금 그대를 위하여 갖가지 비유를 자세히 말할 것이며, 또한 오는 세상 일체 범부로서 정업淨業을 닦고자 하는 사람들이 서방 극락국토에 왕생할 수 있도록 하리라."

爾時世尊告韋提希：汝今知不？阿彌陀佛去此不遠。汝當系念　諦觀彼國淨業成者。我今爲汝廣說衆譬 亦令未來世一切凡夫欲修淨業者 得生西方極樂國土。

2. "이때 세존께서"에서 "갖가지 비유를 자세히 말할 것이다."에 이르는 경문에서는 위제희 부인이 서방극락에 태어나길 구하는 행문을 특별히

선택한 것에 대해 회답함을 밝히고 있다.

二、從"爾時世尊"下 至"廣說衆譬"已來 正明答前夫人別選所求之行。

위에서부터 여래께서 기사굴산에서 사라지고, 왕궁에서 솟아나 이 경문에 이르기까지 세존께서는 묵묵히 앉아 아무런 말씀이 없으셨다. 이 기간에 부인은 참회하고 청문하니, 부처님께서 광명을 놓아 자금대에서 시방세계 청정국토가 나타나는 등 이와 같은 부류의 상황은 모두 아난이 부처님을 따라 왕궁에서 이런 인연을 만난 것이다. 불사가 완료되자 기사굴산으로 돌아가 기사굴산의 대중에게 전달하여 위와 같은 일을 말하였으니, 비로소 이런 경문을 남겼다. 이것도 나머지 때 부처님께서 승가 대중에게 선설한 것이 아니니, 마땅히 이와 같이 알아야 한다.

此明如來從上耆闍沒、王宮出 訖至此文 世尊默然而坐 總未言說。但中間夫人懺悔、請問 放光 現國等 乃是阿難從佛王宮見此因緣 事了還山 傳向耆闍大衆 說如上事 始有此文。亦非是余時 佛語也 應知。

"이때 세존께서 위제희 부인에게 이르시길" 이하 경문에서는 세존께서 정식으로 알려줌을 밝히고 있다. 그녀를 위해 응답하여 선설하신 것이다.

言"爾時世尊告韋提"已下 正明告命 許說也。

부처님께서 "아미타부처님의 극락국토는 여기에서 멀지 않다." 말씀하신 것은 (극락정토의) 경계를 드러내어 중생으로 하여금 그것에 마음을 머물게 하심을 밝히고 있다. 여기에는 삼층의 함의가 있다. 1) 분제(分齊; 영역), 즉 공간거리가 멀지 않아 여기서부터 십만 억 찰토를 뛰어넘어 지나면 아미타부처님의 국토이다. 2) 거리가 비록 멀지라도 일념이면 곧 도착할 수 있다. 3) 위제희 및 오는 세상의 인연 있는 사람들이 전심專心으로 관념하여 선정의 경지에 상응할 때 행인은 저절로 항상 보게 되니, 눈앞에 있어 멀지 않다. 이러한 세 가지 함의가 있어 "멀지 않다" 하셨다.

言"阿彌陀佛不遠"者 正明標境以住心 卽有其三：一、明分齊不遠 從此超過十萬億刹卽是彌陀之國；二、明道裏雖遙 去時一念卽到；三、明韋提等及未來有緣衆生註心觀念 定境相應行人自然常見。有斯三義 故云不遠也。

"그대는 마땅히 생각을 매어서" 이하의 경문에서는 범부는 번뇌와 업장이 깊고 무거워 마음은 언제나 산란하고 망령되게 움직이니, 만약 문득 반연攀緣을 버릴 수 없다면 청정한 경계가 나타날 수 없음을 밝히고 있다. 이는 곧 행자에게 안심하고 관행 가운데 머물러야 한다고 가르치는 것이다. 만약 이 법에 따라 닦아 성취한다면 정업淨業을 성취함이라고 한다.

言"汝當系念"已下 正明凡惑障深 心多散動 若不頓舍攀緣 淨境無由得現。此卽正敎安心住行。若依此法 名爲淨業成也。

"내가 지금 그대를 위하여" 이하의 경문에서는 만약 기연을 갖추지 않은 경우 정선의 문만 치우쳐 말해서는 안 됨을 밝히고 있다. (왜냐하면 법은 근기에 상대하지 않으면 이익을 얻을 수 없기 때문이다.) 그래서 부처님께서는 다시 근기를 관하여 스스로 삼복三福의 미묘한 행을 개시합니다. (바꾸어 말하면 "어떻게 사유하여야 하고 어떻게 정수에 이르러야 합니까?" 위제희 부인의 간청에 응하여 부처님께서는 관법觀法을 선설하셨다. 위제희 부인은 산선의 행문을 선설해 달라 청구한 적이 없는데, 이렇게 부처님께서 근기를 관한 후 중생을 보편적으로 이롭게 하기 위해 스스로 선설하신 것이다.)

言"我今爲汝"已下 此明機緣未具 不可偏說定門。佛更觀機 自開三福之行。

3. "또한 오는 세상"에서 "서방 극락국토"에 이르는 경문에서는 교화대상인 근기를 들어 중생에게 정업淨業을 닦아 지녀서 왕생의 이익을 얻길 권유하라고

밝히고 있다. 여기서는 위제희 부인이 법을 청한 이익이 더욱더 깊다고 밝히고 있다. 그 이익은 오는 세상의 중생이 마음을 돌려서 서방극락을 향해 나아가기만 하면 모두 정토에 태어날 수 있게 함에 있다.

(부인이 법을 청한 이익은 매우 깊어서 위제희 부인의 간청에 응해 세존께서 《십육관경 十六觀經》에서 정선定善과 산선散善의 양문을 선설하셨으니, 이는 오는 세상의 일체 범부로 하여금 무릇 정업淨業을 닦고 싶은 사람은 모두 서방극락에 왕생할 수 있게 한다. 그래서 이익이 매우 깊다 말씀하신다.

"마음을 돌리면 모두 이르게 한다(回心皆到)." 이는 중생이 믿음과 발원이 있고 일심으로 서방극락으로 향하기만 하면 모두 왕생할 수 있음을 말한다. 이는 서방정토는 확실히 중생을 널리 제도하는 법문임을 표명한다. 그래서 경전에서 말하길, "오는 세상 일체 범부들로 정업淨業을 닦고자 하는 사람들"이라 하였다. 이는 개인마다 모두 성취하길 희망하는 법문이 있다는 말이다.)

三、從"亦令未來世"下 至"極樂國土"已來 正明擧機勸修得益。此明夫人所請利益彌深 及未來回心皆到。

저 국토에 태어나고자 하는 자는 삼복三福을 닦아야 하느니라. 첫째는 (범부의 복업으로) 부모님께 효양하고, 스승을 받들어 모시며, 자심으로 살생을 하지 말고, 열 가지 선업을 닦아야 하며, 둘째는 (이승의 복업으로) 삼귀의를 수지하고, 온갖 계행을 구족하고 위의를 범하지 말아야 하며, 셋째는 (대승의 복업으로) 보리심을 발하고서 인과(염불·성불)를 깊이 믿고 대승경전을 독송하며 염불행자에게 (극락세계에 왕생하자고) 권진勸進하느니라. 이러한 세 가지 일을 정업淨業이라 하느니라."

欲生彼國者 當修三福 : 一者孝養父母 奉事師長 慈心不殺 修十善業 ; 二者受持三歸 具足衆戒 不犯威儀 ; 三者發菩提心 深信因果 讀誦大乘 勸進行者。如此三事名爲淨業。

4. "저 국토에 태어나고자 하는 자"에서 "정업이라 하느니라"에 이르는 경문에서는 삼복의 행 닦을 것을 권유하고 있다.

四、從"欲生彼國者"下 至"名爲淨業"已來 正明勸修三福之行。

이는 중생에게는 두 가지 근기가 있음을 설명한다. (1) 정선의 근기(定機), (2) 산동의 근기(散機)이다, 단지 정선定善에 의지해 행하면 중생을 다 섭수할 수 없다. 그래서 여래께서는 방편으로 삼복을 현시 개도하여 두루 산동散動의 근기에 응하신다. (그래서 아래에 말하는 정업삼복淨業三福은 모두 산동의 근기가 행하는 것에 속한다. 왜냐하면 마음에는 일심으로 선정에 머물 수 없을 때 이렇게 갖가지 복덕을 수습하여 왕생을 도와야 한다.) "저 국토에 태어나고자 함"이라 말함은 돌아가야 할 곳, 즉 서방불국토를 표명한다.

此明一切衆生 機有二種：一者定 二者散。若依定行 卽攝生不盡 是以如來方便顯開三福 以應散動根機。言"欲生彼國"者 標指所歸也。

"삼복을 닦아야 하느니라." 이는 총괄적으로 왕생의 행문을 표명한 것이다. 무엇을 삼복이라 하는가? 첫째 복에는 네 가지가 있다.

言"當修三福"者 總標行門也。云何名三？一者下 卽有其四：

(1)「부모님께 효양하라(孝養父母)」

이는 일체 범부는 홀로 스스로 태어날 수 없고, 모두 인연의 도움을 빌어야 태어남을 밝힌다. 어떻게 인연의 도움을 빌어야 하는가? 어떤 것은 화생化生이고, 어떤 것은 습생濕生이며, 난생卵生이기도 태생胎生이기도 하다. 이 사생四生

중에서 각각 다시 사생이 있으니, 경전에서 자세히 설한 것과 같다. 인연의 도움을 빌어 살아간다면 부모가 있기 마련이다. 이미 부모가 있는 이상 몸을 태어나게 한 큰 은덕이 있기 마련이다.

一、言"孝養父母"者 此明一切凡夫 皆藉緣而生。云何藉緣？或有化生、或有濕生、或有卵生、或有胎生 此四生中各各復有四生 如經廣說。但是相因而生 卽有父母。旣有父母 卽有大恩。

아버지가 없다면 태어날 수 있는(能生) 인因이 곧 모자랄 것이고, 어머니가 없다면 태어나도록 돕는(所生) 연緣이 곧 어그러질 것이며, 부모가 모두 없으면 태어남에 의지할 땅을 잃어버릴 것이다. 반드시 부모님의 조연이 모두 갖추어져야 몸을 받는 곳이 있다. 이미 자신이 몸을 받고자 한다면 자신의 업식을 내인으로 삼고, 아버지의 정자와 어머니의 난자를 외연으로 삼아 인연이 화합한 연고로 몸이 생긴다. 이러한 함의로써 부모님께서 몸을 태어나게 하신 은덕이 지극히 크다.

若無父者 能生之因卽缺；若無母者 所生之緣卽乖；若二人俱無 卽失托生之地。要須父母緣具 方有受身之處。旣欲受身 以自業識爲內因 以父母精血爲外緣 因緣和合故有此身。以斯義故 父母恩重。

어머님이 임신한 이후 10개월이 지나면 행주좌와에 항상 고뇌하고 난산으로 죽을까봐 근심한다. 어렵게 낳아 3년 동안 젖을 먹이고 기르며, 아기가 똥을 싸고 오줌을 눌 때 엄마는 아기를 깨끗한 곳으로 옮기고, 자신은 항상 똥·오줌이 묻은 곳에서 잠자니, 침대·이불·옷도 깨끗하지 않다. 어른이 되면 자식은 며느리를 좋아하고, 자신의 자식과 잘 지내며, 부모에게는 오히려 싫어하고 질투하며 미워하고, 부모에게 효도를 하지 않으니 짐승과 다를 바가 없다.

母懷胎已 經於十月 行住坐臥常生苦惱 復憂産時死難。若生已 經於三年 恒常眠屎臥尿 床被
衣服皆亦不淨。及其長大 愛婦親兒 於父母處反生憎嫉 不行恩孝者 即與畜生無異也。

또한 부모님은 세간에서 가장 큰 복전이고, 부처님은 출세간에서 가장 큰 복전이다.

又父母者 世間福田之極也。佛者 即是出世福田之極也。

부처님께서 세간에 계실 때 어느 해 기근을 만난 흉년에 매우 많은 사람들이 굶어 죽어 백골이 여기저기 땅바닥에 나뒹굴어 비구들은 탁발하기 매우 힘들었다. 그때 세존께서는 비구들이 다 갈 때까지 기다렸다가 홀로 성으로 가서 탁발하셨다. 아침부터 정오까지 집집마다 다니며 탁발하셨으나, 음식물을 주는 사람이 없어 부처님께서는 빈 발우로 돌아가셨다. 다음날 또 갔는데 얻을 수 없었고, 셋째 날 다시 갔지만 또한 얻을 수 없었다.

然佛在世時 遇值時年饑儉 人皆餓死 白骨縱橫。諸比丘等乞食難得。於時世尊待比丘等去後 獨自入城乞食。從旦至中 門門喚乞 無與食者 佛還空鉢而歸。明日復去 又還不得 後日復去 又亦不得。

문득 한 비구가 길가에서 부처님을 친견하였는데, 부처님의 안색이 평상시와 달리 배고파 보여서 곧장 부처님께 물었다. "세존이시여, 이미 공양을 드셨습니까?"

忽有一比丘道逢見佛 顏色異常 似有饑相。即問佛言:"世尊! 今已食竟耶?"

부처님께서 말씀하시길, "비구여, 나는 사흘 동안 탁발하였으나 음식물을 하나도 얻지 못하였다. 나는 지금 허기져서 그대와 말할 기력조차 없다."

佛言:"比丘! 我經三日已來 乞食不得一匙。我今饑虛 無力能共汝語。"

비구는 부처님의 이 말씀을 듣고서 상심하여 흐르는 눈물을 멈출 수 없었다. 스스로 생각건대, "부처님께서는 위없는 복전이자 중생을 돌보는 분이시다. 나는 승복을 팔아서 밥 한 그릇 사서 여래께 공양하리니, 지금이 바로 그때이다." 이런 생각을 하고서 서둘러 부처님께 공양하였다.

比丘聞佛語已 悲淚不能自勝 卽自念言：佛是無上福田 衆生覆護。我此三衣賣却 買取一缽飯 奉上於佛 今正是時也。作是念已 卽買得一缽飯 急將上佛。

부처님께서 알아차리고 묻기를, "비구여, 현재 흉년으로 기근을 만난 때라 사람들은 모두 굶어죽고 있는데, 그대는 어디에서 이 쌀밥을 담은 순금의 발우를 얻었는가?" 비구는 앞의 상황을 구체적으로 부처님께 설명하였다.

佛知而故問言："比丘！時年饑儉 人皆餓死。汝今何處得此一缽純色飯來？"比丘如前具白世尊。 당

부처님께서또 말씀하시길, "비구여, 승복은 삼세제불의 당상(幢相; 가사)이니, 이 옷의 인연은 지극히 존귀하고 지극히 중요하며 지극한 은덕이 있다. 그대가 지금 그것을 밥그릇과 바꾸어 나에게 주니, 나는 그대의 좋은 마음은 받겠으나 이 밥그릇은 받을 수 없다."

佛又言："比丘！三衣者 卽是三世諸佛之幢相。此衣因緣極尊、極重、極恩 汝今易得此飯與我者 大領汝好心 我不消此飯也。"

비구는 또 부처님께 아뢰기를, "삼계의 복전이자 위없는 성인인 부처님조차도 받을 수 없다 말씀하시니, 부처님을 제외하고 그밖에 누가 받을 수 있겠습니까?"

比丘重白佛言："佛是三界福田 聖中之極 尚言不消者 除佛已外誰能消耶？"

부처님께서 말씀하시길, "비구여, 그대의 부모님은 살아계시느냐?" 그는 답하길, "살아계시옵니다." "부모님께 공양하시게나." 비구는 말하길, "부처님도 받을 수 없는데, 저의 부모님이 어떻게 받을 수 있습니까?" 부처님께서 말씀하시길, "받을 수 있다. 무슨 까닭인가? 부모님께서 당신을 낳았으니, 당신에게 깊고 중요한 은덕이 있다. 그래서 받을 수 있느니라."

佛言 : "比丘 ! 汝有父母已不 ? " 答言 : "有。" "汝將供養父母去。" 比丘言 : "佛尚云不消 我父母豈能消也 ? " 佛言 : "得消。何以故 ? 父母能生汝身 於汝有大重恩 爲此得消。"

부처님께서 또 말씀하시길, "비구여, 그대의 부모님은 부처에 대해 믿음이 있는가?" 비구가 말하길, "두 분 다 믿음이 없습니다." 부처님께서 말씀하시길, "지금은 믿음이 있다. 그대가 그들에게 밥을 공양할 때 그들이 큰 환희심을 내는 것을 보니, 믿음을 일으켰음에 분명하다. 그대는 먼저 그들에게 삼귀의를 받으라고 가르치면 이 밥그릇을 받을 수 있을 것이니라." 그때 비구는 이미 부처님의 가르침을 받고 우러러 존경하며 갔다. 이 단락의 인연으로부터 특별히 부모님께 효도해야 함을 알 수 있다.

佛又問 : "比丘 ! 汝父母有信佛心不 ? " 比丘言 : "都無信心。" 佛言 : "今有信心。見汝與 飯 大生歡喜 因此卽發信心。先教受三歸依 卽能消此飯也。" 時比丘旣受佛教 渴仰而去。以此 義故 大須孝養父母。

또한 부처님의 어머님인 마야 부인이 부처님을 낳고 7일이 지나자 세상을 떠나 도리천에 태어났다. 나중에 부처님께서 성도하시고 45일에 이르러 도리천에 가서 하안거 기간에 어머님을 위해 설법하시어 10개월간 임신한 은덕에 보답하셨다. 부처님조차 부모님의 은혜에 보답코자 효도하셨는데, 하물며 우리 범부가 어떻게 효도하지 않을 수 있겠는가? 그래서 부모님의 은덕은 깊고 지극히 중요하다 말씀하신다.

又佛母摩耶生佛 經七日已卽死 生忉利天。佛後成道 至四月十五日 卽向忉利天一夏爲母說法
爲報十月懷胎之恩。佛尙自酬恩孝養父母 何況凡夫而不孝養？故知父母恩深極重也。

(2) 「스승을 받들어 모셔라(奉事師長)」

이는 눈 밝은 스승님이 우리에게 예절을 가르치고, 학식이 성장하게 하며,
인품과 덕성을 성취하게 함을 설명한다. 이렇게 인지因地 상에서 우리가
덕행을 단정히 하여 흠결이 없고, 내지 불과를 성취할 수 있음은 모두
스승님께서 순서대로 잘 이끄신 역량 때문이다. 그래서 스승님께서 교육하신
은덕은 가장 공경 · 존중받아 마땅하다.

二、言"奉事師長"者 此明敎示禮節 學識成德 因行無虧 乃至成佛 此由師之善誘力也。此之大
恩 最須敬重。

이상 부모님께 효도하고 스승을 받들어 모심을 통칭하여 "경상행(敬上行;
윗분을 존경하는 선행)"이라 한다.

然父母及師長者 名爲敬上行也。

(3) 「자심으로 살생하지 말라(慈心不殺)」

이는 일체 중생은 모두 목숨을 근본으로 삼음을 설명한다. 성명性命이 있어야
이 세간의 일체가 있고, 성명이 없으면 금생을 잃어버린다. 그래서 중생은
목숨을 보호하기 위해 일체를 버린다. 그들은 갖가지 손해를 주는 악연을
만나면 공포에 질려 도망치고 피할 수 있는데, 이는 바로 생명을 보호하고
아끼기 위함이다. 경전에서 이르기를, "일체 중생은 수명을 아끼지 않음이
없으므로 중생을 죽여서도 안 되고, 지팡이(木杖)로 때려서도 안 된다." 등등
우리는 처지를 바꿔 놓고 생각하면 이런 이치를 알 수 있을 것이다.

[강기] "자신의 마음으로 남을 헤아리면 이해할 수 있다(恕己可爲喩)" 나는 생명을

근본으로 삼고 자신의 성명性命을 가장 애지중지하며, 중생도 생명을 근본으로
삼고 자신의 성명을 애지중지한다는 뜻이다. 나는 바늘로 찌르는 고통조차도
받아들일 수 없는데, 하물며 목숨을 끊는 고통이겠는가? 중생도 이와 같다.
나는 중생을 대신하여 생각해야 한다. 이를 "자신의 마음으로 남을 헤아림(恕己)"
이라 한다. "이해할 수 있다(可爲喩)". 처지를 바꿔놓고 생각하면 중생의 마음을
알 수 있다. 내가 상해傷害를 받고 싶지 않기 때문에 중생에게 상해를 입히는
행위를 해서는 안 된다.

이 경문으로써 우리는 마땅히 일체중생에 대해 모두 자비심을 품고 상해를
입혀서는 안 됨을 충분히 증명하였다.

　　三、言"慈心不殺"者 此明一切衆生皆以命爲本。若見惡緣怖走藏避者 但爲護命也。經云：一
切諸衆生 無不愛壽命 勿殺勿行杖 恕己可爲喩。卽爲證也。

(4) 「십선업을 닦으라(修十善業)」

열 가지 악업 가운데 살생업이 가장 무겁다. 그래서 살생을 앞에 열거하였다.
십선업 중에서 생명을 보호하는 것이 최상의 선이다. 그래서 그것과 상대하여
가장 앞에 두었다.

(셋째 "자심불살慈心不殺"은 별업이고, 넷째 "수십선업修十善業"은 총업임을 알아야
한다. 셋째 조항에서 특별히 가장 중요한 내용을 선취하여 단독으로 열거하고 또
이어서 넷째를 말하였다. 이는 총괄로 십선업을 설명하였다.) 나머지 아홉 가지
악, 아홉 가지 선의 내용은 아래 구품왕생九品往生 장에서 순서대로 자세히
서술할 것이다. (왜냐하면 산선散善 일문의 함의는 삼복을 정인正因으로 삼고 구품을
정행正行으로 삼기 때문이다.)

"이는 세간의 선도를 밝힘이고 또 자하행慈下行이라 한다." (이 두 조항은
인천의 선도善道라 한다. 곧 일체중생에게 자애심을 내어야 함을 말한다.)

　　四、言"修十善業"者 此明十惡之中殺業最惡 故列之在初 十善之中長命最善 故以之相對也。

己下九惡、九善者 至下九品中 次應廣述。此明世善 又名慈下行也。

삼복중 둘째 복에는 세 가지가 있다.

二者下 卽有其三:

(1)「삼귀의를 수지하라(受持三歸)」

이는 세간선법의 역량이 경미하여 수승한 보리과를 감득할 수 없음을 말한다. 그러나 계율의 공덕이 매우 크면 보리과를 감득할 수 있다. 중생이 귀의하여 믿으면 얕은 데서부터 깊은 곳까지 먼저 삼귀의를 수지하고 나중에 온갖 계행을 지키도록 가르친다. (이러면 보리과를 향해 나아갈 수 있다.)

一、言"受持三歸"者 此明世善輕微 感報不具 戒德巍巍 能感菩提之果。但衆生歸信 從淺至深 先受三歸 後敎衆戒。

(2)「온갖 계행을 구족하라(具足衆戒)」

계행에는 매우 많은 종류가 있다. 예컨대 삼귀계·오계·팔계·십선계·사미십계·비구 2백5십계·비구니 5백계·보살삼취계三聚戒 혹 십무진계十無盡戒 등이다. 총괄해 말하면 거친 것에서 미세한 것까지, 세간에서 출세간까지, 소승에서 대승까지 갖가지 계가 있다. 이러한 계행 중 한 가지나 여러 가지를 수지受持·구족함을 "구족중계具足衆戒"라 한다. 그리고 계품戒品 하나하나 가운데 또 소분계少分戒·다분계多分戒·전분계全分戒의 차별이 있다.

二、言"具足衆戒"者 然戒有多種 或三歸戒、或五戒、八戒、十善戒、沙彌十戒、二百五十戒、五百戒、或菩薩三聚戒、十無盡戒等 故名具足衆戒也。又一一戒品中 亦有少分戒、多分戒、全分戒也。

(3) 「위의를 범하지 말라(不犯威儀)」

이는 신구의업身口意業 행주좌와行住坐臥에 일체 계행을 베풀어 방편 위의를 짓게 할 수 있음을 설명한다. 가볍거나 무겁고 거칠거나 미세함에 모두 호지할 수 있고, 어기고 범하는 것이 있으면 수시로 잘못을 뉘우친다. 그래서 위의를 범하지 말라고 하신다. 이는 「계행 선근」이라 이름한다. (이상 총괄적으로 계행 선근을 선설하였다.)

三、言"不犯威儀"者 此明身口意業、行住坐臥能與一切戒作方便威儀也。若輕重粗細皆能護持 犯卽悔過 故云不犯威儀。此名戒善也。

삼복중 셋째 복에는 네 가지가 있다.

三者下 卽有其四：

(1) 「보리심을 발하라(發菩提心)」

보리심은 불도의 정인正因임을 알아야 한다. 중생이 이미 간절히 구하는 마음을 발하여 대승의 불과를 증득하고 싶으면 인因은 반드시 과果에 부합하여야 하고 얕게 소승의 마음을 발하여서는 안 된다. 만약 보리의 큰 원심을 널리 발하지 않으면 어떻게 보리과와 서로 만날 수 있겠는가? (어떻게 보리과를 얻을 수 있겠는가? 이로 인해 마땅히 이하의 서원을 발하여야 한다.)

一、言"發菩提心"者 此明衆生欣心趣大 不可淺發小因 自非廣發弘心 何能得與菩提相會？

오직 원하옵건대, 저의 몸이 허공계와 같고 마음이 법계와 같게 하옵소서. 일체 중생계가 궁진하도록 저는 신업身業으로써 공경·공양 예배하고 맞이하고 배웅하여 모든 중생을 한 사람도 남김없이 보리과지菩提果地로 운송하여 건너가게 하옵소서.

또한 저는 구업口業으로써 찬탄·설법하여 중생이 모두 저의 교화를 받아

언하에 득도할 수 있도록 중생이 모두 성불할 때까지 제도하겠다고 서원하나이다.

또한 저는 의업意業으로써 선정에 들어 관찰하고 법계에서 무수한 몸으로 분신하여 중생의 근기에 널리 응해 한 사람도 빠짐없이 제도하겠나이다.

저는 이렇게 널리 제도하겠다는 대원을 발하여 끊임없이 운전하고 증장시키겠사오니, 원컨대 마음이 허공과 같아서 두루 미치지 않는 곳이 없게 하옵소서. 저의 중생을 이롭게 하는 행은 줄곧 끊어지지 않고 이어져서 미래제가 다하도록 철저히 궁진하겠나이다. 몸은 지치거나 싫증냄이 없고 마음은 싫어하거나 만족함이 없을 것입니다. (이것이 이른바 보리심이다.)

唯願我身同虛空 心齊法界 盡衆生界 我以身業恭敬供養禮拜、迎送來去、運度令盡。又我以口業讚嘆說法 皆受我化 言下得道者令盡。又我以意業入定觀察 分身法界 應機而度 無一不盡。我發此願 運運增長 ; 猶如虛空 無處不遍 ; 行流無盡 徹窮後際 ; 身無疲倦 心無厭足。

(위에서는 아래로 중생을 이롭게 함을 말하였고, 여기서는 위로 불과를 구함을 말한다.) "보리"라 함은 곧 불과의 명칭이고, "심心"은 중생의 구할 수 있는 마음이다. 그래서 대보리과를 구하는 마음 발함을 "발보리심"이라 한다.

又言"菩提"者 卽是佛果之名。又言"心"者 卽是衆生能求之心。故云"發菩提心"也。

(2) 「인과를 깊이 믿을지라(深信因果)」

이는 세간과 출세간에서의 괴로움과 즐거움의 인과법을 깊이 믿음을 가리킨다. 괴로움의 인을 지으면 반드시 괴로움의 과보를 감득한다. 즐거움의 인을 지으면 반드시 즐거움의 과보를 감득한다. 밀랍도장을 진흙에 찍으면 이내 밀랍도장이 사라지면서 상응하는 도장 글이 나타나는 것과 같이 상응하는 인을 지으면 반드시 상응하는 과를 감득함은 의심의 여지가 없다. (인과율은 조금도 틀림이 없다.)

二、言"深信因果"者 謂深信世間出世間苦樂因果。若作苦因 卽感苦果 ; 若作樂因 卽感樂
果。如似蠟印印泥 印壞文成 不得疑也。

(3) 「대승경전을 독송하라(讀誦大乘)」

경전의 가르침은 비유하면 밝은 거울과 같아서 자주자주 독송·사유·훈습
하면 지혜를 개발할 수 있음을 밝힌다. 만약 지혜의 눈이 열리면 괴로움과
즐거움의 자성을 잘 알아 괴로움에 대해서는 싫어하여 여의고, 즐거움에
대해서는 기뻐하고 즐거워한다. 또한 열반은 모든 괴로움을 영원히 멈추고,
모든 즐거움을 영원히 이루는 구경의 경지이다. 그래서 열반 등등을 증득하고
자 한다. (이는 모두 대승경전 독송을 통하여 지혜를 개발하여야 자기 생명의 길을
잘 알 수 있음이다. 그래서 일심으로 괴로움을 싫어하고 즐거움을 기뻐하며, 일심으로
정토 열반의 즐거움을 희구할 것이다.)

三、言"讀誦大乘"者 此明經敎 喩之如鏡。數讀數尋 開發智慧。若智慧眼開 卽能厭苦欣樂涅
槃等也。

(4) 「염불행자에게 극락왕생을 권진하라(勸進行者)」

이는 중생이 유전流轉하는 괴로움의 상(苦相)으로 삼유三有에서 유전하면서
갖가지 고법苦法을 겪음에 마치 독을 먹는 것과 같고, 갖가지 악법惡法을
일으킴에 마치 칼로 자신을 해치는 것과 같다. (중생은 줄곧 고법과 악법
가운데 자재하지 못한 채 삼계를 유전하면서 무명과 혹업의 힘이 줄곧 중생을 해치고
괴롭힌다.)

현재 이미 자신이 밝은 거울과 같고 감로와 같은 선법을 획득한 이상 밝은
거울이 있어 정도를 철저히 비출 수 있어 중생이 진여로 돌아가게 하고,
감로가 있어 법우를 쏟아부어 아무리 써도 다함 없이 중생의 마음을 이롭게
한다. 일체 불성을 지닌 중생으로 하여금 모두 법류法流22)로 촉촉이 젖게

하고, 평등하게 정법에 계합하게 하여 망상을 여의고 진여로 돌아가고, 괴로움을 여의고 즐거움을 얻도록 한다. 이러한 인연을 위하여 모름지기 염불행자에게 (염불과 극락왕생의 법도를) 권진하여야 한다.

四、言"勸進行者"者 此明苦法如毒、惡法如刀 流轉三有 損害衆生。今旣善如明鏡、法如甘露 鏡卽照正道以歸眞 甘露卽註法雨而無竭。欲使含靈受潤、等會法流 爲此因緣 故須相勸。

"여차삼사如此三事" 이하는 이상의 정업삼복의 수행을 총결하였다.

言"如此三事"已下 總結成上行也。

부처님께서는 위제희에게 이르시길, "그대는 지금 알겠느냐. 이 세 가지 업은 과거·현재·미래 삼세제불께서 닦는 정업淨業의 정인正因이니라."

佛告韋提希：汝今知不？此三種業 乃是過去、未來、現在 三世諸佛淨業正因。

5. "부처님께서 위제희에게 이르시길"에서 "정인正因"에 이르는 경문에서는 성인을 끌어다 범부를 격려함을 밝힌다. (이는 삼세제불의 정업정인淨業正因으로 일체제불은 모두 이런 수행에 따라 불과를 이룬다. 말하자면 세복世福·계복戒福·대승복大乘福 등을 행지行持하여야 한다.) 일심으로 전념하여 삼복을 수지하면 반드시 왕생하리니, 의심할 여지가 없다.

五、從"佛告韋提"下 至"正因"已來 明其引聖勵凡。但能決定註心 必往無疑。

위에서 비록 다섯 문구로 달리 말하였을지라도 여기서는 산선현행散善顯行의 인연을 총괄해서 밝힌다. "산선현행"은 산선방면에서 왕생의 행문行門, 즉

22) 정법正法이 끊임없이 상속相續하는 것이 마치 흐르는 물과 같음을 이른다.

이른바 정업삼복을 수지함을 드러내 밝힘이다.

上來雖有五句不同 廣明散善顯行緣竟。

[제7단] 정선定善을 드러내는 관법의 인연

정선을 드러내는 관법의 인연에는 곧 일곱이 있다.

七、就定善示觀緣中 卽有其七：

부처님께서 아난과 위제희에게 이르시길, "그대들은 자세히 들어라. 자세히 듣고서, 잘 사유하고 억념하라. 여래께서는 오는 세상의 일체 중생, 번뇌의 도적에게 해를 입는 이들을 위하여 업장을 청정히 하는 법문을 선설하리라. 훌륭하도다! 위제희여, 이런 큰일에 대해 잘 물었다."

佛告阿難及韋提希：諦聽！諦聽！善思念之。如來今者 爲未來世一切衆生 爲煩惱賊之所害者 說淸淨業。善哉！韋提希 快問此事。

(이때 위제희는 미래세 중생이 서방정토를 만나보는 수행방법을 보여주길 청한다. 이는 뒤에서 16관문을 선설하는 서막을 올림이다.)

1. "부처님께서 아난에게 이르시길"에서 "업장을 청정히 하는 법문"에 이르는 경문에서는 세존께서 응답하여 선설하시고, 아난과 위제희에게 잘 들어라 하심을 밝힌다. 이는 위제희 부인이 부처님께 극락세계에 태어나길 원한다고

기도하고서 극락세계에 태어날 수 있는 수행법을 청문하였는데, 부처님께서 이미 선설하실 것을 허락하심을 밝혔다. 지금 이 단락의 경문에서 정식으로 정수正受의 방편을 열어 드러내시고자 한다. (이른바 "정수正受"는 마음이 정토의 거룩한 경계에 상응함이다.) 이는 지극히 중요한 인연으로 이익이 지극히 깊고, 지극히 넓어서 광겁 이래 듣기 어려운데, 지금 인연이 무르익어 비로소 선설을 시작한다. 지극히 깊은 대의가 있는 연고로 여래께서 아난과 위제희 두 사람에게 총괄해서 부촉하게 되었다.

一、從"佛告阿難"下 至"淸淨業"已來 正明救聽許說。此明韋提前請願生極樂 又請得生之行 如來已許。今就此文 正欲開顯正受之方便。此乃因緣極要 利益處深 曠劫希聞 如今始說。爲斯 義故 致使如來總命二人。

부처님께서 아난에게 이르시길, "나는 현재 정토의 미묘한 문을 열어 선설하니, 그대는 잘 전수 받아 수지하여 법의 가르침을 잃지 말라." 이어 부처님께서 위제희에게 말씀하시길, "그대는 법을 청한 사람이기에 나는 현재 선설하니, 그대는 세심하게 잘 듣고서 내가 설한 법의 뜻을 사량하고 가장 진실한 마음으로 제수諦受23)하여 법을 잘못 전수받아 잃어버리지 말도록 하라." 이른바 "오는 세상 일체 중생을 위하여"는 여래께서 선설하여 교화하실 때 특별히 오랫동안 고통바다에 빠진 중생을 위해 현재 이미 평등하게 자비심으로 설법한 이상 법의 비가 오는 세상 일체 중생에게 두루 미치고 촉촉이 적시길 희망함이다.

言"告阿難"者 我今欲開說淨土之門 汝好傳持莫令遺失。言"告韋提"者 汝是請法之人 我今欲 說 汝好審聽 思量諦受 莫令錯失。言"爲未來世一切衆生"者 但如來臨化 偏爲常沒衆生 今旣 等布慈云 望欲普沾來潤。

---

23) "제諦는 세밀하고 신중하다는 뜻입니다. 전부 명백하고 또렷하게 이해하여 완전히 받아들여야 합니다." _《보현행원 염불성불》(비움과소통)

"번뇌의 도적에게 해를 입는 이들을 위하여". 이는 범부에게 매우 깊은 장애가 있어 허망한 애착과 매우 깊은 미혹 가운데 삼악취三惡趣의 불구덩이가 사람의 발밑에 숨어있는 줄 모름을 밝힌다. 그렇게 인생 속에서 인연에 따라 갖가지 수행을 일으켜 도를 찾아 나아가는 자량으로 삼지만, 이때 안이비설신의 여섯 도적들이 앞다투어 와서 침탈하고 손해를 입히는 줄 어찌 알겠는가! (이것이 바로 번뇌의 도적에게 해를 입는 것이다. 왜냐하면 번뇌는 쇠퇴와 감손을 조성하여 공덕의 법재法財24)를 상실하게 할 수 있기 때문이다. 그래서 "도적(賊)"이라 부른다. 이렇듯 선근이 조금 있어도 발심하여 도를 찾아 나아가고자 할 때 중간에 번뇌의 도적에게 해를 입어서) 지금 이미 법재를 잃어버리면 어떻게 괴로운 일이 없을 수 있겠는가?

(이는 범부가 불도를 닦음에 있어 겪는 곤란을 밝힌다. 범부가 되어 발심하여 불도를 구하고자 할 때 장애물이 겹겹이 쌓인 상황 즉 갖가지 번뇌장煩惱障·업장業障·보장報障 등등이 나타날 수 있다. 그래서 업장을 매우 빨리 청정하게 하는 대 역량의 방법이 있을 필요가 있다.)

言"爲煩惱賊害"者 此明凡夫障重 妄愛迷深 不謂三惡火坑暗在人之足下。隨緣起行 擬作進道資糧 何期六賊知聞 競來侵奪。今旣失此法財 何得無憂苦也？

이른바 "업장을 청정히 하는 법문을 선설함"은 여래께서 중생의 죄업이 깊고 무거운 연고로 그 참회하는 방법을 선설하여 그들로 하여금 악업의 상속을 끊어 제거하게 하여 필경에 영원히 청정을 얻을 수 있도록 하고자 함을 밝힌다. 또한 이른바 "청정淸淨"은 바로 아래의 관문에 의지하여 전심으로

---

24) 무엇을 훔치려는 마음이라 하겠는가? 다시 말하면, 바로 알음알이(識情)가 훔치려는 마음이다. 본래부터 갖고 있는 법재法財를 없애고, 공덕을 소멸시키는 것은 모두 이 심의식(心意識; 사량분별) 때문이다. 영가대사는 "법재를 손상시키고 공덕을 소멸하는 것은 바로 심의식 때문이다" 하셨다. _중봉스님,《산방야화》

염불하고 일심으로 서방극락을 관상하여 염념마다 다겁의 중죄를 없애므로 청정이라 한다.

言"說淸淨業"者 此明如來以見衆生罪故 爲說懺悔之方 欲令相續斷除 畢竟永令淸淨。又言 "淸淨"者 依下觀門專心念佛 註想西方 念念罪除 故淸淨也。

2. "훌륭하도다!" 이는 위제희 부인의 청문이 거룩한 뜻(부처님의 마음)과 칭합함을 밝힌다. 그래서 "훌륭하도다!"라고 말함은 부처님께서 중생을 제도하시는 자비심과 서로 맞음을 표시한다.

二、從"善哉"已下 正明夫人問當聖意。

아난아, 그대는 마땅히 이 대법을 잘 수지하여 널리 많은 중생을 위하여 부처님의 말씀을 선설할지어다. 여래는 지금 위제희 부인과 오는 세상의 일체 중생을 위해 서방 극락세계를 관하는 법문을 가르쳐 주리라. 불력(佛力; 아미타부처님 본원가지)에 의지하는 까닭에 장차 저 청정불토를 볼 수 있나니, 마치 맑은 거울을 들고 자신의 얼굴을 보는 듯하리라. 그리하여 저 국토의 미묘한 극락장엄의 일을 보면 환희심이 생기는 까닭에 그때 감응하여 즉시 (팔지보살이 증득하는) 무생법인無生法忍을 얻을 수 있으리라."

阿難！汝當受持 廣爲多衆宣說佛語。如來今者 教韋提希及未來世一切衆生 觀於西方極樂世界。以佛力故 當得見彼淸淨國土 如執明鏡自見面像。見彼國土極妙樂事 心歡喜故 應時卽得無生法忍。

3. "아난아, 그대는 마땅히 이 대법을 잘 수지하여"에서 "부처님의 말씀을 선설할지어다."에 이르는 경문에서는 아난에게 본법을 수지하라고 권유하며

선설하라고 권유하며, 이 법은 깊고 중요한 것으로 잘 유통하고 널리 유포해야 함을 밝힌다. 여래께서는 앞에서 두 사람에게 안심하고 잘 듣고 받아들이라고 일러주시고, 이 단락에서는 아난에게 부처님의 말씀을 수지하여 잃어버리지 말고, 널리 많은 사람들에게 선설·유포하라고 특별히 이르신다.

三、從"阿難 汝當受持"下 至"宣說佛語"已來 正明勸持、勸說 此法深要 好須流布。此明如來 前則總告令安心聽受 此文則別敕阿難受持勿忘 廣多人處爲說流行。

"부처님의 말씀"이라 함은 여래께서 광겁 이래 입으로 짓는 허물을 이미 제거하여 언설에 따라 듣는 모든 사람들은 저절로 믿음이 생김을 밝힌다.

言"佛語"者 此明如來曠劫已除口過 隨有言說 一切聞者自然生信。

4. "여래는 지금"에서 "무생법인을 얻을 수 있다."에 이르는 경문에서는 여래께서 본법을 수지하여 이익을 얻는 상황으로써 대중에게 수지할 것을 권유하심을 밝힌다.

四、從"如來今者"下 至"得無生忍"已來 正明勸修得益之相。

이는 여래께서 위제희 부인 및 오는 세상의 중생 등을 위해 관행의 방편을 드러내 보여 그들은 일심으로 전념하여 서방극락의 거룩한 경계를 관상하여 사바세계를 싫어해 버리고, 극락세계를 기쁘게 구하도록 할 수 있음을 밝힌다.

此明如來欲爲夫人及未來等 顯觀方便 註想西方 舍厭娑婆 貪欣極樂。

"불력에 의지하는 까닭에" 이하의 경문에서는 중생이 원래 업장이 깊고 무거워 경계와 접촉하는 곳은 모두 나면서부터 보지 못하는 사람과 같음을 드러내 보이기 위함이다. 손바닥을 가리키는 범위 안에서 모두 요원한 곳으로 여기고, 대자리를 사이에 두고 천리 바깥을 볼 수 없는 것과 같거늘 하물며 범부의 분별 바깥과 제불의 경계 내 사물을 어떻게 찾아볼 수 있겠는가? 만약 불력이 남몰래 가피함이 아니라면 어디에서 십만 억 찰토 바깥에 멀리 떨어진 극락세계 장엄의 미묘한 상을 볼 수 있겠는가? 그래서 이는 불력의 가피를 얻은 연고로 이런 거룩한 경계가 눈앞에 펼쳐진 것처럼 볼 수 있음을 드러내 보인다.

言"以佛力故"已下 此明衆生業障 觸目生盲。指掌謂遠他方 隔竹簣卽逾之千裏 豈況凡夫分外、諸佛境內窺尋？自非聖力冥加 彼國何由得睹？

"마치 맑은 거울을 들고 자신의 얼굴을 보는 듯 하리라." 이하 경문에서는 위제희 부인과 중생 등이 관에 들어가 일심으로 안온히 머물러 정신을 멈추지 않고 집중하여 심경이 상응할 때 이르러 일체 정토의 경계 상이 모두 현현할 수 있음을 밝힌다. 경계 상이 현현할 때 마치 밝은 거울 안에 물건이 또렷하게 보이는 것과 같다.

言"如執明鏡 自見面像"已下 此明夫人及衆生等 入觀住心 凝神不舍 心境相應 悉皆顯現。當境現時 如似鏡中見物無異也。

"환희심이 생기는 까닭에 무생법인을 얻을 수 있으리라." 말함은 아미타부처님 국토의 청정광명이 갑자기 눈앞에 펼쳐졌을 때 얼마나 뛸 듯이 기쁘겠는가!라고 밝히고 있다. 기쁜 연고로 무생법인을 얻을 수 있다. 이는 또한 희인喜忍이라 하고, 또한 오인悟忍이라 하며, 또한 신인信忍이라 한다. 이는 단지 먼저 예고를 할 뿐, 무생법인을 체득할 수 있음을 표명하지 않는다. 그 목적은 바로 위제희 부인이 이러한 이익을 희구하는 마음을 내어 용맹정진하고 일심전념으로 노력하여 마음이 진정 정토를 보는 때에 이르러 비로소 오인悟忍을 얻을 수 있다. 이는 대부분 십신+信 중의 인위忍位로 해解·행行 이상의 인忍은 아니다.

言"心歡喜故得忍"者 此明阿彌陀佛國淸淨光明 忽現眼前 何勝踴躍！因玆喜故 卽得無生之忍 亦名喜忍 亦名悟忍 亦名信忍。此乃玄談 未標得處 欲令夫人等怖心此益 勇猛專精 心想見時 方應悟忍。此多是十信中忍 非解行已上忍也。

부처님께서는 위제희에게 이르시길, "그대는 범부라서 심상이 겁이 많고 나약하며, 천안통을 얻지 못하여 멀리 관할 수 없지만, 제불여래께서는 특별한 방편(16관법)이 있어 그대가 볼 수 있도록 하시니라."

佛告韋提希：汝是凡夫 心想羸劣 未得天眼 不能遠觀。諸佛如來有異方便 令汝得見。

5. "부처님께서는 위제희에게 이르시길"에서 "그대가 볼 수 있도록 하신다"에 이르는 경문에서는 위제희 부인은 범부이지 성자가 아님을 밝힌다. 오직 우러러 불력이 남몰래 가피함에 의지하여야 저 국토가 비록 멀리 떨어져 있을지라도 또렷이 볼 수 있다.

五、從"佛告韋提"下 至"令汝得見"已來 正明夫人是凡非聖。由非聖故 仰惟聖力冥加 彼國雖遙得睹。

여래께서는 아마도 중생은 마음에 의심이 생겨서 위제희 부인이 범부가 아니라 성인이라 여길 것 같아서 이렇게 밝히셨다. 이렇게 의심을 일으키는 까닭에 스스로 겁이 많고 나약한 마음이 생겨난다 말씀하신다. 위제희는 지금 보살이지만 임시로 범부의 몸을 나타내 보이는데 우리들 죄인이 어찌 견줄 수 있겠는가? 그녀는 정토를 만날 수 있으나 우리는 그럴 수 없다. (이로 말미암아 겁이 많고 나약한 마음으로 인해 물러나 이익을 잃어버린다.) 여래께서는 이러한 의심을 끊어 없애기 위해서 "위제희, 그대는 범부이다." 하셨다. (이는 범부가 수행하여 성취하는 법문으로 높이 성인의 계위로 밀어버려서는 안 된다고 밝힌다.)

此明如來恐衆生置惑 謂言夫人是聖非凡。由起疑故 卽自生怯弱 言韋提現是菩薩 假示凡身 我等罪人無由比及。爲斷此疑 故言"汝是凡夫"也。

"심상이 겁이 많고 나약하다" 함은 범부인 연고로 큰 뜻을 품은 적이 없었다는 말이다. "천안통을 얻지 못하다" 함은 위제희 부인은 육안만 있어서 보이는 거리의 원근은 말할 것이 못되거늘, 하물며 정토는 더욱 멀리 떨어져 있는데 어떻게 볼 수 있겠는가?

言"心想羸劣"者 由是凡故 曾無大誌也。言"未得天眼"者 此明夫人肉眼 所見遠近 不足爲言 況淨土彌遙 云何可見?

"제불여래께서는 특별한 방편이 있다." 이하의 경문에서는 먼저 국토장엄이 보이는 것은 결코 범부의 능력이 아니라 널리 다 불력의 가피로 공을 돌린다고 밝힌다.

言"諸佛如來有異方便"已下 此明若以先所見國土莊嚴者 非汝凡能 普悉歸功於佛也。

그때 위제희가 부처님께 아뢰길, "세존이시여! 저는 지금 불력이 가피한 연고로 저 국토를 볼 수 있사옵니다. 만약 부처님께서 멸도하신 후 일체 중생은 탁하고 악하여 선하지 않아 오고五苦의 핍박을 받게 되리니, 어떻게 하여야 아미타부처님의 극락세계를 볼 수 있겠사옵니까?"

時韋提希白佛言 : 世尊! 如我今者 以佛力故 見彼國土 ; 若佛滅後 諸衆生等 濁惡 不善 五苦所逼 云何當見阿彌陀佛極樂世界?

6. "그때 위제희가 부처님께 아뢰길"에서 "저 국토를 볼 수 있사옵니다"에 이르는 경문에서는 위제희 부인이 거듭 은혜에 감사하고, 다음 질문을 하려는 뜻을 밝힌다. (위제희 부인은 자신이 부처님의 은혜와 가피를 얻어서 극락세계가 눈앞에 나타나 볼 수 있다고 표현한다. 오는 세상 부처님께서 멸도하시고 세간에 없는데 중생이 어떻게 볼 수 있는가? 자신이 부처님 은혜를 입어 이렇게 정토를 볼 수 있게 되자, 오는 세상의 중생은 어떻게 해야 하는가? 의문이 일었다.)

六、從"時韋提白佛"下 至"見彼國土"已來 明其夫人重牒前恩 欲生起後問之意。

이는 위제희 부인이 부처님의 뜻을 이해하고서 앞에서 광명이 변한 자금대에 보이는 시방찰토가 자신의 능력으로 보게 된 것이라 여기는 것 같다고 밝힌다. 지금 세존께서 법문을 개시함을 듣고, 비로소 부처님의 방편이 가피한 은덕을 안다. 만약 이렇다면 부처님께서 지금 세상에 계시니, 중생이 부처님의 은혜를 입어 서방극락을 볼 수 있다. 그러나 부처님께서 열반에 드시어 부처님의 가피를 입을 수 없는 경우 어떻게 서방극락을 볼 수 있는가?

此明夫人領解佛意 如上光臺所見 謂是己能。向見世尊開示 始知是佛方便之恩。若爾者 佛今在世 衆生蒙念 可使得見西方；佛若涅槃 不蒙加被者 云何得見也？

7. "만약 부처님께서 멸도하신 후"에서 "극락세계"에 이르는 경문에서는 위제희 부인이 중생을 위해 자비심을 발하여 중생도 자신과 함께 왕생하여 영원토록 사바세계를 작별하고 오래도록 안락의 경계(극락세계)에 노니길 원함을 밝히고 있다.

七、從"若佛滅後"下 至"極樂世界"已來 正明夫人悲心爲物 同己往生 永逝娑婆 長遊安樂。

이는 여래께서 미래제가 궁진하도록 쉬지 않고 일체 유정을 다 제도하겠다는 서원의 마음을 세우셨음(그래서 여래께서는 본래 멸도하신 적이 없다)을 밝히고 있다. 그러나 시대의 변화에 따라 중생의 안목은 갈수록 짧아지고 수명도 짧아지게 된다. 그래서 여래께서는 중생을 제도하기 위해 영겁의 금강수金剛壽 가운데 화신을 드러내시고 인류 속에서 사람의 수명과 비슷하게 나타난다. 중생의 교만을 조복시키기 위해서 여래는 무상을 시현하고, 억세고 교화하기 어려운 중생을 교화하기 위해 여래께서도 중생과 마찬가지로 마침내 몸이 부서지고 사라진다. (일체는 모두 중생에게 출리심出離心과 무상심無常心을 갖게 하여 일심으로 해탈을 구하도록 함에 있는 연고로 여래께서는 범부와 같은 모습으로 나타나서 마침내 몸이 부서지고 사라지는 무상을 시현하신다.) 그래서 "만약 부처님께서 멸도하신 후"라고 말씀하셨다.

此明如來期心運度 徹窮後際而未休。但以世代時移 群情淺促 故使如來減永生之壽、泯長劫 以類人年 攝憍慢以示無常 化剛强同歸於磨滅 故云"若佛滅後"也。

"일체 중생", 이는 여래께서 교화인연을 마치고 열반하신 후 중생은 귀의처가 없이 모두 무명·업장의 우매한 힘에 이끌려 끊임없이 흔들리고, 곳곳마다 마음이 불안하여 육도로 거침없이 내닫는다. (이것이 이른바 중생임으로, 가엾이 여겨서 반드시 구해내야 한다.)

言"諸衆生"者 此明如來息化 衆生無處歸依 蠢蠢周惇 縱橫走於六道。

"탁하고 악하여 선하지 않다." 말함은 총괄해 오탁五濁, 즉 첫째 겁탁劫濁, 둘째 중생탁衆生濁, 셋째 견탁見濁, 넷째 번뇌탁煩惱濁, 다섯째 명탁命濁으로서 말세의 탁하고 악하며 청정하지 않은 상황을 밝히고 있다.

言"濁惡不善"者 此明五濁也 一者劫濁 二者衆生濁 三者見濁 四者煩惱濁 五者命濁。

이른바 "겁탁劫濁"의 겁 자체는 탁하지 않지만, 겁이 감소할 때 중생의 여러 악행이 끊임없이 심해지고 증가하게 된다. (그래서 전체 시기의 상황을 말해

"겁탁"이라 부르니, 혼탁한 시대이다.)

言劫濁者 然劫實非是濁 當劫減時 諸惡加增也。

이른바 "중생탁衆生濁"은 이런 뜻이다. 겁이 최초로 형성되었을 때 중생은 순수하게 선하였다. 겁이 말세에 이르면 중생이 지은 십악의 업이 날로 왕성해진다.

言衆生濁者 劫若初成 衆生純善。劫若末時 衆生十惡彌盛也。

이른바 "견탁見濁"은 견해가 전도됨이다. (눈에 검은색 안경을 쓰면 사물이 모두 검은색으로 보이듯이) 자신이 지은 온갖 악을 전부 선한 상으로 여겨서 이러한 착각으로 인해 선으로 변화된다. 타인의 견해는 본래 아무런 그릇됨이 없지만, 자신의 전도된 견해로써 그 견해가 옳지 않게 된다. (이와 같은 부류는 모두 견탁이다. 이른바 여실하지 않은 견해, 전도된 견해 혹은 왜곡해서 볼 때 이는 모두 심식이 청정하지 않은 연고로 보이는 것은 모두 비뚤어지고 전도되며 정확하지 않은 것이다.)

言見濁者 自身衆惡 總變爲善 他上無非 見爲不是也。

이른바 "번뇌탁煩惱濁"은 지금 겁의 말세 중생은 성정이 매우 악해 친근하기 어렵다는 말이다. 육근 등에 멋대로 접촉하면 탐욕과 성냄을 앞 다퉈 일으키게 된다.

言煩惱濁者 當今劫末衆生惡性難親 隨對六根 貪瞋競起也。

이른바 "명탁命濁"은 이런 뜻이다. 앞의 견탁과 번뇌탁으로 말미암아 수많은 살해 행위를 하고 자비, 보은, 돌봄 등 인자한 선행이 없다. 이렇게 줄곧 목숨을 빼앗는 괴로움의 인을 행하거늘 장수의 과보를 얻고 싶어도 어떻게 가능하겠는가? (중생이 살생업 등을 짓는 연고로 수명이 매우 짧아지니, 명탁이라 한다.)

言命濁者 由前見惱二濁 多行殺害 無慈恩養。旣行斷命之苦因 欲受長年之果者 何由可得也？

(그렇다면 왜 "탁濁" 뒤에 "악惡"자가 붙는가?) 왜냐하면 이러한 탁의 체성은 선법이 아니기 때문이다. 그래서 "탁하고 악하여 선하지 않다" 하셨다.

然濁者 體非是善 故云"濁惡不善"也。

"오고五苦의 핍박을 받게 되리니". 팔고八苦에서 태어나는 괴로움 · 늙는 괴로움 · 병드는 괴로움 · 죽는 괴로움 · 사랑하는 사람과 이별하는 괴로움을 취해서 오고五苦라 하였다. 그 밖에 첫째 물질 · 느낌 · 생각 · 작용 · 식별의 오음에서 비롯된 수많은 괴로움, 둘째 구하려 해도 구하지 못하는 괴로움, 셋째 미운 사람과 만나는 괴로움의 세 가지 괴로움을 더해 팔고를 이루니, 총괄해 팔고라 한다. (바꾸어 말해 오고五苦는 팔고의 약설이다.)

言"五苦所逼"者 八苦中取生苦、老苦、病苦、死苦、愛別苦 此名五苦也。更加三苦卽成八苦 一者五陰盛苦、二者求不得苦、三者怨憎會苦 總名八苦也。

이런 오탁五濁 · 오고五苦 · 팔고八苦 등은 육도의 중생이 공통으로 받아야 하고, 피할 수 있는 사람은 한 사람도 없으며, 항상 끊임없이 중생의 신심을 핍박한다. 만약 이러한 괴로움을 겪지 않는다면 수많은 범부에 포섭되지 않는다.

此五濁、五苦、八苦等 通六道受 未有無者 常逼惱之。若不受此苦者 卽非凡數攝也。

"어떻게 하여야 볼 수 있겠사옵니까?" 이하의 경문에서는 위제희 부인이 이런 곳에서 온갖 괴로움을 겪고 있는 교화대상인 근기의 중생들을 들어 그들은 죄업이 지극히 깊고 무거우며, 또한 부처님을 만날 수도 없고 부처님의 가피를 얻을 수도 없거늘 어떻게 저 국토를 볼 수 있겠는가? 라고 밝히고 있다.

言"云何當見"已下 此明夫人擧出苦機 此等罪業極深 又不見佛、不蒙加被 云何見於彼國也？

이상으로 비록 일곱 문구로 달리 말하였을지라도 여래께서 산선 3복과 정선 13관법을 개시하신 인연을 총괄해 밝히고 있다.

上來雖有七句不同 廣明定善示觀緣竟。

처음 증신서證信序를 밝히고 다음 화전서化前序를 밝힌 후 발기서發起序를 발하였다. 이상으로 비록 세 가지 서序가 달리 있지만, 총괄해 서분序分의 내용을 강술해 밝혔다.

(총괄해 말하면 정종분正宗分을 강설하기에 앞서 본법의 유서由序를 발기하여야 하는데, 공통으로 증신서가 있고, 또 화전서가 있다. 그리고 본법을 발기한, 앞에서 뒤에 이르는 주요한 인연이 있으니, 앞에서는 아사세왕이 부왕을 감금하고 모친을 유폐하였으며, 뒤에서는 위제희 부인이 괴로움을 싫어하고 즐거움을 좋아하며 청법한 후 산선 삼복과 정선 13관법을 선설한 유서를 발기하였다. 이것이 바로 본경의 서분序分이다.)

初明證信序 次明化前序 後明發起序。上來雖有三序不同 總明序分竟。

- 불설무량수불경소 권 제2 마침 -

佛說觀無量壽佛經疏卷第二終

불설관무량수경소佛說觀無量壽佛經疏 권 제3

[정산의定善義]

부처님께서는 위제희 부인을 위해 십육묘관十六妙觀을 설하셨다. 그래서 우리는 일생에 공부를 끝마칠 수 있다. 지금 《관경》에서 현재 자신의 뜻과 원에 맡겨 십육관 중에 필요에 따라 일관을 취하여 혹 홀로 부처 및 보살의 미묘한 상을 관하거나 혹 정토의 경계를 관한다. 《아미타경》에서 연화대 등을 설하고 있듯이 뜻대로 관상한다. 관상이 분명하면 12시간 동안 현전에서 정토에 있는 듯 하다. 앉거나 눕거나 경행하며 눈을 감거나 눈을 뜨거나 눈앞에 있는 듯하다.

_감산대사

관상을 닦을 때는 자신이 가장 잘 득력하는 수행만 취할지니, 구태여 처음부터 끝까지 매일 거듭 닦을 필요가 있겠는가? 부처님께서 십육관문을 설하실 때 앞쪽에서는 극락세계의 장엄을 알려주고, 뒤쪽에서는 구품왕생을 알려주며, 그리고 닦은 것의 인과를 알려주신다. 각각의 관상을 이미 알고 있는 이상, 한 법을 관상하는 가운데 다른 관상도 원만히 관할 수 있다.

_인광대사

[제2문] 정종분 : 16관문

이로부터 이하는 정종분正宗分의 함의를 판명하는데, 곧 16관문觀門이 있다. 아래 하나하나 관에는 경문에 대해 상세하게 분별할 것이지만, 여기서는 미리 드러내지 않겠다. 현재 정종분을 정립함에 있어 여러 논사가 같지 않지만, 여기서는 직접 16관을 정종분이라 판정할 것이다. 일상관의 처음 문구에서 하품하생의 종결에 이르기까지가 본경 정종분의 내용이자 본경의 주체이다. 일상관의 앞 내용은 비록 여러 가지 함의가 있을지라도 이 글의 기세를 보면 단지 유서由序뿐임을 알아야 한다.

△從此已下，次辨正宗，卽有其十六。還就一一觀中，對文料簡，不勞預顯。今定立正宗與諸師不同，今直以就法定者，從日觀初句下，至下品下生已來是其正宗。從日觀已上，雖有多義不同，看此文勢，但是由序也。應知。

[제1관] 일상관日想觀: 지는 해를 보며 북 같다 관상하다

지는 해 매달린 북같아, 생사를 벗어나는 길
하루 종일 24시, 생각을 한곳에 매어둘지라.

제1 일상관에는 먼저 이름을 들고, 다음으로 관하는 행상行相을 분명히 밝히며, 마지막으로 총결하니, 여기에는 다섯 단락의 내용이 들어있다.

就初日觀中 , 先擧、次辨、後結 , 即有其五 :

부처님께서 위제희에게 이르시길, "그대와 중생은 마땅히 전심으로 마음을 한 곳(아미타불 명호)에 매어두고 서방(극락세계)을 관상할지어다."

佛告韋提希 : 汝及衆生 , 應當專心繫念一處 , 想於西方。

1. "부처님께서 위제희에게 이르시길"에서 "서방을 관상할지라"에 이르는 경문에서는 부처님께서 대중에게 16관을 수지할 것을 총괄해 권고하심을 밝힌다. 이는 위제희 부인이 앞에서 아미타부처님의 불국토를 드러내 보여줄 것을 간청하였고, 또한 정수正受의 상응을 일으키는 행문을 전수해줄 것을 간청하였고, 여래께서는 당시 그녀를 위해 선설하겠다 응답하셨다는 말이다.

그러나 기연機緣이 구비되지 못하였고, 정업의 행을 주도면밀하게 드러내 보이지 못하였다. 그래서 위제희 부인은 단지 정선관행定善觀行만 보여줄 것을 간청하였고, 아직 산선행문散善行門을 여쭙지 못하였다. (즉 일대 산선의 근기 무리로 하여금 본법에 취입하도록 하지 못하였다.) 그래서 부처님께서는 또한 정업삼복의 인행因行을 스스로 여시고 아직 듣지 못한 자를 이롭게 하였다. (또한 정업행자의 견식見識을 열어 어떻게 하여야 삼세제불의 정업정인을 수습할 수 있을지 잘 이해하여 왕생의 요행要行으로 삼도록 하였다.) 이어서 여래께서는 거듭 위제희와 아난존자에게 본법을 제수諦受하여 대중 속에서 널리 유통할 것을 권발勸發하였다. 이는 듣기 어렵고 만나기 어려운 대법을 광대하게 선설하여야 중생이 모두 마음이 열려 깨치고 이해하게 할 수 있다.

一、從"佛告韋提"下 , 至"想於西方"已來 , 正明總告總勸。此明韋提前請彌陀佛國 , 又請

正受之行，如來當時卽許爲說。但以機緣未備，顯行未周，更開三福之因，以作未聞之
益。又如來重告，勸發流通。此法難聞，廣令開悟。

"부처님께서 위제희에게 이르시길, 그대와 중생은", 이는 중생에게 권유하여
깨우쳐 일러주시길 만약 그대들이 번뇌 혹은 생사계生死界를 벗어나고자 하면
불국토에 태어나길 구하라는 말은 마땅히 자심을 격려하여 일심으로 16관법을
수지하여야 한다는 뜻이다.

言"佛告韋提：汝及衆生"者，此明告勸，若欲等出塵勞，求生佛國者，宜須勵意也。

"마땅히 전심으로" 이하는 중생의 마음은 줄곧 산란 동요하는 가운데 심식心識이
망동하는 모습이 원숭이가 사납게 구는 것과 같아 육진六塵에 반연하여 곳곳마다
모두 움직이고 있어 잠시도 멈춘 적이 없다. 왜냐하면 마주하는 경계와 인연이
특별히 많아 눈에 닿고 마음에 닿으면 모두 끊임없이 탐욕과 갖가지 어지러운
생각을 일으키기 때문이다. 이렇게 엄중한 산란함 가운데 처해 어떻게 삼매의
경계에 안심할 수 있는가?

言"應當專心"已下，此明衆生散動，識劇猿猴，心遍六塵無由暫息。但以境緣非一，觸
目起貪亂想，安心三昧何容可得？

"삼매"는 (모든 인연을 내려놓고) 마음을 한 처소에 머물러 조금도 산란 동요함이
없는 것이다. 망식妄識이 갖가지 경계와 인연에 반연하여 끊임없이 분별망동을
일으키면 이는 삼매와 완전히 어긋난다. 그래서 반드시 아래에 따라 실천해야
삼매를 성취할 수 있다. 만약 산란한 인연을 버리고 청정한 곳에 맡겨서
끊임없이 상속하여 마음을 관하는 경계에 집중하지 않으면 성취할 수 없다.

"三昧"是住心一處，毫無散動。妄識緣於各種境緣，不斷起分別妄動，這跟三昧完全相
違。因此，必須按照下面來做，才可能成就。非舍緣托靜，相續註心。

저절로 서방을 직접 가리키는 것이지, 다른 아홉 방위를 구분하는 것이 아니다. 그래서 바로 (다른 곳으로 산란하지 않고) 이 한 몸·한 마음에 이르고, (서방극락세계로 직접 향하여) 한 회향처에 이르고, (마음을 끊어지지 않고 집중하여) 한 처소·한 경계·한 상속에 이르고, (서방극락 아미타부처님께 귀의하여) 한 귀의처에 이르고, (줄곧 서방극락세계를 생각하여) 한 정념正念에 이르면 (이처럼 모든 인연을 버리고 일대 무량으로써 한 경계에 집중한다.) 관상觀想을 성취할 수 있고, 삼매정수三昧正受를 얻을 수 있다. 몸과 경계가 상응하면 지금 세상과 후생에 마음을 따라 자재 해탈할 것이다.

自直指西方, 簡余九域。是以一身、一心、一回向, 一處、一境界、一相續、一歸依、一正念, 是名想成就, 得正受。此世後生, 隨心解脫也。

어떻게 관상을 닦는가? 무릇 관상을 닦음이란 일체중생은 선천적 맹인이 아니고서는 눈으로 볼 수 있는 사람이기만 하면 모두 해가 지는 광경을 보았을 것이다.

云何作想？凡作想者, 一切衆生, 自非生盲, 有目之徒, 皆見日沒。

2. "어떻게 관상을 닦는가?"에서 "모두 해가 지는 광경을 보았다"에 이르는 경문에서는 관상하는 수행을 밝힌다.

이는 중생 등이 오래도록 생사에 유전하면서 산란함이 익숙해져 줄곧 반연해 마지않아 안심을 얻는 법도를 알지 못하기 때문임을 밝힌다. 비록 서방을 가리킬지라도 어떻게 작의作意할지 모른다. 그래서 여래께서는 중생을 위해 반문하시길, "어떻게 상을 지을 것인가?" 이는 중생의 마음속 의심과 집착을 없애고 정념이 현전하는 방법을 지시한다.

二、從"云何作想"下，至"皆見日沒"已來，正明牒所觀事。此明諸衆生等，久流生死不解安心。雖指西方，不知云何作意。故使如來爲生反問，遣除疑執，以示正念之方。

"무릇 관상을 닦음이란" 이 일구는 앞쪽에서 질문한 뜻을 이어받아 뒤쪽에서 관에 들어가는 방편을 드러내는 접속어이다.

言"凡作想者"，此明總牒前意，顯後入觀之方便。

"일체중생은", 이는 정토에 태어나는 부류를 총괄해 든 것이다. "선천적 맹인이 아니고서는" 이하는 근기가 감당할지, 감당하지 못할지 상황을 분판分辨함이다.

言"一切衆生"者，總擧得生之類。言"自非生盲"已下，此得簡機堪與不堪。

"선천적 맹인", 모태에서 태어날 때부터 물건을 보지 못하는 사람을 가리킨다. 선천적인 맹인에게는 일상관을 닦으라고 가르칠 수 없다. 왜냐하면 그는 햇빛을 본 적이 없어 그것을 모르기 때문이다. 타고난 맹인을 제외하고 그 밖에 후천적으로 장애의 인연을 만나거나 눈병을 얻어 눈이 멀어 보이지 않는 사람도 모두 일상관을 닦으라고 가르칠 수 있고, 모두 성취할 수 있다. 왜냐하면 그는 눈병에 걸리지 않았을 때 이미 햇빛 등의 상을 본적이 있기 때문이다. 현재 비록 실명하였을지라도 (그의 마음속으로 반연하여 총상總相을 취할 수 있고 마음속에 작의作意할 수 있어) 그의 마음에 햇빛 등의 형상을 잘 취하여 정념正念을 견지하면 때에 구애받지 않고 반드시 성취할 수 있다.

言"生盲"者，從母胎中出，眼卽不見物者，名曰生盲。此人不得教作日觀，由不識日輪光相故。除生盲以外，遇緣患者，教作日觀盡得成就。由未患眼時，識其日輪光明等相。今雖患目，但令善取日輪等相，正念堅持，不限時節，必得成就。

묻건대, 위제희 부인은 위에서 극락의 거룩한 경계를 보길 원한다고 요청하였다. 여래께서 응답하여 선설하실 때가 되어 왜 먼저 그녀에게 마음을 해를 관상함에 머물라고 가르치시는지, 잘 모르겠다. 이는 어떤 의도가 있는가?

　問曰：韋提上請願見極樂之境，及至如來許說，卽先敎住心觀日，有何意也？

답하되, 이는 세 가지 의도가 있다.

　答曰：此有三意：

첫째 의도는 중생이 관하는 대상의 경계와 인연을 인식하여 마음에 머무는 곳이 생겨서 방향의 소재를 가리키는 좋은 인연을 맺고자 함이다. 만약 방향을 가리키지 않으면 마음을 어디에 놓아야할지 모른다. 여기서 겨울과 여름 두 때를 취하지 않고 오직 봄과 가을 두 계절을 취한 원인은 이 두 계절에 해가 정동방正東方에서 나타나고, 또한 정서방正西方으로 지는 데 있다. 아미타부처님의 불국토를 공간에 근거하여 논하면 해가 지는 정서방이다. 바로 이 방위에서 줄곧 서쪽으로 가서 십만억 찰토를 뛰어넘으면 바로 서방불국토의 소재지이다. (그래서 마음의 연기緣起 상에서 마땅히 서방을 가리켜 정업행자가 마음을 하나의 인연에 매어두게 하여 서방극락을 취향趣向하는 연기를 이룬다.)

　一者欲令眾生識境住心，指方有在。不取冬夏兩時，唯取春秋二際，其日正東出、直西沒。彌陀佛國當日沒處，直西超過十萬億剎卽是。

둘째 의도는 중생에게 자신의 업장이 가벼움과 무거움의 차이가 있음을 알게 하고자 함이다.

　二者欲令眾生識知自業障有輕重。

어떻게 알 수 있는가? 정업행자에게 마음을 해를 관함에 머물도록 가르침으로 말미암아 알 수 있다. 처음 마음을 머물게 할 때 마땅히 가부좌를 맺음에 오른발은 왼쪽 다리 위에 얹고서 바깥과 가지런히 하고, 왼발은 오른쪽 다리 위에 얹고서 바깥과 가지런히 한다. 왼손은 오른 손에 편안히 놓고서 몸을 바르게 하고, 입은 다물고 벌리지 말아야 하며, 혀는 입천장에 닿게 하여 목구멍과 콧속 기도가 통하도록 한다.

云何得知？由教住心觀日，初欲住心時，教令跏趺正坐，右脚著左髀上，與外齊。左足安右髀上，與外齊。左手安右手上，令身正直，合口齒勿相張，舌柱上顎，爲令咽喉及鼻中氣道宣通故。

이어서 사대四大 안팎 일체가 모두 공하여 한 물건도 없음을 관상하여야 한다. 몸의 지대地大는 피부·살·근육·뼈 등이니, 마음속으로 사방을 향해 흩어져서 사방 변제에 이르기까지 최후에는 미진 하나로 흩어져 볼 수 없고, 전부 다 공해버린다 관상한다. 또한 몸의 수대水大는 피 땀 눈물 등이니, 마음속으로 북방을 향해 흩어져서 북방 변제에 이르기까지 최후에 미진 하나로 흩어져 볼 수 없다고 관상한다. 또한 몸의 풍대風大는 동방으로 흩어져 동방 변제가 다할 때까지 티끌 하나의 상도 볼 수 없도록 전부 다 흩어져 공하다고 관상한다. 또한 몸의 화대火大는 모두 동향을 향해 흩어져 남방 변제가 다할 때까지 마지막에는 미진 하나의 상도 볼 수 없이 전부 다 공하다고 관상한다. 이렇게 지수화풍 모두 흩어져 공한 이후 몸의 물질부분은 없다. 다시 남겨진 것은 공대空大인데, 이 공대는 시방 허공과 하나로 합쳐 이루어진다. 이러면 미진 하나도 공하지 않은 상은 보지 못하고, 색법의 상은 전부 다 공하여 무엇이든 다 없어 보지 못한다.

이렇게 오대五大가 다 공한 이후 단지 식대識大 하나만 남겨지고 심식心識 하나만 있을 뿐이다. 이때 맑고 고요하며(湛然) (불이의 경지에) 확고하게 머무니(凝住), 곧 대단히 청정하다. (어떠한 먼지나 때도 없으니, 이를 "담연湛然"이라 한다. "응주凝住"는 바로 산란이나 동요가 없음으로, 일심 가운데 머무는 경지이다.) 마치 둥글고 투명한 대원경大圓鏡 같으니, 일면 거울이라 관상하지 말고 시방이 다하도록 모두 밝은 거울인 체성이라 관상하여야 한다. 안팎이 모두 밝게 비추어 환히 청정하다. (실제로 안팎이 없으니, 몸이 사라져 안팎의 상이 없다. 이렇게 밝고 분명한 식대識大만 남겨질 뿐, 일체가 모두 마음속에 비친다.)

又令觀身四大內外俱空 , 都無一物。身之地大 , 皮肉筋骨等 , 心想散向西方 , 盡西方際 , 乃至不見一塵之相。又想身之水大 , 血汗津淚等 , 心想散向北方 , 盡北方際 , 乃至不見一塵之相。又想身之風大 , 散向東方 , 盡東方際 , 乃至不見一塵之相。又想身之火大 , 散向南方 , 盡南方際 , 乃至不見一塵之相。又想身之空大 , 即與十方虛空一合 , 乃至不見一塵不空之相。又想身之五大皆空 , 唯有識大湛然凝住 , 猶如圓鏡 , 內外明照 , 朗然清淨。

이렇게 관상할 때 산란한 상이 사라질 수 있어 마음이 점차로 응취凝聚·안정되어 산란이나 동요가 없다. 그런 후 천천히 마음을 운전하여 해를 체관諦觀한다.

作此想時 , 亂想得除 , 心漸凝定 , 然後徐徐轉心諦觀於日。

근기가 예리한 자는 앉자마자 밝은 상이 현전함을 볼 수 있다. 경계가 현전할 때 어떤 것은 돈(錢)처럼 그렇게 크고 어떤 것은 거울 면처럼 크다. 이 밝은 상 위에 자신의 업장이 가볍고 무거운 상황을 볼 수 있다. 여기에는 세 가지를 표현하니, 하나는 흑장黑障으로 검은 구름이 해를 덮어서 가리는 것과 같다. 둘은 황장黃障으로 또한 황색 구름이 해를 덮어서 가리는 것과 같다. 셋은 백장白障으로 흰 구름이 해를 덮어서 가리는 것과 같다. 이런 해는 구름이 덮어서 가리는 연고로 밝히 드러날 수 없다. 중생의 업장은 모두 이와 같아 청정한 마음을 덮어서 가리는 경계로 마음이 밝게 비출 수 없게 한다.

자심自心의 업장은 한 가지 상의 표현이 있는데, 관할 수 있는지 혹은 어떻게 관하는지 여부는 마음과 관련이 있다. 마음속에 업장이 있으면 그것은 청정을 덮어서 가리는 경계상이 현전하고, 명료하게 관조할 수 없다. 업장이 경미하면 쉽게 관할 수 있다. 근기가 예리한 자는 선근은 깊고 업장은 얇다. 그래서 앉자마자 밝은 상을 볼 수 있다. 다른 관을 시작하지 못함은 업장이 덮어서 가리는 연고로 말미암는다.

其利根者 , 一坐卽見明相現前。當境現時 , 或如錢大 , 或如鏡面大。於此明上 , 卽自見業障輕重之相。一者黑障 , 猶如黑雲障日。二者黃障 , 又如黃雲障日。三者白障 , 如似白云障日。此日猶雲障故 , 不得朗然顯照。衆生業障亦如是 , 障蔽淨心之境 , 不能令心明照。

정업행자가 만약 이러한 업장상을 보면 마땅히 즉시 참회하여야 한다. 또한 반드시 도량을 장엄하게 장식하고 불상을 안치한 후 자신은 청정히 목욕하고 깨끗한 옷을 입고 향을 살라야 한다. 일체제불과 성현을 향해 표명하고 불상 앞에서 이렇게 진술할지니, "현재 이번 생에 무시이래로부터 금생에 이르기까지 신구의로 지은 오역십악五逆十惡·사근본죄四根本罪·방법謗法(사람을 저주로 해하는 주술)·천제闡提(절대 구제되지 않는 사람) 등의 죄업을 참회합니다." 반드시 마음속으로 뼈에 사무치게 간절하게 슬퍼하고 가슴 아파하며 눈물이 비 오듯 쏟아져 매우 큰 부끄럽고 두려운 마음을 내고 그 아픔이 골수에 사무치며 마음속 깊이 뼛속까지 스미도록 간절하게 자신을 탓해야 한다.

行者若見此相 , 卽須嚴飾道場 , 安置佛像 , 淸淨洗浴 , 著淨衣 , 又燒名香。表白諸佛、一切賢聖 , 向佛形像 : 現在一生 , 懺悔無始已來 , 乃至今生身口意業所造十惡、五逆、四重、謗法、闡提等罪。極須悲涕雨淚 , 深生慚愧 , 痛徹心髓 , 切骨自責。

이렇게 참회한 이후 앞에서처럼 단정히 앉아 마음을 잡고 경계를 취한다. 경계가 현전할 때 앞의 세 가지 장애를 다 제거하면, 증득한 경계는 환히 밝고 청정하니, 이를 업장을 단박에 멸함이라 한다. 어떤 사람은 참회하면 장애가 다할 수 있으니, 이는 근기가 예리한 자이다. 어떤 사람은 참회하면 흑장黑障을 제거할 뿐이고, 어떤 이는 참회하면 황장黃障을 제거할 수 있고, 어떤 사람은 재차 백장白障을 참회하여도 제거할 수 있다. 이러한 정황을 점진적으로 제거함이라 하고 단박에 멸함이라 하지 않는다.

懺悔已，還如前坐法，安心取境。境若現時，如前三障盡除，所觀淨境朗然明淨，此名頓滅障也。或一懺卽盡者，名利根人也。或一懺但除黑障，或一懺得除黃障，或再懺並除白障，此名漸除，不名頓滅也。

이미 자기의 업상이 이와 같음을 인식한 이상 (나는 과거에 매우 많은 업을 지어 이러한 장애가 나타남을 스스로 알았으니) 반드시 경건한 마음으로 정근하여 참회하여야 한다. 어떤 이는 밤낮으로 세 때 혹은 여섯 때 등 업장을 기억하기만 하면 문득 참회한다. 이렇게 즉시 참회할 수 있으면 상근상행上根上行의 사람임에 확실하다. (또한 근성이 좋고 수행이 좋은 사람은 업장이 있음을 알아차리자마자 단박에 참회한다.) 마치 끓는 국과 뜨거운 불이 몸을 태우듯이 알아차리자마자 바로 벗어나게 된다. 이렇듯 업장이 있음을 알자마자 바로 참회하여야 하거늘 그래 어느 때를 기다리거나, 어느 곳을 기다리거나, 어떤 인연을 기다리거나, 어떤 사람을 기다려야 비로소 없앨 수 있다는 말이겠는가.

既自識業相如是，唯須勤心懺悔。日夜三時、六時等，但憶得卽懺者，最是上根上行人也。譬如湯火燒身，一覺卽卻，豈容從待時、待處、待緣、待人方始除也？

셋째 의도는 중생에게 아미타부처님 국토의 의보와 정보의 갖가지 장엄과 광명 등 상이 모두 안팎으로 찬란하게 비추어 이곳의 태양보다 백천 만 배나 뛰어남을 또렷이 알게 하고자 함이다.

(서방 불국토는 광명세계임을 알아야 한다. 우리가 사는 이곳 남섬부주에 속하는 욕계는 해와 달에 의지해 밝게 비춘다. 사천천왕 이상은 해와 달에 의지하지 않고 천인의 복덕력이 신체와 환경의 만물을 드러내어 모두 광명이 있다. 한 층 한 층 천계 위로 올라가면 그것의 광명은 점점 더 수승하다. 《왕생론주往生論註》에서 말하듯이 "지금의 금은 부처님께서 세상에 계셨을 때 금에 비하면 빛나지 못하고, 부처님 계실 때의 금은 전륜성왕의 금에 비하면 빛나지 못한다." 혹은 천계의 금을 비교하면 한 층

한 층 올라갈 수록 모두 백천만 배 증가한다. 육욕천六欲天에 이르면 가장 좋은 금인 셈이고 밝기가 가장 높지만, 극락세계의 만물에서 두면 은몰하여 나타나지 않는다. 밀랍으로 만든 초는 햇빛 아래 단지 하나의 검은 부분이 나타날 뿐이다.

이처럼 극락세계는 번뇌와 업장이 감득한 것이 없고 또한 아미타부처님 대원력이 나타난 것이다. 그래서 그 광명은 지극히 밝게 빛나고 만물은 모두 광명의 체성으로 해와 달이 필요 없다. 유정의 색신이든 환경의 만물이든 상관없이 물과 새, 꽃과 숲, 궁전과 누각은 모두 보배가 합하여 이루어지고 그들 자체는 바로 광명의 체성으로 매우 혁혁하고 불길같이 일어난다. 그래서 이곳의 해와 달보다 천만 배나 뛰어나다고 말한다.)[25]

(그래서 우리는 가장 먼저 일상관을 닦는다. 극락국토에서 드러나는 색은 이와 같다. 우리가 사는 이곳은 해와 극소수의 물건이 드러내는 광명의 상을 제외하고 다른 것은 모두 어둡다.)

三者欲令衆生識知彌陀依正二報 , 種種莊嚴 , 光明等相 , 內外照曜 , 超過此日百千萬倍。

정업행자가 만약 저 경계(극락정토)의 광명상을 모른다면 먼저 이 세계 가운데 해의 광명상을 먼저 보아야 한다. (왜냐하면 해의 광명체는 우리가 볼 때 내외좌우 전부가 광명이기 때문이다. 이런 해의 상을 이해하고 서방극락과 비교해 보면 극락만물이 어떤 광명상인지 대략적으로 비슷하게 알 수 있다.) 그리고 걸어가거나 머물거나 앉거나 눕거나, 예배하거나 염불하거나 관상하거나 억념하거나 무엇이든 마음 속으로 늘 이런 이해를 지어야 한다. (마음속에 이러한 수승한 이해가 생기면 극락세계가 광명의 세계이고 갖가지 물건도 모두 광명의 체성인 줄 알게 된다.)

(이처럼 일심으로 집중하여 관상이 끊임없이 이어지면) 오래지 않아 선정의 마음을 얻을 수 있어 극락정토 쾌락장엄의 사상을 볼 수 있다. 이런 목표를 위해 세존께서 먼저 우리에게 일상관을 가르친다.

---

25) 《왕생론강기》(비움과소통) 「제6장엄 묘색妙色공덕성취」 '높고 낮은 마음이 없는 평등한 세계' 참조.

行者等若不識彼境光相者 , 即看此日輪光明之相。若行住坐臥 , 禮念憶想 , 常作此解。不久之間即得定心 , 見彼淨土之事快樂莊嚴。爲此義故 , 世尊先教作日想觀也。

마땅히 상념을 일으킬지니, 서방을 향하여 단정히 앉아 해가 지려는 곳을 여실하게 관할지라. 마음을 단단히 머물러서 생각을 한 곳에 집중하여 조금도 움직이지 말고, 해가 지려는 형상이 마치 북이 매달린 것 같다고 볼지라.

當起想念 , 正坐西向 , 諦觀於日欲沒之處。令心堅住 , 專想不移。見日欲沒 , 狀如懸鼓。

3. "마땅히 상념을 일으킬지니" 이하에서 "형상이 마치 북이 매달린 것 같다"에 이르는 경문에서는 정식으로 관찰하는 방법을 가르친다. 우리에게 먼저 가부좌를 하여 몸이 위의威儀를 갖추고, 서방을 향하고 해가 지려는 곳을 여실하게 관하면서 마음을 이 경계에 머물러 단단히 잡고 옮아가지 말라고 가르친다. 이렇게 오래 지속하면 기대하는 것은 모두 마땅히 경험할 것이다. (자신이 기대하는 관상경계가 원하는 대로 현전할 것이다.)

三、從"當起想念"下 , 至"狀如懸鼓"已來 , 正教觀察。此明正身威儀 , 面向西方 , 守境住心 , 堅執不移 , 所期皆應。

이미 해를 보고 나서 눈을 감으나 눈을 뜨나, 그 영상이 한결같이 분명히 보이도록 할지니라. 이것이 바로 「일상관」이니, 「초관」이라고 하느니라.

旣見日已 , 閉目開目 , 皆令明了。是爲日想 , 名曰初觀。

4. "이미 해를 보고 나서"에서 "분명히 보이도록 할지니라."에 이르는 경문에서는 관상觀想을 성취하는 모습을 분명하게 밝히고 있다. 여기서는 자심自心으로 줄곧 모두 해의 상을 보아 마음속 상온想蘊을 다스려 잡상雜想의 인연을 없앰을 밝히고 있다. ("제상제연制想除緣"은 마음속 상온想蘊을 잘 다스려 전일하게 해를 관하여 기타 잡상雜想의 인연을 없앰을 뜻한다.) 이렇게 염념마다 옮아가지 않음은 바로 염념마다 관상의 경계에 머물러 떠나지 않으면 마침내 청정한 경계상이 분명히 현전한다. (말하자면 이미 해를 본 이후 계속해서 공부하여 그것을 견고하게 성취한다. 최종으로 도달하면 눈을 감으나 눈을 뜨나 모두 분명히 현전하면 견고하게 된다.)

四、從"旣見日已"下，至"明了"已來，辯觀成相。此明標心見日，制想除緣，念念不移，淨相了然而現。

또한 정업행자는 처음 선정 중에 이 해를 볼 때 곧 삼매 선정의 즐거움을 얻으면 신심이 안팎으로 체험하는 느낌은 불가사의함에 녹아든다.

又行者初在定中見此日時，卽得三昧定樂，身心內外融液不可思議。

주의할 점은, 만약 이미 해를 보았다면 마음을 잘 거두어 그것을 안정시킬 수 있어 번뇌에 이끌려 흔들리지 않아야 한다. 여기서 가장 중요한 관건은 관하는 경계가 현전할 때 그것을 탐하고 취하려는 마음을 내어서는 안 되고 너무 흥분해서는 안 된다는 것이다. 마음속으로 이러한 경계를 탐하는 마음이 일어나면 심식이 마구 움직여서 마음의 물결이 곧 요동친다. (경계가 일단 일어나 마음 위에 있으면 탐욕이 일어난다. 이러하면 마음이 평정을 잃어 욕심을 부리고, 이렇게 되면 마음이 평온을 잃고, 그 마음이 출렁인다.) 마음이 움직이는 연고로 청정한 경계를 곧 잃어버린다. 해가 혹 움직이거나 혹 어두워지고 혹 검은 빛깔, 혹 푸른 빛깔, 노란 빛깔, 붉은 빛깔, 흰 빛깔로 변하여 안정될 수 없다.

當見此時 , 好須攝心令定 , 不得生心貪取。若起貪心 , 心水卽動。以心動故 , 淨境卽失。或動、或暗、或黑、或靑黃赤白等色 , 不得安定。

(탐욕이 일어나 경계를 잃어버리는) 이 일을 볼 때 (조정을 하여 거듭 회복하여야 한다. 어떻게 하는가?) 곧 스스로 생각하길, '이들 경계가 요동하여 불안함이란 나의 탐심이 생각을 움직임으로 말미암아 (상想이 이 경계를 취하여) 청정한 경계가 움직이고 사라지게 되었다.' 그러면 스스로 마음을 잡고 정념正念을 틀어쥐고 처음부터 다시 수행하여야 한다. 이렇게 움직이는 상을 곧 없앤 후 조졸(청정)한 마음이 또 현전한다. 이미 이런 허물을 안 이상 다시 증상增上 탐심을 일으켜서는 안 된다. (어떤 경계가 나타나든 매우 평범해야 하며, 마라에 사로잡힌 것처럼 큰일이다 여기지 말라. 수도인의 마음은 마땅히 매우 평온해야 한다. "차라리 천강을 물이 흔들릴지언정 도인의 마음을 어지럽히지 말라." 도인의 마음은 줄곧 평범해야 하지 크게 기뻐하고 크게 걱정하는 일이 있어서는 안 된다.)

見此事時 , 卽自念言：此等境相搖動不安者 , 由我貪心動念 , 致使淨境動滅。卽自安心正念 , 還從本起。動相卽除 , 靜心還現。旣知此過 , 更不得起增上貪心也。

이하의 여러 관이 정관인지 사관인지, 득인지 실인지 판단하는 표준 상에서 완전히 제1관과 마찬가지이다. (바꾸어 말하면 여기서 먼저 교대交待하고 아래는 모두 이것에 의해 유추한다.) 예컨대 만약 내가 해를 관하는데 해를 보게 되어 능관能觀의 마음과 소관所觀의 경계가 상응하면 이를 「정관正觀」이라 한다. 만약 해를 관하는데 해가 보이지 않고 다른 어지러운 경계 등을 보게 되어 능관의 마음과 소관의 경계가 상응하지 않으면 이를 「사관邪觀」이라 한다.

(요컨대 우리는 마땅히 이렇게 판단하여 한다. 내가 해를 관하여 해가 출현하면 이는 상응이고 정관이다. 만약 내가 해를 관하여 다른 경계가 출현하면 그것은 사관이다.

관하지 않았는데도 출현하면 이는 어떤 것인가? 이는 그릇된 경계이다.)

　已下諸觀，邪正得失一同此也。觀日見日，心境相應，名爲正觀。觀日不見日，乃見余雜
　境等，心境不相應，故名邪也。

사바세계는 흑암이 머무는 곳이기 때문에 우리가 만나는 매우 많은 일은 모두 서방극락세계 만물의 상황과 비교할 수 없다. 단지 하나의 상응하는 비유가 있을 뿐이니, 이곳에는 밝은 해가 있어 눈부신 빛을 방출하는데 해를 관상함에 기대어 멀리 극락세계의 광명계를 나타낸다.

　斯乃娑婆之暗宅，觸事無以比方。唯有朗日舒輝，寄想遠標於極樂。

5. "이것이" 이하는 총결總結하는 문구이다. 이상으로 다섯 문구가 있어 내용이 다를지라도 일상관을 자세히 설명해 마쳤다.

　五、從"是爲"已下總結。上來雖有五句不同，廣明日觀竟。

[제2관] 수상관水想觀: 큰물이 얼어붙었다고 관상하다

> 맑고 투명한 큰물이 얼어붙어 얼음이 맺히고
> 유리보배 땅이 드러나 안팎이 막힘없이 비추네

제2 수상관에도 또한 먼저 이름을 들고, 다음으로 관하는 행상行相을 분명히 밝히며, 마지막으로 총결하니, 여기에는 여섯 단락의 내용이 들어있다.

二、就水觀中 , 亦先擧 , 次辨 , 後結 , 卽有其六 :

"다음으로 수상관을 닦을지어다. 물이 맑고 깨끗하다 보고 또한 그것이 명료하게 현전하여 그 마음이 분산되지 않도록 하라. 이미 물을 보고 나서 마땅히 물이 얼었다 관상하여야 한다. 그 얼음이 안팎으로 밝게 비침을 보고 나서 다시 유리라 관상하여야 한다. 이러한 관상을 이루고 나서 유리보배 땅이 안팎으로 밝게 비침을 볼지니라."

次作水想。見水澄清 , 亦令明了 , 無分散意。旣見水已 , 當起氷想。見氷映徹 , 作琉璃想。此想成已 , 見琉璃地 , 內外映徹。

1. "다음으로 수상관을 닦음이니"에서 "안팎으로 밝게 비침을 볼지니라."에 이르는 경문에서는 땅의 체성을 총괄해 표명한다.

一、從"次作水想"下 , 至"內外映徹"已來 , 總標地體。

묻건대, 앞에서 해를 관상함을 가르침은 업의 상황 등을 이해하기 위함이니,

그래서 해를 관하라고 한다. 지금 이 관에서는 또한 우리에게 물을 관하라 가르치시니, 어떤 의도가 있는가?

問曰：前教觀日，爲知業相等，故令觀日。今此觀中又教觀水，有何所以？

답하되, 해가 항상 비춤은 극락국토가 항상 광명을 밝게 비추고 있음을 표시한다. 다시 정업행자는 저 국토의 땅이 평탄하지 않아 사바예토처럼 높은 곳 낮은 곳이 있지 않은지 의심한다.

答曰：日輪常照，以表極樂之長暉。復恐疑彼地不平，類此穢國之高下。

다만 사바세계는 흑암이 머무는 곳이고, 단지 해만이 극락의 광명계와 비교할 수 있기 때문이다. 게다가 이 국토 세계는 모두 언덕이나 구덩이가 있어 울퉁불퉁 높은 곳 낮은 곳 평탄하지 않아 곳곳마다 이러하다. 평탄한 모습을 취하려면 물보다 나은 것이 없다.

(예를 들면 바람이 잠잠하고 물결이 고요할 때 끝없이 펼쳐진 해수면의 푸른 물결을 보면 대단히 평탄하다.) 그래서 이런 물의 평탄한 모습을 가지고 극락세계의 유리보배 땅에 비교할 수 있다. (극락세계의 지면이 평탄하기가 손바닥 같아 높고 낮은 모습이 없으니, 물을 관함으로 비유하였다.)

但以娑婆暗宅，唯日能明。此界丘坑，未有無高下之處。欲取能平之者，無過於水。示斯可平之相，況彼琉璃之地也。

묻건대, 이 세계의 물은 축축하고 부드러워 저 국토의 지면이 이곳의 물과 같은지 잘 모르겠다.

又問曰：此界之水，濕而且軟。未審彼地亦同此水耶？

답하되, 이 세계의 매우 평탄한 수면은 저 국토의 보배 땅이 평탄하고 높고 낮은 상이 없음과 대응한다. 또한 물을 바꾸어 얼음이 된 것은 얼음이 안팎으로 투명한 것을 취해 정토의 유리보배 땅이 안팎으로 밝게 비추는 모습에 비교한 것이다. 여기서 아미타부처님께서는 광겁 이래 행지行持가 평등하여 치우친 모습이 없고, 마음이 평등하여 평탄한 보배 땅을 감득하였음을 알아야 한다. 또한 안에 있는 번뇌와 습기가 전부 사라져 대단히 청정하고 밝게 비추니, 땅도 밝게 비추고 확 트여 장애가 없는 모습을 감득할 수 있다.

극락정토의 장엄은 모두 아미타부처님의 무루심無漏心이 나타난 것이고, 우리가 사는 사바세계 인간세상은 우리의 숙세 업습으로 감득한 것임을 알아야 한다. 이곳에서는 반나절은 어둡고, 반나절은 밝으니 전부 광명이 아니다. 게다가 해를 제외하고 다른 것은 광명체가 아니다. 이는 선악이 뒤섞인 업으로 감득한 것이다. 이는 우리의 작위作爲, 인류 공동의 업상業相이다. 천상에 이르면 밝은 것이 많아지니, 순선純善의 인으로 감득하여 그것의 복덕·수용·광명 등등은 모두 인류의 것을 뛰어넘는다.

(우리의 마음이 불평등한 것은 각 계층의 사람들이 상대적인 상황에 처하여 다른 태도가 생기기 때문이다. 예를 들면 친한 사람이나 지위가 있는 사람에 대해서는 매우 좋은 태도를 표현하고 소원한 원수 간이나 수준이 낮은 사람에게는 경멸하는 모습을 드러내고 마음에 위아래가 있어 평등하지 않다. 그래서 이 세계는 언덕이나 구덩이가 있어 곳곳마다 평탄하지 않은 모습을 감득한다. 만약 우리의 마음이 언제나 대단히 평탄 정직하여 위아래 불평등한 모습이 없다면 감득한 국토 또한 반드시 평탄하고 곧게 마련이다.)

答曰：此界之平水，以對彼地等無高下。又轉水成氷者，對彼琉璃之地內外映徹也。此明彌陀曠劫，等行無偏，正習俱亡，能感地輪之映徹。

묻건대, 이미 물을 관상하여 마음에 머물라고 가르쳤는데, 물을 바꾸어 얼음이 되고, 얼음을 바꾸어 유리보배 땅이 된다고 해서 그렇게 작법하면 경계상이 현전하는가?

又問曰：旣教想水以住心，轉水以成氷，轉氷以成琉璃地者，云何作法而令境現？

답하되, 몸을 안온히 머무는 위의는 앞의 일상관 작법과 같다. 또한 물을 관상하여 선정의 마음을 취하고자 하면 모름지기 비슷한 경계에 대해 관하면 곧 쉽게 선정을 얻을 수 있다.

答曰：若住身威儀，一同前日觀中法。又欲觀水以取定心者，還須對相似之境而觀，卽易可得定。

정업행자는 고요한 곳에서 물 한 그릇을 가져다 침대 앞바닥에 놓고 그 물을 한 가득 채우고 자신은 침상 위에 앉은 후 콩처럼 그렇게 큰 흰 것을 미간에 붙인다. 머리를 숙이고 수면 위에 대고 일심으로 이 흰색 그림자가 나타나는 곳을 지켜보고, 마음은 다른 곳에 반연하지 말아야 한다.

行者等於靜處取一碗水，著床前地上，好滿盛之。自身在床上坐。當自眉間著一白物，如豆許大。低頭臨面水上，一心照看此白處，更莫異緣。

또한 처음에는 그릇에서 물이 출렁거려 멈추지 않아, 얼굴을 대고 관하면 자신의 얼굴이 보이지 않는다. 그러나 끊임없이 관하면 점차 얼굴이 나타난다. 처음 얼굴모습이 안정되지 않아 어느 때는 길고 어느 때는 짧으며, 어느 때는 넓고 어느 때는 좁으며, 어느 때는 볼 수 있고 어느 때는 볼 수 없다. 그리고 이런 모습이 나타날 때 더욱 더 지극히 세밀하게 마음을 써야 한다. 오래지 않아 물결이 미세해지면서 움직이거나 움직이지 않은 것처럼 보일 때 얼굴 모습이 점차 밝게 드러날 것이다.

又水初在碗，波浪不住，臨面觀之，不見面像。爲觀不休，漸漸面現。初時面相不住，乍長乍短，乍寬乍狹，乍見不見。此相現時，更須極細用心。不久之間，水波微細，似動不動，面相漸得明現。

비록 이미 얼굴 위 눈, 귀, 코, 입 등을 또렷하게 보았을지라도 또한 취할 필요는 없고, (나타날지라도) 또한 지장이 있다고 여겨서는 안 된다. 단지 신심을 이완시킬지라도 그것이 있는 줄 알지만 그것을 취하지 않는다. 마음은 오직 흰 곳만 취하여 매우 명료하게 그것을 관한다. 이렇게 정념正念을 가지고 마음을 수호하되, 마음이 다른 인연으로 달아나게 하지 말라. 이렇게 흰 점을 보았을 때 마음은 점점 안온히 머물 수 있고, 물의 성질도 담연청정하다.

雖見面上眼耳鼻口等 , 亦未須取 , 亦不須妨。但縱身心 , 知有勿取也。唯取白處了了觀之。正念守護 , 勿令失意異緣。當見此時 , 心漸得住 , 水性湛然也。

또한 정업행자가 자신의 마음속 물이 출렁거려 멈추지 않는다는 말을 알고 싶다면, 그 물이 움직이는 모습과 움직이지 않은 모습을 보기만 하면 자신의 마음 경계가 나타남과 나타나지 않음, 밝은 모습과 어두운 모습을 알게 될 것이다. 바깥의 경계는 실제로 우리의 마음이다.

又行者等欲識知自心中水波浪不住者 , 但觀此水動不動之相 , 即知自心境現不現明暗之相也。

또한 물이 고요해질 때를 기다려 쌀 한 톨을 취해 물 위에서 손가는 대로 던져 넣으면 이때 물결이 그릇 안에서 두루 출렁인다. 자신의 얼굴을 위에서 대고 관하면 미간의 흰 점이 곧 움직인다. 다시 콩만큼 큰 것을 가지고 던져 넣으면 물결이 더욱 커지고 얼굴 위의 흰 점은 어느 때는 보이고 어느 때는 보이지 않는다. 내지 대추 등을 물에 던져 넣으면 물결이 여전히 크고 얼굴의 흰색 및 자신의 머리 얼굴까지 모두 사라져 나타나지 않으니, 이는 물이 출렁거리는 연고이다.

(이하는 이런 비유가 표현하는 함의를 설명한다.)

又待水靜時 , 取一米許 , 當水上信手投之水中 , 其水波即動遍於碗內。自面臨上觀之 , 其白者即動。更著豆許投之，水波更大。面上白者，或見不見。乃至棗等投之於水，其波轉大。面上白者，及自身頭面，總皆隱沒不現。由水動故也。

이 그릇은 우리의 몸에 비유할 수 있으니, 그것은 하나의 그릇과 같다. 이 그릇 안에는 물이 담겨 있으니, 몸 속에는 자신의 마음이 담겨있다. 이 마음은 흡사 물과 같아서 어느 때는 고요하다가 어느 때는 출렁이니, 이는 선정과 산란의 상태를 표시한다. 물결은 산란한 상태로 마음속에 갖가지 산란한 생각과 번뇌가 일어남을 표시한다. 점차적으로 물결이 그침은 곧 마음을 잘 다스려 다른 잡연을 버리고 마음이 한 경계(一境)에 머묾을 표시한다. 물이 고요해져 경계상이 물에 나타남은 바로 능연의 마음이 산란함이 없고 소연의 경계가 움직이지 않아 안팎이 매우 편안하고 담담하여 구하는 경계 모습이 매우 또렷하게 마음 앞에 드러난다.

言碗者，即喻身器也。言水者，即喻自心水也。言波浪者，即喻亂想煩惱也。言漸漸波浪息者，即是制舍衆緣住心一境也。言水靜境現者，即是能緣之心無亂，所緣之境不動，內外恬泊。所求之相顯然。

또한 마음속에 미세한 상과 거친 상이 일어나면 마음의 물이 곧 움직이는 것과 같다. 마음의 물이 이미 움직이면 담연적정湛然寂靜한 경계 모습을 곧 잃게 된다. 이는 쌀 한 톨(미세한 먼지), 보다 큰 콩과 대추 등(거친 먼지)을 적정한 물에 던져 넣으면 그 물이 물결이 일어나 곧 고요한 물의 상을 잃어버림과 같다.

又細想及粗想，心水即動，心水既動，靜境即失。如細塵及以粗塵，投之寂靜水中，其水波浪即動。

정업행자는 물이 움직이는지 움직이지 않는지 그 상태를 보기만 하면 곧 자신의 마음이 머무는지, 머물지 않는지 그 상황을 인식하게 된다. 게다가 이런 경계가 나타남이 잃어버림인지 잃어버림이 아닌지 혹은 사관邪觀인지 정관正觀인지 등은 앞에서 말한 일상관과 같다.

(예를 들면 일상관이 현전한 이후 눈을 뜨든 감든 모두 매우 또렷하게 마음 앞에 나타나니 이는 관이 생김을 표시한다. 만약 탐심 등이 일어나면 잃어버린다. 여기서 수상관도 모두 이와 같다. 혹은 관한 것이 해이고 해가 나오면 정관正觀이라 하고 관한 것이 해인데 다른 모습이 나오면 이는 사관邪觀이라 한다. 마찬가지로 여기서 관한 것이 물인데 물이 나오면 정관이고, 관한 것이 물인데 다른 모습이 나오면 이는 사관이다.)

又行者等但看此水動不動相 ，即識自心住不住也。又境現失不失邪正等 ， 一同前日觀也。

또한 천친보살께서 《왕생론》에서 찬탄하여 이르시길, "저 극락세계의 모습을 관찰하오니 삼계·육도를 뛰어넘습니다." 함은 그 국토 땅의 청정한 모습을 총괄해 밝힘이다. 다음으로 그것의 양장엄量莊嚴을 말씀하시길, "구경에 허공과 같아 광대하고 변제가 없습니다."라 표현함은 저 국토 땅의 분량分量을 총괄해 밝힘이다. (한정된 양은 없나니, 허공은 그 변제를 찾을 수 없듯이 극락세계도 변제를 찾을 수 없다. 그래서 굳이 한정된 수량으로 극락세계의 범위가 얼마나 넓은지 말할 필요가 없다.)

又天親贊云 ， 觀彼世界相 ， 勝過三界道 ， 究竟如虛空 ， 廣大無邊際。此即總明彼國地之分量也。

유리보배 땅 아래에는 (무루체성) 금강의 칠보 당번이 있어 땅을 떠받들고 있으며, 그 당번은 팔방형의 팔릉형을 갖추고 있고, 하나하나 방면마다 백 가지 보배로 합쳐 이루어져 있고, 하나하나 보배구슬마다 일천 줄기 광명이 빛나고, 그 한 줄기 광명마다 8만 4천 가지 미묘한 색깔이 있어 유리보배 땅을 비추니, 마치

억천 개 햇빛처럼 그것에 담긴 깊은 뜻을 충분히 알기 어려우니라.

下有金剛七寶金幢 , 擎琉璃地。其幢八方 , 八楞具足。一一方面 , 百寶所成。一一寶珠 , 有千光明。一一光明 , 八萬四千色。映琉璃地 , 如億千日 , 不可具見。

2. 이는 땅 아래 장엄을 밝히고 있으니, 즉 일곱 방면의 함의가 있다.

二、從"下有金剛七寶"下 , 至"不可具見"已來 , 正明地下莊嚴 , 即有其七 :

(1) 유리보배 땅 아래 보배당번은 모두 무루無漏 금강의 체성임을 밝히고 있다. (왜냐하면 그것은 유루의 혹업력惑業力으로 감득한 것이 아니고 괴고壞苦로 섭수되는 것이 아니기 때문이다. 그래서 그것은 무루금강성이라고 말한다. 타방의 물건은 일단의 시간을 보내면 인연이 변천된 후 썩고 낡아서 마침내 남김없이 무너지고 사라지게 된다. 극락세계의 기둥은 이러한 흙과 목재로 건축된 것이 아니라 금강의 체성이다.)

(2) 보배당번이 땅을 떠받들고 있는 모습으로 보배당번의 광명이 지면 위에서 빛나고 있어 무량한 장엄을 드러냄을 밝히고 있다.

(3) 보배당번의 형상은 팔방의 능형楞形을 갖추고 있고, 원형의 상이 아님을 표시함을 밝히고 있다.

(4) 보배당번은 백 가지 보배로 합쳐 이루어져 있고, 그 수량은 항하사 미진을 뛰어넘음을 밝히고 있다.

(5) 보배당번의 미묘한 보배는 모두 광명을 발하는데, 매 보배구슬마다 모두 일천 줄기 빛을 발할 수 있을 뿐만 아니라 광명은 두루 밝게 비추어 변제가 없는 장소에 미침을 밝히고 있다.

(말하자면 그것이 발하는 빛은 변제가 국한된 양이 없어 타방에서 발하는 광명이 밝게 비추는 범위가 일정한 것과 다르다. 극락세계는 여래의 지혜가 나타난 미묘한 보배의 체성으로부터 광명을 놓을 수 있을 뿐만 아니라 발하는 광명은 변제가 없다. 부처님의

색신에 있는 모공의 빛 하나가 두루 미치어 변제가 없고, 음성 하나도 변제를 찾을 수 없으며, 마찬가지로 여기서 보당의 빛도 변제를 찾을 수 없다.)

(6) 이런 빛 안에는 홍색·황색·남색·녹색 등등 각양각색의 미묘한 빛깔을 함유하고 있음을 밝히고 있다. 이러한 미묘한 색은 보배 땅을 비출 뿐만 아니라 그것은 왕생하는 자의 근기에 따라 변하여 나타나 이롭게 하지 않은 때가 없다.

(이는 여래의 불가사의한 지혜와 자비 원력과 중생의 선근이 화합할 때 저절로 갖가지 미묘한 상이 표현됨을 설명한다. 그래서 《능엄경》에서 이르시길, "중생의 마음을 따르고, 아는 양에 따라 응하신다(隨衆生心 應所知量)." 하셨다. 뜻대로 원만하지 않음이 없다 게다가 모두 근기에 응해 이롭게 하니, 어떠한 미묘한 상도 모두 정업행자의 마음에 계합하여 이롭게 한다. 그래서 이 극락세계 전부는 모두 중생에게 크게 가지加持한 것으로 전부 다 지혜이고 마니보주의 여의보성如意寶性과 같아서 접촉하면 이익을 얻을 수 있다. 여기서 말한 "이롭게 하지 않음이 없음"은 바로 수시로 모두 이롭게 함을 가리킨다.)

(7) 이렇게 많은 빛은 모두 갖가지 색깔을 산란하게 발하여 광명의 눈부심은 태양을 뛰어넘는다. 새로 왕생한 사람이 보면 실제로 그것에 담긴 깊은 뜻(內涵)을 다 이해하기 어렵다. 그 안에 도대체 얼마나 많은 색깔, 얼마나 많은 광명, 얼마나 많은 이익, 얼마나 많은 공덕이 있는지 추측할 수 없고 전부 이해할 수 없다. 그래서 "참으로 두루 다 알기 어렵다(卒難周悉)."고 한다.

一、明幢體等是無漏金剛；二、明擎地相，顯映莊嚴；三、明方楞具足，表非圓相；四、明百寶合成，量出塵沙；五、明寶出千光，光周無邊之際；六、明光多異色，色照寶地，隨機變現，無時不益也；七、明衆光散彩，映絕日輪。新往者睹之，卒難周悉。

찬탄하여 이르길, "땅 아래 공덕장엄 구족한 칠보당번, 무량무변 무수 억이나 많나니, (그야말로 보배당번의 숲바다일세.) 보배당번 마다 팔능형 갖추었고 방면마다 모두 백가지 보배로 합쳐 이루었네, 눈으로 이렇게 장엄한 보배당번 보기만 해도 저절로 무생無生을 깨닫나니, (그 역용力用 불가사의해라!)"

贊云：地下莊嚴七寶幢，無量無邊無數億，八方八面百寶成，見彼無生自然悟。

"서방극락은 무생보국으로 영원히 항상해라. 하나하나 보배마다 무수한 광명이 흘러나오네. 정업행자가 마음을 기울여 항상 눈앞에 마주보니, 신명이 올라 뛸 듯이 기뻐 서방극락으로 들어간다."

無生寶國永爲常，－－寶流無數光，行者傾心常對目，騰神踴躍入西方。

[강기] 서방극락은 "무생보국無生寶國"으로 불린다. 왜냐하면 그것은 모두 미묘한 보배의 체성으로 이와 같지 않은 것은 하나도 없을 뿐만 아니라 왕생한 이후에는 생사가 없기 때문이다. 여기서는 모두 부처님의 무루심이 나타난 미묘한 상이다. 그래서 국토는 항상 그러하여 쇠퇴도 없고 변화도 없어 "영원히 항상한다." 하였다. 세밀함은 보배땅·보배당번·보배물건 등 일체법상에 모두 이와 같다. 보배당번의 미묘한 보배에서는 하나하나 모두 무수한 광명이 흘러나온다. 정업행자가 마음을 기울여 관상하여 항상 눈앞에 현전하니, 이렇게 심신이 활기에 넘치며 서방의 거룩한 경계로 들어간다.

또한 찬탄하여 이르길, "서방정토는 적정무위의 안락이라, 필경 소요하며 유무를 여의었네. 대비로 마음을 훈습해 법계에 노니니, 분신하여 중생을 이롭게 함에 평등하여 색다름이 없다. 혹 신통을 나타내어 중생에게 설법하고, 혹 상호를 나타내어 중생 속으로 남김없이 들어간다. 장엄이 마음대로 변하여 나타나니, 중생이 보면 모두 죄가 없어진다.

又贊云：西方寂靜無爲樂，畢竟逍遙離有無。大悲薰心遊法界，分身利物等無殊。或現神通而說法，或現相好入無余。變現莊嚴隨意出，群生見者罪皆除。

[강기] 이어서 찬탄하여 말하길, "서방정토는 적정무위寂靜無爲의 안락安樂이다. 사바국토의 안락은 모두 유루有漏·유위법有爲法이고, 번뇌와 업이 변하여 나타난 것이므로 모두 생주이멸生住異滅의 상이 있다. 실제로는 괴로움의 성질(苦性)로 잠시 나타나고 나중에 없으니, 일체가 모두 쇠락해서 없어지게 된다.

그러나 서방극락은 혹업惑業의 망동과 조작이 없다. 그래서 그것은 적정무위의 안락으로 이미 생사계를 뛰어 넘었다. 줄곧 정신이 법성法性 가운데 노닌다. 그래서 "필경 소요逍遙한다." 이미 유변有邊도 떠났고 무변無邊도 떠났으며, 이미 실유實有도 아니고 단무斷無도 아니니, 일체는 모두 중도中道에 알맞아 유무에 집착하지 않고, 실제상으로도 어떠한 유변도 무변도 없다.

"대비로 마음을 훈습해 법계에 노닌다(大悲熏心遊法界)." 등 여섯 문구는 보살이 왕생한 후 무생법인無生法忍을 획득하여 자재무애自在無礙하게 중생을 이롭게 하는 상황을 말한다. 바로 자재무애한 신변력神變力으로써 법계의 진진찰찰塵塵刹刹 가운데 들어가 무수한 몸으로 분신하여 중생을 이롭게 할 수 있다.

"평등하여 색다른 것도 없다(等無殊)", 모두 평등한 법성의 유희로 어떠한 색다른 것도 없다. 단지 중생의 마음에 응해 갖가지로 현화顯化하니 어떤 것은 갖가지 신통을 나타내어 설법하고 어떤 것은 상호를 현현하여 "남김없이 들어가(入無余)", 곧 일체 중생계에 남김없이 두루 들어갈 수 있다. 마음대로 장엄이 변하여 나타나니 중생이 보면 죄업을 없앨 수 있다.

또한 찬탄하여 이르시길, "돌아가자! 마라의 마을에 오래 머물지 말고. 광겁 이래 유전하면서 육도를 모두 다 겪었구나. 가는 곳마다 남은 즐거움이란 없고 오직 들리는 건 슬픔과 탄식 소리 뿐, 이번 생 끝마친 후 저 서방극락 열반의 성에 들어갈지라."

又贊云 , 歸去來 , 魔鄉不可停。曠劫來流轉 , 六道盡皆經。到處無余樂 , 唯聞愁嘆聲。畢此生平後 , 入彼涅槃城。

[강기] 또한 계송을 지어 찬탄하여 말씀하시길, "돌아가자! 돌아가자! 삼계의 마라 고을에는 오래 머물지 말라. 광겁 이래 줄곧 생사를 유전하면서 육도에서 곳곳마다 태어나 끊임없이 윤회하였다. 이렇게 일체 마라가 가득 찬 곳, 일체 가는 곳마다 안락을 얻을 수 없어, 단지 슬픔에 괴로워하고 탄식하는 소리를 들을 수 있을 뿐이다.

그래서 이 세간은 괴로움의 바다이니, 곳곳마다 모두 괴로움의 인을 짓고 괴로움의 과를 얻는다. 인사의 아집으로부터 번뇌를 일으켜 업을 짓고, 그런 후 갖가지 생사의 상이 변하여 나타나니, 온갖 괴로움을 겪어야만 한다. 설령 조금 즐거움을 누릴지라도 헛되고 일시적인 것으로 모두 괴로움의 성질이다. 마침내 괴로움에 떨어지니, 괴로움 가운데 떨어지지 않는 법은 하나도 없다. 그래서 여기서는 미련이 있을 수 없다.

우리는 대의를 이미 깊게 밝힐 수 있었다. 정토와 예토 사이에 하늘·땅만큼 현격한 차이가 있다. 정토는 유일한 고향집이고, 그곳이야말로 영원히 항상 안락한 땅임을 알 것이다. 그래서 우리는 발심하여 이번 생을 끝맺은 이후 서방극락 열반의 성으로 들어가야 한다."

유리보배 땅 위에는 황금(무량한 보배)으로 이루어진 금줄 모양의 아름다운 길이 사이사이 뒤섞여 있고, 칠보로 이루어진 땅의 경계가 나뉘어 분제(分齊; 영역)가 분명하니라.

琉璃地上 , 以黃金繩 , 雜廁間錯。以七寶界 , 分齊分明。

3. "유리보배 땅 위에는"에서 "분제가 분명하니라"에 이르는 경문에서는 지상의 장엄을 천명하고 그 수승한 점을 드러내 밝히고 있다.

三、從"琉璃地上"下 , 至"分齊分明"已來 , 正明地上莊嚴顯標殊勝。

이곳에서는 원명·청정을 의지하고 유지함을 설명하고 있다. 칠보체성의 보배연못과 보배숲 등은 의지하는 당체(能依)이고, 유리보배의 땅은 의지하는 대상(所依)이다. 혹은 보배땅은 유지하는 주체(能持), 연못·화대·나무 등은 유지하는 대상(所持)이다. (요컨대 유리보배의 땅으로써 갖가지 땅의 장엄을 유지한다.) 아미타부처님께서 인지因地에서 닦으신 행지行持가 원만·완전함으로 말미암아 감득한 보토를 원명·청정하게 한다. 원명·청정은 곧 무루無漏를 체로 삼는다는 뜻이다.

此明依持圓淨。七寶池林等是能依 ， 琉璃寶地是所依。地是能持 ， 池臺樹等是所持。此由彌陀因行周備 ， 致使感報圓明淸淨 ， 卽無漏爲體也。

찬탄하여 이르시길, 보배땅의 장엄은 비교·형량할 수 없나니, 곳곳마다 광명을 발하여 시방찰토를 밝게 비추네. 땅 위에는 곳곳마다 보배 누각과 화대華臺가 두루 가득하고, 갖가지 미묘한 색이 모여 영롱하니 형량하기 어렵도다.

贊云：寶地莊嚴無比量 ， 處處光明照十方。寶閣華臺皆遍滿 ， 雜色玲瓏難可量。

허공에서는 보배구름과 보배덮개가 두루 덮여 있고, 정토의 보살성중이 걸림없이 공중에서 비행하며 서로 오고가네. 보배당번과 당번 덮개는 모두 바람 따라 구르며 움직이고, 찬란한 광명에서 바람이 불어 온갖 보배악기를 연주하니 생각에 응해 메아리치네.

寶雲寶蓋臨空覆 ， 聖衆飛通互往來。寶幢旛蓋隨風轉 ， 寶樂含輝應念回。

마음에 의심과 미혹을 지닌 채 왕생하는 이는 연꽃이 채 피지 않아 화포花苞 안에 웅크려 갇혀 있으니, 태 안에 머물러 있는 것과 같다. (왕생한 이는) 화포 안에서도 법락을 누리고 조금도 괴로움이 없으니, 장애가 일단 사라지면 잠깐 사이에 연꽃이 저절로 피어나리라. 이때 그의 귀와 눈이 밝아지고 몸은 자마금빛이며, 보살들이 그에게 천천히 묘법을 전수해 주시네. 광명이 몸에 닿아 비추면 몸은 세 가지 인(三忍)[26]을 성취하니, 그때 아미타부처님을 친견하고자 하면 자금대에서 내려오시네. 도반들이 그를 맞이하여 나아가 대법회로 들어가니, 아미타부처님의 존안을 우러러 보며 저도 모르게 부처님의 공덕을 찬탄하여라.

帶惑疑生華未發 , 含華籠籠喻處胎。內受法樂無微苦 , 障盡須與華自開。耳目精明身金色 , 菩薩徐徐授法音。光觸體得成三忍 , 卽欲見佛下金臺。法侶迎將入大會 , 瞻仰尊顏贊善哉。

"금줄金繩"이하는 황금이 길을 이루고 형상은 한 가닥 금줄과 같음을 밝히고 있다. 혹 갖가지 보배로 땅을 이루고 유리로 길을 이루며, 혹 유리로 땅을 이루고 백옥으로 길을 이루다. 혹 자금·백은으로 땅을 이루고 온갖 보배로 길을 이루다. 또한 어떤 것은 불가설 보배로 땅을 이루고 불가설 보배로 길을 이루다. 혹은 천만 가지 보배로 땅을 이루고 두세 가지 보배로 길을 이루다.

이렇게 서로 번갈아 뒤섞여 있고 번갈아 함께 이루고 있으며, 서로 번갈아 밝게 비추고 서로 번갈아 발현시키네. 갖가지 광명과 빛깔은 각각 다르지만, 조금도 뒤섞여 산란함이 없다. 정업행자는 황금 길만 있고, 나머지 여러 보배로 이루어진 길은 없다고 말하지 말라.

言"金繩"已下 , 正明黃金作道 , 狀似金繩也。或以雜寶爲地 , 琉璃爲道。或以琉璃爲地 , 白玉作道。或以紫金白銀爲地 , 百寶作道。或以不可說寶爲地 , 還以不可說寶作道。或以千萬寶爲地 , 二三寶作道。如是轉相間雜 , 轉共合成。轉相照曜 , 轉相顯發。光光色色 , 各

---

26) 첫째 음향인音響忍은 음향으로 말미암아 진리를 깨닫고, 둘째 유순인柔順忍은 지혜로운 마음이 부드러워 진리에 수순할 수 있는 것이며, 셋째 무생법인無生法忍은 무생無生의 실성實性을 증득하여 여러 상相을 여의는 것으로 진리를 깨달은 지극한 경지이다.

各不同，而無雜亂。行者等莫言但有金道，而無余寶作道也。

"하나하나 보배에는 5백 가지 색채의 광명이 나오는데, 그 광명은 꽃과 같고, 또한 별과 달처럼 허공에 걸려있어 광명대를 이루고 있느니라. (이는 하나의 큰 주택 군락으로) 천만 가지 누각이 있는데 모두 백 가지 보배로 합쳐 이루어져 있고, 광명대 양쪽에는 각각 백억 개 화당華幢이 있고 위에는 무량한 악기가 장엄하고 있느니라."

一一寶中，有五百色光。其光如華，又似星月，懸處虛空，成光明臺。樓閣千萬，百寶合成。於臺兩邊，各有百億華幢，無量樂器，以爲莊嚴。

4. 이는 허공의 장엄을 밝힌다. 여기에는 여섯 단락의 내용이 들어있다.

四、從"一一寶中有五百色光"下，至"樂器以爲莊嚴"已來，正明空裏莊嚴，卽有其六：

(1) 미묘한 보배에서 매우 많은 광명이 나옴을 밝힌다. (2) 비유의 방식으로 이런 광명의 상이 드러남을 밝힌다. (3) 광명이 변하여 좌대를 이루고 있음을 밝힌다. (4) 광명이 변하여 누각을 이루고 있음을 밝힌다. (5) 광명이 변하여 화당을 이루고 있음을 밝힌다. (6) 광명이 변하여 미묘한 보배 악기를 이루고 있음을 밝힌다. (요컨대 허공 가운데의 시설은 모두 광명이 변하여 나타난 것이다. 그래서 극락세계는 갖가지 허공 장엄의 유래를 알아야 한다.)

一、明寶出多光；二、明喻顯其相；三、明光變成臺；四、明光變成於樓閣；五、明光變成於華幢；六、明光變成於寶樂之器。

이는 지상의 갖가지 미묘한 보배는 하나하나 각각 5백 색채의 광명이 나오고, 하나하나 광명마다 허공 가운데 위로 솟아나며, 그런 후에 변하여 하나의 광명대를 이룬다. 하나의 광명대마다 천만 개의 보배누각이 있고, 하나의 보배누각마다 또한 각각 일이삼사 내지 불가설의 보배로써 장엄하여 합쳐 이루고 있다.

(요컨대 이는 불가사의한 환화幻化이다. 즉 보배 중에 광명이 나타나고, 광명 중에 좌대가 나타나며, 게다가 좌대 가운데 보배누각을 이루고 보배누각 또한 각양각색의 미묘한 보배가 합쳐 이룬다. 그래서 환화는 무량하다.)

此明地上雜寶，－－各出五百色光。－－色光，上湧空中，作一光臺。－－臺中寶樓千萬，各以一二三四乃至不可說寶以爲莊嚴合成也。

"그 광명은 꽃과 같고, 또한 별과 달처럼"이라 말함은 부처님께서 자비심으로써 오직 사람들이 이해하지 못할까봐 꽃과 별·달 등의 잘 알고 있는 형상을 차용하여 비유의 방식으로 이를 드러내고 있다.

言"如華又似星月"者，佛以慈悲畏人不識，故借喻以顯之。

"광명대 양쪽에는 각각 백억 개 화당華幢이 있고"라 말함은 보배땅 위 매우 많은 보배에서 무량한 광명이 나오고 하나하나 광명 등이 변하여 광명대를 이루어 허공가운데 두루 가득하다고 밝힌다. 정업행자는 행주좌와 항상 이렇게 관상한다.

言"於臺兩邊各有百億華幢"者，寶地衆多，光明無量，－－光等，化作光臺，遍滿空中。行者等行住坐臥，常作此想。

"여덟 가지 맑은 바람이 광명에서 흘러나와 저 악기를 울려서 고苦·공空·무상無常·무아無我의 법음을 연설하느니라. 이것이 바로「수상관水想觀」이니,「제2관」이라 하느니라."

八種清風，從光明出。鼓此樂器，演說苦空無常無我之音。是爲水想，名第二觀。

5. 광명이 변하여 듣기에 좋은 소리를 이루고 설법의 미묘한 상을 이루고 있음을 밝힌다. 여기에는 세 단락의 내용이 들어있다.

　五、從"八種淸風"下，至"無我之音"已來，正明光變樂音，轉成說法之相。

(1) 광명에서 여덟 가지 맑은 바람이 흘러나온다고 밝힌다. (2) 광명에서 바람이 나와 저절로 악기를 연주하여 법음이 나온다고 밝힌다. (3) 사도四倒와 사진四眞 내지 항하사 수의 묘법을 선설한다고 밝힌다. "사도四倒"는 상락아정常樂我淨의 네 가지 전도를 가리킨다. "사진四眞"은 고苦 · 공空 · 무상無常 · 무아無我를 가리킨다.

　卽有其三：一、明八風從光而出；二、明淸風卽出，卽鼓樂發音；三、明顯說四倒、四眞恒沙等法。

찬탄하여 이르길, "안락국토는 청정하여 항상 때 없는 법륜을 굴리니, 한 생각 및 한 때에 무량한 중생을 이롭게 하네. 찬탄할지니, 제불의 공덕에는 분별심이 없어 중생이 원하는 것을 재빨리 만족시켜 큰 보배바다와 같은 무량한 공덕을 획득할 수 있네."

　贊云：安樂國淸淨，常轉無垢輪，一念及一時，利益諸群生。贊佛諸功德，無有分別心，能令速滿足，功德大寶海。

6. "이것이" 이하는 총결하는 문구이다. 이상으로 여섯 문구가 있어 내용이 다를지라도 수상관을 자세히 설명해 마쳤다.

　六、從"是爲"已下，總結。上來雖有六句不同，廣明水觀竟。

[제3관] 지상관地想觀 : 유리보배의 땅을 관상하다

극락세계 유리보배 땅 위에 갖가지 상으로 장엄함을

또렷이 분명히 보면 의심 제거되고 장애 깨어지네

제3 지상관에도 또한 먼저 이름을 들고, 다음으로 관하는 행상行相을 분명히 밝히며, 마지막으로 총결하니, 여기에는 여섯 단락의 내용이 들어있다.

三、就地想觀中 , 亦先擧 , 次辨 , 後結。卽有其六 :

"이러한 관상을 이루었을 때, 하나하나 경계를 관하여 (그것이 현전한 후) 지극히 또렷하게 하고, (그것이 계속 한 덩어리를 이루어) 눈을 감으나 눈을 뜨나 (마음에 나타나) 흩어져 잃지 않을지어다. 밥을 먹을 때를 제외하고서는 항상 이 일을 억념하여 (마음마다 극락의 관하는 경계에 안온히 머물러) 이와 같이 상심想心에서 관하는 경계가 나타남을 거칠게나마 극락국토의 보배땅을 보았다고 하느니라. (이로부터 계속 나아가) 만약 (정수가 상응하여) 삼매를 증득하면 저 국토의 보배땅이 분명하게 또렷이 보일 것이니, (그 미묘함은) 이루 다 말할 수 없느니라. 이것이 바로 「지상관地想觀」이니, 「제3관」이라 하느니라.

此想成時 , 一一觀之 , 極令了了。閉目開目 , 不令散失。唯除食時 , 恒憶此事。如此想者 , 名爲粗見極樂國地。若得三昧 , 見彼國地 , 了了分明 , 不可具說。是爲地想 , 名第三觀。

1. "이러한 관상을 이루었을 때"는 앞을 맺고 뒤를 연다고 밝히고 있다.

一、從"此想成時"者，正明結前生後。

2. "하나하나 경계를 관하여"에서 "이루 다 말할 수 없느니라."에 이르는 경문에서는 관상을 성취하는 상황을 밝히고 있다. 여기에는 여섯 단락의 내용이 들어있다.

二、從"一一觀之"下，至"不可具說"已來，正明辨觀成相。即有其六：

(1) 마음은 하나의 경계상에 안온히 머무르되, 두리뭉실 혼잡하게 관해서는 안 된다고 밝힌다. 바꾸어 말하면 한 번에 한 경계를 관한다.

(2) 이미 마음을 하나의 경계 상에 전일하게 하면 경계가 곧 마음에 현전하고, 이미 현전한 후에는 그것을 명료하게 해야 한다고 밝힌다.

(3) 경계가 이미 마음에 현전하면 (그것이 상속하도록 하여) 눈을 뜨거나 감거나 모두 마음에 지켜서 그것을 잃어버리지 않도록 해야 한다고 밝힌다.

(4) (한 덩어리를 이루어) 행주좌와 네 가지 위의에 모두 밤낮으로 항상 관하는 경계를 상념하여야 하고, (마음을 뒤섞어 쓰며) 식사를 하는 때를 제외하고 모두 억지憶持하여 잃어버리지 말아야 한다고 밝힌다.

(5) 이처럼 자심自心이 움직이지 않아 끊임없이 일심으로 관하는 경계에 안온히 머물면 (공력이 깊어져) 곧 정토의 상을 본다고 밝힌다. 이를 능상能想의 마음에서 본다고 하니, 왜냐하면 여전히 각상覺想이 있는 연고이다.

(6) (공부가 다시 나아가면) 상심想心이 점차 미약해져 각념覺念이 단박에 제거된다고 밝힌다. 이때 정수正受가 상응함에 도달하여 삼매를 증득한다. 정말 극락정토의 미묘 장엄한 상을 보고 미묘한 청정상이 나타나니, 어떻게 언어로 표현할 수 있겠는가? (언어는 대단히 한계가 있어 정토경계의 미묘한 곳을 말할 수 없다.

이른바 보아야만 알 수 있고 언어는 도달할 수 없다.)

一、明心標一境，不得總雜觀之。二、明旣專一境，境卽現前。旣得現前，必令明了。三、明境旣現前，閉目開目，守令莫失。四、明身四威儀，晝夜常念，唯除食時，憶持不舍。

五、明凝心不絕，卽見淨土之相。此名想心中見，猶有覺想故。六、明想心漸微，覺念頓除。正受相應，證於三昧。眞見彼境微妙之事，何由具說。

(간략히 말하면) 이는 보배땅이 지극히 광대하여 무량무변하고, 지하에는 보배당번이 매우 많다. 당번마다 모두 온갖 보배가 합하여 이루어지고 갖가지 눈부신 색채가 나올 뿐만 아니라, 이렇게 백천 가지 색의 광명에서 갖가지 광명대·누각·당번·보배악기 등등이 변하여 나타나니, 층층마다 환이 변하여 무량무수하다. (그래서 정말 관하는 경계가 현전하면 정토의 미묘한 상을 보게 된다.) 그래서 정업행자에게 관하는 경계가 항상 눈앞에 마주하듯이 마음에 나타나도록 마땅히 마음을 기울일 것을 권한다.

斯乃地廣無邊，寶幢非一。衆珍曜彩，轉變彌多。是以勸物傾心，恒如對目。

3. "이것이" 이하는 총결하는 문구이다.

三、從"是爲"已下，總結。

부처님께서 아난에게 이르시길, "그대는 부처님의 말씀을 수지하여 오는 세상의 일체 대중, 무릇 고해에서 벗어나고자 하는 이들을 위하여 이렇게 땅을 관하는 법을 선설할지어다."

佛告阿難：汝持佛語，爲未來世一切大衆欲脫苦者，說是觀地法。

4. 석가모니부처님께서 아난존자에게 이 땅을 관하는 묘법을 유통할 뿐만

아니라 인연에 따라 광범위하게 선설할 것을 권유한다. 여기에는 네 단락의
내용이 들어있다.

四、從"佛告阿難"下 , 至"說是觀地法"已來 , 正明勸發流通 , 隨緣廣說。卽有其四 :

(1) 부처님께서 아난존자에게 일러 부촉하신다고 밝힌다.

(2) 부처님께서 아난에게 부처님 말씀을 수지하여 오는 세상의 대중을 위해
널리 정토 보배땅을 관하는 지상관地想觀의 이익을 선설할 것을 권유하신다고
밝힌다. (중생에게 이러한 관상으로 얼마나 수승한 이익을 얻게 되는지 설명해 주어야
한다. 뒤에서 말하는 것은 80억겁 생사의 중죄를 없앨 수 있을 뿐만 아니라 임종시
반드시 서방극락에 왕생하는 등 갖가지 불가사의한 이익이 있다.)

一、明告命 ; 二、明勸持佛語 , 廣爲未來大衆說前觀地之益 ;

(3) 정토법문을 받아들이고 믿을 수 있는 근기의 중생을 간택한다고 밝힌다.
(총괄해 말하면 그는 바로 신원행을 갖추고 있는 사람이다. 그는 가장 먼저 원을 표출하니,
선도대사께서는 "욕欲"자로써 설명하신다. 그의 마음속에 확실히 진실하고 간절한
원심願心이 생기면) 이런 부류의 중생은 사바세계에서 태어나고 죽는 오온의
몸을 버리고자 한다. (이러한 오온의 몸은 줄곧 혹업고惑業苦가 순환하여 상속한다.
혹업력의 유전에 따라 생사 가운데 끊임없이 몸을 취하고 버리며 이런 과정이 단절할
수 없다. 이를 고苦의 상속이라 하고, 오취온五取蘊의 상속이라 하며, "생사의 몸"이라
한다.) 또한 이러한 한 가지 온蘊의 체성에서 끊임없이 흘러나오는 팔고八苦 · 오고
五苦 · 삼악도고三惡道苦 등 육도六道에서 겪는 일체 고난에서 벗어나고자 한다.

(이러한 정업행자는 확실히 이미 생사의 몸에 대해 싫어하고 우환으로 여기는 마음이
생겨서 일심으로 그것을 버리고 싶어 한다.) 이러한 원이 생기면 그는 불가사의한
정토법문을 들을 때 곧 그 자리에서 신심을 낼 수 있고, 정말 가르침대로
봉행할 수 있다. (이렇게 신원행을 갖추고 있는 사람에게 당신이 전법을 하기만

하면 그가 들은 후에 반드시 그것에 따라 행하게 된다. 이는 그들이 이번 생에 변제가 없는 누겁에 벗어나기 어려운 고해를 벗어나 단박에 극락국토에 태어나서 해탈성불하게 한다.)

그래서 이런 상황을 보면 이런 부류의 정업행자에게는 목숨을 아끼지 말고 서둘러 정토법문의 이익을 선설해주어야 하며, 지체하지 말아야 한다. (마치 의왕이 병을 치료할 때와 같이 이미 어떤 사람에게 어떤 병이 있는지 어떤 약으로 그의 병을 잘 치료할 수 있는지 보았다면 더 이상 늦출 수 없다. 왜냐하면 그는 이런 감로를 받아들일 수 있으니, 직접 감로를 그에게 먹게 해주어야 한다.)

 三、明簡機堪受堪信，欲得舍此娑婆生死之身，八苦五苦三惡道苦等，聞卽信行者，不惜身命急爲說之。

만약 우리가 한 사람에게 온갖 괴로움을 버리고 생사윤회를 벗어나게 할 수 있다면 이러한 행위는 바로 진정으로 부처님 은혜에 보답하는 것이다. 무슨 연고인가? 왜냐하면 부처님의 본회本懷에 칭합稱合하기 때문이다. 제불여래께서 세상에 나오셔서 갖가지 방편을 시설하여 중생을 교화·인도하심은 곧바로 단지 중생으로 하여금 악업을 짓지 못하게 저지하고 복업을 닦게 하여 인천의 즐거움을 얻을 수 있게 하는 것이 아니다. (제불의 본원은 중생으로 하여금 철저히 고해를 벗어나 구경의 해탈, 영원한 안락을 얻게 함에 있다. 그래서 부처님의 마음은 중생이 영원히 고를 여의게 함이지, 그에게 인천의 즐거움을 얻게 하는 것이 아니다.) 인천의 즐거움은 괴로움의 자성으로 번갯불의 섬광이 순식간에 사라지듯이 이렇게 인연이 흩어지고 복업이 다할 때 삼악취에 떨어져 오랜 시간 괴로움을 겪게 된다. (그래서 이는 단지 잠시 하루 이틀 좋다가 그런 후에 옛날 병통이 재발하여 오랜 겁 괴로움에 떨어지는 것에 지나지 않는다. 이는 결코 진정으로 문제를 해결하지 못한다.) 이런 연고로 제불께서는 곧 중생에게 정토에 태어나길 구하여 무상보리를 향해 나아가라고 권유할 뿐이다.

그래서 지금 우리는 인연이 있어 이런 근기를 갖춘 자에게 그들이 서방에 태어나길 서원하도록 서로 권하는 것이 곧 (그들이 부처가 되도록 함이고,) 가장 구경의 타인을 이롭게 함이며, 제불의 마음과 같다고 말한다.

若得一人舍苦出生死者 , 是名眞報佛恩。何以故？諸佛出世種種方便勸化衆生者 , 不欲直令制惡修福受人天樂也。人天之樂 , 猶如電光 , 須臾即舍 , 還入三惡 , 長時受苦。爲此因緣 , 但勸即令求生淨土 , 向無上菩提。是故今時有緣相勸誓生淨土者 , 即稱諸佛本願意也。

(아래는 정토법문을 수지하는 법기의 상을 밝힌다. 어떤 사람이 법기인가? 어떤 사람이 법기가 아닌가? 간단히 말해 신원행을 구족한 자는 법기이고, 신원행을 구족하지 못한 자가 법기가 아니다.)

만약 정토법문을 듣고 좋아함(원을 표시함), 믿음과 행지가 없는 사람이거나 신원행을 갖추지 못한 사람은 《청정각경淸淨覺經》에서 말한 것처럼, 만약 어떤 사람이 정토법문을 설하는 것을 듣고 들은 후 듣지 않은 것 같고, 만난 후 만나지 않은 것 같다면 이러한 부류의 사람은 막 삼악도에서 와서 죄장罪障이 아직 소진되지 않아서 이 법문을 듣고서 마음속에 신향信向이 생기지 않는다고 알아야 한다. (말하자면 그는 정토에 대한 믿음과 그리움이 없고 마음이 업에 얽어매여 선심을 일으키지 못한다.) 부처님께서는 말씀하시길, "나는 이런 사람은 해탈을 얻을 수 없다고 말한다."

若不樂信行者 , 如《淸淨覺經》云 , 若有人聞說淨土法門 , 聞如不聞 , 見如不見 , 當知此等 , 始從三惡道來 , 罪障未盡 , 爲此無信向耳。佛言 , 我說此人未可得解脫也。

《청정각경》에서 또 말씀하시길, 만약 어떤 사람이 정토법문을 설함을 듣고서 그 자리에서 슬픔과 기쁨이 교차하고, 온몸에 털이 곤두선다면 이런 사람은 과거에 정토법문을 수습한 적이 있음을 알아야 한다. 지금 다시 들으니, 그 자리에서 환희심이 생기고 줄곧 정념수행正念修行하여 반드시 왕생할 수 있다.

(법기인지 아닌지 판단하는 것은 그들이 이 법문을 듣고서 어떻게 표현하는지 보기만 하면 이 겉모습에서 그의 속마음에 선근이 있는지 없는지 미루어 알 수 있다. 예컨대 정토법문을 듣고서 슬픔과 기쁨이 나타나는 경우 한편으로는 오랜 겁 이래 모두 이러한 법문을 만난 적이 있었으나 줄곧 생사에 떨어져 벗어나지 못했다는 느낌에 "슬프고", 다른 한편으로는 "기쁜 느낌"이 드는데, 희망이 보이고 앞날이 보인다. 정토법문을 듣고서 여의보를 얻은 것 같다 느끼면 이번 생에 이 법문에 의지해 해결할 수 있고 정토에 태어나 빨리 성불할 수 있어 뛸 듯이 기쁜 마음이 생긴다. 그렇다면 왜 이런 표현이 생기는가? 즉 과거에 정토법문을 닦은 적이 있어 지금 들을 때 선근이 촉발하여 곧바로 환희심이 일어난다.

"정념수행正念修行", 이는 그가 일심으로 이런 일을 기억해 잊지 않고 수행을 시작함을 말한다. 이처럼 그에게는 이미 믿음이 있고 또 원이 있으며 또 행이 있어 결정코 서방극락에 왕생할 수 있다.)

此經又云 , 若人聞說淨土法門 , 聞卽悲喜交流 , 身毛爲豎者 , 當知此人 , 過去已曾修習 此法。今得重聞 , 卽生歡喜。正念修行 , 必得生也。

⑷ 이러한 사람에게는 그가 정토의 보배땅을 관상하여 일심으로 관하는 경계에 머물 것을 가르쳐주어야 한다고 밝힌다. (바꾸어 말하면 곧 일심으로 정토의 경계상에 머물러야 한다. 이는 바로 그에게 생각을 서방극락에 맡기고 마음을 서방극락으로 보내라는 말이다. 이렇게 극락왕생의 일대사가 틀림없이 결정된다.)

四、明正教觀寶地以住心也。

"만약 이 무루의 보배 땅을 관상하는 사람은 팔십억 겁 생사의 중죄를 없앨 수 있고, 임종시 몸을 버리고 세상을 떠날 때 반드시 청정국토에 태어날 것이니, 일심으로 정념을 유지하되 의심하지 말지라. 이렇게 관하면 「정관」이라 하고, 이렇게 관하나 이렇게 나타나지 않으면 「사관」이라 하느니라."

若觀是地者, 除八十億劫生死之罪。舍身他世, 必生淨國, 心得無疑。作是觀者, 名爲正觀。若他觀者, 名爲邪觀。

5. 이는 보배땅을 관상하여 얻는 이익을 밝힌다. (여기에는 네 가지 내용이 들어 있다.)

　五、從"若觀是地者"下, 至"心得無疑"已來, 正明顯觀利益。

(1) 이 관법은 오직 보배땅을 관상할 뿐, 다른 경계를 관함은 언급하지 않는다고 밝힌다.

(2) 무루의 보배땅을 관하기 때문에 유루의 다겁 죄업을 없앨 수 있다고 밝힌다.

(3) 이러한 관을 성취한 후 업보의 몸을 버리면 반드시 정토에 왕생할 수 있다고 밝힌다. (이는 일체가 모두 심상心想으로 말미암아 이루는 도리이다. 우리의 마음이 물건 하나를 관하여 오래 지나 견고하게 성덕(性)을 이루면 장래 마음이 여기에 태어난다. 마음이 이미 견고하게 선정을 얻음으로 인해 곳곳마다 보배 땅이 출현하면 이러한 마음은 완전히 정토의 경계상에 머물러 다른 상법이 없으니, 장래 결정코 정토에 왕생한다.)

(4) 이는 이 관행을 닦을 때 일심으로 정념正念을 유지해야 하고, 뒤섞어 의심해서는 안 된다고 밝힌다. 이는 바로 순일한 믿음으로 결정코 이와 같음을 확신함이다. 마음이 순일한 연고로 왕생하면 연꽃이 열리고, 그런 후 부처님을 친견하고, 무생無生을 깨닫고 불도를 이룬다. 이는 **믿음이 일어날 때 마음이 완전히 열리는 것**이라 보아야 한다. 일단 의심을 품으면 그는 머뭇거리고, 결정하지 않아 마음이 활짝 열리지 않게 된다. 그래서 만약 뒤섞여 의심이 있는 채로 닦으면 비록 왕생할 수 있을지라도 연꽃 안에 담긴 채 나올 수 없고, 혹 변지邊地에 태어나거나 혹 궁전과 같은 태(宮胎)에 떨어진다.

即有其四：一、明指法唯觀寶地，不論余境；二、明因觀無漏之寶地，能除有漏多劫罪也；三、明舍身已後，必生淨土；四、明修因正念不得雜疑，雜疑則雖得往生，含華未出，或生邊界，或墮宮胎。

나중에 관세음보살께서 연꽃을 피우는 삼매(開華三昧)에 들어 이런 부류의 왕생자에게 가피하여 의심의 장애를 없애면 비로소 자궁 같은 꽃이 활짝 핀다. 이때 부처님과 같이 32상 등 매우 찬란한 신상을 갖추게 되고, 도반이 손을 이끌고 부처님의 법회에 데리고 간다.

(여기서 관건은 자신의 마음을 점검하느냐에 달려 있다. 지금 만약 의심의 장애가 있으면 서둘러 없애야 한다. 왜냐하면 결정하지 못하면 마음이 열리지 않기 때문이다. 마음이 여전히 화포花苞(연꽃) 안에 담겨 석방되지 않은 모습으로 닫힌 채 머물러 있다. 이렇게 의심을 지닌 채 닦으면 장래 왕생하여도 도 하나를 사이에 두고 장애가 생겨 즉시 연꽃이 열리어 견불할 수 없다. 만약 믿음이 매우 진실하여 즉시 마음이 열리고 즉시 행할 수 있으면 과는 즉시 나타난다. 이것은 모두 연기의 이치이다.)

後因大悲菩薩入開華三昧，疑障乃除，宮華開發，身相顯然，法侶攜將遊於佛會。

이는 일심으로 관하는 경계에 집중하면 정토의 보배땅을 볼 수 있고 (무루의 보배땅을 볼 때) 곧 숙세의 업장이 사라진다. (이렇게 관행의 궤도에 진입하여 믿음을 구족하여 또 매우 간절한 원력이 생기고 다서 관상의 실행이 추가되어) 이렇게 신원행의 정업淨業이 이미 원만하면 목숨이 다할 때 의심없이 반드시 정토에 태어난다. (이는 과는 인행에 따르는 연고이다. 그래서 "**무의필왕**無疑必往"이라 하셨다. 즉 조금도 의심없이 결정코 왕생한다.)

(여기서 우리는 현전하는 인지因地 상에서 신원행을 굳건히 세워야 함을 잘 알아야 한다. 이것이 바로 왕생의 정인正因이다. 일단 그것을 원만히 닦아 굳건하게 힘이 생기면 결정코 서방극락을 향해 나아가고 다른 취향趣向은 없다.

우리가 믿고 발원하여 명호를 집지하는 이 세 가지 조건을 보증할 수 있으면 염념마다 모두 서방 연꽃의 종자이고, 염념마다 모두 서방정토의 진인眞因으로 일념을 일으킬 때마다 서방극락에서 연꽃이 생긴다. 또한 염념마다 정념正念이 이어질 때 연꽃은 끊임없이 번영 무성하다. 이렇게 정업淨業이 무르익으면 반드시 정토가 현전한다. 연기의 지극한 이치를 깊이 믿으면 조금도 산란함이 없다.)

斯乃註心見於寶地，卽滅宿障罪愆。願行之業已圓，命盡無疑必往。

지금 이미 이 관상의 수승한 이익을 잘 이해하였다면 나아가 사람들에게 관상이 사관인지 정관인지 차별을 밝힐 것을 권하여야 한다.

今旣觀斯勝益，更勸辨知邪正。

6. 이는 관상을 행하는 사관邪觀과 정관正觀의 상을 밝힌다. 사관과 정관의 의의는 앞의 일관에서 이미 선설하였다. (보배땅을 관할 때 보배땅이 나타나서 마음의 경계가 상응함을 정관正觀이라 한다. 보배땅을 관할 때 보배땅이 나타나지 않거나 다른 것이 나타나서 마음의 경계와 상응하지 않음을 사관邪觀이라 한다.)

六、從"作是觀已"下，正明辨觀邪正。邪正義者，前日觀中已說。

이상 비록 여섯 문구를 다르게 말하였을지라도 총괄해 지상관의 수행을 밝힌다.

上來雖有六句不同，廣明地觀竟。

[제4관] 보수관寶樹觀: 일곱 겹으로 줄지어 선 보배나무를 관상하라

일곱 겹 줄지어 늘어선 나무 위 구슬, 그물, 꽃의 궁전

나무 아래 맑은 그늘 드리워, 미묘하고 좋음 다함 없네

제4관 보수관에도 또한 먼저 이름을 들고, 다음으로 관하는 행상行相을 분명히 밝히며, 마지막으로 총결하니, 여기에는 열 단락의 내용이 들어있다.

四、就寶樹觀中 , 亦先擧 , 次辨 , 後結。卽有其十:

부처님께서 아난과 위제희에게 이르시길, "지상관을 이루고 나서는 다음으로 보배나무를 관상할지어다. 보배나무를 관상할 때는 하나하나 나무를 관하되, 칠중의 무량한 모습으로 한 줄씩 가지런히 줄지어선 나무의 상想을 지을지라. 하나하나 나무는 그 높이가 8천 유순이니라."

佛告阿難及韋提希：地想成已 , 次觀寶樹。觀寶樹者 , 一一觀之 , 作七重行樹想。一一樹 , 高八千由旬。

1. "부처님께서 아난과 위제희에게 이르시길"에서 "다음으로 보배나무를 관상할지어다"에 이르는 경문에서는 위제희 부인에게 분부하시길, 총괄해서 이 관상의 명칭을 들고, 앞을 받고 뒤를 연다고 밝히고 있다.

一、從"佛告阿難"下 , 至"次觀寶樹"已來 , 正明告命 , 總擧觀名 , 結前生後。

2. "보배나무를 관할 때는"에서 "칠중의 무량한 모습으로 한 줄씩 가지런히 줄지어선 나무의 상想을 지을지라."에 이르는 경문에서는 이 관의 이름을 거듭 말하고, 생한 후 관행의 상을 선설한다. 이는 정식으로 관상하는

궤칙 또는 방법을 가르친다. 여기서는 아미타부처님의 청정국토는 광활하여 끝이 없다고 밝힌다. 이러한 광대무변한 국토에서 보배나무와 보배숲은 또한 어찌 그 수량이 칠항七行에 그치겠는가?

二、從"觀寶樹者"下，至"作七重行樹想"已來，重牒觀名，生後觀相。正敎儀則也。 此明彌陀淨國，廣闊無邊，寶樹寶林，豈以七行爲量也？

지금 "칠중七重"이라 함은 혹은 어떤 나무 한 그루는 자금으로 뿌리가 되고, 백은으로 줄기가 되고, 유리로 가지가 되고, 수정으로 작은 가지가 되고, 산호로 잎이 되고, 마노로 꽃이 되고, 자거로 열매가 된다는 말이다. (곧 뿌리와 줄기, 가지와 작은 가지, 잎과 꽃·열매 각각이 한 가지 보배로 이루어져 있다는 뜻이다.) 이와 같이 칠중으로 진행·배열·조합하여 (예컨대 뿌리는 금·은 등 어떤 하나일 수 있고, 가지도 금·은 등 어느 하나일 수 있으며, 내지 열매도 어느 하나일 수 있다) 번갈아 뿌리와 줄기 내지 꽃과 열매 등이 되니, 77이 49중이 있다.

(이른바 칠중이 표현하는 것은 무량 백천 억이나 매우 많은 종류이지만, 실제로는 하나를 대표하는 말이다. 나무의 체성에 비추어 말하면) 혹은 어떤 것은 한 가지 보배로 나무 한 그루가 되고, 혹은 어떤 것은 두 가지 보배로, 세 가지 보배로, 네 가지 보배로, 내지 백천만 억 불가설의 보배로 나무 한 그루가 된다. (이처럼 사상事相이 번성하고 무량무변하다는 것이 "칠"의 함의이다.) 이러한 의리는 《미타경의彌陀經義》에서 이미 자세히 논설하였다. 그래서 이를 "칠중"이라 한다.

今言"七重"者，或有一樹，紫金爲本，白銀爲莖，琉璃爲枝，水晶爲條，珊瑚爲葉，瑪瑙爲華，硨磲爲實。如是七重，互爲根莖乃至華果等。七七四十九重也。或有一寶爲一樹者，或二三四乃至百千萬億不可說寶爲一樹者。此義《彌陀經義》中已廣論竟。故名"七重"也。

"항行"이라 함은 불국토의 나무가 비록 무량무변일지라도 그것은 한 줄 한 줄씩 배열되어 있어 매우 가지런히 질서정연하고, 아름다우며, 조금도 뒤섞여 혼란함이 없다는 말이다.

"상想"이라 함은 이 관이 진실로 관하는 경계가 마음에 따라 자재하게 나타나는 정도에 이르는 경문에서는 아직 숙련되지 못함을 가리킨다. 그래서 일시적인 상(假想)을 빌어서 마음이 안온히 머물게 하여야 진실한 이익을 얻을 수 있다.

言"行"者 , 彼國林樹雖多 , 行行整直而無雜亂。言"想"者 , 未閑眞觀自在隨心。要藉假想以住心 , 方能證益也。

3. "하나하나 나무는"에서 "유순이니라"에 이르는 경문에서는 보배나무의 체량體量, 즉 보배나무는 어떤 체성이지, 어떤 양인지를 밝히고 있다.

三、從"一一樹"下 , 至"由旬"已來 , 正明樹之體量。

여기서는 여러 보배 숲과 보배 나무는 모두 아미타부처님의 무루심無漏心에서 흘러나오는 것이지 유루업有漏業이 감득한 것이 아님을 밝히고 있다. 불심이 무루인 까닭에 화현한 보배 나무도 무루의 체성이다. (또한 보배 숲도 순수하게 무루의 체성이다.)

《왕생론》에서 찬탄하시길, "(정토장엄은 아미타부처님의) 평등대도인 대자비에서 세간·출세간의 선근이 생겨납니다. (이 만물은) 청정한 광명을 원만 구족하여 거울 같고, 해와 달 같고, 수레바퀴 같습니다."

此明諸寶林樹 , 皆從彌陀無漏心中流出。由佛心是無漏 , 故其樹亦是無漏也。贊云 ： 正道大慈悲 , 出世善根生 , 淨光明滿足 , 如鏡日月輪。

"양量"이라 함은 나무 한 그루마다 모두 높이가 32만 리임을 가리킨다. 이들 나무는 모두 평등일상平等一相으로 시들어 죽는 상도 없고, 갓 생겨나는 새싹의 상도 없으며, 처음 생겨서 점차로 자라는 차제상次第相도 없나니, 일어날 때 곧 동시에 단박에 일어나 수량은 모두 높고 낮고 들쭉날쭉함이 없이 가지런하다. 어떠한 연고인가? 왜냐하면 저 극락세계는 무루無漏 무생無生의 법계이기에 어찌 이른바 태어나서 죽고 점차 자라난다는 뜻이 있겠는가?

言"量"者, 一一樹高三十二萬裏。亦無老死者, 亦無小生者, 亦無初生漸長者。起卽同時頓起, 量數等齊。何意然者? 彼界乃是無漏無生之界, 豈有生死漸長之義也?

"이러한 여러 보배나무는 칠보의 꽃과 잎을 갖추지 않음이 없고, 하나하나 꽃과 잎은 다른 보배의 색을 띠고 있나니, 유리색에서는 황금색 광명이 나오고, 수정색에서는 붉은색 광명이 나오고, 마노색에서는 자거색 광명이 나오고, 자거색에서는 푸른 진주색 광명이 나와 산호·호박·마노 등 일체 갖가지 보배로써 장식하여 비추고 있느니라."

其諸寶樹, 七寶華葉, 無不具足。一一華葉, 作異寶色。琉璃色中, 出金色光。玻璃色中, 出紅色光。瑪瑙色中, 出硨磲光。硨磲色中, 出綠眞珠光。珊瑚琥珀, 一切衆寶, 以爲映飾。

4. "이러한 여러 보배나무는"에서 "장식하여 비추고 있느니라"에 이르는 경문에서는 갖가지 보배나무, 갖가지 장엄, 갖가지 장식에는 서로 다른 미묘한 상이 있다고 밝히고 있다. (요컨대 극락세계를 표현해 드러내려면 범부가 인식하고 분별하는 경계를 뛰어넘는다.) 여기에는 네 단락의 내용이 들어있다.

四、從"其諸寶樹"下, 至"以爲映飾"已來, 正明雜樹雜嚴雜飾異相。 卽有其四:

(1) 보배 숲 나무의 꽃과 잎은 갖가지로 뒤섞여 다른 조합을 형성하고 있다고 밝힌다.

(2) 하나하나 나무마다 뿌리와 줄기, 가지와 열매 등은 모두 갖가지 미묘한 보배가 합쳐 이루어져 있다고 밝힌다.

(3) 하나하나 꽃과 잎은 이리저리 번갈아 뒤섞여 달라지니, 예컨대 유리 색에서는 금색 광명이 나오는 등 이와 같이 이리저리 번갈아 뒤섞여 무량무수한 미묘한 상을 형성하고 있다고 밝힌다.

(4) 보배나무는 또한 일체 온갖 보배로써 장식하고 있다고 밝힌다. 《왕생론》에서 찬탄하시길, "(극락세계의 만물은 모두) 여러 진귀한 보배로 합쳐 이루어져 미묘한 장엄을 구족합니다. 무구한 광명의 불길이 활활 타올라 밝고 청정하게 세간을 비춥니다."

一、明林樹華葉間雜不同。二、明一一根莖枝條果等 , 皆具衆寶。三、明一一華葉轉互不同 , 琉璃色中出金色光 , 如是轉相間雜。四、明更將一切雜寶而嚴飾之。又讚云：備諸珍寶性 , 具足妙莊嚴。無垢光炎熾 , 明淨曜世間。

또한 찬탄하여 이르길, "아미타부처님 청정국토 매우 많은 보배나무, 사면마다 나뭇가지 드리우고, 하늘 옷 걸려 휘감으며, 보배구름 뒤덮어서, 화조化鳥의 노랫소리 허공에서 빙빙 돌며 연주하니, 그 범음 듣고 천인들 법의法義를 깨닫고, 타방의 성중들 소리 듣고서 자심이 열리며, 본국의 지혜·덕능을 갖춘 보살 미묘한 형상 보고서 진여실상 깨닫는다."

又讚云：彌陀淨國 , 寶樹衆多。四面垂條 , 天衣掛繞。寶雲含蓋 , 化鳥連聲。旋轉臨空奏 , 法音由人會。他方聖衆 , 聽響以開心。本國能人 , 見形而取悟。

"미묘한 진주 그물이 널리 나무 위를 덮고 있나니, 하나하나 나무 위에는 일곱 겹의 그물이 있고, 하나하나 그물 사여기에는 5백억의 묘화 궁전이 있어 마치 범천왕의 궁전과 같으니라.

그 가운데 제천의 동자가 저절로 나타나고, 동자 한 사람마다 5백억 석가비릉가 마니보배로 만든 영락을 걸고 있느니라. 그 마니보배의 광명은 백 유순을 비추니, 마치 백억의 해와 달이 한데 모여 있는 것과 같아 말로써 묘사할 수 없느니라. 온갖 보배의 광명이 서로 뒤섞여 매우 뛰어난 빛깔을 띠고 있어 상등이 니라."

妙眞珠網, 彌覆樹上。一一樹上, 有七重網。一一網間, 有五百億妙華宮殿, 如梵王宮。諸天童子, 自然在中。一一童子, 五百億釋迦毗楞伽摩尼, 以爲瓔珞。其摩尼光, 照百由旬, 猶如和合百億日月, 不可具名。衆寶間錯, 色中上者。

5. "미묘한 진주 그물"에서 "매우 뛰어난 빛깔을 띠고 있어 상등이니라"에 이르는 경문에서는 보배나무 위에 있는 허공의 장엄상을 밝히고 있다. 여기에는 일곱 단락의 내용이 들어있다.

五、從"妙眞珠網"下, 至"色中上者"已來, 正明樹上空裏莊嚴相。卽有其七:

(1) 진주그물이 허공에서 보배나무를 덮고 있다고 밝힌다. (2) 위에서 아래까지 여러 겹의 그물이 있다고 밝힌다. (3) (서로 인접한 두 겹의 나망 사여기에는) 묘화 궁전이 5백억 채가 있다고 밝힌다. (4) 하나하나 궁전 안에는 여러 동자가 (본원에 의해) 저절로 나타난다고 밝힌다. (5) 동자 한 사람마다 그 몸에는 여의보주로 만든 영락을 걸고 있다고 밝힌다. (6) 그의 몸의 5백억 여의보주는 광명을 놓아서 백유순의 범위를 비추고 있다고 밝힌다. (7) 그 광명의 색깔은 매우 뛰어나 상등이라고 밝힌다.

一、明珠網臨空覆樹；二、明網有多重；三、明宮殿多少；四、明一一宮內多諸童子；五、明童子身服珠瓔珞；六、明瓔珞光照遠近；七、明光超上色。

"이러한 보배나무들은 한 줄 한 줄 가지런히 맞닿아 있고, 한 잎 한 잎 모두 서로 이어져 있느니라. 온갖 나뭇잎 사여기에는 여러 묘화가 피어 있고, 그 꽃 위에는 저절로 칠보 열매가 맺혀 있느니라. 하나하나 나뭇잎은 가로·세로 똑같이 25유순이니라. 그 잎에는 천 가지 미묘한 색깔이 있고, 백 가지 그림이 있어 마치 천상의 영락과 같으니라. 수많은 묘화들이 염부단금의 색깔을 띠고 있고, 마치 빙빙 도는 불 바퀴와 같이 (서로 비추며) 잎 사이로 이리저리 굴러가느니라."

此諸寶樹 , 行行相當 , 葉葉相次。於衆葉間 , 生諸妙華。華上自然有七寶果。一一樹葉 , 縱廣正等二十五由旬。其葉千色 , 有百種畫 , 如天瓔珞。有衆妙華 , 作閻浮檀金色。如旋火輪 , 宛轉葉間。

6. "이러한 보배나무들은"에서 "보배나무에 칠보의 열매가 맺히느니라"에 이르는 경문에서는 그 보배나무가 매우 많을지라도 (한 줄 한 줄 서로 바르고 한 잎 한 잎 서로 이어져서) 조금도 뒤섞이고 산란함이 없음을 밝히고 있다. 꽃과 열매가 피고 맺힐 때 그 안에서 천천히 자라나는 것이 아니라, 이는 법장보살의 인지수행이 지극히 깊어서 꽃과 열매가 저절로(단박에) 생기도록 하기 때문이다.

六、從"此諸寶樹"下 , 至"有七寶果"已來 , 明其林樹雖多 , 而無雜亂。華實開時 , 不從內出。斯乃法藏因深 , 致使自然而有。

7. "하나하나 나뭇잎은"에서 "잎 사이로 이리저리 굴러가느니라"에 이르는 경문에서는 꽃잎의 색상이 다름을 밝히고 있다. 여기에는 다섯 가지 내용이 들어 있다.

(1) 나뭇잎의 크기는 차이가 없이 길이와 넓이가 25유순이라고 밝힌다. (2)

잎은 수많은 광명·빛깔을 발하여 천 가지 미묘한 색깔이 있다고 밝힌다. (3) 이러한 상황을 이해하지 못할까봐 비유를 들어 드러내 보이니, (잎에는 백가지 미묘한 그림이 있어) 천인의 영락과 같다고 밝힌다. (4) 나뭇잎 사여기에는 매우 많은 묘화가 있으니, 그 색깔은 좋아 유부단금에 견줄 수 있고, 그 형상은 빙빙 도는 불 바퀴에 비유할 수 있다. (5) 묘화는 (빙빙 도는 불 바퀴처럼) 연이어 서로 비치고 잎과 잎 사이로 이리저리 구른다고 밝힌다.

七、從"一一樹葉"下，至"宛轉葉間"已來，正明華葉色相不同。即有其五：一、明葉量大小等無差別；二、明葉出光色多少；三、明恐疑不識，借喻以顯，如天瓔珞；四、明葉有妙華，色比天金，相喻火輪；五、明叠相顯照，宛轉葉間。

"(그 가운데) 여러 미묘한 열매가 솟아나니, (그 형상은) 마치 제석천의 병과 같으니라. (그 가운데) 큰 광명이 있어 변화하여 당번과 무량한 보배덮개가 되느니라. 이 보배덮개 가운데 삼천대천세계의 일체 불사를 비춰 나타내고, 시방 불국토 또한 그 가운데 나타나느니라."

湧生諸果，如帝釋瓶。有大光明，化成幢幡無量寶蓋。是寶蓋中，映現三千大千世界，一切佛事。十方佛國，亦於中現。

8. "여러 미묘한 열매가 솟아나오니"에서 "또한 그 가운데 나타나느니라"에 이르는 경문에서는 미묘한 열매에 불가사의한 덕용이 있는 상황을 밝히고 있다. "덕德"은 덕상德相이고, "용用"에는 불가사의한 공능과 작용이 있음을 말한다. 여기에는 다섯 가지 내용이 들어 있다.

八、從"湧生諸果"下，至"亦於中現"已來，正明果有不思議德用之相。即有其五：

(1) 보배 열매가 열릴 때 (조금씩 생기는 것이 아니라) 저절로 용출한다고 밝힌다. (이것은 모두 아미타부처님의 무루심에서 저절로 나타난다.) (2) 비유를 빌어 열매의 상을 표현한다고 밝힌다. (이것은 제석천의 병과 같다고 말한다.) (3) 열매에서 신광神光이 방출되고, 그것이 변화하여 당번 보배덮개가 된다고 밝힌다. (4) (보배덮개는 원만히 밝아서 제석인드라망의 여의주와 같고, 원만히 밝고 투명한 보배구슬 한 알 속에 일체 구슬 그림자가 나타날 수 있듯이) 이러한 보배덮개의 원만히 밝은 구슬 한 알 속에 삼천대천세계 의정 장엄의 갖가지 미묘한 상이 나타날 수 있다고 밝힌다. (5) 시방정토가 전부 보배덮개 한 가운데 나타나고, 저 국토의 인천을 모두 직접 볼 수 있다고 밝힌다.

一、明寶果生時自然湧出；二、明借喻以標果相；三、明果有神光化成旛蓋；四、明寶蓋圓明，內現三千之界，依正二嚴種種相現；五、明十方淨土普現蓋中，彼國人天無不睹見。

또한 보배나무는 그 크기가 매우 높고, 가로 세로는 매우 넓다. 보배나무에는 매우 많은 꽃과 열매가 저절로 솟아나고, (그 꽃과 열매에는) 갖가지 신변이 나타난다. 하나하나의 나무는 이와 같아 저 불국토에 두루 가득한 모든 나무에는 매우 많은 열매가 있고, 하나하나 열매 모두 이와 같아 불가사의한 덕용을 갖추고 있다. 마땅히 이렇게 알지라.

又此樹量彌高，縱廣彌闊。華果眾多，神變非一。一一樹旣然，遍滿彼國所有諸樹之果眾多，盡皆如此。應知。

일체 정업행자는 행주좌와에 늘 이렇게 관상할지니라.

一切行者，行住坐臥，常作此想。

"이러한 보배나무를 보고나서 또한 마땅히 차례대로 하나하나

이를 관할지니, 보배나무의 줄기·가지·잎·꽃·열매를 관하여 모두 분명하게 할지라. 이것이 바로 「수상樹想」이니, 「제4관」이라 하느니라."

見此樹已 , 亦當次第一一觀之。觀見樹莖枝葉華果 , 皆令分明。是爲樹想 , 名第四觀。

9. "이러한 보배나무를 보고 나서"에서 "분명하게 할지라"에 이르는 경문에서는 관상이 성취되는 상황을 밝히고 있다. 여기에는 세 단락의 내용이 들어있다. (1) 먼저 관상을 성취하는 상황을 총결한다고 밝힌다. (2) 다음으로 관을 지어 뒤섞어 산란하게 해서는 안 된다고 밝힌다. (3) 한 걸음씩 마음을 관하는 대상인 경계에 안온히 머물러야 함을 밝힌다. 먼저 나무 뿌리를 관상하고, 다음으로 나무 줄기, 나뭇가지 내지 나무 꽃, 나무 열매를 관상하고, 이어서 또한 나무 위의 칠중 그물과 그물 속 오백억 궁전을 관상하고, 이어서 궁전 속 동자의 몸에 영락이 걸려 있음을 관상하고, 다시 이어서 잎의 크기와 꽃과 열매의 광명 색깔을 관상하고, 다시 광명이 변하여 된 당번과 보개에서 광대하게 불사佛事를 드러낸다고 관상한다. 이렇게 하나하나 차례로 관할 수 있으면 관상을 성취할 수 있고 관하는 대상인 경계가 분명하지 않음이 없다.

九、從"見此樹已"下 , 至"分明"已來 , 辨觀成相。即有其三 : 一、明結觀成相 ; 二、明次第觀之 , 不得雜亂 ; 三、明一一起心住境 : 先觀樹根 , 次想莖枝乃至華果 , 次想網宮 , 次想童子瓔珞 , 次想葉量華果光色 , 次想幡蓋廣現佛事。既能一一次第觀之者 , 無不明了也。

10. "이것이" 이하는 총결하는 문구이다.

十、從"是爲"已下 , 總結。

이는 마지막 찬송이다. 보배나무는 무루심無漏心이 나타난 광명의 체성이다. 그래서 한 줄 한 줄 전부 가지런히 이어져 한 줄기 광휘를 이룬다. 미묘한 진주그물이 층층마다 보배나무를 가득 덮고 있고, 그물 사이에 묘화궁전이 현현한다. 보배 꽃은 천 가지 색깔을 드러내어 견줄 수 없이 미묘하다. 그리고 보배 열매는 큰 광명을 놓아 무량한 당번 보개를 이루는 가운데 타방세계의 무량한 경계상을 현현한다.

斯乃寶樹連暉 , 網簾空殿 , 華分千色 , 果現他方。

이상으로 열 가지 문구가 서로 다를지라도 총괄해 자세히 보배나무를 관하여 마침을 밝힌다.

上來雖有十句不同 , 廣明寶樹觀竟。

[제5관] 보지관寶池觀: 보배연못 팔공덕수를 관상하다

보배연못 팔공덕수 칠보의 미묘한 색깔 띠고

연꽃 피고 새 울어 번뇌·미혹 말끔히 씻어주네

제5 보지관에도 또한 먼저 이름을 들고, 다음으로 관하는 행상行相을 분명히 밝히며, 마지막으로 총결한다. 여기에는 일곱 단락의 내용이 들어있다.

五、就寶池觀中 , 亦先擧 , 次辨 , 後結。卽有其七 :

"다음으로 마땅히 연못물을 관상할지어다. 연못물을 관상하려면 극락국토에는 여덟 가지 연못물이 있나니, 하나하나 연못물은 칠보로 이루어져 있느니라. 그 보배 연못물은 부드러워 여의주왕(불심, 명호)에서 생겨나느니라."

次當想水。欲想水者 , 極樂國土 , 有八池水。一一池水 , 七寶所成。其寶柔軟 , 從如意珠王生。

1. "다음으로 마땅히 연못물을 관상할지어다." 이하 경문에서는 이 관의 이름을 총괄해 드는데, 이는 곧 앞글을 잇고 뒷글을 끌어낸다. 이는 비록 보배나무가 더없이 정묘함을 밝히니 만약 연못물이 없다면 또한 수승하고 아름답다고 부를 수 없다. 하나는 불공不空세계를 위한 것으로 바로 전체 정토의 묘유妙有장엄을 드러내 보임이다. 둘은 기세간(器界)의 의보依報가 장엄을 드러내도록 함이다. 이러한 함의를 위한 연고로 「연못개울관(지거관池渠觀)」이 있다.

一、從"次當想水"已下 ，總舉觀名 ，即是牒前生後。此明寶樹雖精 ，若無池水 ，亦未名好。一爲不空世界。二爲莊嚴依報。爲斯義故 ，有此池渠觀也。

2. "극락국토"에서 "여의주왕에서 생겨나느니라"에 이르는 경문에서는 보배연못의 수량을 밝히고 연못물의 출처를 판명한다. 여기에는 다섯 단락의 내용이 들어있다.

二、從"極樂國土"下 ，至"如意珠王生"已來 ，正明池數 ，並辨出處 ，即有其五：

(1) 돌아갈 국토, 즉 극락정토를 표명한다. (2) 보배연못에는 여덟 가지 이름이 있음을 밝힌다. (3) 하나하나 보배연못물은 모두 칠보로 합쳐져서 이루어짐을 밝힌다. 이는 안팎으로 뚜렷이 비추는 여의주왕에서 팔공덕의 미묘한 물이 솟아 나오고, 그것의 체성이 칠보인 까닭에[27] 보배물이라 부른다. (4) 비록 칠보일지라도 이 세계의 보배는 그 체성이 딱딱한 것이 아니라 부드럽다(유연심의 성취). (5) 이 여덟 가지 보배 연못물은 모두 여의주왕에서 흘러나옴을 밝힌다. 그래서 「여의수」(혹은 마니수)라 한다.

一、明標指所歸之國 ；二、明池有八數之名 ；三、明一一池水七寶所成 ，正由寶珠映徹湧出八德之水 ，其體即是七寶 ，故名寶水也 ；四、明雖是七寶 ，體性柔軟 ；五、明八池之水 ，皆從如意寶中出 ，即名如意水。

이 연못물에는 여덟 가지 덕상이 있다. 첫째 청정·윤택함으로 곧 색입色入에 속한다. (맑고 깨끗하며, 광택이 난다. 이는 색상의 공덕이다.) 둘째 냄새가 없음으로 향진香塵에 속한다. (코로 맡을 때 향기가 좋다.) 셋째 가벼움, 넷째 시원함, 다섯째 부드러움으로 촉입觸入 또는 촉진觸塵에 속한다. (몸으로 접촉할 때 매우 가볍고 청량하며 부드럽다.) 여섯째 감미로움으로 미입味入에 속한다. (혀가 닿을 때 매우

---

27) "보배광명이 막힘 없이 통해 팔공덕수를 밝게 비추어 물 가운데 마찬가지로 온갖 보배 색채가 드러나는 까닭에"라고도 해석할 수 있다.

달다.) 일곱째 마실 때 신심이 알맞고 기쁘며, 마시고 난후 허물과 근심이 없음으로 법입法入에 속한다. (마음이 닿을 때 병환이 없고 육근을 증장 양육하여 몸이 영원히 늙고 병들어 죽는 괴로움이 없다.) 이 팔공덕의 함의는 《미타경의彌陀經義》에 자세히 해석되어 있다.[28]

此水卽有八種之德：一者淸淨潤澤，卽是色入攝；二者不臭，卽是香入攝；三者輕、四者冷、五者軟，卽是觸入攝。六者美，是味入攝；七者飮時調適、八者飮已無患，是法入攝。此八德之義，已在彌陀義中廣說竟。

또한 찬탄하여 이르길, "극락장엄 안락국토에는 곳곳마다 보배연못 팔공덕수 두루 가득하다. 개울의 사방주위 제방은 모두 칠보로 이루어져 있고, 광휘를 머금고 있으며, 물 빛깔은 지극히 분명하여 보배 광명을 밝게 비춘다.

又贊云：極樂莊嚴安養國，八德寶池流遍滿。四岸含暉間七寶，水色分明映寶光。

보배물의 체성은 매우 부드러워 접촉할 때 단단한 느낌이 없다. 보살들이 서서히 제방 위를 걷고 주위로 갖가지 보배향기를 발산한다. 보배향기가 허공에서 맺혀 보배구름을 이루고, 보배덮개를 이루며, 보배덮개는 또한 허공에서 보배당번을 덮고 있다. 보배당번으로써 장엄하고 위의를 높이며 보배궁전을 둘러싸고 있고, 보배궁전에는 보배구슬의 그물이 있어 사방주위에 보배방울을 드리우고 있다. 산들바람이 보배그물에 닿아서 보배구슬을 흔들어 천만번 구르며 보배음악을 내고 갖가지 그 미묘한 노랫말(樂章)을 짓는다. 이러한

---

28) "또 사리자여, 극락세계 청정불토에는 곳곳마다 칠보 연못이 있어 그 안에 팔공덕수가 가득 차 있나니, 무엇을 팔공덕수라 하는가? 첫째는 맑고 투명하며, 둘째는 시원하며, 셋째는 감미로우며, 넷째는 부드러우며, 다섯째는 윤택하며, 여섯째는 평안하며, 일곱째는 마실 때 굶주림·갈증 등 무량한 허물·근심이 사라지며, 여덟째는 마시고 나면 모든 근과 사대를 장양시킬 수 있고 온갖 수승한 선근을 증익하게 되나니, 복덕이 많은 중생들은 항상 즐겨 누리느니라." 《칭찬정토불섭수경》《아미타경독본》(비움과소통)

음악은 모두 왕생한 사람의 근기에 따라 미묘한 보배궁전 누각의 범음을 찬탄한다.

> 體性柔軟無堅觸 , 菩薩徐行散寶香。寶香寶雲成寶蓋 , 寶蓋臨空覆寶幢。寶幢嚴儀圍寶殿 , 寶殿寶鈴垂珠網。寶網寶樂千重轉 , 隨機贊嘆寶宮樓。

극락국토에는 무수한 보배궁전 누각이 있는데 하나하나 궁전 누각에서는 모두 여래께서 설법하시는 법회가 열린다. 항하사 수의 성중이 이곳에 운집하여 모두 정좌하여 법을 듣고 사량한다. 원컨대 인연 있는 사람은 언제나 극락국토의 승묘함을 그리워하고 이번 생의 목숨을 버린 후 함께 극락국토에 태어나 이러한 법당에 가서 직접 부처님의 설법을 듣고 자심自心을 개오하게 하소서."

> ——宮樓有佛會 , 恒沙聖衆坐思量。願此有緣常憶念 , 舍命同生彼法堂。

"(연못물이 솟아나서) 열네 물줄기로 나뉘고, 하나하나 물줄기마다 모두 칠보의 미묘한 색깔을 띠고 있느니라. 황금으로써 개울을 이루고, 개울 바닥에는 모두 여러 색깔이 뒤섞인 금강모래가 깔려 있느니라."

> 分爲十四支。一一支 , 作七寶妙色。黃金爲渠。渠下皆以雜色金剛 , 以爲底沙。

3. "열네 물줄기로 나뉘고"에서 "모래가 깔려 있느니라"에 이르는 경문에서는 연못물은 다른 지류라 나뉘고, 연못의 옆을 순환하고 둘러싸며 뒤섞여 산란함이 없음을 밝히고 있다. 여기에는 세 가지 함의가 들어있다.

> 三、從"分爲十四支"下 , 至"以爲底沙"已來 , 正明池分異流 , 旋還無亂。卽有其三 :

(1) 개울의 수량을 밝힌다. (하나하나 연못물마다 열네 개울로 나뉜다.) (2) 하나하나

개울의 사방 주위는 모두 체성이 황금이라고 밝힌다. (3) 개울 바닥의 모래는 모두 뒤섞인 색깔의 미묘한 보배라고 밝힌다. "금강"은 곧 모래가 무루의 체성을 갖추고 있다는 말이다.

一、明渠數多少；二、明一一渠岸，體是黃金；三、明渠下底沙，皆雜色寶。言"金剛" 者，卽是無漏之體也。

"하나하나 개울에는 60억 송이 칠보 연꽃이 피어 있고, 그 하나하나의 연꽃은 둥글고 그 지름이 똑같이 12유순이니라. 그 마니 보배수는 연꽃들 사이로 흘러들어가 보배나무를 따라 위아래로 (걸림없이) 흘러가느니라."

一一水中，有六十億七寶蓮華。一一蓮華，團圓正等十二由旬。其摩尼水，流註 華間，尋樹上下。

4. "하나하나 개울에는"에서 "보배나무를 따라 위 아래로 흘러가느니라"에 이르는 경문에서는 물에 불가사의한 덕상이 있음을 밝히고 있다.

四、從"一一水中"下，至"尋樹上下"已來，正明水有不思議用。

여기에는 다섯 단락의 내용이 들어있다. (1) 특별히 개울의 이름을 가리킴은 (다른 시설의 장엄상이 아니라) 연못개울의 장엄상을 드러내기 위함이라고 밝힌다. (2) 개울 안에는 60억 보배연꽃이 피어 있다고 밝힌다. (3) 연꽃은 둥글고 그 지름이 똑같이 12유순이라고 밝힌다. (4) 마니 보배수는 연꽃 사이로 흘러들어간다고 밝힌다. (5) 보배수가 개울에서 나와 여러 보배나무를 따라 위아래로 걸림없이 흘러간다고 밝힌다. 그래서 「여의수」라 한다.

卽有其五：一、明別指渠名，顯彼莊嚴之相；二、明渠內寶華多少；三、明華量大小；

四、明摩尼寶水流註華間；五、明寶水從渠而出，尋諸寶樹上下無礙，故名如意水也。

"그 (부딪치는) 소리는 미묘하여 고·공·무상·무아와 일체 바라밀을 연설하고, 또한 제불의 상호 공덕을 찬탄하기도 하느니라. 여의주왕에서 금색의 미묘한 광명이 솟아나오고, 그 광명이 변하여 온갖 보배 빛깔의 새가 되어서 잘 어울리며 구슬프고 아름다운 음률로써 항상 염불·염법·염승을 찬탄하느니라. 이것이 바로「팔공덕수상八功德水想」이니,「제5관」이라 하느니라."

其聲微妙，演說苦空無常無我諸波羅蜜，復有讚歎諸佛相好者。如意珠王，湧出金色微妙光明。其光化爲百寶色鳥。和鳴哀雅，常讚念佛念法念僧。是爲八功德水想，名第五觀。

5. "그 소리는 미묘하여"에서 "제불의 상호"에 이르는 경문에서는 물에는 불가사의한 덕용이 있음을 밝히고 있다. 여기에는 두 단락의 내용이 들어있다.

五、從"其聲微妙"下，至"諸佛相好者"已來，正明水有不可思議德。卽有其二：

(1) 보배수가 꽃 사이로 흘러들어가 미세한 물결이 서로 부딪히며 곧 미묘한 소리가 나고, 그 소리는 모두 묘법을 선설한다고 밝힌다. (2) 보배수는 언덕에 올라 보배나무의 줄기·가지·꽃·열매·잎 등을 따라서 혹 위로 흘러가고, 혹 아래로 흘러가며, 중간에는 물과 물이 서로 부딪치며, 미묘한 소리를 내고 그 소리는 모두 묘법을 연설한다고 밝힌다. 혹 생사를 유전하는 중생이 겪는 고난의 일을 선설하여 보살을 깨우쳐 대비심을 움직이고, 보살에게 발심하여 남을 이롭게 하도록 권한다. 혹 인천승의 법을 설하고, 혹 성문·연각승의

법을 설하며, 혹 지전地前 · 지상地上 등 보살의 제법을 설하며, 혹 불과지佛果地에 이르러 법신 · 보신 · 화신 삼신 등의 법을 설한다.

一、明寶水華間流註 , 微波相觸 , 即出妙聲 , 聲中皆說妙法 ; 二、明寶水上岸 , 尋樹枝條 華果葉等 , 或上或下 , 中間相觸 , 皆出妙聲 , 聲中皆說妙法。或說眾生苦事 , 覺動菩薩 大悲 , 勸令引他 ; 或說人天等法 ; 或說二乘等法 ; 或說地前、地上等法 ; 或說佛地三身 等法。

6. "여의주왕"에서 "염불 · 염법 · 염승을 찬탄하느니라."에 이르는 경문에서는 마니에는 신묘한 덕용德用이 매우 많음을 밝히고 있다. 여기에는 네 단락의 내용이 들어있다.

六、從"如意珠王"下 , 至"念佛法僧"已來 , 正明摩尼多有神德。即有其四 :

(1) 여의주왕에서 금빛 광명이 솟아 나온다고 밝힌다. (2) 광명은 또한 온갖 보배의 신령한 새가 된다고 밝힌다. (3) 새는 또한 잘 어울리며 구슬프고 아름다운 묘음을 전하니, 하늘음악도 모두 그것과 비유할 수 없다고 밝힌다. (4) 이러한 보배 새는 모두 끊임없이 노래하며 같은 소리로 불법승을 찬탄한다고 밝힌다. 또한 (극락세계 중생의 선근과 지혜를 계발하니,) 불佛은 중생의 위없는 큰 스승으로 중생에게 그릇된 마음을 제거하고 바른 도로 취향하도록 가르친다. 법法은 중생의 위없는 양약으로 삼독 · 번뇌 등의 병통을 끊어 없애고, 법신의 청정을 얻을 수 있도록 한다. 승僧은 중생의 위없는 복전으로서 성심으로 음식 · 의복 · 와구 · 탕약 등 사사공양四事供養하고 피로함을 마다하지 않는다면 오승五乘의 과보가 저절로 응험應驗하고, 일체 필요한 것이 뜻대로 현전할 것이다.

一、明珠王內出金光 ; 二、明光化作百寶之鳥 ; 三、明鳥聲哀雅 , 天樂無以比方 ; 四、明寶 鳥連音 , 同聲贊嘆念佛法僧。然佛是眾生無上大師 , 除邪向正 ; 法是眾生無上良藥 , 能斷

煩惱毒病 , 令法身淸淨 ; 僧是衆生無上福田 , 但使傾心四事 , 不憚疲勞 , 五乘依果 , 自
然應念所須而至。

그 여의주왕에서는 먼저 팔공덕수가 흘러나오고, 나중에 갖가지 금빛 광명이
나타난다. (광명은 또한 새로 변화되고 새는 또한 묘음을 내며, 묘음에서 또한
묘법을 설하고, 묘법은 또한 중생의 마음을 깨닫게 할 수 있다.) 그래서 광명이
나타나 흑암을 깨뜨리고 미혹을 제거할 뿐만 아니라 도처에서 불사佛事를
베풀 수 있다.

(실제로는 모두 여래의 지혜가 변하여 이러한 미묘한 상이 나타나고, 그런 후
법음을 연설하여 중생을 깨닫게 하며 미혹을 깨뜨리고 개오하게 하며, 괴로움을
여의고 즐거움을 얻는 작용을 일으키니, 이를 「불사를 베푸심」이라 한다.)

其寶珠前生八德之水 , 後出種種金光。非直破暗除昏 , 到處能施佛事。

7. "이것이" 이하는 총결하는 문구이다. 이상으로 일곱 문구가 있어 내용이
다를지라도 보지관寶池觀을 자세히 설명해 마쳤다.

七、從"是爲"已下 , 總結。上來雖有七句不同 , 廣明寶池觀竟。

[제6관] 보루관寶樓觀: 극락의 의보장엄을 총체적으로 관상하다

보배누각에서 하늘음악 연주하여 불법승을 찬탄하고
보배나무 · 보배땅 · 보배연못 일념에 원만히 성취하리

제6 보루관에도 또한 먼저 이름을 들고, 다음으로 관하는 행상行相을 분명히 밝히며, 마지막으로 총결하니, 여기에는 열한 단락의 내용이 들어있다.

六、就寶樓觀中 , 亦先擧 , 次辨 , 後結。卽有其十一 :

"온갖 보배로 장엄된 국토는 (그 무량무변한 처소가 무수한 지계로 구분될 수 있으니) 하나하나 지계 위에는 5백억 보배 누각이 있고, 그 누각에는 무량한 제천들이 있어 하늘음악을 연주하고 있느니라. 또한 무수한 악기들이 허공에 매달려 있는데, 천상의 보배 당번처럼 두드리지 않아도 저절로 울리니라. (하늘북이 저절로 울리는 것처럼) 갖가지 미묘한 음악이 저절로 울리면서 모두 염불 · 염법 · 염비구승을 선설하느니라. (부처님의 자비원력과 중생의 선근이 화합하여 원하는 대로 불사를 베풀어 모두 분별없이 저절로 흘러 나타난다.)"

衆寶國土 , 一一界上 , 有五百億寶樓。其樓閣中 , 有無量諸天 , 作天伎樂。又有樂器 , 懸處虛空 , 如天寶幢 , 不鼓自鳴。此衆音中 , 皆說念佛念法念比丘僧。

1. "온갖 보배로 장엄된 국토" 이 문구에서는 이 관의 이름을 총괄해서 들고서 앞글을 잇고 뒷글을 끌어낸다. 여기서는 정토에 비록 보배 물줄기가 있어 물을 대고 흘러들어갈지라도 보배누각과 보배궁궐이 없다면 또한 정묘하다

이를 수 없는데, 그래서 갖가지 의보장엄을 모두 원만하게 갖추어야 한다고 밝힌다. (이는 또한 아미타부처님께서 원력을 실시함으로 국토가 견줄 수 없이 정묘하길 구하고자 무량한 공덕장엄을 갖추었다.)

初、從"衆寶國土"者 , 卽是總擧觀名 , 牒前生後。此明淨土雖有寶流灌註 , 若無寶樓宮閣 , 亦未爲精。爲此依報莊嚴種種圓備也。

2. "하나하나 지계 위", 이 문구는 극락세계 천인의 보배누각 머무는 곳(住處)을 밝힌다. 한 덩어리 지계(地界; 사토四土 삼배구품三輩九品)가 저 불국토에 두루하고, 하나하나 지계마다 모두 5백억 보배누각이 있어 보배누각도 또한 무궁무진하다.

二、從"一一界上"者 , 正明寶樓住處 , 地界遍於彼國 , 樓亦無窮也。

3. "5백억 보배누각이 있고", 이 문구는 보배누각의 수량을 드러내 보인다. 하나하나 지계 위에는 5백억 보배누각이 있다. 저 국토에 두루 가득한 무수한 지계에도 모두 이 수량으로 존재한다. 그래서 저 국토에는 보배누각이 충만함을 알아야 한다.

三、從"有五百億寶樓"者 , 正顯其數。一界之上旣然 , 遍滿彼國亦皆如是。應知。

4. "그 누각에서는"에서 "하늘음악을 연주하고 있느니라"에 이르는 경문에서는 보배누각 내부의 장엄을 밝힌다. (즉 그 안에는 무수한 천인들이 갖가지 음악을 연주하며, 아름다운 장엄을 갖추고 있다.)

四、從"其樓閣中"下 , 至"作天伎樂"已來 , 正明閣內莊嚴。

5. "또 무수한 악기들이"에서 "두드리지 않아도 저절로 울리니라"에 이르는 경문에서는 누각 바깥의 장엄을 밝히고 있다. 어떠한가? 보배음악이 허공에서 울려 퍼지는데, 그 소리에는 갖가지 미묘한 법음이 흘러나온다. 밤낮으로

여섯 때 보배음악은 천계의 보배당번처럼 분별없이 저절로 사업을 성취한다.

(이는 모두 불가사의한 것으로 아미타부처님의 미묘한 마음이 나타난 것이고, 자비원력이 성취한 것이고, 중생의 선한 마음이 감응한 것이기 때문에 여러 인연이 화합할 때 분별함이 없고 저절로 갖가지 법음을 내어, 중생이 보리로 돌아갈 수 있도록 인도한다.)

五、從"又有樂器"下 , 至"不鼓自鳴"已來 , 正明樓外莊嚴。寶樂飛空 , 聲流法響。晝夜六時 , 如天寶幢 , 無思成自事也。

6. "갖가지 미묘한 음악"에서 "염비구승念比丘僧"에 이르는 경문에서는 이러한 음악이 심식心識에 없을지라도 그것에는 곧 설법의 공능이 있음을 밝히고 있다. (이는 법계는 망식妄識의 체가 아니고, 분별하지 않고 불사를 해낼 수 있다는 말이다.)

六、從"此衆音中"下 , 至"念比丘僧"已來 , 正明樂雖無識 , 卽有說法之能。

"이러한 관상을 이루고 나서 극락세계의 보배나무·보배땅·보배연못을 '대체적으로 봄'이라 이름하느니라. 이것이 바로「총관상總觀想」이니,「제6관」이라 하느니라."

此想成已 , 名爲粗見極樂世界寶樹寶地寶池。是爲總觀想 , 名第六觀。

7. "이러한 관상을 이루고 나서"에서 "보배연못"에 이르는 경문에서는 관상을 성취하는 모습을 밝혀서 드러내고 있다. 이는 마음을 전일하게 관하는 경계 위에 머물러서 (정토의 보배누각을 보고 그런 후) 마음을 억제하여 (일심으로 관하는 경계 위에 전일하게 쏟아) 이동하지 않게 되기를 바라는 마음을 표명하고 있다. 이렇게 오래도록 쌓아 공덕이 깊어져 심오한 경지에 도달할 때 위에서 말한 갖가지 의보장엄이 총체적으로 현재 마음에 현현한다. (이러하면 극락세계의 의보장엄을 대체적으로 관하게 된다.)

七、從"此想成已"下 , 至"寶池"已來 , 正明顯觀成相。此明專心住境 , 怖見寶樓 , 克念不移 , 自上莊嚴總現。

8. "이것이" 이하는 총결하는 문구이다.

八、從"是爲"已下 , 總結。

"만약 이런 상황을 보면 무량억겁의 지극히 무거운 악업을 없애고 수명이 다한 후에는 반드시 저 불국토에 태어나리라. 이렇게 관하면「정관」이라 하고, 이렇게 관하나 이렇게 나타나지 않으면「사관」이라 하느니라."

若見此者 , 除無量億劫極重惡業。命終之後 , 必生彼國。作是觀者 , 名爲正觀。若他觀者 , 名爲邪觀。

9. "만약 이런 상황을 보면", 이 문구에서는 앞의 관상을 이어받고 뒤에서 선설할 이익을 일으킨다.

九、從"若見此者" , 牒前觀相 , 生後利益。

10. "무량억겁"에서 "저 불국토에 태어나리라"에 이르는 경문에서는 법문에 의지해 관을 닦아 성취하여 극락세계의 보배나무 · 보배땅 · 보배연못을 대략 볼 수 있으면 무량억겁의 지극히 무거운 악업을 제거하여 수행에 전념할 수 있는 청정한 몸과 환경(身器淸淨)을 얻을 수 있고 부처님의 본심과 상응할 수 있다. 이러면 몸을 버리고 후세에 가야할 때 걸림없이 극락세계에 왕생할 수 있다.

十、從"除無量"下 , 至"生彼國"已來 , 正明依法觀察 , 除障多劫 , 身器淸淨 , 應佛本心，舍身他世，必往無疑。

11. "이와 같이 관함을"에서 "사관이라 하느니라"에 이르는 경문에서는 사관과 정관의 상을 밝히고 있다. 이상으로 열한 문구가 있어 내용이 다를지라도 「보루관」을 자세히 밝혀 마쳤다.

十一、從"作是觀者"下，至"邪觀"已來，辨觀邪正之相。上來雖有十一句不同，廣明寶樓觀竟。

[제7관] 화좌관華坐觀: 연꽃 보배좌대를 관상하다

　큰 연꽃좌대 백 가지 보배로 장엄·장식되어 있어

　그 미묘함 생각하기 어려우니 법장비구 원력이라

　제7 화좌관에도 또한 먼저 이름을 들고, 다음으로 관하는 행상行相을 분명히 밝히며, 마지막으로 총결하니, 여기에는 열아홉 가지 내용이 들어 있다.

　七、就華座觀中, 亦先擧, 次辨, 後結。卽有其十九：

부처님께서 아난과 위제희에게 이르시길, "그대들은 자세히 듣고, 잘 사유하여 억념할지어다. 나는 그대들을 위하여 고뇌를 없애는 법을 분별하여 해설하겠노라. 그대들은 잘 억념·수지하고서 널리 대중을 위하여 잘 분별하여 해설할지라."

　佛告阿難及韋提希：諦聽諦聽, 善思念之。吾當爲汝分別解說除苦惱法。汝等憶持, 廣爲大衆分別解說。

1. "부처님께서 아난에게 이르시길"에서 "고뇌를 없애는 법"에 이르는 경문에서는 석가모니부처님께서 선설하기로 응낙하시고 아난과 위제희에게 잘 듣기를 분부하고 계신다.

　一、從"佛告阿難"下, 至"除苦惱法"已來, 正明敕聽許說。

여기에는 세 단락의 내용이 들어있다. (1) 부처님께서 아난과 위제희 두 사람에게 분부한다고 밝힌다. (2) 부처님께서 그들에게 자세히 듣고 마음에 진실하게 수지하여 정념을 잃지 않고 정근 수행하라고 밝힌다. (3) 부처님께서 그들을 위해 화좌관법花座觀法을 선설하시겠다고 밝히시니, 일심으로 관하는 경계에 머물러 일향으로 전념(住心緣念)할 수 있다면 죄로 인한 괴로움을 없앨 수 있다.

(이는 관법觀法의 이익을 말하는 것이니, 마땅히 무루관無漏觀의 경계가 현전할 때 유루有漏의 죄고를 제거할 수 있어 지극히 큰 죄를 멸하는 힘이 있다.)

即有其三：一、明告命二人；二、明敕聽，令之諦受，正念修行；三、明佛爲說華座觀法，但能住心緣念，罪苦得除。

[보충] [주심연념住心緣念]

이 네 글자는 매우 중요하다! 선도대사의 이 말씀은 대세지보살께서 능엄회상에서 말씀하신 「정념상계淨念相繼」와 같은 뜻이다. 주심住心에서 주住는 선정에 든 마음으로 일심을 뜻한다. 무엇을 연緣하는가? 서방극락세계를 연하고 아미타불을 연한다. 아미타불과 서방극락세계를 제외하여 아무것에도 연하지 말고 마음으로 이곳에 머문다. 《무량수경》의 「일향전념一向專念」에서 「향向」이 바로 「연緣」과 같은 뜻이고 「일一」은 바로 주심住心의 뜻이다. _정공대사 사첩소강기

2. "그대들은 잘 억념·수지"에서 "해설"에 이르는 경문에서는 정토법문의 유통을 권유하심을 밝히고 있다. (이는 바로 그들이 관법觀法을 마음속에 잘 억념 수지하고, 인연이 있을 때 널리 대중을 위해 연설하며, 끊어지지 않고 항상 하도록 정토법문을 세간에 유통해야 함을 말한다.)

二、從"汝等憶持"下，至"解說"已來，正明勸發流通。

(그러면 왜 세존께서 유통을 권하는가? 왜냐하면 중생을 제도하는 지극히 큰 공용功用이 있기 때문이다.) 이는 관법觀法의 깊고 미묘한 절요切要를 알아서 허망한 마음과 애착심으로 미혹하여 본심을 잃고서 육도 가운데 표류하며 늘 삼악도에 떨어지는

중생을 재빨리 구할 수 있음을 밝힌다. 그래서 당신은 이러한 관법을 잘 수지하고, 곳곳마다 인연 있는 사람에게 수지하길 권하여 두루 일체 견문見聞을 얻은 자가 함께 해탈의 성에 오르도록 하여야 한다.

此明觀法深要, 急救常沒衆生妄愛迷心, 漂流六道。汝持此觀, 處處勸修, 普使知聞, 同升解脫。

[강기] 또한 여기에는 매우 깊은 수심修心의 이치를 내포하고 있다. "상몰중생常沒衆生"은 중생이 일향으로 모두 청정하지 않은 세속경계에 반연하여 갖가지 망상·탐애를 일으켜 심식心識이 미혹하여 본심을 잃어버린다는 뜻이다. 줄곧 이러한 바깥경계(境緣)에 반연攀緣·치축馳逐·취사取舍하며 갖가지 탐욕·분노·분별심이 생겨 업을 지음에 따라서 육도六道 가운데 표류하고 있으며, 이러한 혹업고惑業苦의 유전流轉을 절단할 길이 없다.

지금 어떻게 해야 그가 마음을 돌려 해탈을 향해 나아가게 할 수 있는가? 그는 일심을 전일하게 정토 무루無漏의 경계상에 전일하게 쏟아야 한다. 이러면 그의 마음은 바뀌어 일심으로 청정에 전념하여, 업장에 물들고 미혹에 빠진 마음을 그치고 육도에 표류하는 업력을 끊을 수 있을 것이다. 그래서 이는 관을 성취할 때 5만 억겁 생사의 중죄를 제거할 수 있다는 말이다. 게다가 일심으로 정토에 전념하고, 불국토의 무루경계에 전념하여 견고하게 자성청정심을 성취함(成性)에 이른 후 부처님의 원력과 상응하여 결정코 무루의 청정찰토에 접인·섭수받으면 생사유전을 철저하게 끊을 수 있다. 그래서 이러한 정토를 닦는 방법의 지극히 간절한 요점이 있으므로 "관법觀法의 깊고 미묘한 절요切要를 알아서 늘 가라앉는 중생을 구할 수 있다(觀法深要 急救常沒衆生)." 말씀하셨다. 이 때문에 세존께서 아난에게 잘 수지하여 널리 유통하라고 권유하셨다.

(세존께서) 이렇게 말씀하셨을 때 무량수불께서 허공에 머물러

계시고, 관세음보살·대세지보살 두 분 대보살이 좌우에서 모시고 서있었느니라. 서방삼성의 광명은 활활 타올라서 그 모습을 바라볼 수 없으니, 백천 염부단금의 빛깔로도 견줄 수 없었느니라.

說是語時 , 無量壽佛住立空中。觀世音大勢至 , 是二大士 , 侍立左右。光明熾盛 , 不可具見。百千閻浮檀金色 , 不得爲比。

3. "이렇게 말씀하셨을 때"에서 "견줄 수 없었느니라"에 이르는 경문에서는 그때 사바세계 화주인 석가여래께서 중생을 이롭게 하고자 일심으로 서방극락을 관상하라 가르치시자, 극락세계의 아미타세존께서 즉시 그 마음을 꿰뚫어 아시고 동방 사바세계에 몸을 나투셨다. 이는 두 분 세존께서 한쪽에서는 허락하고 한쪽에서는 응현하시어 상응하시니 다름이 없고, 단지 (중생의 입장에서) 아미타부처님께서는 숨으시고 석가모니부처님께서는 드러내시는 차이가 있을 뿐이다.

왜 두 분 세존께서 각자 일방 세계에서만 나타나는가? 이는 바로 교화대상인 중생의 근기와 부류가 천차만별이어서 도사導師로 하여금 서로 번갈아 스승이 되어 일방세계를 가르치도록 함이다. ("기박器樸"은 원재료라는 뜻으로 근기를 가리킨다.)

三、從"說是語時"下 , 至"不得爲比"已來 , 正明娑婆化主爲物故 , 註想西方。安樂慈尊知情故 , 則影臨東域。斯乃二尊許應無異。直以隱顯有殊 , 正由器樸之類萬差 , 致使互爲郢匠。

여기에는 일곱 단락의 내용이 들어있다. (1) 이때는 세존께서 아난과 위제희 두 사람에게 권고하시는 때라고 밝힌다.

就此意中 , 卽有其七 : 一、明告勸二人時也。

(2) 세존께서는 아미타불을 관상하라고 선설하실 때 아미타부처님께서 그 소리에 응해 즉시 현전하고, 이와 같은 관을 하면 이와 같이 견불하고 이와 같이 왕생을 증득한다고 밝힌다.

二、明彌陀應聲卽現 , 證得往生也。

[강기] 이는 중생에게 기감機感이 있으면 세존께서 반드시 응현하시고, 관상이 있으면 반드시 증득하며, 일심으로 부처님을 관하는 까닭에 부처님께서 나타나시게 됨을 표시한다. 이는 바로 아미타부처님께서 중생이 염불하는 소리에 응해 즉시 나타난다는 뜻을 표시한다.

(3) 아미타부처님께서 응하시어 허공에 서서 계신다고 밝힌다. 이는 중생이 마음을 돌려서 아미타부처님을 바로 염하고 나의 국토에 태어나길 발원하면 즉시 왕생할 수 있음을 설명한다.

三、明彌陀在空而立者 , 但使回心正念 , 願生我國 , 立卽得生也。

[강기] 이는 모두 그것에 따라서 중생이 감득하고, 그것에 따라서 아미타부처님께서 응현하신다(隨感隨應)는 뜻이다. 다시 말해 중생에게 신심과 정념正念이 열리면 아미타부처님께서 즉시 그의 마음 앞에 나타난다. 이는 조금도 기회를 놓침이 없다. 이는 또한 부처님의 마음이 두루 미치는 연고이고, 메아리치듯 중생에게 응현하는 연고이다.

묻건대, 부처님께서는 공덕이 드높고 존귀하신 분으로 즉각 가볍게 거동하실 리가 없다. 이미 본원을 버리지 않고 대비심으로 호응하신다 하였거늘, 무슨 까닭에 단정히 앉아 있지 않고 중생의 기감에 응해 나타나시는가? ("부기赴機"는 바로 기감機感에 응해 나타난다는 뜻이다.)

問曰：佛德尊高，不可輒然輕擧。既能不捨本願來應大悲者，何故不端坐而赴機也？

답하되, 여기서는 부처님께서 드러내신 상에는 특별한 밀의密意가 있음을 알아야 한다. (그것은 모두 대비심이 간절하여 급히 구하겠다는 마음을 표현한다. 그래서 직접 서서 접인接引하는 상을 시현하신다.) 단지 사바세계에는 온갖 괴로움이 가득 차있고, 부정하고 잡스런 악인들(不淨雜惡)이 함께 살고 있을 뿐이다. 중생은 팔고八苦가 번갈아 태워서 (끊임없이 핍박하고 괴롭히고,) 마음이 움직여 균형이 잡히지 못하고 뒤집힌 상태를 이룬다. (그래서 언제나 중도와 등지고 악업을 짓는다.) 번뇌의 도적은 미소를 머금고 친밀함을 가장한다. 육근六根이 바깥 육진六塵경계에 접촉하여 자성의 공덕 법재法財를 약탈하면서 항상 따라다녀 잠시도 떨어지지 않는다. 중생은 수시로 삼악도의 불구덩이에 떨어져 천겁만 겁에도 벗어나지 못할 수도 있다.

이러한 상황 하에 만약 서둘러 가서 미혹한 범부 어린아이를 구하지 않는다면 그가 어떻게 업장에 속박된 삼악도의 감옥에서 벗어나겠는가? 바로 상황이 급박한 까닭에 아미타부처님께서 서서 곧장 제도를 행하시고, 느긋하게 단정히 앉아 있을 겨를이 없어 기감에 응해 나타나신다.

(이것이 바로 아미타부처님께서 접인하실 때 모두 서있는 모습인 이유이다. 아미타부처님께서는 사바고해를 마주하고 중생이 지극히 위험한 상황에서 제도를 하신다. 그래서 우리는 자신이 윤회 고해에 깊이 빠져 있고 곳곳마다 위험한 상황에 거듭 태어나니 매우 위급하다고 생각해야 한다. 그래서 우리는 구조를 청할 때 아미타여래를 향해 간청하여 일심으로 부처님 마음에 뛰어들어야 한다. 이렇게 부처님께 거두어 주시길 원하면 고해를 벗어날 수 있다.)

答曰：此明如來別有密意。但以娑婆苦界，雜惡同居。八苦相燒，動成違返。詐親含笑，六賊常隨。三惡火坑，臨臨欲入。若不擧足以救迷，業系之牢何由得免？爲斯義故，立撮

即行 , 不及端坐以赴機也。

[강기] 「팔고상소八苦相燒」, 태어나는 괴로움·늙는 괴로움·병드는 괴로움·죽는 괴로움·사랑하는 사람과 헤어지는 괴로움·미운 사람과 만나야 하는 괴로움·구하려 해도 얻지 못하는 괴로움·오온이 불길같이 성하게 일어나는 괴로움, 이러한 여덟 가지 괴로움(八苦)이 번갈아 달이고 끓이며, 태우고 삶아서 언제나 멈추지 않고 중생의 마음을 핍박하고 괴롭힌다. 어느 때는 이러한 괴로움이 심신을 태우고, 어느 때는 저러한 괴로움이 심신을 태운다. 요컨대 온갖 괴로움을 번갈아 겪는 상태에서 일시적인 안락도 없다.

「동성위반動成違返」, 이는 마음이 움직여서 균형이 잡히지 못하고(違返) 뒤집힌 상태(轉倒)를 이룸을 말한다. 범부의 마음에는 무량한 번뇌가 잠재하여 머물고 있어 순경을 만날 때 탐욕이 생기고, 역경을 만나면 분노가 생기며, 중용의 경계에서는 어리석음이 생긴다. 요컨대 경계·인연과 접할 때 마음에 전도轉倒를 일으켜 번뇌에 떨어진다. 스스로 괴로움의 인을 짓고 스스로 괴로움의 과를 바탕으로 살아가므로 지극히 착란되어 미친놈과 같은 상태에 떨어져 번뇌의 병세가 더욱더 깊어지고 무거워진다.

어떤 이는 생각한다. "이러한 세상에서 수많은 행복한 경계가 있겠는가?" 실제로 이러한 잠시의 즐거운 경계는 그 순간 바로 괴로움의 인因이니, 끝내 괴로움으로써 끝을 알리지 않음이 없다. 혹은 어린아이가 칼날 위의 꿀을 빨아 먹다 혀를 자르는 우환이 생기는 것과 같다고 말한다. 즐거움에는 지극히 큰 허물과 우환이 내포되어 있다.

「사친함소詐親含笑」, 이는 이른바 세상의 행복, 즐거움, 원만 등등, 그것은 때때로 사람들에게 미소를 머금고 손짓하며 매우 친밀한 사랑을 표현하는 듯하다. 이는 일종의 가상假相으로 중생의 육근이 만날 때 이미 포로가 된다.

「육적상수六賊常隨」, 이는 사랑하는 경계가 출현할 때를 가리킨다. 마음속에 하나의 인연이 닿아 탐착이 생기게 될 때 괴로움에 떨어지게 된다. "육적六賊"은 즉시 육식六識과 상응하는 갖가지 번뇌가 생겨 잠시 자성의 공덕법재를 잃어버리고 무량겁의 후환을 남기게 됨을 가리킨다. 그래서 곳곳마다 매우 위험한 경계에 처하게 된다.

「삼악화갱三惡火坑」, 이는 곧 삼악도, 사나운 불길이 활활 타오르는 지극히 큰 불 구덩이(지옥)를 가리킨다. 중생은 맹목적인 어린아이처럼 대단히 유치하여 불구덩이 곁에 있는 명성과 이익, 가무와 여색 등을 탐한다. 이를 탐하게 될 때 불구덩이에 떨어지는 사람이 매우 많다. 이는 부모가 된 사람에게는 매우 애가 타는 일이다. 왜냐하면 아이는 식견이 없고 매우 얕을 뿐만 아니라 앞에 나타나는 고혹적인 욕망의 경계를 진실한 즐거움으로 대한다. 그래서 일심으로 잡으려고만 한다. 이러한 경계의 뒤에는 지극히 큰 불구덩이가 있다. 그래서 그는 이리저리 가서 부딪칠 때 언제나 구덩이 주변으로 가서 불구덩이 속으로 떨어지고 만다. 이를 「임임욕입臨臨欲入」이라 한다.

(「임臨」은 곧 내려감에 하마터면 삼악도에 떨어지고 마는 매우 위험한 경계에 도달함을 말한다. 이는 가장 위험한 때이다. 이때 우리는 정법을 만나고 이 법문을 만나면 제도를 받을 수 있다. 그래서 부처님께서 우리를 구하러 빨리 오신다! _정공법사, 《관경사첩소 강기》

(4) 관세음보살과 대세지보살을 아미타부처님의 좌우시자侍者로 삼는다고 밝힌다. (이는 나머지 법중法衆은 없음을 표시한다.)

　四、明觀音勢至以爲侍者，表無余衆也。

(5) 서방삼성의 신심은 원만청정하고 광명이 불길같이 성하게 일어나서 범류와 기타 학위의 성자를 뛰어넘는다고 밝힌다.

　五、明三尊身心圓淨，光明逾盛也。

(6) 부처님께서 색신에서 광명을 놓아 시방세계를 환히 비추나, 번뇌의 때와 장애로 덮인 범부가 어찌 부처님의 광명을 완전히 볼 수 있겠는가?

　六、明佛身光明朗照十方，垢障凡夫何能具睹？

(7) 부처님의 몸은 무루이고, 발하는 광명도 또한 똑같이 무루라고 밝힌다. 어떻게 유루의 천계 자마단금 빛깔과 견줄 수 있는가? (이 양자의 체성은 서로 만억이나 멀리 차이가 난다.)

　七、明佛身無漏，光亦同然。豈將有漏之天金比方之也？

그때 위제희는 무량수불을 친견한 후 부처님의 발에 정례하고서 부처님께 아뢰길, "세존이시여, 저는 지금 부처님의 위신력이 가피한 연고로 무량수불 및 두 대보살을 친견할 수 있지만, 오는 세상의 중생은 마땅히 어떻게 무량수불 및 두 대보살을 관해야 합니까?"

　時韋提希見無量壽佛已，接足作禮。白佛言：世尊，我今因佛力故，得見無量壽佛及二菩薩。未來衆生，當云何觀無量壽佛及二菩薩？

4. "그때 위제희는 무량수불을 친견한 후"에서 "정례하고서"에 이르는 경문에서 위제희 부인은 실제로는 번뇌의 때에 물든 범부인 여성이기에 아미타부처님을 친견할 수 있는 능력이 있다고 말할 수 없음을 밝히고 있다. 그러나 부처님의 위신력이 은밀히 가피함으로 말미암아 아미타부처님께서 허공에서 나타나실 때, 그녀는 부처님의 발에 정례할 수 있었다.

서분序分에서 그때 부처님의 위신력으로 그녀가 극락정토를 보게 되어 환희찬탄하며 감정을 주체할 수 없었다. 지금 정말 아미타부처님의 황금신을 친견하니,

더욱 더 그녀의 마음이 열려 무생법인을 증득하였다.

四、從"時韋提希見無量"下 , 至"作禮"已來 , 正明韋提實是垢凡女質 , 不足可言。但以聖力冥加 , 彼佛現時 , 得蒙接足。斯乃序臨淨國 , 喜嘆無以自勝。今乃正睹彌陀 , 更益心開悟忍。

5. "부처님께 아뢰시길,"에서 "두 대보살을 친견할 수 있지만"에 이르는 경문에서는 부인이 부처님의 큰 은혜를 입게 되자 이타심이 생겨서 오는 세상의 중생을 위해 의문을 진술하고 뒤의 청문을 일으킨다.

五、從"白佛言"下 , 至"及二菩薩"已來 , 正明夫人領荷佛恩 , 爲物陳疑 , 生於後問。

여기서는 부인의 속마음을 밝힌다. "부처님께서 지금 세상에 계셔서 저(위제희부인)는 세존의 가피호념을 입어 아미타부처님을 친견할 수 있지만, 부처님께서 멸도하신 후 중생은 어떻게 해야 친견할 수 있습니까?"

此明夫人意者 , 佛今現在 , 蒙尊加念 , 得睹彌陀。佛滅後 , 衆生云何可見也？

6. "오는 세상의 중생"에서 "두 대보살을 관해야 합니까?"에 이르는 경문에서 부인은 중생이 자신과 마찬가지로 서방삼성을 친견할 수 있게 하고 싶다고 중생을 위해 간청함을 밝히고 있다.

六、從"未來衆生"下 , 至"及二菩薩"已來 , 明其夫人爲物置請 , 使同己見。

부처님께서 위제희에게 이르시길, "저 부처님을 관하고자 하면 이렇게 상념을 일으켜야 하니라. 칠보의 땅 위에 연꽃의 상想을 지을지어다."

佛告韋提希：欲觀彼佛者 , 當起想念。於七寶地上 , 作蓮華想。

7. "부처님께서 위제희에게 이르시길"에서 "이렇게 상념을 일으켜야 하니라"에 이르는 경문에서는 부처님께서 위제희에게 그녀를 위해 선설함을 허락하신다고 이르심을 밝히고 있다.

七、從"佛告韋提"下，至"當起想念"已來，正明總告許說之言。

묻건대, 위제희 부인은 자신을 위해서 그리고 널리 오는 세상 일체중생을 위해서 간청하였거늘, 석가모니부처님께서 응답하심에 위제희만 언급하시고 일체중생을 언급하시지 않는데, 이는 어떤 이치인가?

問曰：夫人置請，通已爲生。及至如來酬答，但指韋提，不通生耶？

답하되, 부처님의 몸은 기감에 따라 응화應化하시어 근기에 맞게 설법하신다. 중생이 청하지 않아도 스스로 널리 대법을 펴시거늘, 어떻게 특별히 위제희 부인만을 위하고 평등하게 가피하지 않는다고 말할 수 있겠는가? 단지 행문이 간략하여 표현하지 못하지만 여래께서는 아울러 일체중생을 위하는 마음이 반드시 있다.

答曰：佛身臨化，說法以逗機。不請尚自普弘，何論別指而不等被？但以文略故無，兼爲之心必有也。

8. "칠보의 땅 위"에서 "연꽃의 상"에 이르는 경문에서는 관행하는 방편을 가르침을 밝히고 있다.

八、從"七寶地上"下，至"華想"已來，正明敎觀方便。

묻건대, 중생은 맹목적으로 암둔하여 마음속으로 시종일관 바깥 경계에 반연하여 망상이 흩날리고 갖가지 근심을 키운다. 설사 눈앞에 사물이 있을지라도 마치 캄캄한 밤에 보이는 것이 하나도 없는데 무작정 다니는 것과 같거늘,

하물며 아득히 먼 정토의 경계에 마음을 내걸고서 어떻게 다 볼 수 있겠는가?

問曰：衆生盲暗，逐想增勞。對目冥若夜遊，遠標淨境，何由可悉？

답하되, 만약 중생 자신으로부터 보면 번뇌 미혹 업장에 덮여 망념이 그치지 않아 공연히 피로할 뿐이다. (이러한 번뇌 망념 속에서는 그릇에 끊임없이 출렁이는 물과 같이 어디에 맑은 영상이 나타날 수 있겠는가?) 단지 아득히 먼 정토에서 가피하는 아미타부처님의 위신력에 우러러 기대는 까닭에 중생은 관하는 경계를 모두 볼 수 있게 된다.

答曰：若望衆生惑障，動念徒自疲勞。仰憑聖力遙加，致使所觀皆見。

어떻게 작법하여야 일심으로 관하는 경계에 안온히 머물러 관상을 성취할 수 있겠는가? 이 관법을 수행하려면 모든 정업행자는 먼저 불상 앞에서 지극한 마음으로 참회하여 옛날에 지은 일체 죄업을 털어놓고 지극히 참괴심을 일으켜서 슬피 눈물을 흘려야 한다.

云何作法住心而令得見也？欲作法者，諸行者等，先於佛像前，至心懺悔，發露所造之罪，極生慚愧，悲泣流淚。

이렇게 죄업을 참회한 후 또한 마음과 입으로 석가모니부처님과 시방세계 항하사수 제불께서 오셔서 가피하시길 간청하여야 한다. 마음속으로 아미타부처님의 본원을 억념하여야 하고, 성심으로 부처님의 가피를 얻을 수 있다고 믿어야 한다.

이렇게 행한 후 스스로 고백하여야 한다. "제자 아무개(자신의 이름)는 태어나면서부터 눈이 먼 사람처럼 완전히 무명에 빠져 죄업이 이와 같이 깊고 무겁습니다. 비록 저와 부처님 사이가 막혀있지 않지만, 저의 자심自心에 업장이 쌓인 연고로 매우 깊은 장애가 있어 부처님을 볼 수 없사옵니다. 원하옵건대 부처님께서 자비심으로 저를 섭수 호념하여 (불력이 저의 마음에 가지加持하여 주시고) 저에게 관하는 법을 가르쳐 관하는 경계가 열리게 하옵고, 원하옵건대 (제게 문득 거룩한 경계가 나타나서) 관상觀想을 성취하게 하옵소서. 저는 문득 신명을 바치고 일심을 전부 아미타부처님께 맡기고 친견하든 친견하지 못하든 모두 부처님께서 베푸신 은덕의 가피력에 달려있사옵니다."

("금돈사신명今頓舍身命 앙속미타仰屬彌陀 견여불견見與不見 개시불은력皆是佛恩力", 이는 자기 일심이 부처님을 향하는 결심을 표현한다. "지금 저는 문득 마음속에서 자기 생명을 바쳐서 일심을 전부 아미타부처님께 맡기오니, 친견하느냐 친견하지 못하느냐는 모두 부처님께서 베푸신 은덕의 가피에 달려있사옵니다. 저는 더 이상 자기 주장을 하지 않고 마음을 전부 아미타부처님께 맡기고 생명조차도 다 넘기옵니다." 이는 곧 자신이 불력에 대한 믿음에 근거하여 일심으로 우러러 신뢰하는 마음을 일으키는 것이다. 그래서 생명조차도 다 내려놓고 아미타부처님을 향해 돌아가니 설령 죽을지라도 괜찮다.)

悔過既竟 , 又心口請釋迦佛十方恒沙等佛。又念彼彌陀本願。言弟子某甲等 , 生盲罪重 , 障隔處深。願佛慈悲攝受護念 , 指授開悟所觀之境 , 願得成就。今頓舍身命 , 仰屬彌陀 , 見與不見 , 皆是佛恩力。

이렇게 부처님을 향해 고백한 이후 다시 지극한 마음으로 참회한다. 완료한 후 한적한 곳을 찾아 서방을 향해 결가부좌하니 방법은 앞과 같다.

遵此語已 , 更復至心懺悔竟已 , 卽向靜處 , 面向西方 , 正坐跏趺 , 一同前法。

이렇게 이미 일심으로 머물렀다면 천천히 심상을 운전하여 극락 보배땅을 관상할 때 보배땅의 갖가지 채색이 나타나니 매우 분명하다. ("서서전심徐徐轉心"은 조급해 하지 말고 마음을 편안하고 한가하게 가져야 함을 가리킨다.) 처음 관상할 때는 매우 많은 경계를 뒤섞어 관상해서는 안 된다.

경계가 많으면 삼매를 얻기가 어렵고, 단지 방촌方寸, 일척一尺 등 범위 안에서 볼 뿐이다. (처음에는 단일한 경계를 관하고 한 치 사방의 넓이, 한 자 길이 등 관하기 쉬운 경계를 관하고 천천히 늘려나간다.)

(시간상으로는 계속해서 관상을 견지해야 하니,) 혹 하루 이틀 사흘, 혹은 나흘 닷새 엿새 이레, 혹은 일 개월이나 일년 이년 삼년 등이다. 대낮이든 한밤이든, 걷든 머무르든 앉든 눕든 신구의 삼업으로 언제나 삼매와 잘 맞아야 한다. 오직 일체 만사를 전부 버리고 관을 닦아야 한다. 지각을 잃어 눈으로 보되 시각장애인 같고, 귀로 소리를 듣되 청각장애인 같아 일심으로 한 곳에 전념하여 어리석은 듯 취한 듯 하면 반드시 삼매를 쉽게 얻을 것이다.

旣住心已, 徐徐轉心想彼寶地雜色分明。初想不得亂想多境, 境多卽難得定, 唯觀方寸一尺等。或一日二日三日, 或四五六七日, 或一月一年二三年等。無問日夜, 行住坐臥, 身口意業, 常與定合。唯萬事俱舍, 猶如失意聾盲癡人者, 此定必卽易得。

만약 이와같이 일심으로 전념하지 못하면 신구의 삼업이 끊임없이 인연을 따라 굴러가 삼매의 상(定想)은 망념의 물결을 따라 떠다닌다. 그래서 일천년의 세월이 지날지라도 법안은 결코 열리지 않을 것이다. (여기서 "법안法眼"은 정토의 거룩한 경계를 꿰뚫어 보는 눈을 가리킨다.)

("정상축파비定想逐波飛", 파波는 마음속으로 반연하여 망녕되이 움직임을 가리킨다. 삼매의 상은 풍랑이 일지 않아 고요한 물에 나타나는 그림자와 같아 물결이 일어날 때 그림자는 나타나지 않고 이 삼매의 상은 바로 잃어버린다. 그래서 관을 닦을 때 반드시 고요한 곳에서 일심으로 전념하여 일체의 반연 뒤섞인 상을 여의어야 한다. 이러한 요구는 매우 높은 것이다.)

若不如是, 三業隨緣轉, 定想逐波飛。縱盡千年壽, 法眼未曾開。

만약 마음이 삼매를 얻으면 혹 먼저 밝은 상이 현전하거나 혹 먼저 보배땅 등 갖가지 매우 또렷하고 사유하기 어려운 청정한 경계를 보게 되니, 총괄해 말하면 두 가지 견견이 있다. 하나는 상견想見이니, 여전히 지각이 있는 연고로 청정한 경계를 볼지라도 그리 밝지 못하다. 둘은 만약 안팎의 각상_{覺想}이 모두 사라져버리면 곧 정수삼매에 들어감이니, 보이는 정토의 청정한 경계는 앞의 상견과 비교할 수 없다. (이것이 진정한 삼매에 증입하는 것이고, 정토의 거룩한 경계와 진실로 상응하는 것이다.)

若心得定時，或先有明相現，或可先見寶地等種種分明不思議者，有二種見：一者想見。猶有知覺故，雖見淨境，未多明了；二者若內外覺滅，即入正受三昧。所見淨境，即非想見得爲比校也。

"행자에게 연꽃에는 하나하나 꽃잎이 백 가지 보배 색깔을 띠고 있고, 8만 4천 잎맥이 마치 천상의 그림처럼 아름다우며, 하나하나 잎맥에는 8만 4천 광명이 있다고 명료하게 관하되, 모두 (심안으로) 볼 수 있게 할지라. 꽃잎 크기는 길이와 너비가 2백 5십 유순이니라. 이와 같은 연꽃은 8만 4천 꽃잎을 갖추고 있고, 하나하나 잎과 잎 사이는 백억 마니구슬왕으로 장식하여 비추고 있느니라. 하나하나 마니구슬왕은 1천 줄기 광명을 놓고 있고, 그 광명은 칠보로 합하여 이루어진 보배덮개로 변하여 두루 땅 위를 덮고 있느니라."

令其蓮華，一一葉上，作百寶色。有八萬四千脈，猶如天畫。脈有八萬四千光。了了分明，皆令得見。華葉小者，縱廣二百五十由旬。如是蓮華，具有八萬四千葉，一一葉間，有百億摩尼珠王，以爲映飾。一一摩尼珠，放千光明。其光如蓋，七寶合成，遍覆地上。

9. "행자에게 연꽃"에서 "8만 4천 광명이 있다"에 이르는 경문에서는 보배연꽃에 갖가지 장엄이 있음을 밝히고 있다. 여기에는 세 단락의 내용이 들어있다.

九、從"令其蓮華"下 , 至"八萬四千光"已來 , 正明寶華有種種莊嚴。卽有其三 :

(1) 하나하나 꽃잎은 모두 온갖 보배 빛깔을 갖추고 있다고 밝힌다. (2) 하나하나 꽃잎에는 모두 온갖 많은 보배 잎맥이 있다고 밝힌다. (3) 하나하나 보배 잎맥에는 모두 온갖 많은 광명 빛깔이 있다고 밝힌다. 이는 정업행자에게 일심으로 관하는 경계에 머물러 하나하나 명료하게 관상하여 모두 심안을 얻어 관하는 경계를 볼 수 있게 한다.

一、明――華葉備衆寶色 ; 二、明――葉有衆多寶脈 ; 三、明――脈有衆多光色。此令行者住心 , ――想之 , 悉令心眼得見。

이미 꽃잎을 본 후 다음으로 꽃잎 사여기에는 온갖 마니보배구슬이 매우 많다고 관상한다. 다음으로 하나하나 보배에서 매우 많은 광명이 나와 광명이 보배덮개로 변한다고 관상한다. 다음으로 화대花臺에는 온갖 미묘한 보배 및 진주 나망 등이 매우 많다고 관상한다. 다음으로 화대에는 네 기둥의 보배당번이 저절로 나타난다고 관상한다. 다음으로 보배당번에는 보배휘장이 덮고 있다고 관상한다. 다음으로 보배휘장에는 온갖 보배구슬이 매우 많은데, 이 구슬에서 갖가지 빛깔의 광명이 나와 허공에 두루 가득하고 이 광명도 갖가지 다른 미묘한 상이 나타난다고 관상한다.

이와 같은 차례대로 하나씩 일심으로 머물러 관상하며 여의지 않으면 오래지 않아 삼매의 마음(定心)을 얻을 수 있다. 이미 선정의 마음을 얻었다면 극락세계의 여러 많은 장엄이 전부 현현하게 되니, 이런 요점을 알아야 한다.

旣見華葉已 , 次想葉間衆寶。次想寶出多光 , 光成寶蓋。次想華臺 , 臺上衆寶及珠網等。次想臺上四柱寶幢。次想幢上寶慢。次想慢上寶珠 , 光明雜色 , 遍滿虛空 , 各現異相。如是次第――住心不舍 , 不久之間 , 卽得定心。旣得定心 , 彼諸莊嚴一切顯現。應知。

10. "명료하게" 이하는 관상을 성취하는 상을 밝히고 있다.

十、從"了了"已下，辨觀成相。

11. "꽃잎의 크기는"에서 "두루 땅 위를 덮고 있느니라"에 이르는 경문에서는 꽃잎에는 갖가지 장엄이 있음을 밝히고 있다.

十一、從"華葉小者"下，至"遍覆地上"已來，正明葉葉有種種莊嚴。

여기에는 여섯 단락의 내용이 들어있다. (1) 꽃잎의 면적크기는 최소한 2백50 유순에 달한다고 밝힌다. (2) 꽃잎의 수량은 8만4천 잎이 있다고 밝힌다. (3) 잎과 잎 사여기에는 백억 마니구슬로 장식하여 비추고 있다고 밝힌다. (4) 한 알 한 알 마니구슬은 모두 1천 줄기 광명을 놓고 있다고 밝힌다. (5) 한 줄기 한 줄기의 구슬광명은 모두 보배덮개로 변한다고 밝힌다. (6) 보배덮개의 찬란한 광채는 위로 허공을 비추고, 아래로 보배땅을 덮고 있다고 밝힌다.

卽有其六：一、明華葉大小；二、明華葉多少；三、明葉間珠映多少；四、明珠有千光；五、明一一珠光變成寶蓋；六、明寶蓋上照虛空，下覆寶地。

"석가비릉가 보배로 연화대를 삼고 있고, 이 연화대는 8만의 금강킨슈카 보배·범마니 보배와 미묘한 진주 그물로 정교하게 장식하고 있느니라. 그 연화대 위에는 저절로 네 기둥의 보배당번이 나타나 있는데, 하나하나 보배당번은 백천만억 좌 수미산처럼 광대하니라. 당번 위에 드리워진 보배장막은 야마천궁의 형상과 같으며, 또한 5백억 개 미묘한 보배구슬로 장식하여 비추고 있느니라."

釋迦毗楞伽寶 , 以爲其臺。此蓮華臺 , 八萬金剛甄叔迦寶 , 梵摩尼寶 , 妙眞珠網 , 以爲校飾。於其臺上 , 自然而有四柱寶幢。一一寶幢 , 如百千萬億須彌山。幢上寶幔 , 如夜摩天宮。復有五百億微妙寶珠 , 以爲映飾。

12. "석가비릉가"에서 "정교하게 장식하고 있느니라"에 이르는 경문에서는 연화대 상에 장엄한 상을 밝히고 있다. (즉 연화대는 석가비릉가 보배로 이루어져 있고, 위로는 8만 금강킨슈가 보배·범마니 보배와 미묘한 진주 그물 등으로 장엄하여 꾸미고 있다.)

十二、從"釋迦毗楞伽"下 , 至"以爲校飾"已來 , 正明臺上莊嚴之相。

13. "그 연화대 위에는"에서 "미묘한 보배구슬로 장식하여 비추고 있느니라."에 이르는 경문에서는 보배당번 위의 장엄상을 밝히고 있다. 여기에는 네 단락의 내용이 들어있다.

十三、從"於其臺上"下 , 至"妙寶珠以爲映飾"已來 , 正明幢上莊嚴之相。卽有其四 :

(1) 연화대 위에는 저절로 네 기둥의 보배당번이 나타난다고 밝힌다. (2) 보배당번의 크기는 백천만억 좌 수미산과 같다고 밝힌다. (3) 보배당번 위에는 저절로 보배당번을 덮고 있는데, 그 형상은 야마천궁과 같다. (4) 보배당번 위에 매우 많은 미묘한 보배구슬이 있어 찬란한 광명으로 장식하여 비추고 있다고 밝힌다.

一、明臺上自有四幢 ; 二、明幢之體量大小 ; 三、明幢上自有寶幔 , 狀似天宮 ; 四、明幢上自有衆多寶珠 , 輝光映飾。

"하나하나 보배구슬에는 8만4천 광명이 있고, 하나하나 광명은

또한 8만4천 다른 종류의 황금 빛깔을 띠며, 하나하나 황금 빛깔은 모두 보배 국토를 두루 비추니라. 광명이 이르는 곳마다 다른 변화를 펼쳐서 갖가지 장엄상을 나타내니, 혹 금강대가 되고, 혹 진주 그물로 되며, 혹 갖가지 꽃구름으로 되느니라. 시방 도처에서 뜻하는 대로 변화하여 불사를 지어 베푸느니라. 이것이 바로 「화좌상華座想」이니, 「제7관」이라 하느니라."

一一寶珠, 有八萬四千光。一一光, 作八萬四千異種金色。一一金色, 遍其寶土。處處變化, 各作異相。或爲金剛臺, 或作眞珠網, 或作雜華云。於十方面, 隨意變現, 施作佛事。是爲華座想, 名第七觀。

14. "하나하나 보배구슬"에서 "불사를 지어 베푸느니라."에 이르는 경문에서는 번당 위의 구슬 광명이 불가사의한 덕용의 상이 있음을 밝히고 있다.

十四、從"一一寶珠"下, 至"施作佛事"已來, 正明珠光有不思議德用之相。

여기에는 다섯 단락의 내용이 들어있다. (1) 하나하나 보배구슬에는 8만4천 광명이 들어있다고 밝힌다. (2) 하나하나 광명에는 각각 8만4천 가지 다른 황금 빛깔이 나타난다고 밝힌다. (3) 하나하나 광명 빛깔이 극락보토를 두루 비춘다고 밝힌다. (4) 광명이 이르는 곳에는 갖가지 다른 변화를 펼쳐서 갖가지 장엄상을 나타낸다고 밝힌다. (5) 이러한 광명은 혹 금강대·진주그물·꽃구름으로 변화되거나, 혹 보배음악 등이 퍼져나가며 시방의 지극히 광대한 구역을 가득 채운다고 밝힌다.

卽有其五：一、明一一珠有多光；二、明一一光各作異色；三、明一一光色遍於寶土；四、明光所至處, 各作異種莊嚴；五、明或作金臺珠網華雲寶樂, 遍滿十方。

15. "이것이" 이하는 관하는 이름을 총결하는 문구이다.

十五、從"是爲"已下 , 總結觀名。

부처님께서 아난에게 이르시길, "이와 같은 미묘한 연화대는 본래 법장 비구의 원력으로 이루어진 것이니라. 만약 저 부처님을 염하고자 하면 마땅히 먼저 이 미묘한 연화대를 관상할지어다. 이렇게 관상할 때 이것저것 뒤섞어 관하지 말고 모두 하나하나 잘 관해야 하느니라. 하나하나의 잎·하나하나의 구슬·하나하나의 광명·하나하나의 연화대·하나하나의 당번을 모두 명료하게 관하여 마치 거울에 비친 자기 얼굴을 보듯이 할지니라. 이러한 관상을 이루면 5만억 겁 생사의 중죄를 없앨 수 있고, 결정코 극락세계에 왕생할 수 있느니라. 이렇게 관하면「정관」이라 하고, 이렇게 관하나 이렇게 나타나지 않으면「사관」이라 하느니라."

佛告阿難 : 如此妙華 , 是本法藏比丘願力所成。若欲念彼佛者 , 當先作此華座想。作此想時 , 不得雜觀。皆應一一觀之。一一葉 , 一一珠 , 一一光 , 一一臺 , 一一幢 , 皆令分明。如於鏡中 , 自見面像。此想成者 , 滅除五萬億劫生死之罪 , 必定當生極樂世界。作是觀者 , 名爲正觀。若他觀者 , 名爲邪觀。

16, "부처님께서 아난에게 이르시길"에서 "법장 비구의 원력으로 이루어진 것이니라"에 이르는 경문에서는 연화좌를 성취할 수 있는 연유를 밝히고 있다. 즉 아미타부처님께서 인지因地에서 대원을 발하여 성불하시고 극락국토에 색신을 시현하실 때 이러한 무량한 공덕장엄을 구족한 법좌에 앉으신다. 이러한 원력으로 공행功行이 원만할 때 저절로 현현하므로 "본래 법장 비구의 원력으로 이루어진 것이니라." 하셨다.

十六、從"佛告阿難"下，至"比丘願力所成"已來，正明華座得成所由。

17. "만약 저 부처님을 염하고자 하면"에서 "자기 얼굴을 보듯이 할지니라"에 이르는 경문에서는 거듭 관상하는 의궤나 법칙을 드러내 보임을 밝히고 있다. 앞에서처럼 순서대로 일심으로 관하는 경계에 머물면 산란할 수 없다.

十七、從"若欲念彼佛者"下，至"自見面像"已來，正明重顯觀儀。如前次第住心，不得雜亂也。

18. "이러한 관상을 이루면"에서 "극락세계에 왕생할 수 있느니라"에 이르는 경문에서는 관상이 성취되는 상황을 밝히고 있다. 여기에는 두 가지 이익이 있다. (1) 관상을 성취하면 5만억 겁 생사의 중죄를 제거할 수 있다고 밝힌다. (2) 관상을 성취하면 반드시 서방극락세계에 태어날 수 있다고 밝힌다.

十八、從"此想成者"下，至"生極樂世界"已來，正明結觀成相，卽有二益：一明除罪益；二明得生益。

19. "이와 같이 관함"에서 「사관」이라 하느니라"에 이르는 경문에서는 관상을 사관과 정관의 상으로 판별함을 밝히고 있다.

十九、從"作是觀者"下，至"名爲邪觀"已來，正明辨觀邪正相。

총결하여 게송으로 찬탄하길, "부처님의 연화좌는 보배땅에 의지해 나타내고, 잎과 잎 사이에 진기하고 미묘한 보배로 장엄하여 꾸미고, 연화대 위에 네 기둥의 보배당번을 세우고, 위로 갖가지 미묘한 보배와 진귀한 구슬로 장엄하여 꾸미고, (하나하나 보배구슬이 8만4천 광명을 놓아서 곳곳마다 변화를 펼쳐서 갖가지 진귀한 형상을 나타내니,) 이러한 진귀한 광명 형상이 시방 도처에서 왕생한 사람의 뜻하는 대로 변화하여 갖가지 불사를 베푼다."

斯乃華依寶地，葉間奇珍，臺瑩四幢，光施佛事。

이상으로 열아홉 문구가 있어 내용이 다를지라도 화좌관華座觀을 자세히 설명해 마쳤다.

上來雖有十九句不同 , 廣明華座觀竟。

[제8관] 상상관想像觀: 세 분 성인의 모습을 관상하다

불상 의탁하여 참모습 응축하고 참모습 본 후 불상을 잊고나니

세 분 성인 불보듯 또렷하지만 아직은 거친 관상이라 이름하네

제8 상상관에도 또한 먼저 이름을 들고, 다음으로 관하는 행상行相을 분명히 밝히며, 마지막으로 총결하니, 여기에는 열세 단락의 내용이 들어있다.

八、就像觀中 , 亦先擧 , 次辨 , 後結。卽有其十三 :

부처님께서 아난과 위제희에게 이르시길, "이미 이 일을 보고나서 다음으로 부처님을 관상할지어다. 왜 그러한가? 제불여래께서는 곧 법계신이니 일체 중생의 심상心想 속으로 들어가시는 까닭에 그대들의 마음속에서 부처님을 관상할 때 이 마음이 곧 32상과 80수형호를 갖춘 부처가 되느니라. 이 마음이 부처를 지으니, 이 마음이 그대로 부처이다. 제불께서 바다와 같은 대지혜로 두루 아시니, 자신의 심상(믿음)에서 (부처님의 몸이) 생겨나느니라. 이런 까닭에 일심으로 계념하여 저 아미타부처님 「타타가타야(여래)·아르하테(아라한)·삼먁삼붓다야(정변지)」를 체관할지어다.

佛告阿難及韋提希 : 見此事已 , 次當想佛。所以者何 ? 諸佛如來 , 是法界身 , 入一切衆生心想中。是故汝等心想佛時 , 是心卽是三十二相 , 八十隨形好。是心作佛 , 是心是佛 , 諸佛正遍知海 , 從心想生。是故應當一心繫念 , 諦觀彼佛多陀阿伽度 , 阿羅訶 , 三藐三佛陀。

1. "부처님께서 아난"에서 "왜 그러한가?"에 이르는 경문에서는 앞을 맺고 뒤를 여는 문구를 밝히고 있다. "왜 그런가?"라고 말함은 문제를 제기하는 것으로 "부처님의 몸을 관상하려는 이유는 무엇인가?"

一、從"佛告阿難"下，至"所以者何"已來，正明結前生後。言"所以者何"者，是其問也，所以須想佛者何。

2. "제불여래"에서 "심상 속으로"에 이르는 경문에서는 제불에게는 대자비심이 있어 중생이 관상하는 마음에 응해 즉시 그의 마음 속으로 들어가 현현하게 됨을 밝히고 있다. 이러한 수승한 이익이 있는 까닭에 부처님의 신상을 관상하라 권유한다.

二、從"諸佛如來"下，至"心想中"已來，正明諸佛大慈，應心卽現，有斯勝益，故勸汝想之。

묻건대, 위제희 부인이 위에서 간청한 것은 오직 아미타부처님만 가리켰는데, 왜 석가모니여래께서 지금 총괄해 제불을 들어 답하시는지 잘 모르겠다. 이는 어떤 의도가 있는가?

問：韋提希夫人在上文的祈請中，僅標指阿彌陀佛，不知為什麼釋迦如來現在總的舉出諸佛，這有什麼 呢？

問曰：韋提上請，唯指彌陀。未審如來今總舉諸佛，有何意也？

답하되, 이는 제불께서 법신·보신·화신의 삼신을 함께 증득하고, 자비와 지혜를 구족하고, 과증果證이 구경원만함이 (부처와 부처가 모두 이와 같아) 평등하고 다름이 없음을 드러내고자 함이다. 그들은 모두 법계에서 몸을 단정히 하고 바르게 앉아 (중생의 기연에 수순하여 중생을 제도하기 위해) 형상을 나타나며 고정된 방소가 없다. 부처님의 마음은 인연이 있는 중생의 마음에 부응赴應하여 부처님의 몸이 즉시 법계의 각처에 두루 임한다.

答曰：欲顯諸佛三身同證，悲智果圓，等齊無二。端身一坐，影現無方。意赴有緣，時臨法界。

“법계法界”라 함은 세 가지 뜻이 있다. (1) 진심이 두루 미치는 연고로 법계라 해석한다. (2) 법신이 두루 미치는 연고로 법계라 해석한다. (3) 장애가 없는 연고로 법계라 해석한다.

言“法界”者，有三義：一者心遍故解法界，二者身遍故解法界，三者無障礙故解法界。

마음이 어느 곳에 이르는 까닭에 몸도 또한 그것에 따라 어느 곳에 이르니, 몸은 마음을 따른다. 그래서 “곧 법계신이다.” 말씀하셨다.

正由心到故身亦隨到，身隨於心，故言“是法界身”也。

“법계法界”는 교화하는 대상의 경계를 가리키니, 곧 중생계이다. “신身”은 교화하는 주체의 몸을 가리키니, 곧 제불의 몸이다. “중생의 심상 속으로 들어가신다.” 이는 중생이 마음을 일으키고 생각을 움직여 제불을 친견하길 원함으로 말미암아 부처님께서는 곧 걸림이 없는 지혜로써 중생의 마음을 또렷이 아시고, 곧 바로 중생의 심상 속으로 들어가 현현할 수 있다. 모든 정업행자는 상념 속에서나 혹 꿈·삼매 속에서나 저 부처님을 친견하는 경우 모두 “중생의 심상 속으로 들어간다.”는 의리를 체현한다.

言“法界”者，是所化之境，即眾生界也；言“身”者，是能化之身，即諸佛身也；言“入眾生心想中”者，乃由眾生起念願見諸佛，佛即以無礙智知，即能入彼想心中現。但諸行者，若想念中，若夢定中見佛者，即成斯義也。

3. “이런 까닭에 그대들”에서 “자신의 심상에서 생기느니라”에 이르는 경문은 총결하고 권유함으로 관상하여 얻는 이익을 밝히고 있다.

三、從"是故汝等"下，至"從心想生"已來，正明結勸利益。

여기서는 마음을 전일하게 하여 부처님의 형상을 관상함이 곧 "시심시불是心是佛 시심작불是心作佛"이라 이해함을 밝히고 있다. 부처님의 머리끝에서 발끝까지 마음속으로 줄곧 관상을 여의지 않고, 하나하나 관하여 잠시도 끊어짐이 없다. 부처님 정수리의 살이 상투처럼 솟아있는 무견정상無見頂相을 관상하거나 미간에 있는 하얀 털이 오른쪽으로 돌아 항상 빛을 발하는 미간백호상眉間白毫相 내지 발바닥에 있는 천개의 바퀴살 모양의 천복륜상千輻輪相을 관상한다. 이렇게 관상할 때 단정 장엄한 상호를 갖춘 불상이 또렷하게 현현하게 된다.

此明標心想佛，但作佛解。從頂至足，心想不舍。一一觀之，無暫休息。或想頂相，或想眉間白毫，乃至足下千輻輪之相。作此想時，佛像端嚴相好具足了然而現。

이는 우리의 마음이 하나하나의 상에 연하여 전념(緣念)한 연고로 하나하나의 상이 그것에 따라 현현하게 된다. 마음이 모든 상을 일향으로 전념하지 않으면 이러한 상을 볼 수 없다. 자심自心이 부처님을 관상하면 부처님의 형상이 마음에 응해 출현한다. 그래서 "이 마음이 곧 32상이니라." 말씀하셨다. "팔십수형호"를 말씀하신 것은 불상이 이미 나타나면 팔십수형호도 모두 그것에 따라 나타난다는 뜻이다. 이는 여래께서 모든 정업행자에게 관상할 때 원만히 관상하라고 가르치심을 말한다.

乃由心緣一一相故，卽一一相現；心若不緣，衆相不可見。但自心想作，卽應心而現，故言"是心卽是三十二相"也。言"八十隨形好"者，佛相旣現，衆好皆隨也。此正明如來教諸想者具足觀也。

"시심작불是心作佛"이라 함은 자신의 믿음에 의지해서 부처님의 상호를 연하여 관상함은 자신의 마음이 부처가 되는 것과 마찬가지라는 뜻이다. "시심시불是心是佛"이라 함은 마음이 부처님을 관상할 수 있으면 자신의 마음에 의지해 부처님의 몸이 나타나니, 이 마음이 그대로 부처임(卽心是佛)을 가리킨다. 이 마음을 여의고서 바깥에 달리 부처가 없다(心外無佛 佛外無心).

言"是心作佛"者 , 依自信心緣相 , 如作也。言"是心是佛"者 , 心能想佛 , 依想佛身而現 , 卽心是佛也。離此心外 , 更無異佛者也。

[보충] [시심작불是心作佛 시심시불是心是佛]

이는 불법 수학의 원리라고 말할 수 있다. 즉 불법을 수행하고 불과를 증득하는 이론의 근거는 이 두 마디에 있다. 정토에 왕생하여 불퇴전지에 올라 성불함(淨土往生 不退成佛)도 이러한 이치이다. 그래서 이 두 문구는 대단히 중요하고 천경만론에서 이 두 문구를 자세히 설명하고 있다.

「시심시불是心是佛」은 대승경전에서 늘 말하는 「법이여시法爾如是」로서, 본래 이러하다는 뜻이다. 《능엄경》에서는 「인연도 아니고 자연도 아니다」 하셨다. 이것이 「시是」의 뜻이다. 즉 "언어의 길이 끊어지고, 마음 가는 곳이 없어진(言語道斷 心行處滅)." 경계이다.

「시심시불」에서 「불佛」은 협의의 뜻이 아니라 광의의 뜻으로, 범부가 수행해 부처가 된다고 보아서는 안 된다. 만약 좁게 본다면 사유상상에 떨어지고 분별집착에 떨어진다. 부처는 마음이고 마음은 부처이다. 마음은 법계이고 부처도 법계이다.

「시심작불是心作佛」에서 「작作」은 바로 이런 경계에 계입契入하는 것이다. 바꾸어 말하면 이런 경계를 증득함이다. 화엄경에서 말하는 「입법계入法界」에서 입入이 바로 작作이다. 어떻게 증득하는가? 어떻게 계입하는가? 이 마음으로 부처님의 경계를 증득하고 계입한다(是心作佛).

「시심시불」은 성덕性德이고, 「시심작불」은 수덕修德이다. 정토경전이 가장 수승하고 가장 특별한 것은 우리에게 부처가 되는 것을 직접 가르친다는 것이다. 극락세계 아미타부처님께서 우리에게 좋은 본보기가 되어 주셨다. 이러한 본보기

를 따라 자신을 만들어 나가면 된다. _정공법사, 《사첩소 강기》

"제불정변지혜諸佛正遍知海" 이하의 문구를 말씀하심은 제불께서 모두 원만하여 걸림이 없는 대지혜를 증득하여 마음을 기울이든, 기울이지 않든 상관없이 항상 일체중생(法界)의 마음을 두루 알 수 있음을 밝히고 있다. 그대의 마음이 이렇게 관상할 수 있으면 제불의 가피로 그대의 심상으로부터 부처님의 몸이 나타나는 것이 마치 태어나는 것과 같다.

言"諸佛正遍知海"下 , 此明諸佛得圓滿無障礙智。作意不作意 , 常能遍知法界之心。但能作想 , 卽從汝心想而現 , 似如生也。

어떤 정업행자는 이 일문의 함의를 이해하려고 유식법신관唯識法身觀을 짓거나 혹은 자성청정 불성관佛性觀을 짓는다. 이러한 이해는 큰 잘못으로 관경의 본의와 조금도 비슷한 점이 없다.

(그래서 선도대사는 특별히 이곳에서 법계는 중생계 등으로 해석하시고, "시심작불 시심시불"은 자신의 마음으로 해석하신다. 자신의 믿음으로써 부처님의 상호를 연하여 관상하면 자신의 마음에 이와 같은 부처님의 몸이 나타난다. 그래서 다른 해석을 짓지 않고 모두 일심으로 머물러 부처님의 형상을 관상함으로 위에서 해석한 것이다.)

或有行者 , 將此一門之義 , 作唯識法身之觀 , 或作自性淸淨佛性觀者。其意甚錯 , 絕無少分相似也。

이미 "부처님의 형상을 관상(想像)"이라 말함은 곧 자심自心에 부처님의 몸 32상을 가립假立한 것으로, 진여법계신을 가리키는 것이 아니다. 진여법계신 어디에 상이 있어 연할 수 있겠는가? 또한 어디에 색신이 있어 취할 수 있겠는가? 그러나 법신은 색상이 없고, 근본적으로 안근이 마주하는 경계가 아니며, 다시 비유할 수 있는 유사한 사물도 없다. 그래서 허공을 취해 법신의 체성에 비유할 뿐이다.

既言想像 , 假立三十二相者 , 眞如法界身 , 豈有相而可緣 , 有身而可取也 ? 然法身無色 , 絶於眼對 , 更無類可方。故取虛空以喩法身之體也。

또한 지금 개현開顯하고 있는 16관문의 법문은 처음부터 끝까지 모두 방향을 가리키고 관하는 경계의 상을 세운 후 일심으로 머물러(住心) 관하는 경계(觀境)를 연緣하여 취取하게 한 것이니, 총괄해 무상이념無相離念의 의리를 밝히지 않았다. (이것을 보면 제1관에서 시작하여 제13관 끝까지 모두 방소를 지정하고, 관하는 경계상을 잘 세우고 그런 후 일심으로 머물러 경계를 취함을 잘 알 수 있습니다. 처음부터 끝까지 하나하나의 상이 있는 정토경계를 관할 뿐, 근본적으로 '상이 없는'(無相) 이치를 말한 적이 없다. 선도대사의 이러한 해석은 대단히 정확하다.)

여래께서는 왜 관법을 이렇게 설립하셨는가? 이는 여래께서 수천 년 전 이미 아셨나니, 말법시대의 온갖 죄로 혼탁한 범부는 상을 세워서 일심으로 머무르게 하여도 여전히 행하지 못하는데, 하물며 상을 여위고서 관하겠는가? 이는 마치 신통이 없는 사람이 허공에 집을 지으려는 것과 같아서 근본적으로 행하지 못하는 것이다.

又今此觀門等 , 唯指方立相 , 住心而取境 , 總不明無相離念也。如來懸知末代罪濁凡夫 , 立相住心尚不能得 , 何況離相而求事者 ? 如似無術通人 , 居空立舍也。

[보충] 범부는 사물을 실재하고 있다고 받아들이고 있기 때문에 실체를 형태로써 표현하되, 그 마음을 이 형태에 머물게 하여 지금까지 종교가 집착한 마음의 속박에서 해방시키려 한 것이 정선관定善觀의 의의이다. 따라서 정선은 정선을 위해서 설해진 것이 아니고, 선도대사께서 "방향을 가리키고 관하는 경계의 상을 세운 후 일심으로 머물러(住心) 관하는 경계(觀境)를 연緣하여 취取하게 한 것이니, 총괄해 무상이념無相離念의 의리를 밝히지 않았다." 하신 것처럼 모두 무아無我를 깨닫지 못하는 범부의 입장을 자각시켜주는 관상을 통해 특수한

종교적인 행에서 신앙으로의 전기轉機가 내포되어있다. _호시소렌,《관무량수경
강설》

4. "이런 까닭에"에서 "삼먁삼붓다야를 체관할지어다."에 이르는 경문에서는
위에서 서술한 방법에 근거하여 부처님을 관상하면 부처님의 몸이 나타나는
이익을 얻을 수 있다고 밝힌다. 일심으로 머물러 삼매를 성취하기만 하면
된다. 그래서 반복해서 저 부처님의 신상을 관하라고 가르치고 권유한다.

四、從"是故應當"下 , 至"三佛陀"已來 , 正明如前所益 , 專住必成 , 展轉相教 , 勸觀彼
佛也。

"저 부처님을 관상하는 자는 먼저 마땅히 부처님의 신상을 관상
할지어다. (점차 진행하면 마침내 부처님의 진신을 친견할 것이다.)
(마음을 집중해) 눈을 감거나 (세상사에) 뜨거나 한 분 부처님의
염부단금 빛깔과 같은 보배신상이 저 연꽃 위에 앉아 있는
신상을 볼지니라. 앉아 있는 신상을 보고 나서 심안(믿음의 눈)이
열려 또렷해지면서 극락국토의 칠보장엄 보배땅·보배연못·
보배나무 행렬·제천의 보배휘장이 그 위를 덮고 있고, 온갖
보배그물이 허공에 가득함을 볼 것이다. 이와 같은 일을 봄이
마치 손바닥을 보듯이 지극히 명료하리라."

想彼佛者 , 先當想像。閉目開目 , 見一寶像 , 如閣浮檀金色 , 坐彼華上。見像坐
已 , 心眼得開 , 了了分明。見極樂國七寶莊嚴 , 寶地寶池 , 寶樹行列 , 諸天寶幔
彌覆其上 , 衆寶羅網滿虛空中。見如此事 , 極令明了 , 如觀掌中。

5. "저 부처님을 관상하는 법" 이하는 앞글을 잇고 뒷글을 끌어낸다. "먼저

불상을 관상하라." 이는 곧 관하는 경계를 결정함을 말한다.

　五、從"想彼佛者"下, 牒前生後。言"先當想像"者, 定所觀境。

6. "눈을 뜨거나 감거나"에서 "마치 손바닥을 보듯이 지극히 명료하리라."에 이르는 경문에서는 관상을 성취할 때의 모습을 밝히고 있다. 여기에는 네 가지 부분이 들어 있다.

　六、從"閉目開目"下, 至"如觀掌中"已來, 正明辨觀成相。即有其四：

(1) 걷거나 머물거나 앉거나 눕거나 하여 네 가지 위의威儀를 보이든지, 눈을 뜨든지 감든지 염부단금 빛깔의 불상이 현재 눈앞에 있는 것처럼 보아야 하고 항상 이렇게 관상해야 한다고 밝힌다. (2) 이미 불상을 관할 수 있다면 그러한 불상은 그의 좌처에 있기에 앞에서 관상한 연화좌를 관상하고 불상이 그 위에 앉아있다고 관상해야 한다고 밝힌다. (3) 이미 불상이 연화좌 위에 앉아 있다고 관상할 수 있을 때 심안이 바로 열린다고 밝힌다. (4) 심안이 이미 열리면 염부단금 빛깔의 불상 및 극락세계의 갖가지 장엄사가 지상이든 허공 가운데 모습이든 어떤 장애도 없이 또렷이 보인다고 밝힌다.

　一、明身四威儀, 眼之開合, 見一金像似現目前, 常作此想；二、明旣能觀像, 像卽須有坐處, 卽想前華座, 想像在上而坐；三、明想見像坐已, 心眼卽開；四、明心眼旣開, 卽見金像及彼極樂諸莊嚴事, 地上虛空了然無礙。

또한 관상하고 일심으로 머무는 방법을 말한다. 앞에서 말한 것처럼 정수리 부분에서 시작하여 얼굴부위, 눈썹과 백호상, 눈코와 입귀, 인후부위와 목부위, 어깨와 팔뚝, 손가락 등 하나하나 관상한다. 또한 심장 아래로 내려가면서 흉부와 복부, 배꼽부위, 음경과 대퇴, 무릎과 다리, 발바닥과 전륜상 등을 하나하나 관상한다.

又觀像住心之法，一如前說，從頂一一想之。面眉毫相，眼鼻口耳，咽項肩臂手指。又由心向下，想胸腹臍陰，脛膝□足，十指千輻等，一一想之。

위에서 아래로 내려가는 순서로 관하는 것을 순관順觀이라 하고, 발바닥 천폭륜상千輻輪相에서 위로 관하는 것을 역관逆觀이라 한다. 이처럼 순관이든 역관이든 상관없이 순서대로 일심으로 머무르면 오래지 않아 불상에 대한 관상을 성취할 수 있다.

從上向下名順觀，從下千輻向上名逆觀。如是逆順住心，不久必得成也。

또한 부처님의 색신 및 연화좌, 보배 땅 등은 상하로 통관通觀해야 한다. 13관에서 보배땅과 보배꽃, 염부단금 빛깔의 불상 등에 대한 관상을 가장 중시해야 한다. 사람에게 가르치고자 하면 곧 이 관법을 가르친다. 한 관법을 성취하기만 하면 나머지 관은 곧 저절로 명료해진다.

又佛身及華座、寶地等，必須上下通觀。然十三觀中，此寶地、寶華、金像等觀最要。若欲教人，卽教此法。但此一法成者，余觀卽自然了也。

"이러한 일을 보고 나서는 다시 마땅히 큰 연꽃 한 송이가 부처님 왼쪽에 피어있다고 생각할지니, 이는 앞에서 말한 연꽃과 같아서 조금도 다르지 않느니라. 또한 큰 연꽃 한 송이가 부처님의 오른쪽에 있다고 관상할지라. 그리고 한 분 관세음보살의 신상이 왼쪽 연화좌에 앉아있나니, 또한 앞에서 말한 것과 다름이 없이 금색광명을 놓는다고 생각할지라. 또 한 분 대세지보살의 신상이 오른쪽 연화좌 위에 앉아 있다고 생각할지라. 이러한 관상이 이루어졌을 때 불보살의 신상이 모두 광명을 놓으리니, 그 광명은 금색으로 모든 보배나무를 비추느니라.

하나하나 보배나무 아래 또한 큰 연꽃 세 송이가 피어 있고, 모든 연꽃 위에는 각각 한 부처님과 두 보살(서방삼성)의 신상이 있어 저 국토에 두루 가득하느니라.”

見此事已, 復當更作一大蓮華, 在佛左邊。如前蓮華, 等無有異。復作一大蓮華, 在佛右邊。想一觀世音菩薩像, 坐左華座。亦作金色, 如前無異。想一大勢至菩薩像, 坐右華座。此想成時, 佛菩薩像, 皆放光明。其光金色, 照諸寶樹。一一樹下, 亦有三蓮華。諸蓮華上, 各有一佛二菩薩像, 遍滿彼國。

7. “이러한 일을 보고 나서는” 이 한 문구는 위쪽 아미타부처님 색신상의 관을 총결하고, 뒤쪽 관세음·대세지 두 대보살의 관법을 일으킨다.

七、從“見此事已”者, 結成上像身觀, 生後二菩薩觀也。

8. “다시 마땅히 큰 연꽃 한 송이가 부처님 왼쪽에 피어있다고 생각할지니”에서 “오른쪽 연화좌 위에 앉아 있다고 생각할지라.”에 이르는 경문에서는 위쪽 문구의 삼신관을 성취하고 뒤쪽의 두루 가득한 삼신관을 일으킨다. 두 보살의 신상을 관하는 법은 부처님의 신상을 관하는 법과 완전히 같다.

八、從“復當更作一大蓮華”下, 至“坐右華座”已來, 正明成上三身觀, 生後多身觀。欲觀此二菩薩者, 一如觀佛法也。

9. “이러한 관상이 이루어졌을 때”에서 “저 국토에 두루 가득하느니라.”에 이르는 경문에서는 위쪽 문구의 두루 가득한 서방 삼성상의 관상이 이루어짐을 총결하고, 뒤쪽 국토의 만물이 설법하는 모습을 일으킨다. (이 관상이 이루어질 때 정업행자는 흐르는 물과 광명, 그리고 모든 보배나무와 기러기·오리·원앙이 모두 묘법을 선설하고 있음을 들어야 한다.)

九、從“此想成時”下, 至“遍滿彼國”已來, 正明結成上多身觀, 生後說法相。

이는 정업행자가 걷거나 머물거나 앉거나 눕거나 항상 저 국토의 일체 보배나무, 일체 보배누각과 연꽃 연못 등을 연하여, 혹 예배하고 억념하거나 혹 단좌하며 관상하여 항상 이렇게 이해해야 한다고 밝힌다.

此明諸行者等 , 行住坐臥 , 常緣彼國一切寶樹、一切寶樓華池等。若禮念 , 若觀想 , 常作此解也。

"이러한 관상을 이루었을 때 정업행자는 마땅히 흐르는 물과 광명, 그리고 모든 보배나무와 기러기·오리·원앙이 모두 묘법을 선설하고 있음을 들어야 하나니, 삼매에 들 때나 삼매에서 나올 때나 항상 묘법을 들어야 하리라. 정업행자는 들은 법을 삼매에서 나왔을 때 억념 수지하여 버리지 않아야 하느니라. 수다라의 말씀과 맞추어 보아 만약 맞지 않으면 이는 망상이라 하고, 맞으면 거칠게나마 관상으로 극락세계를 보았다고 하느니라. 이것이 바로「상상想像」이니,「제8관」이라 하느니라. 이러한 관상을 닦으면 무량억겁 생사의 중죄를 없애고, 현재 이 몸으로 염불삼매를 얻으리라."

此想成時 , 行者當聞水流光明 , 及諸寶樹 , 鳧雁鴛鴦 , 皆說妙法。出定入定 , 恒聞妙法。行者所聞 , 出定之時 , 憶持不舍。令與修多羅合。若不合者 , 名爲妄想。若與合者 , 名爲粗想見極樂世界。是爲像想 , 名第八觀。作是觀者 , 除無量億劫生死之罪。於現身中 , 得念佛三昧。

10. "이러한 관상을 이루었을 때"에서 "억념 수지하여 버리지 않아야 하느니라."에 이르는 경문에서는 삼매를 얻어 극락세계의 장엄된 모습을 봄을 밝히고 있다. 또한 일체의 정토장엄이 모두 묘법을 선설할 수 있음을 들어야 한다.

이렇게 보고 듣고 나서 항상 잘 보임하고 지켜서 그것을 잃지 않도록 해야 한다. 이를 선정의 마음을 단단히 지킴이라 한다.

十、從"此想成時"下, 至"憶持不捨"已來, 正明因定得見極樂莊嚴。又聞一切莊嚴, 皆能說於妙法。旣見聞此已, 恒持莫失, 名守定心也。

11. "수다라의 말씀[29])과 맞추어 보아"에서 "극락세계를 보았다고 하느니라." 에 이르는 경문에서는 관행에서 사관과 정관의 모습을 판명하고 있다.

十一、從"令與修多羅合"下, 至"見極樂世界"已來, 辨觀邪正之相。

12. "이것이" 이하는 바로 총결하는 문구이다.

十二、"是爲"以下是總結部分。

十二、從"是爲"已下, 總結。

13. "이러한 관상을 닦으면"에서 "염불삼매를 얻으리라"에 이르는 경문에서는 망념을 극복하고 일심으로 관상으로 닦으면 현세에서 큰 이익을 얻을 수 있음을 밝히고 있다. (무량억겁 생사의 중죄를 염불삼배를 성취하고 염불삼매를 성취한다.)

十三、從"作是觀者"下, 至"得念佛三昧"已來, 正明克念修觀, 現蒙利益。

총결하여 게송으로 찬탄하길, "중생은 업장이 깊고 무겁기 때문에 부처님의 진신을 관하여 나아가기가 어렵다. 그래서 석가모니부처님께서 자비를 드리우셔서 방편을 시설하여 먼저 중생에게 일심으로 부처님의 형상에 머물러 관상하라고 가르치셨다. (이러한 관을 성취하게 되면 무량한 상호의 미묘한 색신을 구족하신

---

29) 다라多羅가 가리키는 것에는 두 단락의 내용이 들어있다. (1) 일체불법의 총칭이다. (2) 특별히 9분교分敎 혹은 12분교 중에서 첫째 부류를 가리킨다. 이 경우 뜻으로 계경契經, 정경正經, 관경貫經이라 번역한다.

부처님을 친견하게 된다.)

　斯乃群生障重，眞佛之觀難階。是以大聖垂哀，且遣註心形像。

비록 열셋 문구가 있어 다른 내용일지라도「상관像觀」을 자세히 설명해 마쳤다.

　上來雖有十三句不同，廣明像觀竟。

[제9관] 진신관眞身觀: 아미타불의 진신을 관상하다

무량수불의 상호 관상함은 이 일경의 종요라네

염불삼매 현전할 때 깊고 미묘한 뜻 알 것이라

제9 진신관에도 또한 먼저 이름을 들고, 다음으로 관하는 행상行相을 분명히 밝히며, 마지막으로 총결하니, 여기에는 열두 가지 내용이 들어 있다.

九、就眞身觀中 , 亦先擧 , 次辨 , 後結。即有其十二。

부처님께서 아난과 위제희에게 이르시길, "이러한 관상을 이루고 나서 다음으로 마땅히 다시 무량수불의 신상과 광명을 관할지어다. 아난아, 마땅히 알지니, 무량수불의 색신은 야마천의 염부단금 빛깔보다 백천만억 배나 뛰어나고, 부처님 색신의 크기는 60만억 나유타 항하사 유순이니라. 미간의 백호는 다섯 수미산만큼 크게 오른쪽으로 휘감아 돌고, 부처님의 눈은 사대해의 물처럼 푸르고 흰 것이 분명하고, 그 몸의 모든 모공에서 수미산처럼 큰 광명을 연출하느니라. 저 부처님의 원광은 백억 삼천대천세계만큼 크고, 그 원광 속에는 백만억 나유타 항하사 수의 화신불이 계시며, 한 분 한 분의 화신불은 또한 무수한 화신보살을 시자로 삼고 있느니라."

佛告阿難及韋提希 : 此想成已 , 次當更觀無量壽佛身相光明。阿難當知 , 無量壽佛身如百千萬億夜摩天閻浮檀金色。佛身高六十萬億那由他恒河沙由旬。眉間白毫 , 右旋宛轉 , 如五須彌山。佛眼如四大海水 , 青白分明。身諸毛孔 , 演出光明 , 如須彌山。彼佛圓光 , 如百億三千大千世界。於圓光中 , 有百萬億那由他恒

河沙化佛。一一化佛 , 亦有衆多無數化菩薩以爲侍者。

1. "부처님께서 아난과 위제희에게 이르시길"에서 "신상과 광명을 관할지어다."
에 이르는 경문에서는 아난 존자와 위제희 부인에게 분부하심을 밝히고 있다.
이는 앞에서 개시한 "상관"을 총결하고 뒤에 선설하고자 하는 "진신관"을
일으키는 문구이다.

一、從"佛告阿難"下 , 至"身相光明"已來 , 正明告命 , 結成前像觀 , 生後眞身之觀也。

2. "아난아, 마땅히 알아라."에서 "염부단금 빛깔과 같고"에 이르는 경문에서는
아미타부처님 진신의 색상은 야마천의 염부단금 빛깔보다 뛰어나니, 백천만억
배에 견줄 수 있다.

二、從"阿難當知"下 , 至"金色"已來 , 正明顯眞佛之身相 , 逾天金之色也。

3. "부처님 색신의 크기는 60"에서 "유순이니라."에 이르는 경문에서는 아미타
부처님 색신의 크기를 밝히고 있다.

三、從"佛身高六十"下 , 至"由旬"已來 , 正明身量大小。

4. "미간"에서 "화신보살을 시자로 삼고 있느니라."에 이르는 경문에서는
부처님의 색신과 상호를 총괄해서 관상함을 밝히고 있다. 여기에는 여섯 단락의
내용이 들어있다.

四、從"眉間"下 , 至"菩薩爲侍者"已來 , 正明總觀身相。卽有其六 :

(1) 미간 백호상의 크기를 밝힌다. (미간 백호상은 다섯 수미산만큼 크다.) (2)
눈의 상과 크기를 밝힌다. (부처님의 눈은 맑고 청과 백이 분명하여 사대해만큼
그윽하다.) (3) 모공에서 나오는 광명 크기를 밝힌다. (모공마다 수미산처럼 큰

광명이 나온다.) (4) 원광의 크기를 밝힌다. (원광은 백억 삼천대천세계만큼 크다.)
(5) 화신불의 수량을 밝힌다. (원광에는 백만억 나유타 항하사수의 화신불이 계신다.)
(6) 화신불 별 시자의 수를 밝힌다. 한 분 한 분 화신불마다 무수한 보살을
시자로 삼고 있다.

一、明毫相大小 ; 二、明眼相大小 ; 三、明毛孔光大小 ; 四、明圓光大小 ; 五、明化佛多
少 ; 六、明侍者多少。

**"무량수불의 색신에는 8만4천 상이 있고, 하나하나 상마다 각각
8만4천 수형호가 있으며, 하나하나 수형호마다 또한 8만4천
광명이 있느니라. 하나하나 광명마다 시방세계의 염불중생을
두루 비추어 그들의 마음을 섭취하여 버리지 않느니라. 그 부처
님 색신의 광명과 상호 및 화신불은 이루 다 말할 수 없나니,
다만 마땅히 그 모습을 억념하고 관상하여 심안(믿음)으로 보도
록 할 뿐이니라."**

無量壽佛 , 有八萬四千相。一一相中 , 各有八萬四千隨形好。一一好中 , 復有八
萬四千光明。一一光明 , 遍照十方世界念佛衆生 , 攝取不捨。其光相好 , 及與化
佛 , 不可具說。但當憶想 , 令心眼見。

(여기서는 아미타부처님의 색신과 묘상을 총괄해 설명하고 있다.)

5. "무량수불께서는"에서 "섭취하여 버리지 않느니라."에 이르는 경문에서는
부처님 진신의 별상을 관상할 뿐만 아니라 8만4천 광명이 일체 인연 있는
중생(염불중생)을 이롭게 함을 밝히고 있다. 여기에는 다섯 단락의 내용이
들어있다. (1) 색신의 수량을 밝힌다. (무량수불의 색신에는 8만4천 상이 있다.)
(2) 상의 수량을 밝힌다. (하나하나의 상마다 각각 8만4천 수형호가 있다.) (3)

수형호의 수량을 밝힌다. (하나하나의 수형호마다 8만4천 광명이 있다.) (4) 광명이 비추는 범위를 밝힌다. (광명이 무수한 시방세계의 염불 중생을 널리 비춘다.) (5) 광명이 미치는 곳은 두루 섭취의 이익을 입는다고 밝힌다. (시방세계의 염불중생은 모두 특별히 부처님 광명의 섭화가지攝化加持를 입는다.)

五、從"無量壽佛"下，至"攝取不捨"已來，正明觀身別相，光益有緣。卽有其五：一、明相多少；二、明好多少；三、明光多少；四、明光照遠近；五、明光所及處遍蒙攝益。

묻건대, 갖가지 행법을 모두 갖추어 닦아 능히 회향할 수 있다면 모두 왕생을 얻는다 하였거늘, 왜 부처님 광명을 널리 비추는데 오직 염불인만 섭수하시는지, 잘 모르겠다. 이는 어떤 의도가 있는가?

問曰：備修衆行，但能回向，皆得往生。何以佛光普照唯攝念佛者，有何意也？

답하되, 여기에는 세 가지 함의가 있다. 총괄해 연기緣起의 최고 관건은 친연親緣, 근연近緣과 증상연增上緣 셋을 포괄함을 알아야 한다. 부처님의 광명이 인연 있는 사람을 두루 비춘다고 말한다.

答曰：此有三義：

(1) **친연親緣**의 함의를 밝힌다. 중생이 함께 믿고 발원하여 염불행을 일으켜 입으로 부처님의 명호를 부르면 부처님께서 즉시 들으시고, 몸으로 항상 부처님을 예경하면 부처님께서 즉시 보시며, 마음으로 항상 부처님을 일향으로 전념하고 기억하고 그리워하면 부처님께서도 매우 또렷이 아신다. 중생이 진심으로 부처님을 항상 억념憶念하면 부처님께서도 역시 진심으로 항상 중생을 억념하신다. 중생과 부처님 서로 신구의 삼업彼此三業이 잘 맞아서 서로 버리고 여의지 않으므로 「친연親緣」이라고 부른다. 연이 친밀한 연고로 특별한 이익을 얻을 수 있다.

一、明親緣。衆生起行 ， 口常稱佛 ， 佛卽聞之 ； 身常禮敬佛 ， 佛卽見之 ； 心常念佛 ， 佛卽知之。衆生憶念佛者 ， 佛亦憶念衆生 ， 彼此三業不相舍離 ， 故名親緣也。

(2) 근연近緣의 함의를 밝힌다. (근연은 불심과 중생심 사이는 아주 짧은 거리도 없음을 가리킨다.) 중생이 진심으로 부처님을 친견하길 원하면 부처님이 곧 중생심의 염念에 응해서 그의 눈앞에 나타나시니 「근연」이라고 부른다. (중생이 진성심眞誠心으로 염불하면 부처님께서 즉시 그의 마음에 강림하신다. 마치 연못 물이 청정할 때 달 그림자가 즉시 현전하는 것과 같다. 당연히 현전하는 상황은 모호하거나 또렷하거나 차이가 생긴다. **업장이 청정할 때 진정으로 부처님의 색신을 친견한다.** 업장이 청정하지 않을 때에도 부처님의 색신은 나타나지만, 자신이 보지 못하거나 또렷이 보지 못한다. 이를 근연이라 한다. 근연인 연고로 일심으로 염불하여 당하에 부처님의 섭수를 입을 수 있다.)

二、明近緣。衆生願見佛 ， 佛卽應念現在目前 ， 故名近緣也。

(3) 증상연增上緣의 함의를 밝힌다. (부처님께서 중생에게 힘을 보태주어 그를 이끌고 정토에 왕생할 수 있게 함을 뜻한다.) 중생이 일심으로 부처님 명호를 칭념할 때 (평상시 힘이 매우 센 사람이 많은 세력의 포위 공격을 풀었다고 말하는 것처럼 혹은) 마치 겁말에 불이 세계를 태워버리는 것처럼 부처님의 위신력에 의지하여 다겁의 죄를 제거할 수 있다. 게다가 목숨을 마치려고 할 때 부처님과 성중들이 몸소 오셔서 영접하신다. 갖가지 삿된 업의 속박에 장애할 수 없어 순조롭게 왕생할 수 있다. 이를 「증상연」이라 한다.

(바꾸어 말해 만약 중생이 일심으로 큰 힘을 지닌 아미타부처님에 기대지 않는다면 임종시 세세토록 지은 죄업 및 온갖 원가채주冤家債主가 모두 장애가 될 것이다. 이러한 상황에 근거하면 생사업의 속박을 벗어나 삼계의 바깥인 정토에 태어날 수 없다. 힘이 매우 센 사람이 어린아이를 잡아채 한 번에 먼 곳에 던져버리는 것처럼 부처님의 위신력이 섭지攝持한 연고로 중생을 접인하여 정토에 이르게 할 수 있다.)

三、明增上緣。眾生稱念，即除多劫罪。命欲終時，佛與聖眾自來迎接。諸邪業繫，無能礙者。故名增上緣也。

염불 이외의 다른 온갖 행법은 비록 선행이라 불릴지라도 염불과 비교하면 전부 비교가 되지 않는다. 그래서 여러 경전에서는 곳곳마다 염불의 공능을 널리 찬탄하고 있다. 예컨대《무량수경》48원에서는 오직 아미타부처님 명호를 전념함으로 서방극락에 태어날 수 있다고 밝힌다.《아미타경》에서도 1일 내지 7일 아미타부처님 명호를 전념하여 서방극락에 왕생할 수 있다고 말씀하신다. 시방세계 항하사수 제불께서도 광장설상을 내미시어 삼천대천세계를 두루 덮고 참되고 진실한 말씀을 하시어 이 법문이 진실하여 헛되지 않음을 증명한다. 또한《관무량수경》의 정선·산선의 문구에서 오직 명호를 전념하여 극락정토에 왕생함을 표명하고 있다. 이러한 예증은 일일이 셀 수 없다.

이상으로 염불삼매의 함의를 자세히 드러내어 밝혔다.

自余眾行，雖名是善。若比念佛者，全非比校也。是故諸經中處處廣贊念佛功能。如《無量壽經》四十八願中，唯明專念彌陀名號得生。又如《彌陀經》中，一日七日專念彌陀名號得生。又十方恒沙諸佛證誠不虛也。又此經定散文中，唯標專念名號得生。此例非一也。廣顯念佛三昧竟。

6. "그 부처님 색신의 광명과 상호" 이하 경문에서는 맺음은 작고 드러냄은 많음을 밝히고 있다. 즉 언어는 조금만 설명할 뿐, 측량하고 진술할 수 없는 상황이 지극히 광대하고 많음을 나타낸다. 이에 아미타부처님의 색신을 또렷하게 관찰하고자 하여도 완전히 빈틈 없이 선설하기 어렵다.

六、從"其光相好"已下，結少顯多。輒欲觀者，難爲周悉。

7. "다만 마땅히 그 모습을 억념하고 관상하여" 이하의 경문에서는 아미타부처

님의 색신과 장엄의 미묘함은 범부의 심식이 보는 경계를 뛰어넘음을 밝히고
있다. 정업행자가 비록 눈앞에 증득하지 못할지라도 전일하게 억념하고 관상하
기만 하면 부처님의 가피를 얻어 마침내 심안이 열려 확실히 보게 될 것이다.

(그래서 상황이 매우 많을지라도 한번에 또렷하게 말하지 못하여도 방법에 따라 하여
마침내 증득하면 저절로 명백할 것이다. 그전에는 또렷하게 말하지 못한다.)

七、從"但當憶想"已下 , 正明莊嚴微妙 , 出過凡境。雖未證目前 , 但當憶想令心眼見也。

"이러한 일을 보게 되면 시방세계 일체제불을 친견하나니, 제불
을 친견하는 연고로 염불삼매라 이름하느니라. 이렇게 관함을
「일체제불의 색신을 관상함」이라 하나니, 부처님의 색신을 관하
는 연고로 또한 부처님의 마음도 보느니라. 부처님의 마음은
바로 대자비이니, 무연의 자비로써 법계의 일체중생을 섭수하느
니라. 이렇게 관상할 수 있으면 임종시 몸을 버리고 다음 세상으로
가야할 때 제불 앞에 (팔지 불퇴전보살로) 태어나 무생법인無生法忍
을 증득할 것이니라."

見此事者 , 卽見十方一切諸佛。以見諸佛故 , 名念佛三昧。作是觀者 , 名觀一切
佛身。以觀佛身故 , 亦見佛心。佛心者 , 大慈悲是。以無緣慈 , 攝諸衆生。作此觀
者 , 舍身他世 , 生諸佛前 , 得無生忍。

8. "이러한 일을 보게 되면"에서 "일체중생을 섭수하느니라."에 이르는 경문에
서는 관상은 (노력이 헛되지 않아) 공효가 산실되지 않고 나타나며, 이러한
관상은 반드시 지극히 큰 이익을 성취함을 밝히고 있다.

여기에는 다섯 단락의 내용이 들어있다.

(1) 이렇게 아미타부처님의 색신을 관상함으로 인해 시방제불을 친견할 수

있다고 밝힌다. (이른바 **「한 부처님을 친견함이 그대로 일체제불을 친견함이다」**는 이치이다. 그래서 서방정토는 대총지법문大總持法門이다. 「한 국토에 태어남은 곧 일체 국토에 태어남이고, 한 부처를 친견함이 일체제불을 친견함이다」는 이 두 마디 말은 한 법에 일체를 원융 섭수할 수 있음을 표시한다.)

(2) 시방제불을 친견하는 연고로 염불삼매를 성취할 수 있다고 밝힌다. (이른바 염불삼매는 삼매의 경계에서 무량제불을 친견함을 말한다. 정토경전에서는 모두 이렇게 선설한다. 선정으로 관상을 성취할 때 자기 마음에서 무량제불을 친견하게 될 것이다.)

(3) 한 분 부처님을 관하기만 하면 곧 일체제불의 색신을 관할 수 있다고 밝힌다.

(4) 부처님의 색신을 친견한 연고로 곧 부처님의 마음을 본다고 밝힌다. (이것은 매우 미묘한 일로 부처님을 친견하면 부처님의 마음을 보게 된다.)

(5) 부처님의 마음은 자비를 체성으로 삼고 제불께서는 평등한 대자비심으로써 일체중생을 널리 거두신다고 밝힌다. (부처님의 색신에서 무량한 상호광명 뿐만 아니라 광명에서 무수한 화신불과 화신보살이 나옴을 본다. 하나하나 광명마다 시방세계 의 중생을 널리 비추어 이롭게 한다. 이러한 신상은 바로 대자비의 표현이자 대자비의 역용力用이 극도로 펼쳐진 현현이다. 그래서 부처님의 색신을 보면 부처님의 마음을 본다고 하셨다. 몸과 마음은 분리될 수 없다.)

八、從"見此事者"下, 至"攝諸衆生"已來, 正明功程不失, 觀益得成。即有其五：一、明 因觀得見十方諸佛；二、明以見諸佛故, 結成念佛三昧；三、明但觀一佛, 即觀一切佛身 也；四、明由見佛身故, 即見佛心也；五、明佛心者慈悲爲體, 以此平等大慈普攝一切 也。

9. "이렇게 관상할 수 있으면"에서 "무생법인을 증득할 것이니라"에 이르는 경문에서는 정업행자가 이번 세상의 수명이 다하여 이 몸을 버리고 다음 세상에 가게 되면 즉시 극락정토에 태어나는 이익을 얻을 것임을 밝히고

있다.

九、從"作此觀者"下 , 至"得無生忍"已來 , 正明捨身他世 , 得生彼益也。

　"이런 까닭에 지혜로운 자는 마땅히 마음을 매어두고 무량수불을 체관할지어다. 무량수불의 색신을 관할 때는 한 가지 상호로부터 들어가야 하느니라. 먼저 미간 백호상을 지극히 분명하도록 관할지니, 미간 백호상을 보는 자는 8만 4천 상호도 저절로 보게 되느니라. 무량수불을 친견하면 곧 시방세계 무량 제불을 친견하고, 무량 제불을 친견할 수 있는 연고로 제불께서 마음에 현전하여 정업행자에게 수기受記를 주시리라. 이것이 바로「일체제불의 색신상을 두루 관상함」이니,「제9관」이라 하느니라. 이렇게 관하면「정관」이라 하고, 이렇게 관하나 이렇게 나타나지 않으면「사관」이라 하느니라."

是故智者 , 應當繫心 , 諦觀無量壽佛。觀無量壽佛者 , 從一相好入。但觀眉間白毫 , 極令明了。見眉間白毫相者 , 八萬四千相好 , 自然當現。見無量壽佛者 , 卽見十方無量諸佛。得見無量諸佛故 , 諸佛現前授記。是爲遍觀一切色身相 , 名第九觀。作是觀者 , 名爲正觀。若他觀者 , 名爲邪觀。

10. "이런 까닭에 지혜로운 자는"에서 "현전하여 정업행자에게 수기를 주시리라."에 이르는 경문에서는 결론삼아 관을 닦는 이익으로 정업행자의 믿음을 일으킬 것을 권유한다. 여기에는 다섯 단락의 내용이 들어있다.

十、從"是故智者"下 , 至"現前授記"已來 , 重明結勸修觀利益。卽有其五 :

(1) 가려 뽑아서 관을 닦을 수 있는 사람은 지혜로운 자라고 밝힌다. (2)

전일하게 일심으로 무량수불을 체관해야 한다고 밝힌다. (3) 아미타부처님의 상호는 매우 많아 뒤섞어서는 관할 수 없다고 밝힌다. (그 비결은) 먼저 미간백호 일상만 관한다. 백호상을 볼 수 있기만 하면 나머지 일체 상호는 저절로 마음에 현전할 수 있다. (그래서 백호를 관상함으로부터 시작할 필요가 있다. 이는 또한 하나가 곧 일체인 불가사의한 경계이다. 이는 모두 세존께서 중생을 섭수하는 매우 큰 방편으로 그 안에는 매우 큰 가피와 교묘한 제도의 수단이 있다. 백호상을 관하면 마침내 8만4천 상 모두 또렷하게 현전할 것이다.) (4) 이미 아미타부처님을 친견하였다면 시방세계 무량제불을 친견한다고 밝힌다. (이는 확실히 매우 미묘하다. 백호상 하나를 관하면 무량한 상호가 펼쳐지고, 한 분 부처님을 친견하면 시방일체불을 친견하게 된다. 그래서 모공 하나로부터 일체법계로 깊이 들어간다.) (5) 이미 제불을 친견하였다면 곧 삼매 속에서 제불의 수기를 얻게 된다고 밝힌다. (이는 바로 성불의 큰일이 이미 결정되었다는 말이다.)

一、明簡出能修觀人；二、明專心諦觀無量壽佛；三、明相好眾多，不得總雜而觀，唯觀白毫一相。但得見白毫者，一切眾相自然而現也；四、明旣見彌陀，卽見十方佛也；五、明旣見諸佛，卽於定中得蒙授記也。

11. "이것이 바로 「일체 제불의 색신상을 두루 관상함」이니" 이하는 총결하는 문구이다.

十一、從"是爲遍觀"已下，總結。

12. "이와 같이 관함"이하는 사관과 정관의 상을 분명히 밝히고 있다.

十二、從"作是觀"已下，正明辨觀邪正之相。

총결하여 게송으로 찬탄하길, "아미타부처님 진신의 형량 광대하고 미묘하니, (범부의 심식으로는 미치지 못하여라.) 미간 백호상은 다섯 수미산처럼 광대하여라. 부처님의 법음 천둥소리 같아 법계에서 근기 따라 교화 · 인도하시니. 부처님의 광명 시방 찰토 널리 비추어 일체 인연 있는 중생 섭수하시네. 일체 함령이 아미타부처님께 귀명하여 전일하게 일심으로 부처님을 관상하면 빠뜨림이 없나니, 부처님의 본래 홍원에 올라타 함께 극락정토 태어나리라.

斯乃眞形量遠 , 毫若五山。震響隨機 , 光沾有識。欲使含靈歸命 , 註想無遺。乘佛本弘 , 齊臨彼國。

이상으로 열두 문구가 있어 내용이 다를지라도 진신관眞身觀을 자세히 설명해 마쳤다.

上來雖有十二句不同 , 廣明眞身觀竟。

[제10관] 관세음관(觀音觀): 관세음보살의 진신을 관상하다

　광명이 육도에 임하고 정수리 위 천관에는 부처님이 서 계시네

　보살의 명호만 들어도 복을 얻거늘 하물며 신상을 체관함이랴

제10 관세음관에도 또한 먼저 이름을 들고, 다음으로 관하는 행상行相을 분명히 밝히며, 마지막으로 총결하니, 여기에는 열다섯 가지 내용이 들어 있다.

　十、就觀音觀中 , 亦先擧 , 次辨 , 後結。卽有其十五:

부처님께서 아난과 위제희에게 이르시길, "무량수불을 명료하게 친견하고 나서 다음으로 또한 마땅히 관세음보살을 관상할지어다. 이 보살의 신장은 80만억 나유타 유순이고, 몸은 자마금 빛깔이며, 정수리에는 (상투같이 솟은) 육계가 있느니라. 목 뒤에는 원광이 있는데 방면마다 각각 백천 유순이나 되고, 그 원광 속에는 5백 명의 화신불이 나타나니, 마치 (비로자나불께서) 본사 석가모니부처님을 나타내 보이시는 것과 같으니라. 한 분 한 분 화신불마다 각각 5백 명의 화신보살과 무량 제천을 시자로 삼고 있느니라. 관세음보살의 진신에서 나오는 광명 속에는 오도五道 중생의 일체 색상이 모두 그 가운데 나타나느니라."

　佛告阿難及韋提希:見無量壽佛了了分明已 , 次亦應觀觀世音菩薩。此菩薩身長八十萬億那由他由旬。身紫金色。頂有肉髻。項有圓光 , 面各百千由旬。其圓光中 , 有五百化佛 , 如釋迦牟尼。一一化佛 , 有五百化菩薩、無量諸天以爲侍者。擧身光中 , 五道衆生 , 一切色相 , 皆於中現。

1. "부처님께서 아난"에서 "보살"에 이르는 경문에서는 위쪽의 아미타불 진신관 닦는 것을 총결하고 뒤쪽의 보살관을 일으킴을 밝히고 있다.

一、從"佛告阿難"下，至"菩薩"已來，正明結成前眞身觀，生後菩薩觀。

2. "이 보살의 신장"에서 "모두 그 가운데 나타나느니라"에 이르는 경문에서는 보살의 신상을 총괄해 표명함을 밝히고 있다. 여기에는 여섯 단락의 내용이 들어있다.

二、從"此菩薩身長"下，至"皆於中現"已來，正明總標身相。即有其六：

(1) 보살의 신장 크기를 밝힌다. (팔만억 나유타 유순이다.) (2) 신체의 빛깔이 아미타부처님과 다르다고 밝힌다. (관세음보살은 자마금 빛깔이고, 아미타부처님은 백천만억 야마천의 염부단금 빛깔이다.) (3) 육계가 부처님의 육계와 다르다고 밝힌다. (4) 원광의 크기를 밝히고 있다. (백천 유순이다.) (5) 화신불과 시자의 수량을 밝히고 있다. (원광에는 5백 화신불이 나오고, 한 분 한 분 화신불마다 5백 화신보살과 무량제천을 시자로 삼고 있다.) (6) 진신에서 나오는 광명(擧身光)에는 오도 중생이 널리 나타남을 밝힌다.

一、明身量大小；二、明身色與佛不同；三、明肉髻與佛肉髻不同；四、明圓光大小；五、明化佛侍者多少；六、明身光普現五道衆生。

"관세음보살의 정수리 위에는 비릉가마니보배를 천관으로 삼아 쓰고 있고, 그 천관에는 화신불(아미타부처님) 한 분이 서 계시나니, 높이가 25유순이니라. 관세음보살의 얼굴은 염부단금 빛깔이니라. 미간의 백호상은 칠보의 빛깔을 띠고 있어 8만4천 광명이 흘러나오고, 하나하나 광명마다 무량무수 백천 화신불이 계시며, 한 분 한 분 화신불마다 무수한 화신보살을 시자로 삼고 있나니, 이와 같이 자재로 화현하여 시방세계에 가득하니라. 팔은 빛깔이 붉은 연꽃과 같으니라."

頂上毗楞伽摩尼寶以爲天冠。其天冠中, 有一立化佛, 高二十五由旬。觀世音菩薩, 面如閻浮檀金色。眉間毫相, 備七寶色, 流出八萬四千種光明。一一光明, 有無量無數百千化佛。一一化佛, 無數化菩薩以爲侍者。變現自在, 滿十方世界。臂如紅蓮華色。

3. "관세음보살의 정수리 위"에서 "25유순이니라."에 이르는 경문에서는 보살의 정수리 위에 있는 천관에 한 분 화신불이 서 계시는데 높이가 25유순으로 수승하고 특이함을 밝히고 있다.

　三、從"頂上毗楞伽"下, 至"二十五由旬"已來, 正明天冠之內化佛殊異。

4. "관세음보살" 이하는 보살의 얼굴 빛깔이 염부단금 빛깔로 몸의 자마단금 빛깔과 다름을 밝히고 있다.

　四、從"觀音"已下, 正明面色與身色不同。

5. "미간 백호상"에서 "연꽃 빛깔과 같으니라."에 이르는 경문에서는 미간 백호광이 화현하여 시방세계에 두루 가득하고 화신불과 시자의 수량도 매우 많고 관세음보살의 손과 팔은 붉은 연꽃 빛깔임을 밝히고 있다.

　五、從"眉間"下, 至"蓮華色"已來, 正明毫光轉變, 遍滿十方, 化侍彌多, 臂比紅蓮之色。

여기에는 여섯 단락의 내용이 들어있다. (1) 백호상은 칠보 빛깔을 띠고 있다고 밝힌다. (2) 백호에서 나오는 광명의 수량을 밝힌다. (팔만사천 가지가 있다)

(3) 광명에는 화신불의 수량을 밝힌다. (한 가지 광명마다 모두 무량무수 백천 화신불이 있다.) (4) 시자의 수량을 밝힌다. (화신불마다 무수한 화신보살이 있어 시자가 된다) (5) 화신불의 시자보살이 갖가지로 화현하여 시방세계에 두루 가득하다고 밝힌다. (6) 관세음보살의 손과 팔은 빛깔이 붉은 연꽃과 같다고 밝힌다.

即有其六：一、明毫相作七寶色；二、明毫光多少；三、明光有化佛多少；四、明侍者多少；五、明化侍變現遍滿十方；六、明觀音寶臂，色如紅蓮。

"(관세음보살의 몸에는) 80억 미묘한 광명이 있는데 이를 영락으로 삼아 걸고 있고, 그 영락에는 일체 장엄한 일들이 두루 나타나느니라. 손바닥은 5백억 갖가지 연꽃 빛깔을 띠고, 열 개 손가락 끝에는 하나하나 손가락 끝마다 8만4천 그림이 있나니, 마치 인문印文과 같으니라. 하나하나 그림마다 8만4천 빛깔이 있고, 하나하나 빛깔마다 8만4천 광명이 있나니, 그 광명은 유연하여 일체를 두루 비추니라. 보살은 이러한 보배 손으로 법계의 중생을 접인하시느니라."

有八十億微妙光明，以爲瓔珞。其瓔珞中，普現一切諸莊嚴事。手掌作五百億雜蓮華色。手十指端，一一指端，有八萬四千畫，猶如印文。一一畫，有八萬四千色。一一色，有八萬四千光。其光柔軟，普照一切。以此寶手，接引衆生。

6. "80억 미묘한 광명으로"에서 "일체 장엄한 일들이 두루 나타나느니라."에 이르는 경문에서는 보살은 몸에 광명이 변화된 영락을 걸치고 있음을 밝히고 있다. (이러한 영락은 광명이 저절로 드러나 이루어진 상이기에) 결코 갖가지 보배로 되어 있지 않다.

六、從"有八十億光明"下 , 至"莊嚴事"已來 , 正明身服光瓔 , 非衆寶作。

7. "손바닥은 5백억 갖가지 연꽃 빛깔을 띠고"에서 "법계의 중생을 접인하시느니라."에 이르는 경문에서는 손은 (중생을 괴로움에서 덜어 없애고 구제해주는) 자비의 큰 쓰임이 있음을 밝히고 있다. 여기에는 여섯 단락의 내용이 들어있다.

七、從"手掌作五百億"下 , 至"接引衆生"已來 , 正明手有慈悲之用也。卽有其六 :

(1) 보살의 손바닥은 갖가지 연꽃 빛깔을 띠고 있다고 밝힌다. (2) 하나하나 손가락 끝은 모두 8만 인문이 있다고 밝힌다. (3) 하나하나 인문에서 8만여 빛깔이 있다고 밝힌다. (4) 하나하나 빛깔에는 8만여 광명이 있다고 밝힌다. (5) 광명의 체성은 부드럽고 일체를 평등하게 두루 비춘다고 밝힌다. (6) 이러한 보배광명의 손으로 인연 있는 중생을 접인한다.

一、明手掌作雜蓮之色 ; 二、明一一指端有八萬印文 ; 三、明一一文有八萬余色 ; 四、明一一色有八萬余光 ; 五、明光體柔軟 , 等照一切 ; 六、明以此寶光之手接引有緣也。

"(관세음보살이) 발을 들 때는 발바닥에 천복륜상千輻輪相이 나타나서 저절로 변하여 5백억 광명대를 이루고, 발을 디딜 때는 금광마니 보배꽃이 일체처에 널리 퍼져서 가득 차 있느니라. (보살은) 그 나머지 신상을 잘 갖추어 아미타부처님과 다름이 없지만, 정수리에 솟은 육계 및 무견정상無見頂相만 세존에 미치지 못하느니라. 이것이 바로「관세음보살의 진신을 관상함」이니,「제10관」이라 하느니라."

擧足時 , 足下有千輻輪相 , 自然化成五百億光明臺。下足時 , 有金剛摩尼華 , 布散一切 , 莫不彌滿。其余身相 , 衆好具足 , 如佛無異。唯頂上肉髻 , 及無見頂相 , 不及世尊。是爲觀觀世音菩薩眞實色身相 , 名第十觀。

8. "발을 들 때는"에서 "일체처에 가득 차 있느니라."에 이르는 경문에서는 보살의 발에는 덕용의 상을 갖추고 있음을 밝히고 있다. 경전에서는 발을 들 때 발바닥에는 천복륜상이 나타나고 저절로 변하여 5백억 광명대를 이루고 발을 디딜 때 금강마니화가 일체처에 널리 퍼져서 가득하다고 말씀하신다.

八、從"擧足時"下，至"莫不彌滿"已來，正明足有德用之相。

9. "그 나머지 신상을" 이하는 그 나머지 상호는 모두 아미타부처님과 같다고 밝히고 있다.

九、從"其余身相"已下，指同於佛。

10. "정수리에 솟은"에서 "세존에 미치지 못하니라"에 이르는 경문에서는 사도 간의 지위에 차별이 있음을 밝히고 있다. 관세음보살은 과지상의 행원이 아직 원만하지 못하기에 (보처에 머물고 아미타부처님에 미치지 못하며) 그의 육계상과 무견정상에 여전히 흠결이 있다. 이는 보살이 여전히 구경을 증득하지 못하고 부족한 과지에 머묾으로 나타난다.

十、從"唯頂上"下，至"不及世尊"已來，正明師徒位別，果願未圓，致使二相有虧，表居不足之地也。

11. "이것이" 이하는 총결하는 문구이다.

十一、從"是爲"已下，總結。

부처님께서 아난에게 이르시길, "만약 관세음보살을 관상하고자 한다면 마땅히 이렇게 관할지어다. 이렇게 관하면 갖가지 재앙을 만나지 않고, 업장을 청정히 하여 무수겁 생사의 중죄를 없애느니라. 그래서 이러한 대보살은 명호를 듣기만 하여도 무량한 복을 얻을 수 있거늘 하물며 체관함이랴? 만약 관세음보살의 신상을 관하고자 하는 사람은 먼저 정수리 위의 육계를 관하고, 다음으로 천관을 관하며, 나머지 온갖 상도 또한 차례대로 관하여 모두 손바닥을 보듯이 또렷하도록 관할지어다. 이렇게 관하면「정관」이라 하고, 이렇게 관하나 이렇게 나타나지 않으면「사관」이라 하느니라."

佛告阿難：若欲觀觀世音菩薩者，當作是觀。作是觀者，不遇諸禍，淨除業障，除無數劫生死之罪。如此菩薩，但聞其名，獲無量福，何況諦觀？若有欲觀觀世音菩薩者，先觀頂上肉髻，次觀天冠。其余衆相，亦次第觀之。悉令明了，如觀掌中。作是觀者，名爲正觀。若他觀者，名爲邪觀。

12. "부처님께서 아난에게 이르시길"에서 "마땅히 이렇게 관할지어다."에 이르는 경문에서는 거듭 앞 경문을 총결하고, 뒤쪽에서 선설할 관을 닦는 이익을 이끌어 낸다.

十二、從"佛告阿難"下，至"當作是觀"已來，正明重結前文，生其後益。

13. "이렇게 관하면"에서 "하물며 체관함이랴?"에 이르는 경문에서는 관상하길 권하고 관상하여 획득하는 이익을 밝히고 있다. (이는 관상의 이익으로써 정업행자에게 믿음을 권진하고, 간절히 그리워하는 마음을 일으킨다.)

十三、從"作是觀者"下，至"何況諦觀"已來，正明勸觀利益。

14. "만약 관세음보살의 신상을 관하고자 하는 사람"에서 "모두 손바닥을 보듯이 또렷하도록 관할지니라."에 이르는 경문에서는 관상의 의칙(법칙)을 거듭 드러내 밝히고 있다. 중생에게 일심으로 관을 닦아 (갖가지 재앙을 만나지 않고 업장을 청정히 하여 무수겁 생사의 중죄를 없애는) 두 가지 이익을 획득하라고

권유한다.

十四、從"若有欲觀觀音"下，至"如觀掌中"已來，正明重顯觀儀，勸物傾心，使沾兩益。

15. "이와 같이 관함" 이하는 사관과 정관을 관행하는 모습을 분별함을 밝히고 있다.

十五、從"作是觀者"下，正明辨觀邪正相。

총결하여 게송으로 찬탄하길, "관음보살의 자비원력은 깊고 무거워 무량한 분신으로 시방세계에 화현하고 부드러운 보배 손에서 무량한 광명 놓아 근기 따라 일체중생을 접인하시네."

斯乃觀音願重，影現十方。寶手舒輝，隨機引接。

이상은 열다섯 문구가 내용이 다를지라도 「관세음관」을 자세히 설명해 마쳤다.

上來雖有十五句不同，廣明觀音觀竟。

[제11관] 대세지관(勢至觀): 대세지보살의 진신을 관상하다

광명으로 제불과 통하고 괴로움에서 중생 구하는 힘 얻으며

정수리 위 보병에 광명이 담겨있어 불국토를 두루 나타내네.

제11 대세지관에도 또한 먼저 이름을 들고, 다음으로 관하는 행상行相을 분명히 밝히며, 마지막으로 총결하니, 여기에는 열세 가지 내용이 들어 있다.

十一、就勢至觀中 , 亦先舉 , 次辨 , 後結。即有其十三：

"다음으로 대세지보살을 관할지어다. 이 보살의 신장 크기는 또한 관세음보살과 같으니라. 원광은 방면마다 각각 1백2십5 유순이고, 2백5십 유순을 비추느니라. 몸에서 나오는 광명은 시방세계 일체국토를 비추고 자마금 빛깔을 띠는데, 인연이 있는 중생들은 빠짐없이 다 볼 수 있느니라. 이 보살의 모공 하나에서 나오는 광명을 보기만 하여도 곧 시방세계 무량 제불의 청정 미묘한 광명을 볼 수 있는 연고로 이 보살의 명호를 무변광無邊光이라 하느니라. 지혜의 광명으로써 일체 인연 있는 중생을 두루 비추고, 삼악도의 괴로움을 여의게 할 수 있는 위없는 힘을 얻게 하는 연고로 이 보살의 명호를 곧 「대세지」라 하느니라."

次觀大勢至菩薩。此菩薩身量大小 , 亦如觀世音。圓光面各百二十五由旬 , 照二百五十由旬。舉身光明 , 照十方國 , 作紫金色。有緣衆生 , 皆悉得見。但見此菩薩一毛孔光 , 即見十方無量諸佛淨妙光明。是故號此菩薩名無邊光。以智慧光 , 普照一切 , 令離三途 , 得無上力 , 是故號此菩薩名大勢至。

1. "다음으로 대세지보살을 관할지어다." 이는 총괄해서 관의 이름을 들고 있다.

一、從"次觀大勢至菩薩"者，總擧觀名。

2. "이 보살의 신장 크기" 이하는 관하는 상을 분명히 밝히고 있다. 여기에는 다섯 단락의 내용이 들어있다.

二、從"此菩薩身量大小"已下，次辨觀相。卽有其五：

(1) 대세지보살의 신장은 (십만억 나유타 유순으로) 관세음보살과 같다고 밝힌다. (2) 대세지보살의 신체 빛깔도 (자마금 빛깔로) 관세음보살과 같다. (3) 대세지보살의 얼굴 모습도 (염부단금 빛깔로) 관세음보살과 같다. (4) 대세지보살의 광명과 상호도 관세음보살과 같다. (5) 대세지보살의 백호상에서 8만4천 광명을 펼치고 광명마다 모두 무량무수 백천 화신불을 화현하고 화신불마다 모두 무수한 화신보살을 시자로 삼는 등 관세음보살과 같다.

一、明身量等類觀音；二、明身色等類觀音；三、明面相等類觀音；四、明身光相好等類觀音；五、明毫相舒光轉變等類觀音。

3. "원광은 방면마다 각각 1백2십5 유순이고" 이하는 원광 등은 관세음보살과 같지 않음을 밝히고 있다. 여기에는 네 단락의 내용이 들어있다.

三、從"圓光面各百二十五由旬"已下，正明圓光等不同觀音之相。卽有其四：

(1) 원광의 크기를 (1백2십5 유순이라고) 밝힌다. (2) 광명이 비추는 범위를 (2백5십 유순이라고) 밝힌다. (3) 화신불의 수량을 밝힌다. (4) 화신불의 시자의 수량을 밝힌다. (3, 4번은 경문에 없다)

一、明圓光大小；二、明光照遠近；三、明化佛多少；四、明化佛侍者多少。

4. "몸에서 나오는 광명"에서 "대세지라 하느니라"에 이르는 경문에서는 보살의 신광은 매우 먼 범위까지 비추어 일체 인연 있는 중생을 이롭게 함을 밝히고 있다. 이러한 색신의 광명은 타방세계를 평등하게 두루 비추고, 모두 자마금 빛깔을 띠고 있다. 여기에는 여덟 단락의 내용이 들어있다.

四、從"舉身光明"下, 至"名大勢至"已來, 正明身光遠被, 照益有緣, 等及他方, 皆作 紫金之色。即有其八：

(1) 몸에서 나오는 광명을 총별總別하여 다름이 있다고 밝힌다. (2) 광명이 밝게 비추는 범위를 밝힌다. (3) 광명이 닿는 곳은 모두 자마단금 빛깔이라고 밝힌다. (4) 무릇 대세지보살과 숙세에 인연이 있는 사람은 그 광명을 보고 광명이 비추어 몸에 닿을 수 있다고 밝힌다. (5) 보살의 모공 하나에서 나오는 광명을 보기만 하면 곧 시방 무량제불의 청정미묘한 광명을 볼 수 있다고 밝힌다. 이는 작은 예를 들어 많은 이익을 드러냄으로 그 목적은 정업행자가 갈앙하는 마음을 내어 전심으로 관하는 경계에 깊이 들어가 이러한 이익을 증득할 수 있기를 희망함이다.

(「거소현다舉少顯多」는 모공 하나에서 나오는 광명을 보기만 하면 모두 시방 무량불의 청정미묘한 신광을 만날 수 있다는 말이다. 하나의 모공 광명도 이와 같거늘 하물며 더 큰 수량이겠는가? 이는 대세지보살의 신광을 진정으로 본다면 불가사의한 기피와 이익이 있음이 보여준다.) (6) 보살 광명의 덕상에 의거해 무변광이란 이름을 세웠다고 밝힌다. (7) 광명의 체용을 밝힌다. 보살의 광명은 무루를 체로 삼기에 지혜광이라 이름하고, 또한 시방세계 삼악도의 괴로움을 없앨 수 있어 위없는 힘이라 한다. 이는 곧 보살 광명의 역용이다. (8) 이 보살의 명호를 "대세지"라 하니, 이는 곧 (그의 광명이 이르는 곳에는 삼악취의 괴로움이 사라지게 하는 큰 힘이 나타나는) 덕용에 따라 이 명호를 세웠다고 밝힌다.

一、明身光總別不同。二、明光照遠近。三、明光所觸處皆作紫金之色。四、明但與勢至宿業有

緣者 , 即得睹觸此光。五、明但見一毛孔光 , 即能多見諸佛淨妙身光。此即舉少以顯多益 ,
欲使行之者悕心渴仰 , 入觀以證之。六、明依光以立名 ; 七、明光之體用。即無漏爲體 , 故
名智慧光。又能除息十方三惡之苦 , 名無上力 , 即爲用也。八、明名大勢至者 , 此即依德立
名也。

"이 보살의 천관에는 5백 송이 보배연꽃이 있고, 한 송이 한
송이 보배연꽃에는 5백 좌대가 있으며, 하나하나 좌대에는 시방
세계 제불의 청정 미묘한 불국토의 넓고 긴 모습이 모두 그
가운데 나타나느니라. 정수리 위 육계는 발두마화(붉은 연꽃)와
같고, 그 육계 위에는 보병이 하나 있어 온갖 광명을 가득 담아
그 가운데 두루 불사를 나타내 보이고 있느니라. 나머지 모든
몸의 상호는 관세음보살과 같아 다름이 없느니라."

此菩薩天冠 , 有五百寶華。一一寶華 , 有五百寶臺。一一臺中 , 十方諸佛淨妙國
土廣長之相 , 皆於中現。頂上肉髻 , 如鉢頭摩華。於肉髻上 , 有一寶瓶 , 盛諸光
明 , 普現佛事。余諸身相 , 如觀世音 , 等無有異。

5. "이 보살의 천관에는"에서 "그 가운데 모두 나타나느니라."에 이르는 경문에
서는 대세지보살의 천관 장엄상과 관세음보살의 천관이 같지 않음을 밝히고
있다. 여기에는 네 단락의 내용이 들어있다.

五、從"此菩薩天冠"下 , 至"皆於中現"已來 , 正明天冠莊嚴之相與觀音不同。即有其四 :

(1) 천관 위 보배연꽃의 수량을 밝힌다. (5백 보배연꽃이 있다.) (2) 한 송이
한 송이 보배연꽃 위 보배 좌대의 수량을 밝힌다. (3) 하나하나 보배 좌대마다
제불 정토가 비친다고 밝힌다. (4) (보배좌대마다 모두) 시방제불의 넓고 긴
정토의 상이 나타남에 이것저것 모두 증감이 없다고 밝힌다. "이것저것 모두

증감이 없다" 함은 바로 보살의 천관이 커지는 일(無增)도 없고 시방정토가 작아지는 일(無減)도 없으며, 요컨대 넓음과 좁음이 서로 융섭하여 걸림 없이 자재한 경계가 나타남을 뜻한다.

一、明冠上寶華多少；二、明――華上寶臺多少；三、明――臺中映現十方諸佛淨土；四、明他方土現，彼此都無增減。

6. "정수리 위의 육계"에서 "그 가운데 두루 불사를 나타내 보이고 있느니라."에 이르는 경문에서는 보살의 육계 위에 있는 보배병에는 광명이 담겨있고, 그 광명 가운데 두루 무량한 불사가 나타나는 상을 밝히고 있다.

六、從"頂上肉髻"下，至"普現佛事"已來，正明肉髻寶瓶之相。

7. "나머지 모든 몸의 상호" 이하는 모두 관세음보살과 같음을 가리킨다.

七、從"余諸身相"已下，指同觀音也。

"이 보살이 걸을 때 시방세계가 다 진동하나니, 땅이 진동하는 곳마다 5백억 송이 보배연꽃이 솟아나고, 한송이 한송이 보배연꽃마다 장엄하고·높고 넓으며·또렷하게 빛나서 극락세계의 장엄과 같으니라. 이 보살이 앉을 때 극락의 칠보국토가 일시에 흔들려 움직이고, 하방으로 금광불 찰토에서 상방으로 광명왕불 찰토까지 (타방국토가 모두 다 흔들려 움직이며,) 그 중간에 무량한 미진수 무량수불의 분신과 관세음·대세지 두 대보살의 분신이 모두 다 극락세계에 운집하여 허공에 (비집고 들어가야 할 정도로) 가득하고, 연화좌대에 앉아 묘법을 연설하여 괴로움에서 중생을 구제하느니라."

此菩薩行時，十方世界，一切震動。當地動處，有五百億寶華。一一寶華，莊嚴

高顯 , 如極樂世界。此菩薩坐時 , 七寶國土 , 一時動搖。從下方金光佛刹 , 乃至上方光明王佛刹 , 於其中間 , 無量塵數分身無量壽佛 , 分身觀世音大勢至 , 皆悉云集極樂國土。罢塞空中 , 坐蓮華座。演說妙法 , 度苦衆生。

8. "이 보살이 걸을 때"에서 "극락세계의 장엄과 같으니라."에 이르는 경문에서는 대세지보살이 걷는 상은 관세음보살과 다름을 밝히고 있다.

八、從"此菩薩行時"下 , 至"如極樂世界"已來 , 正明行與觀音不同相。

여기에는 네 단락의 내용이 들어있다. (1) 대세지보살의 걸음에는 다른 덕상이 있다고 밝힌다. (2) 진동하는 거리의 상항을 밝힌다. (보살이 걸을 때 시방세계가 일시에 다 진동한다.) (3) 무릇 진동하는 곳마다 솟아나는(湧現) 연꽃의 수량을 밝힌다. (땅이 움직이는 곳마다 5백억 송이 보배연꽃이 솟아난다.) (4) 솟아난 보배연꽃은 높고 넓으며, 또렷하게 빛나며, 보배연꽃에는 매우 많은 빛나는 장식이 있어 극락정토의 장엄과 비슷하다.

卽有其四 : 一、明行不同相 ; 二、明震動遠近相 ; 三、明所震動處華現多少 ; 四、明所現之華 , 高而且顯 , 多諸瑩飾 , 以類極樂莊嚴也。

9. "이 보살이 앉을 때"에서 "괴로움에서 중생을 구제하느니라."에 이르는 경문에서는 대세지보살의 앉아 있는 모습이 관세음보살과 다름을 밝히고 있다.

九、從"此菩薩坐時"下 , 至"度苦衆生"已來 , 正明坐不同觀音相。

여기에는 일곱 단락의 내용이 들어있다. (1) 대세지보살이 앉아있는 상황을 밝힌다. (2) (보살이 앉아 있을 때) 먼저 본국인 극락세계가 움직이는 상황을 밝힌다. (3) 다음으로 타방국토가 흔들려 움직이는 거리의 상황을 밝힌다.

(위로 금광불 찰토에서 아래로 광명왕불 찰토에 이르기까지 모두 다 흔들려 움직인다.)
(4) 아래 위 불찰토가 움직이는 수량의 상황을 밝힌다. (5) (이런 찰토 가운데)
무량한 미진수 아미타불·관세음·대세지 서방삼성의 분신이 모두 다 극락국토
에 운집한 상황을 밝힌다. (6) 이러한 분신이 허공에 가득하고, 모두 보배연꽃
위에 앉아있다고 밝힌다. (7) 이러한 분신은 각각 중생의 근기나 형편에 잘
맞게 설법하여 제도한다.

即有其七：一、明坐相；二、明先動本國相；三、明次動他方遠近相；四、明動搖下上佛刹
多少相；五、明彌陀觀音等分身云集相；六、明臨空叟塞皆坐寶華；七、明分身說法各應
所宜。

묻건대, 《아미타경》에서는 "저 국토의 중생들은 어떠한 괴로움도 없고
오직 온갖 즐거움만 누리나니, 이러한 인연으로 「극락」이라 하느니라."
말씀하셨다. 왜 이 경에서는 서방삼성의 분신이 설법하여 "중생을 괴로움
에서 제도한다." 하는지, 잘 모르겠다. 이는 어떤 의도가 있는가?

問日：《彌陀經》云：彼國衆生，無有衆苦，但受諸樂，故名極樂。何故此經分身說法，
乃云度苦者，有何意也？

답하되, 고락苦樂은 두 가지로 분류된다. 하나는 삼계 속 고락이고 둘은 정토
속 고락이다. 여기서는 정토 속 고락을 말한다. 아래에서 두 가지 고락의
함의를 분명히 밝히겠다.

먼저 "삼계고락三界苦樂"에서 고苦는 삼악도에서 팔고를 겪는 등 무량한 괴로움을
가리키고, 락樂은 인간 세계와 천상세계에서 오욕에 방종하며 제멋대로 놀고
그것에 얽매이는 등 즐거움을 가리킨다. 비록 즐거움이라 말하지만 그것은
큰 괴로움이다. 왜냐하면 끝내 한순간도 진실한 즐거움이 없기 때문이다.
(전부 모두 고苦의 인因으로 괴로움과 서로 잇닿아 끝내 모두 장래에 고고苦苦로 바뀌게

된다.)

答曰：今言苦樂者有二種：一者三界中苦樂，二者淨土中苦樂。言三界苦樂者，苦則三途
八苦等，樂則人天五欲放逸繫縛等樂。雖言是樂，然是大苦。必竟無有一念眞實樂也。

"정토고락淨土苦樂"(이는 높은 경계와 아래 경계의 상대적인 이름을 세운 것으로
상지上智는 락樂이 되고 하지下智는 고苦가 된다.) 지전위地前位에 처한 보살은 지상보
살에 상대하여 괴로움이라 부르고, 지상보살은 지전위 보살에 상대하여 즐거움
이라 부른다. 하지下智를 증득한 자(지전위보살)는 상지上智를 증득한 자(등지보살)
에 상대하여 괴로움이라 부르고, 상지를 증득한 자는 하지를 증득한 자에
상대하여 즐거움이라 부른다. 이렇게 예를 들면 그 가운데 이치를 알 수
있다.

言淨土苦樂者，則是地前望地上爲苦，地上望地前爲樂。下智證望上智證爲苦，上智證望
下智證爲樂。此例擧一可知也。

지금 (서방삼성이 극락국토에 계시며) "중생을 괴로움에서 제도한다." 함은 오직
하위에서 정진하여 상위로 오르게 하여 하지를 증득한 자를 바꾸어 상지를
증득하도록 함이다. 그들이 구하는 바에 들어맞기 때문에 곧 즐거움이라 이름한
다. 그래서 "중생을 괴로움에서 제도한다." 말씀하셨다.

今言"度苦衆生"者，但爲進下位令升上位，轉下證令得上證。稱本所求，卽名爲樂。故言
度苦也。。

만약 이렇게 말하지 않는다면 정토 속 일체성인은 모두 무루를 체성으로
삼아 근본적으로 혹업고惑業苦의 법이 없고, 성중의 마음은 대비심을 용으로
삼아 필경 상주하여 분단생사의 생멸을 멀리 여위니, 어떠한 의리에 의거하여
그것을 "괴로움"이라 부르겠는가? (만약 유루有漏로써 이 "고苦"자를 해석한다면
말이 소통이 되지 않는다. 정토는 무루계無漏界이기 때문에 조금도 유루有漏의 괴로운

상황이 없다.)

若不然者，淨土之中一切聖人，皆以無漏爲體，大悲爲用，畢竟常住，離於分段之生滅。更就何義名爲苦也？

"이렇게 관하면 [「정관」이라 하고, 이렇게 관하나 이렇게 나타나지 않으면 「사관」이라 하느니라.] 대세지보살을 친견함이라 하느니라. 이것이 바로 「대세지보살의 색신상을 관상함」이니, 「제11관」이라 하느니라. (이 보살을 관하면) 무수겁 아승지 생사의 중죄가 사라지느니라. 이렇게 관하면 포태胞胎에 처하지 않고, 항상 제불의 청정 미묘한 국토에 노니느니라. 이렇게 관을 이루어서 「관세음·대세지보살 구족관」이라 하느니라."

作此觀者，名爲觀見大勢至菩薩。是爲觀大勢至色身相，觀此菩薩者，名第十一觀。除無數劫阿僧祇生死之罪。作是觀者，不處胞胎，常遊諸佛淨妙國土。此觀成已，名爲具足觀觀世音大勢至。

10. "이와 같이 관하면"에서 "「제11관」이라 하느니라."에 이르는 경문에서는 사관과 정관을 관행하는 모습을 분명히 밝히고, 이 관의 분제(分齊; 같고 다름)를 총결한다.

十、從"作此觀者"下，至"十一觀"已來，正明辨觀邪正，總結分齊。

11. "이 보살을 관하면 무수겁" 이하는 이 관을 닦아서 얻는 이익으로 무수겁 아승지 생사의 중죄가 사라짐을 밝히고 있다.

十一、從"除無數劫"已下，正明修觀利益，除罪多劫。

12. "이렇게 관하면"에서 "청정 미묘한 국토에 노니느니라."에 이르는 경문에서

는 이전 경문을 총결하고 거듭 태어난 후 얻는 이익을 밝히고 있다.

十二、從"作是觀者"下 , 至"淨妙國土"已來 , 正明總結前文 , 重生後益。

13. "이렇게 관을 이루어서" 이하는 관세음 · 대세지 두 대보살의 신상을 또렷이 관상하여 성취하는 모습을 밝히고 있다.

十三、從"此觀成已"已下 , 正明總牒二身 , 辨觀成相。

총결하여 게송으로 찬탄하길, "대세지보살께서 대위신력 있어 앉을 때 본국과 타방 국토 진동하여 무량한 미진수 무량수불 · 관세음보살 · 대세지보살 서방삼성의 분신이 극락국토 허공에 운집하여 묘법을 연설하며 중생을 이롭게 하나니, 무릇 이러한 관 이루면 모두 영원히 포태를 여의고 항상 법계에 노니어라."

斯乃勢至威高 , 坐搖他國。能使分身云集 , 演法利生。永絕胞胎 , 常遊法界。

이상 비록 십삼 문구가 있어 내용이 다를지라도 "대세지관"을 자세히 해석해 마쳤다.

上來雖有十三句不同 , 廣解勢至觀竟。

[제12관] 보관普觀: 자신이 왕생하는 모습을 두루 관상하다

  연꽃에 결가부좌하니 연꽃이 열리고 닫힘에

  극락세계 의정장엄 일체가 다 포함되어라

제12 보관에도 또한 먼저 이름을 들고, 다음으로 관하는 행상行相을 분명히 밝히며, 마지막으로 총결하니, 여기에는 여섯 단락의 내용이 들어있다.

  十二、就普觀中, 亦先擧, 次辨, 後結。即有其六:

  (부처님께서 아난과 위제희에게 이르시길,) "이 일을 볼 때 자심自心을 일으켜서 서방극락세계에 태어나 연꽃 가운데 결가부좌하고 있고, 또한 연꽃이 닫힌다고 관상하고 연꽃이 핀다고 관상할지어다. 연꽃이 필 때는 5백 빛깔의 광명이 나와 자신의 몸을 비춘다고 관상하고, 또한 자신의 심안이 열리어 불보살께서 허공에 두루 가득하고, 물·새·나무숲 및 일체제불이 내는 소리가 모두 묘법을 연설한다고 관상하라.

  見此事時, 當起自心, 生於西方極樂世界。於蓮華中, 結跏趺坐。作蓮華合想, 作蓮華開想。蓮華開時, 有五百色光來照身想。眼目開想, 見佛菩薩滿虛空中, 水鳥樹林, 及與諸佛, 所出音聲, 皆演妙法。

1. "이 일을 볼 때", 이는 곧 앞글을 잇고 뒷글을 끌어낸다.

  一、從"見此事時"者, 正明牒前生後。

2. "자심을 일으키길"에서 "모두 묘법을 연설한다고 관상할지어다"에 이르는 경문에서는 마음을 고요하게 모아 관하는 경계에 깊어 들어가 곧 자신이 이미 극락에 왕생하였다 관상해야 함을 밝히고 있다. 여기에는 아홉 단락의 내용이 들어있다.

二、從"當起自心"下，至"皆演妙法"已來，正明凝心入觀，即當作自往生想。即有其九：

(1) 자신이 이미 극락세계에 태어났음을 관상한다고 밝힌다. (2) 자신이 서방을 향하고 있음을 관상하라고 밝힌다. (3) 자신이 연꽃 속에서 결과부좌하고 있음을 관상하라고 밝힌다. (4) 연꽃이 닫힘을 관상한다고 밝힌다. (5) 연꽃이 핌을 관상하라고 밝힌다. (6) 보배 광명이 몸 위를 비추고 있음을 관상하라고 밝힌다. (7) 이미 광명이 비춤을 입어 심안이 열림을 관상하라고 밝힌다. (8) 심안이 이미 열려 불보살이 허공에 두루 가득함을 봄을 관상하라고 밝힌다. (9) 물, 새, 나무숲 및 제불이 내는 소리가 모두 묘법을 연설하고 자신은 이 묘법을 듣고 있음을 관상하라고 밝힌다.

一、明自生想；二、明向西想；三、明坐華想；四、明華合想；五、明華開想；六、明寶光來照身想；七、明旣蒙光照，作眼開想；八、明眼目旣開，作見佛菩薩想；九、明聞法想。

"(설한 법문은) 십이부경十二部經과 합치되고, 또한 선정에서 나올 때 억념하고 잘 지켜서 잃지 말지니라. 이 일을 보고 나서「무량수불의 극락세계를 봄」이라 하느니라. 이것이「보관상普觀想」이니,「제12관」이라 하느니라. 무량수불의 무수한 화신이 관세음보살 및 대세지보살과 항상 이 수행인의 처소에 오시느니라."

與十二部經合，若出定之時，憶持不失。見此事已，名見無量壽佛極樂世界。是

爲普觀想 , 名第十二觀。無量壽佛化身無數 , 與觀世音及大勢至 , 常來至此行人之所。

3. "십이부경과 합치되고"에서 "잃지 말지니라."에 이르는 경문에서는 선정에 든 상태이든 산란한 상태이든 관하는 경계를 유실해서는 안 되고 마음을 잘 지켜서 항상 억념을 잃지 말아야 한다. 이러면 (1) 관상하는 마음이 매우 밝고 청정하다. (2) 갖가지 악업이 생기지 않는다. 속마음과 법락이 상응하여 바깥으로 삿된 말, 삿된 업, 삿된 생활로 인한 장애가 없다.

三、從"與十二部經合"下 , 至"不失"已來 , 正明定散無遺 , 守心常憶。一則觀心明淨 , 二則諸惡不生。由內與法樂相應 , 外則無三邪之障。

4. "이 일을 보고나서" 이하는 이러한 관상을 성취하여 얻는 이익을 밝히고 있다. 이는 곧 아미타불의 극락세계를 볼 수 있음이다.

四、從"見此事已"已下 , 明觀成之益。

5. "이것이" 이하는 총결하는 문구이다.

五、從"是爲"已下 , 總結。

6. "무량수불"에서 "항상 이 수행인의 처소에 오시느니라."에 이르는 경문에서는 거듭 이렇게 관상하는 사람이면 아미타부처님 등 서방삼성이 호념하는 이익을 얻음을 밝히고 있다.

六、從"無量壽"下 , 至"常來至此行人之所"已來 , 正明重擧能觀之人 , 卽蒙彌陀等三身護念之益。

총결하여 게송으로 찬탄하여 이르길, "중생이 마음을 기울여 서방정토를 보길

갈망한 까닭에 이러한 관행의 힘으로 저 국토의 의정장엄을 얻어 항상 눈앞에서 명료하게 보는 듯 하네."

斯乃群生註念, 願見西方。故彼依正二嚴, 了了常如眼見。

이상으로 여섯 문구가 있어 내용이 다를지라도 "보관普觀"을 자세히 해석해 마쳤다.

上來雖有六句不同, 廣解普觀竟。

[제13관] 잡상관雜想觀: 서방삼성을 함께 관상하다

뛰어나도다, 연못 위에 계신 1장 6척의 불상이여

큰 몸, 작은 몸 변하여 화현하니 일정한 상이 없네

제13 잡상관에도 또한 먼저 이름을 들고, 다음으로 관하는 행상行相을 분명히 밝히며, 마지막으로 총결하니, 여기에는 열한 가지 내용이 들어 있다.

十三、就雜想觀中 , 亦先擧 , 次辨 , 後結。即有其十一：

부처님께서 아난과 위제희에게 이르시길, "만약 지극한 마음으로 서방극락에 태어나고자 하거든 먼저 마땅히 1장 6척의 불상이 보배 연못물 위에 있다고 관할지어다. 앞에서 말했듯이 무량수불의 진신은 무량무변하여 범부의 심력으로 도달할 수 없느니라. 그러나 저 여래께서 숙세(因地)에 (48대원의) 원력을 세우신 연고로 부처님을 억념하고 관상하는 사람은 반드시 (극락왕생을) 성취할 수 있느니라. 다만 불상만 관상해도 모두 무량한 복을 얻을 수 있거늘, 하물며 다시 부처님께서 신상을 구족하심을 관상함이랴."

佛告阿難及韋提希：若欲至心生西方者 , 先當觀於一丈六像 , 在池水上。如先所說無量壽佛身量無邊 , 非是凡夫心力所及。然彼如來宿願力故 , 有憶想者必得成就。但想佛像 , 得無量福。況復觀佛具足身相!

1. "부처님께서 아난과 위제희에게 이르시길" 이하는 아난과 위제희에게

결론삼아 이 잡상관을 닦을 것을 권하고 뒷글을 끌어냄을 밝히고 있다.

一、從"佛告阿難"已下, 正明告命, 結勸生後。

2. "먼저 마땅히 1장 6척의 불상" 이하는 불상을 관상하여 아미타부처님의 진신을 드러내 보이고 물을 관상하여 보배땅을 드러내 보임을 밝히고 있다. 이는 여래께서 중생에게 경계를 바꾸어 마음을 돌이켜 관에 들라고 가르치는 것이다.

二、從"先當觀於一丈六"已下, 正明觀像以表眞, 想水以表地。此是如來敎諸衆生易境轉心入觀。

아미타부처님의 신상을 관상함에 혹 연못물의 연꽃 위에 머물거나, 혹 보배궁전·누각에 머물거나, 혹 보배숲·보배나무 아래 머물거나, 혹 보배좌대·보배전각에 머물거나, 혹 허공·보배구름·화개 가운데 두거나 이러한 처소 모두 하나하나 지극한 마음으로 안온히 머물러 관상하여 모두 화신불을 관상한다. 이는 근기와 경계가 서로 들어맞아 관상을 쉽게 성취하도록 하는 연고이다.

或在池水華上, 或在寶宮寶閣內, 或在寶林寶樹下, 或在寶臺寶殿中, 或在虛空寶云華蓋之內。如是等處, 一一住心想之, 皆作化佛想。爲令機境相稱, 易得成故也。

3. "앞에서 말했듯이"에서 "심력으로 도달할 수 없지만"에 이르는 경문에서는 관하는 경계가 광대하지만 중생의 심량이 좁고 작아 성취하기 매우 어렵다고 밝히고 있다. 이로써 부처님의 마음이 몹시 슬프고 쓰라려 선교방편으로 중생에게 먼저 1장 6척의 작은 불상을 관상하라고 권하게 하였다.

三、從"如先所說"下, 至"非心力所及"已來, 正明境大心小, 卒難成就。致使聖意悲傷, 勸觀於小。

4. "그러나 저 여래께서"에서 "반드시 성취할 수 있느니라."에 이르는 경문에서는 범부의 심량은 좁고 작으며, 부처님의 심량은 광대무변하여 범부는 마음을 쏟아 관상함이 없으면 (어디에서 시작할지 몰라서) 아마 성취하기 어려울 것이다.

四、從"然彼如來"下 , 至"必得成就"已來 , 正明凡心狹小 , 聖量彌寬。註想無由 , 恐難成就。

그러면 어떻게 행지行持할 것인가? 이는 부처님의 특별한 방편과 가피가 있어야 함을 알아야 한다. 범부의 심량이 좁고 작은 연고로 성취하기 어렵기 때문이고 또한 아미타부처님의 진신이 광대한 연고로 나타나지 못하기 때문이다. 아미타부처님의 원력이 크고 깊어서 관상하는 사람은 누구나 다 성취할 수 있다. (말하자면 아미타부처님의 자비 가피로 미묘하고도 광대한 아미타부처님의 진신을 관할 수 있다.)

斯乃不以小故難成 , 不由大故不現。直是彌陀願重 , 致使想者皆成。

5. "다만 불상만 관상해도"에서 "신상을 구족하심을 관상함이랴."에 이르는 경문에서는 비교를 통해서 수승함을 드러냄을 밝히고 있다. 불상을 관상함에 무량한 복덕을 얻거늘 하물며 아미타부처님의 진신을 관상하여 얻는 이익의 공효는 당연히 더욱더 수승하지 않겠는가?

五、從"但想佛像"下 , 至"具足身相"已來 , 正明比校顯勝。想像尚自得福無量 , 何況觀於眞佛者 , 得益之功不更甚乎 ?

"아미타부처님께서는 신통이 걸림 없어 (중생 또는 부처님의) 뜻과 같이 하여 시방국토에 자재하게 변화하여 나타나시니, 혹 허공을 가득 채우는 큰 몸으로 나타나기도 하고, 혹 1장 6척의 작은 몸으로 나타나기도 하며, 이와 같이 갖가지로 나타난 형상은 모두 자마금 빛깔이니라. 원광 화신불 및 보배연화는 위에서 말한 것과 같으니라."

阿彌陀佛神通如意 , 於十方國變現自在。或現大身滿虛空中。或現小身丈六八尺。所現之形 , 皆眞金色。圓光化佛 , 及寶蓮華 , 如上所說。

6. "아미타부처님께서는"에서 "모두 자마금 빛깔이니라"에 이르는 경문에서는 관하는 주체인 마음과 관하는 대상인 불상이 비록 아미타부처님 색신의 크기에 차이가 있지만, 이것은 모두 진신임을 알아야 함을 밝히고 있다. 여기에는 세 단락의 내용이 들어있다.

六、從"阿彌陀"下 , 至"皆眞金色"已來 , 正明能觀所觀佛像 , 雖身有大小 , 明皆是眞。卽有其三 :

(1) 아미타부처님께서는 신통이 걸림 없어 뜻하는 대로 두루 법계에 미치고, 널리 중생을 제도할 수 있다고 밝힌다.

여기서 「여의如意」에는 두 가지 함의가 있다. 하나는 중생의 뜻(분별심)과 같이 함이니, 여래께서는 중생이 구하는 마음에 응하여 제도(진실한 신앙을 얻음)하신다. 둘은 아미타부처님의 뜻(願意)과 같이 함이니, 부처님께서는 오안五眼이 원명圓明하여 꿰뚫어 비추고, 육통六通을 갖추어 신변神變이 자재하며, 중생이 제도 받는 기연이 무르익는 때를 관찰하여 곧 일념 가운데 전혀 전후 시간의 간격이 없이 몸과 마음이 동시에 평등하게 무량한 근기를 향해 응하여 그들의 마음에 나타난다. 게다가 몸으로 신변륜神變輪을 굴리고, 입으로 교계륜敎誡輪을 굴리며, 마음으로 기심륜記心輪을 굴려서30) 인연 있는 중생에게 법문하여 깨닫

---

30) 신변륜神變輪은 부처나 보살이 중생에게 바른 믿음을 일깨워 주기 위하여 신통력으로써 영묘한 형상을 드러내 보이는 일을 말하고, 교계륜敎誡輪은 부처가 중생을 교화하기 위하여 입으로 진리를 말하는 일을 말하며, 기심륜記心輪은 부처가 설법하기 전에 먼저

게 하시고, 중생의 다른 근기에 수순하여 각자 연분에 맞게 달리 이롭게 한다.

一、明彌陀神通無礙 ， 隨意遍周。言如意者有二種：一者如衆生意。隨彼心念 ， 皆應度之。二者如彌陀之意。五眼圓照 ， 六通自在。觀機可度者 ， 一念之中 ， 無前無後 ， 身心等赴 ， 三輪開悟 ， 各益不同也。

(2) (여래께서 현신하는 몸은 일정하지 않다. 중생의 마음이 다름에 따라) 혹 큰 몸으로 나타나기도 하고, 혹 작은 몸으로 나타나기도 한다고 밝힌다. (3) 몸이 비록 크고 작을지라도 모두 자마단금 빛깔을 띤다고 밝힌다. 이로써 사관과 정관의 상을 분명히 정한다.

二、明或現大身 ， 或現小身。三、明身量雖有大小 ， 皆作眞金之色。此卽定其邪正也。

7. "원광 화신불" 이하는 현신하는 신장에 비록 크고 작은 차이가 있지만 광명의 상은 진신과 아무런 차이가 없다.

七、從"圓光化佛"已下 ， 正明身雖大小有殊 ， 光相卽與眞無異。

관세음보살과 대세지보살의 신상은 어디서나 부처님의 신상과 마찬가지니라. 중생은 머리모양만 관하여 이 분은 관세음보살이고, 저 분은 대세지보살이라 알지어다. 이 두 분 보살께서는 아미타부처님을 도와 일체중생을 두루 교화하느니라. 이것이 바로 「잡상관雜想觀」이니, 「제13관」이라 하느니라."

觀世音菩薩及大勢至 ， 於一切處身同。衆生但觀首相 ， 知是觀世音 ， 知是大勢至。此二菩薩 ， 助阿彌陀佛普化一切。是爲雜想觀 ， 名第十三觀。

청중의 근기를 살피는 일을 말한다.

8. "관세음보살" 이하는 앞 경문에서 아미타부처님의 신상을 관한 것과 서로 같음을 밝히고 있다. (즉 두 분 보살의 신상은 아미타부처님의 신상과 서로 잘 어울리니,) 아미타부처님이 큰 몸이라고 관하면 두 분 보살도 큰 몸이고, 아미타부처님을 작은 몸이라 관하면 두 분 보살도 작은 몸이다.

八、從"觀世音菩薩"已下, 正明指同前觀。佛大侍者亦大, 佛小侍者亦小。

9. "중생은 머리모양만 관하여" 이하는 두 분 보살의 차별상을 관상하라고 권함을 밝히고 있다. 두 가지 차별상이 무엇인가? 곧 관세음보살의 머리 위(천관)에는 한 분 서있는 화신불이 있고, 대세지보살의 머리 위에는 보배병이 하나가 있다.

九、從"衆生但觀首相"已下, 正明勸觀二別。云何二別？觀音頭首上有一立化佛, 勢至頭首之上有一寶瓶。

10. "이 두 분 보살께서는" 이하는 아미타부처님 · 관세음보살 · 대세지보살 서방삼성의 숙세의 원력과 인연이 심중하여 공동으로 악을 버리고, 평등하게 보리과에 도달할 것을 발원함을 밝히고 있다. 마치 그림자가 몸을 여의지 않듯이, 메아리가 소리를 여의지 않듯이 줄곧 서로 따라다니며 여의지 않고, 시방세계를 두루 다니며 유정을 교화 · 제도하여 이롭게 한다.

十、從"此二菩薩"已下, 正明彌陀觀音勢至等, 宿願緣重, 誓同舍惡, 等至菩提, 影響相隨, 遊方化益。

11. "이것이" 이하는 총결하는 문구이다. 이상으로 열 한 문구가 있어 내용이 다를지라도 「잡상관」을 자세히 설명해 마쳤다.

十一、從"是爲"已下, 總結。上來雖有十一句不同, 廣解雜想觀竟。

이상으로 「일상관」에서 「잡상관」에 이르는 13관은 세존께서 위제희 부인이 네 번째 간청에서 "오직 원하옵건대, 세존이시여 저에게 사유하는 법을 가르쳐 주시옵고, 저에게 정수에 이르는 법을 가르쳐 주시옵소서." 라고 말한 두 문구에 총괄해 답함을 밝히고 있다. (이는 바로 석가모니부처님께서 극락의 거룩한 경계를 사유하고 정수에 이르는 법문을 개시한 것으로 이른바 정선定善법문이다.)

上從日觀下，至雜想觀已來，總明世尊答前韋提第四請云，敎我思惟正受兩句。

종합해서 찬탄하여 이르길, "처음에 일상관 행하길 가르쳐 혼미한 어둠을 없애고, 물이 얼음이 됨을 관상하여 마음속을 정화하네. 땅 아래는 황금 당번이 번갈아 비추어 빛나고, 땅 위로는 의보장엄이 억만 겹으로 수승하네.

總贊云：初敎日觀除昏暗，想水成氷淨內心。地下金幢相映發，地上莊嚴億萬重。

(극락정토) 허공에는 (두루 분포한) 보배구름과 보배덮개가 바람따라 빙빙 돌며, 그 가운데 갖가지 인간과 천상의 음악이 (퍼져 나가 차례대로 운율을 타며) 서로 이어져 나타나네.

보배나무 위에는 영락이 드리우고 온갖 열매가 뒤섞여 있으며, 칠보연못 내로 팔공덕수가 흘러들며 보배연꽃에 물을 대네. 보배누각과 보배궁궐이 서로 이어지고 광명마다 서로 비추어 극락세계에는 조금도 그늘이 없네.

그 가운데 연꽃 세 송이가 홀로 두드러져 (그것은 서방삼성이 앉는 자리로) 나머지 온갖 보배 연화좌보다 뛰어나네. (여의보왕의 연화대 위에 저절로 나타나는) 네 기둥의 보배당번 위에는 보배휘장이 드리우고 갖가지 보배구슬 보배그물로 장식하고 있네.

寶雲寶蓋臨空轉，人天音樂互相尋。寶樹垂瓔間雜果，池流德水註華中。寶樓寶閣皆相接，光光相照等無蔭。三華獨迴超衆座，四幢承縵網珠羅。

업식을 이어받은 범부의 마음은 미혹하여 명료하게 알지 못하니 마땅히 일심으로 아미타부처님의 신상이 연꽃 위에 정좌하고 있다고 관상할지라. 일념에 마음이 열리어 아미타부처님의 진신을 친견할 때 신광과 상호가 점점 더 미묘하고 많아지네.

稟識心迷猶未曉 , 住心觀像靜坐荷。一念心開見眞佛 , 身光相好轉彌多。

고난에서 구제하시는 관음보살은 마음이 법계의 일체중생에 연해 중생의 구하는 마음에 따라 화현하여 사바세계로 들어가시지 않은 때가 없네.

대세지보살은 위신광명으로 시방세계를 진동시키고 중생의 기연을 따라 광명이 비추어 중생을 섭수하고 아미타부처님 정토로 돌아가게 하시네.

救苦觀音緣法界 , 無時不變入娑婆。勢至威光能震動 , 隨緣照攝會彌陀。

돌아가세, 나그네여! 몸이 극락세계에 안온히 머물면 실로 정묘함이 그지없나니, 정념 이어가 서방정토로 돌아가서 연꽃 위에 결가부좌하고, 연꽃이 필 때 불보살이 허공에 두루 가득한 정보장엄을 보고 국토에서 물 새 나무 등의 설법하는 소리 듣자구나.

歸去來！極樂安身實是精。正念西歸華合想 , 見佛莊嚴說法聲。

그러나 중생의 마음은 여전히 번뇌업장 지녀 진실한 경계 상에 연해 관상을 이루지 못할까 여래께서 방편을 드리워서 점수관의 길을 여시니, 연꽃연못에 1장 6척 금신의 불상을 관상할지어다.

아미타부처님께서 화현하신 신상에 크고 작은 차이가 있지만 이는 모두 중생의 근기와 시절인연에 맞춰 유정을 제도하심일세. 함께 왕생을 구하는 선지식들에게 두루 권하노니, 마땅히 일향으로 아미타불을 전념하여 서방극락에 귀명할지라!

復有衆生心帶惑 , 緣眞上境恐難成。致使如來開漸觀 , 華池丈六等金形。變現靈儀雖大小 , 應物時宜度有情。普勸同生知識等 , 專心念佛向西傾。

또한 앞에서 청문한 문구에 답하여 처음 「일상관」에서 「화좌관」에 이르는 경문에서는 의보依報를 관하는 방법을 총괄해 밝힌다. 이어서 「상관」에서 「잡상관」에 이르는 경문에서는 정보正報를 관하는 방법을 총괄해 밝힌다. 이상으로 비록 의보·정보, 두 부분으로 달리 열었을지라도 정선定善 일문을 닦는 법을 자세히 밝혀 마쳤다.

又就前答請中 , 初從日觀下 , 至華座觀已來 , 總明依報。二從像觀下 , 至雜想觀已來 , 總明正報。上來雖有依正二報不同 , 廣明定善一門義竟。

불설관무량수불경소 권 제3 마침
佛說觀無量壽佛經疏卷第三終

南無阿彌陀佛

善導大師
彌陀化身
創淨土宗
楷定古今
本願稱名
凡夫入報
平生業成
現生不退

善導大師
彌陀化身
創淨土宗
楷定古今
本願稱名
凡夫入報
平生業成
現生不退

선도善導 대사

도량에서 밤낮으로 마음 단속을 이어가며
전심으로 아미타불을 염하고
마음과 소리가 이어가되,
오직 앉고 오직 서서 7일간 잠을 자지 않으며,
또 때에 맞춰 예불 독송하며
염주도 잡을 필요 없이,
단지 합장 염불만 알고
염념이 견불見佛하는 생각을 지어라.
부처님께서 말씀하시길,
"아미타부처님 진금색신의 광명이 철저히 비추고
견줄 바 없이 단정함을 그리워하면
심안心眼으로 현전함을 볼 것이다."
－선도대사〈관념아미타불상해相海삼매공덕법문〉

불설관무량수경소佛說觀無量壽佛經疏 권 제4

[산선의散善義]

전면에서는 13관의 관법을 「정선定善」이라 부른다고 밝힌다. 이는 곧 위제희 부인의 간청으로 인해 여래께서 회답하는 것이다. 후면에서는 삼복三福 구품九品 인행과덕의 상황을 「산선散善」이라 이름한다고 밝힌다. 이는 여래께서 묻지도 않았는데 스스로 설하신 것이다.

비록 정선(13관법)과 산선(정업삼복, 구품의 여러 행법) 두 문의 이익을 선설하였지만, 아미타부처님의 본원에서 말하면 일체중생이 일향으로 아미타부처님 명호를 전념하길 바라는 마음이다.

13관문 정선定善의 함의를 해석한 이후 이하에서는 다음으로 삼배산선三輩散善
일문의 함의를 해석한다. 이 일문의 의리에는 곧 두 단락의 내용이 들어있다.
(1) 삼복三福을 정업淨業의 정인正因으로 삼는다고 밝힌다. (2) 구품九品 행업行業을
정업의 정행正行으로 삼는다고 밝힌다.

△從此已下 ， 次解三輩散善一門之義。就此義中 ， 即有其二 ： 一、明三福以爲正因 ， 二、
明九品以爲正行。

"삼복三福"이라 할 때, 제1복은 곧 세속의 선근이다. (이 부류의 사람은) 이전
지금까지 불법을 들은 적이 없지만, 단지 자신이 효양孝養·인仁·의義·예禮·
지智·신信 등 세간의 선법을 행한다. 그래서 세속선이라 부른다.

제2복은 계선戒善이라 한다. 계법에는 인천·성문·보살 등의 계법이 있다.
(요컨대 일체 세간·출세간과 소승·대승의 계법이다.) 그 가운데 어떤 것은 전부
받고 어떤 것은 부분만 받으며, 어떤 것은 전부 지키고 어떤 것은 전부 지키지
않는다. 지계의 선근공덕을 왕생에 회향할 수 있기만 하면 모두 정토에 태어날
수 있다.

제3복은 행선行善이라 한다. 이는 대승심을 발한 범부를 가리킨다. (이 부류의
사람은) 자기 스스로 정업을 수지하고, 겸하여 인연 있는 자에게 악업을 버리고
자심을 잘 지켜서 극락왕생에 회향할 것을 권할 수 있다.

今言三福者 ， 第一福 ， 即是世俗善根。曾來未聞佛法 ， 但自行孝養仁義禮智信 ， 故名世俗
善也。第二福者 ， 此名戒善。就此戒中 ， 即有人天、聲聞、菩薩等戒。其中或有具受不具
受 ， 或有具持不具持。但能回向 ， 盡得往生。第三福者 ， 名爲行善。此是發大乘心凡夫 ，
自能行行 ， 兼勸有緣 ， 舍惡持心 ， 回生淨土。

(여기서는 삼복을 행하여 왕생하는 상황을 구체적으로 밝힌다.) 또한 이 삼복에는
(첫째) 혹 어떤 이는 세복世福만 행하여 회향하여도 또한 왕생할 수 있고, 혹

어떤 이는 계복戒福만 행하여 회향하여도 또한 왕생할 수 있고, 혹 어떤 이는 행복行福만 행하여 회향하여도 또한 왕생할 수 있다. (둘째) 혹 어떤 이는 계복과 행복을 겸행하여 회향하여도 또한 왕생할 수 있고, 혹 어떤 이는 세복과 계복을 겸행하여 회향하여도 또한 왕생할 수 있다. (셋째) 혹 어떤 이는 삼복을 전부 행하여 회향하여도 또한 왕생할 수 있다. (넷째) 혹 어떤 이는 삼복을 모두 행할 수 없는데, (이 부류의 사람은) 십악十惡·사견邪見의 선근이 없는 천제인闡提人이라 한다.

(요컨대, 삼복에 한 가지, 두 가지, 혹은 세 가지 어떠한 상황이든 회향하면 모두 왕생할 수 있다. 이는 바로 오승五乘이 모두 정토에 왕생할 수 있다는 말이다.

이러한 판정에 의하면 그렇게 큰 요구는 없다. 가장 낮은 것은 인천의 선법만 행할 수 있는 사람은 정토에 대해, 부처님에 대해 믿음이 있고 그런 후 발원하여 왕생에 회향하면 모두 왕생할 수 있다. 이 위의 상황에서는 당연히 왕생할 수 있다.)

又就此三福之中 , 或有一人單行世福 , 回亦得生。或有一人單行戒福 , 回亦得生。或有一人單行行福 , 回亦得生。或有一人行上二福 , 回亦得生。或有一人行下二福 , 回亦得生。或有一人具行三福 , 回亦得生。或有人等三福俱不行者 , 即名十惡邪見闡提人也。

구품왕생은 상응하는 경문에서 다시 밝힐 것이다. 마땅히 알지니, 이상으로 정업삼복을 구별하는 의의를 간략히 요간하였다.

言九品者 , 至文當辨。應知。今略料簡三福差別義意竟。

[제14관] 상배관上輩觀: 상배로 왕생함을 관상하다

[총괄요간] 십일문 의리

제14관에서 상배관 행선을 해석하기에 앞서 먼저 총괄해 요간(혹은 분석)하니, 의리에는 십일문의 내용이 들어 있다.

十四、就上輩觀行善，文前總料簡，即爲十一門：

[제1문] 석가모니부처님께서 아난과 위제희 부인에게 분부하신다고 총괄해 밝힌다.

[제2문] 왕생인의 계위를 판정하여 그가 어떤 수행을 갖추고 있는지 밝힌다.

[제3문] 어떤 부류의 중생과 무리가 인연이 있는지 총괄해 든다. (이는 바로 진실로 발원하여 정토에 태어나길 구하면 인연이 있는 유형에 속함을 가리킨다.)

[제4문] 지성심·심심·회향발원심을 판정하여 왕생의 정인正因으로 삼는다.

[제5문] 이 일품의 부류 가운데 감당할 수 있는 근기와 감당할 수 없는 근기로 선별한다고 밝힌다.

[제6문] 이 근기의 중생이 수지하는 행법이 다르다고 밝힌다.

[제7문] 업을 닦는 시절이 멀고 가까운 정도에 차이가 있다고 밝힌다.

[제8문] 닦은 일체선업을 회향하여 극락세계에 태어나길 구해야 한다고 밝힌다.

[제9문] 이들 정업행자가 임종시 성중이 와서 접인하는 모습 및 왕생하는 때의 더디고 빠른 정도가 다르다고 밝힌다.

[제10문] 극락정토에 왕생한 후 연꽃이 피는 시간의 더디고 빠른 정도가 다르다고 밝힌다.

[제11문] 연꽃이 핀 이후 얻는 이익에 차이가 있다고 밝힌다.

一者總明告命；二者辨定其位；三者總擧有緣之類；四者辨定三心以爲正因；五者正明簡機堪與不堪；六者正明受法不同；七者正明修業時節延促有異；八者明回所修行，願生彌陀佛國；九者明臨命終時，聖來迎接不同，去時遲疾；十者明到彼華開遲疾不同；十一者明華開已後，得益有異。

지금 여기서 밝힌 십일문의 의리는 구품왕생의 경문을 놓고 말한 것이다. 바꾸어 말하면 일품마다 모두 십일문의 의리가 들어 있어 총합해서 일백 가지의 의리가 있다.

今此十一門義者，約對九品之文。就一一品中皆有此十一，卽爲一百番義也。

또한 이 십일문의 의리를 상배왕생의 경문 앞에 총괄해 요간하여 도출하거나, 중배 하배 왕생의 경문 앞에 각각 요간하여 도출할 수도 있다. (요컨대 이 십일문은 삼배왕생의 어떤 일배 관행觀行의 인과 상황에서도 거듭할 수 있다.)

또한 십일문의 의리는 만약 경문에 따라 대조해서 말하면 어떤 것은 있고 어떤 것은 없다. 비록 경문에 감추어지고 드러나고의 차별은 있을지라도 의리에 의거해서 말하면 일품마다 모두 마땅히 십일문의 의리가 있게 마련이다. 이런 인연 때문에 앞에서 반드시 상세하게 드러내어야 한다. 그 목적은 가르침대로 받들어 행하는 사람은 누구나 (삼배구품 왕생의 상황과 의리를) 쉽게 이해하고 쉽게 인식함에 있다.

又此十一門義，就上輩文前總料簡亦得，或就中下輩文前各料簡亦得。又此義若以文來勘者，卽有具不具。雖有隱顯，若據其道理悉皆合有。爲此因緣，故須廣開顯出，欲令依行者，易解易識也。

이상으로 십일문이 있어 내용이 다를지라도 상배삼품의 함의를 자세히 요간해 마쳤다.

上來雖有十一門不同，廣料簡上輩三品義意竟。

[상품상생의 계위]

세 가지 마음을 원만히 발하고, 심오한 이치를 깊이 밝혀서

금강대 타고 부처님을 따라 왕생하여 곧 무생법인 증득하네

다음으로 상품상생의 계위에서는 먼저 이름을 들고, 다음으로 왕생의 상황을 분명히 밝히며 마지막으로 총결하니, 여기에는 열한 단락의 내용이 들어있다.

次下先就上品上生位中，亦先擧，次辨，後結。即有其十一：

부처님께서 아난과 위제희에게 이르시길, "[무릇 서방극락에 태어남에는 구품九品의 사람이 있느니라.] 상품상생인은 혹 어떤 중생이 저 국토에 태어나기를 원하여 세 가지 마음을 일으키면 곧바로 왕생하리라. 무엇이 세 가지인가? 첫째로 진실한 마음(至誠心)이요, 둘째는 깊이 믿는 마음(深心)이요, 셋째는 회향발원심廻向發願心이니라. 이 세 가지 마음을 갖추면 반드시 저 국토에 태어나느니라.

佛告阿難及韋提希：上品上生者，若有衆生願生彼國者，發三種心，即便往生。何等爲三？一者至誠心，二者深心，三者回向發願心。具三心者，必生彼國。

1. "부처님께서 아난과 위제희에게 분부하시길" 이하에서는 이중의 함의를 표명하고 있다. (1) 아난과 위제희 부인에게 본법을 잘 수지할 것을 분부하신다고 밝힌다. (2) 왕생인의 계위를 판정하여 그가 어떤 수행을 갖추고 있는지 밝힌다. 여기서 상품상생을 얻는 사람은 대승법의 상등선행上等善行을 수학한 범부를 가리킨다.

一、從"佛告阿難"已下 , 則雙標二意 : 一、明告命 ; 二、明辨定其位。此卽修學大乘上善凡夫人也。

2. "만약 어떤 중생이"에서 "곧바로 왕생하리라"에 이르는 경문에서는 인연 있는 사람의 유형을 총괄해 드니, 여기에는 네 단락의 내용이 들어있다. (1) 믿을 수 있는 사람을 밝힌다. (2) 그는 마음속으로 왕생하길 구한다고 밝힌다. (3) 그는 세 가지 마음을 낸다고 밝힌다. (4) 이로 말미암아 왕생하는 이익을 얻을 수 있다고 밝힌다.

二、從"若有衆生"下 , 至"卽便往生"已來 , 正明總擧有緣之類。卽有其四 : 一、明能信之人 ; 二、明求願往生 ; 三、明發心多少 ; 四、明得生之益。

3. "무엇이 세 가지인가?"에서 "반드시 저 국토에 태어나느니라."에 이르는 경문에서는 지성심至誠心・심심深心・회향발원심回向發願心으로써 왕생의 정인을 삼는다고 판정한다. 여기에는 두 가지 함의가 있다.

三、從"何等爲三"下 , 至"必生彼國"已來 , 正明辨定三心以爲正因。卽有其二 :

(1) 세존께서는 중생의 근기에 따라 이익을 드러내 보이지만, 그 은밀한 뜻은 매우 알기 어렵기에 만약 부처님이 스스로 묻고 스스로 증명하지 않으면 이해할 수 없다고 밝힌다. (용렬한 범부는 어떠한 선심으로 왕생할 수 있는지 알 길이 없기에 반드시 부처님 당신이 문제를 제시하고 그런 후 다시 자신이 답해야

범부는 이해할 수 있다.) (2) 여래께서는 여전히 앞에서 설한 이러한 세 가지 마음의 구체적인 함의가 무엇인지 스스로 답하신다고 밝힌다.

(이하에서는 차례대로 세 가지 마음의 함의를 해석할 것이다.)

一、明世尊隨機顯益，意密難知，非佛自問自徵，無由得解；二、明如來還自答前三心之數。

경에서 이르시길,

"첫째로 진실한 마음(至誠心)이요,"

지至의 뜻은 참됨이고, 성誠의 뜻은 실다움이다. (지성심으로 나타내려는 것은) 일체중생이 신구의 삼업으로 닦은 일체 해문解門과 행문行門은 반드시 진실한 마음속에서 닦아야 함을 밝히고자 함이다.

經云：一者至誠心。至者眞，誠者實。欲明一切衆生身口意業所修解行，必須眞實心中作。

밖으로는 어질고 선하며 정진하는 모습을 나타내면서도 안으로는 허위 가식의 마음, 온갖 탐내고 성내는 생각, 간사하고 거짓된 마음을 품고서 남을 속이는 갖가지 일과 나쁜 습성을 그치고 조복하기 어려우면 맞닥뜨리는 일마다 뱀과 전갈처럼 사악하고 잔인하다. 비록 신구의 삼업의 행지行持를 일으킬지라도 모두 독이 뒤섞인 선善이라 하고 허위 가식의 행行이라 하지, 진실한 업이라고 하지 않는다.

不得外現賢善精進之相，內懷虛假，貪瞋邪僞，奸詐百端，惡性難侵，事同蛇蠍。雖起三業，名爲雜毒之善，亦名虛假之行，不名眞實業也。

만약 이렇게 마음을 이해하고 행을 일으키면 설사 몹시 애를 쓰면서 몸과 마음을 단련하고, 밤낮으로 끊임없이 수행정진하길 머리 위에 불이 나서 급히 불을 끄듯이 할지라도 이는 '독이 뒤섞인 선'이라 총칭한다. 이렇게 독이 뒤섞인 업행業行을 가지고 회향하여 아미타부처님 정토에 태어나길 구한다면 결코 이룰 수 없다.

若作如此安心起行者 , 縱使苦勵身心 , 日夜十二時 , 急走急作 , 如救頭燃者 , 總名雜毒之善。欲回此雜毒之行 , 求生彼佛淨土者 , 此必不可也。

어떤 연고인가? (마음속에 이러한 삿된 독이 뒤섞이면 부처님의 마음과 상응하지 않아 불력이 가지加持 섭수攝受하지 못하므로 왕생할 수 없다. 이는 모두 인과연기의 이치이다. 감응하는 주체와 감응하는 대상의 상응함이 있어야 섭지攝持를 입어 왕생할 수 있다. 마음이 선하지 않아 부처님의 마음과 계합하지 않으면 왕생할 수 없다. 그래서 선한 마음을 첫째로 닦는다.)

(이렇게 말함은) 바로 아미타부처님께서 인지因地에서 보살도를 행하실 때 내지 일념, 일찰나에 신구의 삼업으로 닦은 것은 곧 진실한 마음속에서 지으셨기 때문이다. 무릇 모든 베풀어 이루고 나아가 구하신 것은 또한 모두 진실하였다.

何以故？正由彼阿彌陀佛因中行菩薩行時 , 乃至一念一刹那三業所修 , 乃是眞實心中作。凡所施爲趣求 , 亦皆眞實。

또한 진실에는 두 가지가 있으니, 자리진실自利眞實과 이타진실利他眞實이다. (총괄해 말하면 자신을 이롭게 하는 수행시 진실眞實로 해야 하고, 남을 이롭게 하는 수행시 조금도 허위를 섞지 말고 진성眞誠으로 해야 한다.)

자리진실에도 두 가지가 있으니, (소극적으로는 악을 그치고, 적극적으로는 선을 행하는 양면이다.) (1) (먼저 소극적으로 악을 멈추는 방면으로) 진실한 마음속에서 자신과 타인의 갖가지 악업 및 예토 등을 누르고 버린다. (이는 모두 버림의 방면이다. 어떻게 하는가?) 곧 걷거나 머물거나 앉거나 눕거나 언제든지 모두 생각해야 한다. 일체 보살은 모두 이처럼 모든 악을 누르고 버리니, 나도 마땅히 이와 같이 닦아야 한다. (현전하는 신구의 삼악으로 짓는 갖가지 악행은 좋지 않은 인이고, 드러나는 사바세계의 갖가지 더럽고 혼탁한 상은 좋지 않은 과이다. 이 일체 인과를 나는 모두 싫어하고 버려야 한다. 이것이 이른바 염리厭離심을 닦음이다.)

(2) (적극적으로 선을 행하는 방면으로) 진실한 마음속에서 자신과 타인, 범부와 성인의 갖가지 선법을 부지런히 닦는다. (마찬가지로 걷거나 머물거나 앉거나 눕거나 언제든지 일체 보살처럼 여하히 선심을 부지런히 닦고 싶다면 나도 마땅히 이와 같이 닦아야 한다.)

(아래에서는 구체적으로 신구의 삼업 세 방면으로 나누어 해석할 것이다.

> 又眞實有二種：一者自利眞實，二者利他眞實。言自利眞實者，復有二種：一者眞實心中制舍自他諸惡及穢國等。行住坐臥，想彼一切菩薩制舍諸惡，我亦如是也。二者眞實心中勤修自他凡聖等善。

먼저 진실한 마음속에서 구업으로 저 아미타부처님과 극락정토의 의보·정보 장엄을 찬탄하여야 한다. 또한 진실한 마음속에서 구업으로 삼계 육도 등 자신과 타인, 의보와 정보의 두 가지 과보와 갖가지 짓는 악惡과 받는 고苦의 일을 무너뜨리고 싫어하여야 한다. (「고苦」는 과果를 대표한다. 삼계에서 드러나는 일체 과보는 모두 고苦의 자성이고, 조금도 안락의 자성이 없음을 가리킨다. 그래서 마음속에서 이를 염리厭離하여야 한다. 「악惡」은 인因을 대표한다. 삼계에서 일체중생이 아집에 의거하여 일으키는 갖가지 번뇌와 업행은 모두 이른바 악이다. 왜냐하면 모두 생사 한가운데로 흘러들어가 벗어날 수 없고 무변무제한 고苦의 일로 발전하게 된다. 그래서 전부 버리고 여의어야 한다.)

또한 일체중생이 신구의 삼업으로 닦은 선행을 찬탄하여야 한다. (이는 갖가지 선한 마음과 선한 행을 포괄한다.) 선업이 아니면 그것을 공경하되 멀리하여야 하고, 또한 수희찬탄해서는 안 된다. (요컨대 여기서 구업으로는 줄곧 짓는 선과 받는 즐거움을 찬탄하고, 짓는 악과 받는 괴로움을 싫어하여야 한다.)

> 眞實心中口業贊嘆彼阿彌陀佛及依正二報。又眞實心中口業毀厭三界六道等自他依正二報

苦惡之事。亦贊嘆一切衆生三業所爲善。若非善業者，敬而遠之，亦不隨喜也。

또한 진실한 마음속에서 신업으로 합장·예경하고, 음식·의복·와구·탕약 등 사사四事 등으로써 저 아미타부처님 및 정토의 의보와 정보에 공양하여야 한다. (또한 일상의 행지行持에서 관철하여야 한다. 요컨대 몸은 줄곧 청정한 부처님과 정토에 연하여 갖가지 예경 공양 등을 하여야 한다.)

(예컨대 서방삼성의 상에 대해 합장 예배하고, 그런 후 평상시 새로 옷을 입고 식사를 하기 전에 혹 갖가지 꽃, 과일, 물 등을 모두 아미타부처님과 두 분 대보살에게 공양하고 마음속으로 이렇게 연하여 염하여야 한다. 서방극락세계도를 비치하는 것이 가장 좋다. 이렇게 하면 극락세계의 의보·정보 장엄에 공양할 수 있다. 혹은 외출하여 적당하지 않을 때 마음속으로 작의作意하여 서방삼성 및 불국토의 무량한 청정해중, 보살, 성문, 천인 등 및 물, 새, 나무숲 등 일체 장엄상에 공양한다. 이러한 연기로 진실하게 신업을 일으켜 정토로 취향해 들어가는 인연을 이루는 것이 상당히 중요하다.《왕생론往生論》에서는 또한 예배·찬탄·회향 등 오념문五念門을 개시하는데, 이는 모두 일상수행에서 관철하여야 한다.)

또한 진실한 마음속에서 신업으로 이 생사윤회의 삼계 등 자신과 타인, 의보와 정보에 대해 가벼이 여겨 무시하고, 싫어하여 버려야 한다. (위제희 부인처럼 "이 세계는 너무나 괴롭습니다. 저는 여기에 머물고 싶지 않습니다. 저는 이러한 소리를 듣고 싶지 않습니다. 저는 근심 번뇌가 없는 국토에 태어나길 구합니다." 이렇게 말해야 한다. 이렇게 곳곳마다 좋아하고 싫어하는 마음을 나타내어야 한다. 이렇게 몸으로 확실히 표현하여 진심으로 서방극락을 향해 나아간다.)

又眞實心中身業合掌、禮敬，四事等供養彼阿彌陀佛及依正二報。又眞實心中身業輕慢、厭舍此生死三界等自他依正二報。

또한 진실한 마음속에서 의업으로 아미타부처님과 정토의 의보·정보 장엄을 사유·관찰·억념하여야 한다. 이러면 눈앞에 현전하는 것과 같다.

(또한 마음속으로 사바세계의 일에 반연하지 말고, 염념마다 극락세계의 불보살과 국토장엄을 사유 관찰하여야 한다. 이는 상당히 중요하다. 만약 이렇게 끊임없이 연상 관찰 억념하여 그것이 눈앞에 현전하는 것처럼 한다면 마음이 진실로 정토를 향해 나아간다.)

또한 진실한 마음속에서 의업으로 이 생사윤회의 삼계, 자신과 타인, 의보와 정보를 가벼이 여겨 무시하고, 싫어하여 버려야 한다. (또한 마음속으로 생각하여야 한다. "여기는 완전히 모두 삼고=苦가 끊임없이 이어지는 큰 감옥이다. 여기서는 자신이든 타인이든 의보이든 정보이든 조금도 안락함이 없고 전부 끊임없이 고苦의 수레바퀴를 돌린다." 그래서 마음으로 생각하여야 한다. "나는 이곳이 매우 싫다. 나는 더 이상 여기서 머물지 않을 것이다. 나는 기회가 있다면 나가서 정토에 태어나려 한다." 이처럼 진실한 염리심을 구족한다.)

(총괄해 말하면 이상으로 생사심 가운데 어떻게 신구의 삼업을 운전하여 일으켜야 하는가? 신구의 삼업을 이용해 좋아하고 싫어하는 마음을 일으키면 반드시 극락세계를 향해 나아간다. 이는 바로 정토를 닦음에서 진실한 마음 혹은 지성심至誠心이 있다.)

又眞實心中意業思想、觀察、憶念彼阿彌陀佛及依正二報，如現目前。又眞實心中意業輕賤、厭舍此生死三界等自他依正二報。

불선不善의 삼업은 반드시 진실한 마음속에서 버리고, 만약 선善의 삼업을 일으키면 반드시 진실한 마음속에서 지어야 한다. 안이든 바깥이든, 밝은 곳이든 어두운 곳이든 상관없이 진실하여 헛되지 말아야 한다(겉과 속이 여일하고 스스로 삼가고 스스로 규율하여야 한다). 그래서 지성심至誠心이라 한다. 이른바 인이 있으면 반드시 과가 있는 연고로 마음속에서 진실로 정업淨業을 닦으면 반드시 왕생의 과보를 얻게 된다. 그래서 지성심을 우선해야 한다.

不善三業，必須眞實心中舍。又若起善三業者，必須眞實心中作。不簡內外明暗，皆須眞實，故名至誠心。

"둘째는 깊이 믿는 마음(深心)이요,"

심심深心이란 곧 깊이 믿는 마음을 가리킨다. 여기에는 또한 (자신의 방면과 부처님 방면의) 두 가지 믿음이 있다. (1) 자신은 현재 죄악 생사범부이니, 무수겁 이래 생사고해에 빠져 항상 생사에 유전하며 벗어날 기연機緣이 없다고 결정코 깊이 믿는 것이다. (2) 저 아미타부처님께서 48대원으로 중생을 섭수하고 계시니, 조금도 의심할 것도 염려할 것도 없이 저 원력에 힘입어 결정코 서방정토에 왕생할 것이라고 깊이 믿는 것이다.

(이 두 방면을 하나로 합치면 한편으로는 자력으로는 근본적으로 안 되니, 광겁 이래 줄곧 유전하여 벗어날 기회가 없다고 생각한다. 이는 바로 아미타부처님 원력의 바다를 만나지 않았기 때문에 자신의 힘만으로는 계속 스스로 헤어나지 못하고, 생사유전을 끊기 어렵기 때문이다. 다른 한편으로는 지금 최고의 방편인 아미타부처님 원력의 바다 법문이 있어 나를 섭수할 수 있으니, 내지 십념 염불에도 모두 정토에 왕생하여 이로부터 생사를 영원히 끊을 수 있다고 깊이 믿어야 한다. 이러한 두 가지 마음이 하나로 합치면 매우 깊은 믿음이 생겨 일심으로 서방극락으로 나아가니, 곧 만 마리의 소가 끌어도 돌리기 어렵다.)

二者深心。言深心者 , 即是深信之心也。亦有二種：一者決定深信自身現是罪惡生死凡夫。曠劫已來 , 常沒常流轉 , 無有出離之緣。二者決定深信彼阿彌陀佛四十八願攝受眾生 , 無疑無慮。乘彼願力 , 定得往生。

또한 먼저 석가모니부처님께서 《관무량수경》에서 선설하신 삼복三福 구품九品과 정선定善 산선散善의 법문이 결정코 왕생의 정인正因임을 결정코 깊이 믿어야 한다. (따라서 가르침대로 봉행하기만 하면 왕생의 과보를 얻을 수 있다.) 그리고 석가모니부처님께서 아미타부처님의 의보와 정보의 장엄을 증명하고 찬탄하시어 사람들에게 흠모하는 마음이 일어나게 하신다. (따라서 법대로 행지하기만 하면 이와 같은 지극히 승묘한 과보를 얻을 수 있다.)

(총괄해 말하면 인을 믿고 과를 믿어야 한다. 특별히 이 정토법문은 제일 방편이고 지극한 원돈법문으로 범부가 쉽고 간단하게 정업을 행지하면 정토의 지극히 수승한 과보를 증득할 수 있음을 알아야 한다.)

又決定深信釋迦佛說此《觀經》三福九品、定散二善，證贊彼佛依正二報，使人欣慕。

또한 《아미타경》에서 시방세계 항하사수의 제불께서 (광장설상을 내밀어) 일체 범부가 (신수봉행하면) 결정코 정토에 왕생할 수 있다고 증명하고 권유하심을 결정코 깊이 믿어야 한다.

(이는 제불의 진실한 말씀을 하시어 이 지극히 불가사의한 일에 대해 자신의 현량現量으로 써 증지證知하시고 중생을 위해 증명하셨다. 한 분 부처님이 아니라 시방세계 항하사수의 제불께서 공동으로 이 일을 증명하셨다. 이는 지극히 믿고 얻기 어려운 법이기 때문에 우리는 제불의 권유에 수순하여 믿음 발원 염불행을 갖추기만 하면 곧 지극히 승묘한 정토에 왕생할 수 있다. 이러한 믿음이 생기면 결정코 일심으로 서방극락으로 나아갈 수 있다.)

又決定深信《彌陀經》中十方恒沙諸佛證勸一切凡夫決定得生。

또한 깊은 믿음에는 일체 정업행자가 일심으로 오직 부처님의 말씀(言敎)만 믿고 받들며, 목숨을 돌보지 않고, 결정코 가르침대로 받들어 행하길 간절히 바라는 뜻이 들어있다. 부처님께서 버리라고 하시면 즉시 버리고, 부처님께서 받들어 행하라 하시면 즉시 받들어 행하고, 가라고 하시면 즉시 가야 한다. 이래야 부처님의 거룩한 가르침에 수순함이라 하고, 부처님의 뜻에 수순함이라 하며, 부처님의 자비대원에 수순함이라 한다. 이래야 진정한 불제자라 한다.

(여기서 대사께서 간절히 바라는 말씀으로 우리들에게 분부하시니, 이른바 깊은 믿음이란 바로 우리가 정업행자로서 일심으로 오직 부처님의 성언량을 믿고 받아들여서 받들어 행함이다. 마치 말을 잘 듣는 아이가 스승과 부모님의 가르침을 믿는 것처럼 반드시 부처님의 불가사의한 지혜로 인가한 정토법문을 믿어야 한다. 내가 부처님께서 설하신

방법대로 하면 반드시 그 심원하고 불가사의한 이익을 얻을 수 있다. 비록 내가 현전에서 증지證知할 수 있는 것이 아닐지라도 부처님의 거룩한 가르침을 지극히 믿음으로 인해 설령 목숨을 희생할지라도 마다하지 않고 부처님의 거룩한 말에 의지하여 행하여야 한다. 왜냐하면 이 법문은 무수한 생명의 가치 보다 낫기 때문이다.

이러한 견고한 믿음이 있으면 일심으로 부처님 말씀을 받들어 행하여야 한다. 부처님께서 나에게 버리라고 가르치면 나는 버릴 것이고, 부처님께서 나에게 행하라고 가르치면 행할 것이며, 부처님께서 정토에 가라고 가르치면 나는 즉시 갈 것이다. 이는 부처님의 거룩한 말씀에 수순함이요, 부처님의 뜻에 수순함이요, 부처님의 자비대원에 수순함이라 불리고, 이래야 진정한 불제자이다. 이른바 「제자」는 스승의 가르침을 따르고 받드는 사람이다.)

又深信者 , 仰願一切行者等 , 一心唯信佛語 , 不顧身命 , 決定依行。佛遣舍者即舍 , 佛遣行者即行 , 佛遣去處即去。是名隨順佛教 , 是名隨順佛意 , 是名隨順佛願 , 是名眞佛弟子。

또한 일체 정업행자는 이《관경》에 의거하여 깊은 신심을 일으켜 부지런히 수행한다면 결코 중생을 그르치지 않을 것이다.

어떤 연고인가? 부처님께서는 복덕이 구경원만하고 대자비를 갖춘 연고로 (조금도 손해를 본다는 마음이 없고 혹은 이익을 본다는 마음을 짓지 않아 일체 행을 통해 모두 진심으로 중생을 위해 즐거움을 베풀고, 괴로움에서 벗어나게 하며, 교법을 선설하신다. 그래서 이 법은 우리를 이롭게 할 수 있다.)

또한 부처님에게는 원만한 지혜가 있어 진리의 사실을 꿰뚫어 보고 특별히 정토법문의 사리와 인과를 조견한다. 그래서 부처님께서 선설하시는 것은 성실하고 진실한 말인 연고로 완전히 사실과 일치한다.

(그래서 나는 부처님의 정토성교를 수순하고 실행하여 이번 생에 고해를 멀리 여의고 정토에 태어나며, 횡으로 생사를 가로질러 불퇴전지를 현증現證하고 속히 해탈하여 성불할 수 있다. 이래야 이것이 일대사인연이고 이것이 특별한 방편임을 안다. 그래서

부처님께서 본 것은 조금도 잘못이 없으니, 내가 이 법문에 따라 행하면 당연히 어떠한 지체도 그르침도 있을 리 없다. 오히려 바로 가로질러 끝마치고 빨리 원만히 이룬다. 그래서 이러한 믿음이 있으면 확고하게 받들어 행할 수 있다.

아래는 다른 일면에서 부처님의 마음과 부처님의 말씀이 최고의 현량임을 드러내 보인다.)

又一切行者 , 但能依此經深信行者 , 必不誤衆生也。何以故 ? 佛是滿足大悲人故 , 實語故。

(이는 부처님과 보살의 차이를 비교한 것이다. 부처님께서는 법왕의 자리에 높이 거하면서 일체 자재하고 지혜에 의지해 분명히 이해하지 못함이 없다. 보살은 위없는 과위에 도달하지 못하여 깊고 깊은 법문에 대해 철저히 알 길이 없어 반드시 부처님의 성언량에 의지해야 선설할 수 있다.)

부처님(구경과위)을 제외하고 이하 보살은 지혜와 행지行持가 여전히 원만하지 못하여 학지(學地; 불도를 수학할 때 수행 경지가 남아 있다)에 머물러 번뇌와 습기 두 가지 장애를 철저히 끊지 못하고 과위와 대원은 여전히 구경원만하지 못하다. 이러한 범부와 성인은 제불께서 가르치신 뜻을 헤아려 알지라도 결코 또렷이 이해할 수 없다. (구경을 증득하지 못한 연고로 완전히 결단할 수 없다.) 비록 의론한 것이 있을지라도 반드시 부처님께 인증을 청하여야 결정할 수 있다.

만약 부처님의 마음(이나 지혜로 본 것)과 맞으면 곧 인가하여 "이와 같고 이와 같다." 말할 것이다. (당신이 말한 것이 부처님의 마음과 부합하고, 거룩한 뜻과 부합하거나 사실과 부합한다고 말한다.) 만약 부처님의 뜻과 맞지 않으면 "그대들이 말한 의리는 이와 같지 않다(사실과 부합하지 않는다)"고 말할 것이다. 인가하지 않는 경우 부처님의 수기가 없고, 이익이 없다는 말과 동일하다. 부처님께서 인가하신 경우 곧 부처님의 정교正教에 수순한다.

부처님께서는 자신을 위없는 도사로 삼으시니, 그의 일체 언설은 반드시 다른 사람의 인가를 받을 필요가 없다. 왜냐하면 부처님께서는 진제眞諦를 철저히 보아서 중생이 알고 인식하는 그대로(如量) 실답게 있는 그대로(如實) 선설하신 것이기 때문이다. 그래서 부처님의 모든 언설은 곧 정교正敎·정언正義·정행正行·정해正解·정업正業·정지正智이다. (바꾸어 말하면 부처님께서 뜻을 나타낼 수 있는(能詮) 말씀은 바로 진실한 가르침이며, 말에 의해 나타나는(所詮) 뜻은 진실한 뜻이며, 이 교법의 규범에 의지해 행지함은 진실한 행이고, 이익과 안락을 얻을 수 있는 정인正因이며, 이것에 의지해 이해한 말은 진실한 이해이자 제법을 진실로 이해한 진실의이며, 이것에 의지해 신구의 삼업으로 일으킨 일체 활동은 진실한 업이며, 이것에 의지해 행한 결택은 진실한 지혜이다.)

많거나 적거나 관계없이 모두 보살과 인천 등에게 물어서 그것이 옳고 그른지 결정하지 않고, 부처님께서 직접 인가하실 수 있다. 만약 부처님께서 말씀하신 것이라면 곧 진실한 가르침을 드러낸 요의了義의 가르침이다. 보살이 말한 것이라면 전부 방편으로 가르침을 드러낸 불요의不了義의 가르침으로 부처님의 인가를 받아야 한다. 마땅히 이러한 이치를 알아야 한다.

除佛已還 , 智行未滿 , 在其學地 , 猶有正習二障未除 , 果願未圓。此等凡聖 , 縱使測量諸佛教意 , 未能決了。雖有平章 , 要須請佛證爲定也。若稱佛意 , 卽印可言 , 如是如是。若不可佛意者 , 卽言汝等所說 , 是義不如是。不印者 , 卽同無記無利無益之語。佛印可者 , 卽隨順佛之正敎。若佛所有言說 , 卽是正敎、正義、正行、正解、正業、正智。若多若少 , 總不問菩薩人天等 , 定其是非也。若佛所說 , 卽是了敎。菩薩等說 , 盡名不了敎也。應知。

그래서 지금 (나는) 일체 왕생에 인연이 있는 자에게 권하나니, "그대들은 오직 부처님의 말씀을 깊이 믿어야 하고, 일심으로 (아미타부처님 명호에) 전념하여 (간절히) 받들어 행해야 한다. 보살 등의 말씀 중에 (정토법문의) 가르침과 상응하지 않는 것은 결코 믿어서는 안 된다. 이러면 마음속에 의심과 장애가 형성되어 갖가지 미혹을 품게 되고 이로부터 왕생의 큰 이익을 놓치게 된다.

是故今時仰勸一切有緣往生人等 , 唯可深信佛語 , 專註奉行。不可信用菩薩等不相應敎 ,
以爲疑㝵 , 抱惑自迷 , 廢失往生之大益也。

또한 깊은 마음으로 깊은 믿음을 일으킴은 반드시 자심의 신념과 방향을 굳건히
세워서 부처님의 언교에 순응하여 거슬리지 않도록 수행하여 영원히 의심과
잘못된 점을 소멸시키고, (순수하고 올바르게 정토의 경법에 따라 실행하여) 일체의
다른 이해와 다른 수행방식이나 다른 배움 견해 집착 등으로 인해 자심에서
물러나거나 신념이 흔들리지 않음을 가리킨다."

又深心深信者 , 決定建立自心 , 順敎修行 , 永除疑錯。不爲一切別解、別行 , 異學、異見、
異執之所退失傾動也。

묻건대, 범부는 지혜가 매우 얕아 번뇌와 미혹의 장애에 깊이 빠져 있다.
(그래서 그는 법문에 대해 맹인과 마찬가지로 사실을 알아보지 못한 채 여전히 미혹하여
분명하지 못한 상태에 놓여 있을 것이다.) 만약 해문解門과 행문이 다른 사람과
만나, 그들이 매우 많은 경론을 인용하면서 일체 죄악과 업장이 많은 범부는
그렇게 수승한 정토에 왕생할 수 없다고 주장하면 이때 마땅히 어떻게 그의
방해에 대처하여야 자신의 믿음을 성취하여 결정코 직진하고 물러서는 마음이
생기지 않을 수 있겠는가?

問曰：凡夫智淺 , 惑障處深 , 若逢解行不同人 , 多引經論來相妨難 , 證云一切罪障凡夫
不得往生者。云何對治彼難 , 成就信心 , 決定直進 , 不生怯退也？

[1] 인으로 나아가서 믿음을 세움(就人立信)

답하되, 만약 어떤 사람이 매우 많은 경론을 인용하여 일체 죄악과 업장이
많은 범부는 불국정토에 왕생할 수 없다고 주장하면 정업행자는 곧 이렇게
답하여야 한다. "그대가 비록 매우 많은 경론을 인용하여 왕생할 수 없다고

주장하지만 나의 신해(信解; 부처님의 교법을 믿고 이해함)에 따라 결정코 당신의 파괴를 따르지 않을 것이다."

答曰：若有人多引經論證云不生者，行者卽報云，仁者雖將經論來證遣不生，如我意者，決定不受汝破。

왜 당신의 파괴를 겪지 않는가? 비록 나도 (그대가 인용한) 이런 경론을 믿지 않는 것이 아니라 이런 경론에 대해 전부 믿는다. 그러나 부처님께서 이런 경을 선설하실 때 설법하는 처소가 다르고, 시절이 다르며, 근기가 다르며, 이익이 다르다. (바꾸어 말하면 그런 시절, 그런 장소, 그런 근기에 대해 그런 이익을 실현하기 위해 그런 교법을 선설한 것이다.) 게다가 부처님께서 이 경을 설하신 시절은 《관무량수경》과 《아미타경》 등을 설하신 시절이 다르다. (부처님의 말씀은 모두 근기에 계합하고 순응하여 교법을 시설하고 이익을 이루는 것이다.) 근기가 무량한 종성이 있는 연고로 부처님께서 설하신 교법은 크게 다름이 있다. (의사가 다른 환자를 보는 것과 같이, 그가 처방하는 약도 반드시 환자들의 병세를 보아야 한다. 환자들은 그 병세가 많이 다르고, 구하는 이익도 각자 달라서 의사가 시설한 치료법도 모두 다르다. 그때, 그곳, 그 사람, 그 이익을 위하여 시설한 처방으로 이때, 이곳, 이 사람, 이 이익을 위하여 시설한 처방을 파괴해서는 안 된다.)

총괄해 말하면 부처님의 일대성교는 통도通途법문과 특별법문 두 가지로 구분할 수 있다. 이들 경론은 인천(사람과 천인)과 보살의 해문解門과 행문行門에 대해 통설通說한 것이고, 지금 《관무량수경》에서 정선과 산선 두 법문을 선설할 때 오직 위제희와 부처님께서 멸도하신 후 오탁五濁 오고五苦 등 일체 범부를 위해서 우리들이 모두 왕생할 수 있음을 증명한다. (여기에는 네 가지 특별법문이 있다. 미래 오탁의 시대에 응하여 이러한 염부제 예토에서 나 같은 이러한 환자를 겨냥하여 이때, 이곳, 이 근기, 이 이익을 필요로 하는 사람에게 특별히 개설한 처방이다. 당신은 저때, 저곳, 저 근기, 저 이익의 법을 가지고 이 법문을 깨뜨리지 말아야 한다.)

이러한 인연으로 나는 일심으로 부처님의 성교聖教에 의지해 결정코 받들어 행할 것이다. 설사 당신들 백천만 억 사람이 모두 여기서 왕생할 수 없다고 부정하며 말할지라도 오히려 왕생할 수 있다는 믿음을 자라게 하여 성취할 뿐이다.

何以故？然我亦不是不信，彼諸經論，盡皆仰信。然佛說彼經時，處別，時別，對機別，利益別。又說彼經時，卽非說觀經彌陀經等時。然佛說教被機，大有不同。彼卽通說人天菩薩之解行。今說《觀經》定散二善，唯爲韋提及佛滅後五濁五苦等一切凡夫，證言得生。爲此因緣，我今一心依此佛教，決定奉行。縱使汝等百千萬億潭不生者，唯增長成就我往生信心也。

(다음은 점차 한 층 더 믿음을 자라게 하여 지극히 깊고 깊어져 흔들리지 않을 정도로 성취하게 하여야 한다. 그래서 대사께서는 점차 각 방면의 교량教量을 인용하여 믿음을 견고히 하신다. 여기서 우리는 이른바 신앙의 함의를 체득할 수 있어야 한다.)

정업행자는 곧 한걸음 나아가 말하길, "그대는 잘 들을지니, 나는 지금 그대를 위해 다시 결정코 믿는 모습을 설명하겠다. 설령 아라한 벽지불과 지전보살地前菩薩 등이 한 사람이나 여러 사람 내지 시방세계에 가득할 정도로 무수한 사람이 모두 갖가지 경론을 인용하여 (죄악과 업장이 많은 범부는 극락정토에) 왕생할 수 없다고 주장할지라도 나는 또한 일념의 의혹도 일으키지 않고, 오히려 청정한 믿음을 자라게 하여 성취할 뿐이다. 어떤 연고인가? (바로 내가 부처님의 말씀을 믿기 때문이다. 부처님보다 높은 교량教量이 없나니, 아무리 많은 나한, 벽지불, 지전보살도 부처님에 이르지 못할 만큼 그 차이가 크다. 그리고 부처님은 실상을 철저히 보아 드러난 의리는 가장 구경에 철저하고, 또한 조금도 오류가 없어 어떠한 무명·망견이나 이치에 맞지 않고 근기에 맞지 않는 말과 뒤섞이지 않는다. 그래서 매우 많은 지전보살·성문·연각이 한곳에 합쳐도 모두 부처님의 지혜에 일분에도 견주지 못한다. 모든 언어는 철견徹見할 때 말한 것이 없기에 어떻게 한마디 부처님 말씀에 견줄 수 있겠는가?)

그래서 부처님의 언교는 결정코 (구경의 실의를 드러내는) 요의了義를 성취하여 일체 주장에 파괴되지 않는 까닭이다. (그래서 나의 믿음이 조금도 흔들리지 않고 오히려 나의 믿음을 자라게 할 뿐이다.)

又行者更向說言：仁者善聽，我今爲汝更說決定信相。縱使羅漢、辟支、地前菩薩等，若一若多，乃至遍滿十方，皆引經論證言不生者，我亦不起一念疑心，唯增長成就我淸淨信心。何以故？由佛語決定成就了義，不爲一切所破壞故。

(한걸음 더 나아가 믿음의 모습은 일체에 파괴되지 않고 일체에 저지되지 않음을 설명한다. 그것은 어떤 사람도 그를 물러나게 할 수 없으면 이를 「깊은 믿음」이라 한다.)

또한 정업행자는 잘 들을지니, 설사 초지 이상 십지 이하의 보살이 한 사람이나 여러 사람 내지 시방세계에 가득할 정도로 무수한 사람이 이구동성으로 모두 말하길, "석가모니부처님께서 가리켜 보이신 것은 아미타부처님을 찬탄하고, 삼계육도 중생을 힐책하여서 중생에게 전심으로 염불하고 다른 선행을 닦아서 결국 이번 몸이 다한 후 반드시 서방정토에 태어날 것이라고 권유하고 격려함이다. 그러나 이는 반드시 허망한 말이니 그대로 믿어서는 안 된다."

又行者善聽，縱使初地已上，十地已來，若一若多，乃至遍滿十方，異口同音皆云，釋迦佛指贊彌陀，毀呰三界六道，勸勵衆生專心念佛及修余善，畢此一身後，必定生彼國者，此必虛妄，不可依信也。

나는 비록 이런 말을 들을지라도 또한 일념도 의심하지 않고, 오히려 결정코 (깊은 믿음이 지극한) 상상上上의 믿음을 자라게 하여 성취하게 할 뿐이다. (「상상」은 이미 절정에 이름을 표시한다. 이러한 믿음은 금강과 같이 견고하여 일체 파괴를 겪지 않는다. 어떤 신분의 사람이든 수량이 얼마이든, 언사言辭가 얼마이든, 인증引證이 얼마이든 모두 그것을 흔들고 파괴할 수 없다. 이러한 견고한 믿음을 결정코 성취할 수 있다. 그래서 대사께서 다시 말한 깊은 믿음, 그 믿음의 상은 이 이면도 매우 깊고 이것에 따라 성취한 이익도 매우 깊다.)

여기서는 이리저리 말하여 나를 파괴할수록 나의 믿음이 자란다고 말한다. 어떤 연고인가? 부처님의 말씀은 진실하고 (일체종지一切種智로 철저히 조견하여) 결정코 요의를 성취하기 때문이다. 부처님께서는 진실로 알고, 진실로 이해하며, 진실로 보고, 진실로 증득하니, 부처님의 언교는 의심하는 마음에서 나오는 것이 아니다. 또한 나는 일체보살의 다른 견해와 다른 이해로 파괴되지 않는다. 만약 당신이 진실한 보살이면 마땅히 부처님의 가르침에 어긋나지 말아야 한다. (그 말은 마땅히 부처님의 뜻과 맞아야 한다.)

我雖聞此等所說 , 亦不生一念疑心 , 唯增長成就我決定上上信心。何以故？乃由佛語眞實決了義故。佛是實知、實解、實見、實證 , 非是疑惑心中語故。又不爲一切菩薩異見、異解之所破壞。若實是菩薩者 , 總不違佛敎也。

또한 한걸음 나아가 이 일을 설명하면 (믿음이 강고한 모습을 완전히 털어놓고 이렇게 겨루는 상황을 극한까지 밀어붙인다. 부처님 이하의 다른 사람은 말할 필요도 없다.) 정업행자는 마땅히 알지니, 설사 화신불·보신불이 한 분이나 여러 분 내지 시방세계 가득할 정도로 무수한 부처님이 하나하나 대 광명을 놓고 광장설상을 내밀어 시방 무수한 세계를 두루 덮고서 (이로써 자신이 말한 것이 진실한 말임을 증명하며) 이구동성으로 말하길, "석가모니부처님께서 선설하신 것은 극락세계를 찬탄하고서 일체범부에게 전심으로 염불하고 기타 선행을 수지하고 회향발원하면 서방정토에 태어날 수 있다고 권유해 말함이다. 이는 허망한 말이니 사실에 맞지 않고 결정코 이런 일은 없다."

又置此事。行者當知 , 縱使化佛報佛 , 若一若多 , 乃至遍滿十方 , 各各輝光吐舌遍覆十方 , 一一說言 , 釋迦所說西方淨土 , 指贊勸發一切凡夫 , 專心念佛及修余善 , 回願得生彼淨土者 , 此是虛妄 , 定無此事也。

내가 비록 제불의 말씀을 들을지라도 결국 일념에 의심하여 물러나는 마음을 일으켜서 미타정토에 왕생할 수 없을까 두려워해서는 안 된다.

我雖聞此等諸佛所說 , 畢竟不起一念疑退之心 , 畏不得生彼佛國也。

왜 의심하지 않고 물러나 후회하는가? 왜냐하면 (부처님과 부처님께서는 도가 같고) 한 부처님과 일체 부처님께서는 모든 지견知見·해행解行·증오證悟·과위果位·대비심은 완전히 동등하여 조금도 차별이 없다. 그래서 한 부처님께서 제정하신 궤칙軌則은 곧 일체 부처님이 공동으로 제정하신 궤칙이다.

예컨대 이전 세상의 부처님께서는 제정하신 살생 등 열 가지 악업을 끊고 필경 범하지도 행하지도 않음을 십선十善 십행十行과 육도六度에 수순하는 의리라 칭한다. 만약 이후 세상의 부처님께서는 어떻게 이전 부처님께서 제정하신 십선을 고쳐서 중생에게 십악을 행하라고 하겠는가? (인과의 법칙에서는 완전히 동등하니, 시공이 바뀌었다고 해서 진리의 법칙이 바뀌지 않는다. 이것이 바로 이른바 일체 불경은 모두 「여시如是」 두 글자로써 시작되는 이유이다. 「여如」자는 둘이 아님이고, 「시是」는 그름이 없다. 이는 부처님의 경법은 모두 시방삼세 일체 일에 관철되니, 그것은 삼세에 바뀌지 않고 십계는 같은 세계임을 말한다. 그래서 부처님께서 선설하신 삼승법三乘法은 모두 바뀌지 않는다.) 이러한 도리로써 추론 검증하면 제불의 언행은 서로 어긋나지 않고 완전히 일치하는 것임을 명확히 알 수 있다.

그래서 세존께서 가리켜 보이신 것은 일체 범부에게 이 보신報身이 다하도록 전념專念 전수專修하여 임종한 후 결정코 극락정토에 왕생할 것을 권유하심이다. 이때 시방제불께서 모두 함께 찬탄하고 함께 권유하며 함께 증명하신다. 어떤 연고인가? 제불께서는 모두 동체대비이기 때문이다. 한 부처님의 교화하시는 것은 일체 부처님께서 교화하심이고 일체 부처님의 교화하시는 것은 바로 한 부처님께서 교화하심이다. (결코 자신과 타인의 입장에서 편집偏執하는 마음이 없다.)

何以故？一佛一切佛，所有知見、解行、證悟、果位、大悲等同，無少差別。是故一佛所制，即一切佛同制。如似前佛制斷殺生十惡等罪，畢竟不犯不行者，即名十善止行隨順六度之義。若有後佛出世，豈可改前十善令行十惡也？以此道理推驗，明知諸佛言行不相違失。故使釋迦指勸一切凡夫，盡此一身專念專修，舍命已後定生彼國者，即時十方諸佛悉皆同贊同勸同證。何以故？同體大悲故。一佛所化，即是一切佛化。一切佛化，即是一佛所化。

(예를 들면) 즉 《아미타경》에서 말씀하시길, 석가모니부처님께서는 극락세계의 갖가지 장엄을 찬탄하신다. 또한 일체 범부에게 하루 내지 이레 동안 일심으로 아미타불 명호를 전념하여 결정코 왕생할 수 있다고 권유하신다. 이어서 아래 경문에서 말하길, 시방세계에서 각각 항하사수의 제불께서 같은 소리로 석가모니부처님께서는 이러한 오탁악세, 악한 세상에 악한 중생이 (운집하여) 악한 견해가 (극에 달하여) 죄악 번뇌와 죄악 사견을 끊지 못하고 정법을 믿지 못하는 등 오탁·오악이 불길같이 매우 왕성할 때 마침내 아미타부처님 명호를 표현 찬탄하면서 중생에게 명호를 칭념하면 반드시 왕생할 수 있다고 권유·격려하신다고 찬탄한다. (이는 곧 지극히 희유하고 얻기 어려운 일이다!) 이는 곧 제불께서 석가모니부처님께 인증하여 준 것이다.

即《彌陀經》中說，釋迦贊嘆極樂種種莊嚴。又勸一切凡夫，一日七日一心專念彌陀名號，定得往生。次下文云，十方各有恒河沙等諸佛，同贊釋迦，能於五濁惡時、惡世界、惡衆生、惡見、惡煩惱、惡邪無信盛時，指贊彌陀名號，勸勵衆生稱念，必得往生，即其證也。

또한 시방제불께서 중생이 석가모니 한 분 부처님께서 설하신 것을 믿지 않을까 두려워 같은 마음으로 동시에 각자 장광설상을 내밀어 삼천대천세계를 두루 덮고서 (부처님의 이 말씀이 진실하고 헛되지 않음을 드러내 보이고) 진실한 말로 설하길, 그대 중생들은 모두 마땅히 석가모니부처님께서 설하신 것(의정장엄 왕생이익), 찬탄하신 것, 증명하신 것(일체 인과 사리)을 믿고 받아들일지라.

일체범부는 과거의 죄와 복이 얼마인지, 수행한 시간이 긴지 짧은지 관계없이 이번 생에 위로는 백년 수명이 다하도록, 아래로는 하루에서 이레 동안 일심으로 아미타부처님 명호를 전념하면 반드시 정토에 왕생할 수 있고 이 일은 반드시 의심이 없다.

又十方佛等 , 恐畏衆生不信釋迦一佛所說 , 卽共同心同時 , 各出舌相遍覆三千世界 , 說 誠實言 : 汝等衆生 , 皆應信是釋迦所說所贊所證。一切凡夫 , 不問罪福多少 , 時節久 近 , 但能上盡百年 , 下至一日七日 , 一心專念彌陀名號 , 定得往生 , 必無疑也。

그래서 한 부처님께서 설하신 것은 곧 일체 부처님께서 공동으로 증명한 사실이다. 요컨대 일체 부처님이 모두 이 일을 증명해 아시니, 이는 결정코 진실한 법문이다. 이것을 곧 「인人으로 나아가서 믿음을 세우는 것(就人立信)」이라 한다. (여기서 「인人」은 아미타부처님, 석가모니부처님과 시방일체제불을 가리킨다.)

(요컨대 이는 부처님의 위없는 증량證量과 성교량聖敎量으로써 믿음을 건립하는 것이다. 이렇게 건립한 믿음은 일체 파괴되지 않고, 일체 물러나지 않으며, 일체 바뀌지 않으니, 일심으로 결정코 극락에 태어나길 구하면 이를 깊고 깊은 믿음이라 한다. 이 안에 깊은 믿음의 함의가 있다.)

是故一佛所說 , 卽一切佛同證成其事也。此名就人立信也。

[2] 행으로 나아가서 믿음을 세움(就行立信)

(인人으로 나아가서 믿음을 건립한 후) 이어서 행으로 나아가서 믿음을 건립하여야 한다. (말하자면 자신의 행문에 대해 믿음을 세움에 따라 조금도 의심이 없이 이와 같이 행지한다.) 또한 행법에는 두 가지가 있으니, 첫째는 정행이고 둘째는 잡행이다. (이를 선택할 줄 알아야 함을 분명히 한다.)

次就行立信者 , 然行有二種 : 一者正行。二者雜行。

우선 정행의 체상을 분명히 이해해야 한다. 총괄해 말하면 정토에 왕생하는 경법에 전일하게 의지하여 끊임없이 행지함을 「정행正行」이라 한다. (이른바 「정正」은 다른 것을 뒤섞지 않고 전일하게 정토 경법에, 일심으로 정토에 연하여 수행한다.)

구체적으로 드러난 모습은 어떠한가? 곧 일심으로 《관무량수경》·《아미타경》·《무량수경》이 정토삼부경 등(기타 서방정토의 경론)을 전일하게 독송한다. (독송뿐만 아니라) 서방정토의 의보·정보 장엄을 전일하게 사유·관찰·억념하여야 한다. 만약 예배를 행하면 일심으로 아미타부처님께 전일하게 예배하고, 입으로 명호를 부르면 일심으로 아미타불 부처님 명호를 전일하게 부르며, 만약 찬탄·공양하면 일심으로 아미타부처님을 전일하게 찬탄·공양해야 한다. 이를 「정正」이라 한다. (요컨대 전專을 정正으로 삼는다.)

言正行者 , 專依往生經行行者 , 是名正行。何者是也 ？一心專讀誦此《觀經》《彌陀經》《無量壽經》等。一心專註思想觀察憶念彼國二報莊嚴。若禮 , 卽一心專禮彼佛。若口稱 , 卽一心專稱彼佛。若贊嘆供養 , 卽一心專贊嘆供養彼佛。是名爲正。

정행正行 중에서도 또한 다시 두 가지가 있다. 첫째는 일심으로 아미타불 부처님 명호를 전념하여 가거나 머물거나 앉거나 눕거나 수행하는 시절이 멀든 가깝든 관계 없이 염념마다 여의지 않음을 **「정정正定의 업」**이라 하니, 아미타부처님 본원에 따라 합하는 연고이다. 예배 독송 등 행법에 의지해 수지함을 **「조업助業」**이라 한다.

又就此正中 , 復有二種：一者一心專念彌陀名號 , 行住坐臥 , 不問時節久近 , 念念不舍者 , 是名正定之業 , 順彼佛願故。若依禮誦等 , 卽名爲助業。

정정업과 조업 두 가지 행법을 제외하고 그 밖에 다른 선근을 닦아 회향 왕생하는 것은 모두 **「잡행雜行」**이라 한다.

정행과 잡행은 어떤 차이가 있는가? 아래에서 구체적으로 드러내 보인다.

除此正助二行已外，自余諸善悉名雜行。

만약 앞에서 말한 정정업과 조행 두 가지 행법을 닦는다면 마음은 항상 아미타부처님과 극락정토와 가까이 하고 억념할 뿐만 아니라 부처님과 정토의 억념이 항상 이어져서 끊어지지 않는다. 그래서 「무간無間의 행」이라 한다.

만약 뒤에서 말한 잡행을 행하면 마음이 늘 그치거나 끊어진다. (일반 범부의 마음이 한꺼번에 두 가지 경계로 향할 수 없고, 다른 경계로 향할 때 아미타부처님과 서방정토로 향함이 없어 마음이 항상 끊어지게 된다.) 비록 닦은 선근을 회향하여 왕생할 수 있을지라도 총괄해 소잡疏雜의 행이라 한다. 말하자면 마음과 마음이 상응하는 정도에서 비교적 소원하고 뒤섞여 있다.

若修前正助二行，心常親近憶念不斷，名爲無間也。若行後雜行，卽心常間斷，雖可回向得生，總名疏雜之行也。

이상으로 마음으로 나아가고 행으로 나아가며 믿음을 건립하는 것을 「깊은 마음(深心)」이라 한다.

故名深心。

"셋째는 회향발원심廻向發願心이니라."

회향발원심이라 함은 자신이 지은 것(自作)으로 과거와 금생에 신구의 삼업으로 닦은 세간 출세간의 일체 선근 및 남을 따라 기뻐하는 것(隨喜他)으로, 자신의 바깥 일체 범부와 성인이 신구의 삼업으로 닦은 세간 출세간의 일체 선근, 이러한 자신과 남이 닦은 세간 출세간의 일체 선근을 전부 진실로 깊이 믿는 마음 가운데 회향하여 정토에 왕생하길 발원함을 가리킨다. 그래서 회향발원심이라 한다.

다음으로 회향하는 대상·회향하는 주체·회향하는 곳, 세 가지 점에서 해석한다.

첫째, 회향하는 대상은 자신이 지은 선근과 남을 따라 기뻐하는 선근의 두 가지 선근을 포괄한다. 자신이 지은 방면은 과거 일체 생 동안 및 금생에 신구의 삼업으로 닦은 세간과 출세간의 모든 선근이다. 남을 따라 기뻐하는 방면은 바로 일체 범부와 성인, 신구의 삼업으로 닦은 세간·출세간의 모든 선근이다. 이 두 가지가 회향하는 대상인 선근이다.

둘째, 회향하는 주체의 마음은 진실한 깊은 믿음으로 여전히 용맹하고 예리한 욕구를 포괄하고, 이렇게 믿음과 발원으로써 선근을 섭지攝持함이다. 셋째, **회향하는 곳**은 바로 저 아미타부처님 정토에 태어나길 기원함이다.

이러한 마음을 일으킴을 회향발원심이라 한다.

三者回向發願心。言回向發願心者，過去及以今生，身口意業所修世出世善根，及隨喜他一切凡聖身口意業所修世出世善根。以此自他所修善根，悉皆眞實深信心中，回向願生彼國。故名回向發願心也。

또한 회향발원하고 극락에 태어나길 원함(回向發願願生)이란 반드시 결정코 진실한 마음으로 회향발원하고 자신이 극락에 태어날 것이라 생각해야 한다. (이는 조금도 주저함이 없고 마음속에서 완전히 결정된 일이다.) 이러한 깊이 믿는 마음은 마치 금강처럼 견고하여서 (아무리 불이 붙어도, 아무리 바람이 불어도, 아무리 물에 잠겨도 그 속성이 바뀌지 않듯이) 일체의 견해가 같지 않고 배우는 것이 같지 않으며, 이해가 다르고 행이 다른 수행인으로 마음속이 조금도 동요되거나 어지러워지거나 파괴되지 않는다. (이렇게 강철 같은 마음으로 조련함을 금강의 마음이라 한다.)

오직 결정코 단연코 일심으로 (두리번거리지 말고) 곧장 서방을 향해 전진해야 한다. 다른 사람의 말을 들어서는 안 된다. 그러면 나아갔다 물러갔다 안정되지 않은 상황이 생기고, (범부인 내가 어떻게 왕생할 수 있는가?) 겁약한 마음을 품게 된다. 또한 방황하고 돌아보아 왕생의 정도를 잃게 되면 왕생의 큰 이익을 잃어버리게 된다.

又回向發願願生者 , 必須決定眞實心中回向發願 , 作得生想。此心深信 , 猶若金剛。不爲一切異見、異學、別解、別行人等之所動亂破壞。唯是決定一心 , 投正直進。不得聞彼人語 , 卽有進退 , 心生怯弱 , 回顧落道 , 卽失往生之大益也。

묻건대, 만약 해문解門과 행문行門이 서로 다르고, 견해가 그릇되고 이것저것 뒤섞인 사람 등이 와서 (수행이란 미명하에) 서로 미혹 · 혼란시키거나 갖가지 의심스럽거나 어려운 점을 강설하면서 (죄악과 업장이 많은 범부는) 결정코 왕생할 수 없다고 말한다. 예컨대 말하길, 그대들 이런 중생은 광겁이래 금생에 이르기까지 줄곧 신구의 삼업으로 일체 범부 · 성인의 몸으로 그렇게 많은 십악十惡 · 오역(五逆: 무간 지옥에 떨어진다는 다섯 가지 악행) · 사중(四重: 네 가지 금계禁戒를 범한 죄) · 방법(謗法: 사람을 저주로 해하는 주술) · 천제(闡提; 살생을 많이 해 선한 성품이 전혀 없음) · 파계破戒 · 파견破見 등의 죄업을 지어 다 제거할 수 없다. 그러나 이러한 죄업은 모두 마음이 삼악도에 속하니 어떻게 일생에 삼복을 닦고 염불하여 곧 저 무루無漏 · 무생無生의 불국토에 들어가 영원히 불퇴전위不退轉位를 증득하겠는가? (이는 인과에 부합하지 않은 일이다.)

問日 : 若有解行不同 , 邪雜人等 , 來相惑亂。或說種種疑難 , 竝不得往生。或云 : 汝等衆生曠劫已來 , 及以今生 , 身口意業 , 於一切凡聖身上 , 具造十惡、五逆、四重、謗法、闡提、破戒、破見等罪 , 未能除盡。然此等之罪 , 系屬三界惡道。云何一生修福念佛 , 卽入彼無漏無生之國 , 永得證悟不退位也？

답하되, 제불께서 중생에게 가르치신 수행은 항하사수를 뛰어넘는 법문이 있는데, 이는 모두 중생의 타고난 업식과 기연에 맞추어 각자의 심리취향과 상황인연 등에 따라 (같지 않은 법문을 시설하고, 같지 않은 이익을 일으키니) 결코 천편일률이 아니다.

예컨대 세상 사람의 안목으로 볼 수 있고 믿을 수 있는 일은 모두 갖가지 차별·성향·공능이 있어, 마치 광명이 어둠을 몰아낼 수 있으며, 허공이 함유할 수 있고, 대지가 만물을 싣고 기를 수 있으며, 물이 싹을 틔우고 적시는 공능이 있고, 불이 익히고 파괴하는 공능이 있는 것과 같다. 이와 같은 등의 일은 모두 대대待對하는 법이라 한다. 곧 눈으로 볼 수 있는 것이 천차만별이거늘 하물며 불법의 불가사의한 역용도 어찌 갖가지 이익이 없겠는가?

答曰：諸佛敎行，數越塵沙。稟識機緣，隨情非一。譬如世間人眼可見可信者，如明能破暗，空能含有，地能載養，水能生潤，火能成壞。如此等事，悉名待對之法。卽目可見，千差萬別。何況佛法不思議之力，豈無種種益也？

(깊고 깊은 불법에 대해) 한 법문을 냄에 따라 곧 일체 번뇌문을 내고, 한 법문으로 들어감에 따라 일체 해탈지혜문으로 들어갈 수 있다. 그래서 각자 자신의 인연에 따라 수행을 일으키고 각자 정도 위에서 해탈을 구한다. 그대는 왜 나와 인연이 없는 중요한 수행으로 나를 장애하고 미혹시키는가? 그러나 내가 좋아하는 것은 곧 나와 인연 있는 행문으로 그대가 구한 것이 아니다. 그대가 좋아하는 것은 곧 너와 인연 있는 행문으로 내가 구한 것이 아니다. 그래서 각자 자신이 좋아하고 즐거워함에 따라 상응하는 행문을 수지하면 빨리 해탈할 수 있으니, 이러쿵저러쿵 논쟁하지 말라.

隨出一門者，卽出一切煩惱門也。隨入一門者，卽入一切解脫智慧門也。爲此隨緣起行，各求解脫。汝何以乃將非有緣之要行，障惑於我？然我之所愛，卽是我有緣之行，卽非汝所求。汝之所愛，卽是汝有緣之行，亦非我所求。是故各隨所樂而修其行者，必疾得解脫也。

정업행자는 마땅히 알지니, 만약 **해문**解門을 배우고자 하면 범부에서 성위

내지 불과에 이르기까지 일체 걸림 없이 모두 배울 수 있다. 만약 **행문**行門을 배우고자 하면 반드시 인연 있는 법문을 빌려 (인연이 있으면 십분 효과가 있어) 노력을 적게 들이고도 많은 이익을 얻을 수 있다. (이를테면 정업행자는 신앙을 굳건히 하고, 난관을 두려워하지 않고 용감히 나아가면 현세의 이익과 왕생의 이익을 얻을 수 있다.)

行者當知 , 若欲學解 , 從凡至聖 , 乃至佛果 , 一切無礙 , 皆得學也。若欲學行者 , 必藉有緣之法 , 少用功勞 , 多得益也。

또 모든 왕생한 사람들에게 이르길, "지금 다시 정업행자를 위하여 하나의 비유를 말하여 신심을 수호함으로써 외도의 그릇된 견해나 다른 견해의 방해와 비난을 막아내겠다. 어떤 비유인가?

又白一切往生人等：今更爲行者說一譬喻 , 守護信心 , 以防外邪異見之難。何者是也？

(지금부터 정업행자를 위해 "양하백도兩河白道의 비유"를 말하겠다.)

비유하면, 어떤 사람이 서쪽을 향해 백천 리를 가고자 하였다. 가는 도중에 홀연히 두 줄기 강(兩河)이 있는 것을 보았다. 한 줄기는 남쪽에 위치한 불의 강이고, 한 줄기는 북쪽에 위치한 물의 강으로 두 줄기 강은 각각 폭이 일백 걸음이고, 각각 깊이가 바닥이 보이지 않으며 남북 방향으로 끝없이 펼쳐져 있었다. 물과 불의 강, 정중앙에는 한 줄기 매우 좁은 흰 길(白道)이 있었는데 폭이 네다섯 치였다. 이 흰 길은 동쪽 기슭에서 서쪽 기슭까지 또한 길이가 일백 걸음이었다. (이 흰 길 좌우로) 그 물의 강은 끊임없이 물결이 넘쳐서 길을 적시고 있고, 그 불의 강은 또한 끊임없이 불길이 치솟아 길을 태우고 있다. 이렇게 항상 물과 불이 번갈아 덮쳐 휴식이 없다.

譬如有人 , 欲向西行百千之裏。然於中路乃有二河 , 一是火河在南 , 二是水河在北。二河各闊百步 , 各深無底 , 南北無邊。正水火中間 , 有一白道 , 可闊四五寸許。此道從東岸至

西岸 , 亦長百步。其水波浪交過濕道 , 其火焰亦來燒道。水火相交 , 常無休息。

또한 이 사람이 광활한 벽지인 곳에 도달하니 아무런 인적이 보이지 않았다. 도적떼와 사나운 짐승들이 매우 많았는데, 이 사람이 홀로 있는 것을 보고는 앞 다투어 와서는 죽이려고 하였다. 이 사람은 죽을까 두려워하여 줄곧 서쪽을 향해 갔다. 홀연히 이 큰 강을 보고는 곧 스스로 생각하길, "이 강은 남북으로 가없이 펼쳐져 그 끝이 보이지 않고, 중앙에는 한 갈래 흰 길이 보이나 너무나 좁다. 두 강기슭이 거리가 매우 가깝지만 어찌 갈 수 있으랴? 오늘 의심할 바 없이 죽고 말 것이다.

此人旣至空曠迥處 , 更無人民。多有群賊惡獸 , 見此人單獨 , 競來欲殺。此人怖死 , 直走 向西。忽然見此大河 , 卽自念言 : 此河南北不見邊畔 , 中間現一白道 , 極是狹小。二岸相 去雖近 , 何由可行 ? 今日定死不疑。

곧장 왔던 길로 돌아가고 싶지만, 도적떼와 사나운 짐승이 점점 핍박하며 다가왔고, 곧장 남쪽이든 북쪽이든 피해 달아나고 싶지만 사나운 짐승과 독충들이 앞 다투어 나를 향해 오고 있고, 곧장 서쪽을 향해 길을 따라 가고 싶지만 또한 이 물과 불의 두 줄기 강에 빠질까봐 두렵구나." 그때 그가 느낀 공포는 이루 말할 수 없었다.

正欲倒回 , 群賊惡獸漸漸來逼。正欲南北避走 , 惡獸毒蟲競來向相。正欲向西尋道而去 , 復恐墮此水火二河。當時惶怖 , 不復可言。

곧 스스로 생각하길, "내가 지금 돌아가도 죽을 것이요, 여기 머물러도 죽을 것이요, 가도 죽을 것이다. 어떤 상황이든 죽음을 면하기 어렵다면 나는 차라리 이 길을 따라 앞을 향해 가리라. 이 길이 있는 한 반드시 건너갈 수 있으리라."

卽自思念 : 我今回亦死 , 住亦死 , 去亦死。一種不免死者。我寧尋此道向前而去。旣有此道，必應可度。

이러한 생각을 하고 있을 때, 동쪽 기슭에서 홀연히 어떤 사람이 (가라고) 권고하는 목소리가 들리길, "그대여! 이 길을 따라 가리라 결심한다면 죽음의 고난은 정녕코 없겠지만, 머문다면 곧 죽으리라." 또한 서쪽 기슭에서 어떤 사람이 (오라고) 불러들이며 말하길, "그대여 일심·정념으로 곧장 오라. 내가 그대를 보호할 수 있으니, 물과 불의 재난에 떨어질까 결코 두려워 말라."

이 사람은 이쪽에서는 내보내고 저쪽에서는 불러들이는 소리를 듣고서는 곧 스스로 심신을 단정히 하고서 이 길을 따라 곧장 나아가리라 결심하고, 조금도 의심하고 겁내며 물러나는 마음을 내지 않았다.

作此念時，東岸忽聞人勸聲：仁者！但決定尋此道行，必無死難。若住，卽死。又西岸上有人喚言：汝一心正念直來，我能護汝，總不畏墮於水火之難。此人旣聞此遣彼喚，卽自正當身心，決定尋道直進，不生疑怯退心。

혹 한 걸음 두 걸음 걸어갈 때 동쪽 기슭의 도적떼들이 곧 불러들이며 말하길, "그대여, 어서 돌아오라! 이 길은 매우 험악하여 지나갈 수가 없다. (좀 더 앞으로 가면) 의심할 바 없이 죽으리라. 우리들은 그대에게 아무런 나쁜 마음이 없다."

이 사람은 비록 불러들이는 소리를 들었지만 또한 돌아보지 않고, 일심으로 곧장 앞으로 나아가 이 길 위에서 계념繫念하며 걸어가니, 잠깐 사이에 곧 서쪽 기슭에 도착하여 영원히 모든 고난과 이별하였다. (그곳에서) 선우들과 서로 만나니 기쁘고 즐겁기 그지없다. 이는 비유이다.

或行一分二分，東岸群賊等喚言：仁者回來，此道險惡不得過，必死不疑。我等總無惡心相向。此人雖聞喚聲，亦不回顧，一心直進念道而行。須臾卽到西岸，永離諸難。善友相見，慶樂無已。此是喻也。

다음으로 비유의 속뜻을 하나하나 드러낸다.

「동쪽 기슭」이라 함은 곧 이 사바세계 불난 집(화택火宅)에 비유한 것이다. 「서쪽 기슭」이라 함은 곧 극락세계 보배국토를 비유한 것이다. 친한 척 하는 「도적떼」와 「사나운 짐승」이란 곧 중생의 육근(六根; 안근 이근 비근 설근 신근 의근)・육식(六識; 안식 이식 비식 설식 신식 의식)・육진(六塵; 색진 성진 향진 미진 촉진 법진)・오온(五蘊; 색온 수온 상온 행온 식온)・사대(四大; 지대 수대 화대 풍대)를 비유한 것이다. (우리는 이것을 매우 사랑스럽고 마음에 들어 하지만 이 일체는 모두 혹업고惑業苦의 현상으로 고륜苦輪을 굴려서 몸과 마음을 핍박하고 괴롭히는 것이다. 그래서 이러한 도적떼와 사나운 짐승이 실제로 대표하는 것은 악과 고의 법을 대표하니 옳은 곳이 하나도 없다.) 「아무런 인적이 없는 광활한 벽지」라 함은 곧 중생이 늘 나쁜 벗을 따르고 참된 선지식을 만나지 못함을 비유한 것이다. 「물과 불의 두 줄기 강」이라 함은 곧 중생의 탐욕과 애착이 물과 같고 분노와 증오가 불과 같음을 비유한 것이다. (「두 강」이 가이없음은 탐욕과 분노가 끊임없이 이어짐을 표시한다.)

「중앙에는 흰 길이 네다섯 치」라 함은 곧 중생이 가없는 탐욕과 분노의 번뇌로 덮인 가운데 정토에 왕생하길 발원하는 청정한 마음을 낼 수 있음을 비유한 것이다. (왜 폭이 네다섯 치 밖에 안 되는가? 흰 길은 가없는 탐욕과 분노의 길이에 비해 너무나 미약하기 때문이다.)

중생의 탐욕과 분노는 너무나 강하기 때문에 곧 물과 불과 같다 하였고, 선한 마음은 너무나 미약하기 때문에 흰 길과 같다고 비유하였다. 「끊임없이 물결이 넘쳐서 길을 적신다」라 함은 중생에게는 늘 애욕의 마음이 일어나 선한 마음을 더럽힐 수 있음을 비유한 것이다. 「끊임없이 불길이 치솟아 길을 태운다」라 함은 곧 중생의 분노하고 증오하는 마음은 공덕의 법재法財를 태울 수 있음을 비유한 것이다.

次合喩者。言東岸者，即喻此娑婆之火宅也。言西岸者，即喻極樂寶國也。言群賊惡獸詐親者，即喻眾生六根、六識、六塵、五陰、四大也。言無人空迥澤者，即喻常隨惡友，不值眞善知識也。言水火二河者，即喻眾生貪愛如水，瞋憎如火也。言中間白道四五寸者，即喻眾生貪瞋煩惱中，能生淸淨願往生心也。乃由貪瞋強故，即喻如水火，善心微故，喻如白道。又水波常濕道者，即喻愛心常起，能染汗善心也。又火焰常燒道者，即喻瞋嫌之心，能燒功德之法財也。

「어떤 사람이 길 위를 걸어감에 줄곧 서쪽을 향하였다」함은 곧 평소 갖가지 행한 선업의 공덕을 회향하여 줄곧 서방정토에 태어나길 구함을 비유한 것이다. 「동쪽 기슭에서 어떤 사람이 길을 따라 줄곧 서쪽으로 나아가라는 소리를 들었다」함은 비유로, 석가모니부처님께서는 이미 멸도에 드셨기에 후대의 사람이 부처님을 친견하지 못하지만, 여전히 교법教法이 남아 있어 따를 수 있기에 곧 「소리」로써 비유하였다.

「혹 한 걸음 두 걸음 걸어갈 때 동쪽 기슭의 도적떼들이 돌아오라고 불러들였다」함은 곧 다른 해문解門·다른 행문行門·잘못된 견해를 지난 사람 등이 갖가지 견해를 망령되이 설하여 끊임없이 정업행자의 마음을 미혹·혼란시키고, 스스로 죄업을 짓고 왕생 발원에서 물러나게 됨을 비유한 것이다.

言人行道上直向西者，即喻回諸行業直向西方也。言東岸聞人聲勸遣尋道直西進者，即喻釋迦已滅，後人不見，猶有教法可尋，故喻之如聲也。言或行一分二分群賊等喚回者，即喻別解、別行、惡見人等，妄說見解叠相惑亂，及自造罪退失也。

「서쪽 기슭에서 어떤 사람이 (오라고) 불러들인다」함은 곧 아미타부처님 본원의 뜻을 비유한 것이다.

「잠깐 사이에 곧 서쪽 기슭에 도착하여 선우와 서로 만나니, 기쁘고 즐겁기 그지없다」함은 비유로서, 곧 중생이 오래도록 생사에 빠져 광겁 동안 계속

윤회하여 그치지 않고, 줄곧 미혹과 전도 속에 스스로 자신을 얽어매어 (끊임없이 혹업고의 테두리에 갇혀서) 해탈할 수 없다. 그러나 석가모니부처님께서 서방을 향해 가라고 내보내심에 의지하고, 또 아미타부처님께서 대비심으로 불러들이심에 의지하여, 지금 두 분 부처님의 뜻을 믿고 따르며 물과 불, 두 줄기 강의 위험에 상관 말고, 염념마다 잃지 않고 (정토에 태어나길 구하여), 저 부처님 원력의 흰 길에 올라타면 임종한 후 극락정토에 태어나 아미타부처님과 친견하니, 얼마나 기쁘고 즐겁겠는가!

言西岸上有人喚者 , 卽喩彌陀願意也。言須臾到西岸善友相見喜者 , 卽喩眾生久沈生死 , 曠劫輪迴 , 迷倒自纏 , 無由解脫。仰蒙釋迦發遣 , 指向西方。又藉彌陀悲心招喚。今信順二尊之意 , 不顧水火二河 , 念念無遺 , 乘彼願力之道 , 舍命已後 , 得生彼國 , 與佛相見 , 慶喜何極也。

또한 모든 정업행자는 가거나 머물거나 앉거나 눕거나 언제든지 신구의 삼업으로 닦은 것을 낮과 밤의 시절을 묻지 않고 마음속으로 늘 이렇게 이해하고, 이렇게 관상한다. 그래서 「회향발원심」이라 한다.

又一切行者行住坐臥。三業所修。無問晝夜時節。常作此解。常作此想。故名回向發願心。

또한 「회향」이라 함은 정토에 태어난 후 여전히 대비심을 일으켜 회향하여 생사의 흐름에 들어 중생을 교화한다(원력을 타고 다시 옴). 이것도 또한 「회향」이라 한다.

(회향에는 **왕상**往相**회향**과 **환상**還相**회향**, 두 가지가 있다. 앞에서는 왕상회향을 말하였다. 여기서 말하는 환상회향은 진일보하여 원거리의 회향을 하는 것이다. 즉 나는 서방극락세계에 태어난 후 대비심을 일으켜 회향하여 생사계로 들어와 중생을 교화하겠나이다. 이는 곧 원거리의 회향이다. 근거리의 회향은 자신이 닦은 공덕을 회향하여 이 생명을 마친 후 서방극락에 태어나는 것이다.)

又言「迴向」者 , 生彼國已 , 還起大悲 , 迴入生死 , 教化眾生 , 亦名「迴向」也。

지성심至誠心 · 심심深心 · 회향발원심回向發願心의「세 가지 마음」을 이미 갖추었다면 닦은 정업淨業의 행법을 힘써 이루지 못함이 없다. 이러한 행원行願의 정인正因을 이미 이루었는데 그래도 극락정토에 왕생할 수 없다면 이러한 이치는 없다.

三心既具 , 無行不成。願行既成 , 若不生者 , 無有是處也。

또 이러한 세 가지 마음은 또한 정선십삼관定善十三觀의 함의를 통섭通攝한다. (바꾸어 말하면 정선십삼관을 닦을 때 모두 지성심 · 심심 · 회향발원심을 구비하여야 한다. 진실한 마음으로 관을 닦고 아미타부처님의 원력 등에 대해 믿음을 건립하여야 하고 닦은 공덕을 회향하여 왕생하길 발원하여야 한다. 요컨대, 세 가지 마음은 정선이든 산선이든 반드시 갖추어야 한다. 그것이 일체 정업淨業의 수행을 관통하면 어떤 선행을 닦든지 모두 왕생의 정인正因이 된다. 한 가지 마음이라도 부족하면 왕생할 수 없다.)

그래서 마땅히 (어떠한 정토를 닦는 법이든 세 가지 마음이 필요조건임을) 알아야 한다.

又此三心 , 亦通攝定善之義。應知。

"또한 세 종류의 중생이 있으니, 마땅히 왕생할 수 있으리라. 무엇이 셋인가? 첫째 자심慈心으로 살생을 하지 말고 모든 계행戒行을 잘 갖추는 이요, 둘째는 대승경전을 독송하는 이요, 셋째는 육념六念을 수행하는 이니라. (이러한 사람은 각자 닦은 정업으로써) 회향하여 저 불국토에 태어나길 발원하느니라. 이러한 공덕을 갖추면 (짧게는) 일일 내지 칠일에 (길게는 이번 생에) 곧 왕생할 수 있느니라."

復有三種衆生 , 當得往生。何等爲三 ? 一者慈心不殺 , 具諸戒行。二者讀誦大乘

方等經典。三者修行六念。回向發願 , 願生彼國。具此功德 , 一日乃至七日 , 即得
往生。

4. "또한 세 종류의 중생이 있으니, 마땅히 왕생할 수 있으리라." 이하는 어떤
종류 근기의 중생이 이 품에 들어갈 수 있는지, 선택·분별하여 밝히고 있다.
즉 법요를 받들어 수지하고 가르침대로 봉행하는 사람이다.

　四、從"復有三種衆生"已下 , 正明簡機 , 堪能奉法 , 依敎修行。

5. "무엇이 셋인가?"에서 "육념을 수행하는 것이니라."에 이르는 경문에서는
수지하는 행법에 다름을 밝히고 있다. 여기에는 세 단락의 내용이 들어있다.

　五、從"何等爲三"下 , 至"六念"已來 , 正明受法不同。即有其三 :

(1) 「자심으로 살생을 하지 말라」 밝힌다. 그러나 살생하는 업에는 여러 종류가
있으니, 혹 입으로써 살생함이 있고 혹 몸으로써 살생함이 있으며 혹 마음으로써
살생함이 있다. 입으로써 살생한다 함은 곧 말로 죄를 물어 처형할 것(誅殺)을
처벌 허가함(예컨대 빈바사라왕은 부하를 보내 산에 가서 신선을 주살함)으로 「구살口
殺」이라 한다. 몸으로써 살생한다 함은 몸과 손 등을 움직여 타인에게 살생의
업을 행하도록 지시함으로 「신살身殺」이라 한다. 마음으로써 살생을 한다 함은
갖가지 방편·계교 등을 사유하고 생각하여 살해를 행함을 「심살心殺」이라
한다.

　一、明慈心不殺。然殺業有多種 , 或有口殺 , 或有身殺 , 或有心殺。言口殺者 , 處分許
　可 , 名爲口殺。言身殺者 , 動身手等指授 , 名爲身殺。言心殺者 , 思念方便計校等 , 名爲
　心殺。

살생하는 업을 논하면 태생·난생·습생·화생의 사생四生 중 어느 한 종류의
생명이든 그것을 살해하면 모두 죄업을 지어 정토왕생을 방해할 수 있다.

일체 생명에 대해 자비심을 일으킬 수 있음은 곧 일체 중생에게 안락安樂을 베푸는 것이자 또한 가장 승묘한 계율이다.

이는 곧 위에서 서술한 삼복 중 첫째 복의 세 번째 문구인 「자심으로 살생을 하지 말라」와 부합한다. 즉 지선止善과 행선行善 두 가지가 있다. 자신이 살생하지 않아 선을 제어함을 **지선**止善이라 하고, 다른 사람이 살생하지 않도록 선을 행함을 **행선**行善이라 한다. 혹은 자신과 남을 위해 맨 처음 끊음을 지선이라 하고, 끝내 영원히 끊음을 행선이라 한다. 비록 지선과 행선의 구별이 있을지라도 총결하여 (일체 중생에게 자비를 베풀어 가엾이 여기는) **자하행**慈下行이라 한다.

若論殺業 , 不簡四生 , 皆能招罪 , 障生淨土。但於一切生命起於慈心者 , 卽是施一切衆生壽命安樂 , 亦是最上勝妙戒也。此卽合上初福第三句云 "慈心不殺" 也。卽有止行二善 , 自不殺故名止善 , 敎他不殺故名行善。自他初斷名止善 , 畢竟永除名行善。雖有止行二善 , 總結成慈下行也。

「모든 계행을 잘 갖추라」 함은 인천·이승의 근기를 따름은 「소계小戒」라 하고 대심大心·대행大行의 근기를 따름을 「보살계」라 한다. 정업행자의 기량과 발심에 따라 계행의 층차를 판정하고, 왕생의 위차에 따라 계행의 층차를 판정하여 상배삼품과 상당하면 곧 보살의 계행이라 한다. 이는 또한 왕생자의 품위로 말미암아 결정되므로 저절로 바뀌어 보살계가 된다. 이 지계공덕은 두 번째 복의 「계행 선근」과 상응한다.

言 "具諸戒行" 者 , 若約人天、二乘之器 , 卽名小戒。若約大心大行之人 , 卽名菩薩戒。此戒若以位約者 , 當此上輩三位者 , 卽名菩薩戒。正由人位定 , 故自然轉成。卽合上第二福戒行善根也。

(2) 「대승경전을 독송하라」 밝힌다. 이는 중생의 습성이 달라서 견지하는 행법이 각자 다르다고 밝힌다. 먼저 첫 번째 사람은 다만 자비를 닦고 계행을 지킴을

잘 하는 행법으로 삼는다. 다음 두 번째 사람은 오직 대승경전을 독송함을 행업으로 삼는다. (이는 그의 습성으로 말미암아 결정되는 것이다.) 그러나 (이는 공통적으로) 계행을 잘 지키면 오승五乘·삼불三佛의 근기를 섭지할 수 있고(즉 계행은 오승의 근성을 바꾸지 않도록 잘 지킬 수 있다), 대승의 법을 독송하면 삼현三賢·십지十地 만행의 지혜를 훈습하여 이룬다. 만약 덕용으로 비교하면 각자 한 가지 능력이 있다. 이는 곧 세 번째 복의 세 번째 문구 「대승경전을 독송하라」와 상응한다.

二、明讀誦大乘者，此明衆生性習不同，持法各異。前第一人，但用修慈持戒爲能。次第二人，唯將讀誦大乘爲事。然戒卽能持五乘三佛之機，法卽薰成三賢十地萬行之智慧。若以德用來比校者，各有一能。卽合上第三福第三句云讀誦大乘也。

(3) 육념을 수행하라(修行六念)를 밝힌다. 즉 이른바 염불念佛·염법念法·염승念僧·염계念戒·염사念舍·염천念天, 이 육념 전체의 의리는 모두 세 번째 복인 「대승」의 함의와 상응한다.

三、明修行六念者，所謂念佛法僧，念戒舍天等。此亦通合上第三福大乘之意義也。

「염불」이라 함은 곧 아미타부처님의 구업공덕·신업공덕·의업공덕을 전념專念하고, 일체제불의 신구의 삼업공덕에 대해서도 또한 이와 같이 억념憶念함을 말한다.

言念佛者，卽專念阿彌陀佛口業功德，身業功德，意業功德。一切諸佛亦如是。

다음으로 제불께서 몸소 증득한 정법正法 및 교법教法을 따라 수행하는 제불의 권속인 보살승菩薩僧을 전념한다. 이는 「염법念法」과 「염승念僧」이다.

又一心專念諸佛所證之法，並諸眷屬菩薩僧。

또한 (「**염계**念戒」라 함은) 곧 제불께서 제정한 계법(여의보계如意寶戒로 성문계, 보살계 등을 포함한다)을 억념함이다. 그리고 **염사**念舍라 함은 과거의 제불과 현재의 보살 등을 억념함이다. 그들은 모두 행하기 어려운 것을 행할 수 있고, 버리기 어려운 것을 버릴 수 있으니, 안으로 (머리, 눈, 뇌수를) 버리고, 밖으로 (금전, 음식, 옷을) 버리며, 안팎으로 시사施舍[31)하여 남은 것이 없다. 이러한 보살들은 정법을 억념하고 구하고자 할 뿐, 생명과 재물을 아까워하지 않는다. 정업행자가 이미 이러한 일을 억념하고 인식하였다면 곧 옛 현인과 후세의 성인께서 신명을 버리고 법을 구하는 마음을 항상(常) 우러러 배워야 한다.

(이를테면 마음속으로 언제나 이렇게 생각한다. "옛 성인과 현인께서는 법을 구하기 위해 생명과 재산을 버렸나니, 나도 이와 같이 따라 베우겠다." 여기서 "상常"자는 어느 장소이든 모두 이렇게 배우겠다는 표시이다.)

> 又念諸佛之戒 , 及念過去諸佛、現在菩薩等 , 難作能作 , 難舍能舍 , 內舍外舍 , 內外舍。此等菩薩 , 但欲得法 , 不惜身財。行者等旣念知此事 , 卽須常作仰學前賢後聖舍身命意也。

또한 「**염천**念天」이라 함은 곧 도솔천에서 최후신最後身·일생보처一生補處로 머물러 계시는 십지보살의 공덕을 억념함을 가리킨다. 이러한 보살은 모두 행하기 어려운 행을 이미 겪었고, 삼대 아승지겁의 수행여정을 이미 뛰어넘었으며, 만덕萬德의 수행을 이미 성취하여 관정灌頂의 지위를 이미 증득하였다.

> 又念天者 , 卽是念兜率天上住最後身、一生補處菩薩功德。此等菩薩難行之行已過 , 三祇之劫已超 , 萬德之行已成 , 灌頂之位已證。

정업행자는 이렇게 억념하고 인식한 이후 곧 스스로 생각하길 바란다. "나는

---

31) 기꺼이 고통과 수고를 감내하고, 개인의 재물을 공양하거나 사원을 건축하거나 불상이나 탑을 세우며, 심지어 자신의 생명을 기쁘게 봉헌함을 말한다.

무시이래 그들과 한곳에서 함께 악업을 끊고 보살도를 행하겠다 발원하였다. 그러나 그들은 모두 생명을 아끼지 않고 보살도를 행하면서 끊임없이 증도證道의 위차位次를 올려서, 마침내 인因이 원만하고 과果가 무르익어 성위聖位를 증득하였으니, 이러한 보살들은 대지의 미세한 먼지보다 많다.

그러나 나는 여전히 범부이고 지금까지 줄곧 헛되이 생사고해를 유랑하고 있다. 게다가 이 몸으로 전전하며 번뇌와 악업 등 장애가 날로 많아지고, 복덕과 지혜는 미미하기 짝이 없어 마치 어두컴컴한 암흑 속에서 거울을 보는 것처럼 거의 아무것도 볼 수 없다!"

홀연히 이러한 일을 떠올리면 마음속으로 경악과 비탄을 금치 못한다. (요컨대 염천念天은 일생보처 보살을 억념하고, 억념한 이후 잘못을 고치고 자신을 새롭게 하도록 분발 노력하게 한다.)

行者等既念知已，即自思念：我身無始已來，共他同時發願，斷惡行菩薩道。他盡不惜身命，行道進位，因圓果熟證聖者，逾於大地微塵。然我尚是凡夫，乃至今日，虛然流浪。煩惱惡障，轉轉增多，福慧微微，若對重昏之臨明鏡也。忽思忖此事，不勝心驚悲嘆者哉。

6. "회향발원" 이하는 (세 종류의 정업행자가) 각각 닦은 일체 선업을 회향하여 극락세계에 태어나길 구해야 함을 밝히고 있다.

六、從"回向發願"已下，正明各各回前所修之業，向所求處。

7. "이러한 공덕을 갖추면" 이하는 수행시간의 길이를 밝히고 있다. 길게는 이번 생, 목숨이 다할 때까지이고, 짧게는 하루, 한 때, 한 순간 등이다. 혹은 (짧게는) 일념 내지 십념에서 (길게는) 한 때, 하루, 한 평생에 이른다. 그 대의는 한번 발심한 이후로는 이번 생이 다하도록 물러나는 마음을 내지 않고 오직 정토에 왕생함을 이번 생의 목표로 삼아야 한다는 말이다.

七、從"具此功德"已下, 正明修行時節延促。上盡一形, 下至一日一時一念等。或從一念十念, 至一時一日一形。大意者, 一發心已後, 誓畢此生, 無有退轉, 唯以淨土爲期。

또한 "이러한 공덕을 갖춘다." 함은 (세 가지 정업에서) 어떤 정업행자는 앞의 두 가지를 갖추고, 어떤 정업행자는 뒤의 두 가지를 갖추며, 어떤 정업행자는 세 가지를 전부 갖춘다. 또 어떤 사람은 세 가지를 전부 갖추지 못하는데 이런 사람은 「사람 탈을 쓴 동물」이라 하고, 「사람노릇 못하는 자」라 한다.

又言"具此功德"者, 或一人具上二, 或一人具下二, 或一人三種盡具。或有人三種無分者, 名作著人皮畜生, 非名人也。

세 가지를 전부 갖추었는지 세 가지를 전부 갖추지 못하였는지 불문하고 그 닦은 정업을 회향하기만 하면 모두 정토에 왕생할 수 있음을 마땅히 알아야 한다.

又不問具三不具三, 回盡得往生。應知。

"저 국토에 태어날 때 이 사람은 생전에 용맹정진하였기에 아미타여래께서 관세음보살·대세지보살과 무수한 화신불·백천 비구의 성문대중과 무량한 제천·미묘한 보배궁전과 함께 나타나시고, 관세음보살은 대세지보살과 함께 금강대를 잡고 정업행자 앞에 이르느니라.

그때 아미타부처님께서 큰 광명을 놓아 정업행자의 몸을 비추시면서 여러 보살들과 함께 손을 내밀어 접인하시느니라. 관세음보살과 대세지보살은 무수한 보살들과 함께 정업행자를 찬탄하면서 그 마음을 권진勸進하시느니라.

정업행자는 이를 보고 나서는 뛸 듯이 기뻐하며 자신의 몸이 그

몸이 금강대를 타고서 부처님의 뒤를 따라가, 손가락 퉁기는 짧은 순간에 저 국토에 왕생함을 보느니라.

生彼國時 , 此人精進勇猛故 , 阿彌陀如來 , 與觀世音大勢至 , 無數化佛 , 百千比丘聲聞大衆 , 無量諸天 , 七寶宮殿 , 觀世音菩薩執金剛臺 , 與大勢至菩薩 , 至行者前。阿彌陀佛 , 放大光明 , 照行者身 , 與諸菩薩 , 授手迎接。觀世音大勢至 , 與無數菩薩 , 贊嘆行者 , 勸進其心。行者見已 , 歡喜踴躍 , 自見其身乘金剛臺 , 隨從佛後 , 如彈指頃 , 往生彼國。

8. "저 국토에 태어날 때"에서 "저 국토에 왕생함을 보느니라."에 이르기까지 정업행자가 임종시 성중이 내영하여 접인한 상황 및 왕생하는 때의 더디고 빠른 정도를 밝히고 있다. 여기에는 열 하나의 내용이 들어 있다.

八、從"生彼國時"下 , 至"往生彼國"已來 , 正明臨命終時 , 聖來迎接不同 , 去時遲疾。卽有其十一 :

(1) 돌아갈 곳이 곧 극락국토임을 명시하여 밝힌다. (2) 이 품 왕생자의 행지를 거듭 드러내어 밝히니, 그는 용맹정진하며 선을 행하여 왕생이 결정된 자임을 가리키고, 또한 공덕의 강약을 비교하여 헤아린다. (실제상으로 상품상생할 수 있는 사람은 모두 공덕이 매우 강한 사람이다.) (3) 아미타부처님께서 친히 현신하고 내영하여 접인하신다고 밝힌다. (4) "관세음보살" 이하는 나아가 무수한 대중 등이 있음을 드러내 보이고 모두 아미타부처님을 따라 내영하여 정업행자를 접인한다고 밝힌다. (5) 미묘한 보배궁전이 대중을 따라 온다고 밝힌다. (6) 관세음보살과 대세지보살은 함께 금강대를 잡고 정업행자 앞에 이른다고 밝힌다. (7) 아미타부처님께서 광명을 놓아 정업행자의 몸을 비추신다고 밝힌다. (8) 부처님께서 이미 광명을 놓아 정업행자의 몸을 비추신 후 즉시 화신불 등과 함께 손을 내밀어 접인하신다고 밝힌다. (9) 왕생자가 이미 접인을 받아

금강대에 올라타면 관세음보살 등 여러 보살들은 함께 이 정업행자를 찬탄하고 그의 마음을 격려하신다고 밝힌다. (10) 왕생자는 자신이 금강대 위에 올라타 아미타부처님 뒤를 따라감을 본다고 밝힌다. (11) 왕생하는 때의 더디고 빠른 정도를 밝힌다. (즉 손가락 퉁기는 짧은 순간에 극락국토에 태어난다.)

一、明標定所歸之國；二、明重顯其行，指出決定精進者，亦是校量功德強弱；三、明彌陀化主身自來赴；四、明觀音已下，更顯無數大衆等，皆從彌陀來迎行者；五、明寶宮隨衆；六、明蒙觀音勢至共執金臺至行者前；七、明彌陀放光照行者之身；八、明佛旣舒光照及，卽與化佛等同時授手；九、明旣接升臺，觀音等同聲贊勸行者之心；十、明自見乘臺從佛；十一、正明去時遲疾。

"저 국토에 태어나서는 부처님의 색신이 온갖 상호장엄을 갖추고 있음을 보고, 여러 보살들도 색상장엄을 갖추고 있음을 보느니라. 또한 광명이 가득한 보배나무 숲에서 묘법을 연설함을 듣고 나서는 즉시 무생법인을 깨닫느니라. 수유의 짧은 순간에 시방세계에 두루 다니면서 제불을 모시고, 제불 앞에서 차례대로 수기를 받고서는 본국으로 돌아와 무량 백천의 다라니문을 얻으리라. 이것이 바로 「상품상생인」이니라."

生彼國已，見佛色身衆相具足，見諸菩薩色相具足。光明寶林，演說妙法。聞已卽悟無生法忍。經須臾間，歷事諸佛，遍十方界，於諸佛前，次第受記。還至本國，得無量百千陀羅尼門。是名上品上生者。

9. "저 국토에 태어나서는" 이후는 금강대를 타고 정토에 태어나고 나아가 연꽃이 닫히는 장애가 없음을 밝히고 있다. (다른 왕생의 품위처럼 모두 연꽃이 열리고 닫히는 간격이 있지 않아 혹 거칠거나 혹 미세한 장애가 있는 연고이다. 그리고

상품상생하는 사람은 손가락 퉁기는 짧은 순간에 서방정토에 이르면 꽃이 닫히고 피는 과정을 거칠 필요가 없다.)

　九、從"生彼國"已下，正明金臺到彼，更無華合之障。

10. "부처님의 색신이"에서 "다라니문을 얻느니라"에 이르는 경문에서는 금강대에 올라타 서방정토에 이른 후 (부처님을 친견하고서) 얻는 이익이 다름을 밝히고 있다. 여기에는 세 단락의 내용이 들어있다. (1) 처음 미묘한 법을 듣고 곧 무생법인을 증득한다. (2) 수유의 짧은 순간에 (대신통을 나타내어) 시방국토를 두루 다니며 제불을 모시고 차례로 수기를 받는다. (3) 본국으로 돌아와 무량백천 다라니문을 증득한다. 상품상생은 매우 빨라서 왕생하면 십지에 올라 불과를 증득하고 무량공덕을 획득한다.

　十、從"見佛色身"下，至"陀羅尼門"已來，正明金臺到後，得益不同。即有其三：一者初聞妙法，即悟無生；二者須臾歷事，次第受記；三者還至本國，更證總持巨益。

11. "이것이" 이하는 총결하는 문구이다. 이상으로 열 한 문구가 있어 내용이 다를지라도 상품상생의 의의를 자세히 설명해 마쳤다.

　十一、從"是名"已下，總結。上來雖有十一句不同，廣解上品上生義竟。

[상품중생의 계위]

제법의 공성을 요달하여 놀라거나 동요하지 않아

발원이 있으면 왕생하리니 독경하지 않아도 되네

다음으로 상품중생의 계위에서는 먼저 이름을 들고, 다음으로 인행과덕因行果德의 상을 분명히 밝히며 마지막으로 총결하니, 여기에는 여덟 단락의 내용이 들어있다.

次就上品中生位中 , 亦先擧 , 次辨 , 後結。卽有其八 :

"상품중생인은 반드시 대승 방등경전을 수지 독송하지 않아도, 대승의 의취를 잘 이해하고 제일의공第一義空을 들어도 마음이 놀라서 흔들리지 않으며, 인과를 깊이 믿고 대승을 비방하지 않느니라. 이러한 공덕으로써 회향하여 극락세계에 태어나길 발원하느니라."

上品中生者 , 不必受持讀誦方等經典 , 善解義趣 , 於第一義心不驚動 , 深信因果 , 不謗大乘。以此功德 , 回向願求生極樂國。

1. "상품중생인" 이 한 문구에서는 왕생인 계위의 이름을 총괄해 들고 있으니, 이는 곧 대승 차선次善의 범부다. (이는 상품상생에서 말한 용맹정진의 행선자行善者에 상대하여 말한 것으로 다음 등급인 대승 선심의 범부이다.)

一、從"上品中生者"者 , 總擧位名 , 卽是大乘次善凡夫人也。

2. "반드시 대승 방등경전을"에서 "극락세계에 태어나길 발원하느니라."에 이르

는 경문에서는 십일문에서 제6, 제7, 제8문 가운데 닦은 행업을 회향하여 결정코 서방으로 취향함을 밝히고 있다. 여기에는 네 단락의 내용이 들어있다.

二、從"不必受持"下，至"生極樂國"已來，正明第六、第七、第八門中，回所修業，定指西方。卽有其四：

(1) 수지하는 행법이 일정하지 않다고 밝힌다. 혹 대승경전을 독송할 수도 있고, 혹 독송하지 못할 수도 있다. (2) 대승공의大乘空義를 잘 이해한다고 밝힌다. 혹 제법 일체가 모두 공하니, 생과 사가 공하며, 무위 또한 공하며, 성인의 밝은 지혜와 범부의 어두운 어리석음도 모두 공하며, 세간의 육도六道와 출세간의 삼현십성三賢十聖 등의 그 체성을 말하면 필경에 둘이 없다(모두 일미一味의 공성이다)고 듣는다. 비록 이런 말씀(제일의공의 도리)을 들을지라도 마음은 태연자약하여 의심하거나 막히지 않는다. (3) 세간ㆍ출세간의 고락苦樂이란 두 가지 인과를 깊이 믿는다고 밝힌다. (세간은 십선ㆍ십악 등 선악의 인과를 가리키고, 출세간의 고락은 사성제를 가리킨다.) 이러한 인과 및 그것의 관련된 도리를 의심하지도, 비방하지도 않는다. 만약 의심하고 비방한다면 곧 복덕의 행을 이루지 못한다. 세간의 복보조차 얻지 못하거늘 하물며 정토에 왕생하겠는가? 이는 세 번째 복에서 두 번째 문구「인과를 깊이 믿을지라」와 세 번째 문구「대승경전을 독송하라」와 상응한다. (4) 앞에서 말한 닦은 선업을 회향하여 돌아갈 곳(극락정토)을 표시하여 가리킨다고 밝힌다.

一、明受法不定，或得讀誦，不得讀誦。二、明善解大乘空義。或聽聞諸法一切皆空，生死、無爲亦空，凡聖明暗亦空，世間六道、出世間三賢十聖等，若望其體性，畢竟不二，雖聞此說，其心坦然，不生疑滯也。三、明深信世出世苦樂二種因果，此等因果及諸道理，不生疑謗。若生疑謗，卽不成福行。世間福報尚不可得，何況得生淨土？此卽合第三福第二、第三句也。四、明回前所業，標指所歸。

"이러한 행을 행한 자가 목숨을 마치려고 할 때 아미타부처님께서 관세음보살·대세지보살, 무량한 대중 권속들과 함께 둘러싸고서 자금대紫金臺를 가지고 정업행자 앞에 이르러 찬탄하여 「법의 아들이여, 그대는 대승을 수행하여 제일의를 이해하였도다! 그래서 내가 지금 내영來迎하여 그대를 접인하노라!」 말씀하시고, 일천의 화신불과 함께 일시에 손을 내밀어 접인하시니라. 그때 정업행자는 자신이 자금대 위에 앉아 있음을 보고서 합장·차수叉手하고 제불을 찬탄하자 일념의 짧은 순간에 저 국토의 칠보 연못 가운데 태어나느니라."

行此行者, 命欲終時, 阿彌陀佛與觀世音大勢至, 無量大衆, 眷屬圍繞, 持紫金臺, 至行者前, 讚言：法子, 汝行大乘, 解第一義, 是故我今來迎接汝。與千化佛一時授手。行者自見坐紫金臺, 合掌叉手, 讚嘆諸佛, 如一念頃, 卽生彼國七寶池中。

3. "이러한 행을 행한 자가"에서 "그대를 접인하노라."에 이르는 경문에서는 아미타부처님께서 성중과 함께 자금대를 가지고 와서 그에게 응현하심을 밝히고 있다.

三、從"行此行者"下, 至"迎接汝"已來, 正明彌陀與諸聖衆持臺來應。

여기에는 다섯 가지 내용이 들어 있다. (1) 정업행자의 목숨이 얼마 남지 않았다고 밝힌다. (2) 임종시 아미타부처님과 성중이 저절로 내영하여 접인한다고 밝힌다. (3) 부처님의 보살시자가 자금대를 가지고 정업행자 앞에 이른다고 밝힌다. (4) 부처님과 성중이 같은 목소리로 찬탄하고 그가 이번 생에 닦은 행업을 강술한다고 밝힌다. 즉 "법의 자식이여, 그대는 대승을 수행하여 제일의를 깨쳐 알았도다!"라고 말씀하여 그를 칭찬 격려하신다. (5) 아미타부처님께서 정업행자가 왕생할 수 없다고 여길까 두려워하신 까닭에 "나는 내영하여 그대를 접인하노라." 말씀하셨다. 행자는 분명히 아미타부처님께서 오셨음을 이해하게 된다.

卽有其五：一、明行者命延不久；二、明彌陀與衆自來；三、明侍者持臺至行者前；四、明佛與聖衆同聲贊嘆，述本所修之業；五、明佛恐行者懷疑，故言我來迎汝。

4. "일천의 화신불과 함께"에서 "칠보 연못 가운데 태어나느니라."에 이르는 경문에서는 제9문 중 성중이 손을 내밀어 접인함 및 왕생할 때 더디고 빠른 정도를 밝히고 있다. 여기에는 다섯 단락의 내용이 들어있다.

四、從"與千化佛"下，至"七寶池中"已來，正明第九門中，衆聖授手，去時遲疾，卽有其五：

(1) 아미타부처님과 일천 화신불께서 동시에 손을 내밀어 접인하신다고 밝힌다. (2) 정업행자는 부처님께서 손을 내밀어 접인하심을 입은 이후 자신이 이미 자금대 위에 앉아 있음을 본다고 밝힌다. (3) 자신이 자금대에 앉아 있음을 본 후 두 손을 합장하고 아미타부처님 등 성중의 공덕을 우러러 찬탄한다고 밝힌다. (4) 왕생하는 때의 더디고 빠른 정도를 밝힌다. (곧 일념의 짧은 순간에 저 국토의 칠보연못에 태어난다) (5) 정업행자가 저 국토에 왕생하여 칠보연못에 머문다고 밝힌다.

一、明彌陀與千化佛同時授手；二、明行者既蒙授手，卽自見身已坐紫金之臺；三、明既自見坐臺，合掌仰贊彌陀等衆；四、明正去時遲疾；五、明到彼止住寶池之內。

"이 자금대는 큰 보배 꽃과 같은데 하룻밤 지나고서 열리리라. 정업행자의 몸은 자마금 빛깔을 띠며, 발아래는 또한 칠보의

연꽃이 있느니라. 부처님과 보살이 동시에 광명을 놓아서 정업행자의 몸을 비추자, 눈이 곧 밝게 열려 숙세에 훈습한 공덕으로 인해 (극락국토에서) 온갖 소리가 깊고 깊은 제일의제를 순수히 선설함을 두루 듣느니라. 곧 그는 자금대에서 내려와 부처님께 합장 예배하고 아미타세존을 찬탄하며, 7일이 지나고서 때에 맞추어 곧 아뇩다라삼먁삼보리에서 물러나지 않는 경지를 얻느니라."

此紫金臺 , 如大寶華 , 經宿則開。行者身作紫磨金色 , 足下亦有七寶蓮華。佛及菩薩俱時放光 , 照行者身 , 目卽開明。因前宿習 , 普聞衆聲 , 純說甚深第一義諦。卽下金臺 , 禮佛合掌 , 贊嘆世尊。經於七日 , 應時卽於阿耨多羅三藐三菩提 , 得不退轉。

(이는 바로 과거 인간 세상에서 대승을 수행하여 제일의제에 마음이 놀라서 동요하지 않았음이다. 이러한 숙습으로 왕생한 이후 깊고 깊은 제일의제의 법을 듣는 것이다. 이러한 도리를 알아서 우리는 현전에서 마땅히 승의제勝義諦의 의리를 잘 훈습하여야 한다.)

5. "이 자금대는" 이하는 제10문으로 극락세계에 왕생한 후 연꽃이 피는 시간에 다름이 있다고 밝힌다. 이는 인행因行의 강하고 약함으로 말미암아 분판함이다. 상품상생인은 행지行持가 용맹한 연고로 (목숨이 다할 때) 곧 금강대에 이르게 된다. (이때 연꽃이 피고 닫히는 과정이 없다.) 상품중생인은 행지가 매우 하열한 연고로 자금대에 이르게 되고 보배연못에 태어나 하룻밤 지나고서야 연꽃이 핀다.

五、從"此紫金臺"已下 , 正明第十門中到彼華開時節不同。由行強故 , 上上卽得金剛臺。由行劣故 , 上中卽得紫金臺 , 生在寶池 , 經宿始開也。

6. "부처님과 보살이 동시에 광명을 놓아서"에서 "물러나지 않는 경지를 얻느니라."에 이르는 경문에서는 제11문으로 연꽃이 열린 이후 얻는 이익이 다름을 밝히고 있다. 여기에는 다섯 단락의 내용이 들어있다.

六、從"佛及菩薩俱時放光"下，至"得不退轉"已來，正明第十一門中華開已後得益不同，即有其五：

(1) 아미타부처님께서 광명을 놓아 정업행자의 몸을 비춘다고 밝힌다. (2) 정업행자가 부처님께서 광명으로 몸을 비춤을 입은 이후 눈이 곧 밝게 열린다고 밝힌다. (3) 과거 인간세상에서 훈습한 법이 대승의 제일의공인 까닭에 왕생한 후에도 여전히 물, 새, 나무 등 갖가지 소리가 나타나서 깊고 깊은 공유불이空有不二의 중도의제를 선설함을 듣는다고 밝힌다. (4) 정업행자가 이미 눈이 밝게 열리고 제일의제를 듣고 난 후 곧 자금대에서 내려와 직접 부처님 곁에 이르러 부처님의 깊고 깊은 공덕을 찬양 노래한다고 밝힌다. (5) 7일이 지나야 곧 무생법인을 증득한다고 밝힌다. 이른바 7일은 이 세간의 7일이지, 저 국토의 7일을 가리키는 것이 아니다. 이 세간에서 7일이 지났다 함은 저 곳에서는 곧 일념 수유간임을 알아야 한다.

一、明佛光照身；二、明行者旣蒙照體，目卽開明；三、明人中所習，到彼衆聲所彰，還聞其法；四、明旣得眼開聞法，卽下金臺，親到佛邊，歌揚贊德；五、明經時七日，卽得無生。言七日者，乃此間七日，不指彼國七日也。此間經於七日者，彼處卽是一念須臾間也。應知。

"감응하는 때 곧 날아서 시방세계에 두루 이르러 제불께 공양할 수 있으니라. 제불의 처소에서 모든 삼매를 닦고 1소겁이 지나면 무생법인을 얻어 현전에서 부처님께 수기를 받으리라. 이것이 바로

「상품중생인」이니라."

應時卽能飛行遍至十方 , 歷事諸佛 , 於諸佛所 , 修諸三昧 , 經一小劫 , 得無生忍 , 現前受記。是名上品中生者。

7. "감응하는 때 곧 날아서 시방세계에 두루 이르러"에서 "현전에서 부처님께 수기를 받으리라."에 이르는 경문에서는 정업행자가 타방세계에서 얻는 이익을 밝히고 있다. 여기에는 다섯 단락의 내용이 들어있다.

七、從"應時卽能飛至十方"下 , 至"現前受記"已來 , 正明他方得益。卽有其五：

(1) 몸이 날아서 시방세계에 두루 이를 수 있다고 밝힌다. (2) 하나하나 국토를 돌아다니면서 제불께 공양한다고 밝힌다. (3) 제불찰토에서 갖가지 삼매를 닦는다고 밝힌다. (4) 일소겁이 지나서 무생법인을 증득한다고 밝힌다. (5) 한 분 한 분 부처님마다 현전에서 수기를 입는다고 밝힌다.

一、明身至十方；二、明一一歷供諸佛；三、明修多三昧；四、明延時得忍；五、明一一佛邊現蒙受記。

8. "이것이" 이하는 총결하는 문구이다. 이상으로 여덟 문구가 있어 내용이 다를지라도 상품중생의 상황을 자세히 설명해 마쳤다.

八、從"是名"以下是總結句。以上說到了八句 , 具體解釋了上品中生的情況。

[상품하생의 계위]

　다만 무상보리심 발할 뿐, 아직 미묘한 이치 궁구하지 못한 이라

　저 국토에 이르러 심안이 밝게 열려서 보리수기를 획득하리라

다음으로 상품하생의 계위에서는 먼저 이름을 들고, 다음으로 인행과덕因行果德을 분명히 밝히며 마지막으로 총결하니, 여기에는 여덟 단락의 내용이 들어있다.

　次就上品下生位中 , 亦先擧 , 次辨 , 後結。卽有其八 :

상품하생인도 또한 (반드시 깊지는 않지만) 인과를 믿고 대승을 비방하지 않으며 다만 무상보리심을 발할 뿐이니라. 이러한 공덕으로써 회향하여 극락세계에 태어나길 발원하느니라.

　上品下生者 , 亦信因果 , 不謗大乘 , 但發無上道心。以此功德 , 回向願求生極樂國。

1. "상품하생인" 이 한 문구는 계위의 이름을 총괄해 들고 있으니, 이는 곧 대승 하선下善의 범부다.

　一、從"上品下生者"者 , 總擧位名 , 卽是大乘下善凡夫人也。

2. "또한 인과를 믿고"에서 "무상보리심을 발할 뿐이니라."에 이르는 경문에서는 제6문으로 수지하는 행법이 다름을 밝히고 있다. 여기에는 세 단락의 내용이 들어있다.

　二、從"亦信因果"下 , 至"無上道心"已來 , 正明第六門中受法不同 , 卽有其三 :

(1) 정업행자의 인과에 대한 믿음이 일정하지 않다고 밝힌다. 그는 믿거나 혹 믿지 않는다. 그래서 "또한"이라 한다. 혹은 또한 상품상생과 상품중생의 "깊은 믿음"과 동등할 수 있다.

一、明所信因果不定。或信不信，故名爲亦。或可亦同前深信也。

"또한" 비록 인과를 믿을지라도 믿음이 깊지 않아서 선심에서 자주 물러나거나 잃고 악법도 자주 일으키니, 이는 모두 고락인과에 대해 깊이 믿지 않은 연고이다. (일반인의 인과에 대한 믿음은 얕은 믿음으로 선에서 언제나 물러나고 악이 언제나 일어난다. 진정으로 깊은 믿음이 있으면 다시 범하지 않고 동시에 선행에 대해 견고하여 물러나지 않는다. 믿음에 깊고 얕은 격차가 있는 줄 알아야 한다. 이는 상품하생의 계위와 상품상생·상품중생 계위는 믿음의 정도에 깊고 얕은 차별이 있음을 밝히고 있다. 그러나 앞에서 깊은 믿음에 도달할 수도 있다. 그래서 여기서 "또한"을 사용한다.)

생사의 괴로움에 대해 깊이 믿으면 마침내 (일체) 죄업을 거듭 범하지 않으리라. 정토 무위無爲의 즐거움에 대해 깊은 믿음을 내면 선심善心을 발하여 영원히 물러나거나 잃어버리지 않으리라.

又雖信不深，善心數退，惡法數起，此乃由不深信苦樂因果也。若深信生死苦者，罪業畢竟不重犯。若深信淨土無爲樂者，善心一發永無退失也。

(2) 비록 인과에 대한 믿음이 그치거나 끊어짐이 있을지라도 일체 대승에 대해 의심을 일으키거나 비방하지 않는다고 밝힌다. 만약 의심을 일으키거나 비방한다면 천불에 둘러싸여도 구제할 수 없다. (그래서 대승을 비방한 죄업을 철저히 막아야 한다. 특히 정업행자는 선종과 밀종을 비방해서는 안 된다. 이것이 매우 중요한 점이다.)

二、明信雖間斷，於一切大乘不起疑謗。若起疑謗者，縱使千佛繞身，無由可救也。

(3) 이상의 (소극적 방면의) 모든 선한 행위들(인과를 믿고 대승을 비방하지 않음)은 또한 (적극적 방면에서) 아무런 공행功行도 없는 것 같다. 오직 일념으로 생사의 고해를 싫어하여 여의고 제불의 경계를 즐겨하여 태어나서 속히 보살의 대비하신 원행願行을 원만히 이루고 다시 생사의 흐름에 들어 널리 중생을 제도하는 마음을 「발보리심」이라 한다. 이 의리는 정업삼복의 세 번째 복에서 이미 밝혔다. 그곳에서 보리심의 체상을 설명하였다.

(그러나 위에서 말한 보리심은 서방정토법문상의 해석과 결합시킨 것이다. 실제로 출리심과 보리심를 한 곳에 결합시켰다. 고苦를 싫어하는 마음을 내어 더 이상 사바고해에 잡아두지 않고 동시에 정토를 좋아하여 태어나고 제불의 경계에 들어가는 마음을 낸다. 이는 곧 일심으로 서방에 태어나길 구하고 보살의 대비원행을 신속히 원만히 이룬 후 생사의 세계로 돌아와 중생을 두루 제도함이다. 또한 이는 곧 왕생하여 해탈성불하고 그로부터 가없는 중생을 널리 제도하는 마음을 냄이다. 이는 극락정토와 잘 맞는 보리심의 행법이다.)

三、明已上諸善，似亦無功。唯發一念厭苦樂生諸佛境界，速滿菩薩大悲願行，還入生死普度衆生，故名無上道心也。此義第三福中已明竟。

3. "이러한 공덕을 회향하여" 이하는 제8문으로 앞에서 말한 정행의 공덕을 회향하여 극락세계에 태어나길 발원해야 함을 밝히고 있다.

三、從"以此功德"已下，正明第八門中回前正行向所求處。

"이러한 행자가 목숨을 마치려고 할 때 아미타부처님께서 관세음보살・대세지보살을 비롯한 여러 보살들과 함께 황금 연꽃을 손에 들고 5백 화신불로 화현하시어 이 사람을 맞이하러 오시느니라. 그때 5백 화신불이 일시에 손을 내밀면서 찬탄하여 말씀하시길, 「법의 아들이여, 그대는 지금 청정하여 무상보리심을 내었도다!

내가 와서 그대를 맞이하노라!」 행자가 이러한 일을 볼 때 자신의 몸이 곧 황금 연꽃 위에 앉아 있음을 보느니라. 앉은 후 연꽃잎이 닫히고 세존의 뒤를 따라가 곧 칠보 연못 가운데 왕생하느니라."

行者命欲終時, 阿彌陀佛, 及觀世音大勢至, 與諸菩薩, 持金蓮華, 化作五百佛, 來迎此人。五百化佛, 一時授手, 贊言:法子, 汝今清淨, 發無上道心, 我來迎汝。見此事時, 即自見身坐金蓮華, 坐已華合, 隨世尊後, 即得往生七寶池中。

4. "행자가 목숨을 마치려고 할 때"에서 "칠보 연못 가운데 왕생하느니라."에 이르는 경문에서는 제9문으로 정업행자가 임종할 때 성중이 앞에 내영하여 접인함과 가는 때의 더딤과 빠른 정도를 밝히고 있다. 여기에는 아홉 단락의 내용이 들어있다.

四、從"行者命欲終時"下, 至"七寶池中"已來, 正明第九門中臨終聖來迎接, 去時遲疾。

即有其九:

(1) (정업행자의) 목숨이 얼마 남지 않았다고 밝힌다. (2) (임종시) 아미타부처님과 성중이 황금 연꽃을 손에 들고 응현한다고 밝힌다. (3) 5백 화신불께서 일시에 손을 내밀어 접인하신다고 밝힌다. (4) 성중께서 이구동성으로 찬탄하신다고 밝힌다. (5) **그때 행자는 그 자리에서 죄업이 사라지니, 그래서 청정하다고** 말하고, 그런 후 정업행자가 인지에서 닦은 행업을 서술하니, 그래서 무상보리심을 발하라고 말한다고 밝힌다. (6) 행자가 비록 서방삼성과 여러 보살들의 모습을 보고도, 의심이 생겨 왕생하지 못할까 염려한다고 밝힌다. 그래서 성중께서 같은 목소리로 말씀하시길, "내가 와서 그대를 맞이하노라!" (이로써 그의 의심을 없앤다.) (7) 행자가 성중의 선고를 받은 후 자신의 몸이 이미 황금 연꽃 위에 앉아있고 연꽃잎이 어렴풋이 닫혀 있음을 본다고 밝힌다.

(8) 부처님의 뒤를 따라가 일념의 순간에 극락세계에 왕생한다고 밝힌다.

(9) 극락세계의 보배연못 가운데 화생한다고 밝힌다.

一、明命延不久；二、明彌陀與諸聖衆持金華來應；三、明化佛同時授手；四、明聖衆同聲
等贊；五、明行者罪滅，故云淸淨，述本所修，故云發無上道心；六、明行者雖睹靈
儀，疑心恐不得往生，是故聖衆同聲告言，我來迎汝；七、明旣蒙告及，卽見自身已坐
金華之上，籠籠而合；八、明隨佛身後一念卽生；九、明到彼在寶池中。

"하루 밤낮이 지나고서 연꽃이 피어나리라. 7일에 비로소 부처님을 친견할 수 있나니, 비록 부처님의 몸을 친견할지라도 온갖 상호가 마음에 분명하지 않느니라. 21일이 지난 후에야 또렷이 친견할 뿐만 아니라 온갖 음성이 들리니 모두 묘법을 연설하느니라."

一日一夜，蓮華乃開。七日之中，乃得見佛。雖見佛身，於衆相好，心不明了。於
三七日後，乃了了見。聞衆音聲，皆演妙法。

5. "하루 밤낮이 지나서" 이하는 제10문으로 극락세계에 왕생한 후 연꽃이 피는 시절이 다름을 밝히고 있다. (상품하생인은 밤낮 하루가 지나야 비로소 연꽃이 핀다.)

五、從"一日一夜"已下，正明第十門中到彼華開時節不同。

6. "7일에"에서 "모두 묘법을 연설하느니라."에 이르는 경문에서는 제11문으로 연꽃이 핀 후 얻는 이익이 다름을 밝히고 있다. (즉 7일에 부처님을 친견하지만 온갖 상호가 또렷하게 드러나지 않는다. 21일이 지난 후에야 또렷하게 나타날 뿐만 아니라 온갖 음성이 모두 묘법을 연설함을 듣는다.)

六、從"七日之中"下，至"皆演妙法"已來，正明第十一門中華開已後得益不同。

"시방세계를 두루 다니면서 제불께 공양하고 제불 앞에서 깊고 깊은 법을 들으며, 3소겁이 지나면 (초지보살의) 백법명문(百法明門; 이일심불란)을 증득해 환희지歡喜地에 머무느니라. 이것이 바로 「상품하생인」이니라. 이상으로 상배삼품을 관상함을 「상배생상」이라 하고, 「제14관」이라 하느니라."

遊歷十方, 供養諸佛。於諸佛前, 聞甚深法。經三小劫, 得百法明門, 住歡喜地。是名上品下生者。是名上輩生想, 名第十四觀。

7. "시방세계를 두루 다니면서"에서 "환희지에 머무느니라."에 이르는 경문에서는 타방세계에서 얻는 이익을 밝히고, 또한 「뒤에 얻는 이익」이라 한다. (즉 시방국토를 두루 다니면서 제불께 공양하고 제불 앞에서 깊고 깊은 법문을 들으며, 3소겁이 지나면 백법명문을 증득해 환희지에 머물 수 있다.)

七、從"遊歷十方"下, 至"住歡喜地"已來, 正明他方得益, 亦名後益也。

8. "이것이" 이하는 총결하는 문구이다. 이상으로 여덟 문구가 있어 내용이 다를지라도 상품하생의 상황을 자세히 설명해 마쳤다.

八、從"是名"已下, 總結。上來雖有八句不同, 廣解上品下生竟。

총괄하여 찬탄하길, "상배상행의 상근기 사람은 정토에 태어나길 구해 탐욕과 분노를 끊고, 나아가 행지의 강약차별에 따라 3품으로 나누어서 (예배·찬탄·작원·관찰·회향의) 5문을 정행으로 삼아 서로 이어지고 (일문 일문마다 지성심·심심·회향발원심) 세 가지 마음을 정인으로 삼아 서로 돕네. 하루 내지 이레 동안 전심전력(專精)으로 정진하면 목숨이 다하는 때에 보배좌대에 올라 사바세계 육진을 벗어나네. 다행히 만나기 어려운 정토법문을 지금 만났으니, 이로부터 영원히 무위의 법성신을 증득할지라.

贊云：上輩上行上根人，求生淨土斷貪瞋。就行差別分三品，五門相續助三因。一日七日專精進，畢命乘臺出六塵。慶哉難逢今得遇，永證無爲法性身。

이상으로 비록 (상배 상중하) 세 가지 품위가 있어 다를지라도 상배왕생 일문의 의리를 총괄해 해석해 마쳤다.

上來雖有三位不同，總解上輩一門之義竟。

[제15관] 중배관中輩觀: 중배로 왕생함을 관하다

[총괄요간] 십일문 의리

제15관에서 중배관의 행선을 해석하기에 앞서 먼저 총괄해 요간(분석)하니, 의리에는 십일문의 내용이 들어 있다.

[제1문] 석가모니부처님께서 아난과 위제희 부인에게 분부하신다고 총괄해 밝힌다.

[제2문] 왕생인의 계위를 판정하여 그가 어떤 수행을 갖추고 있는지 밝힌다.

[제3문] 어떤 부류의 중생과 무리가 인연이 있는지 총괄해 든다.

[제4문] 지성심·심심·회향발원심을 판정하여 왕생의 정인正因으로 삼는다.

[제5문] 이 일품의 부류 가운데 감당할 수 있는 근기와 감당할 수 없는 근기로 선별한다고 밝힌다.

[제6문] 이 근기의 중생이 수지하는 행법이 다르다고 밝힌다.

[제7문] 업을 닦는 시절이 멀고 가까운 정도에 차이가 있다고 밝힌다.

[제8문] 닦은 일체 선업을 회향하여 극락세계에 태어나길 구해야 한다고 밝힌다.

[제9문] 이들 정업행자가 임종시 성중이 와서 접인하는 모습 및 왕생하는 때의 더디고 빠른 정도가 다르다고 밝힌다.

[제10문] 극락정토에 왕생한 후 연꽃이 피는 시간의 더디고 빠른 정도가 다르다고 밝힌다.

[제11문] 연꽃이 핀 이후 얻는 이익에 차이가 있다고 밝힌다.

一者總明告命；二者正明辨定其位；三者正明總舉有緣之類；四者正明辨定三心，以爲正因；五者正明簡機堪與不堪；六者正明受法不同；七者正明修業時節延促有異；八者正明回所修行，願生彌陀佛國；九者正明臨命終時，聖來迎接不同，去時遲疾；十者正明到彼華開遲疾不同；十一者正明華開已後，得益有異。

이상으로 십일문이 있어 내용이 다를지라도 중배삼품의 함의를 자세히 요간해 마쳤다.

上來雖有十一門不同，廣料簡中輩三品竟。

[중품상생의 계위]

온갖 계율 오래 지키고 원대로 왕생하여
고와 공 설함 듣고 아라한과를 얻으리라

다음으로 중품상생의 계위에서는 먼저 이름을 들고, 다음으로 인행과덕因行果德을 분명히 밝히며 마지막으로 총결하니, 여기에는 여덟 단락의 내용이 들어있다.

次就中品上生位中，亦先擧，次辨，後結。即有其八：

부처님께서 아난과 위제희에게 이르시길, "중품상생인은 혹 어떤 중생은 오계를 수지하고, 팔관재계를 지키며, 일체 계율을 수행하되, 오역죄를 짓지 않고 온갖 허물과 근심이 없느니라. 이러한 선근으로써 회향하여 서방 극락세계에 태어나길 발원하느니라.

佛告阿難及韋提希 : 中品上生者 , 若有衆生 , 受持五戒 , 持八戒齋 , 修行諸戒 , 不造五逆 , 無衆過患。以此善根 , 回向願求生於西方極樂世界。

1. "부처님께서 아난과 위제희에게 이르시길" 이하는 석가모니부처님께서 아난과 위제희 부인에게 분부하심을 총괄해 밝히고 있다.

一、從 "佛告阿難" 已下 , 總明告命。

2. "중품상생인" 이 한 문구에서는 행자의 계위를 판정하여 그가 어떤 수행을 갖추고 있는지 밝히니, 곧 소승근성의 상선上善 범부다.

二、從 "中品上生者" 者 , 正明辨定其位 , 卽是小乘根性上善凡夫人也。

3. "어떤 중생이"에서 "온갖 허물과 근심이 없었느니라"에 이르는 경문에서는 제5문과 제6문으로 수지하는 행법이 다름을 밝히고 있다. 여기에는 네 단락의 내용이 들어있다.

三、從 "若有衆生" 下 , 至 "無衆過患" 已來 , 正明第五、第六門中受法不同 , 卽有其四 :

(1) 이 일품의 부류 가운데 감당할 수 있는 근기와 감당할 수 없는 근기로 선별하여 밝힌다. (2) 소승의 재와 계 등을 수지하는 계법을 밝힌다. (3) 소승계의 힘이 미약하여 오역죄를 없앨 수 없다고 밝힌다. (4) 소승계 등을 수지할지라도 계를 어기고 범해서는 안 된다고 밝힌다. 허물이 있을지라도 항상 참회하여 꼭 그것이 청정하도록 해야 한다. 이는 곧 정업삼복 중에서 두 번째 복인 「계행 선근」의 복과 상응한다.

一、明簡機堪與不堪 ; 二、明受持小乘齋戒等 ; 三、明小戒力微 , 不消五逆之罪 ; 四、明雖持小戒等 , 不得有犯 , 設有余愆 , 恒須改悔 , 必令淸淨。此卽合上第二戒善之福也。

그러나 계를 닦을 때, 혹 종신토록 혹 한 해, 한 달, 하루, 하룻밤, 한 시간

등 시간상으로 또한 고정된 것이 없다. 총괄해 말하면 목숨이 다할 때까지 기한으로 삼아 범해서는 안 된다.

然修戒時 , 或是終身 , 或一年一月一日一夜一時等 , 此時亦不定。大意皆畢命爲期 , 不得 毀犯也。

4. "이러한 선근으로써 회향하여" 이하는 제8문으로 닦은 일체선업을 회향하여 극락세계에 태어나길 구해야 함을 밝히고 있다.

四、從"以此善根迴向"已下 , 正明第八門中迴所修業向所求處。

"이러한 행자가 목숨을 마치려 할 때, 아미타부처님께서 여러 비구 권속들과 둘러싸고 금색 광명을 놓아 비추면서 그 사람이 있는 곳에 이르러 고·공·무상·무아를 연설하시고 찬탄하시길, 「그대는 출가하여 온갖 괴로움을 여의었도다!」 행자가 이를 보고 듣고 나서 마음속으로 크게 기뻐하였느니라. 그때 자신의 몸이 이미 연화대에 앉아 있음을 보고서 무릎 꿇고 합장하며 부처님께 예배드리니, 머리를 들기도 전에 곧 극락세계에 왕생하였느니라.

臨命終時 , 阿彌陀佛 , 與諸比丘 , 眷屬圍繞 , 放金色光 , 至其人所 , 演說苦空 無常無我 , 贊嘆出家得離衆苦。行者見已 , 心大歡喜 , 自見己身坐蓮華臺。長跪 合掌 , 爲佛作禮。未擧頭頃 , 卽得往生極樂世界。

5. "이러한 행자가 목숨을 마치려고 할 때"에서 "극락세계에 왕생하였느니라."에 이르는 경문에서는 제9문으로 (정업행자가) 목숨을 마치려고 할 때 성중이 와서 접인하는 다른 모습 및 왕생시간의 더디고 빠른 정도를 밝히고 있다.

이는 여섯 단락의 내용이 들어있다.

五、從 "臨命終時" 下, 至 "極樂世界" 已來, 正明第九門中, 終時, 聖來迎接不同, 去時遲疾, 卽有其六:

(1) (행자의) 목숨이 얼마 남지 않았다고 밝힌다. (2) 그때 아미타부처님과 비구성중이 함께 내영하시지만 (과는 인을 따라 감득한 연고로) 보살은 내영하지 않는다고 밝힌다. 행자가 소승의 근성임으로 말미암아 여전히 그의 마음에는 소승의 성중이 내영 접인함을 감득한다. (3) 부처님께서 금빛 광명을 놓아 행자의 몸을 비춘다고 밝힌다.

(4) 부처님께서 행자를 위해 설법하시고, 또한 "그대는 출가하여 온갖 고난과 근심을 멀리 여의었도다!" 찬탄하신다고 밝힌다. 이를테면 가사를 돌보고 사업을 운영하거나 조정에서 관료가 되고 정복전쟁 길에 오르며 나라를 지키기 위해 변방에서 주둔하는 등 갖가지 세속인연에 얽매여야 하지만, 지금 이미 출가하여 사부대중 제자의 공양과 지지에 의지해 만사 걱정근심 없이 초연하고 자재하니 어디로 가거나 어디에 머물거나 아무런 장애가 없어 일심으로 도업을 수지할 수 있다. 그래서 온갖 고난과 금심을 멀리 여윌 수 있다고 찬탄한다.

(5) (행자가 극락세계의 성중을 보고 부처님의 광명 가피를 얻었으며, 또한) 부처님께서 설법하여 위로하심을 들은 후 마음속으로 뛸 듯이 기뻐서 어쩔 줄 몰랐다. 즉시 자신의 몸이 연화대 위에 있음을 보고서 머리 숙여 부처님의 발에 정례하였다. (6) 행자는 머리를 숙일 때는 여전히 사바세계에서 있지만, 머리를 들면 이미 극락세계에 왕생하였다.

一、明命延不久; 二、明彌陀與比丘衆來, 無有菩薩, 由是小乘根性, 還感小根之衆也;

三、明佛放金光照行者身; 四、明佛爲說法, 又贊出家離多衆苦, 種種俗緣, 家業王官, 長征遠防等, 今旣出家, 仰於四輩, 萬事不憂, 迴然自在, 去住無障, 爲此得修道業, 是故贊云離衆苦也。五、明行者旣見聞已, 不勝欣喜, 卽自見身已坐華臺, 低頭禮佛；六、明行者低頭在此，擧頭已在彼國也。

"(그때) 연꽃이 활짝 피어나리라. 연꽃잎이 펼쳐질 때 온갖 음성을 들으니, 모두 (고집멸도) 사성제四聖諦를 찬탄하더라. 감응하는 때 정업행자는 곧 아라한과를 얻고 삼명육통三明六通·팔해탈八解脫을 다 갖추느니라. 이것이 바로 「중품상생인」이니라."

蓮華尋開。當華敷時，聞衆音聲贊嘆四諦，應時即得阿羅漢道。三明六通，具八解脫。是名中品上生者。

6. "연꽃이 활짝 피어나리라." 이 한 문구는 제10문으로 저 국토에 이른 후 연꽃이 피는 때의 더디고 빠른 정도가 다르다고 밝히고 있다. (여기서는 연꽃이 순식간에 핀다고 말한다.)

六、從"蓮華尋開"者，正明第十門中到彼華開遲疾不同。

7. "연꽃잎이 펼쳐질 때"에서 "팔해탈을 다 갖추느니라."에 이르는 경문에서는 제11문으로 연꽃잎이 열린 후 얻는 이익에 다름이 있음을 밝히고 있다. 여기에는 세 단락의 내용이 들어있다.

七、從"當華敷時"下，至"八解脫"已來，正明第十一門中華開已後得益不同，即有其三：

(1) 보배연꽃이 순식간에 핀다고 밝힌다. 이는 행자가 인지因地에서 계행이 엄정하고 용맹한 연고이다. (인지에서 계행을 매우 급하게 매우 굳세게 닦으면 과위의 꽃잎은 순식간에 열린다. 인지에서 계행을 매우 느슨하고 매우 미약하게 닦으면 과위의 꽃잎도 더디게 열린다. 이것은 모두 인과상응의 이치이다.)

(2) 온갖 법음이 함께 사제법의 공덕을 찬탄한다고 밝힌다. (이는 행자가 과거 소승을 수지하여 사제법을 매우 익숙하도록 훈습한 연고이다.) (3) 사제법을 듣고서 곧바로 아라한과를 증득한다고 밝힌다. "아라한"은 무생無生이라 하고, 또 무착無著이라 한다. 인지 상에서 말하면 아라한은 견혹見惑·사혹思惑이 없어진(亡) 연고로 「무생」이라 하고, 과위 상에서 말하면 오취온(五取蘊: 다섯 가지 존재의 집착다발)이 사라진(喪) 연고로 「무착」이라 한다.

"삼명三明"은 숙명명宿命明·천안명天眼明·누진명漏盡明을 말한다. "팔해탈八解脫"은 안의 색상과 바깥의 색상 모두 무너뜨리지 않고 바깥의 색상을 관함(內有色外觀色)이 첫째 해탈이요, 안의 색상은 무너뜨리지만 바깥의 색상은 무너뜨리지 않고 바깥의 색상을 관함(內無色外觀色)이 둘째 해탈이요, 부정한 색상에 대해 청정하다고 관함(不淨相)이 셋째 해탈이요, "사공四空"은 곧 공무변처해탈空無邊處解脫·식무변처해탈識無邊處解脫·무소유처해탈無所有處解脫·비상비비상처해탈非想非非想處解脫 및 멸진정滅盡定으로 총괄해 여덟이다.

一、明寶華尋發，此由戒行精强故也；二、明法音同贊四諦之德；三、明一得聞說四諦，卽獲羅漢之果。言羅漢者，此云無生，亦云無著。因亡故無生，果喪故無著。言三明者，宿命明，天眼明，漏盡明也。言八解脫者，內有色外觀色，一解脫。內無色外觀色，二解脫。不淨相，三解脫。四空，及滅盡，總成八也。

8. "이것이" 이하는 총결하는 문구이다. 이상으로 여덟 문구가 있어 내용이 다를지라도 중품상생의 상황을 자세히 설명해 마쳤다.

八、從"是名"已下，總結。上來雖有八句不同，廣解中品上生竟。

[중품중생의 계위]

하루 낮 하루 밤 계를 봉행하고 극락에 태어나길 발원하면

연꽃이 열려 부처님을 친견하고 즉시 수다원과를 얻는다네

다음 아래 중품중생의 계위에서는 먼저 이름을 들고, 다음으로 인행과덕因行果德을 분명히 밝히며 마지막으로 총결하니, 여기에는 일곱 단락의 내용이 들어있다.

次就中品中生位中 , 亦先擧 , 次辨 , 後結。卽有其七。

"중품중생인은 혹 어떤 중생은 하루 밤낮만이라도 팔재계를 지키거나, 하루 밤낮만이라도 사미계를 지키거나, 하루 밤낮만이라도 구족계를 지녀서 (신구의 삼업의) 위의에 허물이 없도록 하느니라. 이러한 공덕으로써 회향하여 서방극락국토에 태어나길 발원하느니라.

中品中生者 , 若有衆生 , 若一日一夜持八戒齋 , 若一日一夜持沙彌戒 , 若一日一夜持具足戒 , 威儀無缺。以此功德 , 回向願求生極樂國。

1. "중품중생인". 이 한 문구에서는 행자의 이름을 총괄해 들고 그 계위를 판정하여 그가 어떤 수행을 갖추고 있는지 밝히니, 이는 곧 소승 하선下善의 범부이다.

一、從"中品中生者"者 , 總擧行名 , 辨定其位 , 卽是小乘下善凡夫人也。

2. "만약 어떤 중생"에서 "위의에 허물이 없도록 해야 한다."에 이르는 경문에서는 제5문, 제6문으로 근기가 감당할 수 있는지를 판별하고, 수지하는 시절과

수지하는 행법이 다름을 밝히고 있다. 여기에는 세 단락의 내용이 들어있다.

二、從"若有衆生"下，至"威儀無缺"已來，正明第五、六、七門中，簡機時分受法等不同，卽有其三：

(1) 팔관재계를 수지한다고 밝힌다. (2) 사미계를 수지한다고 밝힌다. (3) 구족계를 수지한다고 밝힌다. 이 세 가지 품계는 마찬가지로 모두 하루 밤낮만이라도 청정하게 수지하여 범함이 없고, 내지 가벼운 죄에 대해서 무거운 죄를 범한 허물과 마찬가지로 엄밀하게 수호하여 신구의 삼업의 위의에 허물이 있지 않도록 해야 한다. 이는 곧 정업삼복 중에서 두 번째 복(온갖 계행을 구족하라 · 위의를 범하지 말라)과 상응함을 알아야 한다.

一、明受持八齋戒；二、明受持沙彌戒；三、明受持具足戒。此三品戒，皆同一日一夜，淸淨無犯。乃至輕罪，如犯極重之過，三業威儀，不令有失也。此卽合上第二福。應知。

3. "이러한 공덕으로써 회향하여" 이하는 닦은 일체 선업을 회향하여 극락세계에 태어나길 구해야 함을 밝히고 있다.

三、從"以此功德"已下，正明回所修業向所求處。

"계의 향기가 몸에 배이도록 닦았기에 이러한 행자는 목숨을 마치려고 할 때 아미타부처님께서 여러 권속들과 함께 금색 광명을 놓으시며 칠보 연꽃을 들고서 행자 앞에 이름을 보리라. 그때 행자는 스스로 허공에서 들리는 소리가 있어 찬탄하여 말씀하시길, 「선남자여, 그대처럼 선한 사람은 삼세제불의 가르침에 수순하였도다! 그래서 내가 와서 그대를 맞이하노라!」 행자는 자신이 연꽃 위에 앉아 있음을 보고서 연꽃잎이 이내 닫히니, 문득 서방 극락세계에 태어나 보배연못 안으로 들어가느니라."

戒香熏修 , 如此行者命欲終時 , 見阿彌陀佛 , 與諸眷屬 , 放金色光 , 持七寶蓮華 , 至行者前。行者自聞空中有聲 , 贊言：善男子 , 如汝善人 , 隨順三世諸佛教故 , 我來迎汝。行者自見坐蓮華上 , 蓮華卽合 , 生於西方極樂世界 , 在寶池中。

4. "계의 향기가 몸에 배이도록 닦았기에"에서 "보배연꽃 가운데 태어남을 보리라"에 이르는 경문에서는 제9문으로 행자가 목숨을 마치려 할 때 성중이 와서 접인하는 모습과 왕생하는 시간에 더디고 빠른 정도를 밝히고 있다. 여기에는 여덟 단락의 내용이 들어있다.

　四、從"戒香熏修"下 , 至"在寶池中"已來 , 正明第九門中行者終時 , 聖來迎接 , 去時遲疾 , 卽有其八：

(1) (행자의) 목숨이 얼마 남지 않았다고 밝힌다. (2) 그때 아미타부처님과 비구성중이 와서 접인한다고 밝힌다. (3) 부처님께서 금빛 광명을 놓아 행자의 몸을 비춘다고 밝힌다. (4) 비구가 칠보연꽃을 손에 들고서 행자 앞에 이른다고 밝힌다. (5) 행자가 허공에서 그를 찬탄하는 소리가 있음을 직접 보고 듣는다고 밝힌다. (6) 부처님께서 "그대는 부처님 말씀을 깊이 믿고 부처님의 가르침에 수순하여 의심이 없기에 내가 와서 그대를 맞이하노라." 찬탄하신다고 밝힌다. (7) (행자가) 부처님의 찬탄을 받은 후 곧 자신이 연꽃 위에 앉아 있음을 보고, 앉고 나서 연꽃잎이 닫힌다고 밝힌다. (8) 연꽃잎이 닫힌 후 문득 서방극락의 보배연못 안으로 들어간다고 밝힌다.

　一、明命延不久；二、明彌陀與諸比丘衆來；三、明佛放金光照行者身；四、明比丘持華來現；五、明行者自見聞空聲等贊；六、明佛贊言：汝深信佛語 , 隨順無疑 , 故來迎汝；七、明旣蒙佛贊 , 卽見自坐華座 , 坐已華合；八、明華旣合已 , 卽入西方寶池之內。

"7일이 지나야 연꽃잎이 펼쳐지리라. 연꽃잎이 이미 펼쳐지고 나서 심안이 열리고 합장하며 세존께 찬탄하느니라. 설법을 듣고서 기뻐하여 수다원과를 증득하고, 반 겁이 지난 후 아라한과를 이루느니라. 이것이 바로「중품중생인」이니라."

經於七日 , 蓮華乃敷。華旣敷已 , 開目合掌 , 贊嘆世尊。聞法歡喜 , 得須陀洹。經半劫已 , 成阿羅漢。是名中品中生者。

5. "7일이 지나야" 이하는 제10문으로 극락세계에 이른 후 연꽃잎이 열리는 시절에 다름이 있다고 밝힌다. (7일이 지나야 연꽃잎이 펼쳐진다.)

五、從"經於七日"已下 , 正明第十門中到彼華開時節不同。

6. "연꽃잎이 이미 펼쳐지고 나서"에서 "아라한과를 이루느니라."에 이르는 경문에서는 제11문으로 연꽃잎이 열린 이후 얻는 이익에 다름이 있음을 밝히고 있다. 여기에는 네 단락의 내용이 들어있다. (1) 꽃잎이 열리고 부처님을 친견한다고 밝힌다. (2) 부처님의 공덕을 합장·찬탄한다고 밝힌다. (3) 부처님의 설법을 듣고 초과를 증득한다고 밝힌다. (4) 반 겁을 지나야 아라한과를 증득한다고 밝힌다.

六、從"華旣敷已"下 , 至"成羅漢"已來 , 正明第十一門中華開已後得益不同 , 卽有其四 : 一、明華開見佛 ; 二、明合掌贊佛 ; 三、明聞法得於初果 ; 四、明經半劫已 , 方成羅漢。

7. "이것이" 이하는 총결하는 문구이다. 이상으로 일곱 문구가 있어 내용이 다를지라도 중품중생의 상황을 자세히 설명해 마쳤다.

七、從"是名"已下 , 總結。上來雖有七句不同 , 廣解中品中生竟。

[중품하생의 계위]

효도와 우애, 인자한 선행 행해 선지식을 만나 깨달음을 얻고
관세음 · 대세지 두 대보살 만나 법을 듣고 제도 받음 얻으리라

다음으로 중품하생위에는 먼저 이름을 들고, 다음으로 인행과덕因行果德을
분명히 밝히며 마지막으로 총결하니, 여기에는 일곱 단락의 내용이 들어있다.

次就中品下生位中 , 亦先擧 , 次辨 , 後結。卽有其七：

"중품하생인은 혹 어떤 선남자 · 선여인은 부모님께 효도 봉양하고
세상 사람들에게 인자한 선행을 베푸느니라. 이러한 사람이 목숨
을 마치려고 할 때 선지식을 만나고, 그 선지식이 그를 위해
아미타부처님 국토의 즐거운 일에 대해 자세히 설하며, 또한
법장 비구의 48대원에 대해 설하리라. 이 일을 듣고 나서 이내
목숨이 다하니, 그때 비유컨대 힘센 장사가 팔 한 번 굽혔다
펴는 짧은 순간에 곧바로 서방 극락세계에 태어나느니라.

中品下生者 , 若有善男子善女人 , 孝養父母 , 行世仁慈。

1. "중품하생인" 이 한 문구는 왕생인의 이름을 총괄해 들고 그 계위를 판정하여
그가 어떤 수행을 갖추고 있는지 밝히니, 이는 곧 세속의 선을 행하여 상등의
복덕을 갖춘 범부이다.

一、"從中品下生者"者 , 正明總擧行名 , 辨定其位 , 卽是世善上福凡夫人也。

2. "혹 어떤 선남자·선여인은"에서 "세상 사람들에게 인자한 선심을 베푸느니라."에 이르는 경문에서는 제5문과 제6문으로 감당할 수 있는 근기와 수지하는 행법이 다름을 선별하여 밝히고 있다. 여기에는 네 단락의 내용이 들어있다.

二、從"若有善男子"下，至"行世仁慈"已來，正明第五、第六門中簡機受法不同，即有其四：

(1) 이러한 품류의 근기는 선남·선녀임을 선별하여 밝힌다. (2) 행자가 부모님께 효도하고 육친권속을 받들고 따랐다고 밝힌다. 이는 곧 삼복 중 첫째 복의 첫째 문구(부모님께 효양하라)와 둘째 문구(스승을 받들어 모셔라)에 상응한다. (3) 이 사람은 자신의 성정을 부드럽게 잘 다스려 자신이든, 타인이든 괴로움을 겪는 중생을 보면 언제나 자비와 공경심을 일으킨다고 밝힌다. (4) 이러한 품류의 사람은 일생 동안 불법을 보고 듣지 않고, 불도 상에서 추구하는 것(해탈)을 또렷이 이해하지 못하지만, 그의 선근으로써 스스로 효양 등의 선행을 행하는 사람임을 알아야 한다고 밝힌다.

一、明簡機；二、明孝養父母，奉順六親，即合上初福第一第二句；三、明此人性調柔善，不簡自他，見物遭苦，起於慈敬；四、正明此品之人，不曾見聞佛法，亦不解希求，但自行孝養也。應知。

"이러한 사람이 목숨을 마치려고 할 때 선지식을 만나나니, 그 선지식이 그를 위해 아미타부처님 국토의 즐거운 일에 대해 자세히 설하고, 또한 법장 비구의 48대원에 대해 설법하리라. 이 일을 듣고 나서 이내 목숨이 다하니, 그때 비유컨대 힘센 장사가 팔 한 번 굽혔다 펴는 짧은 순간에 곧바로 서방 극락세계에 태어나느니라."

此人命欲終時，遇善知識，爲其廣說阿彌陀佛國土樂事，亦說法藏比丘四十八大願。聞此事已，尋即命終，譬如壯士屈伸臂頃，即生西方極樂世界。

3. "이러한 사람이 목숨을 마치려고 할 때"에서 "48대원에 대해 설하리라."에 이르는 경문에서는 제8문으로 행자가 목숨을 마치려고 할 때 불법을 만나는 시절의 같고 다름을 밝히고 있다. (이는 곧 생전에는 불법을 듣지 못하지만 임종 직전에 비로소 선지식을 만나 그에게 강설해준다.)

三、從"此人命欲終時"下 , 至"四十八願"已來 , 正明第八門中臨終遇逢佛法時節分齊。

4. "이 일을 듣고 나서"에서 "극락세계에 태어나느니라."에 이르는 경문에서는 제9문으로 왕생을 얻는 이익 및 왕생하는 때에 더디고 빠른 정도를 밝히고 있다. (이는 그때 정토법문을 들으면 매우 빨리 임종시 왕생한다는 말이다. 왕생하는 때에 더디고 빠른 정도는 단지 힘센 장사가 팔 한 번 굽혔다 펴는 짧은 순간에 공부가 있으면 곧바로 서방극락세계에 태어난다.)

四、從"聞此事已"下 , 至"極樂世界"已來 , 正明第九門中得生之益 , 去時遲疾也。

"7일이 지나고 나서 관세음·대세지 두 대보살을 만나 묘법을 듣고 기뻐하며 수다원과를 증득하고, 이로부터 다시 1소겁이 지나가면 아라한과를 이루리라. 이것이 바로「중품하생인」이니라. 이상으로 중배삼품을 관상함을「중배생상中輩生想」이라 하고, 또한「제15관」이라 하느니라."

經七日已 , 遇觀世音及大勢至 , 聞法歡喜 , 得須陀洹。過一小劫 , 成阿羅漢。是名中品下生者。是名中輩生想 , 名第十五觀。

5. "7일이 지나고 나서" 이하는 제10문으로 극락세계에 이른 후 연꽃이 피고 피지 않는 다름이 있다고 밝힌다.

五、從"經七日已"者 , 正明第十門中到彼華開不開爲異。

6. "관세음·대세지 두보살을 만나"에서 "아라한과를 이루리라."에 이르는 경문에서는 제11문으로 연꽃이 핀 후 이익을 얻음에 들어있다고 밝힌다. 여기에는 세 단락의 내용이 들어있다. (1) 7일 이후에 이르러 관세음·대세지 두 대보살을 만난다고 밝힌다. (2) 두 분 대성인을 만난 후 묘법을 듣고서 초과를 증득한다고 밝힌다. (3) 일소겁이 지난 이후 비로소 아라한과를 이룬다고 밝힌다.

六、從"遇觀世音"下 , 至"成羅漢"已來 , 正明第十一門中華開已後得益不同 , 卽有其三：一、明七日已後 , 得遇觀音大勢；二、明旣逢二聖 , 得聞妙法 , 證於初果；三、明經一小劫已後 , 始成羅漢也。

7. "이것이" 이하는 총결하는 문구이다. 이상으로 일곱 문구가 있어 내용이 다를지라도 중품하생의 상황을 자세히 설명해 마쳤다.

七、從"是名"已下 , 總結。上來雖有七句不同 , 廣解中品下生竟。

중배중행中輩中行의 중근인은 어떤 행자는 하루 재계를 수지하여 임종시 황금 연꽃에 있고, 어떤 행자는 세상에서 부모님께 효도하여 임종시 선지식이 있어 그에게 회향하여 왕생하라 가르치고, 서방극락의 일 및 아미타부처님 48대원을 강설하신다. 그때 부처님과 성문중이 내영하여 접인하신 후 직접 아미타부처님의 연화좌 곁에 태어난다. 백련화 속에서 7일이 지나고서 3품 연꽃이 열리고 아라한과를 증득한다.

贊云：中輩中行中根人 , 一日齋戒處金蓮。孝養父母敎回向 , 爲說西方快樂因。佛與聲聞衆來取 , 直到彌陀華座邊。百寶華籠經七日 , 三品蓮開證小眞。

이상으로 비록 (중배 상중하) 세 가지 품위가 있어 다를지라도 중배왕생 일문의 의리를 총괄해 해석해 마쳤다.

　上來雖有三位不同，總解中輩一門之義竟。

[16관] 하배관下輩觀: 하배로 왕생함을 관하다

[총괄요간] 십일문 의리

제16관에서 하배관의 선악 이행을 해석하기에 앞서 먼저 총괄해 요간(혹은 분석)하니, 의리에는 십일 문의 내용이 들어 있다.

(이는 상배·중배에서 개시한 십일문과 기본적으로 같다. 단지 제6문에 "고락 두 법으로"가 추가된다. 말하자면 하배의 경우 괴로움과 즐거움 두 법으로 다르다고 구분한다. 이는 하배는 순수히 악을 짓는 사람이기 때문이다. 그래서 법을 만나기 이전에는 모두 괴로움의 법을 수지하고, 선지식의 인도를 만나 임종하는 때에는 즐거움의 법을 수지하여 이렇게 다름이 있다.)

△十六、就下輩觀善惡二行，文前料簡，卽爲十一門

[제1문] 석가모니부처님께서 아난과 위제희 부인에게 분부하신다고 총괄해 밝힌다.

[제2문] 왕생인의 계위를 판정하여 그가 어떤 수행을 갖추고 있는지 밝힌다.

[제3문] 어떤 부류의 중생과 무리가 인연이 있는지 총괄해 든다.

[제4문] 지성심·심심·회향발원심을 판정하여 왕생의 정인正因으로 삼는다.

[제5문] 이 일품의 부류 가운데 감당할 수 있는 근기와 감당할 수 없는 근기로 선별한다고 밝힌다.

[제6문] 이 근기의 중생이 수지하는 행법이 괴로움과 즐거움, 두 법으로 다르다고 밝힌다.

[제7문] 업을 닦는 시절이 멀고 가까운 정도에 차이가 있다고 밝힌다.

[제8문] 닦은 일체 선업을 회향하여 극락세계에 태어나길 구해야 한다고 밝힌다.

[제9문] 이들 정업행자가 임종시 성중이 와서 접인하는 모습 및 왕생하는 때의 더디고 빠른 정도가 다르다고 밝힌다.

[제10문] 극락정토에 왕생한 후 연꽃이 피는 시간의 더디고 빠른 정도가 다르다고 밝힌다.

[제11문] 연꽃이 핀 이후 얻는 이익에 차이가 있다고 밝힌다.

一者總明告命；二者辨定其位；三者總擧有緣之類；四者辨定三心以爲正因；五者簡機堪與不堪；六者明受苦樂二法不同；七者明修業時節延促有異；八者明回所修行向所求處；九者明臨終時，聖來迎接不同，去時遲疾；十者明到彼華開遲疾不同；十一者明華開已後，得益有異。

이상으로 십일문이 있어 내용이 다를지라도 상배삼품의 함의를 자세히 요간해 마쳤다.

上來雖有十一門不同，總料簡下輩三位竟。

[하품상생의 계위]

한평생 악업을 쌓아도 죽음에 임해 선지식을 만나서
부처님 명호를 한번 불러도 보배연못에 태어나니라

다음으로 하품상생위에는 먼저 이름을 들고, 다음으로 인행과덕因行果德을 분명히 밝히며 마지막으로 총결하니, 여기에는 아홉 단락의 내용이 들어있다.

次就下品上生位中，亦先擧，次辨，後結。卽有其九：

부처님께서 아난과 위제희에게 이르시길, "하품상생인은 혹 어떤 중생은 살아서 온갖 악업을 짓느니라. 비록 대승의 방등경전을 비방하지는 않을지라도 이러한 어리석은 사람은 악법을 수많이 지으면서도 두려워하고 부끄러워하는 마음이 없느니라."

佛告阿難及韋提希：下品上生者 , 或有衆生 , 作衆惡業。雖不誹謗方等經典 , 如此愚人 , 多造惡法 , 無有慚愧。

1. "부처님께서 아난과 위제희에게 이르시길" 이하는 석가모니부처님께서 아난과 위제희 부인에게 분부하심을 밝히고 있다. 부촉의 뜻이다.

　一、從 "佛告阿難"已下 , 正明告命。

2. "하품하생인" 이 한 문구에서는 왕생인의 계위를 판정하여 그가 어떤 죄를 지었는지 밝히니, 이는 곧 십악의 가벼운 죄를 지은 범부이다.

　二、從 "下品上生者"者 , 正明辨定其位 , 卽是造十惡輕罪凡夫人也。

3. "혹 어떤 중생은 살아서"에서 "두려워하고 부끄러워하는 마음이 없느니라."에 이르는 경문에서는 제5문으로 근기를 갖추고 있는지 선별하여 밝히고 있다. 이는 일생 동안 지은 죄가 가벼운지 무거운지 상황을 가리킨다. 여기에는 다섯 단락의 내용이 들어있다.

　三、從 "或有衆生"下 , 至 "無有慚愧"已來 , 正明第五門中簡機 , 擧出一生已來造惡輕重之相。卽有其五：

(1) 죄를 짓는 근기의 중생을 총괄해 들어 밝히고 있다. (2) 이런 중생이 수많은 악법을 짓는다고 밝힌다. (3) 비록 수많은 죄를 지을지라도 대승경전에 대해 비방하지 않는다고 밝힌다. (4) 이런 류의 중생은 악을 짓는 사람임을

거듭 말하여 밝힌다. 그는 지혜로운 자의 부류에 속하지 않는다. (5) 이러한 어리석은 사람은 비록 수많은 죄를 지을지라도 줄곧 두려워하고 부끄러워하는 마음(慚愧心)을 일으키지 않는다.

一、明總擧造惡之機；二、明造作衆惡；三、明雖作衆罪，於諸大乘不生誹謗；四、明重牒造惡之人，非智者之類也；五、明此等愚人，雖造衆罪，總不生愧心。

"(이러한 사람이) 목숨을 마치려고 할 때 선지식을 만나니, 그 선지식이 그를 위해 대승 십이부경의 제목이름을 찬탄하느니라. 이와 같이 제경의 이름을 들었기에 1천겁 동안 지은 지극히 무거운 악업을 없애느니라. 지혜로운 자는 다시 두 손을 합장하고 「나무아미타불」을 칭념하라고 가르치니, 부처님의 명호를 칭념하였기에 50억겁 생사의 중죄를 없애느니라."

命欲終時，遇善知識，爲贊大乘十二部經首題名字。以聞如是諸經名故，除却千劫極重惡業。智者復教合掌叉手，稱南無阿彌陀佛。稱佛名故，除五十億劫生死之罪。

4. "목숨을 마치려고 할 때"에서 "생사의 중죄를 없애느니라."에 이르는 경문에서는 죄를 지은 사람들이 임종시 선지식을 만나 정법을 듣는 상황을 밝히고 있다. 여기에는 여섯 단락의 내용이 들어있다.

四、從"命欲終時"下，至"生死之罪"已來，正明造惡人等，臨終遇善聞法，卽有其六：

(1) (행자의) 목숨이 얼마 남지 않았다고 밝힌다. (2) 이때 홀연히 정토에 왕생하도록 인도하는 선지식을 만난다고 밝힌다. (3) 이 선지식은 그를 위해 십이부경의 경전제목을 찬탄하여 말한다고 밝힌다. (4) 여러 경전 이름이

지닌 공덕의 힘을 들음으로써 천겁의 죄업을 없앤다고 밝힌다. (5) 지혜로운 자는 한 걸음 더 나아가 그에게 「나무아미타불」 부처님 명호 칭념할 것을 가르친다고 밝힌다. (6) 「나무아미타불」 부처님 명호를 칭념하였기에 5백만 겁 생사의 중죄를 없앤다고 밝힌다.

一、明命延不久；二、明忽遇往生善知識；三、明善人爲贊衆經；四、明以聞經功力，除罪千劫；五、明智者轉敎稱念彌陀之號；六、明以稱彌陀名故，除罪五百萬劫。

[보충] 제4단에서는 그가 경전제목을 들으면 죄가 멸하는 공덕이 있음을 밝힌다. 구마라즙 대사께서는 정말 대단히 총명하고 지혜가 있어 《아미타경》을 번역함에 있어 아미타불을 경의 제목으로 사용하였는데, 이는 매우 불가사의하다! 실제로 아미타경의 제목은 부처님의 명호가 아니라 부처님께서 경전에서 경전제목을 또렷하게 말씀하셨다. 「칭찬불가사의공덕일체제불소호념경稱讚不可思議功德一切諸佛所護念經」, 이것이야말로 그 경전제목이다. 관경에서는 이 경전 제목이 50억겁 생사의 중죄를 없앤다고 말씀하시는데, 이는 보통의 경전제목과 다르다. 보통 경전제목인 「나무묘법연화경南無妙法蓮華經」, 「나무대방광불화엄경南無大方廣佛華嚴經」을 염하면 그 죄를 멸하는 효과는 모두 1천겁 생사의 중죄이다. 오직 아미타불 명호만이 죄를 멸죄하는 공덕이 불가사의하다. 그래서 고덕께서는 부처님 명호로써 경전제목을 삼으신 것은 매우 깊은 뜻이 있다.

_《관무량수경소 강기》, 정공법사

묻건대, 왜 십이부경(여기서 십이부는 불타께서 설하신 법은 그 서술형식과 내용에 따라 12 종류로 나눔을 가리킨다)의 이름을 들어도 천 겁의 죄를 없앤다고 하였거늘 부처님의 명호를 한번 소리내어 부르면 곧 오백만 겁의 죄를 없앤다고 하는지, 잘 모르겠다. 이는 어떤 의도인가?

問曰：何故聞十二部經名，但除罪千劫，稱佛一聲，卽除罪五百萬劫者，何意也？

답하되, 이 죄를 지은 사람은 업장이 깊고 무거울 뿐만 아니라 죽음의 고통이 신심을 핍박하면, 선지식께서 수많은 경전의 제목을 설할지라도 그때 받아들이려는 마음이 흔들리고 산란해진다. 마음이 산란해진 연고로 죄를 없애는 힘이 극히 미약하기 마련이다. 하지만 부처님의 명호는 하나로 곧 마음을 거두어 안온히 머물 수 있다. 또한 그에게 정념正念으로써 칭명하도록 가르치면 칭명하는 마음이 진중한 연고로 곧 다겁토록 지은 죄를 없앨 수 있다.

答曰：造罪之人障重，加以死苦來逼。善人雖說多經，餐受之心浮散。由心散故，除罪稍輕。又佛名是一，即能攝散以住心。復教令正念稱名，由心重故，即能除罪多劫也。

"그때 저 부처님께서 곧 화신불과 화신 관세음보살과 화신 대세지보살을 보내어 행자 앞에 이르러 찬탄하여 말씀하시길, 「착하도다! 선남자여, 그대가 부처님의 명호를 불렀기에 일체 죄업이 사라졌도다! 그래서 내가 와서 그대를 맞이하노라!」 이렇게 말씀하시자 행자는 곧 화신불의 광명이 그의 방안에 두루 가득함을 보았느니라. 보고 나서 기쁨에 넘쳐 곧바로 목숨이 다함에 보배연꽃을 타고 화신불의 뒤를 따라 보배연못 가운데 태어나느니라."

爾時彼佛，即遣化佛，化觀世音，化大勢至，至行者前，讚言：善男子，以汝稱佛名故，諸罪消滅，我來迎汝。作是語已，行者即見化佛光明，遍滿其室。見已歡喜，即便命終，乘寶蓮華，隨化佛後，生寶池中。

5. "그때 저 부처님께서"에서 "보배연못 가운데 태어나느니라."에 이르는 경문에서는 제9문으로 (이 악인이) 임종할 때 화현한 성중이 내영하여 접인함과 왕생할 때 더디고 빠른 정도를 밝히고 있다. 여기에는 여섯 단락의 내용이 들어있다.

五、從"爾時彼佛"下，至"生寶池中"已來，正明第九門中終時，化衆來迎，去時遲疾，即有其六：

(1) 정업행자가 명호를 부를 때 아미타부처님께서 화신 성중들을 보내시어 소리에 감응하여 이 사람에 앞에 나타나신다. (이른바 명호를 부르자마자 감응하니, 찰나의 간격도 없다.)

(2) 화현한 성중께서 현신하신 이후 곧 같은 목소리로 이 사람을 찬탄하신다.

(3) 화현한 성중께서 찬탄하시는 소리를 들어보자면 「오직 부처님 명호를 칭념한 공덕의 힘으로써 내가 그대를 접인하러 왔노라」 언급하시지, 경전의 제목을 듣는 상황을 언급하시지는 않으신다고 밝힌다.

그러므로 아미타부처님 본원의 뜻에서 바라보면 오직 행자에게 정념正念으로 칭념하라고 권하셨으니, 이러면 왕생의 의의가 빨리 드러날 것이고 그 공용은 뒤섞고 산란한(雜散) 업행과 다르다. 이와 같은 경전 및 여러 대승경전에서 곳곳마다 널리 찬탄하시면서 중생에게 부처님 명호를 칭념하면 장차 긴요한 이익을 얻을 것이라 권하셨다. 이러한 요점을 알아야 한다.

(바꾸어 말하면 정토경전에서 부처님께서는 칭명을 널리 찬탄하신다. 왜냐하면 그것은 정곡을 찌를 수 있기 때문이다. 특히 임종할 때에는 뒤섞고 산란한 업은 힘을 분산하지만, 칭명은 지극히 간단·명료하여 일념에 곧 일으키면 그때 심력을 쉽게 그 위에 쏟아부을 수 있어 심력이 매우 강하여 부처님의 본원과 상응하면 빨리 왕생할 수 있다. 그래서 지명염불持名念佛은 방편의 극치이고 간단하며 쉬움의 극치이니, 이런 이치이다. 긴급하고 가장 중요한 갈림길에 이르러 지극한 방편을 쓸 뿐만 아니라 심력을 일깨우는 방법일 수 있어 칭명은 지극히 긴요한 것이다. 그 갈림길에 이르러 다른 뒤섞고 산란한 업행으로는 미치지 못한다. 칭명은 말하자면 아이가 엄마를 찾으면 즉시 감화할 수 있는 것과 같다.)

(4) 그때 화현하신 성중께서 당부하신 이후 화신불의 광명이 온 방에 가득함을 본다고 밝힌다. (5) 행자가 부처님께서 광명을 비추심을 받고서 오래지 않아

목숨을 거둔다고 밝힌다. (6) 임종한 이후 연꽃에 올라타 화신부처님을 따라 (극락세계의) 보배 연못에서 태어난다.

一、明行者正稱名時，彼彌陀卽遣化衆應聲來現。二、明化衆旣已身現，卽同贊行人。三、明所聞化贊，但述稱佛之功，我來迎汝，不論聞經之事。然望佛願意者，唯勸正念稱名，往生義疾，不同雜散之業。如此經及諸部中，處處廣嘆，勸令稱名，將爲要益也。應知。四、明旣蒙化衆告及，卽見光明遍室。五、明旣蒙光照，報命尋終。六、明乘華從佛生寶池中。

"49일이 지나야 연꽃이 피어나리라. 연꽃이 피어날 때 대자대비하신 관세음보살과 대세지보살께서 큰 광명을 놓고 그 사람 앞에 머물면서 그를 위하여 깊고 깊은 십이부경을 설하리라. 법문을 듣고 나서 신해(信解; 안심)하여 무상보리심을 발하리라. 10소겁이 지나면 백법명문百法明門을 갖추어 보살초지에 들어갈 수 있느니라. 이것이 바로 「하품상생인」이니라."

經七七日，蓮華乃敷。當華敷時，大悲觀世音菩薩，及大勢至菩薩，放大光明，住其人前，爲說甚深十二部經。聞已信解，發無上道心。經十小劫，具百法明門，得入初地。是名下品上生者。

6. "49일이 지나야" 이하는 제 10문으로 극락세계에 왕생한 이후 연꽃이 피는 때에 더디고 빠른 정도가 다르다고 밝히고 있다. (정업행자는 49일이 지나야 연꽃이 핀다.)

六、從"經七七日"已下，正明第十門中到彼華開遲疾不同。

7. "연꽃이 피어날 때"에서 "보살초지에 들어갈 수 있느니라."에 이르는 경문에서는 제 11문으로 연꽃이 핀 이후 얻는 이익에 다름이 있다고 밝힌다. 여기에는

다섯 단락의 내용이 들어있다.

七、從"當華敷時"下, 至"得入初地"已來, 正明第十一門中華開已後得益有異, 卽有其五:

(1) 연꽃이 핀 후 관세음·대세지 두 대보살이 먼저 신광神光을 놓는다고 밝힌다. (2) (두 보살이) 행자의 보배연꽃 곁에 현신한다고 밝힌다. (3) 그를 위해 전생에 들은 깊고 깊은 십이부경을 선설한다고 밝힌다. (4) 행자가 듣고 나서 즉시 깨달아 이해하고 무상보리심을 발한다고 밝힌다. (5) 10소겁이 지나서 백법명문(이는 초지보살의 초환희지에서 얻는 지혜법문을 가리킨다)을 증득하여 초지(환희지)의 계위에 임한다.

一、明觀音等先放神光; 二、明身赴行者寶華之側; 三、明爲說前生所聞之敎; 四、明行者聞已, 領解發心; 五、明遠經多劫, 證臨百法之位也。

8. "이것이" 이하는 총결하는 문구이다.

八、從"是名"已下, 總結。

"부처님의 이름을 들었고, 불법의 이름 및 승가의 이름을 들었으며, 삼보의 이름을 들었기에 곧 왕생하게 되느니라."

得聞佛名, 法名及聞僧名, 聞三寶名, 卽得往生。

9. "부처님의 이름을 들었고" 이하는 정업행자가 얻는 이익을 거듭 든다. 염불만으로도 왕생할 수 있을 뿐만 아니라 염법·염승으로도 또한 정토에 태어날 수 있다.

九、從"得聞佛名"已下, 重擧行者之益。非但念佛獨得往生, 法僧通念, 亦得去也。

이상으로 아홉 문구가 있어 내용이 다를지라도 하품상생의 상황을 자세히 설명해 마쳤다.

上來雖有九句不同，廣解下品上生竟。

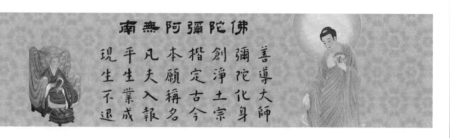

[하품중생의 계위]

계를 허물고 악업이 극심하여 지옥불길이 한꺼번에 닥쳐도
법을 듣고 마음을 돌려서 온갖 성현들이 맞이하러 오노라

다음 아래 하품중생위에는 먼저 이름을 들고, 다음으로 인행과덕因行果德을
분명히 밝히며 마지막으로 총결하니, 여기에는 일곱 단락의 내용이 들어있다.

次就下品中生位中 , 亦先擧 , 次辨 , 後結。卽有其七：

부처님께서 아난과 위제희에게 이르시길, "하품중생인은 혹 어떤
중생은 (출가·재가의 근본계인) 오계, (사미승의) 팔계 및 (출가승의) 구족
계 등 모든 계율을 허물고 범하느니라. 또한 이러한 어리석은 사람은
승가에 속하는 부동산(僧祇物)을 훔치거나 살면서 필요한 승가의 물건
을 훔치며, 또는 (밥벌이로) 청정하지 못한 설법을 하면서도 두려워하고
부끄러워하는 마음이 없고, 온갖 악법으로써 자신을 장엄하느니라.
이러한 죄인은 악업을 지었기에 마땅히 지옥에 떨어지느니라.

佛告阿難及韋提希：下品中生者 , 或有衆生 , 毀犯五戒八戒 , 及具足戒。如此愚
人 , 偷僧祇物 , 盜現前僧物 , 不淨說法 , 無有慚愧 , 以諸惡業 , 而自莊嚴。如此
罪人 , 以惡業故 , 應墮地獄。

1. "부처님께서 아난과 위제희에게 이르시길" 이하는 석가모니부처님께서 아난
과 위제희 부인에게 분부하심을 총괄해 밝히고 있다.

一、從"佛告阿難"已下 , 總明告命。

2. "하품중생인". 이 한 문구에서는 왕생인의 계위를 판정하여 그가 어떤 죄를 지었는지 밝히니, 이는 곧 파계하여 다음 등급의 죄를 지은 범부이다.

二、從"下品中生者"者，正明辨定其位，卽是破戒次罪凡夫人也。

3. "혹 어떤 중생은"에서 "마땅히 지옥에 떨어지느니라"에 이르는 경문에서는 제5문, 제6문으로 근기와 그가 지은 업행의 상황을 선별하여 밝히고 있다. 여기에는 일곱 단락의 내용이 들어있다.

三、從"或有衆生"下，至"應墮地獄"已來，正明第五、第六門中簡機造業，卽有其七：

(1) 악을 짓는 자의 근기를 총괄해 들어 밝힌다. (2) 그가 생전에 매우 많은 계율을 범하였다고 밝힌다. (3) 그는 또한 승중의 재물을 훔쳤다고 밝힌다. (4) 또한 밥벌이(邪命)로 설법하는 죄행이 있다고 밝힌다. (5) 어떤 죄를 짓든지 두려워하고 참회하는 마음이 전혀 없다고 밝힌다. (6) 그는 갖가지 죄업을 짓는데 안으로는 마음으로 악한 생각을 품고, 밖으로는 몸과 입으로 제멋대로 악을 짓고 자신은 이미 불선을 행하며, 또한 눈에 보이는 것은 모두 미워한다. 그래서 그는 여러 악업으로써 자신을 장엄하는 사람이라 한다. (7) 그 죄상을 검사하여 지옥에 떨어질 것인지 판정할 수 있다고 밝힌다.

一、明總擧造惡之機；二、明多犯諸戒；三、明偸盜僧物；四、明邪命說法；五、明總無愧心；六、明兼造衆罪，內心發惡，外卽身口爲惡，旣自身不善，又見者皆憎，故云以諸惡業自莊嚴也；七、明驗斯罪狀，定入地獄。

"(이러한 사람이) 목숨을 마치려고 할 때 지옥의 온갖 불길이 일시에 몰아닥치겠지만, 선지식을 만나 그 선지식이 대자비심으로써 곧 그를 위하여 아미타부처님의 십력·위덕을 찬탄하고 저 부처님의 광명·위신력을 자세히 말해주고, 또한 계정혜와 해탈·해탈지견解脫知見을 찬탄하느니라.

이러한 사람은 그 법문을 듣고 나서 80억 겁 생사의 중죄를 없애어 지옥의 맹렬한 불길이 문득 청량한 미풍으로 변화하여 제천의 꽃을 날리고, 그 꽃 위에는 모두 화신 불보살이 계셔서 이 사람을 맞이해 접인하느니라. (그때) 일념의 짧은 순간에 곧 왕생할 수 있느니라. (극락세계) 칠보 연못의 연꽃 안에서 6겁을 보내야 하느니라."

命欲終時, 地獄衆火, 一時俱至。遇善知識, 以大慈悲, 即爲贊說阿彌陀佛十力威德, 廣贊彼佛光明神力, 亦贊戒定慧解脫解脫知見。此人聞已, 除八十億劫生死之罪。地獄猛火, 化爲淸涼風, 吹諸天華。華上皆有化佛菩薩, 迎接此人。如一念頃, 即得往生。七寶池中蓮華之內, 經於六劫。

4. "목숨을 마치려고 할 때"에서 "곧 왕생할 수 있느니라"에 이르는 경문에서는 제9문으로 임종시 선악의 상이 현현하는 상황을 밝히고 있다. 여기에는 아홉 단락의 내용이 들어있다.

四、從"命欲終時"下, 至"即得往生"已來, 正明第九門中終時善惡來迎, 即有其九:

(1) 이러한 사람의 목숨이 얼마 남지 않았다고 밝힌다. (2) 생전의 업력으로 말미암아 지옥의 맹렬한 불길이 눈앞에 나타난다고 밝힌다. (3) **지옥의 맹렬한 불길이 현현할 때 선지식을 만난다.** (4) 선지식께서 죄인을 위해 아미타불의 공덕에 대해 강설하신다고 밝힌다. (5) **죄인이 아미타부처님의 명호를 듣고 나서 즉시 다겁에 저지른 중죄(80억겁 생사의 중죄)를 없앤다**고 밝힌다. (6) 이미 불력이 가피하여 다겁의 죄업을 없애고서 지옥의 불이 청량한 바람으로 변한다고 밝힌다. (7) 감응하는 때 이런 청량한 바람, 하늘꽃에 불어 목전에 늘어놓고 있다고 밝힌다. (8) 이때 하늘꽃 송이송이마다 그 위에서 모두 화신

성중(화현한 불보살)이 내영하여 그를 접인한다고 밝힌다. (9) 왕생하는 때에 더디고 빠른 정도를 밝히고 있다. (이 사람은 일념의 짧은 순간에 즉시 극락세계에 왕생할 수 있다.)

一、明罪人命延不久；二、明獄火來現；三、明正火現時，遇善知識；四、明善人爲說彌陀功德；五、明罪人旣聞彌陀名號，卽除罪多劫；六、明旣蒙罪滅，火變爲風；七、明天華隨風來應，羅列目前；八、明化衆來迎；九、明去時遲疾。

5. "칠보 연못의 연꽃 안에"에서 "6겁을 보내야 하느니라."에 이르는 경문에서는 제10문으로 극락세계에 왕생한 후 연꽃이 피는 시절이 다르다고 밝힌다. (하품하생인은 6겁이 지나야 연꽃이 피어난다.)

五、從"七寶池中"下，至"六劫"已來，正明第十門中到彼華開時節不同。

"연꽃잎이 펼쳐질 때 관세음·대세지 두 대보살께서 청정한 범음으로써 그를 위로하고 그를 위하여 대승의 깊고 깊은 경전을 설하리라. 이 법문을 듣고 나서 감응하는 때 곧 무상보리심을 발하느니라. 이것이 바로「하품중생」이니라."

蓮華乃敷。觀世音，大勢至，以梵音聲，安慰彼人，爲說大乘甚深經典。聞此法已，應時卽發無上道心。是名下品中生者。

6. "연꽃이 피어날 때"에서 "무상보리심을 발하느니라."에 이르는 경문에서는 제11문으로 연꽃이 핀 이후 얻는 이익에 다름이 있다고 밝힌다. 이 세 단락의 내용이 들어있다.

六、從"蓮華乃敷"下，至"發無上道心"已來，正明第十一門中華開已後得益有異，卽有其三：

(1) 연꽃이 핀 이후 관세음 · 대세지 두 대보살께서 범음으로써 행자에게 위안을 준다고 밝힌다. (2) 두 대보살께서 행자를 위해 대승의 깊고 깊은 경전을 선설한다고 밝힌다. (3) 행자가 듣고 난 그 자리에서 깨달아 이해하고 무상보리심을 발한다고 밝힌다.

一、明華旣開已，觀音等梵聲安慰；二、明爲說甚深妙典；三、明行者領解發心。

7. "이것이" 이하는 총결하는 문구이다. 이상으로 일곱 문구가 있어 내용이 다를지라도 하품중생의 상황을 자세히 설명해 마쳤다.

七、從"是名"已下，總結。上來雖有七句不同，廣解下品中生竟。

[하품하생의 계위]

십악오역을 지은 사람은 임종 때 괴로움으로 핍박받는데
가르침따라 십념을 부르니 황금색 연꽃이 앞에 머물러라

다음으로 하품하생의 계위에서는 먼저 이름을 들고, 다음으로 인행과덕因行果德을 분명히 밝히며 마지막으로 총결하니, 여기에는 일곱 단락의 내용이 들어있다.

次就下品下生位中，亦先擧，次辨，後結。即有其七：

부처님께서 아난과 위제희에게 이르시길, "하품하생인은 혹 어떤 중생은 온갖 불선업不善業을 지어서 오역 십악 등 여러 불선의 업인을 갖추었느니라. 이러한 어리석은 사람은 악업을 지었기에 마땅히 악도에 떨어져 다겁이 지나도록 (무간지옥의) 괴로움을 받아 궁진함이 없으리라."

佛告阿難及韋提希：下品下生者，或有衆生，作不善業。五逆十惡，具諸不善。如此愚人，以惡業故，應墮惡道。經歷多劫，受苦無窮。

1. "부처님께서 아난과 위제희에게 이르시길" 이하는 석가모니부처님께서 아난과 위제희 부인에게 분부하심을 총괄해 밝히고 있다.

一、從"佛告阿難"已下，總明告命。

2. "하품하생인" 이 한 문구에서는 왕생인의 계위를 판정하여 그가 어떤 죄를 지었는지 밝히니, 이는 곧 오역 등의 무거운 죄를 지은 범부이다.

二、從"下品下生者"者，正明辨定其位，即是具造五逆等重罪凡夫人也。

3. "혹 어떤 중생은"에서 "괴로움을 받아 궁진함이 없으리라."에 이르는 경문에서는 제5·제6문으로 이 품에 알맞는 근기를 선별함과 짓는 죄의 가볍고 무거운 상황을 서술함을 밝히고 있다. 여기에는 일곱 단락의 내용이 들어있다.

三、從"或有衆生"下，至"受苦無窮"已來，正明第五、第六門中簡機造惡輕重之相。即有其七：

(1) 이 부류는 악업을 짓는 자의 근기이라고 밝힌다. (2) 짓는 불선업의 이름을 총괄해 열거해 밝힌다. (3) 죄업의 가볍고 무거운 정도를 밝힌다. (오역 십악 등 여러 불선업을 짓지 않은 것이 없다.) (4) 총결하여 이런 악업은 지혜로운 자의 업행이 아니라고 밝힌다. (5) 이미 수많은 악업을 지었고 또한 그 죄업은 당연히 가볍지 않다고 밝힌다. (6) 업이 아니면 그 과보를 받지 않고, 인이 아니면 그 과보를 받지 않는다고 밝힌다. 인과 업이 이미 선이 아니거늘 그 과보가 어찌 괴로움이 아닐 수 있겠는가? (7) 이미 지은 악업의 인이 갖추어졌기에 그 과보를 갚는데 걸리는 겁은 아직 다하지 않았다.

一、明造惡之機；二、明總擧不善之名；三、明簡罪輕重；四、明總結衆惡，非智人之業；五、明造惡旣多，罪亦非輕；六、明非業不受其報，非因不受其果，因業旣非是善，果報焉能不苦也；七、明造惡之因旣具，酬報之劫未窮。

묻건대, 《무량수경》 48원에서 말씀하시기를, 오직 오역죄와 정법을 비방한 이 두 부류의 사람은 왕생할 수 없다고 하셨습니다. 하지만 지금 《관경》의 하품하생에서는 오히려 정법을 비방한 사람은 골라내고 오역 중죄를 지은 사람은 섭수하는데, 이는 어떤 의도가 있는가?

問曰：如四十八願中，唯除五逆誹謗正法不得往生。今此《觀經》下品下生中，簡謗法攝五逆者，有何意也？

답하되, 48원 발원문에서 "다만 오역죄를 짓고 정법을 비방하면 제외될 것이옵니다(唯除五逆 誹謗正法)." 하셨는데, 이 의미는 억지의 문에서 해석한 것이다. 왜냐하면 이러한 두 가지 죄업은 그 장애가 지극히 무거워 중생이 지으면 곧장 아비지옥에 들어가 오랜 겁이 지나도록 방황하고 두려워 떨면서 온갖 고통을 다 겪으며 벗어날 기약이 없다. 그래서 석가모니여래께서 중생들이 이러한 두 가지 죄과를 지을까 저어하셔서 방편으로 저지하여 말씀하시길, "왕생할 수 없다" 하신 것이지, 실제로는 섭수하지 않는다는 것이 아니다.

答曰 : 此義仰就抑止門中解。如四十八願中 , 除謗法五逆者。然此之二業 , 其障極重。衆生若造 , 直入阿鼻。歷劫周慞 , 無由可出。但如來恐其造斯二過 , 方便止言 , 不得往生 , 亦不是不攝也。

또 본경의 하품하생에서 오역죄는 취하고 정법비방을 제외한 것은 그가 오역죄를 이미 지었을지라도 (악도에서) 유전하도록 포기해서는 안 되고 여전히 대비심을 발하여 거두어 왕생하게 하신다.

又下品下生中 , 取五逆除謗法者 , 其五逆已作 , 不可舍令流轉 , 還發大悲攝取往生。

그 다음으로 정법을 비방한 상황에서도 아직 죄를 짓지 않았을 때 또한 방편으로 저지하여 말씀하시길, "만약 정법 비방의 죄업을 지으면 왕생할 수 없다"고 하셨다. 이러한 것은 아직 죄를 짓지 않은 상황에서 말씀하신 것이다. 만약 정법 비방의 죄업을 저질렀다고 해도 (마음을 돌려 왕생을 발원할 수 있다면) 여전히 그가 극락세계에 왕생할 수 있도록 섭수하여야 합니다.

然謗法之罪未爲 , 又止言若起謗法 , 卽不得生。此就未造業而解也。若造 , 還攝得生。

하지만 이런 정법을 비방한 사람은 비록 저 극락세계에 왕생하여도 닫힌 연꽃 안에서 오랜 겁을 보내야 한다. 이러한 죄인은 연꽃 안에 있을 때 세

가지 장애가 있다. 첫째, 부처님과 성중을 친견할 수 없다. 둘째, 정법을 들을 수 없다. 셋째, 제불국토에 다니면서 제불을 섬기거나 공양할 수 없다. 이러한 것을 제외하고 그밖에는 다른 고통이 없다.

경전에서 말씀하시기를 "마치 비구가 삼선三禪의 즐거움에 들어가는 것과 같다"고 하셨다. (이러한 수용을) 마땅히 알아야 한다. 비록 연꽃 속에서 닫힌 채 다겁토록 연꽃이 열리지 않는다 할지라도, 어찌 아비지옥에서 장시간 오랜 겁에 이런 저런 일체 고통을 받는 것보다 수승하지 않은가? 이 의리를 「억지의 문」에서 해석해 마친다. (그래서 죄업이 더 무거운 사람의 왕생도 모두 희망이 있다. 아미타부처님의 대자대비심은 확실히 불가사의하고, 불력도 너무나 불가사의하다!)

雖得生彼 , 華合經於多劫。此等罪人在華內時 , 有三種障：一者不得見佛及諸聖衆 ; 二者不得聽聞正法 ; 三者不得歷事供養。除此已外 , 更無諸苦。經云猶如比丘入三禪之樂也。應知。雖在華中多劫不開 , 可不勝阿鼻地獄之中 , 長時永劫受諸苦痛也 ? 此義就抑止門解竟。

"이러한 어리석은 사람이 목숨을 마치려고 할 때 선지식을 만나 그를 위해 갖가지 말로 위로하고 (대승의) 묘법을 선설하면서 부처님을 염하라고 가르쳐 주지만, (지옥의 과보가 현전하니) 저 사람은 괴로움이 핍박하여 부처님을 염할 틈조차 없느니라. 선지식이 그에게 일러 말하기를, 「그대가 만약 저 부처님을 염할 수 없다면 마땅히 무량수불을 부르도록 할지어다!」 이렇게 이 사람은 지극한 마음으로 소리가 끊어지지 않고 십념을 구족하도록 「나무아미타불」을 부르느라. 부처님 명호를 칭념하였기에 염념 가운데 80억겁 생사의 중죄가 사라지나니, 목숨이 다할 때 태양처럼 큰 황금 연꽃이 그 사람 앞에 머무는 모습이 보이나니, 일념의 짧은 순간에 곧바로 극락세계에 왕생하느니라.”

如此愚人 , 臨命終時 , 遇善知識 , 種種安慰。爲說妙法 , 教令念佛。彼人苦逼 ,
不遑念佛。善友告言 , 汝若不能念彼佛者 , 應稱無量壽佛。如是至心 , 令聲不絕。
具足十念 , 稱南無阿彌陀佛。稱佛名故 , 於念念中 , 除八十億劫生死之罪。命終
之時 , 見金蓮華 , 猶如日輪 , 住其人前。如一念頃 , 卽得往生極樂世界。

4. “이러한 어리석은 사람이”에서 “극락세계에 왕생하느니라.”에 이르는 경문에
서는 법문을 듣고 염불하여 얻는 현전의 이익을 밝히고 있다. 여기에는 열
단락의 내용이 들어있다.

　四、從“如此愚人”下 , 至“極樂世界”已來 , 正明聞法念佛 , 得蒙現益。即有其十：

(1) (이러한 사람이) 악을 지은 사람임을 거듭 말하여 밝힌다. (2) (죄인의) 목숨이
얼마 남지 않았다고 밝힌다. (3) (죄인이) 목숨을 마치려고 할 때 다행히 선지식을
만난다고 밝힌다. (4) 선지식이 그를 위로하고 염불하라 가르친다고 밝힌다.
(5) 죄인이 죽음의 고통이 닥쳐와 핍박하니, 그로 인해 부처님의 명호를 염할
수 없다. (6) 선지식께서 그가 고통에 휘말려 정념을 잃어버린 것을 아시고,
방향을 바꾸어 그에게 입으로 「아미타불」 부처님 명호를 칭념하라고 가르치신
다고 밝힌다. (7) 염불한 횟수가 얼마인지(십념을 구족한다) 소리마다 이어져서
그치거나 끊어져서는 안 된다고 밝힌다. (8) (일념마다) 다겁(80억겁 생사)의
죄가 사라진다고 밝힌다. (9) 임종을 맞아 정념正念을 이루어, 태양과 같은
황금 연꽃이 와서 눈앞에 머무는 것을 본다. (10) 왕생할 때 더디고 빠른
속도를 밝힌다. 여기서는 곧장 (귀의처인) 극락국토에 이른다고 말한다.

　一、明重牒造惡之人；二、明命延不久；三、明臨終遇善知識；四、明善人安慰教令念佛；
　五、明罪人死苦來逼 , 無由得念佛名；六、明善友知苦失念 , 轉教口稱彌陀名號；七、明

念數多少，聲聲無間；八、明除罪多劫；九、明臨終正念，卽有金華來應；十、明去時遲疾，直到所歸之國。

"연꽃 안에서 12대겁을 채워야 연꽃이 바야흐로 피어나리리라. (연꽃이 필 때) 관세음·대세지 두 대보살께서 곧 그 사람을 위해 제법실상을 광설하여 (일념심성의 진여리眞如理와 무생의 지혜로써 업성본공業性本空을 관하게 하여) 생사의 중죄를 없애느니라. 이 사람이 듣고 나서 기뻐하니, 감응하는 때 곧 보리심을 발하느니라. 이것이 바로 「하품하생인」이니라. 이상으로 하배삼품을 관상함을 「하배생상下輩生想」이라 하고, 또한 「제16관」이라 하느니라."

於蓮華中，滿十二大劫，蓮華方開。觀世音，大勢至，以大悲音聲，爲其廣說諸法[32]實相，除滅罪法。聞已歡喜，應時卽發菩提之心。是名下品下生者。是名下輩生想，名第十六觀。

5. "연꽃 안에서 12대겁을 채워야" 이하는 제10문으로 극락세계에 이르러 연꽃이 피는 시간의 더디고 빠른 정도가 다르다고 밝히고 있다. 여기서는 12대겁이 지나야 한다고 가리킨다.

五、從"於蓮華中滿十二劫"已下，正明第十門中到彼華開遲疾不同。

6. "관세음·대세지 두 대보살께서"에서 "보리심을 발하느니라."에 이르는 경문에서는 제11문으로 연꽃이 핀 이후 얻는 이익에 차이가 있다고 밝힌다. 곧 여기에는 세 단락의 내용이 들어있다.

六、從"觀音大勢"下，至"發菩提心"已來，正明第十一門中華開已後得益有異。卽有其

---

32) 이상 여섯 글자는 고려대장경에서는 "곧 그 사람을 위해 광설한다(卽爲其人廣說)."

三：

(1) 연꽃이 핀 후 관세음 · 대세지 두 성인께서 왕생자를 위해 깊고 깊은 묘법을 선설한다고 밝힌다. (2) 죄를 없앤 후 환희심이 생겨난다고 밝힌다. (3) 즉시 보리심을 발한다고 밝힌다.

一、明二聖爲宣甚深妙法；二、明除罪歡喜；三、明復發勝心。

[보충] 「하품하생인」은 연꽃이 필 때 진정으로 보리심을 발하는데, 이는 이치에 매우 맞다. 만약 이렇지 않다면 일체 대승경전의 가르침이 석가모니부처님의 뜻과 완전히 저촉된다. 보리심菩提心은 《기신론起信論》에서 강설한 **직심直心 · 심심深心 · 대비심大悲心**과 본경에서 강설하는 **지성심至誠心 · 심심深心 · 회향발원심廻向發願心**, 이 세 가지 마음을 원만히 발함과 같다. 세 가지 마음을 원만히 발하면 반드시 견성한다. 견성이 없을 때는 전부 아미타부처님 본원 위신력의 가지加持인 줄 알아야 한다. 그래서 이 법문은 가장 빠르고, 가장 쉬운 것이며 또한 가지의 힘이 가장 크다.

문제는 당신에게 믿음이 없는 경우이다. 믿음의 기원은 두 가지가 있다. 하나는 이 법문에 대해 잘 알아 믿음이 대단한 것으로 이런 믿음이 나온다. 다른 하나는 비록 이치를 잘 모르더라도 부처님 말씀을 잘 들어 부처님에 대해 조금도 의심하지 않는 것으로 이는 선근복덕이다. 그래서 이 두 부류의 사람은 믿음을 갖출 수 있고, 부처님의 가지를 얻을 수 있다. 그래서 이때 마음을 발하면 자성의 보리심이 드러난다. 이는 왕생할 때가 아니라 견성할 때이다.

_《관무량수경소 강기》, 정공법사

8. "이것이" 이하는 총결하는 문구이다. 이상으로 일곱 문구가 있어 내용이 다를지라도 하품하생의 상황을 자세히 설명해 마쳤다.

七、從"是名"已下，總結。上來雖有七句不同，廣解下品下生竟。

(총결하여) 찬탄하여 이르길, 하품하생하는 하근기의 사람들은 생전에 십악오역 죄 등을 짓고, 탐욕과 분노의 매우 깊은 번뇌에 휩싸이며, 사중죄·승물을 도둑질한 죄·정법을 비방한 죄를 저지르고도, 여태껏 앞에서 지은 죄업에 대해 두려워하고 부끄러워한 적도 없고 참회한 적도 없었다. 목숨이 다할 때 고통 받는 형상이 구름처럼 모여들어 지옥의 맹렬한 불길이 죄인 앞에 이미 훨훨 타오른다.

(이때) 홀연히 그에게 정토왕생을 가르치는 선지식을 만나, 긴급히 그에게 전일하게 아미타불 명호를 부르라 권하신다. (이 사람이 염불할 때) 화신 불보살님께서 염불소리를 찾아 곧 이르시니, (이 사람은) 일념의 짧은 순간에 마음이 (극락세계) 보배 연꽃으로 들어간다.

이 삼품의 사람은 옛날의 업장이 깊고 무거운 연고로 연꽃 안에 다겁의 시간을 보내야 연꽃이 피어나리라. 이때 (연꽃이 피어나 보살의 설법을 듣고서) 비로소 보리심의 인을 발하리라.

贊頌到：下輩下行下根人十惡五逆等貪瞋。四重偸僧謗正法。未曾慚愧悔前愆。終時苦相如雲集。地獄猛火罪人前。忽遇往生善知識。急勸專稱彼佛名。化佛菩薩尋聲到。一念傾心入寶蓮。三華障重開多劫。於時始發菩提因。

이상으로 비록 세 가지 왕생의 계위가 있어 다를지라도 하배왕생 일문의 의리를 총괄해 해석해 마쳤다.

上來雖有三位不同，總解下輩一門之義竟。

(총결하면 이상은 두 부분이 있으니,) 전면에서는 13관의 관법을 「정선定善」이라 부른다고 밝힌다. 이는 곧 위제희 부인의 간청으로 인해 여래께서 회답하는

것이다. 후면에서는 삼복三福 구품九品 인행과덕의 상황을 「산선散善」이라 이름
한다고 밝힌다. 이는 여래께서 묻지도 않았는데 스스로 설하신 것이다. 비록
정선과 산선의 두 문이 있어 차이가 있을지라도 정종분正宗分의 의리를 총괄해
해석해 마쳤다.

前明十三觀以爲定善 , 卽是韋提致請 , 如來已答。後明三福九品名爲散善 , 是佛自說。雖
有定散兩門有異 , 總解正宗分竟。

[제3문] 득익분: 확연대오하다

세 번째 득익분에서도 또한 먼저 이름을 들고, 다음으로 상황을 분명히 밝힌다. 여기에는 일곱 단락의 내용이 들어있다.

三、就得益分中 , 亦先擧 , 次辨 , 卽有其七 :

이렇게 선설하셨을 때 위제희는 5백 시녀들과 함께 부처님의 설법을 듣고, 감응하는 때 곧 극락세계의 드넓은 모습이 펼쳐짐을 보았고, 아미타부처님의 색신과 관세음 · 대세지 두 대보살을 보고서 마음에 환희심이 일어나서 찬탄하길, "일찍이 없었던 일입니다!" 하고서 확연히 크게 깨달았으며, 무생법인을 얻게 이르렀다.

說是語時 , 韋提希與五百侍女 , 聞佛所說 , 應時卽見極樂世界廣長之相。得見佛身 , 及二菩薩 , 心生歡喜 , 嘆未曾有。豁然大悟 , 逮無生忍。

1. "이렇게 선설하셨을 때", 이는 앞 경문을 총괄해 말하고 뒤에서 이익을 획득하는 상황의 경문을 끌어내는 것이다.

初、從 "說是語" 者 , 正明總牒前文 , 生後得益之相。

2. "위제희와 5백 시녀들" 이하 문구는 그때 법을 듣는 사람을 밝히고 있다.

二、從 "韋提" 已下 , 正明能聞法人。

3. "감응하는 때 곧" 이하 문구는 (불력이 시현하여) 위제희 부인 등이 (위로 광명대에서) 극락세계의 정경이 펼쳐짐을 밝히고 있다.

　三、從"應時卽見極樂"已下，正明夫人等於上光臺中見極樂之相。

4. "관세음·대세지 두 대보살" 이하는 위제희 부인이 제7관(화좌관華坐觀)에서 처음 무량수불을 볼 때 곧 (진실한 지혜로써 불생불멸의 사실진상에 안온히 머무는) 무생법인의 이익을 획득함을 밝히고 있다.

　四、從"得見佛身及二菩薩"已下，正明夫人於第七觀初見無量壽佛時，卽得無生之益。

[보충] 정토법문에서의 「무생법인無生之忍」

선도대사께서는 [제7단] 「정선定善을 드러내는 관법의 인연」에서 "대부분 십신十信 중의 인위忍位로 해解·행行 이상의 인忍은 아니다"라고 하셨다. 이 뜻이 《관경》에서 말하는 「체무생인逮無生忍」이다. 이는 자력 보살교에서 해와 행 방면에서 얻는 최고의 인忍인 「무생법인無生法忍」이 아니라 견고한 원생심으로 보살의 십신위 중의 인忍으로, 견고한 보리심과 유사하다.

사실상 석존께서 위제희부인이 인忍을 얻었다고 언급할 때마다 모두 「마음에 환희심에 일어난다」 말하고, 또 「확연히 크게 깨달았다」 말하며 그로 인해 「무생법 인을 얻게 이르렀다」고 말한다! 그래서 선도대사께서 「마음에 환희심이 일어나서 무생법인을 얻기에 이르렀다」를 해석함에 이는 아미타부처님 국토의 청정한 광명이 홀연히 눈앞에 나타나 뛸 듯이 수승하다! 이로 인해 기쁜 까닭에 곧 무생법인을 얻으니 이는 희인喜忍이기도 하고, 오인悟忍이기도 하며, 신인信忍이기도 하다.

요컨대 정토법문의 「체무생인逮無生忍」은 마음이 기쁜 까닭에 곧 무생의 인을 얻으니, 곧 생멸이 없는 견고한 마음을 얻는다. 또한 **희인喜忍**이라고 하니, 극락을 흠모하는 견고한 마음을 얻는다. 또한 **오인悟忍**이라고 하니, 세간의 허망함을 깨닫는 견고한 마음을 얻는다. 또한 **신인信忍**이라 하니, 부처님의 원력에 의지해 왕생하는 견고한 마음을 얻는다. 이러한 인忍의 부류는《무량수경》제18원에서 말하는 「지심으로 믿고 좋아함(至心信樂)」 또는 제18원 성취문에서 말하는 「신심환희信心歡喜」이다.

이러한 인忍은 「결정코 깊이 믿는 것(決定深信)」으로 범부는 부처님 명호를 듣고 마음으로 환희하는 까닭에《관경》에서 말하는 것처럼 지성심·심심·회향발원심 세 가지 마음을 내어 즉시 왕생한다.

(또한) 5백 시녀들은 아뇩다라삼먁삼보리심(무상보리심)을 발하고 저 극락국토에 태어나겠다고 발원하였다. (이에) 세존께서 빠짐없이 다 수기하시길, "그대들은 마땅히 극락세계에 왕생할 뿐만 아니라 저 국토에 태어난 후 (선정 중에 언제나 부처님을 친견하고 불법을 듣는) 제불현전삼매(諸佛現前三昧; 염불삼매)를 획득하리라." (이때) 무량한 제천들도 무상도심을 발하였다.

五百侍女, 發阿耨多羅三藐三菩提心, 願生彼國。世尊悉記, 皆當往生, 生彼國已, 獲得諸佛現前三昧。無量諸天, 發無上道心。

5. "5백 시녀들은" 이하는 시녀들은 극락국토의 수승한 장엄상을 보고서 각자 무상보리심을 발하고 정토에 태어나길 구한다.

五、從"五百侍女"已下, 正明睹斯勝相, 各發無上之心, 求生淨土。

6. "세존께서 빠짐없이 다 수기하시길" 이하는 5백 시녀가 모두 세존의 수기를 얻어 모두 저 극락국토에 태어나서 제불현전삼매를 획득한다고 밝히고 있다.

六、從"世尊悉記"已下, 正明侍女得蒙尊記, 皆生彼國, 卽獲現前三昧。

[보충] 서방극락세계에 왕생하면 **제불현전삼매諸佛現前三昧**를 증득한다. 무엇을

제불현전삼매라 하는가? 삼매는 범어로 번역하면 정수正受라는 뜻이다. 정수는 정상적인 향수이다. 정상적인 향수는 바로 선정이다. 《무량수경》에서 말한 청정심·평등심이라야 정상적인 향수이다. 청정심에서 시방일체제불을 볼 수 있기에 이를 제불현전삼매라 한다. 이 삼매는 매우 수승하다. 왜냐하면 시시각각 마음이 하고자 하는 바에 따라 시방삼세 일체제불을 볼 수 있기 때문이다. 실제로는 부처님께서 위제희 부인에게 수기를 주셨지만, 우리 모두에게 수기를 주신 것이나 마찬가지이다. 바꾸어 말하면 우리는 극락세계에 태어나면 모두 이러한 과보를 얻을 수 있다. 하하품으로 왕생하여도 제불현전삼매를 얻을 수 있다.

_정공법사, 《관무량수경소 강기》

7. "무량한 제천들도" 이하는 앞쪽에서 사바세계의 괴로움을 싫어하는 인연(厭苦緣) 단락에서 제석·범천·사대천왕 등 제천이 부처님을 따라 왕궁에 이르러 허공에서 법을 듣는다고 밝히고 있다.(虛空中聽法)

　七、從 "無量諸天" 已下 , 正明前厭苦緣中 , 釋梵護世諸天等 , 從佛王宮臨空聽法。

[보충] 그때 석가모니부처님을 따라 왕궁에 이른 이들은 무수한 호법신으로 이는 욕계천·색계천·호법팔부 귀신으로 부처님을 보호하는 존재이다. 부처님께서 위제희 부인을 위해 설법하셨는데, 그들도 모두 곁에서 부처님의 설법을 들었고, 듣고 나서 그들도 무상도심無上道心을 발하였다. 이 무상도심은 구경에 무엇을 가리키는가? 제일 무상도는 극락세계에 태어나길 구하는 것으로, 이보다 더 위는 없다. 왜냐하면 이 법문에서만 당신이 일생 동안 무상의 불과를 원만히 증득하기 때문이다. 일생에 성취하지, 다음 생을 기다릴 필요가 없으므로 「무상도」라 한다! 만약 당신이 다른 법문을 수학하면 견사번뇌見思煩惱를 말끔히 끊을 수 없고, 삼계를 벗어날 수 없다. 삼계를 벗어날 수 없으면 반드시 여전히 생사를 윤회하여야 한다. 성불을 성취하려면 일생이 아니라 세세생생 다생다겁이어야 하는데, 오직 이 법문만이 일생에 성불한다.

(그때 허공의 천인들은) 혹 세존께서 백호광 중에 갖가지로 전변함을 보거나, 혹 아미타부처님의 금색신의 상호를 보거나, 혹 부처님께서 구품왕생을 강술한 인행과덕에 큰 차이를 듣거나, 혹 정선과 산선 두 문이 모두 중생을 섭수하여 정토에 왕생함을 듣거나, 혹 선악의 행에 상관없이 (단지 아미타불 명호를 전념하여 마음을 돌려서 왕생을 발원하여야) 모두 같이 극락세계로 돌아갈 수 있다고 듣거나, 혹 서방정토가 눈앞에 있어 아득히 멀지 않다고 듣거나, 혹 이번 생에 전심전력으로 뜻을 결정하고 곧장 서방에 왕생하여 생사의 분류를 영원히 끊고 서방의 청정한 법류로 들어갈 수 있다. 이들 제천은 이미 여래께서 정토법문의 희유하고 진기한 이익을 광설함을 듣고서 각자 모두 무상보리심을 발한다.

或見釋迦毫光轉變 , 或見彌陀金色靈儀 , 或聞九品往生殊異 , 或聞定散兩門俱攝 , 或聞善惡之行齊歸 , 或聞西方淨土對目非遠 , 或聞一生專精決誌 , 永與生死分流。此等諸天 , 旣聞如來廣說希奇之益 , 各發無上之心。

(총결하여 이익을 찬탄하여 이르길,) 이에 곧 부처님께서 성인 중에서 지극히 존귀한 분으로 (이미 단증斷證에 도달하여 구경원만하시니,) 부처님께서는 지혜로 성언을 발하여 (삼세에 바뀌지 않고 십계에 함께 존귀한) 경법을 이루셨다. 무릇 미혹에 가린 생사 범부일지라도 감로묘법을 수용하여 이를 들은 자는 모두 지극히 큰 이익을 획득하게 할 수 있다.

斯乃佛是聖中之極 , 發語成經。凡惑之類蒙餐 , 能使聞之獲益。

이상으로 일곱 문구가 있어 차이가 있을지라도 (법을 들어 이익을 얻는) 득익분得益分의 의리를 총괄해 해석해 마쳤다.

上來雖有七句不同 , 廣解得益分竟。

[제4문] 왕궁유통분: 염불인은 사람 가운데 분다리화라

넷째 다음으로 유통분을 밝히니 그 가운데 두 가지 분이 있다. 하나는 왕궁 유통을 밝히고, 둘은 기사굴산 유통을 밝힌다.

四、次明流通分 , 於中有二：一、明王宮流通；二、明耆闍流通。

지금 먼저 왕궁 유통분을 해석하니, 곧 아홉 단락의 내용이 들어있다.

今先就王宮流通分中 , 即有其七：

그때 아난은 곧 자리에서 일어나 부처님 전에 나아가서 부처님께 여쭙길, "세존이시여, 이 경은 어떻게 이름(하여 유통)하오리까? 이 법문을 수행하는 강요(인지因地의 수학과 과지果地의 공덕)는 마땅히 어떻게 수지受持하오리까?" 부처님께서 아난에게 이르시길, "이 경의 이름은 「극락국토의 무량수불·관세음보살·대세지보살(體)을 관상하는 경(宗)」(인지의 수학)이라 하고, 또는 「(현생에서) 업장을 깨끗이 제거해 (당래에) 일체제불 앞에 태어나는 경」(과지의 공덕)이라 하느니라. 그대는 마땅히 수지하여 잊지 않도록 하라."

爾時阿難 , 即從座起 , 白佛言：世尊 , 當何名此經 ? 此法之要 , 當云何受持 ? 佛告阿難：此經名觀極樂國土 , 無量壽佛 , 觀世音菩薩 , 大勢至菩薩。亦名淨除業障 , 生諸佛前。汝當受持 , 無令忘失。

1. "그때 아난은" 이하는 아난이 세존께 간청하여 아래 경문을 이끌어 내는

연유를 밝힌다.

一、從"爾時阿難"已下 , 正明請發之由。

2. "부처님께서 아난에게 이르시길" 이하는 여래께서 극락정토의 의보와 정보를 쌍으로 나타내어, 이로써 본경의 이름을 세움을 밝히고 있다. (의보는 극락국토를 관상함을 가리키고, 정보는 서방삼성을 관함을 가리킨다. 그래서 이 경전의 명칭을 합쳐서 「극락국토의 무량수불 · 관세음보살 · 대세지보살을 관하는 경」이라 부른다. 총괄해 이것으로써 경전의 이름을 세우고, 본경의 종지가 관불삼매 혹은 극락국토 의정장엄을 관상함이라 말한다.)

(이어서) 또한 (이 경의 역용에 근거하여 경전의 이름을 세우니,) 이 경전에서 개시한 행법에 따라 닦을 수 있으면 세 가지 장애(번뇌장 · 업장 · 보장)의 먹구름이 저절로 사라진다. 그래서 이름을 세우길, "업장을 깨끗이 제거하고, 일체제불 앞에 태어나는 경"이라 하였다.

앞에서 맨 먼저 "이 경을 어떻게 이름하오리까?"라 질문한 문구에 답한다.

二、從"佛告阿難"已下 , 正明如來雙標依正以立經名。又能依經起行 , 三障之雲自卷。答前 初問"云何名此經"一句。

3. "그대는 마땅히 수지하여" 이하는 뒤에 질문한 "어떻게 수지하오리까?" 이 문구에 답한 것이다.

三、從"汝當受持"已下 , 答前後問"云何受持"一句。

"이 (관불 혹은 염불) 삼매를 행하는 사람은 현재의 몸으로 무량수불 및 관세음 · 대세지 두 대보살을 친견할 수 있느니라. 만약 선남자 · 선여인이 부처님의 명호와 두 대보살의 명호를 듣기만 해도 무량겁에 지은 생사의 중죄를 제거하거늘, 하물며 억념함이랴? 염불하면 이 사람은 바로 사람 가운데 분다리화(백련화)이니, (지금 생에서) 관세음보살과 대세지보살께서 그의 수승한 법우가 되고, (목숨을 버린 후) 마땅히 보리도량에 앉아 성불하고 일체제불의 집에 태어나리라."

行此三昧者，現身得見無量壽佛，及二大士。若善男子及善女人，但聞佛名、二菩薩名，除無量劫生死之罪，何況憶念？若念佛者，當知此人，則是人中分陀利華。觀世音菩薩，大勢至菩薩，爲其勝友。當坐道場，生諸佛家。

4. "이 삼매를 행하는 사람은"에서 "하물며 부처님을 억념함이랴?"에 이르는 경문에서는 비교를 통해서 수승한 이익을 드러내 보여 사람들에게 삼매를 받들어 행하길 권한다고 밝힌다. 여기에는 네 단락의 내용이 들어있다.

四、從"行此三昧者"下，至"何況憶念"已來，正明比校顯勝，勸人奉行。即有其四：

(1) 정선定善을 총괄적으로 표하여 삼매의 명칭을 세운다고 밝힌다. (2) 관법수행에 의하면 서방삼성의 미묘한 색신을 친견하는 이익을 획득할 수 있다고 밝힌다. (3) 다시 받들어 행할 수 있는 근기를 거듭 들어 밝힌다. (4) 비교를 통해서 수승함을 드러내어 밝힌다. 말하자면 서방삼성의 명호를 듣기만 하여도 다겁의 죄와 허물을 없앨 수 있거늘, 하물며 정념으로 삼성에 귀의하면 어찌 부처님의 과증을 획득하지 못하겠는가?

一、明總標定善，以立三昧之名；二、明依觀修行，即見三身之益；三、明重擧能行敎之機；四、正明比校顯勝，但聞三身之號，尚滅多劫罪愆，何況正念歸依，而不獲證也？

5. "염불하면"에서 "일체제불의 집에 태어나리라."에 이르는 경문에서는 염불삼매의 공덕은 너무나 뛰어나서 이런 저런 선업의 공덕과는 비교할 수조차 없음을 밝히고 있다. 여기에는 다섯 단락의 내용이 들어있다.

五、從"若念佛者"下，至"生諸佛家"已來，正顯念佛三昧功能超絕，實非雜善得爲比類。
即有其五：

(1) 「아미타불」부처님 명호를 전념한다고 밝힌다. (2) 「아미타불」부처님 명호를 염할 수 있는 사람을 가리켜 찬탄한다고 밝힌다.

(3) 염불이 끊어지지 않고 이어질 수 있다면 이런 사람은 심히 희유하여 어떤 것으로도 비유할 수 없다고 밝힌다. 그래서 분다리화로 비유하였다.

범어 「분다리」는 여기서 아름다운 꽃(好華)라 부르기도 하고, 묘하고 아름다운 꽃(妙好華)이라 부르기도 하고, 희유한 꽃(希有華)이라 부르기도 하며, 가장 좋은 꽃(上上華)이라 부르기도 하며, 가장 수승한 꽃(最勝華)이라 부르기도 한다. 이 꽃은 사람들에게 백련화라고 알려진 꽃이다.

염불하는 사람은 사람 중에서 아름다운 사람이요, 사람 중에서 묘하고 아름다운 사람이요, 사람 중에서 희유한 사람이요, 사람 중에서 가장 훌륭한 사람이요, 사람 중에서 가장 수승한 사람이다.

一、明專念彌陀佛名；二、明指贊能念之人；三、明若能相續念佛者，此人甚爲希有，更無物可以方之，故引分陀利華爲喻。梵言分陀利，此云好華，亦名妙好華，亦名希有華，亦名上上華，亦名最勝華，此華相傳白蓮華是。若念佛者，即是人中好人，人中妙好人，人中希有人，人中上上人，人中最勝人也。

(4) 「아미타불」부처님 명호를 전념하는 사람은 관세음·대세지 두 대보살께서 항상 그림자가 따라다니는 것처럼 호지하시고, 또한 친한 벗, 선지식과 같다고 밝힌다.

四、明專念彌陀名者，即觀音勢至常隨影護，亦如親友知識也。

(5) 지금 생에 이미 이러한 이익을 얻을 뿐만 아니라 목숨을 버린 후 곧

일체 제불의 집, 즉 서방정토로 돌아가리라고 밝힌다.

五、明今生既蒙此益，舍命即入諸佛之家，即淨土是也。

극락세계에 왕생한 후 나아가 오랜 시간 끊임 없이 법문을 듣고 두루 제불국토에 돌아다니면서 제불을 모시고 공양하여 (이처럼 신속하게 바다 같은 보현행원을 원만히 성취고서)[33] 곧장 인과가 원만한 계위에 도달하니, 보리도량에 어찌 그들의 성불하는 자리가 모자라겠는가? (이는 결정코 성불한다는 뜻이다.)

(그래서 이는 한 줄기 지극히 광명이 비추는 탄탄대로이자 대단히 수승한 원돈의 길이다. 단지 일념으로 아미타불을 전념하는 이 미묘한 문을 통하기만 하면 언제나 관세음·대세지 두 대보살의 옹호를 얻을 뿐만 아니라 목숨을 버리면 즉시 제불의 집, 수승한 정토에 태어나리라. 정토에 들어가기만 하면 오랜 시간 법을 훈습하며 날로 정진하여 염념마다 끊어짐 없이 신속하게 바다 같은 보현행원을 원만히 성취하고, 무상의 과지果地에 오르리라. 그래서 이는 열반성의 미묘하고도 장엄한 길에 오르는 첩경이다.)

到彼長時聞法，歷事供養。因圓果滿，道場之座豈賒？

부처님께서는 아난에게 이르시길, "그대는 이 말을 잘 수지할지어다. 이 말을 수지함이란 바로 무량수불 명호를 수지함이라."

佛告阿難：汝好持是語。持是語者，即是持無量壽佛名。

---

33) "선남자여, 이것이 보살 마하살의 십종대원을 원만히 구족함이니, 만약 모든 보살들이 이 대원에 대해 수순하여 향해 들어가면 능히 (법계의) 일체 중생을 성숙시킬 수 있고, 아뇩다라삼먁삼보리에 수순할 수 있으며, 바다 같은 보현행원을 원만히 성취할 수 있느니라. 이런 까닭에 선남자여, 너희들은 이 (보현원왕의) 뜻을 이와 같이 알아야 하느니라." _《보현행원 염불성불》(비움과소통)

6. "부처님께서는 아난에게 이르시길, 그대는 이 말을 잘 수지할지어다." 이하는 세존께서 「아미타불」 부처님 명호를 먼 미래에 이르도록 유통할 것을 부촉하심을 밝히고 있다.

六、從"佛告阿難：汝好持是語"已下，正明付囑彌陀名號流通於遐代。

이상으로 비록 정선(13관법)과 산선(정업삼복, 구품의 여러 행법) 두 문의 이익을 선설하였지만, 아미타부처님의 본원에서 말하면 일체중생이 일향으로 '아미타불' 부처님 명호를 전념하길 바라는 마음이다. (이는 바로 본법을 유통하는 관건처關鍵處로 실제는 '아미타불' 한마디 명호로 돌아가는 것이다.)

上來雖說定散兩門之益，望佛本願，意在衆生一向專稱彌陀佛名。

(세존께서 최후에 깊은 의취가 있는 의미심장한 말씀을 하셨으니, 특별히 아난에게 부촉하시길, **"그대는 이 진언을 잘 수지하라.** 그대는 미래세에 이르도록 유통하여 일체중생을 이롭게 할지어다. **어떤 진언을 수지하는가 하면 곧 「나무아미타불」이라."** 선도대사께서는 세존께서 법을 전하는 본의를 한마디로 밝히셨다. 이는 곧 세존 당신의 마음속 원망願望을 말함으로 미래의 중생이 아미타불 명호를 전념하도록 함이다.)

부처님께서 이 말씀을 하실 때 목건련 존자·아난 존자·위제희 등이 부처님께서 말씀하시는 것을 듣고 모두 다 크게 환희하였다.

佛說此語時，尊者目犍連，尊者阿難，及韋提希等，聞佛所說，皆大歡喜。

7. "부처님께서 이 말씀을 하실 때" 이하는 청법자(위제희)와 전법자(아난 등)이 법회에서 듣지 못한 정토묘법을 듣고, 보지 못한 극락정토의 수승한 경계를 보고 감로를 마실 때처럼 (불가사의한 이익과 환희를 얻어) 마음이 뛸 듯이 기뻐서 감정을 억누를 길이 없다.

七、從"佛說此語時"已下，正明能請能傳等，聞所未聞，見所未見，遇餐甘露，意躍無以自勝也。

이상으로 일곱 문구가 있어 다를지라도 왕궁유통분을 자세히 해석해 마쳤다

上來雖有七句不同，廣解王宮流通分竟。

[제5문] 기사굴산 유통분: 여러 회중이 기뻐하다

다섯째 영축산법회(耆闍會)로, 또한 여기에는 세 분의 내용이 들어있다. ("기사회耆闍會"는 영축산에서 아난이 도량에 모인 대중을 위해 이상의 경의를 다시 강술함을 가리킨다. 이는 두 번째 유통분에 해당한다.)

　五、就耆闍會中，亦有其三：

(1) "이때 세존께서는" 이하는 기사굴산 법회의 서분이라고 밝힌다. (2) "그때 아난은" 이하는 기사굴산 법회의 정종분이라고 밝힌다. (3) "무량한 제천" 이하는 기사굴산 법회의 유통분이라고 밝힌다. 이상은 세 가지 뜻이 있어 다를지라도 기사굴산 유통분을 총괄해 밝혀 마쳤다

　一、從"爾時世尊"已下，明耆闍序分；二、從"爾時阿難"已下，明耆闍正宗分；三、從"無量諸天"已下，明耆闍流通分。上來雖有三義不同，總明耆闍分竟。

이때 세존께서는 (아난 존자에게 부촉을 마치신 후) 큰 걸음으로 (빠르게) 허공에서 기사굴산으로 돌아오셨다. 그때 아난 존자가 널리 대중을 위하여 위와 같은 일(경법)을 연설하였다. 무량한 제천과 용 야차 등 대중은 부처님께서 설하신 법어를 듣고, 모두 다 크게 환희하며 부처님께 정례하고 물러갔다.

　爾時世尊，足步虛空，還耆闍崛山。爾時阿難，廣爲大衆說如上事。無量諸天龍夜叉，聞佛所說，皆大歡喜，禮佛而退。

[제1분] "이와 같이 나는 들었다"에서 "어떻게 하여야 극락세계를 볼 수 있겠사옵니까?"에 이르는 경문에서는 본경의 서본을 밝힌다.

[제2분] "일상관"에서 "하품하생"에 이르는 경문에서는 (정선과 산선으로) 본경의 정종분을 밝힌다.

[제3분] "이렇게 선설하셨을 때"에서 "제천들도 무상도심을 발하였다"에 이르는 경문에서는 본경의 득익분得益分을 밝힌다.

[제4분] "그때 아난은"에서 "위제희 등은 모두 다 크게 환희하였다." 이래는 본경 왕궁법회의 유통분을 밝힌다.

[제5분] "이때 세존께서는"에서 "부처님께 정례하고 물러갔다"에 이르는 경문에서는 기사굴산 법회의 유통분을 총괄해 밝힌다.

初、從"如是我聞"下，至"云何見極樂世界"已來，明序分；二、從"日觀"下，至"下品下生"已來，明正宗分；三、從"說是語時"下，至"諸天發心"已來，明得益分；四、從"爾時阿難"下，至"韋提等歡喜"已來，明王宮流通分；五、從"爾時世尊"下，至"作禮而退"已來，總明耆闍分。

이상으로 비록 다섯 분이 있어 다를지라도 《관경》의 문의를 총괄해 해석해 마쳤다.

上來雖有五分不同，總解《觀經》一部文義竟。

맺음말 : 본법을 유통하는 인연

제(선도대사)가 가만히 생각하건대, 정토법문의 진실한 종지는 만나기 어렵고 정토의 법요는 만나기 어렵습니다. 오는 세상의 오취(五趣: 지옥·아귀餓鬼·축생畜生·인간·천상) 범부가 극락정토에 다 같이 태어나게 하고 싶습니다. 그래서 석가모니부처님께서는 이 법을 후세에 유통하여 인연 있는 자가 들을 수 있도록 권면하셨습니다.

竊以眞宗叵遇 , 淨土之要難逢。欲使五趣齊生 , 是以勸聞於後代。

[강기] 여기서는 본법을 유통하는 인연을 말한다. "진종眞宗"은 아미타부처님의 불가사의한 지혜·자비·원력에 의지하여 업에 얽매인 범부가 이번 일생에 정토에 왕생하는 진실한 종궤宗軌를 가리킨다. "파우叵遇"는 바로 선연善緣이 없는 사람이 만나기 어려움을 뜻한다. 이는 모두 옛날 제불 앞에서 무수한 선근을 심어야 비로소 이러한 특별한 법문을 만날 수 있기 때문이다. 그래서 보통 팔만사천 법문 이외의 정토요문은 번뇌의 때에 장애가 많은 범부가 이번 생에 생사를 횡으로 뛰어넘고 몸을 정토에 두는 중요한 도로서 매우 만나기 어렵다. 이 때문에 여래께서는 자비심으로 오는 세상의 오취五趣 혹은 육도六道의 범부들이 다 같이 정토에 태어나게 하고 싶어 여기서 유통을 권하여 후대에 인연 있는 사람이 모두 이 묘법을 들을 수 있게 하신다.

그러나 여래의 대위신력은 인연에 따라 전변함에 일정한 방향과 장소가 없이 중생의 근기에 따라 감추거나 나타나십니다. 그때 세존께서는 위제희 부인의 간청에 응해 왕궁에 강림하여 은밀히 교화하셨습니다. 이에 기사굴산의 성중

가운데 지혜가 얕은 사람은 의심을 피하기 어려웠습니다. 그래서 석가모니부처님께서 기사굴산으로 돌아오신 후 매우 많은 사람이 모두 경위와 정황을 엿보지 못했습니다.

但如來神力 , 轉變無方。隱顯隨機 , 王宮密化。於時耆闍聖衆 , 小智懷疑。佛後還山 , 弗窺委況。

[강기] 그러나 불가사의한 위신력이 모두 인연에 응해 화현하여 하나의 격식에 구애되지 않고 일정한 상을 얻을 수 없다. 그래서 "전변무방轉變無方"하다. "방方"은 고정된 격식을 가리킨다. "무방無方"은 자재하게 변현變現함으로서 한 가지 격식에 구애받지 않는다. "은현수기隱顯隨機"는 인연 있는 사람에게는 부처님께서 몸을 현현하여 설법하시니, 이를 "현顯"이라 한다. 인연이 없는 사람에게는 이러한 경계상을 보이지 않으니, "은隱"이라 한다.

당시 위제희 부인의 간청에 응해 세존께서는 즉시 왕궁에 강림하여 광명 불찰토 등등을 현현하고 십육관경十六觀經을 선설하시니, 외부 사람은 이를 결코 알지 못하였다. 이를 "밀화密化"라고 한다. 그때 기사굴산에서 지혜가 크지 않은 사람들은 마음속에 의심이 생겼다. 부처님께서 나중에 영산으로 돌아오신 후 대중들은 모두 이 가운데 경위 내지 구체적인 상황을 엿보지 못하였다.

이러한 연고로 아난존자는 부처님을 대신하여 석가모니부처님의 왕궁에서 드러내 보이신 정선·산선 두 문의 교법을 다시 선설하였다. 그때 기사굴산의 사중 제자들은 이로 인해 함께 묘법을 듣고서 봉행奉行하고 정대頂戴하지 않음이 없었습니다.

由是阿難爲宣王宮之化、定散兩門 , 異衆因此同聞 , 莫不奉行而頂戴。

[강기] 이러한 연고로 아난은 부처님을 대신하여 왕궁에서 선설한 정선·산선

두 문의 교법을 선설하셨다. 그때 영산(영취산)의 사부대중 제자들은 이로 말미암아 이 묘법을 함께 듣고서 봉행·정대하지 않을 수 없었다. 이 또한 본경에서 왕궁과 기사굴산 두 법회가 열인 원인이다.

일체 인연 있는 선지식 등에게 삼가 말씀드립니다. "저는 생사범부로 지혜가 얕고 짧지만, 부처님의 가르침은 매우 깊고 미세하여 감히 마음대로 경문에 대해 다른 해석을 하지 못합니다. 이에 곧 마음을 표명하여 서원을 맺고 불보살의 인증을 간청하여 비로소 《관경》의 소해疏解에 마음을 쓸 수 있었습니다."

敬白一切有緣知識等：余旣是生死凡夫，智慧淺短。然佛敎幽微，不敢輒生異解。遂卽標心結願，請求靈驗，方可造心。

[강기] 이는 선도대사 최후의 임무로 자신이 논을 지은 경과와 본회를 진술하고 있다. 일체 인연 있는 선지식 등에게 삼가 말씀드립니다. "저는 이미 생사 범부의 한 사람인 이상 지혜가 얕고 짧지만, 부처님의 가르침이 매우 깊고 미세하여 저는 감히 마음대로 불심佛心의 뜻에 미치는 이해를 일으키지 못합니다. 이로 인해 저는 마음을 표시하고 원願을 맺으며 영험을 구하여 불심의 허락을 얻어 비로소 불심에 가까이 도달하여 본 소를 지을 수 있었습니다."

여기서 "조造"는 가까이 도달하다(趣近)는 뜻이다. 예를 들어 조예造詣는 마음이 도달한 곳을 말한다. 따라서 "조심造心"은 당신이 비로소 자신의 마음을 운행하여 법의法義의 깊은 곳에 도달할 수 있다는 뜻이다.

(이에 저는) 진허공·변법계의 일체 삼보께 삼가 귀명하옵고, 석가모니부처님·아미타부처님·관음·대세지보살과 서방정토의 대해와 같은 일체 보살중 및 정토의 일체 장엄상 등에게 삼가 귀명하옵나이다. 저는 이 《관경》의 요의를

써서 드러내어 정토일법의 잘못된 해독을 바로잡고 고금에 모두 봉행해야할 표준을 확정하고자 합니다. 만약 (저의 해석이) 삼세제불·석가모니불·아미타불 등의 대자대비하신 홍원의 본의에 칭합한다면 원하옵건대 (제가) 꿈속에서 위에서 보길 원한 바와 같은 일체경계의 모든 상을 볼 수 있게 하옵소서.

南無歸命盡虛空遍法界一切三寶 ， 釋迦牟尼佛 ， 阿彌陀佛 ， 觀音勢至 ， 彼土諸菩薩大海衆 ， 及一切莊嚴相等。某今欲出此《觀經》要義 ， 楷定古今。若稱三世諸佛、釋迦佛、阿彌陀佛等大悲願意者 ， 願於夢中得見如上所願一切境界諸相。

[강기] 그때 저는 진허공·변법계의 일체 불법승 삼보께 귀명합니다. 특별히 본사석가모니불, 서방도사아미타불 및 관음·대세지 양대 협시보살께 귀명하였고, 이어서 저 국토의 일체 보살대해중과 일체장엄상 등에게도 함께 귀명합니다.

이러한 거룩한 경계 앞에서 저는 심의心意를 표명합니다. "저는 현재 《관경》의 요의要義를 제출하여 고금불변의 정칙定則[34]으로 삼고 싶습니다. 《관경》의 요의를 제공해 정론定論으로 삼고자 합니다. 만약 제가 행한 바가 삼세제불·석가모니불·아미타불 등께서 대자대비하신 본원의 뜻으로 하신 말씀과 칭합稱合한다면 원하옵건대 꿈속에 이와 같이 원한 바 일체 경계상을 봄으로써 《관경觀經》에서 말씀하신 바(所詮) 뜻을 진실로 확인할 수 있게 하옵소서.

불상 앞에서 서원을 맺은 후 매일 《불설아미타경》을 세 번 염송하고, 아미타불을 삼만 번 염송하고서 지극한 마음으로 발원하였습니다. 바로 그날 밤 (제가) 서방의 공중을 보니, 위에서 말한 갖가지 경계상이 모두 다 현현하였습니다. 여러 가지 색깔의 보배산이 백중 천중이고, 갖가지 광명이 아래로 땅 위를

---

34) '해楷'는 해정楷正과 규범이고, '정定'은 의리義理의 옳고 그름을 결정함이다. 다시 말해 의리의 옳고 그름을 결정하여 후세의 본보기(範本)로 삼는 것을 일컬어 '해정'이라 하는 것이다.

비추니 땅은 황금 빛깔 같았습니다. 중간에는 제불보살께서 계셨으니, 혹 좌선하고 혹 서서 경행하며, 혹 설법하고 혹 묵언하며, 혹 신체를 움직이고 혹 안온히 머물러 움직이지 않았습니다. 이미 이러한 경계상을 본 후 (저는) 합장한 채 서서 관하면서 한참 후에 깨어났습니다. 깨어난 후 더없이 환희하며 이에 곧 본경의 각 문에 대해 의리를 개시하고 조목조목 필사를 기록하였습니다.

於佛像前結願已 , 日別誦《阿彌陀經》三遍 , 念阿彌陀佛三萬遍。至心發願。即於當夜 , 見西方空中 , 如上諸相境界 , 悉皆顯現。雜色寶山 , 百重千重。種種光明 , 下照於地 , 地如金色。中有諸佛菩薩 , 或坐或立 , 或語或默 , 或動身手 , 或住不動者。既見此相 , 合掌立觀 , 良久乃覺。覺已不勝欣喜 , 於即條錄義門。

[강기] 저는 불상 앞에서 서원을 맺은 이후 매일 특별히 《아미타경》을 세 번 지송하고 「아미타불」 부처님 명호를 삼만 번 염하고서 지극한 마음으로 발원하였습니다. 그날 밤에 서방의 공중을 보니, 이와 같은 경계상 일체가 모두 마음 앞에 현현하였습니다.

여러 가지 보배산이 백중 천중이고, 갖가지 광명이 아래로 땅위를 비추고 땅은 황금 빛깔과 같았습니다. 그 중간에는 제불보살께서 계셨는데, 어떤 이는 좌선하고 어떤 이는 서서 경행하며, 어떤 이는 설법하고 어떤 이는 묵언하며, 어떤 이는 신수를 움직여 바꾸고 어떤 이는 안온히 머물러 움직이지 않았습니다. 이러한 경계상을 보고서 합장한 채 서서 관觀에 들었다 한참 후에야 깨어났습니다. 깨어난 후 너무나 기뻐서 북을 치며 춤을 추면서 이상의 일체 정토의 의정장엄 등의 의리에 대해 하나하나씩 각 부문별로 함의를 기록하였습니다. 말하자면 《관경》 16관에서 서방정토 의보·정보의 경계상이 어떠한 상황인가? 에 관해서 꿈속에서 이미 완전히 현현하였기 때문에 저는 하나하나씩 부문별로 나누어 확실하게 그 함의를 잘 결정하였습니다.

이로부터 이후 매일 밤 꿈속에 늘 스님 한 분이 오셔서 현의玄義 과문科文을 지시하여 가르쳐주셨습니다. 이미 완료되자 더 이상 이 스님이 보이지 않았습니다.

自此已後，每夜夢中，常有一僧而來指授。玄義科文旣了，更不復見。

나중에 본소를 탈고해 마치고서 (저는) 다시 지극한 마음으로 칠일을 기한으로 삼아 매일 특별히 《불설아미타경》을 열 번 염송하고 아미타불을 삼만 번 염송하였습니다. 초야와 후야에 정토의 의정장엄 등 상을 관상하고, 성심으로 귀명하였으니, 방법은 위에서와 같습니다.

後時脫本竟已，復更至心要期七日，日別誦《阿彌陀經》十遍，念阿彌陀佛三萬遍。初夜後夜，觀想彼佛國土莊嚴等相。誠心歸命，一如上法。

[강기] 나중에 쓰기를 마쳤을 때 재차 지극한 마음으로 7일을 기한으로 약정하여 매일 《아미타경》을 10번 지송하고 「아미타불」 부처님 명호를 3만 번 염하였습니다. 게다가 초야와 후야 시각에 아미타부처님 국토장엄 등의 상을 관상하고 성심으로 귀명하길 위에서 말한 관법과 같이 했습니다.

그날 밤에 곧 바퀴 세 개가 길가에 홀로 굴러가는 모습이 보였습니다. 문득 한 사람이 흰 낙타를 타고 앞으로 와서 권하길, "스님께서는 마땅히 노력할지니, 결정코 왕생하여 퇴전하지 마십시오. 이 세계는 예토로서 악하여 청정하지 않고 온갖 괴로움의 구름이 모이니, 헛되이 향락을 탐하지 마십시오."(제가) 답하되, "현자께서 호의로 가르침을 베푸신 은혜를 입으니, 저는 목숨이 다하는 때를 기한으로 삼아 감히 게으른 마음을 내지 않겠습니다." (운운)

當夜卽見三具砲輪，道邊獨轉。忽有一人，乘白駱駝來前見勸："師當努力，決定往生，

莫作退轉。此界穢惡多苦 , 不勞貪樂。"答言 : "大蒙賢者好心示誨。某畢命爲期 , 不敢生
於懈慢之心。"(云云)

둘째 날 밤, 아미타부처님께서 자마금 빛깔의 몸을 나투시고 칠보수 아래 황금 연꽃 위에 앉아 계심을 보았습니다. 열 분의 스님께서 주위를 둘러싸고 그들 또한 각자 보리수 아래 앉아계셨습니다. 부처님의 칠보수 위에는 하늘 옷이 걸린 채 휘감고 있었습니다. 나는 서방을 향해 마주보고 합장한 채 단좌하며 관하고 있었습니다.

第二夜 , 見阿彌陀佛身眞金色 , 在七寶樹下金蓮華上坐。十僧圍繞 , 亦各坐一寶樹下。佛
樹上 , 乃有天衣掛繞。正面向西 , 合掌坐觀。

셋째 날 밤, 또한 두 개의 지극히 높고 빛나는 당번이 보였는데, 당번에는 오색 깃발이 걸려 있었고, 도로는 종횡으로 교차하여 막힘 없이 통해 있어 사람들이 자유로이 바라보아도 시선을 가로막는 장벽이 없습니다.

第三夜 , 見兩幢桿 , 極大高顯。幢懸五色 , 道路縱橫 , 人觀無礙。

이러한 상을 얻은 이후 저는 곧 멈추었습니다. (송경·염불하며 기도하기로 약정한) 7일이 아직 되지 않았지만, (이미 매우 또렷한 인증을 얻었기 때문에 곧바로 기도를 멈추었습니다.) 이상과 같은 모든 영험한 상을 말한 본심은 중생을 위함이지 결코 저 자신을 위함이 아닙니다. 이미 이런 영험한 상으로 인증을 얻었음을 저는 감히 숨기지 않습니다. 이에 공경하고도 정중한 마음으로 이러한 영험한 상을 의소義疏의 말미에 보고하여 말법시대 중생이 들을 수 있도록 하였습니다.

旣得此相已 , 卽便休止 , 不至七日。上來所有靈相者 , 本心爲物 , 不爲己身。旣蒙此相 ,
不敢隱藏。謹以申呈義後 , 被聞於末代。

원하옵건대 일체 위에서 말한 영험의 상을 들은 유정중생이 모두 믿음을 낼 수 있고, 식견이 있는 사람은 이 영험한 상을 보고서 모두 서방정토에 태어날 수 있게 하옵소서. 원하옵건대 이 주소註疏의 공덕을 중생에게 회향보시 하오니, 중생들이 빠짐없이 다 무상보리심을 발하고, 자애심으로 서로 대하고 불안으로 서로 바로 보아 함께 보리권속이 되고 진실한 선지식이 되어 함께 아미타부처님 청정국토로 돌아가 모두 함께 불도를 이루게 하옵소서.

願使含靈聞之生信，有識睹者西歸。以此功德回施衆生：悉發菩提心，慈心相向，佛眼相看，爲菩提眷屬，作眞善知識，同歸淨國，共成佛道。

《관경소》의 의리를 이미 제불보살께 인증을 청하였고, 영험한 상을 얻어 인증을 완료하였기에, 《사첩소》는 마땅히 부처님의 설법과 같아 한 문구, 한 글자라도 늘리지도 줄이지도 못합니다. 무릇 본소를 사경하는 사람은 불경을 사경하는 것과 마찬가지로 대할지니, 반드시 이렇게 알지라.

此義已請證定竟。一句一字不可加減。欲寫者一如經法。應知。

- 불설무량수불경소 권 제4 마침 -

佛說觀無量壽佛經疏卷第四終

자금을 내거나 독송수지하는 사람과

여러 사람 여러 장소에 유통시키는

사람들을 위해 두루 회향하는 게송

경을 인쇄한 공덕과 수승한 행과

가없는 수승한 복을 모두 회향하옵나니,

원하옵건대 전생 현생의 업이 다 소멸되고,

업과 미혹이 사라지고 선근이 증장되며,

현생의 권속이 안락하고, 선망 조상들이 극락왕생하며,

시방찰토 미진수 법계, 공존공영하고 화해원만하며,

비바람이 항상 순조롭게 불고 세계가 모두 화평하며,

일체 재난이 없어지고 사람들이 건강 평안하며,

일체 법계 중생들이 함께 정토에 왕생하게 하소서.

願以此功德　莊嚴佛淨土　上報四重恩　下濟三塗苦

若有見聞者　悉發菩提心　盡此一報身　同生極樂國

매우 희유한 사람

南無阿彌陀佛

대승법락을 누리게 될 것이다

왕생하여 온갖 공덕장엄과 청정한 불국토의

이 사람은 목숨을 마칠 적에 반드시 서방극락세계에

한량없는 부처님 처소에서 선근을 심었으며,

마땅히 이 사람은 매우 희유한 사람으로서,

남을 위해 연설해주며 가르침대로 수행할 수 있다면

믿고 이해하며 받아 지니고

가장 믿기 힘든 법문(아미타불 염불법)을 듣고,

괴로움의 세계인 이 일체세간에서

만일 청정한 믿음을 가진 선남자나 선여인이

(칭찬정토불섭수경)

관경사첩소 심요

1판 1쇄 펴낸 날 2021년 1월 27일

찬술 선도대사 **강술** 이시푼촉 **편역** 허서
발행인 김재경 **편집** 허서 **디자인** 김성우 **마케팅** 권태형 **제작** 경희정보인쇄
펴낸곳 도서출판 비움과소통(blog.daum.net/kudoyukjung)
　　　　경기 파주시 하우고개길 151-17 예일아트빌1차 103동 102호
　　　　전화 031-945-8739 팩스 0505-115-2068
　　　　이메일 buddhapia5@daum.net